भारतीय वैज्ञानिक

भारतीय वैज्ञानिक

कृष्णमुरारी लाल श्रीवास्तव

प्रतिभा प्रतिष्ठान, नई दिल्ली

प्रकाशक : प्रतिभा प्रतिष्ठान,
६९४-बी, (निकट अजय मार्केट) चावड़ी बाजार, दिल्ली-११०००६
सर्वाधिकार : सुरक्षित / संस्करण : २०२१ / मूल्य : छह सौ पचास रुपए
मुद्रक : नरुला प्रिंटर्स, दिल्ली
ISBN 978-93-83111-68-8

BHARATIYA VAIGYANIK

by Sh. Krishan Murari Lal Srivastava

₹ 650.00
Published by Pratibha Pratishthan, 694-B, (Near Ajay Market)
Chawri Bazar, Delhi-110006

भारतवर्ष के

समस्त

ज्ञात-अज्ञात महान् वैज्ञानिकों

को

सादर समर्पित

परिवर्धित संस्करण की भूमिका

यह बड़े हर्ष का विषय है कि मेरी पुस्तक 'भारतीय वैज्ञानिक' के दो संस्करण समाप्त हो गए हैं। अत्यंत अल्पावधि में इनकी समाप्ति इस बात की द्योतक है कि विद्वानों एवं पाठकों ने पुस्तक का स्वागत किया है तथा उसे पसंद किया है। वैज्ञानिकों के जीवन एवं कृतित्व के संबंध में अब तक प्राप्त नवीनतम तथ्यों को पुस्तक में यथास्थान समाविष्ट कर दिया गया है। स्थान-स्थान पर नई सामग्री जोड़कर पुस्तक को पूर्णतया नया रूप दिया गया है। वैज्ञानिकों के चित्र भी यथास्थान दे दिए गए हैं। पुस्तक का यह पूर्णतया संशोधित, परिमार्जित एवं परिवर्धित संस्करण पाठकों को नवीन ज्ञान अर्जन एवं प्रेरणा देने में सहायक और अधिक उपादेय सिद्ध होगा, इसी आशा और विश्वास के साथ पाठकों को सहर्ष समर्पित कर रहा हूँ। पाठकों के सुझाव सदैव सहर्ष स्वीकार हैं।

—कृष्णमुरारी लाल श्रीवास्तव

१११/२७६, अग्रवाल फार्म,
मानसरोवर, जयपुर-३०२०२०

वर्ष प्रतिपदा, विक्रमी संवत् २०५१

प्राक्कथन

'भारतीय वैज्ञानिक' पुस्तक पाठक वर्ग के समक्ष प्रस्तुत करते हुए मुझे अपार हर्ष हो रहा है। इस पुस्तक में भारत के प्राचीन काल से आज तक के वैज्ञानिक अन्वेषण, अनुसंधान एवं ज्ञान-प्रसार में रत वैज्ञानिकों के जीवन-परिचय, व्यक्तित्व और कृतित्व पर यथासंभव व्यापक रूप से प्रकाश डाला गया है। इनमें चिकित्सिक, पशु-चिकित्सक, गणितज्ञ, जीव-वैज्ञानिक, रसायनवेत्ता, भौतिकविद्, मुद्रण तकनीक की विभिन्न शाखाओं-प्रशाखाओं में विशिष्ट योगदान करनेवाले वैज्ञानिकों का परिचय दिया जा रहा है। इससे सामान्य पाठकों को ही नहीं, विज्ञान के छात्रों को भी यह जानने में सहायता प्राप्त होगी कि आज विज्ञान की कितनी विविध शाखाएँ-प्रशाखाएँ भारत में विकसित हो रही हैं तथा हमारे देश के वैज्ञानिक किस प्रकार अंतरराष्ट्रीय वैज्ञानिक-जगत् के साथ तारतम्य स्थापित कर अपना एवं देश का नाम गौरवान्वित कर रहे हैं। साथ ही, आज के विज्ञान के छात्र तथा भावी वैज्ञानिक एवं सामान्य पाठक यह प्रेरणा भी प्राप्त करेंगे कि निरंतर अध्यवसाय एवं अटूट लगन के सहारे वे अपने जीवन में प्रगति के चरम शिखर पर पहुँचने में सफलता अर्जित कर सकते हैं तथा धनाभाव उसमें बाधक नहीं हो सकता। पुस्तक में वर्णित वैज्ञानिकों के संबंध में सामग्री एवं तथ्यों का संकलन करने में जिन पुस्तकों एवं पत्र-पत्रिकाओं से सहायता ली गई है, उनके प्रति मैं अपना आभार व्यक्त करता हूँ। साथ ही मैं प्रो. सी. एन. आर. राव, डॉ. एस. वरदराजन, डॉ. शीतलराज मेहता, डॉ. आई. पी. अब्रोल, डॉ. आर. सी. महाजन, डॉ. वेदराम सिंह, डॉ. बी.एन. श्रीवास्तव, डॉ. रणधीर सिंह, डॉ. महादेव प्रसाद द्विवेदी, डॉ. आर. जयनारायण, डॉ. सुखदेव, डॉ. आर. सी. पाठक, डॉ. दयासिंह बैलेन, डॉ. त्रिवेणी प्रसाद ओझा, डॉ. एन. के. पन्निकर, डॉ. ए. लाहिड़ी, डॉ. जी. एस. सिद्धू, डॉ. प्यारा सिंह गिल, डॉ. एच. वी. के. उदुपा, प्रो. दुर्गानंद सिन्हा, डॉ. हरीनारायण, डॉ. अमरजीतसिंह, एल. आर. नागपाल, डॉ. डी. एल. छंगाणी, डॉ. जगदीश प्रसाद मित्तल एवं डॉ. नरिंदर कुमार मेहरा के प्रति अपनी कृतज्ञता ज्ञापित करना अपना पुनीत कर्तव्य मानता हूँ, जिन्होंने मेरे निवेदन पर अपने जीवन एवं कृतित्व के विषय में विषद् रूप में तथ्यों से अवगत कराकर मुझे पुस्तक की संरचना में अमूल्य सहयोग प्रदान किया है।

—कृष्णमुरारी लाल श्रीवास्तव

अनुक्रम

अश्विनी कुमार

हमारे देश ने वैदिक काल में चिकित्सा के क्षेत्र में भी बहुत उन्नति की थी। वैदिक काल में भारत में दो महान् चिकित्सक हुए—उनके नाम थे अश्विनी कुमार। वे जुड़वाँ भाई थे और हमेशा साथ-साथ रहते थे। ऐसा वर्णन मिलता है कि वे देवताओं की चिकित्सा करते थे तथा संसार के दूसरे लोगों को भी समय-समय पर नीरोग तथा स्वस्थ रहने का उपाय बतलाया करते थे। रोग-दोष एवं रोग-निवारण करनेवाले अश्विनी कुमारों का ऋग्वेद में गुणगान किया गया है।

एक वैदिक-कथा के अनुसार, देवताओं के गुरु बृहस्पति का प्राणप्रिय इकलौता पुत्र शंयु बीमार होने पर और अनेक उपचार करने के बाद भी रोगमुक्त नहीं हुआ। तब गुरु बृहस्पति ने अश्विनी कुमारों से शंयु का रोग-शमन करने हेतु प्रार्थना की। अश्विनी कुमारों के इलाज द्वारा शंयु के नीरोग होने पर बृहस्पति ने उन्हें 'ओषधियों का स्वामी' संबोधित किया और उनकी बड़ी प्रशंसा की। पुराणों में भी उनकी महिमा का वर्णन मिलता है।

धन्वंतरि के विषय में बताया जाता है कि उन्होंने देवराज इंद्र अथवा ऋषि भरद्वाज से आयुर्वेद का ज्ञान प्राप्त किया था। पुराणों में क्रम है कि यह ज्ञान ब्रह्माजी से दक्ष प्रजापति को, उनसे अश्विनी कुमारों को, तत्पश्चात् देवराज इंद्र को, इंद्र से भरद्वाज को, उनसे या स्वयं इंद्र से धन्वंतरि को प्राप्त हुआ। इनमें देवराज इंद्र और दक्ष प्रजापति अपने पद के कारण अपने अधीनस्थ सभी लोगों के ज्ञान के स्वामी माने जा सकते हैं। विशुद्ध आयुर्वेद के विशेषज्ञ के रूप में प्रथम स्थान अश्विनी कुमारों को ही देना चाहिए। चिकित्साशास्त्र के युगल अधिष्ठाता के अतिरिक्त अश्विनी कुमारों की कोई सार्थकता ही नहीं है।

अपने ओषधि-ज्ञान के कारण ही अश्विनी कुमार हमेशा युवकों के समान स्वस्थ और सुंदर बने रहे। उन्होंने जड़ी-बूटियों से ओषधि बनाकर वृद्ध ऋषि च्यवन को भी

सेवन कराई थी, जिससे वह पुनः नवयुवक बन गए। वह ओषधि 'च्यवनप्राश' के नाम से प्रसिद्ध हुई।

ओषधि विज्ञान में ही नहीं, अश्विनी कुमार शल्य-चिकित्सा में भी कुशल और प्रतिभावान थे। उनकी शल्यक्रिया-ज्ञान के उदाहरण हैं—यज्ञ के कटे हुए घोड़े का सिर फिर से जोड़ देना, पूषा के दाँत टूट जाने पर पुनः नया दाँत लगा देना, कटे हुए हाथ की जगह दूसरा हाथ लगा देना, आदि।

अश्विनी कुमारों ने ही देवराज इंद्र को भी आयुर्वेद की शिक्षा दी थी। उन्होंने संसार को रोगमुक्त होने का रहस्य तथा शरीर में वात, पित्त और कफ—तीन विकारों का ज्ञान कराया और स्वास्थ्य, संयम और सदाचरण का वह मार्ग दिखाया, जिस पर चलकर हमारे ऋषि-मुनियों और राम, कृष्ण, भीष्म आदि महापुरुषों ने दीर्घ जीवन प्राप्त किया और प्राचीन भारतीय समाज स्वस्थ और दीर्घजीवी बना—'जीवेम शरदः शतम्' जन-जन की कामना हुई।

धन्वंतरि

भारतवर्ष में धन्वंतरि आयुर्वैदिक ओषधि विज्ञान के देवता माने जाते हैं। उन्हें आरोग्य-देवता के नाम से भी पुकारा गया है। वे मानव-कल्याण के लिए मनुष्य रूप में अवतरित हुए। उनके ओषधि-ज्ञान की प्रशंसा पुराणों में मिलती है। प्रति वर्ष दीपावली से दो दिन पहले कार्तिक मास के कृष्ण पक्ष की त्रयोदशी के दिन उनकी स्मृति में 'धन्वंतरि दिवस' संपूर्ण भारतवर्ष में बड़ी धूमधाम से मनाया जाता है। इस दिन केवल वैद्य समुदाय ही नहीं, अपितु जन-जन उनकी आराधना 'आरोग्य-देव' के रूप में करता है।

धन्वंतरि के जन्म के विषय में कई कथाएँ प्रचलित हैं। उनमें से दो कथाएँ प्रमुख हैं। प्रथम के अनुसार, देवताओं और दानवों द्वारा मिलकर किए गए समुद्र-मंथन से निकले चौदह रत्नों में एक रत्न धन्वंतरि भी थे, जो विष्णु के अंश और भगवान् शिव (शंकर) के कृपापात्र माने जाते हैं तथा जिन्हें दो बातों का ज्ञान प्राप्त था—(१) स्वस्थ रहकर दीर्घ आयुप्राप्ति का ज्ञान, और (२) रोगों की रोकथाम और उनके उपचार का ज्ञान।

दूसरी कथा के अनुसार, एक बार गलवान ऋषि पूजा के लिए एक विशेष प्रकार के कुश (घास) को सारे वन में ढूँढ़ने के बाद असफल हो गए। अंत में वे बुरी तरह थक गए और प्यास बुझाने के लिए जल न मिलने पर उनका गला सूखने लगा। जंगल के बाहर आने पर संयोग से उन्हें वैश्य जाति की एक वीरभद्रा नामक युवती जल से भरा घड़ा ले जाती हुई दिखाई दी, जिसने उनके माँगने पर उन्हें पानी पिलाया। जल पीकर ऋषि ने प्रसन्न होकर उस युवती को आशीर्वाद दिया, "भगवान् तुम्हें ऐसा पुत्र देंगे, जिसके ज्ञान के प्रकाश से समस्त संसार प्रकाशमान होगा।"

इस आशीर्वाद से युवती बड़ी चिंतित हुई, क्योंकि वह अविवाहिता थी। उसने अपनी चिंता का कारण ऋषि के सामने प्रकट किया।

तब ऋषि गलवान युवती वीरभद्रा को अपने आश्रम में ले गए, जहाँ उन्होंने घास का एक पुतला बनाकर उसकी गोद में डाल दिया और आयुर्वेद के महान् ज्ञाता धन्वंतरि का स्मरण कर मंत्र पढ़ने लगे। कुछ ही क्षणों में वह घास का पुतला एक बालक के रूप में बदल गया। इस प्रकार धन्वंतरि ने संसार में अवतार लिया।

अधिकांश पौराणिक उपाख्यानों एवं भागवत के अनुसार भगवान् धन्वंतरि अमृत कलश लेकर समुद्र से अवतीर्ण हुए थे। कई अन्य ग्रंथों के अनुसार देवराज इंद्र ने, जिन्होंने ब्रह्मा द्वारा विरचित आयुर्वेद का अश्विनी कुमारों से अध्ययन किया था, व्याधियों की रोकथाम के लिए धन्व नामक देवता को पृथ्वी पर भेजा था। उन्होंने आयुर्वेद विषय से संबंधित सफल अन्वेषण किए और पूर्व में ज्ञात आयुर्वेद ज्ञान को बोधगम्य बनाया। इसी कारण उन्हें आयुर्वेद का प्रवर्त्तक माना गया है। भारत में अवतरित होकर यह धन्व ही धन्वंतरि बन गए।

धन्वंतरि का स्थान हमारे काल्पनिक ईश्वर का है। कविराज रत्नाकर शास्त्री ने लिखा है, "अपने ज्ञान और शक्ति द्वारा संसार की सेवा करना ही उनके वंश का अखंड व्रत रहा। इस व्रत को पूर्ण करने में भगवान् धन्वंतरि ने सिद्धि को पराकाष्ठा तक पहुँचा दिया और इसलिए भारतीयों ने अपनी भावना का सबसे उच्च सम्मान (भगवान् के अवतार के रूप में उनका चित्रण) किया। तब से लेकर आज तक भारतवासी उन्हें भगवान् के रूप में पूजते आ रहे हैं।"

लोकमान्य बाल गंगाधर तिलक धन्वंतरि का काल 'संहिता काल' मानते हैं जो उनके अनुसार ६०७५ ई. पू. है। सुश्रुत के अनुसार उन्होंने इंद्र से एवं हरिवंश पुराण के अनुसार उन्होंने भरद्वाज से आयुर्वेद का ज्ञान प्राप्त किया था। इस प्रकार, तत्कालीन विशेषज्ञों से ज्ञान प्राप्त कर धन्वंतरि ने आयुर्वेद के अष्टांगों को व्यापक, विस्तृत तथा बोधगम्य बनाया। निस्संदेह उन्होंने अपनी प्रतिष्ठा में अपार वृद्धि की और विशिष्ट ओषधि-रत्नों से अमृत का आविष्कार किया। फलस्वरूप आरोग्य और दीर्घ जीवन की लालसा में देवता भी उनके पास चिकित्सा के लिए आने लगे। विद्वानों का मत है कि इसी कारण वे 'आदिदेव' कहलाए।

सुश्रुत के टीकाकार डल्हण ने तो यहाँ तक लिख दिया है कि देवता भी पहले जीवन-चक्र से मुक्त नहीं थे, किंतु धन्वंतरि ने उन्हें अमर बना दिया। संभवतः इसी आधार पर यह पौराणिक कथा प्रचलित हुई कि वे अमृत लेकर समुद्र से अवतीर्ण हुए। समाज के प्रति महान् सेवाओं और आविष्कारों ने उन्हें 'ईश्वर' पद तक पहुँचा दिया और यज्ञ-भाग प्रदान कर उनके प्रति समाज की कृतज्ञता प्रदर्शित की। कविराज रत्नाकर शास्त्री ने भी लिखा है, "प्राचीन काल में समाज के महान् सेवकों को सम्मानित करने का एक प्रकार यह भी था कि उसे 'यज्ञ-भाग' प्रदान किया जावे।" भगवान् धन्वंतरि को भी यह गौरव प्राप्त हुआ।

धन्वंतरि का विवाह अश्विनी कुमारों की तीन पुत्रियों से हुआ था। उनके चौदह

संतानें उत्पन्न हुईं। धन्वंतरि ने आयुर्वेद-ज्ञान की शिक्षा अनेक शिष्यों को प्रदान की। उनका प्रधान शिष्य सुश्रुत था जिसने अपने प्रसिद्ध आयुर्वेद-ग्रंथ में धन्वंतरि के ज्ञान और उनकी प्रतिभा का उल्लेख किया है। भारत में वे आयुर्वेद-विज्ञान के सबसे महान् विद्वान् माने गए हैं। आज भी उच्चकोटि के वैद्यों का सम्मान 'धन्वंतरि' की उपाधि प्रदान करके किया जाता है।

धन्वंतरि संप्रदाय के आचार्य दिवोदास एवं सुश्रुत ने स्पष्ट कर दिया है कि धन्वंतरि की आयुर्वेद को देन अवर्णनीय है। सुश्रुत शल्य प्रधान ग्रंथ है, किंतु उसमें स्पष्ट है कि धन्वंतरि आठों अंगों के अनुपम ज्ञाता एवं अनुसंधाता थे। वे एक महान् वैज्ञानिक थे। उन्होंने चिकित्सा के प्रत्येक क्षेत्र में अकल्पनीय शोध किए और सफलता प्राप्त की। उन्होंने स्वास्थ्यरक्षक एवं आयुवर्द्धक द्रव्यों का शोध किया और 'स्वभाव व्याधि प्रतिवेधनीय रसायनों' सहित अनेक रसायनों का आविष्कार किया जो स्वाभाविक व्याधियों अर्थात् जरा, मृत्यु को दूर करनेवाले तथा आयुवर्द्धक थे तथा सौ, तीन सौ तथा पाँच सौ वर्षों का दीर्घ जीवन प्रदान करते थे। अमृत का प्रयोग भगवान् धन्वंतरि का सर्वश्रेष्ठ आविष्कार था। सुश्रुत संहिता के चिकित्सा प्रभाग में लिखा है—"भगवान् धन्वंतरि ने कहा—'स्वर्ग में ब्रह्मा आदि देवों ने सोम नामक जिस अमृत का निर्माण किया था, उसका उद्देश्य जरा, मृत्यु निवारण था। मैं उसका ही विधान तुम्हें बताता हूँ'।"

वेदों-पुराणों की अलंकार शैली में वर्णित ये धन्वंतरि की गाथाएँ अवश्य ही किसी अति प्राचीन ऐतिहासिक पुरुष का चित्रण करती हैं। यह आदि-चिकित्सक देव-सृष्टि के अश्विनी कुमार (द्वय) से परवर्ती किंतु अन्य सभी ज्ञात चिकित्साशास्त्रियों से पूर्ववर्ती हैं। लोकमान्य तिलक ने ग्रहों की स्थिति के अध्ययन द्वारा उनका काल ६०७५ ई. पू. निर्धारित किया है। किंतु ग्रहों की स्थिति का लगभग ३० हजार वर्ष में आवर्तन होता है। धन्वंतरि का युग और भी तीस हजार या साठ हजार वर्ष पूर्व हो सकता है। पुरातत्व विभाग द्वारा प्राचीन खंडहरों के अनुसंधान पूर्ण होने पर ही इसका निर्णय हो सकेगा।

चरक

शताब्दियों से आयुर्वेद-चिकित्साशास्त्र के आचार्य के रूप में प्रख्यात चरक के जन्म-समय, जन्म-स्थान आदि बातों के विषय में हमें कोई स्पष्ट जानकारी प्राप्त नहीं है। इतिहास चरक के जन्म के विषय में मौन है। चरक द्वारा आयुर्वेद-चिकित्साशास्त्र पर लिखा हुआ ग्रंथ 'चरक संहिता' आज भी आयुर्वेद के छात्रों को पाठ्यपुस्तक के रूप में पढ़ाया जाता है। फ्रेंच विद्वान् सिल्वान लेवी का कथन है, "बौद्ध धर्मग्रंथ त्रिपिटक का चीनी अनुवाद मुझे देखने को मिला। उसमें चरक का नाम मिलता है, जो भारत के कुषाण-सम्राट् कनिष्क के राजवैद्य थे। सन् २०० में कनिष्क भारत के सम्राट् थे।" इतिहासकारों के अनुसार कुषाण-सम्राट् कनिष्क प्रथम शताब्दी ईसवी में उत्तर भारत के शासक थे तथा चरक नामक वैद्य उनके दरबार में रहते थे। कुछ विद्वान् इसमें संदेह करते हैं कि 'चरक संहिता' की रचना करनेवाले चरक वही थे। कनिष्क का बौद्ध धर्मानुयायी होने के कारण उसके राजवैद्य चरक का भी बौद्ध धर्म से प्रभावित होना स्वाभाविक था। पाणिनि द्वारा अपने ग्रंथ में चरक का उल्लेख किए जाने के कारण कुछ विद्वान् 'चरक संहिता' के रचनाकार चरक का प्रसिद्ध व्याकरणाचार्य पाणिनि से पूर्व होना मानते हैं। चरक के ग्रंथ 'चरक संहिता' पर पतंजलि ने भाष्य लिखा था। वह आज भी उपलब्ध है। पतंजलि का जीवन-काल कम-से-कम १७५ ई. पू. माना जाता है। अतः चरक उससे पूर्व अवश्य रहे होंगे। कुछ लोगों द्वारा पाणिनि का काल लगभग ५०० ई. पू. माना गया है। अतः चरक उससे भी पूर्व रहे होंगे।

'चरक संहिता' आयुर्वेद का सबसे प्राचीन ग्रंथ है। वह संस्कृत भाषा में है तथा गद्य और पद्य दोनों में लिखी गई है। आत्रेय के छः शिष्यों द्वारा रचित आयुर्वेद ग्रंथों में अग्निवेश का ग्रंथ अधिक प्रसिद्ध हुआ। अग्निवेश के इस ग्रंथ को कालांतर में चरक ने नए ढंग से लिखकर और नई बातें जोड़कर 'चरक संहिता' के नाम से तैयार किया। कालांतर में कश्मीर के एक वैद्य दृढ़बल ने 'चरक संहिता' के एक अधूरे भाग का

संपादन किया।

'चरक संहिता' पर ग्यारहवीं शताब्दी से सोलहवीं शताब्दी तक चक्रपाणि, श्रीकंठ वाचस्पति, कंठदत्त इत्यादि कई विद्वानों ने टीकाएँ लिखीं तथा एकमत होकर सबने चरक को आयुर्वेद-चिकित्सा विज्ञान का महान् विद्वान् स्वीकार किया। कालांतर में उनके ज्ञान से प्रभावित होकर विद्वानों ने उन्हें अवतार मानना प्रारंभ किया। उनके मत में—"नागों के राजा शेषनाग ने, जो समस्त वेदों के ज्ञाता हैं, ऋषिपुत्र के रूप में जन्म लिया और घूम-घूमकर लोगों को आयुर्वेद का ज्ञान दिया।" 'चर' शब्द का साधारण अर्थ है—चलना। अतः ऐसा प्रतीत होता है कि दूर-दूर तक भ्रमण कर लोगों को शिक्षा देने के कारण ही उनका नाम चरक पड़ा होगा।

आयुर्वेद के ग्रंथों को आठ खंडों तथा १२० अध्यायों में विभाजित करने की परंपरा का निर्वाह चरक संहिता में भी किया गया है। चरक संहिता के प्रथम खंड 'सूत्र स्थान' में ओषधि-विज्ञान, आहार, पथ्य तथा शारीरिक एवं मानसिक रोगों की चिकित्सा का उल्लेख किया गया है। द्वितीय खंड 'निदान स्थान' में प्रमुख रोगों के कारण स्पष्ट किए गए हैं। तीसरे खंड 'विमान स्थान' में शरीरवर्धक भोजन का ज्ञान कराया गया है। चौथे खंड 'शरीर स्थान' में शारीरिक रचना का वर्णन किया गया है। पाँचवें खंड 'इंद्रिय स्थान' में रोगों की चिकित्सा का वर्णन है। छठे खंड 'चिकित्सा स्थान' में कुछ विशेष रोगों की चिकित्सा का उल्लेख किया गया है। सातवें खंड 'कल्प स्थान' में तथा आठवें खंड 'सिद्धि स्थान' में विशेष उपचारों का उल्लेख किया गया है।

आयुर्वेद की दृष्टि से तो चरक संहिता एक महत्त्वपूर्ण ग्रंथ है ही, साथ ही तत्कालीन समाज की जानकारी में भी यह ग्रंथ बड़ा सहायक और उपादेय है। इस ग्रंथ में चरक ने आयुर्वैदिक ओषधियों के अतिरिक्त अन्य कई बातों का भी ज्ञान प्रदान किया है। उनका मत है कि आयुर्वेद की शिक्षा केवल ब्राह्मण, क्षत्रिय और वैश्य ही प्राप्त कर सकते हैं। ब्राह्मणों को आयुर्वेद का ज्ञान धन अर्जित करने के लिए नहीं, अपितु लोगों के उपकार के लिए प्राप्त करना चाहिए। क्षत्रिय का कर्तव्य है कि इस विद्या का ज्ञान प्राप्त कर अपना स्वास्थ्य ठीक रखें जिससे शत्रुओं से देश की रक्षा कर सकें। इस विद्या को पाकर वैश्य के धन अर्जित करने में चरक कोई दोष नहीं मानते हैं। चरक के इस ग्रंथ 'चरक संहिता' का अनुवाद अरबी भाषा में भी किया गया था।

वर्तमान काल में चिकित्सा-विज्ञान का अध्ययन समाप्त कर डॉक्टर बननेवाले प्रत्येक छात्र को 'हिप्टोक्रेट्स की शपथ' नामक एक शपथ लेनी पड़ती है। हिप्पोक्रेट्स प्राचीन यूनान का एक प्रसिद्ध चिकित्सक था। प्राचीन काल में भारत में वैद्य का व्यवसाय करनेवालों को भी एक शपथ लेनी पड़ती थी। इस संबंध में चरक संहिता में कुछ निर्देश और प्रतिज्ञाएँ दी गई हैं। आयुर्वेद के छात्रों के लिए चरक ने लिखा है कि विद्यार्थी को चाहिए कि स्नान-ध्यान कर अपने शरीर को पवित्र करे। यज्ञ द्वारा देवताओं को प्रसन्न करे, फिर गुरु का आशीर्वाद लेकर यह प्रतिज्ञा करे—"मैं आजन्म ब्रह्मचारी

रहूँगा। ऋषियों की तरह मेरी वेश-भूषा होगी। किसीसे द्वेष न रखूँगा। सादा भोजन करूँगा। हिंसा नहीं करूँगा। रोगियों की उपेक्षा नहीं करूँगा। उनकी सेवा अपना धर्म समझूँगा। जिसके परिवार में जाकर रोगी की चिकित्सा करूँगा, उसके घर की बातें बाहर न कहूँगा। अपने ज्ञान पर घमंड नहीं करूँगा। गुरु को सदा गुरु मानूँगा।" इस प्रकार चरक के मतानुसार, वैद्य को रोगियों से किसी दशा में शत्रुता नहीं रखनी चाहिए। रोगी के घर की बातों को बाहर नहीं बताना चाहिए। आयुर्वेद का पंडित होना सरल नहीं है। अतः उसे सदैव ज्ञान की खोज में तत्पर रहना चाहिए। 'चरक संहिता' में इन प्रतिज्ञाओं की सूची बड़ी विस्तृत है। उसमें से ये प्रतिज्ञाएँ संक्षेप में यहाँ प्रस्तुत की गई हैं। यही नहीं, चरक ने इस ग्रंथ में छात्रों के कर्तव्यों का भी विस्तृत वर्णन किया है।

चरक ने 'चरक संहिता' में बालक की उत्पत्ति और विकास का वैज्ञानिक ढंग से वर्णन किया है तथा शरीर के विभिन्न अंगों की बनावट और उनके कार्यों, तरह-तरह के रोग, उनके लक्षण तथा उपचार, आयुर्वैदिक जड़ी-बूटियों के नाम, उनके गुण तथा किस रोग पर कौन-सी ओषधि गुणकारी सिद्ध होगी, आदि बातों का विस्तृत वर्णन किया है। इस प्रकार चरक चिकित्साशास्त्र की विभिन्न शाखाओं—शल्य चिकित्सा, प्रसव विद्या और मनोचिकित्सा—से परिचित थे। आयुर्वैदिक चिकित्सा-जगत् में उनका नाम सदैव अमर रहेगा।

भरद्वाज

आयुर्वेद-जगत् में अश्विनी कुमार और धन्वंतरि को देव-पुरुष और अवतार माना जाता है। इस दृष्टि से भरद्वाज पहले व्यक्ति थे जिन्होंने आयुर्वेद चिकित्साविज्ञान का विधिवत् अध्ययन कर संसार के अन्य लोगों को उसकी शिक्षा प्रदान की। पौराणिक कथाओं के अनुसार ब्रह्माजी ने सबसे पहले आयुर्वेद का ज्ञान दक्ष प्रजापति को प्रदान किया, जिससे अश्विनी कुमारों ने, उनसे इंद्र ने और इंद्र से भरद्वाज ने इस ज्ञान को पाया।

भरद्वाज द्वारा इंद्र से आयुर्वेद का ज्ञान पाने की कथा 'चरक संहिता' में वर्णित है। कहते हैं, संसार में बीमारियों के बढ़ने पर लोग अस्वस्थ रहने लगे और उनके लिए जंप-तप, पूजा-पाठ करना कठिन हो गया। तब इस कठिन स्थिति से मुक्ति हेतु विचार करने के लिए ऋषि-मुनि हिमालय पर्वत पर एकत्र हुए और उन्होंने अनेक शुभ कामनाओं के साथ भरद्वाज को देवराज इंद्र के पास आयुर्वेद का ज्ञान प्राप्त करने के लिए भेजा।

अनेक बाधाओं को पार कर भरद्वाज इंद्र के पास पहुँचे और उनकी जय-जयकार करके उनसे संसार के कल्याण के लिए आयुर्वेद-विज्ञान का ज्ञान प्रदान करने के लिए निवेदन किया। भरद्वाज में ज्ञानप्राप्ति की प्रतिभा देखकर इंद्र ने उन्हें कुछ शब्दों में आयुर्वेद के मूल सिद्धांत बतलाए, जिनके आधार पर उन्होंने आयुर्वेद-विज्ञान का ज्ञान प्राप्त किया और लौटकर अन्य ऋषि-मुनियों को इसकी शिक्षा दी।

विष्णु पुराण और महाभारत में दी गई कथा के अनुसार भरद्वाज के पिता देवताओं के गुरु थे और उनकी माता का नाम ममता था। बचपन में अपने बड़े भाई दीघुतमस् से अनबन के कारण वे दुखी रहते थे, परंतु कुछ दिन बाद पौरव-नरेश ने उन्हें गोद माँग लिया। पौरव-नरेश के अन्य पुत्र भी थे, किंतु वे सभी अयोग्य और अकर्मण्य थे। कुशाग्रबुद्धि और शिक्षित पुत्र भरद्वाज को पाकर पौरव-नरेश बड़े खुश हुए और उनकी शिक्षा का सर्वोत्तम प्रबंध कर दिया। संभवतः देवराज इंद्र की देख-रेख में शिक्षा प्राप्त कर भरद्वाज आयुर्वेद विशारद हुए। तदनंतर उन्होंने अपना ज्ञान संपूर्ण जगत् में फैलाया। अपने ओषधि-विज्ञान के ज्ञान के कारण वे सदैव स्वस्थ रहे और तीन पीढ़ियों की दीर्घ आयु उन्होंने पाई। भरद्वाज द्वारा बताई गई अनेक ओषधियाँ और उपचार आज भी वैद्यों द्वारा प्रयोग की जाती हैं।

पुनर्वसु आत्रेय

पश्चिमी जगत् में जिस समय चिकित्सा के क्षेत्र में हिप्पोक्रेट का बोलबाला था, उससे बहुत समय पहले भारत में महान् आयुर्वेदाचार्य आत्रेय हुए जिन्होंने चिकित्सा-ज्ञान का प्रसार भारतवर्ष में किया था। उनका नाम पुनर्वसु था, किंतु वह संसार में आत्रेय के नाम से अधिक विख्यात हुए। उनका समय आठवीं शताब्दी ईसापूर्व माना जाता है। आत्रेय नाम से ज्ञात होता है कि या तो वे अत्रि ऋषि के पुत्र या वंशज थे। संभवतः भारत के विशाल एवं व्यवस्थित आयुर्विज्ञान की तुलना में हिप्पोक्रेट की 'हिप्पोक्रेसी' उथले ज्ञान और दिखावटी प्रदर्शन का पर्याय बन गई है।

पुनर्वसु आत्रेय अत्रि ऋषि के पुत्र और भरद्वाज के शिष्य थे। वह आयुर्वेद-चिकित्सा विज्ञान के महान् विद्वान् और योग्य अध्यापक थे। उनके अनेक योग्य शिष्य चिकित्सा-जगत् में बहुत प्रसिद्ध हुए और उन्होंने अपने गुरु से प्राप्त ज्ञान का प्रचार-प्रसार देश-विदेश में किया।

आत्रेय ने चिकित्सा-विज्ञान पर कई ग्रंथ लिखे। उनका ४६५००१ श्लोकों का ग्रंथ 'आत्रेय संहिता' चिकित्सा-विज्ञान के वृहद् ज्ञानकोश के रूप में सबसे प्रसिद्ध ग्रंथ है। इस ग्रंथ के प्रारंभ में आत्रेय अपनी शिष्यमंडली को बतलाते हैं, "आयुर्वैदिक चिकित्साशास्त्र इतना गहन और विशाल है कि एक जन्म में इसका संपूर्ण ज्ञान प्राप्त कर लेना असंभव है। अतः इसका जितना भी ज्ञान हमें इस जीवन में प्राप्त हो सके, उससे संतोष करना चाहिए।"

आत्रेय पहले आयुर्वेदवेत्ता थे, जिसने रोगों के लक्षणों का ज्ञान कराया; नाड़ी और श्वास की गति पर प्रकाश डाला; साध्य और असाध्य रोगों को श्रेणियों में विभक्त किया तथा अपने शिष्यों को परामर्श दिया कि किन रोगों का इलाज उन्हें करना चाहिए और किनका नहीं। उन्होंने हवा, मिट्टी और ऋतु का विभिन्न परिस्थितियों में होनेवाले प्रभाव का भी पता लगाया तथा खट्टे, मीठे, तिक्त और कसैले स्वाद के शरीर पर पड़नेवाले

प्रभावों को स्पष्ट किया।

सर्वप्रथम आत्रेय ने पानी में अनेक ओषधीय तत्त्वों के विद्यमान होने का ज्ञान संसार को कराया तथा गरम और ठंडे पानी के प्रभाव का भेद स्पष्ट किया। इसी प्रकार उन्होंने विभिन्न प्रकार के दूध, गन्ना, चावल आदि के गुण, अन्न, फल, तरकारियों और मधु-मैरेय आदि मदिराओं के गुण-अवगुण ज्ञात किए, और पशु-पक्षियों के मांस के पौष्टिक तत्त्वों को भी स्पष्ट कर उनकी सेवन-विधि का ज्ञान कराया। उन्होंने वात, पित्त और कफ की वैज्ञानिक विवेचना की। उनके प्रश्नोत्तर के माध्यम से अनेक प्रकार की ओषधियों के नाम और उनके गुणों का उल्लेख 'चरक संहिता' में किया गया है।

आत्रेय आयुर्वेद-विज्ञान के एक महत्त्वपूर्ण एवं विख्यात अध्यापक थे। आत्रेय के प्रसिद्ध शिष्यों में कश्यप, भेल, हरित आदि आयुर्वेदशास्त्रियों के नाम उल्लेखनीय हैं जिन्होंने आत्रेय को आयुर्वेद का प्रामाणिक प्रवर्त्तक माना और अपने ग्रंथों में उनके शिष्यों का वर्णन किया।

'चरक संहिता' के विवेचन से आत्रेय का नाम उत्तर में कैलास पर्वत से दक्षिण के पठारों तक प्रसिद्ध होने का आभास मिलता है। आत्रेय ने सर्वप्रथम आयुर्वेद को विज्ञान का स्वरूप प्रदान किया। अतः आत्रेय को आधुनिक आयुर्वैदिक-चिकित्सा तिज्ञान का प्रवर्त्तक मानने में कोई अतिशयोक्ति न होगी। उनकी तुलना यूनान के महान् चिकित्सक हिप्पोक्रेट्स से की जाती है। इन दोनों चिकित्सकों ने अपने-अपने देश में व्याप्त अंधविश्वासों को समाप्त किया। उनसे पहले भारत और यूनान में लोग अनेक रोगों को दैवी प्रकोप मानकर टोने-टोटके किया करते थे और उनका उपचार नहीं करते थे। आत्रेय और हिप्पोक्रेट्स ने भारत और यूनान के लोगों को यह बतलाया कि रोग देव अथवा दानवों के प्रकोप से नहीं, वरन् असावधानी बरतने के कारण उत्पन्न होते हैं और उनसे मुक्ति समुचित चिकित्सा अथवा उपचार करने पर ही मिल सकती है। यह विचित्र बात है कि कालांतर में अंधविश्वासों का खंडन करनेवाला, 'हिप्पोक्रेट' ही आडंबर का प्रतीक बन गया। किंतु भारत में अश्विनी कुमार, धन्वंतरि और भरद्वाज के समान ही पुनर्वसु आत्रेय श्रद्धा तथा सम्मान के पात्र माने गए हैं।

कपिल

भारत में विश्व-रचना-विज्ञान के प्रवर्त्तक महर्षि कपिल थे। उन्होंने ही सर्वप्रथम भारत को विश्व-रचना का रहस्य बतलाया था। वह मनु के वंशज माने जाते हैं। उनकी माता का नाम देवहुति था। उनके पिता का नाम अभी तक अज्ञात है। कपिल के सांख्यशास्त्र का उल्लेख अपने प्राचीनतम साहित्य में हुआ है। गीता में स्वयं कपिल का भी उल्लेख है। इसके आधार पर आदि-कपिल का काल कम से कम ६ हजार वर्ष पूर्व मानना चाहिए। एक कपिल मुनि राजस्थान में भी हुए हैं। उनका जन्म ८वीं अथवा ९वीं शताब्दी के लगभग राजस्थान के प्रसिद्ध नगर अजमेर के पास तीर्थराज पुष्कर के पास हुआ था। वे राजस्थान के गंगानगर नामक स्थान के निवासी भी माने जाते हैं। उनका आश्रम राजस्थान में बीकानेर जिले में कोलायत कस्बे में स्थित था, जहाँ प्रतिवर्ष मेला लगता है।

कपिल ने सर्वप्रथम अणुओं और परमाणुओं का गहन अध्ययन किया। कपिल की स्वयं की कोई रचना उपलब्ध नहीं है अथवा 'सांख्यकारिका' पर्याप्त परवर्ती ग्रंथ है। किंतु, मोटे रूप से हम इसे कपिल द्वारा प्रणीत 'सांख्यशास्त्र' का संशोधित, परिवर्धित रूप मान सकते हैं।

सांख्यशास्त्र में विश्व-रचना में सहायक २५ तत्त्व माने गए हैं जिनमें से दो मुख्य हैं—(१) पुरुष, और (२) मूल अर्थात् प्रकृति। ज्ञान के अभाव में प्रकृति अंधी है तथा क्रिया के अभाव में पुरुष पंगु है। पुरुष और प्रकृति के संयोग से अंधपंगु न्याय से दोनों को ही लाभ है। पुरुष और प्रकृति के संयोग से सृष्टि चलती है। प्रकृति पुरुष के बंधन और मोक्ष दोनों का कारण है।

प्रकृति पुरुष के अस्तित्व मात्र से स्वयं कार्य कर लेती है। उसमें ईश्वर की आवश्यकता नहीं होती। अतः अधिकांश लोगों ने सांख्यशास्त्र को निरीश्वर माना है। सांख्यशास्त्र में सृष्टि के सब पदार्थों के तीन वर्ग माने गए हैं—(१) अव्यक्त (मूल

प्रकृति), (२) व्यक्त (प्रकृति के विकार) और (३) पुरुष। प्रलयकाल में व्यक्त पदार्थों का स्वरूप नष्ट हो जाने के कारण केवल दो ही तत्त्व—प्रकृति और पुरुष शेष रहते हैं जिन्हें सांख्यशास्त्र अनादि और अनंत एवं मूल तत्त्व मानता है।

पुरुष और प्रकृति नामक मूल तत्त्वों से सृष्टि-रचना-विधान का उल्लेख ग्रंथ 'सांख्यकारिका' में इस प्रकार हुआ है—"यद्यपि निर्गुण पुरुष कुछ भी नहीं कर सकता, तथापि जब प्रकृति के साथ उसका संयोग होता है, तब जिस प्रकार गाय अपने बछड़े के लिए दूध देती है, या चुंबक पास होने से लोहे में आकर्षण शक्ति आ जाती है, उसी प्रकार मूल अव्यक्त प्रकृति अपने गुणों (सूक्ष्म और स्थूल) का व्यक्त फैलाव पुरुष के सामने फैलाने लगती है।"

सांख्यशास्त्र में प्रकृति को अव्यक्त अर्थात् इंद्रियों को न दिखाई देनेवाली बतलाया गया है। इनमें सत्त्व, रज और तम—तीन गुणों की कमी अथवा वृद्धि के कारण हम अनेक पदार्थ देखते हैं, सुनते हैं, चखते हैं, सूँघते या स्पर्श करते हैं। इन पदार्थों को सांख्यशास्त्र में व्यक्त कहा गया है। सांख्यशास्त्र का पहला सिद्धांत यह है कि इस संसार में कोई भी नई वस्तु उत्पन्न नहीं होती।

पतंजलि

भारतीय विज्ञान और संस्कृति में योगशास्त्र के जनक महर्षि पतंजलि का नाम अमर है। डॉ. भग़वती लाल राजपुरोहित का मत है कि पतंजलि का जन्म-स्थान वर्तमान मध्य प्रदेश की राजधानी भोपाल से ११ कि.मी. दूर नरसिंहगढ़ रोड पर स्थित गोंदर मऊ है। पतंजलि ने अपने ग्रंथों में इसे 'गोर्ना' लिखा है। डॉ. भगवती लाल राजपुरोहित के मतानुसार पतंजलि शुंग राजाओं के पुरोहित थे। उनका जन्म दो शताब्दी ई.पू. में हुआ था।

पंतजलि ने योगशास्त्र की रचना की। उनके द्वारा बताई गई योग क्रियाओं द्वारा शारीरिक संतुलन, आत्मिक अनुशासन और श्वास-साधना द्वारा शरीर को पुष्ट एवं नीरोग बनाया जा सकता है। उनके योग-ज्ञान से भारत ने विश्व के प्रायः सभी देशों को प्रभावित किया है।

महर्षि पतंजलि ने योग-विज्ञान को चार प्रमुख भागों में विभक्त किया है—(१) ज्ञानयोग, (२) कर्मयोग, (३) राजयोग, और (४) हठयोग। योग के लिए उन्होंने आठ आधार माने हैं—यम, नियम, आसन, प्राणायाम, प्रत्याहार, धारणा, ध्यान और समाधि। उनके अनुसार, चित्तवृत्तियों के निरोध को ही योग कहते हैं। योग से शारीरिक और आध्यात्मिक विकास होता है। योग क्रिया में जड़-चेतन सभी जुड़े हैं। योग को पूरा करने के लिए प्रकृति की सारी शक्तियाँ सहयोग देती हैं। बिना एकाग्रता, बिना समाधि और बिना सब शक्तियों के संतुलन के योग-साधना असंभव है।

विद्यालयों में छात्रों को पाश्चात्य ढंग से कराए जानेवाले व्यायाम अथवा शारीरिक शिक्षा और योग में बड़ा अंतर है। पाश्चात्य शारीरिक शिक्षा में केवल शरीर की उन्नति और मांसपेशियों को पुष्ट बनाने पर बल दिया जाता है; जबकि योग में शरीर, मन और आत्मा एवं उसके प्रत्येक अवयव—परमाणु और अंग के विकास को महत्त्व दिया जाता है। अब तक विद्यालयों में योग-शिक्षा को महत्त्व दिया जाने लगा है। अनेक

विदेशों ने भी भारत के योग-विज्ञान को अपनाया है। अभी अंतरिक्ष यात्री राकेश शर्मा ने भी अपनी क्षमता का श्रेय 'योग' को ही दिया था। भारत में सभी अवतार, ऋषि, मुनि, साधक और साधु योग से अनुशासित रहे हैं। श्रीराम को मर्यादा पुरुषोत्तम और श्रीकृष्ण को योगेश्वर कहा गया है। गौतम बुद्ध और महावीर स्वामी ने भी योगसाधना की थी। महात्मा गांधी और तिलक योग के कर्म-पक्ष के समर्थक थे।

योग शब्द 'युज्' धातु से उत्पन्न हुआ है, जिसका अर्थ है जोड़, मेल तथा एकत्र अवस्थिति। योग द्वारा जीव अपनी अंतःवृत्तियों को अनुशासित कर आत्मसमर्पण द्वारा परमात्मा का अनुभव कर सकता है। योग चित्तवृत्तियों के निरोध एवं आत्मा और परमात्मा के मिलन में भी सहायक है। पहले से ऋग्वेद, अथर्ववेद और उपनिषदों में बिखरे हुए योग के सिद्धांतों को पतंजलि ने दार्शनिक रूप प्रदान किया। जैन धर्म और बौद्ध धर्म में भी योग का महत्त्व स्वीकार किया गया। गोरखनाथ, कबीर और नानक ने योग की प्रशंसा बारंबार अपने काव्य अथवा उपदेशों में की है। पतंजलि के योग का प्रभाव तांत्रिक संप्रदायों और सिख गुरुओं पर भी पड़ा, जिन्होंने इसे अपनाया था। स्वामी विवेकानंद, शिवानंद और योगानंद ने योग का प्रचार यूरोप के देशों में भी किया और आज यूरोप में कई योग-केंद्र चल रहे हैं। महेश योगी के लाखों विदेशी शिष्य भारत में योग की शिक्षा प्राप्त करने आते हैं। इस प्रकार पतंजलि के योग का सम्मान प्राचीन काल से अब तक निरंतर किया जा रहा है।

शालिहोत्र

पशु चिकित्सा के आचार्य शालिहोत्र हयघोष ऋषि के पुत्र थे। उनका जन्म उत्तर प्रदेश के बहराइच जिले के निकट श्रावस्ती में हुआ था। कुछ लोग उन्हें कांधार के समीप सालतुर का निवासी मानते हैं। शालिहोत्र और अग्निवेश को लोग गुरु-भाई और सुश्रुत को शालिहोत्र का शिष्य मानते हैं। इस आधार पर शालिहोत्र का समय ईसापूर्व आठवीं शताब्दी के लगभग माना जाता है।

घोड़ों की प्रकृति और उनके रोगों का गहन अध्ययन करने के बाद शालिहोत्र ने घोड़ों की देखभाल और चिकित्सा के विषय में तीन ग्रंथों की रचना की। उनके नाम हैं—(१) हय आयुर्वेद अथवा शालिहोत्र संहिता, (२) अश्व लक्षण शास्त्र, तथा (३) अश्व प्रशंसा। उनका प्रथम ग्रंथ 'हय आयुर्वेद' एक विशाल ग्रंथ है। इसमें १२ हजार श्लोक हैं। यह ग्रंथ ८ भागों में विभक्त है। इसके प्रथम अध्याय में घोड़े की विभिन्न जातियों के गुणों, उनके लक्षणों और रूप-रंग पर; द्वितीय अध्याय में घोड़ों के विभिन्न रोगों के नाम और उनकी पहचान, सर्पदंश पर अथवा जहरीला तीर लगने पर होनेवाली घोड़ों की दशा और उनके उपचार की विधि को स्पष्ट रूप से समझाया गया है। अन्य अध्यायों में घोड़ों के विभिन्न रोगों में प्रयुक्त ओषधियों, घोड़ों को वश में करने की विधियों, विभिन्न कामों के लिए घोड़ों को अभ्यस्त बनाने की विधियों, घोड़ों पर लादे जानेवाले भार की मात्रा, रथ में घोड़ों को जोतने की विधि आदि साधारण से साधारण बातों पर प्रकाश डाला गया है।

शालिहोत्र के ग्रंथों में उपलब्ध अश्व-चिकित्सा-ज्ञान अत्यंत प्रामाणिक और शोधपूर्ण माना जाता है। उनका ग्रंथ 'हय आयुर्वेद' प्राचीन काल में ही नहीं, आज भी अश्व-चिकित्सा पर प्रामाणिक ग्रंथ माना जाता है और आज भी पशु-चिकित्सक उसकी सहायता लेते हैं।

शालिहोत्र के ग्रंथों का अनुवाद फारसी, अरबी, तिब्बती और अंग्रेजी भाषाओं में हो चुका है। उनके पशु-चिकित्सा-ज्ञान पर विदेशी विद्वान् आश्चर्य करते हैं। उनकी प्रसिद्धि और लोकप्रियता के कारण आज भी कुशल अश्व-चिकित्सकों को 'शालिहोत्र' की उपाधि प्रदान की जाती है।

सुश्रुत

प्राचीन काल में एक प्रसिद्ध शल्य-चिकित्सक हुए। उनका नाम था सुश्रुत। वह ऋषि विश्वामित्र के वंशज थे। सर्वप्रथम सुश्रुत ने संसार को शल्य-चिकित्सा (चीरफाड़, ऑपरेशन) का परिष्कृत ज्ञान प्रदान किया। विश्व के चिकित्सा-इतिहास में शल्य-चिकित्सा के जनक का पद निर्विवाद रूप से भारतीय आयुर्वेदाचार्य सुश्रुत को प्राप्त हो गया है। उन्होंने शल्य-चिकित्सा पर 'सुश्रुत-शल्य-तंत्र' अथवा 'सुश्रुत संहिता' नामक ग्रंथ की रचना की। उनका यह ग्रंथ शल्य-चिकित्सा का प्रामाणिक और प्रसिद्ध ग्रंथ है। यह प्राचीन भारत में शल्य-चिकित्सा पर स्वतंत्र रूप से लिखा गया पहला ग्रंथ है। इस ग्रंथ में नेत्रों में जाला पड़ने (cataract), अंडकोष में आँत उतरने के रोग (Hernia) की शल्यक्रिया एवं प्लास्टिक शल्यक्रिया का भी उल्लेख है। इसकी रचना ६ शताब्दी ई. पू. मानी जाती है। लगभग २०० वर्ष उपरांत नागार्जुन ने इस ग्रंथ का संपादन किया और उसे नया स्वरूप प्रदान किया। कहा जाता है कि धन्वंतरि काशी के नरेश थे। उनका दूसरा नाम दिवोदास था। धन्वंतरि ने इस चिकित्सा-पद्धति का उपदेश सुश्रुत को दिया था जिसने सुनकर इस ज्ञान के आधार पर अपना प्रसिद्ध ग्रंथ लिखा था। प्राचीन भारत में शल्य-चिकित्सकों के एक संप्रदाय को ही धन्वंतरि कहा जाता था। इस संप्रदाय के ही एक प्रसिद्ध चिकित्सक सुश्रुत थे, जो चरक के बाद हुए थे। इससे अधिक सुश्रुत के जीवन के विषय में हमें ज्ञात नहीं हो सका है।

प्राचीन काल में युद्ध में सैनिकों के हाथ-पैर कट जाते थे। उनके शरीर में तीर अथवा भाले घुस जाते थे। उनके घावों की चिकित्सा चीर-फाड़ द्वारा की जाती थी। इस तरह शल्य-चिकित्सा विकसित हुई। वास्तव में शल्य का अर्थ है शरीर की पीड़ा। शरीर की इस पीड़ा को शस्त्रों अथवा मंत्रों के उपयोग द्वारा दूर करने की क्रिया अथवा पद्धति का नाम है शल्य-चिकित्सा अथवा सर्जरी।

सुश्रुत से पूर्व, विश्व के अन्य सभ्य देशों के समान, भारत में भी शल्य-चिकित्सा

का ज्ञान अधिक विकसित नहीं था। उस समय साधारण ज्ञानवाले शल्य-चिकित्सक सम्मान और गौरव की वस्तु नहीं थे, क्योंकि उनका कार्य था केवल युद्ध में शरीर में चुभे हुए बाणों को निकालना अथवा शरीर के कुचले हुए अंग को काटकर पृथक् कर देना। इन अल्पज्ञानी शल्य-चिकित्सकों द्वारा सफलतापूर्वक ऑपरेशन करना संभव न होने के कारण जनसाधारण में शल्य-चिकित्सा लोकप्रिय नहीं थी। अतः ओषधियों द्वारा वैद्यों से चिकित्सा कराना अधिक पसंद किया जाता था।

सुश्रुत ने शल्य-चिकित्सा में अद्भुत कौशल अर्जित किया तथा इसका ज्ञान अन्य लोगों को कराया। उन्होंने शल्यक्रिया का परिष्कार किया, अनेक जटिल ऑपरेशन करने में प्रयुक्त तथा शल्यक्रिया में प्रयुक्त होनेवाले अनेक यंत्रों का ज्ञान संसार को कराया।

सुश्रुत संहिता संस्कृत भाषा में लिखी गई है। इसके प्रारंभिक १२० अध्यायों में शल्य-चिकित्सा का तथा परिशिष्ट स्वरूप उत्तरतंत्र में शरीर की चिकित्सा का ज्ञान कराया गया है।

शल्य-चिकित्सा के लिए चीर-फाड़ के तरीके सीखना आवश्यक होता है। सुश्रुत संहिता में प्रारंभ में बताया गया है कि छात्रों को किस प्रकार कुम्हड़ा, लौकी, तरबूज आदि फलों को काटकर शल्यक्रिया का अभ्यास करना चाहिए। वह स्वयं छात्रों को शल्य-चिकित्सा का ज्ञान कराने के लिए मोम के पुतलों, फलों और मरे हुए जानवरों का प्रयोग करते थे। विद्यार्थी प्रारंभ में इन्हीं पर चीर-फाड़ का अभ्यास करते थे। सुश्रुत ने अपनी 'संहिता' में शरीर के विभिन्न अंगों के ऑपरेशन और उन पर पट्टियाँ बाँधने और सीने आदि की विधियाँ और तरीके भी समझाए हैं। उन्होंने अपने ग्रंथ में यह भी विस्तारपूर्वक बतलाया है कि किस प्रकार के यंत्र प्रयोग करने चाहिए। उनके द्वारा वर्णित अनेक यंत्र आज भी प्रयोग किए जा रहे हैं।

मानव-शरीर का सम्यक् ज्ञान प्राप्त करने के लिए शव-परीक्षण अथवा शव की चीर-फाड़ आवश्यक है। सुश्रुत अपने छात्रों को शव-छेदन (अध्ययन के लिए मुरदा शरीर की चीर-फाड़) की शिक्षा फलों आदि की चीर-फाड़ के बाद देते थे। उन्होंने समझाया कि अच्छे शव को प्राप्त करके किस प्रकार उसकी परीक्षा करनी चाहिए। इसके लिए शव को नदी के बहते हुए जल में घास-फूस से ढककर रख देते थे। धीरे-धीरे शरीर की त्वचा अलग हो जाती थी। तब शरीर की मांसपेशियाँ, हड्डियाँ और भीतरी अंगों का क्रियात्मक अध्ययन कराया जाता था। उन मर्म-स्थलों का विशेष रूप से अध्ययन किया जाता था, जिनका ऑपरेशन करना खतरनाक होता था। सुश्रुत ने शल्यक्रिया के १०१ यंत्रों का ज्ञान कराया है। उन्होंने वृणितागार अर्थात् चिकित्सालय की साफ-सफाई के विषय में भी उपयोगी निर्देश दिए हैं।

सुश्रुत संहिता में नाक, कान और ओठ की प्लास्टिक सर्जरी का भी उल्लेख है। लगभग २०० वर्ष पूर्व भारतीय वैद्यों से प्लास्टिक सर्जरी की विद्या का ज्ञान प्राप्त कर अंग्रेजों ने इसका विकास यूरोप में किया।

आधुनिक चिकित्सा-पद्धति 'एलोपैथी' के दो वरिष्ठ प्राध्यापकों—काशी हिंदू विश्वविद्यालय, वाराणसी के डॉ. घनश्यामदास सिंघल और ऑक्सफोर्ड विश्वविद्यालय के डॉ. टी. जे. एस. पैटर्सन ने ब्रिटेन के ऑक्सफोर्ड विश्वविद्यालय से प्रकाशित होने-वाली 'सिनाप्सिस ऑफ आयुर्वेद' (आयुर्वेद के सार संग्रह) नामक पुस्तक में ईसापूर्व छठी शताब्दी में लिखी गई सुश्रुत संहिता को ऐसी अमूल्य कृति बतलाया है, जिसका आधुनिक चिकित्सा-जगत् में सार्थक उपयोग किया जा सकता है। सिनाप्सिस ऑफ आयुर्वेद नामक पुस्तक में 'सुश्रुत संहिता' के १८६ अध्यायों को प्रामाणिक एवं आधुनिक चिकित्सा शब्दावली के साथ समाहित किया गया है। 'सिनाप्सिस ऑफ आयुर्वेद' पुस्तक 'एंशियंट इंडियन सर्जरी' शृंखला की बारहवीं और अंतिम किस्त है। शृंखला के पाँचवें खंड की भूमिका में प्रो. वाशम ने लिखा है—"आज की जरूरतों के परिप्रेक्ष्य में सुश्रुत संहिता आयुर्वेद की अन्य संहिताओं से अधिक महत्त्वपूर्ण है। यदि चरक, वाग्भट्ट और माधव की संहिता विलुप्त भी हो जाती तो भी आयुर्वेद की सर्वांगीण जानकारी देने के लिए सुश्रुत संहिता अपने में पर्याप्त थी।" सातवें खंड की भूमिका में तेहरान विश्वविद्यालय के चिकित्साशास्त्री डॉ. एम. नजमावादी ने लिखा है, "सुश्रुत संहिता प्राचीन अरब दुनिया में 'किताबे सुसरुत' के नाम से उपलब्ध थी। आधुनिक पश्चिमी जगत् जब इस कृति को आत्मसात करेगा तब विश्व का चिकित्सा-इतिहास बदल जाएगा।" सोवियत संघ की चिकित्सा-विज्ञान अकादमी के प्रोफेसर बी. डी. पेतोव ने दूसरे खंड की भूमिका में अतीत में भारत और सोवियत संघ के मध्य चिकित्सा आदान-प्रदान का उल्लेख किया है। पेतोव के अनुसार, रूस की प्राचीन चिकित्सा पुस्तकों में भारत की वनस्पति एवं खनिज ओषधियों का अकसर उल्लेख मिलता है। प्रो. जी. डी. सिंघल के अनुसार, केवल इतिहास की दृष्टि से ही नहीं बल्कि व्यावहारिक तौर पर भी सुश्रुत संहिता चिकित्सा जगत् में अनुसंधान के नए द्वार खोल सकती है।

सुश्रुत संहिता में विवेचन का केंद्रीय तत्त्व शल्य-चिकित्सा है, लेकिन इसके साथ ही इसमें आयुर्वेद के विभिन्न पक्षों जैसे शरीर संरचना, निदान, काय चिकित्सा, बाल रोग, स्त्री रोग, मनोरोग, नेत्र एवं सिर रोग, फार्मेसी शल्य-विज्ञान—प्लास्टिक सर्जरी और विष-विज्ञान आदि के विषय में भी सटीक जानकारी है।

सुश्रुत संहिता काय-चिकित्सा और शल्य-चिकित्सा—इन दोनों पहलुओं से बहुत उपयोगी है। इसी कारण यह अनेक देशों में पहुँच गई है।

सोलहवीं शताब्दी के लगभग एक विद्वान् ने जब सुश्रुत संहिता की कुछ पंक्तियों को मन भाषा में अनुवाद किया था, तब विश्व इस तथ्य से परिचित हुआ था कि प्राचीन भारत में प्लास्टिक सर्जरी प्रचलित थी। इस तथ्य के उद्घाटन के बाद पश्चिमी देशों की पुस्तकों में प्लास्टिक सर्जरी की भारतीय पद्धति का अंश जुड़ा।

सुश्रुत ने सफल चिकित्सक के लिए पुस्तकीय ज्ञान के अलावा प्रयोगात्मक अथवा

व्यावहारिक अभ्यास को आवश्यक बतलाया। उनके मत में जो चिकित्सक केवल पुस्तकीय ज्ञान के आधार पर अथवा पुस्तकीय ज्ञान बिना केवल क्रियात्मक अभ्यास के आधार पर चिकित्सा करता है, वह दंडनीय है।

सुश्रुत संहिता में शल्य-चिकित्सा तथा आयुर्वैदिक ओषधियों के अतिरिक्त अन्य कई बातों का उल्लेख किया गया है। सुश्रुत ने विभिन्न मौसमों, उनके वनस्पतियों, मनुष्यों तथा पशुओं पर पड़नेवाले प्रभाव, जीवविज्ञान और वनस्पति विज्ञान की वैज्ञानिक और विद्वत्तापूर्ण विवेचना की है।

सुश्रुत भारत में ही नहीं, विदेशों में भी विख्यात हुए। चरक संहिता की भाँति उनका ग्रंथ सुश्रुत संहिता अन्य देशों में प्रसिद्ध हुआ। सन् ८०० ई. में 'सुश्रुत संहिता' का अनुवाद अरबी भाषा में 'किताबे सुश्रुत' नाम से किया गया। अरब के प्रसिद्ध चिकित्सक टेजिस ने अपने ग्रंथों में सुश्रुत का उल्लेख करते हुए उन्हें शल्य-विज्ञान का आचार्य माना है। नौवीं-दसवीं शताब्दी के ईरान के महान् चिकित्सक राजी ने सुश्रुत संहिता का कई बार वर्णन किया है और सुश्रुत को एक महान् चिकित्सक माना है। साथ ही हलदी तथा लहसुन के चिकित्सा संबंधी गुणों पर भी उन्होंने एक पुस्तक लिखी।

जीवक

जीवक महात्मा बुद्ध के चिकित्सक थे। वह ६००-५०० ई. पू. में भारत में अपने चिकित्सा-ज्ञान के लिए विख्यात थे। उनके चिकित्सा-ज्ञान की प्रशंसा बौद्ध ग्रंथों में व्यापक रूप से मिलती है। सामान्य जनता ही नहीं, अपितु बड़े-बड़े राजा-महाराजा भी वैद्य जीवक के पास चिकित्सा के लिए पहुँचते थे।

जीवक की माता का नाम सालावती था। वह राजगृह (आधुनिक पटना) की प्रसिद्ध गणिका (वेश्या) थी। जीवक के जन्म के बाद उसने लोक-लज्जा के कारण जीवक को घूरे पर फेंक दिया, जहाँ उसे जीवित देखकर लोगों ने राजकुमार अभय को सूचना दी। राजकुमार अभय ने उसे अपने महल में ले जाकर उसका पालन-पोषण किया और उसका नाम जीवक रखा। होश सँभालने पर अपनी जन्म-कथा जानकर जीवक बड़े दुखी हुए और राजकुमार को सूचित किए बिना एक दिन राजमहल से चल दिए।

राजमहल से चलकर जीवक तक्षशिला पहुँचे। उन्होंने बड़े मनोयोग के साथ सात वर्ष तक आयुर्वेद का अध्ययन किया। जब उन्होंने अपनी शिक्षा पूरी कर ली, तो उनके ज्ञान की परीक्षा लेने के उद्देश्य से उनके गुरु ने उनसे कहा—"जीवक! तक्षशिला के आसपास चारों ओर के क्षेत्र में जितनी वनस्पति उगी है, उसका अध्ययन करो, और मुझे ऐसी वनस्पति ढूँढ़कर ला दो, जिसमें कोई भी ओषधीय गुण न हो।"

गुरु के आदेश का पालन करने के लिए जीवक ने तक्षशिला के चारों ओर एक योजन (८ मील या लगभग १३ किलोमीटर) क्षेत्र में भ्रमण किया तथा वहाँ उगनेवाली वनस्पतियों का गूढ़ अध्ययन किया। अपना अध्ययन और अनुसंधान पूरा करने के बाद जीवक ने गुरु के पास लौटकर कहा, "गुरुजी! मैंने बहुत प्रयास किया, किंतु मुझे ऐसी कोई ओषधि दिखाई नहीं दी, जिसमें कोई ओषधीय गुण विद्यमान न हो। अतः आप मुझे क्षमा प्रदान कीजिएगा।"

जीवक के इस ओषधीय ज्ञान से प्रभावित एवं प्रसन्न होकर गुरु ने जीवक को

आशीर्वाद प्रदान किया और कहा, "जीवक ! आज तुम्हारी शिक्षा पूरी हुई। वास्तव में ऐसी कोई वनस्पति है ही नहीं, जिसमें कोई ओषधीय गुण विद्यमान न हो।"

गुरु से बिदा लेकर प्रस्थान करने पर साकेत (वर्तमान नाम अयोध्या, जिला—फैजाबाद, उत्तर प्रदेश) पहुँचने पर जीवक का सारा धन समाप्त हो गया। तब वे घोर आर्थिक चिंता में पड़ गए। तभी संयोगवश उनकी भेंट एक धनी व्यापारी से हुई, जिसकी पत्नी सात वर्ष से बीमार थी। व्यापारी द्वारा अनेक उपचार कराने के बाद भी उसके रोग में कोई कमी नहीं आई थी। जीवक उस रोगिणी की चिकित्सा करने के लिए सहमत हो गए। कहा जाता है कि जीवक ने मक्खन में कुछ ओषधियाँ मिलाकर रोगिणी की नाक में डालीं, जो उसके मुँह से निकलने लगीं। इसके प्रभाव से वह रोगिणी कुछ क्षणों बाद पूर्ण स्वस्थ हो गई। अतः प्रसन्न होकर व्यापारी ने जीवक को पर्याप्त धनराशि—१६ हजार कार्षापण पुरस्कार में दी। इसके अतिरिक्त व्यापारी ने उसे एक दास और दासी तथा यात्रा के लिए एक रथ भी भेंट किया। भेंट में प्राप्त सभी चीजें लेकर जीवक राजकुमार अभय के पास पहुँचा और उसे संपूर्ण धनराशि अर्पित कर दी। जीवक की इस अभूतपूर्व सफलता से प्रसन्न होकर राजकुमार अभय ने जीवक को अपने महल में ठहराया।

भगंदर रोग से पीड़ित राजकुमार अभय के पिता राजा बिंबसार को प्रयोग करने के लिए जीवक ने एक लेप दिया, जिसके एक बार के प्रयोग से ही वह नीरोग हो गया। प्रसन्न होकर राजा ने जीवक को अपनी समस्त ५०० रानियों के आभूषण भेंट किए और उसे अपना राजवैद्य तथा महात्मा बुद्ध और उनके भिक्षुओं का चिकित्सक नियुक्त कर दिया।

एक बार उज्जयिनी नरेश पज्जोत (प्रद्योत) के अस्वस्थ होने पर जीवक की ख्याति सुनकर उन्होंने बिंबसार से निवेदन कर जीवक को अपने उपचार हेतु बुलवाया था। उनके उपचार के लिए घी का प्रयोग आवश्यक था जिससे वह घृणा करते थे।

अतः ओषधि तैयार कर राजा को देकर जीवक हाथी पर सवार होकर भागे। दवा में घी का पता चलने पर राजा पज्जोत ने क्रोधित होकर जीवक को बंदी बनाने के लिए सैनिक भेजा जिसे जीवक कौशांबी में मिले, जहाँ वह भोजन के लिए रुके थे।

जीवक उस समय एक बहेड़ा खा रहे थे। उन्होंने सैनिक का स्वागत किया और उसे भी एक बहेड़ा खाने को दिया, जिसे खाते ही उसका मल टूट गया और वह भयंकर उदर-पीड़ा से छटपटा उठा तथा जीवक से अनुनय-विनय करने लगा, "वैद्यराज, मुझ पर दया कीजिए। मेरे प्राणों की रक्षा कीजिए। मैं आपका यह उपकार आजीवन नहीं भूलूँगा।" जीवक ने उत्तर में कहा—"मैं केवल एक शर्त पर तुम्हारी पीड़ा का निवारण कर सकता हूँ कि तुम बिना किसी बाधा के मुझे अपनी राह जाने दोगे।" सैनिक ने तत्काल उत्तर दिया—"आप जैसा आदेश देंगे, मैं वैसा ही करूँगा; परंतु मेरा जीवन बचा लीजिए।" तब जीवक ने ओषधि देकर सैनिक को रोगमुक्त किया और राजगृह के लिए

प्रस्थान किया। इस घटना से पता चलता है कि जीवक को ऐसी ओषधियों का ज्ञान था जिनके सेवन से विषैली एवं हानिकारक वस्तु खाने पर भी हानि नहीं पहुँचती थी।

दूसरी ओर भयंकर रोग से मुक्त होने पर पज्जोत का क्रोध शांत हुआ और अपनी भूल को समझकर उसने जीवक के पास उपहार में एक बहुमूल्य सिवेय्यक (शिवि प्रदेश में बना वस्त्र) भेजा जिसे जीवक ने भगवान् बुद्ध को अर्पित कर किया।

ओषधीय-चिकित्सा के अतिरिक्त जीवक शल्य-चिकित्सा (ऑपरेशन) में भी बड़े कुशल थे। शल्य-चिकित्सा द्वारा उन्होंने राजगृह के एक धनी व्यापारी को रोगमुक्त किया था, जिसने उन्हें दो लाख कार्षापण भेंट किए। बनारस के एक व्यापारी के पुत्र का आंत्र सम्मूर्च्छन (आँतें उलटी आना) रोग जीवक ने पेट के ऑपरेशन द्वारा आँतें ठीक कर दूर कर दिया। इस पर उन्हें १६ हजार कार्षापण भेंट किए गए।

भगवान् बुद्ध के समकालीन जीवक को बुद्ध के प्रति बड़ी श्रद्धा थी। एक बार बुद्ध के उदर रोग से पीड़ित होने पर जीवक ने उनके शिष्य आनंद से शरीर पर चर्बी का लेप कराया और तीन कमल के फूल सूँघने को दिए तथा तरल पदार्थों का भोजन कराया।

जीवक का यश संपूर्ण देश में फैल गया था और देश के कोने-कोने से रोगी उनके पास आने लगे। वे निर्धनों की चिकित्सा निःशुल्क करते थे।

राजा बिंबसार के बाद जीवक उनके उत्तराधिकारी अजातशत्रु के राजवैद्य बने। जीवक के प्रभाव से ही अजातशत्रु ने बौद्ध धर्म ग्रहण किया था। ओषधि-विज्ञान और शल्य-चिकित्सा के साथ ही जीवक बाल-रोग विशेषज्ञ भी थे। इसी कारण उन्हें लोग 'कोमारभच्च' भी कहते थे।

नागार्जुन

प्राचीन भारत में नागार्जुन एक महान् रसायन वैज्ञानिक हुए। उन्होंने रसायन विज्ञान का गहन अध्ययन कर संपूर्ण भारत में प्रचार-प्रसार किया। वे वर्तमान गुजरात राज्य में सोमनाथ के निकट देहक-दुर्ग के रहनेवाले थे। उनके जन्म के विषय में एक कथा प्रचलित है। उसके अनुसार उनके पिता ब्राह्मण जाति के थे तथा बहुत धनी थे। वह विदर्भ राज्य के निवासी थे। विवाह के बहुत समय पश्चात् भी उनके कोई संतान नहीं हुई। एक रात उन्होंने स्वप्न देखा कि यदि वह एक हजार ब्राह्मणों को भोजन करावें तो उन्हें पुत्र प्राप्त होगा। उन्होंने ऐसा ही किया तथा उनके पुत्र उत्पन्न हुआ जिसका नाम उन्होंने नागार्जुन रखा था। उसके जन्म के अवसर पर ज्योतिषियों ने सात वर्ष की आयु में मृत्यु की भविष्यवाणी की थी। इससे उसके माता-पिता बड़े चिंतित रहने लगे। सात वर्ष से पूर्व ही बोधिसत्व ने प्रकट होकर बालक नागार्जुन से कहा—"तुम यदि नालंदा चले जाओ तो मृत्यु से बच सकते हो।" अतः नागार्जुन नालंदा गए और गहन अध्ययन करके नालंदा विश्वविद्यालय के कुलपति बन गए।

कहा जाता है कि एक बार देश में भयंकर अकाल पड़ने पर धन की आवश्यकता पड़ी। उस समय नागार्जुन ने समुद्र पार एक द्वीप में जाकर सस्ती धातुओं से सोना बनाने की विद्या (कीमियागीरी) सीखने का विचार किया था। दैवी शक्ति से प्राप्त पीपल के दो पत्तों में से एक की सहायता से समुद्र पार कर उस द्वीप में पहुँचकर एक कीमियागर साधु के पास गए। साधु ने नागार्जुन के सामने कीमियागीरी सिखाने के लिए उनके पास से पीपल का पत्ता देने की शर्त रखी जिसे पूरा कर उन्होंने वह विद्या सीख ली और वापस स्वदेश लौटकर सोना बनाकर अकाल का संकट दूर किया। यह कथा एक तिब्बती ग्रंथ में मिलती है।

प्राचीन काल में भारत में नागार्जुन नामक एक बौद्ध दार्शनिक भी हुए हैं। यह कहना कठिन है कि बौद्ध दार्शनिक और कीमियागर रसायनज्ञ नागार्जुन एक ही व्यक्ति

थे अथवा दो पृथक्-पृथक् व्यक्ति थे।

नागार्जुन के समय का निश्चित पता अभी तक नहीं चल पाया है। सन् १०३१ में भारत में अलबरूनी आया था। उसने नागार्जुन के रासायनिक ज्ञान की प्रशंसा करते हुए अपनी यात्रा से उनका एक शताब्दी पूर्व होने का उल्लेख किया है। रसायन विज्ञान पर उनके प्रसिद्ध ग्रंथ 'रस रत्नाकर' अथवा 'रसेंद्र मंगल' से ज्ञात होता है कि उसकी रचना आठवीं शताब्दी में हुई होगी। अतः उनका समय आठ से दस शताब्दी के मध्य माना जा सकता है। नागार्जुन लिखित राजा शालिवाहन के नाम पर सुहल्लेख का भाषांतर तथा चीनी भाषा में लेख मिलते हैं। उनका समय ईसवी सन् १७२ है। ह्वेनसांग ने देव, अश्वघोष, कुमारलब्ध और नागार्जुन को चार दीवारों का सूर्य कहा है। लगभग ४०१-४०९ ई. में नागार्जुन बोधिसत्त्व के एक जीवनचरित्र का चीनी भाषा में अनुवाद हुआ है। इससे ज्ञात होता है कि वे निस्संदेह श्री हर्ष और ह्वेनसांग के पूर्ववर्ती हैं जिसका समय ६२९-६४५ ई. है। नागार्जुन का समय दूसरी शताब्दी ईसवी के आसपास माना गया है। नागार्जुन की सूक्ति है—"सिद्धरसे शिष्येदरं निर्दारिथ्रन्यगयं जगत"। कर्नाटक और धारवाड़ में नागार्जुन और उनका रसावाद बहुत प्रसिद्ध है। 'कपोत गुड' नामक स्थल पर उनकी छतरी उन्होंने बनवाई थी। वे तोना गाँव में रहते थे। राजा शालिवाहन ने उनके पुत्रों को अपना शिष्य बनाया था।

उनकी रचनाओं से उनको बौद्ध धर्म का अनुयायी होना माना जाता है। उन्होंने 'सुश्रुत संहिता' का संपादन किया और उसमें एक नया अध्याय 'उत्तर तंत्र' जोड़ा। उन्होंने 'कक्षपुत्र तंत्र', 'आरोग्य मंजरी', 'योगसार' तथा 'योगाष्टक' नामक ग्रंथों की भी रचना की थी।

'रस रत्नाकर' में वर्णित रासायनिक क्रियाएँ आज भी वैज्ञानिकों को आश्चर्य में डाल देती हैं। इस ग्रंथ में नागार्जुन ने विभिन्न धातुओं के मिश्रण तैयार करने, पारा के शोधन, अन्य धातुओं के शोधन, नकली सोना बनाने, महारसों के शोधन, कज्जली तैयार करने और फिर उससे पर्पटिका रस बनाने, रसायन की अनेक विधियों और प्रयोग में लाए गए उपकरणों का वर्णन विस्तारपूर्वक किया है। इससे पता चलता है कि नागार्जुन को विभिन्न वस्तुओं के रासायनिक गुणों का विशद ज्ञान था। यद्यपि वह नकली सोना बनाने में पूर्णतया सफल नहीं हुए, किंतु कीमियागीरी से आधुनिक रसायन विज्ञान का जन्म हुआ। इस कारण नागार्जुन भारत में धातुवाद या कीमियागीरी के प्रवर्त्तक माने जाते हैं।

नागार्जुन द्वारा बताई गई विधि से तैयार पारे के मिश्रण के प्रयोग से हमारा शरीर दीर्घकाल तक नीरोग रह सकता है। इस विधि के ज्ञान-प्राप्ति के विषय में उन्होंने लिखा है, "समस्त प्राणियों के कल्याण के लिए मैंने बारह वर्ष तक घोर तप किया और देवी यक्षिणी की आराधना की। तभी आकाशवाणी सुनाई दी—'हे ऋषिराज, मैं तुमसे प्रसन्न हूँ। तुम्हारी जो इच्छा हो, कहो, मैं उसे पूरी करूँगी।' आकाशवाणी सुनकर मैंने

कहा—'दयामयी देवी ! यदि आप मुझसे संतुष्ट हुई हैं, तो कृपापूर्वक मुझे वह ज्ञान दीजिए, जिससे मैं पारे की भस्म तैयार कर सकूँ'।" उसके उपरांत नागार्जुन ने पारे की भस्म तैयार करने की विधि का उल्लेख करते हुए बतलाया है कि कौन-कौन से रासायनिक पदार्थ कितनी-कितनी मात्रा में मिश्रित किए जावें। नागार्जुन के समान ज्ञानवान् और अनुभवी रसायनशास्त्री परवर्ती भारत में भी नहीं हुए। वृंद और चक्रमणि ने भी अपनी अधिकांश खोजों में नागार्जुन के ज्ञान का आश्रय लिया था। अतः नागार्जुन को रसायन विज्ञान का आचार्य माना जाता है।

आर्यभट्ट

भारत के इतिहास में गुप्तकाल 'स्वर्ण युग' के नाम से विख्यात है। इस युग में भारत में साहित्य, कला और विज्ञान के क्षेत्रों में अभूतपूर्व प्रगति हुई। विज्ञान के क्षेत्र में गणित, रसायन और ज्योतिष की विशेष प्रगति हुई। इस काल के ज्योतिषियों और गणितज्ञों में आर्यभट्ट का नाम विशेष रूप से उल्लेखनीय है।

आर्यभट्ट के माता-पिता का नाम और वंश-परिचय हमें अभी तक ज्ञात नहीं हो सका है। वे वर्तमान बिहार राज्य की राजधानी पटना के निकट कुसुमपुर के रहनेवाले थे। आर्यभट्ट का जन्म पटना में १३ अप्रेल, सन् ४७६ ई. को हुआ था। यूनेस्को ने उनकी १५००वीं जन्मशती मनाई थी। उनकी मृत्यु ५२० ई. में हुई थी। आर्यभटीय के रचनाकार ने अपना नाम आर्यभट ही लिखा है। प्राचीन भारत के अन्य सभी गणितज्ञ-ज्योतिषियों ने आर्यभट नाम से ही उनका उल्लेख किया है। 'भट' का अर्थ है योद्धा। अतः आर्यभट्ट न लिखकर आर्यभट लिखना उचित रहेगा। वे गुप्तकाल के प्रसिद्ध गणितज्ञ थे। उनके तीन ग्रंथों का पता चलता है—दशगीतिका, आर्य भट्टिय तथा तंत्र।

उन्होंने अपना एकमात्र प्रसिद्ध ग्रंथ 'आर्य भट्टिय' अथवा 'आर्य सिद्धांत' छठी शताब्दी के प्रारंभ में लिखा होगा। इसमें ज्योतिषशास्त्र के मूल सिद्धांतों का संक्षेप में वर्णन किया गया है। यह ग्रंथ ज्योतिषशास्त्र का एक प्रामाणिक ग्रंथ है। इस ग्रंथ की रचना उन्होंने सन् ४९९ में कुसुमपुर में की। इस ग्रंथ में १२१ श्लोक हैं जो चार खंडों में विभाजित किए हैं—(१) गीत पादिका अथवा दशगीतिकापाद, (२) गणितपाद, (३) कालक्रियापाद, और (४) गोलपाद। 'आर्य भट्टिय' ग्रंथ का चौथा खंड बहुत छोटा है। इसमें कुल श्लोकों की संख्या ११ है, परंतु उनमें इतनी अधिक सामग्री भर दी गई है जो 'सूर्य सिद्धांत' के संपूर्ण मध्याधिकार और कुछ स्पष्टीकरण में आई है। इसमें आर्यभट्ट ने संक्षेप में संख्या लिखने की एक अनोखी विधि प्रतिपादित की है। उसका पता हमें

निम्न श्लोक से होता है—

"वर्गाक्षराणि वर्गऽवर्गेवर्गाक्षराणि कातङ् मौय।
खद्विनवके स्वरा नव वर्गेऽवर्गे नवान्त्य वर्गे वा॥"

इसका अर्थ है कि 'क' से प्रारंभ करके वर्ग अक्षरों को वर्ग स्थानों में और 'अ' वर्ग अक्षरों को अवर्ग स्थानों में व्यवहार करना चाहिए। इस प्रकार ङ् और म मिलकर य होता है, और वर्ग तथा अवर्ग स्थानों के ९ दूने शून्यों के ९ स्वर प्रकट करते हैं। यही क्रिया ९ वर्ग के अंत के स्थानों तक दोहरानी चाहिए।

इकाई, सैकड़ा, दस हजार, एक लाख आदि विषम स्थान को वर्ग स्थान और दहाई, हजार, लाख आदि सम स्थानों को अवर्ग स्थान कहते हैं, क्योंकि १, १००, १०००००, के वर्गमूल पूर्णांक में जाने जाते हैं, परंतु १०, १०००, १०००००० आदि के वर्गमूल पूर्णांकों में नहीं जाने जा सकते हैं। उन्होंने बड़ी संख्याओं को लिखने के लिए सरल शब्दों का प्रयोग किया था। उदाहरणतः ४३२,००,०० लिखने के लिए 'रव्युप्ट' शब्द का प्रयोग किया था।

आर्यभट्ट पहले आचार्य हुए हैं, जिन्होंने अपने ज्योतिष गणित में अंकगणित और रेखागणित के प्रश्नों का समावेश किया है। उन्होंने अनेक कठिन प्रश्नों को ३० श्लोकों में समाविष्ट कर दिया है। एक ही श्लोक में श्रेणी गणित के ५ नियम समा गए हैं।

दूसरे श्लोक में दशमलव पद्धति का उल्लेख है। इसके परवर्ती श्लोकों में वर्ग का क्षेत्रफल, त्रिभुज का क्षेत्रफल, शंकु का घनफल, वृत्त का क्षेत्रफल, गोले का घनफल, विषम चतुर्भुज के क्षेत्र के कोणों के संपात् से दूरी और क्षेत्रफल तथा सब प्रकार के क्षेत्र की मध्यम लंबाई और चौड़ाई ज्ञात कर क्षेत्रफल ज्ञात करने के साधारण नियमों का उल्लेख मिलता है। एक स्थान पर यह उल्लेख है कि परिधि के छठवें भाग की ज्या उसकी त्रिज्या के बराबर होती है। एक श्लोक में वृत्त का व्यास २०,००० होने पर उसकी परिधि ६२,८३२ का होना बतलाया गया है। इसमें परिधि तथा व्यास का संबंध दशमलव के चौथे स्थान तक शुद्ध आ सकता है। उन्होंने परिधि और व्यास के अनुपात (पाई) का मान आसन्न मानते हुए इसे ३,१४१६ स्थापित किया। आगे वृत्त, त्रिभुज तथा चतुर्भुज बनाने की विधि, लंबक प्रयोग करने की विधि, किसी दीपक तथा उससे बने शंकु की छाया, दीपक की ऊँचाई तथा दूरी जानने की विधि, एक ही रेखा पर स्थिर तथा दीपक की दूरी में संबंध ज्ञात किया जा सकता है।

बीजगणित में साधारण नियम यथा $(क+ख)^{२}—(क^{२}+ख^{२}) = २कख$ और दो राशियों का गुणनफल ज्ञात कर और अंतर ज्ञात कर राशियों को अलग-अलग करने की विधि, भिन्नों के हरों को सामान्य हरों में परिवर्तित करने की विधि, भिन्नों में गुणा और भाग देने का तरीका आदि इतनी अधिक बातें इन ३० श्लोकों में समाविष्ट की गई हैं कि वर्तमान पद्धति पर लिखे जाने पर यह एक विशालकाय ग्रंथ बन जाए।

आर्य भट्टिय में त्रिकोणमिति का भी वर्णन है। ज्या (sine) का प्रयोग सर्वप्रथम

इस ग्रंथ में मिलता है। इसमें ज्या और उत्क्रम ज्या (versed sine) की सारणियाँ भी दी गई हैं। इस ग्रंथ में ज्या सारिणी बनाने के दो नियमों का उल्लेख है। प्रथम नियम इस प्रकार है—"पहली ज्या में से, उसको उसी से भाग देकर घटा दो। इस प्रकार सारिणी ज्याओं का दूसरा अंतर प्राप्त होगा। कोई-सा भी अंतर निकालने के लिए उनसे पिछले समस्त अंतरों के जोड़ को पहली ज्या से भाग देकर उससे पिछले अंतर में से घटा दो। इस प्रकार सारे अंतर प्राप्त हो जाएँगे।" इन ज्यांतरों का 'आर्य भट्टिय' के खंड 'गीतिकापाद' के दसवें श्लोक में इस प्रकार वर्णन किया गया है—

"मखि भखि फखि धखि राखि भखि ड़खि हस्क स्वकिकिष्म शूधकि किध्व।
ध्लकि किग्र हक्य धाहा स्त स्ग श्क ड्व ल्क प्त फ छ कलार्धज्या।"

जैसे—यदि सारणिक ज्याओं के अंतर क्रमशः a_1, a_2, a_3.....an हैं, तो उपर्युक्त सूत्र के अनुसार प्रत्येक 3° 45 / की वृद्धि के लिए

$$an + १ = \frac{-a_1 + a_2 .. + a_n}{\text{ज्या } ३^\circ ४५/}$$

किंतु ज्याओं के जो मान इस सूत्र में आते हैं, आर्यभट्ट ने ठीक वही मान अपनी सारणी में नहीं दिए हैं, बल्कि अगले अथवा पिछले पूर्णांक में उनको परिणत कर दिया है। संभवतः उन्होंने उपर्युक्त सूत्र से उनका निकटतम मान निकाला हो और फिर ज्ञात कोणों ३०°, ४५°, ६०° आदि की ज्याओं से उनकी तुलना करके उनमें संशोधन कर दिया हो।

उस समय देश में व्याप्त अंधविश्वासों का आर्यभट्ट ने खंडन किया। उन्होंने सर्वप्रथम लोगों को यह बतलाया कि पृथ्वी गोल है जो अपनी धुरी पर चक्कर लगाती रहती है। उन्होंने पृथ्वी के आकार, गति और परिधि का अनुमान लगाया था, सूर्य और चंद्रग्रहण के विषय में अनुसंधान किया था। उन्होंने इस धारणा को गलत सिद्ध किया कि सूर्य और चंद्रग्रहण राहु और केतु के प्रकोप से होते हैं। उन्होंने सूर्य और चंद्रग्रहण का सही कारण बतलाया। उन्होंने बतलाया—"चंद्रमा और पृथ्वी की परछाईं पड़ने से ग्रहण पड़ता है। चंद्रमा स्वयं नहीं चमकता, बल्कि सूर्य के प्रकाश से प्रकाशित होता है।"

ज्योतिष के अलावा गणितशास्त्र में भी आर्यभट्ट ने नए सिद्धांत प्रतिपादित किए। भारत में सर्वप्रथम उन्होंने ही बीजगणित का ज्ञान विस्तार से प्रकट किया। उनके गणित-शास्त्र के ज्ञान को देखकर आज भी बड़े-बड़े गणितज्ञ उनकी प्रतिभा का लोहा मानते हैं। शून्य सिद्धांत और दशमलव प्रणाली का आविष्कार भारत में सर्वप्रथम किसने किया, यह तो बताया नहीं जा सकता; किंतु आर्यभट्ट ने उसका कुशलता से प्रयोग किया है। उनका यश भारत से बाहर विदेशों में भी फैला। अरब के विद्वानों ने उनके

ज्योतिष ज्ञान का बड़ा सम्मान किया और वे उन्हें 'अरज भर' के नाम से पुकारते थे। भारत सरकार ने अपने पहले स्पूतनिक का नाम उनके नाम पर 'आर्यभट्ट' रखकर उनके प्रति आभार प्रकट किया है।

आर्यभट्ट नामक एक अन्य ज्योतिषी सन् ९५० के लगभग हुए जिन्होंने 'महासिद्धांत' नामक पुस्तक की रचना की। अतः हम आर्य भट्टिय के रचनाकार प्रसिद्ध गणितज्ञ आर्यभट्ट को आर्यभट्ट प्रथम कहेंगे।

अनेक विद्वानों का मत है कि आर्यभट्ट ने कम से कम एक और ग्रंथ आर्यभट्ट सिद्धांत लिखा था, लेकिन आज वह उपलब्ध नहीं है।

वाराहमिहिर

अब से लगभग डेढ़ हजार वर्ष पूर्व भारतीय इतिहास के 'स्वर्णयुग' गुप्तकाल में जब देश की जनता सब प्रकार से सुखी थी, बाह्य आक्रमणों से देश सुरक्षित था, तो देश में कला, साहित्य और विज्ञान के क्षेत्रों में अभूतपूर्व प्रगति हुई। यूनानी विद्वानों के साथ भारत का संपर्क हो जाने के कारण भारतीय और यूनानी विद्वानों के मध्य पारस्परिक विचार-विमर्श के फलस्वरूप भी भारतीय ज्ञान-विज्ञान की प्रगति को अधिक बल मिला। उस समय मध्य-देश (वर्तमान मध्य प्रदेश) के अंतर्गत विद्या और ज्ञान के प्रमुख केंद्र उज्जयिनी (वर्तमान उज्जैन) के निकटवर्ती कापित्थ नामक ग्राम में आदित्यदास नामक ब्राह्मण के घर वाराहमिहिर का जन्म हुआ था। वाराहमिहिर की माता का नाम सत्यवती था। विक्रम विश्वविद्यालय, उज्जैन के गणित संकाय के अध्यक्ष डॉ. घनश्याम पांडेय ने विभिन्न ऐतिहासिक ग्रंथों के आधार पर अपने शोधपत्र में यह लिखा है कि यह निर्विवाद रूप से सिद्ध हो चुका है कि प्राचीन गणित एवं ज्योतिष के आचार्य वाराहमिहिर उज्जैन के ही मूल निवासी थे। डॉ. पांडेय का मत है कि आचार्य वाराहमिहिर आदित्यदास के पुत्र थे। उन्होंने उज्जैन से बीस किलोमीटर दूर स्थित कायथा ग्राम में स्थापित सूर्य के आशीर्वाद से गणित और ज्योतिष की शिक्षा प्राप्त की थी। डॉ. पांडेय के अनुसार महाकवि कालिदास द्वारा रचित ज्योतिर्विद अभिरंग में वर्णन के अनुसार वाराहमिहिर सम्राट् चंद्रगुप्त विक्रमादित्य की सभा के नवरत्नों में से एक थे। कहा जाता है कि अधिक आयु हो जाने पर भी जब आदित्यदास के पुत्र उत्पन्न नहीं हुआ, तो उन्होंने सूर्यदेव की उपासना की। कुछ समय बाद आदित्यदास को पुत्र-प्राप्ति हुई तो उन्होंने उसका नाम मिहिर रखा। मिहिर शब्द का अर्थ होता है सूर्य। वाराहमिहिर गुप्तकाल में भारत में ज्योतिर्विज्ञान के एक बहुत प्रसिद्ध विद्वान् हुए।

वाराहमिहिर का जन्म किस सन् में हुआ था, इस बात का निश्चित पता अभी तक नहीं चल पाया है, किंतु उनके ग्रंथों से यह पता चला है कि वह सन् ४९९ में अवश्य

जीवित रहे होंगे। उनकी मृत्यु सन् ५८७ में मानी जाती है। इस प्रकार उनके जन्म और मृत्यु का प्रामाणिक निर्णय हमें नहीं मिल पाया है। वह और आर्यभट्ट लगभग एक ही समय में हुए। आर्यभट्ट ने अपने ग्रंथ 'आर्य भट्टिय' की रचना सन् ४९९ में की थी। वाराहमिहिर का भद्रबाहु का भाई और जैन मानना सही नहीं है। वह शिव, विष्णु, सूर्य आदि देवताओं के उपासक थे।

उनका नाम वाराहमिहिर किस प्रकार पड़ा, इस संबंध में एक दंतकथा प्रचलित है। बड़ा होने पर मिहिर ने अपने पिता आदित्यदास से ज्योतिष का ज्ञान प्राप्त किया तथा इस विद्या का गहन अध्ययन किया। उनकी विद्वत्ता से प्रभावित होकर राजा विक्रमादित्य ने उन्हें अपने दरबार का रत्न बनाया। राजा विक्रमादित्य के पुत्र-जन्म होने पर मिहिर ने भविष्यवाणी की कि अमुक वर्ष के अमुक दिन एक सूअर उनके पुत्र को मार डालेगा। राजा ने अपने पुत्र की सुरक्षा की बहुत अच्छी व्यवस्था की, पर अंत में मिहिर की भविष्यवाणी सत्य सिद्ध हो गई। तब से मिहिर वाराहमिहिर कहलाए। वाराह का अर्थ है सूअर। वह सूर्य के उपासक थे। ऐसा भी माना जाता है कि उन्हें सूर्य की कृपा से ज्योतिष ज्ञान प्राप्त हुआ था। वह बड़े निर्भीक थे। इस संबंध में कई कहानियाँ प्रचलित हैं।

प्राचीन भारत के ज्योतिषियों में वाराहमिहिर ही सबसे अधिक प्रसिद्ध हैं। कारण यह है कि उनके कुछ ग्रंथों का फलित-ज्योतिष-शास्त्री आज भी प्रयोग करते हैं। वाराहमिहिर ने खगोल विद्या एवं ज्योतिषशास्त्र पर जो ग्रंथ लिखे, उनसे उनके विशद् एवं व्यापक ज्ञान का पता चलता है। उनका एक प्रसिद्ध ग्रंथ है पंच-सिद्धांतिका—अर्थात् पाँच सिद्धांत। यह खगोल विद्या और ज्योतिष विज्ञान का प्रामाणिक ग्रंथ माना जाता है। इसके साथ ही यह गणित का संग्रह गौरव ग्रंथ है। इसकी प्रसिद्धि का श्रेय डॉ. थोबो तथा महामहोपाध्याय सुधारक द्विवेदी को है। इस ग्रंथ को उन्होंने तीन खंडों में विभक्त किया है। पहला खंड खगोल विद्या पर है और शेष दो खंडों में ज्योतिष विज्ञान के सिद्धांतों का वर्णन किया गया है। इस ग्रंथ का पहला भाग 'पंच सिद्धांत' नाम से विख्यात है। इस ग्रंथ में वाराहमिहिर ने अपने से पहले प्रचलित पाँच ज्योतिष सिद्धांतों पर प्रकाश डाला है। वे पुराने सिद्धांत अब उपलब्ध नहीं हैं। इस ग्रंथ में वाराहमिहिर ने विस्तारपूर्वक यह भी उल्लेख किया है कि खगोल विद्या के अध्ययन के लिए किन-किन बातों का ज्ञान आवश्यक है। इसी कारण भारतीय ज्योतिष के इतिहास में वाराहमिहिर के इस ग्रंथ का बहुत महत्त्व है। उन्होंने अपने इस ग्रंथ की रचना सन् ५०५ में की थी। अलबरूनी ने वाराहमिहिर की बड़ी प्रशंसा की है।

उस समय ज्योतिष और गणित का ज्ञान एक ही ग्रंथ में दिया जाता था; परंतु वाराहमिहिर के ग्रंथ प्रमुखतया फलित-ज्योतिष से संबंधित हैं।

वाराहमिहिर ने अपना मत विशेष रूप से उस समय के सर्वाधिक विवादग्रस्त सिद्धांतों पर प्रकट किया है। उन्होंने उल्लेख किया है कि पृथ्वी की आकृति गोल है,

जिसके धरातल पर पहाड़, नदियाँ, पेड़-पौधे, नगर आदि फैले हुए हैं। अगर यमकोटि नगर विश्व के एक ओर स्थित है तथा उसके बिलकुल दूसरी और रूम (रोम) नगर स्थित है, तो इसका यह अर्थ नहीं है कि एक नगर नीचा है और दूसरा ऊपर। पृथ्वी का धरातल चारों ओर एक-सा होने के कारण कोई स्थान ऊपर या नीचे नहीं कहा जा सकता है ?

वाराहमिहिर ने आर्यभट्ट के पृथ्वी के परिभ्रमण सिद्धांत को गलत बतलाया। उसने कहा था, "यदि पृथ्वी घूमती है, तो एक पक्षी, जो अपने घोंसले से उड़कर पश्चिम दिशा की ओर चलता जाए, तो लौटकर अपने घोंसले में वापस कैसे आ सकता था।"

वाराहमिहिर के ग्रंथ के दूसरे भाग का नाम है 'बृहद् जातक'। इस भाग अथवा ग्रंथ में वाराहमिहिर ने ज्योतिष विज्ञान, विशेषतया यात्रा और विवाह-मुहूर्त, जन्म-कुंडली आदि का वर्णन किया है। ग्रंथ का तीसरा खंड अथवा वाराहमिहिर का सबसे प्रसिद्ध ग्रंथ है—वृहत् संहिता। इस ग्रंथ में चार हजार श्लोक हैं। इसमें केवल ज्योतिष के बारे में ही नहीं, अपितु अनेक विद्याओं का ज्ञान कराया गया है। इस ग्रंथ से हमें उस समय के राज्यों, जनपदों, रीति-रिवाजों, विश्वासों आदि के विषय में पर्याप्त ज्ञान प्राप्त होता है। डेढ़ हजार वर्ष पूर्व के भारत का सही ज्ञान प्राप्त करने के लिए वाराहमिहिर का यह ग्रंथ बड़ा सहायक और उपयोगी है।

श्री वेंकटेश्वर विश्वविद्यालय, तिरुपति के भू-विज्ञान के प्राध्यापक डॉ. ई. ए. व्ही. प्रसाद के अनुसार इस ग्रंथ में डेढ़ हजार वर्ष पूर्व जन्मे इस ऋषि ने जैव संकेतकों की एक सूची दी है। डॉ. प्रसाद के अनुसार 'वृहत् संहिता' प्राचीन भारत में कटिबंधीय भू-जल विज्ञान के समस्त उपलब्ध ज्ञान का सार है।

वाराहमिहिर द्वारा जैव संकेतकों की जो सूची दी गई है, उसमें कोई ३० प्रजातियों के पौधे, आधा दर्जन प्राणी, जैसे कि आद्रता पसंद करनेवाला पेड़ों का मेंढक तथा सूखेपन के प्रति संवेदनशील कीड़े, जो हमेशा गीलेपन की तरफ आकर्षित होते रहते हैं, शामिल हैं। चूँकि इन जैव संकेतकों को निरक्षर लोग तक पहचान सकते हैं और उन पर कोई खर्च भी नहीं आता, डॉ. प्रसाद इसे 'सूखे से संघर्ष की जनता' टेक्नालॉजी कहकर पुकारते हैं, किंतु चूँकि वाराहमिहिर ने यह ग्रंथ संस्कृत भाषा में लिखा है, किसी को यह विश्वास ही नहीं होता कि वह वैज्ञानिक भी हो सकता है। डॉ. प्रसाद के मत में वाराहमिहिर की तकनीक से जलस्रोतों की खोज सरलता से हो सकती है और दीमक की बाँबियाँ भू-जल की सबसे बढ़िया संकेतक होती हैं। दीमक बहुत गहरे जाकर जल-पटल तक पहुँचते हैं और वहाँ से पानी लाते हैं ताकि बाँबियों में आद्रता बनी रहे जो उनके जीवित रहने के लिए आवश्यक है। दूसरा निश्चित संकेत ऐसे वृक्ष होते हैं, जिनकी जड़ें ऐसी होती हैं, जो जल-पटल से पानी खींच लाती हैं।

वृहत् संहिता ज्योतिष के संहिता विभाग की महत्त्वपूर्ण कृति है। इतिहासकार भी प्रमाणस्वरूप सादर इसका उल्लेख करते हैं। लगभग सन् १८९४ में केर्न इसे प्रकाश में लाए और एशियाटिक सोसाइटी के जर्नल में इसका संपूर्ण अनुवाद प्रकाशित हुआ।

दसवीं शताब्दी ईसवी में भटोत्पल नामक एक विद्वान् ज्योतिषी ने वाराहमिहिर के अनेक ग्रंथों पर टीकाएँ लिखीं। इससे उनके ग्रंथों को और भी अधिक ख्याति प्राप्त हुई। वाराहमिहिर के कुछ ग्रंथों का अनुवाद अरबी भाषा में भी हुआ था।

वाराहमिहिर उदार विचारों के ज्योतिषी थे। उन्होंने यूनानी ज्योतिष का अच्छा ज्ञान प्राप्त किया था। उनके ग्रंथों में यूनानी ज्योतिषशास्त्रियों का स्पष्ट प्रभाव दीख पड़ता है। उन्होंने अनेक स्थानों पर यूनानी ज्योतिष के पोलिस और रोमाका सिद्धांतों का उल्लेख किया है तथा ऐसे अनेक पारिभाषिक शब्दों का प्रयोग किया जो या तो पूर्णतया यूनानी भाषा के हैं अथवा उनसे मिलते-जुलते हैं। उन्होंने यूनानी ज्योतिष विज्ञान की बहुत स्तुति की है। उन्होंने लिखा है—"यूनानी लोग म्लेच्छ जाति के होते हुए भी आदर के योग्य हैं, क्योंकि उन्हें विज्ञान का अच्छा ज्ञान है और अनेक बातों में दूसरों से बहुत आगे हैं।" इस प्रकार वाराहमिहिर ने अपने ग्रंथों में अनेक यूनानी शब्दों को ग्रहण किया है। उन्होंने अपने अनेक सिद्धांतों का उल्लेख करते हुए यूनानी विचारों का भी वर्णन किया है। उन्होंने यह मत भी व्यक्त किया था कि आकाश में ग्रहों और तारों की सही स्थितियों को खोजकर पंचांग को लगातार परिवर्तित करते रहना चाहिए।

खगोल विद्या और ज्योतिष विज्ञान के साथ-साथ वाराहमिहिर को कृषि विज्ञान और ऋतु-विज्ञान का भी पर्याप्त ज्ञान था। उन्होंने मिट्टी को उपजाऊ बनाने, खाद बनाने, फलों-फूलों की अधिक उपज पाने और उन्नत बीज उत्पन्न करने आदि की विधियों तथा पेड़-पौधों पर मौसम के पड़नेवाले प्रभावों का बहुत विशद् वर्णन किया है। उन्होंने लिखा है—"बहुत अधिक तथा बहुत कम तापक्रम और सूखी हवाएँ पेड़ों में रोग पैदा कर देती हैं। फलस्वरूप पत्तियाँ पीली पड़ जाती हैं। कलियाँ मुरझा जाती हैं, पौधों की वृद्धि रुक जाती है और टहनियाँ सूख जाती हैं। इसके उपचार भी उन्होंने विस्तारपूर्वक बतलाए हैं। उनके मतानुसार, यदि सूखे जलवायु में भी पौधों की वृद्धि अच्छी हो, तो समझना चाहिए कि वहाँ की जमीन के नीचे काफी मात्रा में जल मौजूद है। उनके विचार में पौधों की स्थिति को देखकर अकाल अथवा वर्षा का अनुमान भी लगाया जा सकता है।

कृषि-विशारद रेवण

रेवण कृषि विज्ञान के महान् आचार्य थे। सैकड़ों वर्ष पूर्व उनके द्वारा प्रतिपादित कृषि विज्ञान संबंधी सिद्धांत आज भी मान्य हैं। उनके समय, वंश और निवास-स्थान के विषय में उनकी कृषि-संबंधी सूक्तियों से हमें जानकारी प्राप्त होती है।

रेवण की एक सूक्ति में वाराहमिहिर के उल्लेख एवं वाराहमिहिर के कृषि-ग्रंथ 'कृषि पाराशर' के सिद्धांतों एवं रेवण के सिद्धांतों में समानता से पता चलता है कि रेवण वाराहमिहिर के समकालीन थे और छठी शताब्दी ईसवी में विद्यमान थे। रेवण के कृषि सिद्धांत बंगाल की भूमि के लिए अधिक उपादेय होने के कारण ऐसा प्रतीत होता है कि वह बंगाल के निवासी थे।

उनकी सूक्तियों में कृषि-संबंधी सूत्रों से उनके सामाजिक ज्ञान की गहनता और विशदता का आभास मनोविज्ञान के अध्ययन में भी मिलता है। उनका कथन है, "जो स्वयं अथवा अन्य लोगों के सहयोग से खेती करता है, उसे अधिक फसल का लाभ होता है। जो दूसरों से खेती करवाता और स्वयं उसकी निगरानी करता है, उसे कम लाभ तथा जो घर बैठकर दूसरों से खेती करवाता है, उसे हानि होती है। सबसे अच्छी व्यवस्था है कि भाई, बाप, बेटे आदि घर के लोग स्वयं मिलकर खेती करें।"

आज की तरह रेवण के समय में भी खेती वर्षा पर आधारित थी। इस विषय में वह लिखते हैं—"यदि वर्षा अगहन (नवंबर-दिसंबर) में हो, तो भीख माँगनी पड़ती है। अगर पूस (दिसंबर-जनवरी) में वर्षा हो, तो भूसा भी सोने के भाव बिकता है। अगर माघ (जनवरी-फरवरी) में पानी बरसे, तो देश के भाग्य जाग जाते हैं। फाल्गुन (फरवरी-मार्च) की वर्षा से अनाज अत्यधिक पैदा होता है।"

उन्होंने पुनः लिखा है, "जिस वर्ष आषाढ़ (जून-जुलाई) में पूर्णमासी के नवें दिन मूसलाधार वर्षा हो, तो समझना चाहिए कि सूखा पड़ेगा। अगर इस दिन कम वर्षा हो, तो बाद में साल-भर इतनी वर्षा होगी कि संसार में पानी ही पानी होगा। अगर साल-भर

रुक-रुककर वर्षा हो, तो समझिए धरती अनाज का बोझ नहीं सँभाल पाएगी। यदि सूर्यास्त के समय आकाश में बादल न हों, तो समझिए किसान को अपने बैल तक बेचने पड़ेंगे।"

उनका मत है, "ज्येष्ठ (मई-जून) का सूखा और आषाढ़ (जून-जुलाई) की वर्षा भरपूर पैदावार देती है। यदि वर्ष के प्रारंभ में हवा उत्तर से पूर्व की ओर बहे, तो समझना चाहिए कि वर्षा अच्छी होगी। यदि कार्तिक (अक्तूबर-नवंबर) में पूर्ण चंद्र के समय रुई-से बादलों को हवा उड़ा ले जाए, तो समझिए कि खरीफ की फसल अत्यधिक होगी और यदि बादल रहे और वर्षा हो, तो खेत में जाना बेकार है, क्योंकि उपज नहीं होगी।"

भूमि की जुताई के विषय में रेवण का मत है, "मूली के लिए दस बार, इससे आधी बार कपास तथा इससे आधी बार धान की जुताई आवश्यक है। पान के लिए जुताई की कोई आवश्यकता नहीं है। पूर्व दिशा से जुताई आरंभ करने से आपकी सारी आकांक्षाएँ पूर्ण होंगी। जो किसान इस काम में पूर्ण चंद्र अथवा नए चाँद के दिन अपना हाथ लगाता है, वह जीवन-भर अभागा रहता है।"

बुआई-रोपाई के संबंध में रेवण का मत है कि आषाढ़ (जून-जुलाई) में धान की रोपाई करने से उपज अधिक होती है, श्रावण (जुलाई-अगस्त) में रोपाई से कोई लाभ नहीं। भाद्रपद (अगस्त-सितंबर) में केवल छाल ही बचती है। आश्विन (सितंबर-अक्तूबर) में कुछ भी नहीं मिलता है।

उनके मतानुसार मटर को आश्विन (सितंबर-अक्तूबर) के १२ दिन के बाद और कार्तिक (अक्तूबर-नवंबर) के प्रथम १२ दिन के भीतर ही बोना चाहिए। सरसों को वसंत ऋतु के अंत में बोना चाहिए। कीड़े लगने पर राख डालना चाहिए। श्रावण (जुलाई-अगस्त) में पान लगाने से अत्यधिक लाभ होता है।

इस प्रकार कृषि-आचार्य रेवण ने विभिन्न फसलों के बोने के समय, उनके रोपने, गोड़ने, सींचने, उनमें लगनेवाले रोगों और उनका उपचार आदि सभी कृषि संबंधी विषयों पर विस्तृत रूप से प्रकाश डाला है। यह उनकी महान् देन है।

ब्रह्मगुप्त

ब्रह्मगुप्त का जन्म सन् ५९८ ई. में पश्चिम भारत के भिन्नमाल (वर्तमान भीनमाल, जिला जालौर, राजस्थान) नगर में हुआ था। उस समय यह नगर गुजरात की राजधानी था। भास्कराचार्य ने उनका जन्म-स्थान पंजाब में भिलनालका बतलाया है। ब्रह्मगुप्त के पिता का नाम विष्णुगुप्त था। विष्णुगुप्त के पिता का नाम जिष्णुगुप्त था। वह वैश्य परिवार के थे। डॉ. वी.ए. स्मिथ के अनुसार, वह उज्जैन नगरी में रहते थे और वहीं उन्होंने कार्य किया। भास्कराचार्य के अनुसार, वह चापवंशी राजा के राज्य में रहते थे।

ब्रह्मगुप्त ने ज्योतिषशास्त्र के दो प्रसिद्ध ग्रंथों की रचना की थी। इन ग्रंथों के नाम हैं—ब्राह्म स्फुट-सिद्धांत और खंड-खाद्य। ब्राह्म स्फुट-सिद्धांत की रचना ब्रह्मगुप्त ने तीस वर्ष की आयु में सन् ६२८ में की थी। ब्रह्मगुप्त के इन दोनों ज्योतिष ग्रंथों का अनुवाद अरबी भाषा में 'सिंद हिंद' और 'अलठ-अरकंद' नामक ग्रंथों के रूप में किया गया। इन दोनों ग्रंथों को लेकर एक भारतीय पंडित आज से लगभग बारह सौ वर्ष पूर्व खलीफा अल मंसूर के शासन काल में उनकी राजधानी बगदाद पहुँचा। खलीफा के आदेश से ब्रह्मगुप्त के इन दोनों ग्रंथों का अनुवाद अरबी भाषा में किया गया। महान् ज्योतिषी और गणितज्ञ ब्रह्मगुप्त के इन ग्रंथों से ही अरबों को पहली बार भारतीय गणित और ज्योतिष का ज्ञान प्राप्त हुआ। बाद में अरबों ने ही इस ज्ञान को यूरोप में पहुँचाया था। अब ये ग्रंथ उपलब्ध नहीं हैं। हमें स्मरण रखना चाहिए कि अरबी गणितज्ञों और ज्योतिषियों के आदिगुरु ब्रह्मगुप्त थे।

ब्रह्मगुप्त से पहले भारत में ज्योतिष के कई सिद्धांत ग्रंथ थे। उनमें से एक था—ब्रह्म-सिद्धांत। ब्रह्म-सिद्धांत की बातें पुरानी पड़ गई थीं तथा नवीन ज्ञान से मेल नहीं खाती थीं। अतः ब्रह्मगुप्त ने नया सिद्धांत लिखा। 'स्फुट' का अर्थ है फैलाया हुआ अथवा संशोधित।

उस युग में ज्योतिष और गणित का ज्ञान एक ही ग्रंथ में दिया जाता था और ये

ग्रंथ पद्य में लिखे जाते थे। ब्रह्म स्फुट-सिद्धांत भी ऐसा ही ग्रंथ है। इस ग्रंथ में २५ अध्याय और १००८ श्लोक हैं, जिनमें गणित अध्याय तथा कुट्टकाध्याय उल्लेखनीय हैं। बारहवें अध्याय का उल्लेख गिनने में अर्थात् अंकगणित और क्षेत्रमिति से संबंधित विषयों और अठारहवें कुट्टकाध्याय में बीजगणित का उल्लेख है। प्रारंभिक कुछ अध्यायों में ज्योतिष का और फिर गणित विषय का ज्ञान दिया गया है। गणित विषय के अध्यायों में अंकगणित के सभी परिक्रमों का ज्ञान दिया गया है। उन्होंने शून्य से संबंधित गणित के विषय में भी लिखा है। पचीसवें अध्याय का समावेश 'ध्यानग्रहोपदेशाध्याय' के रूप में किया गया है। 'ब्राह्म स्फुट सिद्धांत' के यंत्राध्याय में उन्होंने अनेक ज्योतिष यंत्रों की जानकारी प्रदान की है। तुरीय यंत्र की खोज शायद ब्रह्मगुप्त ने ही की थी। वेधकार्य में अधिकतर गोलयंत्र का उपयोग होता था और आधे चाप से तुरीय यंत्र।

ब्रह्मगुप्त के ग्रंथ में सबसे महत्त्वपूर्ण विषय है बीजगणित। बीजगणित को उन्होंने कुट्टक की संज्ञा दी है और कुट्टकाध्याय में इसका ज्ञान प्रदान किया है। ब्रह्मगुप्त ने बीजगणित का पर्याप्त विकास किया और ज्योतिष के प्रश्न हल करने में उसका प्रयोग किया। समीकरणों के विषय में ब्रह्मगुप्त ने नए हल सुझाए। इस प्रकार उन्होंने अंकगणित, बीजगणित तथा रेखागणित—सभी गणितों पर प्रकाश डाला और π का मान √१० मानकर चले हैं। वर्गीकरण की विधि का वर्णन सर्वप्रथम ब्रह्मगुप्त ने ही किया तथा विलोम विधि का वर्णन बड़ी अच्छी तरह से किया है। गणित अध्याय शुद्ध गणित में ही है। इसमें जोड़ना, घटाना आदि त्रैराशिक भांड, प्रति भांड आदि हैं। अंकगणित या परिपाटी गणित में हैं—श्रेणी व्यवहार, क्षेत्र व्यवहार, त्रिभुज, चतुर्भुज आदि के क्षेत्रफल जानने की रीति, चित्र व्यवहार (ढाल, खाई आदि के घनफल जानने की रीति), त्रैवाचिक व्यवहार, राशि व्यवहार (अन्न के ढेर का परिमाण जानने की रीति), छाया व्यवहार (इसमें दोष संबंध तथा उसके स्तंभ की अनेक रीतियाँ) आदि २४ प्रकार के अध्याय इसके अंतर्गत हैं। उन्होंने वृत्तीय चतुर्भुज का क्षेत्रफल निकालने के लिए सूत्र इस प्रकार दिया है—

यदि वृत्तीय चतुर्भुज की भुजाएँ a b c और d हैं तथा s उनका अर्ध परिमाप है, तो चतुर्भुज का क्षेत्रफल $=\sqrt{(s-a)\ (s-b)\ (s-c)\ (s-d)}$ यदि वृत्तीय चतुर्भुज के विकर्ण x और y हों, तो $x=\sqrt{\frac{ad+bc}{ab+cd}\ (ac+bd)}$

और $$y=\sqrt{\frac{ab+cd}{ac+bd}\ (ad+bd)}$$

इसके अतिरिक्त ब्रह्मगुप्त ने सूची स्तंभ के छिन्नक के आयतनों के तीन सूत्र भी दिए हैं।

त्रिकोणमिति के विषय में भी उन्होंने लिखा है। उन्होंने ज्या के अर्थ में ही क्रमज्या का प्रयोग किया है। एक ज्या सारणी भी दी है जिसमें त्रिज्या ३२७० ली है। ज्या का मान निकालने के लिए निम्न सूत्र का प्रयोग किया है—

$$\text{ज्या}\left(\frac{\theta}{२}\frac{\pi}{२}-\frac{\theta}{२}\right)=\sqrt{१-\text{ज्या}^{२}\frac{\theta}{२}}$$

ब्रह्मगुप्त वस्तुतः एक महान् गणितज्ञ थे। उन्होंने भारतीय गणित को लगभग सर्वोच्च शिखर तक पहुँचा दिया था। इसी कारण बारहवीं शताब्दी के विख्यात ज्योतिषी एवं गणितज्ञ भास्कराचार्य ने उन्हें 'गणक चक्र चूड़ामणि' के नाम से संबोधित किया था। गणित के क्षेत्र में ब्रह्मगुप्त की सबसे बड़ी उपलब्धि है अनिवार्य वर्ग समीकरण—अय^{२} + १ = र^{२} का हल प्रस्तुत करना। पाश्चात्य गणित के इतिहास में इस समीकरण के हल का श्रेय जॉन पेल (१६८८ ई.) को दिया जाता है और यह 'पेल' समीकरण के नाम से ही जाना जाता है, परंतु वास्तविकता यह है कि 'पेल' से एक हजार वर्ष पहले ब्रह्मगुप्त ने इस समीकरण का हल प्रस्तुत कर दिया था। इसके लिए ब्रह्मगुप्त ने दो प्रमेयिकाएँ खोजी थीं। अनिवार्य वर्ग समीकरण के लिए भारतीय नाम वर्ग-प्रकृति है। इस समीकरण को हल करने के लिए ब्रह्मगुप्त ने जिन प्रमेयिकाओं की खोज की थी, उन्हें भारतीय गणित में 'भावना' कहा गया है।

ऐसा प्रतीत होता है कि ब्रह्मगुप्त कुछ पुरातनवादी भी थे। उनमें प्राचीन गलत धार्मिक विचारों के विरोध का साहस नहीं था। उन्होंने आर्यभट्ट के सही विचारों का भी विरोध किया।

ब्रह्मगुप्त ने अपना दूसरा ग्रंथ—खंड खाद्य ६७ वर्ष की आयु में ६६५ई. में लिखा था। इसमें उन्होंने पंचांग बनाने का ज्ञान प्रदान किया है। अंग्रेज विद्वान् कोलब्रुक ने सन् १८१७ में ब्रह्मगुप्त के ग्रंथ के कुट्टकाध्याय (बीजगणित) का अंग्रेजी भाषा में अनुवाद प्रकाशित किया। तब यूरोप के विद्वानों को ज्ञात हुआ कि आधुनिक बीजगणित वास्तव में भारतीय बीजगणित पर आधारित है।

ब्रह्मगुप्त ने ध्यान गुहोपदेश नामक ग्रंथ की भी रचना की थी। उनकी मृत्यु ६८० ई. में हुई थी।

वाग्भट्ट

प्राचीन भारतीय चिकित्सा-विज्ञान अथवा आयुर्वेद चिकित्सा-जगत् में महान् आचार्य आत्रेय, सुश्रुत और वाग्भट्ट 'वृद्धत्रय' के नाम से विख्यात हैं, जिनके ग्रंथ आज भी आयुर्वेद के छात्रों को पाठ्य-पुस्तक के रूप में पढ़ाए जाते हैं। अर्वाचीन काल में यूरोपीय चिकित्सक गेलेन के समान ही वाग्भट्ट का प्राचीन भारत के चिकित्सा-जगत् में सम्मान और महत्त्व था।

वाग्भट्ट का जन्म सिंधु नदी के तटवर्ती किसी जनपद में हुआ था। उनके पिता सिंहगुप्त वैदिक ब्राह्मण थे। उनके अध्यापक अवलोकिता बौद्ध थे। उनके जीवन पर बौद्ध धर्म का प्रभाव था।

वाग्भट्ट ने आयुर्वेद के दो महत्त्वपूर्ण ग्रंथों—अष्टांग संग्रह और अष्टांग हृदय संहिता की रचना की। उनके ये ग्रंथ आज भी बड़े उपयोगी हैं और वैद्य लोग आज भी उनका सम्मान करते हैं। ये दोनों ग्रंथ प्राचीन काल की दो प्रमुख चिकित्सा-पद्धतियों के आधार थे। वाग्भट्ट ने अपने ऊपर बौद्ध-प्रभाव के कारण अपने ग्रंथ 'अष्टांग हृदय' को बौद्ध-प्रार्थना से प्रारंभ किया है।

अपने इस ग्रंथ 'अष्टांग हृदय संहिता' के प्रथम भाग में वाग्भट्ट ने प्राचीन आयुर्वैदिक ओषधियों, विद्यार्थियों के लिए आवश्यक निर्देश, दैनिक एवं मौसमी निरीक्षण, रोगों की उत्पत्ति, विभिन्न प्रकार के खाद्य पदार्थों के गुण-दोष, विषैले खाद्य पदार्थों की पहचान और उपचार, व्यक्तिगत सफाई, ओषधि और उनके विभाग तथा उनके लाभ आदि का वर्णन किया है। इस ग्रंथ के द्वितीय भाग में उन्होंने मानव शरीर की रचना, शरीर के प्रमुख अंगों, मनुष्य स्वभाव, मनुष्य के विभिन्न रूप और उनके आचरणों की व्याख्या की है। इसके तीसरे भाग में उन्होंने ज्वर, मिर्गी, उलटी, दमा, चर्म रोग आदि बीमारियों के कारण और उपचार; चौथे भाग में वमन और स्वच्छता के विषय में; पाँचवें और अंतिम भाग में बच्चों और उनसे संबंधित रोगों; साथ ही पागलपन, आँख, कान, नाक, मुख आदि के रोग और घाव आदि के उपचार, विभिन्न जानवरों और कीड़ों के काटने के उपचार का भी वर्णन किया है। साथ ही वाग्भट्ट ने अपने पूर्ववर्ती चिकित्सकों के विषय में भी इस पुस्तक में प्रकाश डाला है। इस प्रकार यह ग्रंथ आयुर्वेद का एक महत्त्वपूर्ण ग्रंथ है। यह ग्रंथ इस बात का प्रमाण है कि मध्य युग में भारत का आयुर्विज्ञान अत्यंत उन्नत था और वाग्भट्ट भारत के महान् चिकित्सक थे।

महावीराचार्य

अन्य प्राचीन आचार्यों के समान महावीराचार्य का जीवनवृत्त भी अंधकार के गर्त्त में निहित है। अब तक किए गए अनुसंधानों से यह विदित होता है कि वे राष्ट्रकूट वंश के महान् नरेश अमोघवर्ष नृपतुंग के समकालीन थे। अतः महावीराचार्य का काल ८५० ई. के आसपास मान सकते हैं। महावीराचार्य ने गणितसार, ज्योतिष पटल एवं षटत्रिशंका आदि मौलिक एवं अभूतपूर्व ग्रंथ लिखे। ये सभी ग्रंथ अपनी विषयवस्तु के कारण ज्योतिष एवं गणित विषयों पर बड़े महत्त्वपूर्ण हैं।

अपने इन ग्रंथों के कारण महावीराचार्य ने भारतीय गणित के क्षेत्र में बड़ा महत्त्वपूर्ण स्थान प्राप्त किया है। उनसे गणित क्षेत्र को प्राप्त देन की अनेक विद्वानों ने भूरि-भूरि प्रशंसा की है। हिंदू गणित के प्रख्यात विद्वान् डॉ. विभूति भूषण दत्त ने अपने लेख में महावीराचार्य के त्रिभुज और चतुर्भुज संबंधी गणित का मुख्य रूप से विश्लेषण किया है और बताया है कि इसमें ऐसी अनेक विशेषताएँ हैं जो अन्यत्र कहीं नहीं मिलतीं। इसी प्रकार महावीराचार्य की प्रशंसा करते हुए डी.ई. स्मिथ 'गणित-सार-संग्रह' के अंग्रेजी संस्करण की भूमिका में लिखते हैं कि त्रिकोणमिति और रेखागणित के मौखिक एवं व्यावहारिक प्रश्नों से यह उद्भाषित होता है कि महावीराचार्य, ब्रह्मगुप्त और भास्कराचार्य में समानता तो है, तथापि महावीराचार्य के प्रश्नों में उनसे अधिक श्रेष्ठता विद्यमान है।

महावीराचार्य ने गणित की प्रशंसा में 'गणित-सार-संग्रह' में लिखा है—"कामशास्त्र, अर्थशास्त्र, गांधर्वशास्त्र, गायन, नाट्यशास्त्र, पाकशास्त्र, आयुर्वेद, वास्तुविद्या, छंद, अलंकार, काव्य, तर्क, व्याकरण आदि में तथा कलाओं में समस्त गुणों में गणित अत्यंत उपयोगी है। सूर्य आदि ग्रहों की गति ज्ञात करने में, देश और काल को ज्ञात करने में, सर्वत्र गणित अंगीकृत है। द्वीपों, समूहों और पर्वतों की संख्या, व्यास और परिधि, लोक, अंतर्लोक, स्वर्ग और नरक के निवासी, सब श्रेणीबद्ध भवनों, सभा एवं

मंदिरों के निर्माण गणित की सहायता से ही जाने जाते हैं। अधिक कहने से क्या प्रयोजन? त्रैलोक्य में जो भी वस्तु है, उसका अस्तित्व गणित के बिना संभव नहीं हो सकता।"

महावीराचार्य ने अंक संबंधी जोड़, घटाना, गुणा, भाग, वर्ग, वर्गमूल और घनमूल—इन सब परिक्रमों का भी उल्लेख किया है। उन्होंने शून्य और काल्पनिक संख्याओं पर भी अपना मत स्पष्ट किया है। गणित-सार-संग्रह में २४ अंकों तक की संख्या का वर्णन करते हुए उन्होंने उनका इस प्रकार नामकरण किया है—एक, दश, शत, सहस्र, दश सहस्र, लक्ष, दशलक्ष, कोटि, दशकोटि, अर्बुद, न्यर्बुद, खर्व, महाखर्व, पद्म, महापद्म, क्षोणी, महाक्षोणी, शंख, महाशंख, क्षिति, महाक्षिति, क्षोभ, महाक्षोभ।

भिन्नों के भाग के विषय में महावीराचार्य की विधि सबसे उल्लेखनीय है। लघुत्तम समापवर्त्य की कल्पना सबसे पहले महावीर ने ही की थी।

महावीराचार्य ने युगपत समीकरण (Simultaneous Equation) को हल करने का नियम भी प्रतिपादित किया है तथा वर्ग समीकरण को व्यावहारिक प्रश्नों द्वारा समझाया है। उन्होंने इन प्रश्नों को दो भागों में विभक्त किया है। प्रथम वे प्रश्न जिनमें अज्ञात राशि के वर्गमूल का उल्लेख होता है तथा द्वितीय वे प्रश्न जिनमें अज्ञात राशि के वर्ग का निर्देश रहता है।

पाटी गणित एवं रेखागणित की दृष्टि से भी गणित-सार-संग्रह की कई विशेषताएँ हैं। 'गणित-सार-संग्रह' में नौ अधिकार अर्थात् अध्याय हैं। उनके नाम हैं—(१) संज्ञा अधिकार, (२) परिकर्म व्यवहार (अंकगणित), (३) कला सपर्ण व्यवहार (भिन्न), (४) प्रकीर्णक व्यवहार (भिन्न पर प्रश्न), (५) त्रैराशिक व्यवहार, (६) मिश्रक व्यवहार, (७) क्षेत्र गणित व्यवहार, (८) रवात व्यवहार (खोट अथवा गाढ़े संबंधी सवाल), तथा (९) छाया व्यवहार। उन्होंने 'क्षेत्र-व्यवहार' प्रकरण के अंतर्गत आयत को वर्ग और वर्ग को आयत के रूप में परिवर्तित करने की प्रक्रिया का उल्लेख किया है। उन्होंने एक स्थान पर वृत्तों को वर्ग और वर्ग को वृत्तों में परिवर्तन का नियम भी बतलाया है। उन्होंने अपने इस ग्रंथ में त्रिभुजों के कई प्रकार भी बताए हैं तथा समद्विबाहु त्रिभुज, विषमबाहु त्रिभुज, आयत, विषम कोण, चतुर्भुज, वृत्त तथा पंचमुख के क्षेत्रफल ज्ञात करने की विधि का उल्लेख किया है। दीर्घ वृत्त पर गहन अध्ययन करनेवाले महावीराचार्य एकमात्र हिंदू गणितज्ञ थे। उनके द्वारा प्रतिपादित गोले के आयतन संबंधी नियम बड़े ही रोचक और महत्त्वपूर्ण हैं।

दक्षिण भारत में गणित-सार-संग्रह का प्रयोग कई सदियों तक पाठ्य-पुस्तक के रूप में हुआ। ग्यारहवीं शताब्दी में ही राजमुंद्री के राजराजेंद्र के शासन काल में पावलेरि मल्लण ने इस ग्रंथ का तेलुगु भाषा में अनुवाद किया था। कालांतर में कन्नड़ भाषा में भी इस ग्रंथ की टीकाएँ हुईं। प्रो. एम. रंगाचार्य ने बीसवीं शताब्दी के प्रथम दशक में महावीराचार्य के 'गणित-सार-संग्रह' की कुछ हस्तलिखित प्रतियाँ खोज निकालीं और

मूल संस्कृत भाषा तथा अंग्रेजी अनुवाद सहित इस ग्रंथ को १९१२ में प्रकाशित किया। प्रो. रंगाचार्य से प्राप्त जानकारी के आधार पर गणित के प्रख्यात इतिहासकार डेविड यूजेन स्मिथ ने १९०८ ई. में रोम में आयोजित गणित की चौथी अंतरराष्ट्रीय कांग्रेस में महावीराचार्य का संक्षिप्त परिचय प्रस्तुत किया था। महावीराचार्य की यह कृति अब मूल संस्कृत तथा हिंदी भाषा में अनुवाद रूप में भी उपलब्ध है। इसका हिंदी भाषा में अनुवाद प्रो. लक्ष्मी चंद्र जैन ने किया है और संस्कृति संरक्षक संघ, शोलापुर से प्रकाशित हुआ है।

महावीराचार्य ने अपने इस ग्रंथ 'गणित-सार-संग्रह' में बीजगणित से संबंधित अनेक सिद्धांतों का भी प्रतिपादन किया है। उन्होंने इसमें मूलधन, ब्याज, मिश्रधन और समय ज्ञात करने एवं भिन्न संबंधी शेष मूल, भाग शेष संबंधी अनेक ऐसे नियमों का वर्णन किया है जो प्राचीन काल तथा आधुनिक गणित में बड़े महत्त्वपूर्ण हैं। उन्होंने 'गणित-सार-संग्रह' में n वस्तुओं में से r वस्तुओं को एक साथ संचय संख्या (Combination) ज्ञात करने के लिए आगे लिखा हुआ सामान्य व्यापक सूत्र प्रदान किया है—

$$ncr = \frac{(n-१)(n—२)....(n-r+१)}{१\times२\times३\ldots\times r}$$

$$\text{अर्थात् न स र} = \frac{\text{न}(\text{न}-१)(\text{न}-२)\ldots\ldots(\text{न}-\text{र}+१)}{१\times२\times३\times\ldots\ldots\times\text{र}}$$

इस सूत्र के आविष्कारक श्री महावीराचार्य प्रथम भारतीय गणितज्ञ ही नहीं, अपितु विश्व के प्रथम गणितज्ञ थे।

यह सूत्र यूरोप में महावीराचार्य के लगभग आठ सौ साल बाद अर्थात् सत्रहवीं शताब्दी में खोजा गया था।

महावीराचार्य ने निम्नलिखित सर्वसामिका का उपयोग किया है—

$$\frac{\text{अ}}{\text{ब}} = \frac{\text{स}}{\text{द}} = \frac{\text{क}}{\text{ख}} = \ldots. = \frac{\text{अ}+\text{स}+\text{क}+\ldots.}{\text{ब}+\text{द}+\text{ख}+\ldots.}$$

दीर्घवृत्त की परिधि के लिए महावीराचार्य ने सूत्र दिया है—

$$\sqrt{२४\text{ब}^{२} + १६\,\text{अ}^{२}}$$

जहाँ अ और ब इसके क्रमशः बड़े और छोटे अक्षार्द्ध हैं। यह सूत्र काफी सन्निकट मान प्रदान करता है, पर क्षेत्रफल का सूत्र सही नहीं है।

इस प्रकार हमें ज्ञात होता है कि गणितज्ञ महावीराचार्य की गणित के क्षेत्र में देन विश्व की अमूल्य निधि है।

भास्कराचार्य

भास्कराचार्य आधुनिक काल के पूर्ववर्ती प्रायः अंतिम महान् हिंदू गणितज्ञ थे। ये वही भास्कर द्वितीय हैं जिनके नाम पर भारत ने भास्कर-२ नामक भूमि-दर्शक अंतरिक्ष यान छोड़ा था। वास्तव में उनको विश्व के महानतम गणित-प्रवर्त्तकों में रखा जा सकता है।

भास्कराचार्य भारत के प्रथम वैज्ञानिक थे जिन्होंने इंग्लैंड के न्यूटन से बहुत समय पूर्व विश्व को यह ज्ञान करा दिया था कि पृथ्वी में प्रत्येक वस्तु को अपनी ओर खींचने की अद्‌भुत शक्ति है। उन्होंने लिखा है—"पृथ्वी अपनी आकर्षण शक्ति के बल से सभी वस्तुओं को अपनी ओर खींचती है। इसीलिए हर वस्तु पृथ्वी की ओर गिरती है, आकाश की ओर नहीं चली जाती।"

भास्कराचार्य के पिता का नाम महेश्वर था। उनका जन्म कर्नाटक के बीजापुर नामक स्थान पर सन् १११४ में हुआ था। कुछ विद्वानों का विचार है कि वे महाराष्ट्र राज्य में सह्याद्रि पर्वत की घाटियों में बसे विज्जड़ित ग्राम में जन्मे थे। दूसरी ओर, कुछ विद्वान् उनका जन्म बीदर में होना मानते हैं। कुछ विद्वानों ने आधुनिक बीजापुर अथवा बीदर को विज्जड़वित माना है। कुछ विद्वानों के अनुसार पाटण (खानदेश) ही भास्कर का निवास-स्थान था। तीसरी संभावना यह है कि गोदावरी के समीप का बिज्जल-बिड स्थान भास्कर का निवास-स्थान था। भास्कराचार्य महाराष्ट्र के सह्याद्रि क्षेत्र के निवासी थे। भास्कराचार्य के पिता महेश्वर स्वयं गणित, वेदों तथा शास्त्रों के आचार्य थे। अतः उन्होंने अपने पुत्र को भी गणित की अच्छी से अच्छी शिक्षा दी। महेश्वर भट्‌ट ने अपने पुत्र को प्रतिभाशाली जानकर ही उसका नाम भास्कराचार्य रखा था। भास्कराचार्य ने अपने पिता के लिखे हुए ग्रंथों को पढ़ा, किंतु उनकी रुचि गणित की ओर ही थी। अतः गणित के अध्ययन में ही लग गए तथा ज्योतिष में भी उनका विकास हुआ। भास्कराचार्य ने अपने प्रसिद्ध ग्रंथ 'सिद्धांत-शिरोमणि' की रचना ३६ वर्ष की आयु में

माधवाकर

आयुर्वेद चिकित्सा के क्षेत्र में माधवाकर का नाम भी बड़ा महत्त्वपूर्ण और गौरवपूर्ण रहा है। जहाँ चरक, सुश्रुत और वाग्भट्ट ने आयुर्वेद चिकित्सा-विज्ञान का महत्त्व स्थापित करने में अपना योग दिया, वहीं माधवाकर ने रोगों के लक्षण और रोग-निदान क्षेत्र में अपनी मौलिक खोज और अध्ययन द्वारा उसके विकास में अपना महत्त्वपूर्ण योग दिया।

माधवाकर माधवाचार्य के नाम से भी विख्यात हैं। उनके पिता का नाम इंदुकर था। उनका जन्म दक्षिण भारत के किष्किंधा क्षेत्र (वर्तमान गोलकुंडा जिले) में हुआ था। उनके भाई का नाम सायण था। सायण ने संस्कृत भाषा में ऋग्वेद की टीका लिखी थी जो बड़ी महत्त्वपूर्ण है। इसमें सायण की सहायता माधवाकर ने की थी। माधवाकर बहुमुखी प्रतिभा के धनी थे। उन्होंने प्रसिद्ध चिकित्सा ग्रंथ 'माधव निदान' की रचना की। साथ ही उन्होंने हिंदू दर्शन, धर्म और ज्योतिष विज्ञान पर भी पुस्तकें लिखीं। अपने ज्ञान और प्रतिभा के बल पर वे विजयनगर राज्य के नरेश वीर बुक्का के प्रधानमंत्री नियुक्त हुए और अपनी प्रशासनिक योग्यता और कुशलता का परिचय दिया। एक प्रकार से हम उनको उस युग के राष्ट्रीय सूत्रधार मान सकते हैं।

प्राचीन आयुर्वेद ग्रंथों के आधार पर माधवाकर का काल नवीं या दसवीं शताब्दी माना जाता है। वृद्धावस्था में उन्होंने संन्यास ग्रहण कर लिया था। उनके ज्ञान के कारण लोग उन्हें 'विद्यारण्य' स्वामी कहकर पुकारते थे। उन्हें कितने और किन विषयों में ज्ञान प्राप्त था, इसका निश्चय कर पाना संभव नहीं है।

उनका चिकित्सा-विज्ञान पर प्रसिद्ध ग्रंथ रुग्विनिश्चय अथवा माधव निदान आयुर्वेद चिकित्सा पद्धति में रोग-लक्षण और रोग-निदान पर पहला विशाल ग्रंथ है। यह ग्रंथ आज भी आयुर्वेद के छात्रों को पाठ्य-पुस्तक के रूप में पढ़ाया जाता है। इस ग्रंथ में रोगों का वर्णन, उनके कारण और निदान का बहुत व्यवस्थित रूप से वर्णन किया गया है। इस ग्रंथ में चेचक पर एक पृथक् अध्याय है। इसमें चरक और सुश्रुत के प्रसंगों से उनको आधार मानने का आभास मिलता है। इस ग्रंथ पर अनेक टीकाएँ लिखी गईं जिनमें विजयाक्षति और श्रीकंठदत्त की टीकाएँ प्रसिद्ध हैं।

वृंद

वृंद भारत के महान् रसायनशास्त्री थे। उनका कार्यकाल संवत् १००० के लगभग था। ऐसा अनुमान है कि वह माधवाचार्य के बाद और चक्रपाणिदत्त से पहले हुए थे। उनके विषय में विस्तृत और पूर्ण विवरण उपलब्ध नहीं है।

वृंद ने ओषधि-रसायन पर 'सिद्ध-योग' नामक पुस्तक लिखी। आयुर्वैदिक ओधषि के इतिहास में यह पुस्तक बड़ी प्रसिद्ध हुई और इसने इसके लेखक वृंद का नाम अमर कर दिया। इस पुस्तक में वृंद ने विभिन्न प्रकार के रोगों का उपचार, चिरयौवन, बीमारियों में प्रयोग होनेवाले विभिन्न धातुओं के मिश्रणों का वर्णन किया है। कालांतर में इस पुस्तक पर श्रीकंठदत्त द्वारा लिखित विशद् टीका ने वृंद का नाम अधिक प्रसिद्ध कर दिया।

दृढ्बल

दृढ्बल मध्यकालीन भारत के महान् आयुर्वैदिक चिकित्सक थे। उनका कार्यकाल संवत् ९०० था। उनका जन्म पैचनंदपुर (पंजौर), कश्मीर में हुआ था। उनके पिता का नाम कपिलबाला था। उन्होंने आयुर्वेद की महान् रचना 'चरक संहिता' का संपादन किया था, जिसके बहुत-से पृष्ठ उनसे पहले नष्ट-भ्रष्ट हो गए थे। उसका नए सिरे से संकलन एवं संपादन करके उन्होंने भारत की महान् सेवा की है। इससे इनकी योग्यता स्वतः प्रमाणित होती है। उनके इस महान् कार्य के लिए आयुर्वेद-जगत् उनका चिरऋणी रहेगा।

भाव मिश्र

प्राचीन भारतीय ओषधि-शास्त्र के अंतिम आचार्य भाव मिश्र संवत् १५५० में वाराणसी में निवास करते थे। उनके पिता का नाम लटका मिश्र था। वह अपने समय के प्रकांड विद्वान् और चिकित्सा-जगत् के आचार्य माने जाते थे। उन्होंने लगभग ४०० छात्रों को आयुर्वेद चिकित्साशास्त्र की शिक्षा प्रदान की।

भाव मिश्र ने अपनी प्रसिद्ध पुस्तक 'भावप्रकाश' में प्राचीन विद्वानों की प्रसिद्ध कृतियों, चिकित्सा संबंधी निजी अनुभवों के साथ-साथ चिकित्साशास्त्र के क्रमबद्ध इतिहास और उसके प्रमुख विभागों का वर्णन विस्तृत रूप से किया है। इसमें चिकित्सा संबंधी विभिन्न विषयों में इतनी क्रमबद्धता है कि अनेक प्राचीन विधाएँ स्पष्ट हो गई हैं।

भारत में विदेशी ओषधियों का प्रयोग करनेवाले भाव मिश्र पहले भारतीय थे। उनके समय में अनेक विदेशी विशेषतया पुर्तगाली भारत में व्यापार के लिए आ चुके थे।

भाव मिश्र की पुस्तक 'भावप्रकाश' आज भी आयुर्वेद की एक महत्त्वपूर्ण और सम्माननीय पाठ्य-पुस्तक है।

श्रीधराचार्य

श्रीधर बीजगणित के प्रख्यात आचार्य के रूप में विश्व-मान्य हैं। भास्कराचार्य ने उनका उल्लेख बीजगणित में कई स्थानों पर किया है। वे कर्नाटक राज्य के रहनेवाले थे। उनकी माता का नाम अब्बोका और पिता का नाम वसुदेव शर्मा था। उन्होंने बचपन में अपने पिताजी से कन्नड़ और संस्कृत साहित्य की विद्या प्राप्त की थी। श्रीधर प्रारंभ में शैव थे, किंतु कालांतर में वे जैन मतानुयायी बन गए। उनका समय दसवीं शताब्दी का अंतिम चरण माना जाता है। उन्होंने 'त्रिशतिका' नामक पुस्तक की रचना की। इस पुस्तक की एक प्रति पं. सुधाकर द्विवेदी के मित्र राजाजी ज्योतिर्विद तथा गणित तरंगिनी के अनुसार कर्नाटक के राज्य पुस्तकालय में विद्यमान थी। इस पुस्तक में ३०० श्लोक हैं। इसके एक श्लोक से पता चलता है कि यह उनके बड़े ग्रंथ का सार है। यह पुस्तक मुख्यतया पाटी-गणित से संबंधित है। इसमें श्रेणी व्यवहार, छाया व्यवहार आदि पर प्रकाश डाला गया है। सुधाकर द्विवेदी के मतानुसार, न्यायकंदली के रचनाकार भी श्रीधर थे। न्यायकंदली की रचना शक संवत् ९१३ में की गई थी। अतः श्रीधराचार्य का समय भी शक संवत् ९१३ के आसपास माना जाता है। परंतु, यह सही नहीं है। इस मत का समर्थन न तो दीक्षित और न डॉ. सिंह करते हैं। महावीराचार्य की पुस्तक 'गणित-सार-संग्रह' में श्रीधर के व्यवहार संबंधी कुछ वाक्य मिलते हैं। इससे प्रकट होता है कि श्रीधर महावीर से पहले हुए थे। दीक्षित के मत में महावीर का समय शक संवत् ७७५ तथा डॉ. सिंह के मत में शक संवत् ८५० है।

गणित-सार में उनकी प्रमुख देन अभिन्न, गुणक, भागाहार, वर्ग, वर्गमूल, घन, घनमूल, भिन्न, समच्छेद, भावजाति, प्रमाणजाति, भागानुबंध, त्रैराशिक, सप्तराशिक, नवराशिक, भांड, प्रति भांड, मिश्रण व्यवहार, भाव्यक व्यवहार सूत्र, सुवर्ण गणित प्रक्षेपक, समक्रय-विक्रय सूत्र, श्रेणी व्यवहार, क्षेत्र व्यवहार, स्वात व्यवहार, चितव्य व्यवहार, काष्ठ व्यवहार, राशि व्यवहार, छाया व्यवहार गणितों का प्रतिपादन एवं निरूपण किया गया है। साथ हो वृत्त, क्षेत्रफल परिधि और व्यास का चतुर्थांश भी बतलाया गया है।

सन् ११५० में की थी। भास्कराचार्य के पुत्र लक्ष्मीधर और पौत्र गंगदेव भी ज्योतिष और गणित के प्रकांड विद्वान् हुए हैं। भास्कर ने अपना गोत्र शांडिल्य और मूल स्थान विज्जड़विड बताया है। वह लिखते हैं—

"आसीत सह्य कुलाचलाश्रितपुरे त्रैविधविद्वज्जने,
नाना सज्जनर्याडिन विज्जडविडे शांडिल्य गोत्रो द्विजः॥"

—गोलाध्याये प्रश्नाध्याय, ६१

भास्कराचार्य का उस समय जन्म हुआ, जब भारत पर मुसलिम शासकों के आक्रमण हो रहे थे। भारत की संपत्ति, कला और संस्कृति संकट में थी। ऐसे आपात्काल में भी भास्कराचार्य ने अनेक ग्रंथों की रचना की। उनके दो ग्रंथ बहुत विख्यात हैं। उनके नाम हैं— (१) सूर्य सिद्धांत, और (२) लीलावती। उनके अन्य ग्रंथ हैं—करण कौतूहल, समय सिद्धांत शिरोमणि तथा रस गुण। भास्कराचार्य की पुत्री का नाम लीलावती था। अतः उन्होंने अपना ग्रंथ लीलावती अपनी पुत्री के नाम समर्पित किया है। इस ग्रंथ में उन्होंने अनेक प्रश्नों के उत्तर बड़े मनोरंजक ढंग से दिए हैं। प्राचीन काल में प्रचलित ग्रंथ-रचना की पद्धति का निर्वाह करते हुए भास्कराचार्य ने भी अपने दोनों ग्रंथों—सूर्य सिद्धांत और लीलावती की रचना छंदों में की है जिससे याद करने में सुविधा होती है। यूरोपीय विद्वानों ने भास्कराचार्य के इन दोनों ग्रंथों की भूरि-भूरि प्रशंसा की है। भास्कराचार्य के ग्रंथ लीलावती पर अनेक विद्वानों ने टीकाएँ लिखी हैं। लीलावती का अनुवाद फारसी और अंग्रेजी भाषाओं में भी किया गया। सन् १५८७ में मुगल सम्राट् अकबर ने फैजी द्वारा 'लीलावती' का अनुवाद फारसी भाषा में कराया था। फैजी लिखता है कि लीलावती भास्कराचार्य की पुत्री थी और जोतिषियों ने भविष्यवाणी की थी कि लीलावती को कभी भी विवाह नहीं करना चाहिए। परंतु भास्कराचार्य ने गणनाओं के आधार पर लीलावती के विवाह के लिए एक शुभ मुहूर्त खोज निकाला। समय सूचना के लिए नाडिका यंत्र स्थिर कर दिया। यह ताँबे का एक बरतन होता है और इसके पेंदे में छोटा छिद्र होता है। धीरे-धीरे इस छिद्र में से बरतन में पानी जमा होता है जिससे समय की सूचना मिलती है। यह एक प्रकार की घड़ी थी जिसका प्रयोग प्राचीन ज्योतिषी कालगणना के लिए करते थे। लीलावती ने कौतूहलवश जब नाडिका यंत्र में पानी चढ़ते हुए देखा तो उसके वस्त्र का एक मोती उस पात्र में गिर गया। मोती छिद्र के मुँह पर बैठ जाने से भीतर का पानी आना रुक गया तथा इस प्रकार विवाह का शुभ मुहूर्त निकल गया। पिता-पुत्री दोनों को बड़ा दुःख हुआ। लीलावती को सांत्वना देने के लिए भास्कराचार्य ने उससे कहा—"मैं तुम्हारे नाम एक ऐसा ग्रंथ रचूँगा जो अमर कीर्ति बन जाएगा, क्योंकि सुनाम एक प्रकार का दूसरा जीवन ही तो है।" कुछ लोगों का मत है कि लीलावती भास्कराचार्य की पत्नी थी। इस नामकरण के पीछे कुछ भी रहस्य रहा हो, लीलावती वास्तव में एक रोचक और सुलभ ग्रंथ है। सन् १८१० में एच.टी. कोलब्रुक ने 'लीलावती' का अनुवाद अंग्रेजी भाषा में किया था।

'लीलावती' में दशगुणोत्तर प्रणाली से अंक दर्शाए गए हैं। जोड़, बाकी, गुणा, भाग, वर्ग, वर्गमूल, घन, घनमूल आदि के अतिरिक्त इसमें त्रैराशिक, पंचराशिक, मिश्रण, श्रेणी कुहक आदि से संबंधित प्रश्न सम्मिलित हैं।

'सूर्य सिद्धांत' तो ज्योतिष का बहुत महत्त्वपूर्ण ग्रंथ माना जाता है। कई विद्वानों ने इस पर टीकाएँ लिखी हैं तथा इसका अनुवाद अंग्रेजी भाषा में भी हुआ है। पहले विश्व के वैज्ञानिकों और ज्योतिषियों की धारणा थी कि पृथ्वी अचल और स्थिर है तथा सूर्य उसके चारों ओर चक्कर लगाता है। इस धारणा को भास्कराचार्य से पूर्व एक भारतीय ज्योतिषी ने गलत प्रमाणित किया था तथा भास्कराचार्य ने उस विद्वान् के विचार को परिपुष्ट और प्रमाणित किया। उनसे पूर्व ज्योतिषियों ने पृथ्वी को गोल सिद्ध किया था। इस तथ्य को भास्कराचार्य ने अधिक स्पष्ट रूप से लोगों को समझाया।

उनका ग्रन्थ 'सिद्धांत शिरोमणि' चार खंडों : (१) पाटी गणित अथवा लीलावती, (२) बीजगणित, (३) गणिताध्याय, और (४) गोलाध्याय में विभक्त है। प्रथम दो खंड पाटी गणित या लीलावती और बीजगणित से तथा शेष दो खंड ज्योतिष से संबंधित हैं। 'लीलावती' पाटी गणित अर्थात् अंकगणित की पाठ्य-पुस्तक है। इसे सुविधा के लिए १३ प्रकरणों में बाँटा गया है। उसके प्रमुख विषय : सारणियाँ, संख्या प्रणाली, आठ परिक्रम, भिन्न, शून्य, त्रैराशिक, श्रेणी, क्षेत्रमिति, चिति (ढेरी), क्रकच (लकड़ी चीरना), छाया, कुट्टक (अनिवार्य समीकरण) और अंक पाशं (क्रमचय-उपचय) हैं। गणित संबंधी दोनों खंड अद्‌भुत मौलिक उद्‌भावनाओं से परिपूर्ण हैं, जबकि उनकी ज्योतिष संबंधी पुस्तक परंपरागत और प्राचीन सिद्धांतों पर आधारित है। गणिताध्याय और गोलाध्याय के अध्ययन से भारतीय ज्योतिष का संपूर्ण ज्ञान संक्षेप में हो जाता है।

भास्कराचार्य का ग्रंथ 'सिद्धांत शिरोमणि' बहुत लोकप्रिय रहा है। इस पर विद्वानों ने कई टीकाएँ लिखी हैं और कई भाषाओं में इसका अनुवाद भी किया गया है। एच. टी. कोलब्रुक ने सन् १८१० में बीजगणित का अनुवाद अंग्रेजी भाषा में किया था। सन् १८६१-६२ में विलकिंसन ने 'गणिताध्याय' और 'गोलाध्याय' का अनुवाद अंग्रेजी भाषा में किया था। भास्कराचार्य ने अपने सिद्धांतों को अधिक स्पष्ट करने के लिए स्वयं 'वासना भाष्य' नामक टीका लिखी थी।

बीजगणित नामक खंड महान् क्रमबद्ध प्रयास का प्रमाण है। शुरू में नकारात्मक (क्षय) और सकारात्मक (स्व) अज्ञात संख्याओं की धारणा से चलकर इसमें उनके जोड़, बाकी, गुणा और भाग का वर्णन किया गया है और यह स्पष्ट किया गया है कि किसी भी सकारात्मक अथवा नकारात्मक संख्या का वर्ग सकारात्मक ही होता है। इसमें धन-ऋण संख्याओं का योग, समीकरण आदि का वर्णन है। इसका कर्ण भुज योग के स्थान पर भुजमान निकालने का उदाहरण बड़ा ही स्वाभाविक है। जैसे एक बिल के ऊपर ९ हाथ ऊँचे पर एक मयूर बैठा हुआ था। उसने २७ हाथ की दूरी पर सर्प को स्तंभ में स्थित बिल की ओर आते देखा और तिरछी चाल से उसकी तरफ झपटा। तो बताओ,

मयूर ने बिल से कितनी दूर पर सर्प को आते हुए पकड़ा? इसी प्रकार घन क्षेत्रफल का विस्तृत वर्णन है।

भास्कर ने शून्य की प्रकृति को भी ज्ञात किया था। उनका कथन है कि किसी संख्या में शून्य जोड़ने अथवा घटाने से संख्या में कोई अंतर नहीं पड़ता।

वास्तव में सत्य तो यह है कि भास्कराचार्य की बीजगणित संबंधी बहुमूल्य खोजों एवं सामग्री का वर्णन करना यहाँ संभव नहीं है, दूसरे वह विषय इतना कठिन है कि केवल विशेष स्तर के शोधार्थियों की समझ में आ सकता है। उन्होंने अद्‌भुत योग्यता के साथ अव्यक्त संख्याओं की करणियों, कुहुक की गणना, वर्गों के स्वरूप, वर्ग समीकरणों तथा उनके समाधानों का विस्तृत वर्णन किया तथा उदाहरण सहित उनको हल किया है। उन्होंने पाई (π) का मान ३.१४१६६.... बतलाया था, जो आधुनिकतम मान ३.१४२ के बहुत निकट है। उनके द्वारा बीजगणित में खोजकर निकाली गई बहुत-सी नवीन प्रविधियाँ आज भी बीजगणित की पाठ्य-पुस्तकों में स्थान पाए हुए हैं और छात्रों को पढ़ाई जाती हैं।

प्राचीन काल में इस विषय पर बड़ा विवाद रहा कि पृथ्वी किस आधार पर स्थित है। इस संबंध में कई विचित्र कल्पनाएँ प्रकट की गईं। कुछ लोगों का तो यहाँ तक विचार था कि पृथ्वी निराधार है तथा नीचे की ओर धँसती जा रही है। भास्कराचार्य ने इस संबंध में लोगों की मिथ्या धारणा, कल्पनाओं और भ्रमों का समाधान किया और सप्रमाण सिद्ध किया कि पृथ्वी निराधार है और उसके चारों ओर विद्यमान ग्रह तथा नक्षत्र परस्पर एक-दूसरे को खींचे हुए हैं। पृथ्वी धँसती नहीं है तथा अन्य ग्रहों के समान शून्य में निराधार स्थित है।

गणिताध्याय का मुख्य विषय ज्योतिष संबंधी सामग्री; यथा—ग्रहों की मध्य और यथार्थ गतियाँ, काल, दिशा और स्थान से संबंधित समस्याएँ, सूर्य और चंद्रग्रहण, ग्रहों के उदय, अस्त और उनकी युतियाँ आदि हैं। यह संपूर्ण सामग्री 'सूर्य सिद्धांत' में वर्णित सामग्री के समान ही है।

सैद्धांतिक ज्योतिष की दृष्टि से 'गोलाध्याय' अधिक महत्त्वपूर्ण ग्रंथ है जिसमें ग्रहों की गति के कारण के अधिकृत सिद्धांत को पूर्ण विकसित रूप से वर्णन किया गया है। इसके 'यंत्राध्याय' नामक अध्याय में ज्योतिष से संबंधित अनेक यंत्रों का विवरण है। भास्कर के मतानुसार सूर्य की गति क्रांति-वृत्त सदैव एक समान नहीं रहती। यह सिद्धांत अत्याधुनिक अनुसंधानों द्वारा सत्य सिद्ध हुआ है।

सन् ११८३ में भास्कर ने ग्रहों की गति से संबंधित एक अन्य ग्रंथ 'कर्ण कुतूहल' लिखा। इस ग्रंथ में त्रिप्रश्न, चंद्रग्रहण, सूर्यग्रहण, उदयास्त, ग्रह-युति आदि विषयों पर प्रकाश डाला गया है।

ग्रहण के संबंध में भास्कराचार्य ने स्पष्ट किया कि सूर्यग्रहण सूर्य पर चंद्रमा का प्रतिबिंब (छाया) पड़ने से तथा चंद्रग्रहण चंद्रमा पर पृथ्वी का प्रतिबिंब पड़ने से होता है।

इसके साथ ही भास्कर ने दो अद्‌भुत कार्य भी किए। एक तो उसने गोले की सतह और उसके घनफल को निकालने के जर्मन ज्योतिर्विद् केपलर के नियम का पूर्वाभ्यास कर लिया था। दूसरे, उसने सत्रहवीं शताब्दी में उत्पन्न अंग्रेज न्यूटन से लगभग ५०० वर्ष पूर्व गुरुत्वाकर्षण सिद्धांत प्रतिपादित किया था। न्यूटन के विषय में यह प्रचलित है कि उसने सत्रहवीं शताब्दी में इंग्लैंड में एक बार बाग में पेड़ से टूटकर पृथ्वी पर गिरते सेब को देखकर यह निष्कर्ष निकाला और उसका ज्ञान संसार को कराया कि पृथ्वी में आकर्षण शक्ति है। इसी कारण समस्त वस्तुएँ ऊपर की ओर आकाश में न जाकर नीचे की ओर पृथ्वी पर आती हैं। इसी निष्कर्ष पर उसने अपने गुरुत्वाकर्षण सिद्धांत का विकास किया, किंतु भास्कराचार्य ने तो न्यूटन से ५०० वर्ष पूर्व ही बड़े स्पष्ट शब्दों में बतलाया था : 'आकृष्टि शक्तिश्च मही तपायत स्वस्थं गुरु स्वामि मुखं स्व शक्त्या।' अर्थात् भूमि में आकर्षण शक्ति है। इसलिए आकाश में स्थित भारी पदार्थों को भूमि अपनी शक्ति से अपनी ओर खींच लेती है।

अब हमें यह देखना है कि भास्कराचार्य ने किन कठिनाइयों का सामना करते हुए इतनी महत्त्वपूर्ण खोजें कीं। आधुनिक युग में बड़ी शक्तिशाली दूरबीनों का निर्माण हो चुका है जिनकी सहायता से आकाश के ग्रहों और नक्षत्रों का अवलोकन और अध्ययन रात में ही नहीं, दिन में भी सरलतापूर्वक किया जा सकता है; किंतु भास्कराचार्य को दूरबीन उपलब्ध न थी। वह तो केवल रात में ही आँख से तथा कभी-कभी बाँस की नलिका की सहायता से ग्रहों और नक्षत्रों का निरीक्षण करते थे। वे रात-रात-भर देखते रहते थे कि कौन ग्रह किस स्थान पर उदय होता है, किस-किस स्थान पर भ्रमण करता और किस समय अस्त होता है। उस युग में समय की गणना सूर्योदय और सूर्यास्त के आधार पर की जाती थी। भास्कराचार्य ने समय-गणना का सही तरीका बतलाया तथा पूर्व ज्योतिषियों के लेखों में अशुद्धियों और त्रुटियों को दर्शाते हुए उन्हें शुद्ध किया। कुछ ऐसे भी उदाहरण हैं जो बुद्धि को झकझोर देने के लिए पर्याप्त हैं। इसी कारण किसी ने कहा है—"भास्कराचार्य के लिखे हुए को या तो स्वयं भास्कराचार्य ही समझ सकता है या सरस्वती या फिर ब्रह्मा। हमारे जैसे पुरुषों के वश की बात नहीं।"

कभी-कभी एक ग्रह की खोज के लिए वह दो-दो रात तक जागते रहते थे और दिन-दिन-भर गणना करते थे। अंत में गणित द्वारा पहुँचे परिणाम का प्रमाण वह रात में पुनः ग्रह का निरीक्षण करके खोजते थे। साथ ही अपनी खोज और सिद्धांतों को पुस्तक में भी लिखते थे। यह सब कार्य वह नौकरी अथवा पुरस्कार-प्राप्ति के प्रलोभनवश नहीं करते थे। उनका उद्‌देश्य सत्य की खोज और उससे संसार को लाभान्वित करना था।

भास्कराचार्य में दो विशेष गुण थे। प्रथम, वह बड़े परिश्रमी थे और भूख-प्यास तथा नींद को छोड़कर आकाश के रहस्यों को खोजते रहते थे। द्वितीय, उनमें उत्साह इतना अधिक था कि ऐसे अनेक अवसर आए, जब उन्हें विफलता भी मिली, किंतु वह घबराए नहीं तथा पुनः उस विषय की खोज में जुट गए और अंत में सफल हुए। सूक्ष्म

यंत्रों और उन्नत गणित सिद्धांतों द्वारा भास्कराचार्य के सिद्धांतों का परीक्षण करने पर हम आज भी उन्हें सत्य के बहुत निकट पाते हैं। पाश्चात्य विद्वानों ने भी भास्कराचार्य की श्रेष्ठता को स्वीकार किया है। डॉ. स्पोटवुड ने रॉयल सोसाइटी के जर्नल में लिखा है, "भास्कराचार्य की विवेचन सूक्ष्मता उच्चकोटि की है, यह हमें स्वीकार करना होगा। भास्कराचार्य ने जिन गणित-ज्योतिष सिद्धांतों की स्थापना की है और जिस दर्जे की की है, उसकी तुलना हम आधुनिक गणित-ज्योतिष से नहीं कर सकते हैं।"

भास्कराचार्य वैष्णव धर्मानुयायी थे। पूजा-पाठ, धार्मिक ग्रंथों का अध्ययन और उन पर टीकाएँ लिखना उनका प्रिय कार्य था। हमारे देश के इस महान् रत्न भास्कराचार्य का पैंसठ वर्ष की आयु में सन् ११७९ में देहांत हो गया। अपने गुरुत्वाकर्षण सिद्धांत जैसे अन्वेषणों के कारण भास्कराचार्य का नाम सदा अमर रहेगा तथा अंतरिक्ष उड़ानों के संदर्भ में आर्यभट्ट-प्रथम के साथ उन्हें भी अवश्य याद किया जाता रहेगा।

जगदीशचंद्र बसु

जन्म और संस्कार—विश्वविख्यात आचार्य जगदीशचंद्र बसु का जन्म ३० नवंबर, १८५८ ई. को पूर्वी बंगाल (आधुनिक बंगला देश) के मैमनसिंह नामक शहर में हुआ था। उनके पिता श्री भगवानचंद्र बसु डिप्टी मजिस्ट्रेट थे जो उस समय असाधारण गौरव का पद माना जाता था। उनके पिता बड़े कठोर अफसर थे तथा अपराधियों को कड़ा दंड देते थे। उनके क्षेत्र में डकैत या तो शांत हो जाते थे अथवा पलायन कर जाते थे। वे घने जंगलों तक डाकुओं का पीछा करते थे तथा अनेक बार उन्होंने डाकुओं को पकड़ा था। एक बार चिढ़कर डाकुओं ने उनके घर में आग लगा दी। फलतः घर में सब स्वाहा हो गया, किंतु उनकी सख्ती में कोई कमी नहीं आई। परंतु कड़े अफसर के साथ ही वह सहृदय जन-सेवक भी थे। सजा से छूटने पर एक डाकू द्वारा काम के लिए गिड़गिड़ाने पर उन्होंने उसे अपने घर में नौकर रख लिया जो जगदीशचंद्र को घोड़े पर सैर के लिए तथा स्कूल भेजने के लिए ले जाने लगा। उसे जगदीश को सौंपते हुए उन्हें भय नहीं लगता था। तारा त्रिपाठी ने लिखा है—"उनके इस दयाभाव और साहस का यह परिणाम हुआ कि डाकू सुधर गया और उनके घर के सच्चे सहायक और सेवक के रूप में काम करने लगा।" भगवानचंद्र जनता के सुख और उन्नति के लिए निरंतर प्रयत्नशील रहते थे। वे मेले लगवाते, नाटक कराते, औद्योगिक एवं कृषि प्रदर्शनी आयोजित कराते थे। उन्होंने अपने खर्च से औद्योगिक स्कूल की स्थापना कराई, किसानों के लिए 'ऋण कार्यालय' खुलवाया। अकाल और महामारी में वे दिन-रात जनता की सेवा में लगे रहते थे। नए कारखाने खोलनेवालों की पूरी सहायता करते थे। उन्होंने भारत की पहली कपड़ा मिल में अपना सारा धन लगा दिया और घाटा होने पर वापस नहीं लिया। उन्होंने पहली बार चायबागान की कंपनी बनाकर कार्य शुरू किया, यद्यपि इसमें भी उन्हें हानि हुई। तारा त्रिपाठी ने लिखा है, "इस प्रकार सर जगदीशचंद्र जी के पिता उच्च शिक्षा प्राप्त कुशल अफसर थे, दयालु जन-सेवक थे। उनमें जोखिम उठाकर

नए-नए प्रयोग करने की रुचि थी। इसके अतिरिक्त उनके हृदय में अपने देश की उन्नति के लिए प्रबल इच्छा थी।"

परिवार तथा परिवेश—जगदीशचंद्र अपने माता-पिता के इकलौते पुत्र थे। उनके पाँच बहनें थीं। उनकी बड़ी बहन का नाम सरला प्रभा था। उनकी अन्य बहनें थीं—स्वर्ण प्रभा, लावण्य प्रभा, हेम प्रभा और चारु प्रभा। जगदीशचंद्र का लालन-पालन बड़े लाड़-प्यार और सुख-सुविधाओं के बीच हुआ था। उनका बचपन बंगाल की प्राकृतिक सुषमा के बीच व्यतीत हुआ था। उन्हें हरे-भरे खेतों, विभिन्न प्रकार के जीव-जंतुओं, नदियों, फल-फूलों के बगीचों को देखने का अवसर प्राप्त हुआ था। वे अपने पिता से विभिन्न वस्तुओं के रहस्यों के संबंध में प्रश्न करते थे और उनके पिता धैर्यपूर्वक उनका उत्तर देते थे। जगदीशचंद्र को बाल्यावस्था से ही प्रकृति के अध्ययन में रुचि थी। उन्होंने बचपन में अपने घर में बगीचा लगाया और कोने में तालाब में मछलियाँ, विषहीन सर्प और खरगोश पाले तथा तरह-तरह के बीज डालकर पौधे उगाए। इस प्रकार वह बाल्यावस्था से प्रकृति-प्रेमी और निरीक्षक थे।

शिक्षा तथा विशेष अध्ययन—जगदीशचंद्र के पिता भारतीय संस्कृति के पोषक थे। उन्होंने प्रारंभिक शिक्षा हेतु जगदीशचंद्र को ५ वर्ष की आयु में फरीदपुर की बंगाली पाठशाला में भरती कराया। जगदीशचंद्र ५ वर्ष तक इस विद्यालय में अध्ययन करते रहे। वहाँ उन्होंने अपनी कुशल बुद्धि का परिचय दिया। उनके अध्यापक उनसे बहुत प्रसन्न थे।

सन् १८६९ में जगदीशचंद्र के पिता श्री भगवानचंद्र बर्दवान में असिस्टेंट कमिश्नर के पद पर पदोन्नत होकर गए, जहाँ अच्छा विद्यालय न होने के कारण जगदीशचंद्र को कलकत्ता के हैरे स्कूल में भरती कराया गया, किंतु वहाँ का वातावरण उनके पिता को अच्छा प्रतीत नहीं हुआ। अतः ३ माह बाद उन्हें सेंट जेवियर स्कूल, कलकत्ता में भरती कराया गया और १० वर्ष की आयु में उन्हें छात्रावास में भरती कराया गया। वहाँ बंगला भाषा के स्थान पर अंग्रेजी भाषा में पढ़ाई होती थी। वहाँ लड़के उन्हें बहुत चिढ़ाया करते थे। इससे तंग आकर उन्होंने एक दिन एक लड़के की पिटाई कर दी। इस घटना से चिढ़ानेवाले लड़के शांत हो गए। प्रकृति-प्रेमी जगदीशचंद्र ने छात्रावास के एक कोने में छोटा-सा बगीचा बनाया, उसमें पौधे लगाए, ट्यूबवेल की धारा के ऊपर पुल बनाया, खरगोश और कबूतर पाले। उनका अंग्रेजी पर शीघ्र अधिकार हो गया। कक्षा में वे सबसे कम उम्र के थे, किंतु थे सबसे आगे। ६ वर्ष की अवधि में उन्होंने ऐंट्रेंस परीक्षा उत्तीर्ण कर ली। इसके उपरांत वे सेंट जेवियर कॉलेज, कलकत्ता में अध्ययन हेतु भरती हुए। उन्होंने विज्ञान का विशेष अध्ययन किया। भौतिकशास्त्र के अध्यापक फादर लेफंट उनसे बहुत प्रभावित थे। जगदीशचंद्र उनके पटु शिष्य बन गए। विज्ञान विषय लेकर कलकत्ता विश्वविद्यालय से बी.ए. की परीक्षा उत्तीर्ण की।

पिता के चायबागान और कपड़ा मिल में धन खर्च कर देने और लंबी बीमारी के

कारण जगदीशचंद्र के उच्च अध्ययनार्थ इंग्लैंड जाने में कठिनाई हो रही थी। उनके पिता को नौकरी का विचार रुचिकर नहीं लगा। उनकी माताजी ने स्वयं द्वारा संचित धन तथा अपने आभूषणों की बिक्री से प्राप्त धन से जगदीशचंद्र को १८८० ई. में जलयान द्वारा इंग्लैंड भेजा। प्रस्थान के समय कालाजार ज्वर से पीड़ित जगदीशचंद्र की हालत जहाज पर खराब हो गई। अंत में वे जैसे-तैसे लंदन पहुँचे।

वे १८८० ई. में लंदन विश्वविद्यालय में भरती हुए। वहाँ बी.ए. की डिग्री प्रवेशिका शिक्षा परीक्षा के समान थी। वह मेडिकल की प्रारंभिक कक्षा में भरती होकर भौतिकशास्त्र, रसायनशास्त्र, जीव विज्ञान और वनस्पति विज्ञान का अध्ययन करने लगे तथा प्रथम वर्ष में अच्छे अंकों से उत्तीर्ण हुए। दूसरे वर्ष शरीर के चीर-फाड़ से बार-बार कालाजार से पीड़ित होने पर अध्यापकों के प्रभाव से चिकित्साशास्त्र का अध्ययन उन्होंने छोड़ दिया और कैम्ब्रिज विश्वविद्यालय की टैस्ट परीक्षा में अच्छे अंकों से उत्तीर्ण होकर वे विश्वविख्यात क्राइस्ट चर्च कॉलेज में विशुद्ध विज्ञान के विद्यार्थी बन गए। वह अभी भी पीड़ित थे और इलाज से कोई लाभ नहीं था; परंतु उन्होंने नाव चलाना प्रारंभ किया और पूर्ण स्वस्थ हो गए। उन्होंने भौतिकशास्त्र, रसायनशास्त्र और वनस्पतिशास्त्र का अध्ययन किया। उनकी लगन और बुद्धि से आर्गन गैस के अन्वेषक प्रो. रेले बहुत प्रभावित हुए। उनके अन्य अध्यापक थे चार्ल्स डार्विन के पुत्र फ्रांसिस डार्विन और पादपशरीर क्रिया विज्ञानी (प्लांट फिजियोलोजिस्ट) सिडनी विनिया। १८८४ ई. में उन्होंने कैम्ब्रिज विश्वविद्यालय से विज्ञान में बी.ए. ऑनर्स तथा उसी वर्ष लंदन विश्वविद्यालय से बी. एस-सी. परीक्षा उत्तीर्ण की। उस समय उनकी अवस्था २५ वर्ष थी। उनकी असाधारण प्रतिभा से प्रभावित होकर १८९६ ई. में कैम्ब्रिज विश्वविद्यालय ने उन्हें डी. एस-सी. की उपाधि प्रदान की।

व्यावसायिक जीवन की दिशा में—भौतिकशास्त्र के प्रो. रेले और वनस्पतिशास्त्र के प्रो. वाइंस की अनुसंधान में लगाने की इच्छा के बावजूद घर की आर्थिक स्थिति के कारण जगदीशचंद्र इंग्लैंड न रह सके। वे अपने बहनोई श्री आनंद मोहन बसु के सहपाठी और घनिष्ठ मित्र इंग्लैंड के पोस्टमास्टर जनरल श्री फासेट के माध्यम से तत्कालीन भारत मंत्री श्री किंबरले का सिफारिशी पत्र लेकर भारत लौटे और भारत के तत्कालीन वायसराय लॉर्ड रिपन से शिमला में भेंट की, जिसने बंगाल के शिक्षा निदेशक (डायरेक्टर ऑफ एजुकेशन) को जगदीशचंद्र बसु को उच्च शिक्षापद देने का आदेश दिया। परंतु वह उनसे चिढ़ गया और कहा, "मेरे पास काम कराने के लिए नीचे से आना चाहिए था, ऊपर से नहीं। इस समय शिक्षा विभाग में कोई अच्छा स्थान खाली नहीं है। छोटी नौकरी पाना चाहो, तो कर सकते हो और फिर तरक्की करके आगे बढ़ सकते हो।" इस उत्तर की जानकारी मिलने पर वायसराय ने शिक्षा निदेशक से जवाब तलब किया। अंत में वह सन् १८८५ में प्रेसीडेंसी कॉलेज, कलकत्ता में भौतिकशास्त्र के अस्थायी प्रोफेसर नियुक्त किए गए, जहाँ वह सन् १९१५ तक कार्यरत रहे। उन्होंने

अपने पद पर पूरी लगन और आत्मविश्वास से काम किया। वह कठिनतम प्रयोगों को सरलता से छात्रों को सिखाते तथा कठिनतम विषय को भी रोचक ढंग से पढ़ाते थे। इससे कॉलेज में शीघ्र ही उनकी धाक जम गई। कॉलेज के प्रिंसिपल और शिक्षा विभाग के डायरेक्टर भी उनसे अत्यंत प्रसन्न थे।

जगदीशचंद्र बसु ने तीन वर्ष तक कॉलेज से वेतन नहीं लिया। वेतन न लेने का कारण अंग्रेजों और हिंदुस्तानियों के मध्य भेदभाव किया जाना था। हिंदुस्तानियों को कम वेतन पर अस्थायी रूप से नियुक्त किया जाता था। इसके विरुद्ध जगदीशचंद्र बसु ने सत्याग्रह किया। उनकी कर्तव्यपरायणता और योग्यता से प्रिंसिपल और डायरेक्टर प्रसन्न थे। उन्हें तीन वर्ष का पूरा वेतन एक साथ दिया गया। इस प्रकार जिस 'सविनय सत्याग्रह' को गांधीजी ने बाद में समस्त भारत में प्रचलित किया, उसका प्रारंभ एक प्रकार से जगदीशचंद्र बसु ने बहुत पहले ही कर दिया था। इधर वेतन न लेने से उनके सामने अनेक आर्थिक कठिनाइयाँ आईं। उनके पिता बीमार और ऋणी हो गए। वेतन मिलते ही उन्होंने सारा रुपया अपने पिता के ऋणदाताओं को दे दिया। फिर भी ऋण शेष रहा। अतः उन्होंने अपनी पैतृक संपत्ति को बेचकर ऋण-भार दूर किया। साथ ही अपनी माता से प्राप्त धन से भी ऋण चुकाया, किंतु अभी भी ऋण बाकी रहा। ऋणदाता यद्यपि उन्हें छूट देने के लिए तैयार थे, किंतु स्वाभिमानी जगदीश ने इसे स्वीकार नहीं किया। उन्होंने किस्तों द्वारा ६ वर्षों में संपूर्ण ऋण चुका दिया। उनके ऋण-मुक्त होने के एक वर्ष बाद उनके पिता श्री भगवानचंद्र का देहांत हो गया।

सन् १९१५ में उन्हें कलकत्ता विश्वविद्यालय में भौतिकी का एमेरिटस प्रोफेसर नियुक्त किया गया था।

वैवाहिक जीवन—उनके माता-पिता अपने जीवन के अंतिम दिनों में अपने एकमात्र पुत्र जगदीश को उसके स्थायी रूप से नौकर हो जाने पर एक अच्छे जीवन-साथी सहित देखना चाहते थे। बंगाल के प्रगतिशील नेता तथा स्त्री-शिक्षा के समर्थक और प्रसारक श्री दुर्गा मोहनदास की पुत्री अबला देवी मद्रास के मेडिकल कॉलेज की छात्रा थीं। श्री दुर्गा मोहनदास श्री भगवानचंद्र के घनिष्ठ मित्र थे। पारस्परिक योग्यता और व्यक्तित्व से प्रभावित होकर फरवरी १८८७ ई. में जगदीशचंद्र और अबला देवी का विवाह हो गया और वे दोनों कुछ समय के लिए गंगा के निकट चंद्रनगर में किराए के मकान में रहने लगे। जगदीशचंद्र और उनकी पत्नी अबला दोनों को नाव चलाने का शौक था। अबला नाव से जगदीशचंद्र को कॉलेज छोड़ने जाती थीं और शाम को ले आती थीं। ६ माह बाद वे पुनः अपने माता-पिता के साथ कलकत्ता-स्थित मकान में रहने लगे।

अबला एक आदर्श पत्नी थीं। उन्होंने घर का सारा काम अपने ऊपर ले लिया था। उनका वैवाहिक जीवन बड़ा शांतिपूर्ण और सुखी था। पति-पत्नी दोनों में असीम प्रेम और श्रद्धा थी। अबला ने एक ही संतान को जन्म दिया, जो अल्प आयु में ही मर

गई। उनके अन्य कोई संतान नहीं हुई। वे देश और विदेश में भी हमेशा अपने पति के साथ रहतीं और उनका ध्यान रखती थीं। विदेश में भी वे स्वयं भोजन पकातीं तथा रुपए-पैसे का सारा हिसाब रखती थीं। वे एक पैसा भी फिजूल खर्च नहीं करती थीं। उन दोनों ने आजीवन सादा और सरल जीवन व्यतीत किया तथा विदेशों में भारतीय वेशभूषा धारण की। वैज्ञानिक कार्यों में जगदीशचंद्र के निराश होने पर अबला उन्हें प्रोत्साहित करती थीं।

अबला सार्वजनिक कार्यों में भी भाग लेती थीं। उन्होंने अपने पिता द्वारा स्थापित ब्रह्म बालिका विद्यालय का सफलतापूर्वक संचालन किया तथा 'नारी शिक्षा समिति' और 'विद्यासागर वाणी भवन' नामक महिला संस्थाओं की स्थापना की जिनकी व्यवस्था वह अपने अंतिम दिनों तक करती रहीं। जगदीशचंद्र बसु के देहांत के बाद ११ वर्ष तक अबला जीवित रहीं। अबला का देहांत २५ अप्रैल, सन् १९५१ ई. को हुआ।

अनुसंधान के पथ पर—जगदीशचंद्र प्रतिष्ठित अध्यापक थे। छात्रों और अधिकारियों में उनका यथेष्ट सम्मान था। उनकी आकांक्षा विदेशी वैज्ञानिकों की तरह नई खोज कर भारत के मस्तक को ऊँचा उठाने की थी। कॉलेज में अध्यापन-कार्य से खोज का पर्याप्त समय नहीं मिलता था। फिर भी उन्होंने कॉलेज की प्रयोगशाला में अपने खर्चे से कार्य शुरू किया।

भौतिक विज्ञान में उनकी विशेष रुचि थी। १८९४ ई. में वे विद्युत्-चुंबकीय तरंगों के ध्रुवीकरण (Polarization) की महत्त्वपूर्ण खोज में सफल हुए। इसका उन्होंने पहले कॉलेज में प्रदर्शन किया तथा बाद में १८९५ ई. में कलकत्ता टाउन हॉल में, जहाँ गवर्नर उपस्थित था, प्रदर्शन किया। उनके रेडिएटर से ७५ फीट की दूरी पर तीन दीवालों को पार करके तरंगें रिसीवर तक पहुँचीं, जिससे पिस्तौल दागी गई और घंटी बज उठी। ऐसी खोज पहले संसार में किसी ने नहीं की थी। अपने मंद रेडिएटर से यह उल्लेखनीय प्रयोग करने के लिए बसु ने आधुनिक वायरलैस टेलीग्राफी के एंटीना की रूपरेखा सोच ली। यह २० फीट लंबे खंबे के ऊपर गोलाकार धातु की एक तश्तरी थी जिसको रेडिएटर के साथ जोड़ा गया और इसी प्रकार की एक तश्तरी रिसीवर में जोड़ी गई थी। वे अब अधिक दूर तक संदेश भेजने के लिए प्रयत्न करने लगे। गवर्नर ने जगदीशचंद्र को प्रोत्साहित किया। इस खोज का विवरण यूरोप की प्रख्यात पत्रिकाओं में प्रकाशित हुआ। इस प्रकार जगदीशचंद्र बसु १८९५ ई. में चोटी के प्रयोगात्मक भौतिकशास्त्री के रूप में संसार के सामने प्रकट हुए। उन्होंने अंग्रेजी कवि रुडयर्ड किपलिंग के इस कथन को गलत सिद्ध कर दिया कि पूर्व और पश्चिम कभी मिल नहीं सकते तथा विज्ञान के क्षेत्र में पूर्व के लोगों की पहुँच नहीं है। उन जैसे पाश्चात्य विद्वानों ने यह कल्पना नहीं की थी कि कोई भारतीय आधुनिक विज्ञान के क्षेत्र में अपनी प्रतिभा से उनको चकित कर देगा। परंतु जगदीशचंद्र बसु की प्रतिभा और खोज से प्रभावित होकर लंदन विश्वविद्यालय ने १८९६ ई. में उन्हें डी. एस-सी. की उपाधि से विभूषित किया। जब ब्रिटेन

की रॉयल सोसाइटी के लॉर्ड रेले और केल्विन ने अपने मध्य में बसु की प्रतिभा को एकाएक प्रस्फुटित होते देखा, तो वे एक क्षण में ही प्रभावित हो गए। रॉयल सोसाइटी ने जगदीशचंद्र बसु को उनके अनुसंधान-कार्य में आर्थिक सहायता देने और उनके लेखों के प्रकाशन का निश्चय किया, किंतु उनके कॉलेज के अधिकारियों और शिक्षा विभाग ने सहयोग प्रदान करने के स्थान पर बाधाएँ उपस्थित कीं। शिक्षा निदेशक सिंडीकेट में एक प्रस्ताव पास कराना चाहता था, जिसका जगदीशचंद्र ने विरोध किया। शिक्षा निदेशक द्वारा जवाब तलब करने पर स्वाभिमानी जगदीशचंद्र ने उत्तर दिया कि सिंडीकेट का सदस्य होने का मतलब आँख मूँदकर गलत या सही का समर्थन करना नहीं है। इससे शिक्षा निदेशक ने नाराज होकर गवर्नर द्वारा जगदीशचंद्र की उच्च पद पर नियुक्ति में बाधा उपस्थित की। गवर्नर ने उन्हें ढाई लाख वार्षिक आर्थिक सहायता दी। कॉलेज में भी निरंतर बाधाएँ उपस्थित की गईं। उन्होंने गवर्नर से एक साल का अवकाश दिलाने का निवेदन किया, जिससे वे विदेश जाकर वैज्ञानिकों को अपने कार्य से अवगत करा सकें। परंतु उन्हें केवल ६ मास का अवकाश दिया गया। १८९६ ई. में उन्होंने इंग्लैंड में वैज्ञानिक सभाओं में भाषण दिए तथा प्रयोग दिखलाए। वैज्ञानिकों ने प्रभावित होकर उनकी प्रशंसा मुक्तकंठ से की। ब्रिटिश विज्ञान प्रगति संघ की लिवरपूल बैठक में उनके भाषण की सफलता के विषय में पैट्रिक गेड्स ने प्रशंसापूर्वक लिखा है—विद्युत् लहरों पर बसु के शोधपत्र से लॉर्ड केल्विन इतने प्रभावित हुए कि उन्होंने उनकी भूरि-भूरि प्रशंसा ही नहीं की, बल्कि महिला-दीर्घा में पहुँचकर श्रीमती बसु को उनके पति के प्रशंसनीय कार्य पर हार्दिक बधाइयाँ दीं।

बसु की इस सफलता को देखकर उनको रॉयल इंस्टीट्यूट में शुक्रवार सांध्य भाषणमाला के लिए आमंत्रित किया गया। इस भाषणमाला के दौरान उन्होंने अपने यंत्रों का प्रदर्शन किया। उससे अनेक व्यक्तियों को बड़ा आश्चर्य हुआ। प्रमुख ब्रिटिश टेक्नीकल पत्रिका 'द इलैक्ट्रिक इंजीनियर' ने इस बात पर आश्चर्य प्रकट किया कि बसु के संदेश-प्रसारण यंत्र के संबंध में किसी समय कोई गोपनीयता नहीं बरती गई। अतः सारा संसार इसको प्रयोग कर पैसा कमा सकता था। कुछ ब्रिटिश उद्योगपतियों ने उनके पेटेंट अधिकारों का लाभ उठाने के लिए भारी रकम का प्रस्ताव रखा, परंतु बसु ने उनको ठुकरा दिया। बसु ने अपने आविष्कारों से कभी कोई लाभ उठाने का प्रयास नहीं किया। उनके अमेरिकी मित्र ने जब उनकी इच्छा के विरुद्ध उनके यंत्र 'कोहरर' (रेडियो तरंगें ग्रहण करने का यंत्र) अमेरिका में अपने नाम से पेटेंट करा लिया, तो उन्होंने इस पेटेंट की अवधि समाप्त करवा दी।

जगदीशचंद्र की विद्युत्-चुंबकीय तरंगों की खोज के आधार पर मारकोनी ने वायरलैस टेलीग्राफी का आविष्कार किया। इंग्लैंड के वैज्ञानिकों ने भारत के वायसराय को जगदीशचंद्र बसु को समुचित सहायता प्रदान करने के लिए लिखा। इस पर वायसराय ने बंगाल की सरकार को लिखा, किंतु ईर्ष्यालु शिक्षा विभाग ने इस दिशा में

कोई कदम नहीं उठाया। अतः जगदीशचंद्र ने निजी खर्च से अपने घर पर प्रयोगशाला की स्थापना का प्रयास किया।

अन्य खोजें—जगदीशचंद्र बसु की योग्यता यहाँ तक थी कि वे कलकत्ता के प्रेसीडेंसी कॉलेज की कक्षा में प्रयोगात्मक अनुसंधान के ऐसे क्षेत्र का आरंभ करा सके, जिसे हट्र्ज ने रेडियो तरंगों की खोज से उसी समय आरंभ किया था। रेडियो तरंगों के क्षेत्र में हुए अत्यधिक अनुसंधान का श्रेय हट्र्ज और जगदीशचंद्र बसु को है। उन दोनों ने प्रकाश और विद्युत् के गहरे संबंध का रहस्य जानने के लिए जो प्रारंभिक प्रयोगशाला यंत्र बनाए, उसी से आधुनिक प्रसारण का विकास हुआ।

बसु ने अपनी सूझ-बूझ से ऐसे अनेक यंत्र बनाए जो हट्र्ज की लंबी रेडियो तरंगों से कहीं छोटे विकिरण को दर्ज कर सकते थे। विशेषतः उन्होंने सिद्ध किया कि छोटी विद्युत्-चुंबकीय लहरें प्रकाश के एक पुंज की तरह व्यवहार करती हैं, दोनों ही परावर्तन व वर्तन के नियमों पर चलती हैं। इस प्रकार उन्होंने भौतिक विज्ञान में विद्युत् विकिरण (Electrical Radiations) तथा आवर्तन-परावर्तन पर विशेष अनुसंधान-कार्य किया। वे विद्युत्-चुंबकीय लहरों को 'ध्रुवित' करने में भी सफल हो गए जिससे वे प्रकाश किरणों से उनकी समानता प्रदर्शित कर सके।

बसु ने मेलाइट नामक एक विशिष्ट स्फटिक का आविष्कार किया जो विद्युत् लहरों को उसी प्रकार निर्देशित करता है जिस प्रकार तुरमलीन प्रकाशपुंज को करता है। अपने विभिन्न प्रकार के यंत्रों के द्वारा बसु ने 'अदृश्य प्रकाश की टूटी झाँकी' प्रस्तुत की। इन यंत्रों से उन्होंने विद्युत् व प्रकाशकीय पुंजों की एकता सिद्ध की। इससे उस संचार क्रांति को नई दिशा मिली जो पूर्व के पनडुब्बी केबल, तार व टेलीफोन के आविष्कारों के कारण उत्पन्न हुई थी।

सन् १८९८ तक जगदीशचंद्र बसु विश्वविख्यात हो गए। बसु संभवतः अपनी ही विशेष रुचि से भौतिकी के प्रयोग करते रहे, और यदि उन्होंने यह क्षेत्र न छोड़ा होता, तो संभवतः उन्होंने और अनेक यंत्र बनाए होते। १८९८ ई. में वे 'बायोफिजिक्स' अथवा जीव-भौतिकी में आ गए।

उनको बाल्यकाल से ही जीव-जंतुओं में गहरी रुचि थी। इसी कारण जीव-भौतिकी में प्रवेश करके उन्होंने अपनी इस प्रतिभा को पुनर्जाग्रत किया। जब वे बच्चे थे, तो कीड़े एकत्र किया करते थे। पूर्वी बंगाल में अपने गाँव राड़ीरवाल में चश्मे के ऊपर छोटे से पुल से मछलियाँ पकड़ते और यहाँ तक कि जल-सर्प भी पकड़ते, जिससे उनकी बड़ी बहन को हैरानी होती थी। कलकत्ता में जब वे सेंट जेवियर कॉलेज के छात्र थे, तो अपना सारा पैसा पालतू पशुओं पर खर्च कर देते और अपना खाली समय उनकी देखभाल में व्यतीत करते थे।

यह बड़े आश्चर्य की बात है कि पशु-जीवन से इतना प्यार होने पर भी उन्होंने जीवशास्त्र छोड़कर भौतिकी का अध्ययन किया। इसका कारण यह था कि कलकत्ता

विश्वविद्यालय में उन दिनों जीवशास्त्र की शिक्षा की व्यवस्था नहीं थी। इसके स्थान पर भौतिकी की पढ़ाई बहुत अच्छी थी, क्योंकि सेंट जेवियर में फादर लैफोंट भौतिकी के प्रसिद्ध प्रोफेसर थे।

सन् १८९८ से बसु ने वृक्षों और धातुओं में जीव की खोज का कार्य शुरू किया और यंत्र बनाकर इसे सिद्ध किया।

अगस्त १९०० ई. में पेरिस के अंतरराष्ट्रीय विज्ञान सम्मेलन में शिक्षा विभाग द्वारा छुट्टी न दिए जाने पर कलकत्ता विश्वविद्यालय के प्रतिनिधि के रूप में भाग लेने गए, जहाँ उन्हें बोलने के लिए थोड़ा समय दिया गया था। इस सम्मेलन में उन्होंने विचार रखे, "जीवित और निर्जीव के मध्य सीमा रेखा बहुत अधिक नहीं है।" उनके भाषण से वक्तागण मंत्रमुग्ध हो गए। इस सम्मेलन में स्वामी विवेकानंद भी उपस्थित थे। इस सम्मेलन में बसु के भाषण से विश्व के वैज्ञानिक प्रभावित हुए। पेरिस से बसु लंदन गए जहाँ उनका वैज्ञानिकों से संपर्क हुआ। लंदन के वैज्ञानिकों ने बसु को लंदन में रखने का प्रयास किया तथा उन्हें पैसा और पर्याप्त सुविधाएँ प्रदान करने का प्रस्ताव रखा। बसु ने यह समस्या रवींद्रनाथ टैगोर के सामने रखी। अंत में त्रिपुरा नरेश द्वारा आर्थिक सहायता दिए जाने पर बसु ने लंदन में रहकर अपनी खोज पूरी की। उन्होंने पशु तथा विशेष रूप से पौध-दैहिकी पर इतना गहन कार्य किया कि वैज्ञानिक १९४५ ई. तक उसका मूल्यांकन नहीं कर सके। बसु ने अनेक प्रायोगिक विधियों की खोज की तथा अनेक सूक्ष्म (delicate) वैज्ञानिक उपकरणों का आविष्कार किया। उन्होंने १९०२ ई. में एक अति संवेदनशील यंत्र क्रेस्कोग्राफ (Crescograph) का आविष्कार किया, जो पौधों की बाढ़ को एक करोड़ गुना विपुलन कर दिखाता था। इस यंत्र में सैकंड के हजारवें भाग तक पौधों की गति अंकित होती है। यह उपकरण किसी कंपन या स्पंदन संकेत को दस लाख गुना बढ़ाकर दिखाता था। इस उपकरण की सहायता से प्राणियों, पौधों और जड़ धातुओं में विद्युत् उद्दीपन तथा अन्य उत्तेजनों से होनेवाली प्रतिक्रियाएँ अंकित की गईं। ये प्रतिक्रियाएँ समान थीं। इसके अतिरिक्त यह भी स्पष्ट हुआ कि पौधों के ऊतक जंतुओं के ऊतकों के समान ही विद्युत् उद्दीपन से प्रभावित होते हैं। इस प्रकार उन्होंने पौधों की थोड़ी भी वृद्धि को अंकित करने का तरीका निकाल लिया तथा प्राणिविज्ञान के प्रयोग में भौतिकी के प्रयोगों का प्रयोग किया। इसके बाद बोस ने 'बैलेंस्ड क्रैस्कोग्राफ' बनाया जिससे पौधे को उत्तेजित करने से क्षणिक बढ़ती या घटती दर को मापा जा सकता है। उनकी इन खोजों की प्रशंसा प्रसिद्ध वैज्ञानिक पत्रिका 'साइंटिफिक अमेरिकन' ने की थी।

१९०२ ई. में लीनियन सोसाइटी ने इन प्रयोगों का मूल्यांकन किया। सभी प्रयोग निर्दोष पाए गए। वैज्ञानिकों ने अनुभव किया कि ये प्रयोग जीवविज्ञान और भौतिक विज्ञान में परस्पर मेल उत्पन्न करते हैं। इससे विज्ञान की एक नई शाखा 'जैव भौतिकी' का विकास हुआ जिसमें जीव जगत् का अध्ययन भौतिकशास्त्र के नियमों के आधार पर

किया जाता है।

ब्रिटेन की रॉयल सोसाइटी ने डॉ. बसु के अनेक शोध-पत्र प्रकाशित किए।

१९०२ ई. में बसु रॉयल सोसाइटी के सदस्य चुने गए। वे अक्तूबर १९०२ को कलकत्ता वापस आ गए।

फिर डॉ. बसु ने अपना समय पौधों के अध्ययन में व्यतीत किया और प्रयोगों के आधार पर सिद्ध किया कि पेड़-पौधे प्राणियों के समान सभी क्रिया-कलाप करते हैं। उन्हें जड़ मानना उचित नहीं है। उनमें प्राणियों के समान ही जीवन होता है। बीसवीं शताब्दी के प्रथम चार दशकों तक डॉ. बसु जैव-भौतिकी के क्षेत्र में नए-नए प्रयोग करते रहे और उनसे विश्व को अवगत कराते रहे।

बसु भौतिकी तथा शरीरक्रिया विज्ञान की सीमाओं की खोज करते रहे और सजीव व निर्जीव के मध्य संपर्क के नए बिंदुओं की सीमाओं की स्थापना का प्रयत्न करते रहे। उन्होंने एक प्रकार से सृष्टि की एकता की उस अद्वैत दृष्टि को पुनः स्थापित करने का प्रयत्न किया जिसका बौद्धिक जीवन से लोप हो गया था। वास्तव में सजीव और निर्जीव प्रकृति की एकता को प्रतिष्ठित करने की उनकी इच्छा सदैव बनी रही, जो प्राचीन विज्ञान में थी, लेकिन नए में नहीं थी। लेकिन विभिन्न विज्ञानों को जोड़नेवाले सूत्र की बसु की कल्पना से अनेक वैज्ञानिक सहमत नहीं हुए। अचेतन और वनस्पति के संबंध में थकान, निद्रा, चेतना आदि शब्दों का उनका प्रयोग कंप्यूटरों के लिए 'सोचना', विमानों के लिए 'उड़ना' अथवा मानव मस्तिष्क एवं कंप्यूटरों अथवा पक्षियों एवं विमानों में कोई समानता ढूँढ़ने के समान ही अनुचित बताया गया। आज तंत्रिका-क्रिया वैज्ञानिक जटिल संगणक यंत्रों से मस्तिष्क की क्रिया समझने का जो काम कर रहे हैं, वही प्रयत्न बसु ने पौधों और पशुओं के व्यवहार में समानता पाने के लिए किया था।

बसु ने जीव-भौतिकी में एक भौतिकविद् की मात्रात्मक परिशुद्धि का प्रवेश कराया। ऐसा उन्होंने नई प्रयोगात्मक विधियाँ अपनाकर और पौधों पर निद्रा, वायु, प्रकाश, ओषधि, भेषज, भोजन, थकान, उत्तेजनशीलता आदि के प्रभावों को प्रदर्शित करने-वाले उपकरणों के आविष्कार द्वारा किया। इनमें रेजोनैंट रिकॉर्डर, फाइटोग्राफ, फोटोसिंथेटिक रिकॉर्डर आदि प्रमुख थे। पौधों और पशुओं की ऊतियों में पूर्ण समानता होती है—इसका प्रतिपादन कर उन्होंने प्रयोगों द्वारा इसकी सत्यता सिद्ध की। इस प्रकार वे पौधों और पशुओं के व्यवहार में और यहाँ तक कि पौधों और धातु जैसी अवचेतन सामग्री में समानता दिखलाना चाहते थे।

देश में सम्मान—जनवरी १९०३ ई. में भारत सरकार ने जगदीशचंद्र बसु को सी.आर. ई. की उपाधि से सम्मानित किया था। सन् १९०७ में भारत सरकार ने उन्हें इंग्लैंड भेजा, जहाँ उन्होंने प्रत्यक्ष प्रयोगों द्वारा अपने सिद्धांतों को सिद्ध किया तथा लोगों की शंकाओं को विशेष यंत्रों, प्रयोगों और प्रयासों से निवारण किया। इंग्लैंड से वह अमेरिका गए जहाँ सर्वत्र उनका स्वागत किया गया। सन् १९०९ में वे भारत लौटे। सन्

१९११ में सर्वसम्मति से वे बंगीय साहित्य सम्मेलन के सभापति चुने गए। सन् १९१२ में उन्हें सी.एस.आई. की उपाधि से सम्मानित किया गया। सन् १९१३ में वे कॉलेज से पद-मुक्त होनेवाले थे, किंतु सरकार ने उनकी सेवाओं में दो वर्ष की वृद्धि कर दी। अपनी खोजों से संसार को परिचित कराने की दृष्टि से सरकार ने उन्हें चौथी बार सन् १९१४ में विदेश भेजा। इस बार वे यूरोप के देशों, अमेरिका और जापान गए। सन् १९१६ में सरकार ने उन्हें नाइट (सर) की उपाधि से विभूषित किया। वह सन् १९१५ में कॉलेज में प्राध्यापक पद से मुक्त हो गए, किंतु सरकार उन्हें जीवनपर्यंत वेतन देती रही।

विज्ञान सेवा—नौकरी से मुक्त होकर बसु ने अपने संचित धन तथा त्रिपुरा, बड़ौदा, पटियाला आदि नरेशों की आर्थिक सहायता से ११ लाख रुपयों की लागत द्वारा ३० नवंबर, १९१७ ई. को कलकत्ता में बसु अनुसंधान संस्थान की स्थापना की, जिसके वह १९३७ ई. तक संस्थापक-निदेशक रहे। इस संस्थान में उन्होंने भौतिकशास्त्र, रसायनशास्त्र, वनस्पतिशास्त्र और प्राणिशास्त्र की खोजों के साधन जुटाए। उनके २३ वर्ष के प्रयत्नों के फलस्वरूप चार एकड़ भूमि में उपयुक्त उपकरणों से पूर्ण और आकर्षक भवन का निर्माण हुआ, जिसमें विशाल पुस्तकालय, यंत्रों के बनाने और सुधारने का कारखाना, प्रयोगशालाएँ, भाषण-कक्ष आदि हैं। इस भवन में एक पत्थर पर अंकित है : "यह मंदिर भारत के लिए गौरव प्राप्त करने तथा संसार को सुख प्रदान करने हेतु परमेश्वर के चरणों में समर्पित है।"

बहुमुखी प्रतिभा—जगदीशचंद्र बसु बहुमुखी प्रतिभा के धनी थे। विज्ञान की खोजों से संलग्न रहते हुए भी वह अन्य बातों और कार्यों के प्रति उदासीन नहीं थे। वह सभा-सम्मेलनों, साहित्यिक कार्यों और कवि-गोष्ठियों में भाग लेते थे। वह प्राचीन ऐतिहासिक स्थलों के दर्शन के भी शौकीन थे। वह देश की उन्नति के लिए सचेष्ट थे तथा भाषण-कला में पारंगत थे। उनके भाषण रोचक और सरल भाषा में होते थे। पेरिस में उन्होंने प्रयोगार्थ पोटाशियम साइनाइड नामक विष मँगवाया, किंतु दवा-विक्रेता ने उसके स्थान पर चीनी दे दी जिसके प्रभाव से पौधा मुरझाने के स्थान में अधिक सचेत हो गया। तब उन्होंने बड़े विनोदपूर्ण स्वर में घोषणा की कि यहाँ मँगाने पर विष के स्थान पर चीनी मिली है। वह दृढ़ विश्वास के व्यक्ति थे। १९२० ई. में वे रॉयल सोसाइटी के फैलो चुने गए। वह वियना एकेडेमी ऑफ साइंसेज के कॉरेस्पॉण्डिंग सदस्य तथा इंडियन साइंस कांग्रेस एसोसिएशन के अध्यक्ष भी रहे।

बसु ने अनेक लेख और पुस्तकें लिखीं। उनके ८० लेख जर्मनी, फ्रांस और इंग्लैंड की महत्त्वपूर्ण वैज्ञानिक पत्रिकाओं में प्रकाशित हुए। सन् १९०२ से १९३७ के बीच उनकी १० पुस्तकें प्रकाशित हुईं। उनकी प्रमुख पुस्तकों के नाम हैं—रेस्पोंस इन द लिविंग एंड नौन-लिविंग (Response in the Living and Non-Living) १९०२ ई., प्लांट रेस्पोंस (Plant Response), द नर्वस मैकेनिज्म ऑफ प्लांट्स (The Nervous Mechanism of Plants) १९२६ ई., दि फिजियोलॉजी ऑफ फोटो सिंथेसिस, दि फिजियोलॉजी ऑफ दि एसेंट ऑफ सैब, १९२३, तथा द मोटर मेकेनिज्म

ऑफ प्लांट्स (The Motor Mechanism of Plants)।

उन्होंने साहित्यिक और वैज्ञानिक लेख अंग्रेजी और बंगला भाषाओं में लिखे। बंगला में उनके मित्रों को लिखे पत्रों का संग्रह भी प्रकाशित हुआ है। वह बंगीय साहित्य परिषद् के सभापति भी रहे। रवींद्रनाथ टैगोर से उनकी घनिष्ठ मित्रता थी। उनके निवेदन पर रवींद्रनाथ टैगोर ने 'कर्ण-कुंती संवाद' नामक पुस्तक की रचना की। उन्हें धर्म, संस्कृति, सभ्यता और इतिहास से बड़ा प्रेम था। उन्होंने साँची, चित्तौड़, पुष्कर, आगरा, दिल्ली, लखनऊ, कश्मीर, जगन्नाथपुरी, कोणार्क, उदयगिरि, अजंता, एलोरा, पाटलिपुत्र (पटना), अमृतसर, महाराष्ट्र और बंबई के प्रमुख स्थान, रामेश्वरम्, मदुरा, तंजौर, त्रिचनापल्ली, नालंदा, तक्षशिला, गया, केदारनाथ, बद्रीनाथ, हरिद्वार आदि अनेक धार्मिक एवं ऐतिहासिक स्थलों का भ्रमण किया। लंका के बौद्ध तीर्थ का भ्रमण कर वह महात्मा बुद्ध से प्रभावित हुए। उन्होंने विदेशों में भी भारतीय रहन-सहन नहीं छोड़ा।

वे अच्छे और सहृदय मित्र थे। उनके सैकड़ों मित्र थे जिनमें कुछ घनिष्ठ थे। भगिनी निवेदिता उनसे बहुत प्रभावित हुईं और उनके कार्य में सहयोग का प्रयत्न किया। अमेरिकन महिला श्रीमती बुल भी उनसे प्रभावित हुई थीं। उनके विदेशी मित्रों में प्रमुख थे—प्रो. पैट्रकगैडेस, जो बंबई विश्वविद्यालय में समाजशास्त्र विभाग के अध्यक्ष होकर आए थे तथा जिन्होंने बसु महोदय की जीवनी भी लिखी तथा वियना विश्वविद्यालय में वनस्पतिशास्त्र के प्रोफेसर प्र. हैसमालिव। डॉ. प्रफुल्लचंद्र राय भी उनके घनिष्ठ मित्र थे तथा १८८२ ई. में लंदन में एक ही कॉलेज में उनके सहछात्र रहे।

राष्ट्र-प्रेम—बसु में अदम्य राष्ट्र-प्रेम था। वह राजनीतिज्ञ नहीं थे और न ही किसी राजनीतिक आंदोलन में उन्होंने भाग लिया। उन्हें विदेशों में कई उच्च पदों के लिए निमंत्रण मिले, किंतु उन्होंने स्वीकार नहीं किया, वरन्, "मेरे हृदय की जड़ भारत में है। यह मेरे जीवन के लिए वरदान होगा, यदि मैं भारत में रहकर कुछ कर सकूँगा।" वह भारत के गौरव के लिए सतत प्रयत्नशील रहे। कठोर साधना और तप में उनका विश्वास था। वह विज्ञान को पैसे का साधन नहीं मानते थे। इसीलिए पेटेंट के लिए आए विदेशी पूँजीपतियों का भारी रकम का प्रस्ताव स्वीकार नहीं किया। १५०० रुपए मासिक वेतन से धन बचाकर उन्होंने विज्ञान मंदिर की स्थापना की।

१९१३ ई. में कलकत्ता निवासियों ने उनका नागरिक अभिनंदन किया। अभिनंदन सभा में नेताजी सुभाषचंद्र बोस ने कहा था, "प्रो. बसु से मैंने कठिन परिस्थितियों में ग्रीवा उठाकर चलना सीखा है।"

अंतिम क्षण—१९१५ ई. में कॉलेज से सेवानिवृत्त होकर बसु बेकार नहीं बैठे। उसके उपरांत वे २२ वर्ष तक जीवित रहे तथा विज्ञान, देश और विश्व के लिए महत्त्वपूर्ण काम किया। पाँच बार विदेश गए तथा बसु अनुसंधान संस्थान की स्थापना की और भारत के वैज्ञानिकों का पथ-प्रदर्शन किया। अपने जीवन के अंतिम चार वर्ष वे अस्वस्थ रहे। कलकत्ता की जलवायु और वातावरण अपने अनुकूल न पाकर वे विश्राम

हेतु बिहार के गिरीडीह नामक स्थान पर चले गए, जहाँ अनुकूल वातावरण में वे काम अवश्य करते थे। वह अंतिम बार २ नवंबर, १९३७ को २१ दिन के लिए कलकत्ता गए जहाँ २२ नवंबर को उन्होंने बसु संस्थान की पत्रिका के प्रूफ पढ़े तथा सोने से पहले ग्रामोफोन पर 'जनगण मन अधिनायक' और 'वंदेमातरम्' को सुना। २३ नवंबर, १९३७ को प्रातःकाल स्नानागार में गिरने के कुछ क्षणों बाद उनका देहांत हो गया। 'एन्साइक्लोपीडिया ब्रिटेनिका' ने लिखा था, "जगदीशचंद्र बसु की उपलब्धियाँ उनके समय के हिसाब से इतनी आगे थीं कि उनका मूल्यांकन करना संभव नहीं था।"

डॉ. प्रफुल्लचंद्र राय

भारत के महान् रासायनिज्ञ डॉ. प्रफुल्लचंद्र राय का जन्म २ अगस्त, १८६१ ई. को पूर्वी बंगाल (अब बंगला देश) के रड़ौली गाँव के समृद्ध जमींदार हरिश्चंद्र राय के घर हुआ था। रड़ौली गाँव भारत-प्रसिद्ध गाँव रहा है। इस क्षेत्र के राजा प्रतापादित्य और राजा सीताराम राय ने दिल्ली सुल्तानों और उनके नवाबों की सत्ता कभी नहीं मानी। बंगाल के प्रसिद्ध महाकवि मधुसूदन दत्त इसी गाँव के नाती थे। बंगाल के प्रसिद्ध नाटककार दीनबंधु मित्र भी इसी क्षेत्र के रहनेवाले थे।

प्रफुल्लचंद्र के पिता हरिश्चंद्र राय पुराने किस्म के दकियानूसी व्यक्ति नहीं थे। वे पाश्चात्य शिक्षा के प्रति उदार थे। उन्हें अंग्रेजी, फारसी तथा बंगला आदि भाषाओं का अच्छा ज्ञान था। उनका अपने समय के लगभग सभी समाज-सुधारकों से परिचय था। जतींद्र मोहन टैगोर, दिगंबर मित्र, कृष्टोदास पाल और ईश्वरचंद्र विद्यासागर उनके मित्र थे। उन्होंने अपने गाँव में प्राथमिक विद्यालय भी स्थापित किया था।

प्रफुल्लचंद्र राय की प्रारंभिक शिक्षा गाँव के प्राथमिक विद्यालय में ही हुई, जिसे ९ वर्ष की आयु में समाप्त कर १८७० ई. में कलकत्ता के हेयर स्कूल में प्रवेश लिया, जहाँ से उन्होंने १८७९ ई. में कलकत्ता विश्वविद्यालय की ऐंट्रेंस परीक्षा उत्तीर्ण की। गाँव से आने पर शहरी कपड़े पहने हुए जब १८७० ई. में उन्होंने इस विद्यालय में प्रवेश लिया था, तो शहरी लड़कों ने उनकी ग्रामीण चाल-ढाल को देखकर 'अरे ओ देहाती' कहकर मजाक उड़ाया था।

बालक प्रफुल्ल 'अकड़ू' लड़कों से सदा अलग रहता और पढ़ने-लिखने में जी लगाता। पिता के पास पुस्तकों के भंडार में प्रफुल्ल को जीवन-चरित्रों की एक पुस्तक मिल गई, जिसमें न्यूटन, गैलीलियो, बेंजामिन फ्रेंकलिन के जीवन-चरित्र थे। इन जीवन-चरित्रों को पढ़कर बालक प्रफुल्ल बड़ा प्रभावित हुआ। उसे सबसे खास बात यह पता लगी कि वे सब साधारण घरों में पैदा हुए थे तथा अपनी लगन और मेहनत स

महान् बन गए थे कि संसार में लोग उन्हें आज भी याद करते हैं। प्रफुल्ल सबसे अधिक बेंजामिन फ्रेंकलिन के जीवन-चरित्र से प्रभावित हुआ जो दस वर्ष की आयु में जीवनयापन की चिंता में फँस गया था तथा एक पुस्तक-विक्रेता से पुस्तकें माँगकर रात-भर पढ़ता और सुबह वापस कर देता था तथा जिसने बिजली का आविष्कार किया। बालक प्रफुल्ल ने भी वैज्ञानिक बनने और बड़े-बड़े काम करने का निश्चय कर लिया।

प्रफुल्ल को अंग्रेजी कवि और नाटककार शेक्सपियर के नाटक, इतिहास और जीवन-चरित्र की पुस्तकें पढ़ने का शौक था। उसके पिता उसकी जिज्ञासा को शांत कर ज्ञानवर्धन करते थे। प्रफुल्ल ब्रह्मसमाज के विद्वानों के भाषण सुनने जाता था और उनके उदार विचारों का मनन करता था। अंग्रेजी लेखक मांडर्स की पुस्तक 'जीवन-चरित्र भंडार' में एक हजार महान् पुरुषों में केवल एक बंगाली राजा राममोहन राय का ही उल्लेख देखकर प्रफुल्ल के मन में विचार पैदा हुआ, 'क्या इस विशाल देश में महान् व्यक्ति उत्पन्न करने की शक्ति नहीं है?' तब उसने इस प्रश्न का उत्तर अपने जीवन से देने का निश्चय कर लिया।

इसी अवधि में सन् १८७४ में प्रफुल्ल को पेचिश के रोग ने धर दबाया, जिसने उसके सुदृढ़ शरीर को बुरी तरह दुर्बल किया। एडिसन, सर वाल्टर स्कॉट, रवींद्रनाथ टैगोर, लॉर्ड बायरन, कार्लाइल, हर्बर्ट स्पेन्सर आदि के जीवन-चरित्रों को पढ़कर बालक प्रफुल्ल ने अपने स्वास्थ्य को सुधारने के लिए नियमों का पालन करना और प्रतिदिन थोड़ा व्यायाम करना भी शुरू किया।

अपनी बीमारी के सात महीनों में बालक प्रफुल्ल ने एक-एक दिन अपना ज्ञान बढ़ाने में लगाया। उसने भारत के इतिहास और साहित्य का भी ज्ञान प्राप्त किया। पिता द्वारा मँगाई जानेवाली पत्र-पत्रिकाओं—बंग दर्शन, आर्य दर्शन, सोम प्रकाश, अमृत बाजार पत्रिका का प्रतिदिन एक-एक पृष्ठ वे पढ़ते, ईश्वरचंद्र विद्यासागर की पुस्तक व्याकरण उपक्रमणिका पढ़ी तथा संस्कृत का प्रारंभिक ज्ञान प्राप्त कर लिया। बड़े भाई द्वारा कबाड़ी की दूकान से खरीदकर लाई गई लैटिन भाषा की पुस्तक भी पढ़ ली। बीमारी से लौटकर कक्षा में प्रथम आने पर प्रफुल्ल को इनाम में महाकवि शेक्सपियर की सारी कृतियाँ, लेखक यंग की रात्रिकालीन विचार, थैकरे की अंग्रेजी के हास्यकार जैसी प्रिय पुस्तकें प्राप्त हुईं।

ऐंट्रेंस परीक्षा उत्तीर्ण करने के बाद प्रफुल्ल ने ईश्वरचंद्र विद्यासागर के मैट्रोपोलिटन इंस्टीट्यूट (अब विद्यासागर कॉलेज) में एफ. ए. में अपना नाम लिखाया तथा रसायन विज्ञान विषय अध्ययन के लिए चुना।

बालक प्रफुल्ल को कक्षा में पढ़ाई जानेवाली बातों से ही संतोष नहीं होता था। अतः उसने 'बाहरी छात्र' के रूप में प्रेसीडेंसी कॉलेज में भौतिकशास्त्र और रसायनशास्त्र के व्याख्यान सुनने जाना शुरू कर दिया। इतना ही नहीं, रसायन विज्ञान की जो भी पुस्तक उसके हाथ लग जाती, बालक प्रफुल्ल उसे पढ़ डालता था। पिता के कलकत्ता से

गाँव चले जाने पर प्रफुल्ल ने छात्रावास में रहना शुरू किया, जहाँ अपने कमरे में एक छोटी प्रयोगशाला कायम कर प्रयोग करते रहते थे। वैज्ञानिक अध्ययन के साथ-साथ वे संस्कृत भाषा का ज्ञान भी बढ़ा रहे थे तथा उन्होंने कालिदास के रघुवंश और कुमारसंभव तथा भट्टीकाव्यम् का अध्ययन किया।

सन् १८८२ में प्रफुल्ल ने अपने मित्रों और संबंधियों को बताए बिना अखिल भारतीय गिल क्राइस्ट स्कॉलरशिप प्रतियोगिता के लिए तैयारी की तथा बंबई के एक पारसी बालक बहादुर जी के साथ सफलता प्राप्त की। इससे प्रफुल्ल को उच्च शिक्षा के लिए यूरोप जाने का अवसर मिला। इस सफलता की सूचना प्रफुल्ल ने स्टेट्समैन नामक अखबार की खबर काटकर अपने पिता को गाँव भेजी और माता-पिता से इंग्लैंड जाने की आज्ञा माँगी। जब प्रफुल्ल बिदा लेने और आशीर्वाद ग्रहण करने माँ के सामने पहुँचा तो माँ के आँसू देखकर खुद भी रो पड़ा। प्रफुल्ल ने माँ को ढाढ़स बँधाते हुए कहा, "माँ, आशीर्वाद दो कि मैं सफल होऊँ और विश्वास रखो माँ, जब मैं लौटकर आऊँगा तो सबसे पहला काम यह करूँगा कि बिकी हुई जमीन फिर खरीद लूँगा और गिरता हुआ मकान फिर बनवा दूँगा।"

सन् १८८२ में प्रफुल्ल इंग्लैंड गए और एडिनबरा विश्वविद्यालय में विज्ञान संकाय में प्रवेश प्राप्त किया। यहाँ वह प्रसिद्ध रसायन वैज्ञानिक अलेक्जेंडर क्रम ब्राउन के प्रभाव में आए तथा रसायनशास्त्र के प्रति उनका प्रेम प्रबल हो गया। यहाँ उनका सर्वप्रथम परिचय ह्यूम मार्शल, अलेक्जेंडर स्मिथ, डॉ. गिबसन, डॉ. डोबिन तथा जेम्स वॉकर आदि से हुआ। कुछ ही दिनों में जर्मन भाषा सीखकर वह जर्मन वैज्ञानिकों की पुस्तकों से भी लाभ उठाने लगे। इंग्लैंड प्रवासकाल में उनकी मित्रता लंदन में अध्ययन-रत सुप्रसिद्ध वैज्ञानिक जगदीशचंद्र बसु से हो गई। इंग्लैंड में प्रफुल्ल राजा राममोहन राय की तरह चोगा और चपकन पहना करते थे। इस भारतीय पोशाक में उन्हें अपने देश का गौरव अनुभव होता था।

सन् १८८५ में एडिनबरा विश्वविद्यालय की स्नातक कक्षा के छात्र के रूप में प्रफुल्ल को विश्वविद्यालय द्वारा आयोजित एक निबंध प्रतियोगिता में भाग लेने का अवसर मिला। निबंध का विषय था—'गदर के पहले और बाद का भारत'। प्रफुल्ल द्वारा लिखा गया निबंध प्रतियोगिता में पुरस्कृत नहीं हो सका, क्योंकि इस निबंध में भारत की दयनीय सामाजिक एवं आर्थिक दशा का मुद्दा उठाकर तत्कालीन ब्रिटिश सरकार पर व्यंग्यात्मक शैली में तीव्र प्रहार किए गए थे; परंतु स्तरीय साहित्यिक भाषा में लिखा जाने के कारण प्राचार्य सर विलियम मूर अंग्रेज होने के उपरांत भी निबंध की मुक्तकंठ से प्रशंसा किए बिना न रह सका। तब उस प्रतिभाशाली युवक प्रफुल्ल ने अपने लेख को पार्लियामेंट विशेषज्ञ जॉन ब्राइट को टिप्पणी हेतु प्रेषित किया। ब्राइट ने लेख को अत्यंत मार्मिक बताते हुए उसे इस महत्त्वपूर्ण सामग्री को 'वह जैसा है', उपयोग करने के लिए अधिकृत किया। फिर क्या था? युवक प्रफुल्ल ने 'लंदन टाइम्स' सहित

इंग्लैंड के सभी प्रतिष्ठित पत्रों में जॉन ब्राइट की सिफारिश के साथ अपना लेख प्रकाशनार्थ प्रेषित कर दिया और एक दिन इंग्लैंडवासियों को इस लेख के माध्यम से पढ़ने को मिला कि अंग्रेजों ने भारत को कितनी बेरहमी से लूटा है, भारत के लोगों को कितना सताया है। लेख के साथ लेखक का नाम भी छपा 'प्रफुल्लचंद्र रे'।

प्रफुल्ल ने बी. एस-सी. परीक्षा में शानदार सफलता प्राप्त की। इसके बाद उन्होंने 'कच्ची धातु का विश्लेषण' विषय पर शोधकार्य किया और १८८८ ई. में डी.एस-सी. की उपाधि अकार्बनिक रसायन विषय पर प्राप्त की तथा एडिनबरा विश्वविद्यालय में कई छात्रवृत्तियों के प्राप्तकर्ता हो गए। उन्हें 'होय निधि' की छात्रवृत्ति भी मिल गई। १८८८ ई. में डी. एस-सी. की उपाधि प्राप्त करनेवाले एडिनबरा विश्वविद्यालय में वे एकमात्र छात्र थे। अतः उनका सम्मान सभी जगह बढ़ गया। १८८७-८८ के सत्र में एडिनबरा विश्वविद्यालय की रसायन सोसाइटी ने उन्हें अपना उपाध्यक्ष भी चुन लिया था। इससे उनकी प्रतिभा की धाक का पता चलता है।

सन् १८८८ में भारत लौटने पर वे १८८९ ई. में प्रेसीडेंसी कॉलेज, कलकत्ता में सहायक प्रोफेसर नियुक्त हुए, जहाँ १९११ ई. में, अपनी सेवा-निवृत्ति से कुछ वर्ष पूर्व वह वरिष्ठ प्रोफेसर बने। एक कुशल अध्यापक के रूप में वे अपने छात्रों से सदैव कहा करते थे, "विज्ञान का अध्ययन भारतीय की तरह अपनी ही मातृभाषा में करो। देखो, रूसी वैज्ञानिक दिमित्री मैंडिलीफ ने अपना विश्व-प्रसिद्ध अनुसंधान-कार्य 'तत्त्वों की आवर्त्त-सारणी' से संबंधित पत्र रूसी भाषा में प्रकाशित कराया है, अंग्रेजी में नहीं।"

अध्यापन-कार्य के अतिरिक्त उन्होंने स्वयं को बड़े उत्साह के साथ मौलिक शोधकार्य में समर्पित कर दिया। उसके सहयोगी विश्व-प्रसिद्ध स्व. सर जगदीशचंद्र बसु और वे स्वयं सर्वप्रथम नवयुवकों के मानस को विज्ञान के क्षेत्र में ज्ञानपिपासा, ज्ञान-भावना और सत्य के प्रति प्रेम से प्रोत्साहित करनेवाले प्रथम भारतीय अध्यापक थे। यह कोई आश्चर्य की बात नहीं है कि जितेंद्रनाथ रक्षित, ज्ञानेंद्रचंद्र घोष, नीलरतन धर, मेघनाद साहा प्रभृति अधिकांश प्रमुख भारतीय रसायनशास्त्री उनके शिष्य रहे। सन् १९१६ में वे राजकीय सेवा से निवृत्त हो गए तथा महान् शिक्षाशास्त्री सर आशुतोष मुखर्जी के निवेदन पर नवसृजित विश्वविद्यालय विज्ञान महाविद्यालय, कलकत्ता में रसायनशास्त्र के पालित प्रोफेसर के पद का भार ग्रहण किया। उनके शोधछात्रों की संख्या निरंतर बढ़ती गई। प्रैसीडेंसी कॉलेज तथा विश्वविद्यालय कॉलेज प्रयोगशाला से प्रकाशित एवं विविध रासायनिक समस्याओं से संबंधित उनके मौलिक पत्रों की संख्या दो सौ तक पहुँच गई।

सन् १८९६ उनके जीवन का महान् और महत्त्वपूर्ण समय था जब उन्होंने मरक्यूरस नाइट्रेट नामक अस्थायी पदार्थ प्रयोगशाला में तैयार कर दिखाया। उनकी इस खोज से विश्व के रसायनशास्त्री आश्चर्यचकित हो गए।

डॉ. प्रफुल्लचंद्र राय को केवल वैज्ञानिक कहना उचित न होगा। उन्हें इस बात से

बड़ी पीड़ा अनुभव हुई कि भारत के लोग आवश्यक ओषधियों के लिए भी विदेशों, विशेषकर इंग्लैंड पर आश्रित हैं। उन्होंने देखा कि कल-कारखानों, उद्योग-धंधों से रसायन-विद्या का गहरा संबंध है। वे यह देखकर भी दुखी थे कि बंगाली नवयुवक विश्वविद्यालय की डिग्रियाँ लेकर नौकरी की तलाश में दर-दर भटकते फिरते हैं। व्यापार और उद्योग-धंधों की तरफ उनका ध्यान बिलकुल नहीं जाता। वे औद्योगिक प्रतिष्ठानों और कारखानों की स्थापना एवं विकास के लिए भी बराबर उत्साही एवं प्रयत्नशील रहे। उन्होंने ऐसी चीजें तैयार करने का फैसला किया, जिनकी माँग काफी होती है और बाजार में जिनकी बिक्री जल्दी हो सकती है। उन्होंने ऐसी रासायनिक चीजें बनाने का निश्चय किया जो दवाओं के काम आ सकें। अतः उन्होंने औषध-निर्माण का कार्यक्रम हाथ में लिया और आठ सौ रुपए की पूँजी से अपनी प्रयोगशाला में कार्य करना प्रारंभ किया। अपनी योजना को साकार देखने के उद्‌देश्य से वे अविवाहित रहे और उन्होंने अपनी मासिक आय का अधिकांश भाग इसके निमित्त होम कर दिया। उन्होंने अपने घर पर पशुओं की हड्डियाँ जलाकर दिमागी ताकत बढ़ानेवाले रासायनिक तत्त्व 'फॉसफेट ऑफ कैल्शियम' का निर्माण किया। उन्होंने अपने घर पर जो कारखाना बनाया था, वह धीरे-धीरे फलने-फूलने लगा तथा १९०० ई. के लगभग एक बड़ा भारी कारखाना बन गया, जो बंगाल कैमिकल्स एंड फार्मेस्युटिकल वर्क्स के नाम से आज भी प्रसिद्ध है। उसे उन्होंने सन् १९०२ में एक लिमिटेड संस्थान में परिवर्तित कर दिया, जब उन्होंने अपने हिस्सों के लिए एक ट्रस्ट मंडल का गठन अपने जन्म-स्थान, खुलना जिले में एक विद्यालय का संचालन करने के लिए तथा अन्य लोक-कल्याणकारी कार्यों के लिए किया।

डॉ. राय स्वदेशी उद्योग-धंधों के संस्थापक भी थे। सौदेपुर में गंधक के तेजाब का कारखाना, १९०१ में स्थापित कलकत्ता पॉट्री वर्क्स नामक चीनी-मिट्टी के बरतन बनाने का कारखाना, १९२१ ई. में स्थापित बंगाल एनेमल वर्क्स नामक तामचीनी की चीजें बनाने का कारखाना, और १९०५ ई. में स्थापित बंगीय स्टीम नैविगेशन कंपनी नामक जहाजरानी कंपनी आदि की स्थापना और संचालन में डॉ. राय की भूमिकाएँ चिरस्मरणीय रहेंगी।

मरक्यूरस नाइट्रेट के अलावा डॉ. राय ने अमोनिया नाइट्रेट यौगिकों तथा उनके व्युत्पादों पर मौलिक अनुसंधान किए जिसके कारण वे विश्वविख्यात रसायनशास्त्रियों विलियम रेम्से, जेम्स देवर, पर्किन, वेंटहॉफ तथा बर्थेलॉट की प्रशंसा के पात्र बने। नाइट्रोजन अम्ल और लवण के बारे में उनके अनुसंधान की काफी प्रशंसा हुई है। उन्होंने प्राचीन भारतीय रसायनवेत्ता नागार्जुन के प्रसिद्ध ग्रंथ 'रसेंद्र-सार-संग्रह' के संबंध में एक लेख लिखा तथा उसे प्रसिद्ध फ्रांसीसी वैज्ञानिक बर्थेलॉट को टिप्पणी करने हेतु भेजा। बर्थेलॉट ने फ्रांस के वैज्ञानिकों की पत्रिका में लेख लिखकर डॉ. राय की विद्वत्ता की सराहना की तथा डॉ. राय को प्राचीन भारतीय रसायनशास्त्र का समग्र अध्ययन करने की

सलाह दी ताकि यह अज्ञात महत्त्वपूर्ण सामग्री एक पुस्तक के रूप में प्रकाशित होकर जन-जन तक पहुँच सके। अनेक वर्षों के अध्ययन के बाद उनकी प्रसिद्ध पुस्तक 'हिंदू रसायनशास्त्र का इतिहास' (The History of Indian – Hindu Chemistry) सन् १९०२ में प्रकाशित हुई, जो विश्व के सभी भागों में वैज्ञानिकों द्वारा सराही गई। उसका दूसरा खंड १९०८ ई. में प्रकाशित हुआ जो १५ वर्ष से अधिक दीर्घ और श्रमपूर्ण शोधकार्य का परिणाम था। यह ग्रंथ रसायन के क्षेत्र में प्राचीनकालीन हिंदुओं की उपलब्धियों पर प्रकाश डालता है। विद्वान् आलोचकों और पाठकों द्वारा इसे विज्ञान के इतिहास में एक महत्त्वपूर्ण देन माना गया है।

डॉ. प्रफुल्लचंद्र राय वैज्ञानिक होने से पहले भारतीय थे और सच्चे भारतीय होने के कारण वे मानव और सच्चे लोक-सेवक थे। जब कभी और जहाँ कहीं बाढ़ों से भारी नुकसान और विनाश होता था, डॉ. राय बाढ़-पीड़ितों की राहत के लिए समर्पित भाव से जुट जाते थे। १९२२ के भयानक दुर्भिक्ष में वे सब शोधकार्य छोड़कर दीन-दुखियों और पीड़ितों की सहायता के लिए कूद पड़े। उनके मार्गदर्शन में नेताजी सुभाषचंद्र बोस ने अपने सार्वजनिक जीवन के प्रारंभिक दिनों में १९२२ ई. में उत्तरी बंगाल के बाढ़-पीड़ितों के लिए सहायता-शिविरों का आयोजन किया था। सितंबर १९३१ ई. में उत्तरी और पूर्वी बंगाल में पुनः बाढ़ का प्रकोप होने पर 'संकट निवारण समिति' ने डॉ. राय के ही हाथों में नेतृत्व सौंपा था। सहायता-कार्य से बंगाल के युवकों को, पढ़े-लिखे नौजवानों को बड़ी सीख मिली। वे गाँव-गाँव गए, अपने देशवासियों की दुर्दशा अपनी आँखों से देखी तथा अपनी एकतामूलक संस्कृति के दर्शन किए।

डॉ. राय आधुनिक भारतीय रसायन विज्ञान के जन्मदाता माने जाते हैं।

फ्रांस के प्रसिद्ध वैज्ञानिक सिलवां लेवी ने ठीक ही लिखा था : "उनकी रसायनशाला ऐसा बाल-मंदिर है जहाँ नए भारत के नए रसायनशास्त्रियों का जन्म होता है।"

रसायनशास्त्र में उनकी महत्त्वपूर्ण देन है—

१. पारे के नाइट्रेट तथा उनके व्युत्पन्न (Mercuros Nitrates and its Mercurous Desinalines)।
२. बाइट्राइप्स की चालकता (Conductivity) निकालना।
३. मरक्यूरली (Mercurally) के नाइट्रस।

सन् १९११ में उन्हें 'नाइट' की उपाधि से विभूषित किया गया। १९३४ ई. में वे लंदन रसायन सोसाइटी के सम्मानित सदस्य चुने गए। अपने से मिलनेवालों के हृदय में वे सदा एक स्वच्छ, पवित्र, देवता की-सी छवि बना लेते थे। तभी तो कविवर रवींद्रनाथ ठाकुर ने उनके विषय में कहा था—"उपनिषद् में कहा गया है कि मैं एक होकर भी अनेक हो सकता हूँ और इस तथ्य को सत्य सिद्ध किया है प्रफुल्ल बाबू ने। वे एक होकर भी लाखों हृदयों में विद्यमान हैं।"

१९२४ ई. में उन्होंने भारतीय रसायन सोसाइटी का उद्घाटन किया जिसके वह

दो वर्ष तक संस्थापक-अध्यक्ष रहे। इस सोसाइटी का प्रारंभ भी उनके द्वारा दिए गए १२ हजार रुपयों की राशि से हुआ था।

सन् १९३६ में वे पालित-प्रोफेसर के पद से सेवा-निवृत्त हुए और जीवनपर्यंत एमेरिटस प्रोफेसर बने रहे। इससे बहुत पूर्व, १९२१ ई. में अपने जीवन के ६० वर्ष पूरे करने पर उन्होंने अपने मासिक वेतन के स्वतंत्र दान का निवेदन विश्वविद्यालय अधिकारियों से किया। यह राशि विश्वविद्यालय विज्ञान और तकनीकी महाविद्यालय के विकास के लिए निर्धारित की गई। इसी १,३०,२०० रुपए की राशि के ब्याज से दो पी. सी. राय छात्रवृत्तियाँ श्रेष्ठ छात्रों को प्रदान की जाती रही हैं। पुनः १९२२ में उन्होंने बारह हजार रुपयों का दान नागार्जुन पुरस्कार तथा दूसरा १९३६ ई. में ११ हजार का दान जंतु विज्ञान और जीवविज्ञान में सर आशुतोष मुखर्जी पुरस्कार के लिए दिया।

अपने शिष्यों के साथ उनके संबंध आदर्श थे। सन् १९०४ में बंगाल सरकार ने उन्हें एक प्रतिनिधिमंडल का सदस्य बनाकर यूरोप भेजा। सन् १९१२ में वे कलकत्ता विश्वविद्यालय के प्रतिनिधि के रूप में ब्रिटिश साम्राज्य के विश्वविद्यालयों के प्रथम सम्मेलन में गए। सम्मेलन में उनके भाषण का अंग्रेज वैज्ञानिकों पर अच्छा प्रभाव पड़ा। उसी वर्ष डरहम विश्वविद्यालय ने उन्हें डी. एस-सी. की सम्मानित उपाधि प्रदान की। कलकत्ता, ढाका और बनारस विश्वविद्यालयों ने भी उन्हें अनेक उपाधियों से सम्मानित किया। सन् १९१२ में ब्रिटिश विश्वविद्यालयों के सम्मेलन से वापस आने पर प्रेसीडेंसी कॉलेज में उनके सम्मान में आयोजित भोज में प्रिंसिपल जेम्स ने उनकी विशेषताओं का गुणगान किया था।

१९२० ई. में वे भारतीय विज्ञान कांग्रेस के अध्यक्ष चुने गए। १९१७ ई. में वे भारतीय राष्ट्रीय सामाजिक सम्मेलन, कलकत्ता के अध्यक्ष बने। सन् १९०१ में उनकी मित्रता प्रो. गोपालकृष्ण गोखले और महात्मा गांधी से हुई। कलकत्ता में १९ जनवरी, १९०२ ई. को गांधीजी की पहली सभा करने का श्रेय डॉ. राय को है। डॉ. राय छुआछूत में विश्वास नहीं करते थे। सन् १९२१ से १९३१ तक उन्होंने देश के कोने-कोने का दौरा किया और राष्ट्रीय विद्यालयों की स्थापना करके खद्दर और छुआछूत उन्मूलन पर भाषण देकर नवयुवकों में नई चेतना फूँकी। सभी राजनीतिक नेताओं के जेल में डाल देने पर उन्होंने खुलना, दिनाजपुर, कटक आदि अनेक स्थानों पर राजनीतिक सम्मेलनों का सभापतित्व भी किया। असहयोग आंदोलन के जोर पकड़ने पर उन्होंने कहा था, "विज्ञान प्रतीक्षा कर सकता है, स्वराज्य नहीं।"

वे केवल बुद्धिजीवियों, प्रबुद्ध वर्ग और छात्रों के ही मित्र, दार्शनिक और मार्गदर्शक नहीं थे, बल्कि सामान्य युवावर्ग के भी अखंड प्रेरणास्रोत थे। वे युवकों को यह बताने में अपना कर्तव्य मानते थे कि जीवन में सफलता का रहस्य उद्योगों में निहित है, न कि क्लर्क का कार्य करने में। सन् १९२९ में वे तन-मन से असहयोग के आर्थिक रचनात्मक कार्यक्रम में जुट गए। उन्होंने कताई और बुनाई का प्रचार किया और

जीवनपर्यंत खादी का उपयोग किया। वे कोई राजनीतिक प्रचारक नहीं थे परंतु प्रबुद्ध वर्ग और कार्यों में महान् थे। जीवन में वे सादगी की प्रतिमूर्ति थे। धर्म और संस्कृति के प्रबल समर्थक इस वैज्ञानिक के रहन-सहन, आचार-विचार एवं व्यवहार को देखकर उन्हें महान् भारतीय वैज्ञानिक संत कह सकते हैं।

डॉ. राय को इतिहास और साहित्य से विशेष प्रेम था। रवींद्रनाथ टैगोर, मधुसूदन दत्त और शेक्सपियर उनके प्रिय कवि थे। सन् १९३२ में उन्होंने अपनी आत्मकथा 'एक बंगाली रसायनवेत्ता का जीवन और अनुभव' (The Life and Experiences of a Bengali Chemist) पूरी की।

उन्होंने अपना जीवन मातृभूमि की सेवा में समर्पित कर दिया। प्राचीन संतों की भाँति उन्होंने विद्वत्ता को चरित्र से मिलाया। उनका उदाहरण वर्तमान और भावी पीढ़ियों को प्रेरणा देता रहेगा।

रसायनशास्त्री होते हुए भी वे प्रयोगशाला की चारदीवारी तक सीमित नहीं थे। विज्ञान के प्रति प्रगाढ़ प्रेम होते हुए भी उनकी रुचियाँ विविध और आश्चर्यजनक थीं—शिक्षा, उद्योग, समाज-सुधार, वैज्ञानिक, आर्थिक और राजनीतिक पुनरुत्थान, देशोत्थान। इन सबने उन्हें प्रभावित किया और उनका अधिकांश समय और सेवा प्राप्त की। वे महान् वैज्ञानिक एवं शिक्षाशास्त्री थे। वे आधुनिक भारत के शिल्पकारों में मूर्धन्य थे। किंतु वे शक्ति, पद, धन और सम्मान के अभिमानी लोगों से बचते थे। वे प्रत्येक से, चाहे वह अपढ़ अथवा धनी हो, बड़े प्रेम से मिलते थे। उन्हें सामंतवादी पृथक्क्तावाद से घृणा थी।

डॉ. राय का कुछ क्षणों की बीमारी के बाद शुक्रवार, १४ जून, १९४४ को सायं ६ बजकर २७ मिनट पर कलकत्ता विश्वविद्यालय विज्ञान और तकनीकी कॉलेज में निधन हो गया, जो उनके जीवन के पिछले ३० वर्षों से उनका घर था।

डॉ. मोक्षगुंडम विश्वेश्वरैया

भारतरत्न की उपाधि प्राप्त करने पर डॉ. राजेंद्रप्रसाद के अनुरोध करने पर भी राष्ट्रपति भवन में वहाँ के नियमानुसार ३ दिन से अधिक नहीं रुके, ऐसे नियम रक्षा के धनी थे भारत के महान् अभियंता (इंजीनियर) डॉ. मोक्षगुंडम विश्वेश्वरैया।

वर्तमान युग की श्रेष्ठतम भारतीय विभूतियों में डॉ. विश्वेश्वरैया का नाम बहुत आदर के साथ लिया जाता है। हमारे देश के औद्योगिक विकास में उन्होंने महत्त्वपूर्ण योग दिया था।

प्रारंभिक जीवन—डॉ. विश्वेश्वरैया का जन्म १५ सितंबर सन् १८६१ को वर्तमान कर्नाटक (पूर्व मैसूर राज्य) में बंगलौर से ३८ मील दूर सोने की खानों के लिए प्रसिद्ध कोलार जिले के चिकबल्लपुर तालुका के एक छोटे-से गाँव मदनहल्ली में हुआ था। उनके पिता पंडित श्रीनिवास शास्त्री की आर्थिक स्थिति ऐसी न थी कि वे अपने पुत्र को मनोनुकूल शिक्षा दे सकें। उनकी माता का नाम वेंकचंपा था। उनके माता-पिता बड़े सज्जन और पवित्र व्यक्ति थे। उनके बालक विश्वेश्वरैया ने देश की परंपराओं और सभ्यता के प्रति आदरभाव और श्रद्धा के संस्कार ग्रहण किए। बालक विश्वेश्वरैया मेधावी और परिश्रमी थे। वह अपने परिवार की आर्थिक कठिनाइयों को देखकर हतोत्साहित न हुए और गाँव की पढ़ाई समाप्त करने के बाद हाई स्कूल की शिक्षा के लिए बंगलौर चले गए तथा सेंट्रल कॉलेज में भरती हो गए। बड़ी कठिनाइयों में जीवनयापन करते हुए १९ वर्ष की आयु में उन्होंने १८८१ ई. में बंगलौर के सेंट्रल कॉलेज से बी. ए. पास किया। वे रहते किसी रिश्तेदार के घर थे और सोते कहीं और थे एवं अपने से छोटे छात्रों को पढ़ाकर अपना गुजारा किया करते थे।

अपनी प्रतिभा और परिश्रम से उन्होंने अपने महाविद्यालय के प्रधानाचार्य को विस्मय-विमुग्ध कर दिया। उसने इनको पूना के विज्ञान महाविद्यालय में प्रविष्ट करा दिया और छात्रवृत्ति भी दिलवा दी। यहाँ पर उनके अध्ययन का विषय यंत्रशास्त्र था।

छात्रवृत्ति मिलने के कारण उन्हें पढ़ने के लिए पर्याप्त समय मिलने लगा। इस समय का उन्होंने पूर्ण सदुपयोग किया औरं वे १८८३ ई. में बंबई विश्वविद्यालय की यंत्रशास्त्र परीक्षा में प्रथम आए। सन् १८८४ में बंबई सरकार ने विश्वेश्वरैया को सहायक अभियंता के पद पर नियुक्त कर दिया।

प्रतिभा की धाक—नासिक में सहायक अभियंता के पद पर रहते हुए उन्होंने बहुत लगन, परिश्रम और ईमानदारी से काम किया और बहुत थोड़े समय में ही अनेक बड़े-बड़े अंग्रेज इंजीनियरों पर अपनी प्रतिभा और सूझबूझ की धाक जमा दी। बड़े नगरों में जल कहाँ से और किस रीति से लाया जाए, कहाँ पर एकत्रित किया जाए और किस प्रकार लोगों के घरों तक पहुँचाया जाए, यह सब सोचना और कार्यान्वित करना सरल काम नहीं था। उन दिनों सिंध बंबई प्रांत का ही एक भाग था। यहाँ रेगिस्तानी भाग अत्यधिक होने के कारण जल-समस्या सदा मुँहबाए खड़ी रहती थी। इस समस्या को हल करने का कार्य श्री विश्वेश्वरैया को सौंपा गया। उन्होंने सन् १८९४ में सक्खर बाँध का निर्माण कर, सिंध के लिए जल-कल की समुचित व्यवस्था की। इस कार्य से वे सारे देश में प्रसिद्ध हो गए। इस समय तक उनकी पदोन्नति भी हो गई थी और वह अधीक्षक अभियंता (सुपरिंटेंडिंग इंजीनियर) हो गए थे। सक्खर बाँध-निर्माण में सफलता-प्राप्ति के फलस्वरूप उन्हें बंबई प्रांत के बाहर के नगरों की जल-कल तथा नाली-व्यवस्था करने का कार्य सौंपा गया। बंगलौर, पूना, मैसूर, कराची, बड़ौदा, ग्वालियर, इंदौर, कोल्हापुर, साँगली, सूरत, नासिक, नागपुर, धारवाड़, बीजापुर—इस अपूर्ण सूची के कुछ नगर हैं जहाँ उन्होंने पानी और नालियों की व्यवस्था की। सन् १९०६ में उन्हें अदन की जल-कल व्यवस्था के लिए भेजा गया। वहाँ भी उन्होंने जल-वितरण के लिए वाटर वर्क्स तथा निष्कासन के लिए नालियाँ बनवाईं। इस कार्य से उनकी प्रतिष्ठा बहुत अधिक बढ़ गई और वे देश के बड़े इंजीनियरों में गिने जाने लगे।

लेकिन दो वर्ष बाद सैंतालीस वर्ष की आयु में उन्होंने सरकारी नौकरी से त्यागपत्र दे दिया। कारण कि योग्यता और अथक परिश्रम के आधार पर शीघ्र पदोन्नति पाने के कारण उनके साथी अन्य अभियंता उनसे ईर्ष्या करने लगे थे। डॉ. विश्वेश्वरैया को ऐसे वातावरण में कार्य करना अच्छा न लगा। नौकरी के नियमानुसार उन्हें पेंशन नहीं मिल सकती थी, लेकिन सरकार ने उनकी महत्त्वपूर्ण सेवाओं को ध्यान में रखकर उन्हें पूरी पेंशन दी।

विदेश-यात्रा—नौकरी छोड़ने के पश्चात् विश्वेश्वरैया यूरोप चले गए। कुछ समय पश्चात् उन्हें एक दिन सहसा हैदराबाद रियासत के निजाम का एक तार प्राप्त हुआ। इसमें निजाम ने अपने राज्य की मूसी नदी में आई भयंकर बाढ़ के कारण संकट में पड़े हैदराबाद नगर की सुरक्षा करने का अनुरोध किया था। विश्वेश्वरैया तार मिलते ही हैदराबाद लौट आए। आते ही उन्होंने मूसी नदी तथा इसा नदी को नियंत्रण में रखने की योजना बना डाली और नगर में आनेवाली बाढ़ की समस्या को स्थायी रूप से सुलझा

दिया। इसके साथ ही नगर के लिए जल और नालियों की व्यवस्था भी हो गई।

मैसूर राज्य में—हैदराबाद का कार्य समाप्त होते ही मैसूर के महाराजा कृष्णराज वाडियार ने उन्हें अपने यहाँ आने का निमंत्रण दिया। वे महाराज के अनुरोध को न टाल सके और उन्होंने १९०९ ई. में राज्य के मुख्य अभियंता का पद स्वीकार कर लिया। वे तीन वर्ष तक इस पद पर कार्य करते रहे और बाद में सन् १९१२ में रियासत के दीवान बना दिए गए। इस पद को भी उन्होंने ६ वर्ष तक सुशोभित किया। इस प्रकार ९ वर्ष तक उन्होंने मैसूर राज्य की सेवा की। अपने कार्यकाल में उन्होंने मैसूर राज्य की काया पलट दी। उन्होंने कावेरी नदी पर कृष्णराज सागर बाँध का निर्माण कर सिंचाई के लिए जल तथा उद्योग-धंधों के लिए बिजली की व्यवस्था की। उस समय तक हमारे देश में जल-शक्ति से विद्युत् उत्पादन का कार्य प्रारंभ नहीं हुआ था। अतः इस बाँध के निर्माण से सारा देश आश्चर्यचकित हो गया।

सूझबूझ के धनी—विश्वेश्वरैया जो भी काम हाथ में लेते थे, उसे बहुत सूझबूझ और दृढ़ निश्चय के साथ करते थे। कृष्णराज सागर बाँध के निर्माण-काल में एक बार बहुत जोरों की वर्षा हुई। गाँव के गाँव पानी से भर गए। बाँध के निर्माण-कार्य में लगे मजदूर भाग गए। महाराजा ने अनुरोध किया कि वर्षा के दिनों में काम रोक दिया जाए; लेकिन विश्वेश्वरैया न माने। उन्होंने कहा कि काम जारी रहेगा और अपना तंबू बाँध पर ही लगवाकर चौबीस घंटे वहीं रहने लगे। इस प्रकार उन्होंने साहसपूर्वक सभी आपदाओं का सामना किया और बाँध तथा उससे बननेवाली बिजली का कार्य समय पर पूरा कर दिया।

कुशल प्रशासक—एक कुशल अभियंता होने के साथ विश्वेश्वरैया कुशल प्रशासक भी थे। उनके कार्यकाल में मैसूर राज्य ने शिक्षा, कृषि तथा उद्योग-धंधों के क्षेत्रों में अभूतपूर्व उन्नति की। मैसूर राज्य को सर्वसंपन्न बनाने के लिए उन्होंने अनेक नए उद्योग-धंधे चालू किए, रियासत का एक अपना बैंक स्थापित किया, सीमेंट, कागज, साबुन आदि के कारखाने खोले, मैसूर विश्वविद्यालय की स्थापना की और भद्रावती का इस्पात कारखाना स्थापित किया। मैसूर पहली रियासत थी जिसका अपना विश्वविद्यालय था। ९ वर्ष तक महत्त्वपूर्ण सेवा करने के बाद सन् १९१८ में उन्होंने अपने पद से त्यागपत्र दे दिया।

अनुभव-प्राप्ति—मैसूर छोड़ने के बाद विश्वेश्वरैया एक बार फिर विदेश-यात्रा पर चले गए। इससे पूर्व की यात्राओं के समान इस यात्रा का उद्देश्य भी यह जानकारी प्राप्त करना था कि दूसरे देश किस प्रकार से उन्नति कर रहे हैं और उनकी कार्य-पद्धति से अपने देश को किस प्रकार उन्नत किया जा सकता है। परिणामतः दो वर्ष बाद जब वे लौटकर आए, तो उन्हें भारत सरकार की निर्माण कार्य-संबंधी अनेक महत्त्वपूर्ण समितियों का सदस्य नियुक्त कर दिया गया। इसमें से एक थी नई दिल्ली राजधानी समिति। इतना ही नहीं, कुछ समय बाद मैसूर राज्य की ओर से भी उन्हें भद्रावती कारखाने की

दशा को ठीक करने के लिए बुलाया गया। वे इस कारखाने के निदेशक-मंडल (बोर्ड ऑफ डायरेक्टर्स) के अध्यक्ष बनाए गए। उन्होंने कारखाने के प्रत्येक विभाग का अध्ययन किया और उसका पुनर्गठन कर एक लाभदायक संस्थान का रूप दे दिया। उन्होंने एक औद्योगिक संस्थान 'जय चाम राजेंद्र आकूपेशनल इंस्टीट्यूट' की स्थापना भी की। इस संस्थान में आज भी विभिन्न उद्योगों की शिक्षा दी जाती है। भद्रावती कारखाने में विश्वेश्वरैया के काम से टाटा बहुत प्रभावित हुए। उन्होंने विश्वेश्वरैया को अपने जमशेदपुर इस्पात कारखाने का डायरेक्टर बना दिया, जहाँ वे १९५५ ई. तक कार्यरत रहे।

भारतरत्न पुरस्कार

विश्वेश्वरैया ने अपने जीवन में जितना कार्य किया, उतना संभवतः १०० इंजीनियर मिलकर भी न कर सके। देश में नियोजित अर्थव्यवस्था के अनुसार कार्य करने पर बल देनेवाले वह प्रथम व्यक्ति थे। हमारे देश में इस विषय पर उन्होंने प्रथम पुस्तक लिखी थी जो सन् १९३४ में प्रकाशित हुई थी। उनके महत्त्वपूर्ण कार्यों को देखकर समय-समय पर उन्हें अनेक सम्मानार्थ उपाधियों से विभूषित किया गया। सन् १९३० में ही बंबई विश्वविद्यालय ने उन्हें डॉक्टरेट की सम्मानार्थ उपाधि दी। इसके बाद तो लगभग एक दर्जन विश्वविद्यालयों ने उन्हें सम्मानार्थ उपाधियों से विभूषित किया। भारत की ब्रिटिश सरकार ने उन्हें 'सर' की उपाधि दी और स्वतंत्र भारत के राष्ट्रपति डॉ. राजेंद्रप्रसाद ने सन् १९५५ में उन्हें भारतरत्न का सर्वश्रेष्ठ अलंकरण प्रदान किया। भारतरत्न उच्चकोटि की देश-सेवा के लिए दिया जाता है या फिर उन लोगों को मिलता है जिन्होंने कला, विज्ञान अथवा साहित्य के क्षेत्र में बहुत महत्त्वपूर्ण कार्य किया है।

संयत जीवन—उनके अपने जीवनकाल में ही १५ सितंबर सन् १९६१ को उनका १००वाँ जन्म-दिवस बहुत धूमधाम से मनाया गया था। इसी अवसर पर किसी ने उनसे उनके लंबे जीवन का रहस्य पूछा, तो उन्होंने उत्तर दिया था, "सब काम समय पर करना। मैं समय पर काम करता हूँ, समय पर खाना खाता हूँ, समय पर सोता हूँ, समय पर नियमित सैर और कसरत करता हूँ। गुस्से से कोसों दूर रहता हूँ।"

श्री विश्वेश्वरैया के जन्म शताब्दी समारोह के अवसर पर स्व. पं. जवाहरलाल नेहरू ने कहा था, "हम हिंदुस्तानी बहुत बोलते हैं, काम कम करते हैं। डॉ. विश्वेश्वरैया कम बोलते हैं, काम ज्यादा करते हैं। हम सबको उनके जैसा बनना चाहिए।" नियत समय पर काम करने के वह कितने अभ्यस्त थे, इसका अनुमान आप इस बात से लगा सकते हैं कि एक बार कोई व्यक्ति निश्चित समय से एक मिनट पहले उनके घर पहुँच गया। डॉ. विश्वेश्वरैया किसी कार्य में लगे हुए थे। वे अपना कार्य छोड़कर उस व्यक्ति

से मिलने आए और घड़ी देखकर कहा, "आपने एक मिनट पहले आकर मेरा एक अमूल्य मिनट नष्ट कर दिया। इस मिनट में मैं कोई और कार्य कर सकता था।"

डॉ. विश्वेश्वरैया को काम करने की लगन थी। वे सभी से कहते थे—"मेहनत करो, काम करो। इसीमें देश का कल्याण है, सबकी भलाई है। हमारा देश पिछड़ा हुआ है क्योंकि हम लोग आलसी हैं। अमेरिका और जापान देखते ही देखते कितना आगे बढ़ गए हैं। वे लोग हमसे अधिक मेहतनी हैं इसीलिए हमसे आगे बढ़ गए हैं। ऐसी बात नहीं कि ईश्वर ने उन लोगों को हमसे अच्छी बुद्धि दी है।" इस बात का सबूत स्वयं डॉ. विश्वेश्वरैया ने दिया। उनकी योग्यता और परिश्रम के आगे अंग्रेजों को भी झुकना पड़ा।

डॉ. विश्वेश्वरैया को आधुनिक मैसूर का निर्माता कहते हैं। वे प्रत्येक कार्य को विधिवत् और भलीभाँति करते थे। कोई कठिनाई और खतरा उन्हें रोक नहीं पाता था। मैसूर में भद्रावती इस्पात कारखाना, चंदन तेल और चंदन साबुन कारखाने, स्टेट बैंक ऑफ मैसूर, मैसूर राज्य में शिक्षा का विकास और विस्तार, बंगलौर में हिंदुस्तान एयरक्राफ्ट फैक्टरी की १९३५ में स्थापना इसके उदाहरण हैं। उनके दीवान-काल में मैसूर राज्य में स्कूलों की संख्या ४,५०० से बढ़कर ११,००० हो गई। इस प्रकार उनके कार्यकाल में ६,५०० नए स्कूल खुले थे। उनके कार्यकाल में विद्यालयों में छात्र-छात्राओं की संख्या १ लाख ८० हजार से बढ़कर ३ लाख ६६ हजार हो गई थी। उन्होंने मैसूर में महारानी कॉलेज को प्रथम श्रेणी का महिला कॉलेज बनाया तथा बालिकाओं के लिए प्रथम छात्रावास बनवाया। मैसूर विश्वविद्यालय उनके शिक्षा-प्रेम का ज्वलंत उदाहरण है। उन्होंने कृषि विद्यालय, एक इंजीनियरिंग कॉलेज, एक यांत्रिक विद्यालय तथा प्रत्येक जिले में औद्योगिक विद्यालय खुलवाए। आधुनिक काल में किसी देश की प्रगति में उद्योगों के महत्त्व को अंगीकार कर उन्होंने इटली और जापान से रेशम विशेषज्ञों को बुलाया जिन्होंने मैसूर में रेशम उद्योग के विकास में योग दिया। मैसूर का चंदन का तेल और चंदन-साबुन देश और विदेश में प्रसिद्ध है। उन्होंने धातु और चर्मशोध कारखाने भी मैसूर में खुलवाए। उन्होंने पर्यटकों के लिए मैसूर और बंगलौर में अच्छे होटलों की स्थापना के लिए भी सुझाव दिया था। उन्होंने मैसूर राज्य रेलवे का भी निर्माण कराया था।

दीवान विश्वेश्वरैया ने जनतंत्री प्रणाली को बढ़ावा दिया। उन्होंने गाँवों की संस्थाओं—पंचायतों के द्वारा गाँव के लोगों को विकास-कार्य में सहयोग का अवसर प्रदान किया। गाँवों, कस्बों, शहरों और जिलों के मंडलों में लोगों के चुने हुए प्रतिनिधि भाग लने लगे। सरकारी मनोनीत सदस्य और जनप्रतिनिधि मिल-जुलकर विकास के काम में जुट गए। खेती की उपज बढ़ी। गाँवों की हालत में सुधार हुआ। यह महान् व्यक्ति आश्चर्यजनक कार्य करनेवाला कर्नाटक का भगीरथ था।

अनुशासन सर विश्वेश्वरैया के जीवन का मुख्य बिंदु सदैव रहा। उनके दीवान

बनने पर उनका एक रिश्तेदार, जिसका वह सम्मान करते थे और जिसे वे चाहते थे और जो मैसूर राज्य की नौकरी में था, उनके पास एक उच्च पद प्राप्ति की आशा से गया, जिससे उसे ५० रुपए मासिक की अधिक आय होती। विश्वेश्वरैया ने उसे वह पद देने से इनकार कर दिया; किंतु उस संबंधी के जीवित रहने तक उसे एक सौ रुपया मासिक अपनी जेब से देते रहे। दीवान के रूप में वे सरकारी कार का उपयोग केवल सरकारी काम के लिए ही करते थे तथा निजी कार्य के लिए अपनी निजी कार का उपयोग करते थे। वह इतने बड़े ईमानदार थे। वह प्रातः सात बजे नहा-धोकर स्वच्छ वस्त्र धारण कर कार्य में तत्पर हो जाते और मध्याह्न एक बजे तक लगातार और विधिवत् कार्य करते रहते तथा पुनः ३ बजे से रात ८ बजे तक कार्य करते रहते थे। उनका हर कार्य नियोजित, सरलतापूर्वक, विधिवत् और बिना किसी विलंब या जल्दबाजी के होता था। उनका प्रत्येक दौरा सरकार और जनता दोनों के लिए सर्वाधिक उपयोगी होता था।

बचपन से ही विश्वेश्वरैया नई बातों को सीखने के लिए उत्सुक रहते थे। जब वह १०० वर्ष के थे, उनका एक संबंधी मद्रास जा रहा था। उसने उनसे पूछा, "मैं आपके लिए मद्रास से क्या लाऊँ?" उनका उत्तर था, "एक अच्छी आधुनिक अंग्रेजी डिक्शनरी लाना।" सेवा-निवृत्ति के बाद वह कई बार विदेश गए। जापान, अमेरिका, इंग्लैंड, स्वीडन, इटली, जर्मनी, फ्रांस आदि देशों की उन्होंने कई बार यात्रा की। जहाँ कहीं वह जाते, अपने साथ एक नोटबुक और पेंसिल रखते थे तथा जो नई बात या सूचना पाते, उसे लिख डालते थे। उन्होंने अध्ययन कर एक रिपोर्ट तैयार की जो हीराकुड तथा अन्य बाँधों के निर्माण का आधार बन गई।

विश्वेश्वरैया प्रतिभावान थे। ब्लाक प्रणाली जिसका उन्होंने आविष्कार किया, स्वाचालित द्वार जो उन्होंने पानी के बरबादीपूर्ण उफान को रोकने के लिए सुझाए थे, जल-कल और नाली-व्यवस्था जो उन्होंने अदन नगर के लिए नियोजित की—इन सबने समस्त विश्व के इंजीनियरों से अत्यधिक प्रशंसा प्राप्त की। कृष्णराज सागर बाँध उनकी प्रतिभा का एक ज्वलंत और अमर प्रमाण है।

वे अनुशासन और कठोर श्रम की प्रतिमूर्ति थे। वह न तो कभी एक मिनट विलंब करते थे और न कभी एक मिनट व्यर्थ बरबाद करते थे। एक बार एक मंत्री के तीन मिनट विलंब करने पर विश्वेश्वरैया ने उसे समय का पाबंद होने का परामर्श दिया था। उनका दृढ़ विश्वास था कि प्रत्येक व्यक्ति को अपना कार्य विधिवत् करना चाहिए। उनकी शिक्षा का सार था कि प्रत्येक मनुष्य को अपने उत्तरदायित्व को समझना चाहिए। इस सिद्धांत का उन्होंने बड़ी सचाई और ईमानदारी से पालन किया। इसके सैकड़ों उदाहरण मिलते हैं। रात को बिस्तर पर जाने तक वह अपने कपड़ों का विशेष ध्यान रखते थे। ९५ वर्ष की आयु में भी लोग उन्हें सावधानीपूर्वक और स्वच्छतापूर्वक वस्त्र धारण किए देखकर आश्चर्यचकित थे।

विश्वेश्वरैया ने हजारों परिवारों को भोजन दिया, हजारों छात्रों को शिक्षा दी, दस

हजार घरों में उनके कारण बिजली का प्रकाश जगमगाया। उन्होंने देश को प्रगति का मार्ग दिखलाया।

उन्होंने भारतवासियों के लिए आचरण के चार नियम बनाए। इन नियमों पर चलकर हर व्यक्ति आगे बढ़ सकता है। वे खुद भी आजीवन इन चार नियमों पर अमल करते रहे— (१) डटकर मेहनत करो, (२) नियमित और आयोजित ढंग से काम करो, (३) कार्यकुशलता बढ़ाने के लिए हमेशा कोशिश करते रहो, (४) विनय और सेवा-भाव से काम करो। दूसरों के साथ मिलकर काम करने की योग्यता अपने में पैदा करो।

डॉ. विश्वेश्वरैया के जीवन से हम बहुत कुछ सीख सकते हैं। हर वर्ग के लिए इसमें कुछ-न-कुछ संदेश है। गरीबों के लिए इसमें प्रेरणा है, आगे बढ़ने का रास्ता दिखाया गया है। छात्रों के लिए इसमें ज्ञान और प्रकाश है। सरकारी नौकरों, समाज-सेवियों और देशभक्तों तथा हर इनसान के लिए यह एक जीता-जागता आदर्श है। एक बार डॉ. विश्वेश्वरैया ने कहा था—"याद रखिए, तुम्हारा काम केवल एक रेलवे समपार को झाड़ू लगाना भर हो सकता है, किंतु तुम्हारा कर्तव्य इसे इतना स्वच्छ रखना है कि तुम्हारे जैसा संसार में कोई दूसरा समपार उतना स्वच्छ न हो।"

मृत्यु—बहुत सम्मान और पुरुषार्थ के साथ १०० वर्ष की आयु व्यतीत करने के पश्चात् बंगलौर में १४ अप्रैल सन् १९६२ को डॉ. विश्वेश्वरैया का स्वर्गवास हो गया। उस समय देश के कोने-कोने से उनके प्रति श्रद्धांजलियाँ अर्पित की गईं। भारत सरकार ने उनके चित्र के डाक टिकट प्रचलित किए। भूतपूर्व राष्ट्रपति स्व. डॉ. राजेंद्रप्रसाद ने श्रद्धांजलि अर्पित करते हुए कहा था, "एक ऐसा महान् व्यक्ति चल बसा है जिसने हमारे राष्ट्रीय जीवन के अनेक पहलुओं में अमूल्य योग दिया।"

भारतरत्न डॉ. विश्वेश्वरैया हमारे युग के महापुरुषों में माने जाते हैं। वे एक बहुत बड़े इंजीनियर, वैज्ञानिक और निर्माता थे। उन्होंने देश की बड़ी सेवा की और विराट् निर्माण-कार्य किए। उनके जैसे वैज्ञानिकों द्वारा किए गए ठोस कार्य के कारण ही आज देश तेजी से आगे बढ़ रहा है। डॉ. विश्वेश्वरैया के आदर्श जीवन से प्रेरणा लेकर हम भी अपने आपको राष्ट्र की सेवा के योग्य बना सकते हैं। वह बंबई सिंचाई जाँच-समिति और भारतीय वित्त जाँच-समिति के अध्यक्ष रहे। वह १९४१ ई. में अखिल भारतीय निर्माता संघ के अध्यक्ष निर्वाचित किए गए थे।

डॉ. गणेशप्रसाद

डॉ. गणेशप्रसाद का जन्म १५ नवंबर , १८७६ ई. को उत्तर प्रदेश के बलिया नगर में मुंशी रामगोपाल के घर में हुआ था। उनके पिता, पितामह (दादा) एवं प्रपितामह (परदादा) बलिया के प्रसिद्ध कानूनगो थे। परंतु उनके पिता ने उन्हें पर्याप्त पढ़ाया ताकि वह अन्य पद पर कार्य कर सकें। बालक गणेश की माँ उनके जन्म से दूसरे वर्ष ही चल बसी थीं। यद्यपि उनकी सौतेली माँ उन्हें बड़ा प्यार करती थीं, पर गणेश न जाने क्यों एकांतप्रिय हो चले थे।

गणेशप्रसाद की प्रारंभिक शिक्षा बलिया के जिला विद्यालय में शुरू हुई। पाँचवीं कक्षा में गणित विषय में अनुत्तीर्ण होने पर उन्हें बड़ी वेदना हुई और मानसिक आघात एवं ठेस लगी। तब उन्होंने इतना कठोर परिश्रम किया कि वे ऐंट्रेंस परीक्षा में प्रथम श्रेणी में उत्तीर्ण हुए तथा अपने जीवन में गणित के पर्याय माने जाने लगे।

एक संपन्न और बड़े जमींदार तथा प्रतिष्ठित कानूनगो का सुपुत्र होने के कारण गणेशप्रसाद का विवाह ९ वर्ष की आयु में लोदीपुर, जिला सादाबाद, उत्तर प्रदेश के वकील मुंशी डोमनलाल की सुपुत्री नंदकुमारी से संपन्न हो गया। जब वे इलाहाबाद के म्योर सेंट्रल कॉलेज में थे, तभी उनके यहाँ एक पुत्री का जन्म हुआ, किंतु प्रसव में उनकी पत्नी नंदकुमारी का देहांत हो गया। घरवालों ने लाख दबाव डाला पर उन्होंने पुनर्विवाह नहीं किया। वे स्वयं ही अपनी पुत्री कृष्णकुमारी का पालन-पोषण करने लगे। माता-विहीन बालिका भी कब तक जीवित रहती! अतः वह भी शीघ्र अपनी माता से मिलने चल दी। अब गणेशप्रसाद का जीवन बस गणित हो गया। यद्यपि वे अपनी पुत्री को प्राणों से भी अधिक चाहते थे और उसका देहांत भी ठीक परीक्षा से पूर्व ही हुआ था, पर गणेशप्रसाद इतने नियमित थे कि उन्होंने अपने दुःख को पीकर अपनी परीक्षा विश्वविद्यालय में प्रथम श्रेणी में उत्तीर्ण की।

गणेशप्रसाद ने म्योर सेंट्रल कॉलेज, इलाहाबाद विश्वविद्यालय से गणित विषय में

एम.ए. परीक्षा उत्तीर्ण की। उसके पश्चात् उन्होंने १८९८ ई. में इलाहाबाद विश्वविद्यालय से गणित विषय में डी. एस-सी. की उपाधि प्राप्त की। यह उपाधि प्राप्त करनेवाले वे प्रथम व्यक्ति थे।

अब गणेशप्रसाद ने कुछ समय तक इलाहाबाद में रहकर गणित का अध्ययन शुरू किया। परंतु शीघ्र ही उन्हें कैम्ब्रिज जाकर पढ़ने के लिए छात्रवृत्ति मिल गई। उस समय कैम्ब्रिज और विश्व में गणित क्षेत्र में एक जाज्वल्यमान नक्षत्र थे क्लापमेन। क्लापमेन ने गणेशप्रसाद की मेधा को पहचाना तथा भरी सभा में उन्हें 'गणित के क्षितिज पर उगते हुए तारे' की संज्ञा से विभूषित किया। साथ ही यह भी जोड़ा कि "इस तारे में इतना प्रकाश होगा कि वह अपने पूर्ववर्ती सारे तारों को अकेला ही निस्तेज कर देगा।" कैम्ब्रिज में गणेशप्रसाद के गाइड थे डॉ. हाब्सन। डॉ. हाब्सन के कहने पर गणेशप्रसाद ने गणित के एक कम चर्चित क्षेत्र गोलीय हरात्मकों और दैर्घ्य फलों पर काम किया।

डॉ. गणेशप्रसाद का सबसे महान् एवं महत्त्वपूर्ण कार्य आगरा विश्वविद्यालय की स्थापना और उसका विकास करना था। एक वर्ष छोड़कर वे जीवनपर्यंत आगरा विश्वविद्यालय की सीनेट के सदस्य रहे। वे उसकी कई कमेटियों के भी सदस्य रहे। वे सभी कमेटियों और सीनेट की बैठकों में पूरी तैयारी के साथ भाग लेने जाते थे।

डॉ. गणेशप्रसाद ने गणित संबंधी अपनी भौतिक गवेषणाएँ अपने छात्र-जीवन से ही शुरू कर दी थीं। उन्होंने कई शोधपूर्ण लेख लिखे। उनका प्रथम शोधपत्र 'दैर्घ्य फलों और गोलीय हरात्मक' (Elliptic Functions and Spherical Harmonics)—एलिप्टिक फंक्शंस एंड स्फेरिकल हार्मोनिक्स) शीर्षक से 'मैसेंजर ऑफ मैथमैटिक्स' नामक पत्रिका में प्रकाशित हुआ, तो संपूर्ण विश्व में तहलका मच गया। इस लेख में उन्होंने कई प्रख्यात विद्वानों की भूलों और त्रुटियों को सिद्ध किया और उनको शुद्ध किया। अब तो लंदन स्थित फिलोसोफिकल सोसाइटी तथा मैथमैटिक्स सोसाइटी ने उन्हें अपना सदस्य बना स्वयं को उपकृत अनुभव किया। इसके बाद डॉ. गणेशप्रसाद का दूसरा प्रमुख लेख 'ताप के गुण और परमाणुओं पर उसका प्रभाव' था। इस लेख का स्तर इतना ऊँचा था और इसमें इतनी नवीन एवं क्रांतिकारी जानकारी थी कि पूरे कैम्ब्रिज में उसे पूरा-पूरा कोई समझ न पाया। उस समय जर्मनी भी गणित के क्षेत्र में काफी विकसित था। अतः अब जर्मनी से गणेशप्रसाद के पास निमंत्रण आने लगे। गणेशप्रसाद भी जर्मनी जाना चाहते थे, क्योंकि उस समय जर्मनी के गणितज्ञ जॉर्ज कांटोर का डंका संपूर्ण विश्व में पिटता था। जर्मनी में एक पार्टी में जॉर्ज स्वयं गणेशप्रसाद से मिलने आए और उन्होंने हाथ बढ़ाते हुए गणेशप्रसाद से कहा, "मैं जॉर्ज कांटोर हूँ।" गणेशप्रसाद ने तुरंत उनका हाथ अपने सिर पर रखकर कहा, "मैं आपके बराबर कहाँ? आप तो मुझे आशीर्वाद दीजिए।" इतने में भाव-विभोर हुए जॉर्ज ने अश्रुपूरित नेत्रों से कहा था, "यह गणेशप्रसाद, तुम्हारी महानता है कि तुम ऐसा कहते हो, पर मैं जानता हूँ कि ज्ञान एवं योग्यता में मैं और तुम बराबर ही हैं। पर यह बात ठीक है

कि मैं तुमसे उम्र में बड़ा हूँ (जॉर्ज बुश लगभग ७० के आसपास थे), सो मेरा आशीर्वाद है, तुम्हारी कीर्ति की खुशबू उसी तरह फैले जैसे कस्तूरी की खुशबू फैलती है।"

डॉ. गणेशप्रसाद सन् १९३२ में भारतीय विज्ञान कांग्रेस और गणित—भौतिक विज्ञान सम्मेलन के अध्यक्ष निर्वाचित किए गए। शोधपूर्ण लेखों के अतिरिक्त उन्होंने ११ उच्चकोटि की भौतिकी विषय पर पुस्तकें लिखीं, जिनमें से कई भारत में ही नहीं, अपितु विदेशों में भी उच्च कक्षाओं में पाठ्य-पुस्तकों के रूप में पढ़ाई जाती हैं। वे कैम्ब्रिज विश्वविद्यालय के अध्यापकों एवं छात्रों के मध्य एक योग्य गणितज्ञ के रूप में प्रतिष्ठित थे। कैम्ब्रिज विश्वविद्यालय से डिग्री प्राप्त कर डॉ. गणेशप्रसाद जर्मनी के गार्टजन नगर के विद्यापीठ चले गए जहाँ वे हिलवर्ट और जेमरफील्ड जैसे गणिताचार्य के साथ गणित का परिशीलन करने लगे। इंग्लैंड या जर्मनी, गणेशप्रसाद चाहे कहीं भी रहे हों, वे रहे सदा भारतीय ही। न उन्होंने कभी मांस-मछली का सेवन किया एवं चाहे कितनी ही सर्दी पड़ी, पर कभी भी मदिरा या सिगरेट का सेवन नहीं किया।

विदेश से वापस आने पर डॉ. गणेशप्रसाद को म्योर सेंट्रल कॉलेज, इलाहाबाद में गणित विषय का प्राध्यापक नियुक्त किया गया। वे समय के बड़े पाबंद थे। वर्षा काल में वे दो घोड़ोंवाली गाड़ी पर बैठकर कॉलेज जाते थे और यदि गाड़ीवाला समय पर उनके पास नहीं पहुँचता था, तो वे पैदल ही चल पड़ते थे।

म्योर सेंट्रल कॉलेज, इलाहाबाद से वह काशी के क्वीन्स कॉलेज चले गए। डॉ. गणेश अपने छात्रों पर इतना ध्यान देते थे कि उनकी कक्षा का एक भी विद्यार्थी कभी भी गणित विषय में फेल नहीं हुआ। १९१४ ई. में कलकत्ता विश्वविद्यालय के कुलपति सर आशुतोष मुकर्जी उन्हें अपने साथ प्रयोगात्मक गणित का प्रोफेसर बनाकर ले गए। सन् १९१८ में काशी के सेंट्रल हिंदू कॉलेज के प्रिंसिपल एवं गणित के प्रोफेसर बनकर वे काशी लौट आए। यहाँ इतना अधिक परिश्रम किया कि गणेशप्रसाद अस्वस्थ रहने लगे। तब उन्होंने प्रिंसिपल के पद से त्यागपत्र दे दिया। सर आशुतोष तो पक्के पारखी थे। अतः वे फिर काशी आए तथा गणेशप्रसाद को गणित में प्रोफेसर बनाकर वापस कलकत्ता ले गए।

सन् १९२३ में जब वे विधानसभा के स्वतंत्र सदस्य चुने गए, तो लोगों को पता लगा कि जिसे वे दंभी एवं कूपमंडूक समझ रहे थे, वह उनकी दिक्कतों के बारे में कितना जानता है।

डॉ. गणेशप्रसाद ने विभव, वास्तविक चलराशियों के फलनों, फूरिये श्रेणी एवं तलों पर जो काम किया, उसके बराबर काम आज भी इन विषयों पर नहीं हो पाया है। उनकी लिखी पुस्तकें 'ए ट्रीटिज ऑन डिफरेंस इक्वेशन' तथा 'ऑन दी कांस्टीट्यूशन ऑफ मैटर एंड एनालिरिकल थियोरीज ऑफ हीट' आज भी विदेशों में बड़े चाब से पढ़ाई जाती हैं।

आगरा विश्वविद्यालय में कौंसिल की ९ मार्च, १९३५ ई. को ११ बजे होनेवाली

बैठक में भाग लेने के लिए डॉ. गणेशप्रसाद ८ मार्च की रात को चलकर ९ मार्च को सुबह आगरा पहुँच गए। होटल में भोजन आदि से निवृत्त होकर वे पौने ग्यारह बजे विश्वविद्यालय पहुँचे, जहाँ कौंसिल की बैठक में उन्हें अत्यधिक बोलना पड़ा। उन्होंने कौंसिल से कानपुर में कृषि के दो छात्रों को बी. एस-सी. में प्रवेश की अनुमति प्रदान कराई। उसके पश्चात् उन्हें कुछ परीक्षकों की नियुक्ति के विषय में भी बोलना पड़ा। वाद-विवाद के उपरांत जब वे कुरसी पर बैठे, तो फिर उठ न पाए। आगरा के थॉम्पसन हॉस्पिटल में, जिसे आजकल सरोजिनी नायडू हॉस्पिटल के नाम से पुकारा जाता है, ९ मार्च, १९३५ को सायं साढ़े सात बजे उनका देहावसान मस्तिष्क पक्षाघात से हो गया।

डॉ. दाराशा नौशेरवाँ वाडिया

भूगर्भ विज्ञान में भी भारत की देन अपूर्व है। संसार में भूगर्भ विज्ञान का वैज्ञानिक अध्ययन १६वीं शताब्दी से होना माना जाता है; किंतु भारत में वैदिक काल से ही ताँबा, लोहा, सोना एवं चाँदी का उल्लेख मिलता है। हीरे का खनन भी भारतवर्ष में आदिकाल से प्रचलित है। भारत देश का समुचित एवं विस्तृत सर्वेक्षण सन् १८५१ में प्रारंभ हुआ, जबकि ब्रिटिश सरकार ने भारतीय भूतात्त्विक सर्वेक्षण विभाग की स्थापना की, किंतु यह सर्वेक्षण पूर्णतया विदेशी हाथों द्वारा किया गया। सर्वेक्षण की इस पाश्चात्य परंपरा का अंत डॉ. दाराशा नौशेरवाँ ने किया। इस संबंध में श्री गिरीशचंद्र चौधरी ने लिखा है—"इसी व्यक्ति के अटूट उत्साह एवं लगन का परिणाम है कि यह सर्वेक्षण आज अपनी सेवा द्वारा देश के आर्थिक एवं औद्योगिक विकास में सहायक हो रहा है।"

प्रारंभिक जीवन—डॉ. वाडिया का जन्म २३ अक्तूबर सन् १८८३ को गुजरात राज्य के सूरत नगर में हुआ था। आपकी प्रारंभिक शिक्षा सूरत में ही हुई थी। १२ वर्ष की आयु में आपका परिवार सूरत से बड़ौदा चला आया और बड़ौदा में ही आपको उच्च शिक्षा प्राप्त हुई। आपने बंबई विश्वविद्यालय से बी. एस-सी. तथा एम. ए. की उपाधियाँ प्राप्त कीं। उस समय भूगर्भशास्त्र की शिक्षा केवल मद्रास और कलकत्ता के प्रेसीडेंसी कॉलेजों में ही दी जाती थी। आपने अपने अंतःकरण की प्रेरणा से भूगर्भशास्त्र का स्वतः अध्ययन किया। सन् १९०७ में आप जम्मू के प्रिंस ऑफ वेल्स कॉलेज में भूगर्भ के प्राध्यापक नियुक्त किए गए। जम्मू शहर को घेरनेवाली पर्वतश्रेणियों से उन्हें अनुसंधान सामग्री प्राप्त हुई। इसी महाविद्यालय में शिक्षक के पद पर रहते हुए उन्होंने 'छात्रों के लिए भूगर्भ विज्ञान' नामक पुस्तक लिखी। इस पुस्तक से उनकी ख्याति विश्वव्यापी हो गई। सन् १९२१ में ३८ वर्ष की आयु में आपने भारतीय भूतात्त्विक सर्वेक्षण विभाग अर्थात् तत्कालीन जियोलॉजिकल सर्वे ऑफ इंडिया में कार्य प्रारंभ

किया और इस विभाग में विभिन्न पदों पर कार्य किया। इस विभाग की आपको तथा आपकी विभाग को देन के संबंध में श्री गिरीशचंद्र चौधरी का मत है—"यह विभाग आपका साधना केंद्र एवं हिमालय साधना-स्थल बना। हिमालय का अद्‌भुत प्राकृतिक सौंदर्य एवं भूगर्भीय तथ्य आपको आकर्षित करने में सफल रहे। तब से लेकर आज तक आपका कार्यक्षेत्र हिमालय ही बना हुआ है।"

अनुसंधान और सम्मान—भारतीय भूतात्त्विक सर्वेक्षण विभाग से अवकाश प्राप्त कर लेने पर आपको श्रीलंका की सरकार ने सन् १९३८ में भूगर्भ के अध्ययन हेतु सरकारी भूवेत्ता नियुक्त किया। वहाँ से अवकाश पाने के बाद आप क्रमशः सन् १९४५ में भारत सरकार के भूगर्भ संबंधी परामर्शदाता, भारतीय खान संस्थान (इंडियन ब्यूरो ऑफ माइंस) के निदेशक एवं सन् १९४८ में अणुशक्ति आयोग के अणुकणों एवं खनिजों के विभाग के निदेशक नियुक्त किए गए। श्री गिरीशचंद्र चौधरी के शब्दों में "वर्तमान में डॉ. वाडिया भारतीय भूगर्भ के पितामह तो हैं ही, साथ ही साथ योजना आयोग के परामर्शदाता एवं भूगर्भ के राष्ट्रीय प्राध्यापक हैं।"

डॉ. वाडिया का संबंध विभिन्न वैज्ञानिक संस्थाओं से रहा है। आप दो बार भारतीय विज्ञान परिषद् के अध्यक्ष निर्वाचित किए गए। सन् १९५७ में रॉयल सोसाइटी, लंदन ने आपको अपना फैलो चुनकर सम्मानित एवं गौरवान्वित किया। किसी भारतीय भूविद् को प्राप्त होनेवाला यह पहला सम्मान था। सन् १९६४ में अंतरराष्ट्रीय भूगर्भ कांग्रेस के २२वें नई दिल्ली में होनेवाले अधिवेशन में आपने अध्यक्ष पद को सुशोभित किया था।

भूगर्भ विज्ञान को देन—भूगर्भ विज्ञान को डॉ. वाडिया की देन अत्यंत महत्त्वपूर्ण है। इस क्षेत्र में आपके महत्त्वपूर्ण कार्यों में सर्वप्रथम कार्य पंजाब की पीर पंजाल पर्वत की बनावट पर मौलिक विचार थे, जिन्हें आपने सर्वेक्षण द्वारा प्रमाणित किया। आपने पुंछ रियासत और पंजाब के भूगर्भ तथा हिमालय के उद्‌भव एवं उत्थान पर वृहत् कार्य किया।

हिमालय पर्वत असम से कश्मीर तक विशाल पर्वतश्रेणियों में विभक्त है जो कश्मीर से दक्षिण-पश्चिम की ओर, बिलोचिस्तान की ओर एवं असम से दक्षिण की ओर, बर्मा की ओर तीक्ष्ण मोड़ द्वारा घूमी हैं। यह इतना तीव्र मोड़ है जो हिमालय श्रेणियों को न तो असम से चीन की ओर और न कश्मीर से ईरान की ओर ही प्राप्त है। कश्मीर में हजारा के निकट मोड़ के विषय में प्रारंभ में सुएस एवं अन्य भूविदों का विचार था कि यह मोड़ एक ही श्रेणी का नहीं अपितु दो पृथक् श्रेणियों से बना है। उनके विचार से हिंदुकुश की पहाड़ियाँ एक दूसरी पर्वतश्रेणियाँ हैं और ये हिमालय का भाग नहीं हैं। किंतु डॉ. वाडिया ने इन भूविदों के इन विचारों से असहमति प्रकट की तथा यह सिद्ध किया कि यह तीव्र मोड़ एक ही पर्वत है जो हिमालय की श्रेणी के मोड़ से बना है तथा बिलोचिस्तान श्रेणी भी हिमालय का एक भाग है, जो पृथक् नहीं।

प्रमाणस्वरूप उन्होंने यह सिद्ध किया कि दोनों श्रेणियों की शिलाएँ बनावट में एकरूप हैं। यह एकरूपता उनके मत में हिमालय के उत्थान के समय से ही विद्यमान है। इसका कारण आपने यह बतलाया कि पंजाब का वह निचला भाग जो टेथीस सागर से एक जीभ की भाँति निकला और उठते हुए हिमालय पर्वत को दक्षिण-पश्चिम की ओर मोड़ने में बाध्य करता रहा।

श्री गिरीशचंद्र चौधरी के शब्दों में—"हिंदुकुश पर्वतश्रेणियों में भ्रमण कर डॉ. वाडिया ने उनकी बनावट का एवं शिलाओं का विस्तृत अध्ययन किया। दुर्गम घाटियों एवं कगारों को पार कर आपने यह सिद्ध किया कि दोनों पर्वतश्रेणियों की शिलाओं में एकरूपता है।" लंदन की रॉयल जियोलॉजिकल सोसाइटी ने इस अनुसंधान पर आपको 'लेल' पदक प्रदान किया। यह एक अनूठा पुरस्कार था। रॉयल जियोग्राफिकल सोसाइटी ने आपको बेक पुरस्कार प्रदान किया था।

इसी प्रकार आपने यह प्रमाणित किया कि असम की ओर मोड़ का कारण है कि टेथीस समुद्र से उठते हुए हिमालय को घूमने के लिए बाध्य कर रहा था।

हिमालय पर्वत पर यह अनुसंधान-कार्य वास्तव में अत्यंत दुष्कर था; किंतु डॉ. वाडिया ने कठिन श्रम ५० वर्ष की आयु में भी करके २६,९२० फीट ऊँचे नंगा पर्वत 'दियामीर परियों के स्थान' की शिलाओं का अध्ययन हिम नदों से प्राप्त कंकड़ों द्वारा किया एवं उनकी स्तरीयता बतलाई। दुर्गम पहाड़ी पर डॉ. वाडिया का यह साहसिक कार्य भूगर्भ सर्वेक्षण का एक ज्वलंत उदाहरण है।

अध्ययनशीलता और लेखन-कार्य—डॉ. वाडिया की प्रवृत्ति घोर अध्ययनशीलता की ओर रही है। आपका लक्ष्य कर्म रहा है। आपने हिमालय और उससे संबंधित अनेक कार्य जैसे उत्थान, बनावट, उद्‌भव, पुराजीव अवशेषों के अतिरिक्त भूगर्भशास्त्र के आर्थिक पक्ष का विधिवत् अध्ययन और सर्वेक्षण किया। यही नहीं, कोहाट के काले नमक के पहाड़ के उद्‌भव, झेलम की स्तरीय सिवालिक-युगीन चट्टानों में तेल की संभावित अवस्था, भारतीय मृदा एवं मिट्टियों का अध्ययन भी आपने किया। आपने उत्तर भारत की नदियों से संबंधित अनेक महत्त्वपूर्ण कार्यों पर वैज्ञानिक निबंध लिखे हैं। आपके नेतृत्व में बिहार में यूरेनियम के भंडार ढूँढ़े गए।

आपने मध्य एशिया के मरुस्थल के संबंध में महत्त्वपूर्ण कार्य किया तथा खनिज संपदा के साथ मरुस्थल के उद्‌भव के संबंध में विचार प्रकट किए। आपके मत में १० लाख वर्ष पूर्व हिमयुग में पृथ्वी पर हिम था। हिमनद के हटने से स्थान बालू से घिरा। वर्तमान में हिमनद उत्तरी ध्रुव के रूप में शेष है।

भूविज्ञान संबंधी आप प्रथम भारतीय लेखक हैं। आपकी प्रसिद्ध पुस्तक है 'जियोलॉजी ऑफ इंडिया एंड बर्मा'। आपने 'जियोलॉजी ऑफ नागा पर्वत एंड गिलगित डिस्ट्रिक्ट' (Geology of Naga Parvat and Gilgit District) तथा १९३८ ई. में 'स्ट्रक्चर ऑफ हिमालय' (Structure of Himalayas) नाम पुस्तक

लिखीं।

आपको राष्ट्रीय विज्ञान संस्थान ने 'मेघनाद साहा पदक' तथा कलकत्ता एशियाटिक सोसाइटी ने 'पी. एन. बोस.' पदक प्रदान किया। भारत सरकार ने आपको पद्मभूषण के अलंकार से अलंकृत किया। १५ जून, १९६० को उनके देहांत से भारत का एक देदीप्यमान वैज्ञानिक उठ गया।

श्रीनिवास रामानुजम् आयंगर

परिवार, जन्म और शिक्षा—महान् गणितज्ञ श्रीनिवास रामानुजम् आयंगर का जन्म २२ दिसंबर सन् १८८७ को तमिलनाडु (मद्रास) प्रांत के तंजोर जिले में कुंभकोनम के पास एक छोटे से गाँव 'इरोद' में एक निर्धन ब्राह्मण परिवार में हुआ था। कावेरी नदी के तट पर बसा हुआ अनेकानेक मंदिरोंवाला कुंभकोनम नगर हिंदुओं का धार्मिक तीर्थ है। वहाँ के अनेक मंदिरों में प्रमुख है शांगुपाणि मंदिर। मंदिर से कुछ दूर ही रामानुजम् का खपरैल का एक छोटा-सा पैतृक घर था। महाभारत का कुंभकोणम संस्करण प्रसिद्ध है। रामानुजम् के पिता कुंभकोनम ग्राम के निवासी थे और वहीं पर कपड़े के एक व्यापारी के यहाँ मुनीम थे। इनके पिता का नाम श्रीनिवास आयंगर था। वह कट्टर ब्राह्मण थे और दरिद्र होते हुए भी स्वाभिमानी थे। उनके इन गुणों का प्रभाव उनके पुत्र रामनुजम् पर भी पड़ा। रामानुजम् की माँ धार्मिक स्वभाव की महिला थीं। उनके पिता इरोद में मुंसिफी में अमीन मुंशी थे। कहते हैं, जब विवाह के कई वर्ष उपरांत भी मुनीमजी के यहाँ कोई संतान न हुई तो उनके श्वसुर ने नामक्कल की नागगिरि देवी की आराधना की थी। उसके कुछ समय बाद ही रामानुजम् का जन्म हुआ।

१६ वर्ष की आयु में रामानुजम् ने सन् १९०३ में मैट्रिक्यूलेशन परीक्षा विशेष योग्यता के साथ हाईस्कूल, कुंभकोनम से उत्तीर्ण की और उन्हें उसमें सुब्रह्मण्यम् छात्रवृत्ति भी मिली। सन् १९०४ ई. में रामानुजम् कुंभकोनम राजकीय महाविद्यालय के विद्यार्थी हो गए। उस समय इंटरमीडिएट कक्षा में गणित के अतिरिक्त तीन विषय और पढ़ाए जाते थे—अंग्रेजी, इतिहास और शरीर विज्ञान। किंतु इंटरमीडिएट के प्रथम वर्ष (आजकल सीनियर सैकंडरी की कक्षा ११) में पहुँचते ही गणित के प्रति उनमें इतनी रुचि उत्पन्न हो गई कि अन्य विषयों को वे बिलकुल भूल गए। अंग्रेजी तो मैट्रिक से अच्छी थी। अतः उसमें जैसे-तैसे वह चलते रहे, किंतु इतिहास और शरीर विज्ञान रामानुजम् की समझ में नहीं आते थे। परीक्षा काल सन्निकट आने पर अन्य छात्रों की भाँति रामानुजम्

भी परीक्षा की तैयारी में जुट गए परंतु केवल गणित की तैयारी में। इसके बाद सन् १९०६ में उन्होंने इंटर की परीक्षा दी, किंतु सफल न हो सके। सन् १९०९ में २२ वर्ष की आयु में श्रीमती जानकी देवी के साथ रामानुजम् का विवाह हो गया। निर्धन परिवार होने के कारण अब रामानुजम् के लिए नौकरी करना आवश्यक हो गया। इसी तलाश में वह इंडियन मैथेमेटिकल सोसाइटी के उपाध्यक्ष और तिरुकोमलूर में कुशल प्रबंधक तथा डिप्टी कलक्टर रामास्वामी अय्यर से मिले, जिसने उन्हें मद्रास प्रेसीडेंसी कॉलेज के गणित विषय के विभागाध्यक्ष प्रो. सेशु अय्यर के पास भेजा। वह प्रो. सेशु अय्यर से एक अनुशंसा-पत्र (सिफारिशी चिट्ठी) लेकर नैलोर के कलक्टर दीवान बहादुर आर. रामचंद्र राव के पास पहुँचे। दीवान बहादुर को गणित से बड़ा प्रेम था। रामानुजम् की इस भेंट का विवरण दीवान बहादुर ने करते हुए लिखा है—"मैं अंदर कमरे में बैठा हुआ था कि मेरा भतीजा मेरे पास आया और कहने लगा कि बाहर कोई आदमी आया है। वह गणित की बातें करता है। वह रामानुजम् थे। मैंने अपने भतीजे से उन्हें अंदर बुला लाने के लिए कहा। रामानुजम् मेरे सामने आकर बैठ गए। उन्होंने अपनी नोटबुक खोली और अपने कुछ प्रमेयों को मुझे समझाना आरंभ किया—सही था या गलत। इसलिए मैंने उनसे फिर कभी आने के लिए कहा। कुछ समय बाद वे फिर आए। लेकिन अब की बार उन्होंने मुझे गणित की पहले से कुछ सरल बातें समझानी शुरू कीं। क्योंकि शायद वे जान गए थे कि पहली बार जो कुछ उन्होंने मुझे बताया था वह मैं समझ न सका था। मुझे उनकी विद्वत्ता का विश्वास हो गया। मैंने उनसे पूछा कि आप क्या चाहते हैं।" उन्होंने कहा, "मुझे और कुछ नहीं सिर्फ ऐसी नौकरी चाहिए जिसमें जीवनयापन कर सकूँ और अपना अनुसंधान-कार्य जारी रख सकूँ।"

दीवान बहादुर उन्हें कुछ आर्थिक सहायता देने लगे, किंतु वे किसी से इस प्रकार की आर्थिक सहायता नहीं चाहते थे। इसलिए कुछ समय बाद ही १९१२ ई. में उन्होंने मद्रास पोर्ट ट्रस्ट के कार्यालय में ३० रुपए मासिक की नौकरी स्वीकार कर ली। लेकिन नौकरी करने पर भी उन्होंने गणित के अध्ययन एवं अनुसंधान-कार्य में कोई कमी नहीं की। यह सब पहले की ही भाँति चलता रहा। वह अपनी कुरसी पर बैठे कुछ लिखते-पढ़ते रहते। उनके अफसर यह देखकर आश्चर्य करते। वे सोचते कि यह बाबू अनोखे ढंग का है। एक दिन उनका लिखा हुआ एक कागज उड़ गया। यह कागज मिला एक अंग्रेज अफसर को। उसे देखकर वह चौंक पड़ा। अरे! यह क्या? इसमें तो गणित लिखी है, और गणित भी बहुत ऊँची। भला किसने इस प्रकार का सवाल किया है? यकायक उन्हें ध्यान आया नए बाबू का जो चुपचाप बैठा कलम घिसता रहता है। कहीं उसका लिखा कागज तो नहीं ये? उसने रामानुजम् को बुलाकर पूछा—"क्यों रामानुजम्, तुम दोपहर में बैठे-बैठे क्या किया करते हो?"

"कुछ नहीं हुजूर! बस लिखता-पढ़ता हूँ।"

"क्या लिखते हो?"

"जी, गणित के सवाल करता हूँ।"

"तो, क्या यह कागज तुम्हारा है ?"

"जी हाँ !"

"अरे, तो तुम गणित जानते हो ? कहाँ पढ़ी है तुमने ?" उस अफसर ने पूछा।

"कहीं नहीं हुजूर, अपने आप।" रामानुजम् ने उत्तर दिया।

"अपने आप ? किताबें कहाँ मिलीं ?"

"कहीं नहीं, यूँ ही बैठे-बैठे सवाल करता रहता हूँ।"

अंग्रेज अफसर चकित रह गया। गणित वह स्वयं जानता था लेकिन इतनी ऊँची गणित तो उसने भी नहीं पढ़ी थी। उसने अपने दूसरे अफसर मित्र को सारी बात बताई। दोनों ने रामानुजम् को गणित के अध्ययन में लगाने और उनके इंग्लैंड जाने के प्रबंध की योजना पर विचार किया। अंत में वर्ष भीतर वे रामानुजम् के लिए साठ पौंड वार्षिक अर्थात् पिचहत्तर रुपए मासिक का प्रबंध करने में सफल हो गए। केवल उनके सामने कठिनाई थी कि किसी डिग्री के अभाव में इंग्लैंड में कौन-सा विश्वविद्यालय उन्हें प्रवेश देगा ? यह कठिनाई भी शीघ्र ही दूर हो गई।

सन् १९१३ में रामानुजम् ने कैम्ब्रिज विश्वविद्यालय के प्रसिद्ध गणितज्ञ प्रोफेसर जे. एच. हार्डी को एक पत्र लिखा और पत्र के साथ उन्होंने लगभग १२० प्रमेय भी भेजे थे। रामानुजम् द्वारा भेजे गए गणित प्रमेयों को देखकर प्रो. हार्डी यह समझ गए कि इन प्रमेयों को भेजनेवाला अवश्य ही कोई महान् गणितज्ञ होगा। रामानुजम् के कार्य से प्रभावित होकर उन्होंने उनको सन् १९१४ में इंग्लैंड बुला भेजा। इस प्रकार मद्रास पोर्ट ट्रस्ट के कार्यालय में लेखक रामानुजम् इंग्लैंड जा पहुँचा। इंग्लैंड पहुँचकर रामानुजम् ने प्रो. हार्डी के साथ अनुसंधान-कार्य किया। इस प्रकार रामचंद्र राव, रामास्वामी अय्यर, सुंदरम् अय्यर, फ्रेंसिस, स्प्रिग और प्रो. जे. एच. हार्डी ने उन्हें सहयोग प्रदान किया था।

असाधारण प्रतिभा—बचपन से ही गणित में रामानुजम् को विशेष रुचि थी। ५ वर्ष की आयु में उन्हें गाँव के ही विद्यालय में प्रविष्ट कराया गया। दो वर्ष बाद उन्हें कुंभकोनम के टाउन हाईस्कूल में भेज दिया गया। यहाँ पर उन्होंने अपनी प्रतिभा दिखाना शुरू कर दिया। उन्हें गणित विषय से बहुत दिलचस्पी थी। वह अपने साथियों और अध्यापकों से कभी नक्षत्रों के बारे में कुछ पूछ बैठते थे तो कभी परिधि के बारे में।

जब उनसे किसी ने पूछा, "तुम गणित के बड़े-बड़े प्रश्न इतनी सरलता से कैसे हल कर लेते हो ?" तब बालक रामानुजम् ने कहा, "सपने में मुझे इसका हल दिख जाता है और सपने में ही सारे गणित के प्रश्न हल कर लेता हूँ।" पाँच-छः वर्ष की आयु में ही वे लंबे-लंबे जोड़-बाकी के सवाल करने लगे। वे बैठे-बैठे अपने आप संख्याएँ लिखते, फिर कभी घटाते, कभी गुणा करते और कभी भाग देते। इस प्रकार वे सदा ही गणित के सवालों में उलझे रहते थे। यही उनकी पढ़ाई थी और यही उनका खेल भी था। जब दूसरे बच्चे खिलौनों और गुड़ियों से खेलते रहते थे, वे अपनी संख्याओं से खेलते रहते।

संख्याओं से उनका यह अद्‌भुत प्रेम जीवन-भर उनके साथ रहा। गणित के कालांश में उन्हें ऐसी-ऐसी बातें सूझतीं, जिन्हें तेज से तेज छात्र नहीं समझ पाते थे। कभी-कभी तो मास्टर साहब भी आश्चर्यचकित रह जाते थे।

जब वह तीसरी कक्षा में पढ़ते थे, तो एक दिन अध्यापक समझा रहे थे कि किसी संख्या को उसी संख्या से भाग देने पर भजनफल एक होता है। अध्यापक ने विद्यार्थियों को इस प्रकार समझाया—"यदि तीन केले तीन आदमियों में बाँटे जाएँ, तो प्रत्येक को कितने केले मिलेंगे? तीन में तीन का भाग देने पर 'एक' आएगा अर्थात् प्रत्येक आदमी को एक केला मिलेगा। इसी प्रकार १००० केले १००० आदमियों में बाँटे जाएँ, तो भी १००० में १००० का भाग देने पर प्रत्येक को एक केला मिलेगा और इसी प्रकार…" छात्र संतुष्ट हो गए क्योंकि वह गुर (सूत्र) उनकी समझ में आ गया; परंतु पीछे कोने में बैठे रामानुजम् ने तुरंत पूछा, "क्या यह नियम शून्य के लिए भी लागू होता है? सर! क्या शून्य केले शून्य छात्रों में बाँटने पर भी प्रत्येक छात्र को एक केला मिल जाएगा? जी ऐसी बात हमेशा तो सही नहीं होती, शून्य को शून्य से भाग दें तो भागफल कुछ नहीं होगा।" "होगा क्यों नहीं?" अध्यापक तुरंत बोल पड़े—"जीरो बटे जीरो—बराबर एक।" कक्षा में एक जोरदार ठहाका लगा। छात्रों ने सोचा, यह कैसा मूर्ख लड़का है। लेकिन अध्यापक गंभीर हो गए। उन्होंने सोचा, छात्र उनकी परीक्षा ले रहा है। लेकिन रामानुजम् अपनी बात पर अड़े रहे। वे जोर से बोले, "चोऽऽप! मैं…मैं अभी स्पष्ट कर देता हूँ। **शून्य छात्रों में शून्य केले बाँटने पर प्रत्येक छात्र को कोई केला नहीं मिलेगा। जी नहीं, जीरो बटे जीरो का कोई अर्थ नहीं होता, इसलिए जीरो को जीरो से भाग दे ही नहीं सकते।**"

बात तो अध्यापक के लिए भी नई थी। उनकी समझ में नहीं आ रहा था। लेकिन फिर भी उन्होंने डाँटकर बालक रामानुजम् से कहा—"फिजूल बातें मत करो। मैं जो कहता हूँ वही ठीक है।"

रामानुजम् अपनी सीट पर चुपचाप बैठ गए, परंतु उन्हें विश्वास था कि उनकी बात ठीक है। उस दिन से अध्यापक कक्षा में जो बात कहते, बहुत सोच-समझकर कहते। उन्हें सदैव डर लगा रहता कि कहीं कोई ऐसी बात मुँह से न निकल जाए जिस पर बालक रामानुजम् टोक दे और वे उस बात को समझा न सकें।

दूसरी ओर वास्तविकता यह है कि आज भी यह प्रश्न संसार के गणितज्ञों के सामने ज्यों-का-त्यों उपस्थित है कि प्रत्येक संख्या अथवा अंक में उसी संख्या अथवा अंक का भाग देने पर भागफल 'एक' आता है, किंतु शून्य में शून्य का भाग देने पर भागफल एक क्यों नहीं आता है?

इसी कक्षा में बीजगणित की तीन श्रेणियाँ—समांतर श्रेणी, गुणोत्तर श्रेणी और हरात्मक श्रेणी, जो आजकल सीनियर हायर सैकंड्री, इंटरमीडिएट एवं प्री-डिग्री कक्षाओं में पढ़ाई जाती हैं, पढ़ लिया था और चौथी कक्षा में त्रिकोणमिति तथा पाँचवीं कक्षा में

ज्या और कोज्या का विस्तार समाप्त कर लिया था। यहाँ उन्हें छात्रवृत्ति मिली। रामानुजम् की स्मृति असाधारण थी। वह गणित के विभिन्न सूत्रों से अपने साथियों का मनोरंजन किया करते थे। १२ वर्ष की आयु में ही उन्होंने 'लोनी' लिखित त्रिकोणमिति की प्रसिद्ध पुस्तक बिना किसी की सहायता के हल कर डाली थी।

जब वे १५ वर्ष के थे तथा दसवीं कक्षा में पढ़ रहे थे, तो उनके एक मित्र ने स्थानीय कॉलेज के पुस्तकालय से उन्हें 'कार' लिखित गणित की एक पुस्तक लाकर दी। यह उच्च गणित का एक अद्भुत ग्रंथ था जो लंदन से १८८० ई. और १८८६ ई. में दो खंडों में प्रकाशित हुआ था। इसका नाम था 'सनोप्सिस ऑफ प्योर मेथेमेटिक्स' (विशुद्ध गणित का सार-संक्षेप) इसके लेखक जार्ज शूब्रिजकार कैम्ब्रिज के गणितज्ञ थे जो प्रारंभ में प्राइवेट शिक्षक थे। इस पुस्तक ने रामानुजम् की सोई प्रतिभा को जगा दिया। इस पुस्तक में ६,००० प्रश्न थे। उन्होंने इस पुस्तक के सूत्रों को हल किया और उनके संबंध में विस्तार से अपनी व्याख्याएँ लिखीं। उनके पास इसके अतिरिक्त कोई अन्य पुस्तक न थी, इसलिए उनका प्रत्येक हल अपने में एक मौलिक खोज थी। दसवीं कक्षा के एक विद्यार्थी ने रामानुजम् की गणितीय प्रतिभा की चर्चा सुनने पर उन्हें एक प्रश्न हल करने के लिए दिया। वह प्रश्न था—यदि $\sqrt{x+y}$ = ७, और $\sqrt{y+x}$ = ११, तो x और y के मान बताओ। रामानुजम् ने केवल आधी मिनट में प्रश्न का हल प्रस्तुत कर दिया कि x = ९, तथा y = ४ होगा। कॉलेज के प्रथम वर्ष तक पहुँचते-पहुँचते वह गणितशास्त्र में इतने लवलीन हो गए कि गणित के सिवाय और किसी काम के न रहे और परिणाम यह हुआ कि वह फेल हो गए।

रामानुजम् कहा करते थे कि नामक्कल की नामगिरि देवी स्वप्न में उन्हें गणित के सूत्रों के बारे में प्रेरणा दिया करती थीं। प्रातःकाल सोकर उठने पर वह स्वप्न में दिखे सूत्र आदि लिख लेते थे। बाद में उन्हें हल भी करते थे। जीवन-भर उन्हें इसी प्रकार नामगिरि देवी स्वप्न में दिखाई देती रहीं।

रामानुजम् की प्रतिभा से प्रभावित होकर प्रो. हार्डी ने कहा था—"मैंने रामानुजम् को पढ़ाने की कोशिश की और मैं किसी हद तक सफल भी हुआ। लेकिन उन्होंने मुझसे जितना कुछ सीखा, उससे कहीं अधिक मैंने उनसे सीखा।"

गणितज्ञों द्वारा मान्यता—सन् १९११-१२ के बीच उनके कई अनुसंधान-पत्र प्रकाशित हुए। रामानुजम् का पहला शोधपत्र सन् १९११ ई. में इंडियन मैथेमेटिकल सोसाइटी के जर्नल में प्रकाशित हुआ था। इससे गणितज्ञों के मध्य वे अत्यंत प्रसिद्ध हो गए। वेधशालाओं के महानिदेशक सर गिलबर्ट वाकर कुछ समय पूर्व से ही रामानुजम् की प्रतिभा से परिचित हो गए थे और उनके अनुसंधान-पत्रों को देखकर तो वे उनकी असाधारण प्रतिभा के कायल हो गए। उन्हीं के प्रयत्नों से रामानुजम् को मद्रास विश्वविद्यालय से दो वर्ष के लिए ७५ रुपए मासिक की छात्रवृत्ति मिलने लगी।

इसके बाद सन् १९१४ में इंग्लैंड पहुँचकर रामानुजम् ने ३ वर्ष तक प्रो. हार्डी

और प्रो. लिटिलवुड की देखरेख में गणित का अध्ययन और अनुसंधान-कार्य किया। रामानुजम् ने π (पाइ) के सन्निकट (आसन्न) मान के लिए कई सूत्रों की खोज की। यूरोप में उनका जो पहला शोध निबंध प्रकाशित हुआ, उसका शीर्षक था—प्रतिरूपक समीकरण और π के सन्निकट मान (मोड्यूलर इक्वेशंस एंड एप्रोक्सिमेशंस टू π)। उनके महत्त्वपूर्ण कार्यों को देखकर सन् १९१८ में उनको रॉयल सोसाइटी तथा कैम्ब्रिज विश्वविद्यालय का सदस्य (फैलो) बना लिया गया। वे सर्वप्रथम भारतीय थे जिन्हें इस प्रकार का सम्मान मिला। अथक परिश्रम और सर्दी के कारण सन् १९१७ में रामानुजम् बीमार पड़ गए। उन्हें क्षयरोग हो गया। फिर भी उन्होंने अध्ययन-कार्य बंद नहीं किया। हालत खराब हो जाने पर सन् १९१९ में वे भारत लौट आए। यहाँ पर उनके मित्रों और शुभचिंतकों ने हर संभव चिकित्सा द्वारा उनको स्वस्थ कराने की चेष्टा की, परंतु उस समय क्षय रोग का कोई उपचार नहीं था तथा सारे प्रयत्न निष्फल हुए और २६ अप्रैल सन् १९२० को यह महान् गणितज्ञ ३३ वर्ष की आयु में संसार से बिदा हो गया; पर उनके द्वारा संसार को प्रदत्त गणितीय ज्ञान उनको सदैव अमर रखेगा।

अंत तक वह अनुसंधान-कार्य में लगे रहे। रामानुजम् ने बहुत से अनुसंधान-पत्र प्रकाशित किए। इसके अतिरिक्त उनका अप्रकाशित कार्य भी बहुत अधिक है। वे गणित के जो भी प्रश्न हल करते थे, उन्हें अपनी नोटबुक में लिख लेते थे। आज उनकी सभी नोटबुकें 'रामानुजम् की नोटबुकों' के नाम से प्रसिद्ध हैं। प्रोफेसर जी. एन. वाट्सन तथा मार्सेल नामक प्रमुख गणितज्ञों ने रामानुजम् के अप्रकाशित कार्यों और नोटबुकों का गहन अध्ययन किया है। उन्होंने बताया है कि रामानुजम् की नोटबुक में लगभग ३,००० प्रमेयों का विवरण अंकित है। १९२७ ई. में कैम्ब्रिज विश्वविद्यालय ने रामानुजम् के शोध-पत्रों को पुस्तकाकार प्रकाशित किया था। इस ग्रंथ के संपादक प्रो. हार्डी, प्रो. सेशु अय्यर और प्रो. विल्सन थे। फिर भी उनकी अनेक नोटबुकें असंपादित और अप्रकाशित पड़ी हुई थीं, जिन्हें बंबई की टाटा इंस्टीट्यूट् ऑफ फंडामेंटल रिसर्च संस्था के गणित विभाग ने संपादित किया तथा कुछ समय पूर्व प्रकाशित किया। इसका मूल्य बहुत कम रखा गया। बंबई के नेहरू सेंटर की पत्रिका साइंस एज ने रामानुजम् की जन्मशती पर टाटा इंस्टीट्यूट के विख्यात गणितशास्त्री प्रो. एस. एस. रंगाचारी से रामानुजम् के कार्यों पर एक लेखमाला प्रकाशित कराना शुरू किया है।

अंकों से लगाव—प्रत्येक 'अंक' से रामानुजम् को विशेष लगाव था। एक बार प्रोफेसर हार्डी अस्पताल में रामानुजम् को देखने गए। उनकी टैक्सी का नंबर १७२९ था। उन्होंने रामानुजम् से कहा कि यह बड़ी मनहूस संख्या है। सुनते ही रामानुजम् बोले, "नहीं, यह तो बहुत ही मनोरंजक संख्या है। यह सबसे छोटी संख्या है जो दो घनों के योग के रूप में दो विभिन्न तरीकों से प्रकट की जा सकती है।" इस घटना से संख्याओं के साथ रामानुजम् की घनिष्ठ मित्रता का बोध होता है।

अब तक उनके कई प्रमेय और सूत्र हल नहीं किए जा सके हैं। उनमें एक

अद्वितीय मौलिकता तथा विचित्र प्रतिभा थी। प्रोफसर हार्डी ने उनके कार्य के विषय में कहा था, "बीजगणित के सूत्रों तथा अनंत श्रेणियों पर उनका कार्य सर्वथा चमत्कारिक है। मैं उनकी तुलना यूलर और जैकाबी से करता हूँ। वर्तमान गणितज्ञों में कइयों से बहुत अधिक कार्य उन्होंने किया है। उनकी स्मरण-शक्ति, लगन, गणना प्रणाली, चिंतन प्रणाली, असाधारण प्रतिभा तथा मानसिक क्रियाशीलता आदि बातों ने उनको अपने क्षेत्र में अपने समय का इतना महान् गणितज्ञ बना दिया कि उनकी तुलना किसी से नहीं की जा सकती।"

रामानुजम् के महत्त्वपूर्ण आविष्कार गणित के निम्न विषयों से संबंधित हैं—

१. पूर्ण संख्या (Integral Number),

२. अनंत श्रेणी (Infinite Series) के सूत्र,

३. सतत भिन्न (Continued Fraction),

४. अपसारी श्रेणी (Divergent Series) का सिद्धांत,

५. संयुक्त संख्या (Composite Number) आदि।

६. माकथेटा फंक्शन।

श्री श्रीनिवास रामानुजम् चरम कोटि के विशुद्ध गणितज्ञ थे। उन्होंने संख्याओं के सिद्धांत पर कार्य किया। सन् १९१७ में रामानुजम् ने एक सूत्र निकाला जिससे किसी भी संख्या का विभाजन किया जा सकता है। उनकी पद्धति विश्लेषक पद्धति के नाम से विख्यात है।

रामानुजम् उस अति विशुद्ध गणितशास्त्री संप्रदाय के थे, जो यह सोचते थे कि क्रिकेट की तरह गणित भी एक खेल है, जिसमें चिह्नों को इधर से उधर किया जाता है।

रामानुजम् ने भारत को विश्व-गणित के मानचित्र पर स्थान दिलवाया, किंतु उनकी यह इच्छा अपूर्ण रही कि उनका गणित टेक्नोलॉजीकल प्रयोगों के संपर्क से बचा रहे। उनके और अन्य गणितज्ञों के कार्य का उपयोग टेक्नोलॉजी में राइमैन जीटा फंक्शन तथा पायरोमीटरी सिद्धांत में अर्थात् भट्ठियों के तापमान की जाँच के लिए किया गयाहै जिसका उद्‍देश्य अच्छी धमन भट्ठियाँ बनाना है।

रामानुजम् की स्मरणशक्ति विलक्षण थी। संख्याओं को स्मरण करना उनके लिए खेल था। उनको प्रथम १० हजार पूर्ण संख्याएँ कंठस्थ थीं। हर संख्या जैसे उनकी संगिनी बन गई थी। महान् गणितज्ञ हार्डी ने कहा था, "मुझे संतोष है कि मैंने एक बड़ा काम किया। मैंने लिटिलबुड और रामानुजम् के साथ बराबरी के दर्जे पर काम किया। हर पूर्ण संख्या रामानुजम् के व्यक्तिगत मित्रों में से एक थी।"

ब्रिटेन के कैम्ब्रिज विश्वविद्यालय से संबद्ध ट्रिनिटी कॉलेज ने विश्वविख्यात गणितज्ञ स्व. श्रीनिवास रामानुजम् की पत्नी जानकी रामानुजम् को २,००० पौंड (लगभग ४५,००० रुपए) वार्षिक पेंशन देने का निर्णय मार्च १९८८ ई. में किया है। विश्वविद्यालय ने श्री रामानुजम् के गणित में किए गए अद्वितीय अनुसंधान के लिए उन्हें

यह पेंशन स्वीकृत की है। श्री रामानुजम् ने 'संख्या सिद्धांत' पर अपना अधिकांश शोधकार्य इसी विश्वविद्यालय में किया था। श्रीमती रामानुजम् ने पेंशन स्वीकृत करने के लिए विश्वविद्यालय के प्रति आभार व्यक्त किया है।

व्यक्तित्व—रामानुजम् भारतीय सभ्यता और संस्कृति के सच्चे पुजारी थे। इंग्लैंड जाते समय उन्होंने अपने पिता को वचन दिया था कि "मैं इंग्लैंड में भी हिंदुस्तानी रहूँगा और कोई ऐसी बात नहीं करूँगा जिससे भारतीयता को चोट पहुँचे।" इस वचन का उन्होंने पूर्णतः पालन किया। विदेश में अत्यधिक बौद्धिक कार्य के साथ-साथ वे अपना सारा काम अपने हाथ से करते थे और भोजन स्वयं पकाते थे। घंटों दूसरों से गणित की समस्याओं पर बहस भी करते थे। एक बहुत बड़ा बोझ हर घड़ी उनके शरीर और मस्तिष्क पर लदा रहता। उनकी अध्यवसायशीलता अनुकरणीय है। वह अपने जीवन के अंतिम क्षण तक अभावों की परवाह न करते हुए अध्ययन, अनुसंधान एवं लेखन में प्रवृत्त रहे। हमें उनके जीवन से प्रेरणा लेनी चाहिए।

डॉ. चंद्रशेखर वेंकट रमन

हमारे देश भारत में महापुरुषों की विभूति शृखंला सदैव ही महान् रही है। प्राचीनकाल में राम, कृष्ण, महावीर, बुद्ध, अशोक, भास्कराचार्य, पतंजलि प्रभृति अनेक महापुरुष इस देश में आविर्भूत हुए। अर्वाचीन काल में महात्मा गांधी, सरदार पटेल, पं. जवाहरलाल नेहरू, डॉ. राजेंद्रप्रसाद, लालबहादुर शास्त्री जैसे राजनीति विशारद तथा श्री श्रीनिवास रामानुजम्, डॉ. गणेशप्रसाद, सर जगदीशचंद्र बसु, सर चंद्रशेखर वेंकट रमन जैसे वैज्ञानिक हुए, जिन्होंने अपने अध्यवसाय, साधना एवं आत्मत्याग के बल पर भारत के गौरव को बढ़ाया है। भारत की वैज्ञानिक विभूतियों में डॉ. चंद्रशेखर वेंकट रमन का विशिष्ट स्थान है। वे ही एकमात्र भारतीय वैज्ञानिक हैं जिन्हें विश्व के सर्वोच्च सम्मान नोबुल पुरस्कार से सन् १९३० में सर्वप्रथम विभूषित किया गया था। उन्हें यह पुरस्कार भौतिकशास्त्र में उल्लेखनीय कार्य करने के फलस्वरूप प्रदान किया गया था। इस प्रकार जहाँ रवीन्द्रनाथ टैगोर ने साहित्य के क्षेत्र में यह पुरस्कार प्राप्त कर विश्व में ख्याति अर्जित की, वहीं सी. वी. रमन ने भौतिक विज्ञान में अभूतपूर्व खोज कर भारत का गौरव बढ़ाया।

बाल्यकाल एवं परिवार—भारत के इस महान् वैज्ञानिक का जन्म ७ नवंबर सन् १८८८ को दक्षिण भारत के मद्रास राज्य में धर्म और प्रकृति के नगर त्रिचनापल्ली के हाईस्कूल में अध्यापक चंद्रशेखर अय्यर की धर्मपत्नी पार्वती अम्मल के गर्भ से ब्राह्मण परिवार में त्रिचनापल्ली के निकट तिरुवालैक्कावाल गाँव में हुआ। श्री चंद्रशेखर ने तंजौर जिले में अय्यम पेट के निकटवर्ती ग्राम में पूर्वजों की जमींदारी एवं खेतीबाड़ी के पारंपरित धंधे को त्यागकर पाश्चात्य शिक्षा अपनाई थी। बालक रमन के जन्म के समय चंद्रशेखर की पारिवारिक स्थिति साधारण थी तथा वह स्वयंपाठी अध्यापक-छात्र के रूप में बी. एड. परीक्षा की तैयारी कर रहे थे, जिसमें उत्तीर्ण होकर वे स्थानीय कॉलेज में अध्यापक नियुक्त हो परिवार के भरण-पोषण हेतु पर्याप्त धन अर्जित करने लगे।

भौतिक विज्ञान एवं गणित के प्रकांड विद्वान् तथा वीणा-वादन में पटु संगीत-प्रेमी श्री चंद्रशेखर बालक रमन के जन्म के ४ वर्ष बाद अपने मित्र विजगापट्टम के वाल्टेयर हिंदू कॉलेज के प्रिंसिपल श्री जी. टी. श्रीनिवास के आमंत्रण पर भौतिक विज्ञान के व्याख्याता के रूप में तमिल प्रांत में आंध्र प्रदेश में चले गए। इस प्रकार रमन का लालन-पालन विजिगापट्टम के प्राकृतिक एवं रमणीक दृश्यों के बीच हुआ। चंद्रशेखर के भौतिक विज्ञान, गणित एवं संगीतप्रेमी का स्रोत परंपरा-रूप में बालक रमन में प्रवाहित होना स्वाभाविक ही था।

माता पार्वती अम्मल का जन्म त्रिचनापल्ली के सुप्रसिद्ध शास्त्री परिवार में हुआ था। उनके पिता न्यायशास्त्र के अध्ययन के लिए दक्षिण से बंगाल पैदल गए थे। पार्वती अम्मल संस्कृत की प्रकांड पंडिता, अत्यंत विनम्र, साहसी, धैर्यवान तथा परिवार और बच्चों का सदैव ध्यान रखनेवाली महिला थीं। उनकी सबसे बड़ी विशेषता थी कि काम हाथ में लेने पर उससे तनिक विमुख न होतीं और उसे अधूरा नहीं छोड़ती थीं। उन्होंने पुत्र रमन को संस्कृति, सद्भावना और सौजन्य के आदर्शों का पाठ पढ़ाया और बाल्यकाल से ही उन्हें गहन परिश्रम एवं सेवा-भाव की ओर प्रेरित किया। फलस्वरूप बालक रमन को गहन अध्ययन का अभ्यास हो गया और वह आत्मिक तृप्ति और पारलौकिक आनंद का अनुभव भी करने लगा।

शिक्षा-दीक्षा—विद्यालय की प्रारंभिक शिक्षा समाप्त कर बालक रमन ने विजिगापट्टम के वाल्टेयर कॉलेज में, जहाँ उसके पिता चंद्रशेखर अध्यापक थे, प्रवेश लिया। विजिगापट्टम का समुद्री किनारा एवं मनोहर वातावरण रमन की अध्ययनवृत्ति के विकास एवं सरस्वती-आराधना के अनुकूल सिद्ध हुआ। श्री रमन बाल्यकाल से ही प्रतिभाशाली थे। यद्यपि देखने में वे दुबले-पतले थे पर उनकी बुद्धि बड़ी कुशाग्र थी। इस महाविद्यालय में आचार्य आयंगर के सान्निध्य एवं सुप्रभाव से बालक रमन अंग्रेजी एवं विज्ञान तथा गणित के प्रकांड पंडित पिता की प्रेरणा से हाईस्कूल कक्षाओं तक कई वैज्ञानिक ग्रंथों का अध्ययन कर चुका था। उसकी अध्ययनशीलता एवं सफलता पर सभी आश्चर्यचकित थे। विज्ञान की साधना में वह दिन-रात इतना लवलीन रहता था कि उसे अपने स्वास्थ्य का भी ध्यान नहीं रहता था। फलतः अस्वस्थतावश कुछ समय के लिए पठन-पाठन बंद करना पड़ा। फिर भी १२ वर्ष की अल्पायु में ही रमन ने सम्मानपूर्वक मैट्रिक परीक्षा उत्तीर्ण की।

इसी समय में पाश्चात्य रंग में सराबोर पिता के धार्मिक भावना-शून्य पारिवारिक-वातावरण में पोषित रमन के हृदय में श्रीमती ऐनी बेसेंट के भाषणों एवं लेखों के अध्ययन से धार्मिक भावनाएँ जाग्रत हुईं और वह धर्म-ग्रंथों के अध्ययन में इतना लीन हो गया कि उसे विज्ञान के अध्ययन एवं चिंतन का तनिक भी ध्यान न रहा। इस प्रकार भौतिक विज्ञान के ग्रंथों और प्रयोगों का स्थान रामायण-महाभारत आदि ग्रंथों ने ले लिया। रमन ने धार्मिक विषयों पर कुशाग्रता एवं गहन अध्ययनपूर्ण अच्छे निबंध लिखने

प्रारंभ किए। महाकाव्यों पर लिखे एक निबंध पर उसे प्रथम पुरस्कार प्रदान किया गया और उसकी लेखन-शैली की प्रतिष्ठित विद्वानों ने भी भूरि-भूरि प्रशंसा की। इन दिनों रमन मानो विज्ञान से पूर्णतः विमुख हो गया।

दो वर्ष पश्चात् रमन ने वाल्टेयर कॉलेज से इंटर परीक्षा प्रथण श्रेणी में उत्तीर्ण की तथा विश्वविद्यालय में विशिष्ट स्थान प्राप्त किया। वाल्टेयर कॉलेज में भौतिक विज्ञान के अध्ययन की सुविधा न होने के कारण सन् १९०१ में रमन ने प्रेसीडेंसी कॉलेज, मद्रास में प्रवेश लिया, यद्यपि परिवार के सदस्यों एवं संबंधियों ने उसे उच्च सरकारी पद प्राप्त कराने की इच्छावश इतिहास विषय के अध्ययन का परामर्श दिया था, किंतु रमन का कथन था—"मैं तो उसी विषय का अध्ययन करूँगा जिसमें मेरी विशेष अभिरुचि है और जो मुझे सबसे अधिक भाता है।" इस प्रकार १३ वर्षीय रमन ने इतिहास के स्थान पर विज्ञान का अध्ययन जारी रखा।

इतने अल्पायु रमन का शरीर उस समय बहुत दुबला-पतला तथा कद नाटा था कि उनके प्राध्यापकों को उसके बी. एस-सी. के छात्र होने का विश्वास ही न होता था। उसकी ओर सर्वप्रथम अंग्रेजी के प्राध्यापक श्री ई. एच. इलियट का ध्यान आकृष्ट हुआ। उन्होंने परीक्षा हेतु रमन से कई प्रश्न किए जिनका स्पष्ट और साहसपूर्ण उत्तर पाकर इलियट महोदय रमन पर मुग्ध हो गए। इलियट और रमन का वार्तालाप कुछ इस प्रकार हुआ था—

प्रश्न—क्या तुम इसी कक्षा के विद्यार्थी हो?

उत्तर—जी हाँ, मैं इसी कक्षा का विद्यार्थी हूँ।

प्रश्न—तुम्हारी उम्र क्या है?

उत्तर—तेरह वर्ष।

प्रश्न—तुमने एफ. ए. की परीक्षा कहाँ से पास की है?

उत्तर—वाल्टेयर कॉलेज से।

प्रश्न—तुम्हारा नाम क्या है?

उत्तर—मेरा नाम चंद्रशेखर वेंकट रमन है।

सभी अध्यापक रमन के कार्य में रुचि लेने लगे। श्री शुकदेव दुबे ने लिखा है—"इनके असाधारण शरीर में असाधारण प्रतिभा पा सभी मुग्थ थे। इनमें अपनी कक्षा के अन्य विद्यार्थियों की अपेक्षा अधिक परपक्व ज्ञान था, जिससे प्रभावित होना सबके लिए स्वाभाविक ही था।" प्रेसीडेंसी कॉलेज के प्राचार्य नाना छोकरा एक दिन कक्षा में क्षीणकाय रमन को देखकर जहाँ आश्चर्यचकित हुए, वहाँ उससे वार्तालाप करके अत्यंत प्रसन्न हुए।

प्रतिभावान रमन भौतिकशास्त्र की प्रामाणिक पुस्तकों के मात्र अध्ययन से ही संतुष्ट न हो सका। वह तो नवीनतम प्रयोगों का इच्छुक था। इधर कॉलेज में पाठ्यक्रम से अतिरिक्त प्रयोगों की अनुमति नहीं थी, किंतु वह निराश नहीं हुआ और अवसर

पाकर अधिकाधिक प्रयोग-कार्य में लीन होने लगा। रमन की असाधारण प्रतिभा के विकास में इस कठिनाई को प्राचार्य नाना साहब ने अनुभव किया और उन्हें यह आशंका हुई कि मात्र पाठ्यक्रम के प्रयोगों तक उसे सीमित रखने से उसकी प्रतिभा कुंठित हो सकती है। अतः उन्होंने उसे पाठ्यक्रम के प्रयोग से मुक्त कर इच्छानुसार प्रयोगों का अवसर प्रदान किया। अब उसे नाना साहब की अनुकंपा से वैज्ञानिक अनुसंधान के साधन उपलब्ध होने लगे और वह गणित एवं यंत्र विज्ञान का भी अध्ययन करने लगा जो आगे चलकर भौतिक विज्ञान संबंधी अनुसंधान में सहायक सिद्ध हुए।

सन् १९०४ में रमन ने बी. एस-सी. परीक्षा प्रथम श्रेणी में सर्वप्रथम स्थान और भौतिक विज्ञान में विशेष योग्यता सहित उत्तीर्ण की। इस उपलक्ष्य में उसे अनेक पारितोषिक तथा भौतिक विज्ञान का 'अर्णी' स्वर्ण पदक प्रदान किया गया। अंग्रेजी के सुंदर निबंध के लिए भी वे पुरस्कृत किए गए। प्रेसीडेंसी कॉलेज में भौतिक विज्ञान में एम. ए. में प्रवेश लेने पर उसकी योग्यता से प्रभावित अध्यापकों ने कक्षा में उपस्थिति का प्रतिबंध हटाकर स्वतंत्र रूप से मनचाहे प्रयोगों का अवसर प्रदान किया। इन प्रयोगों में रमन ने मौलिक अन्वेषण-क्षमता का परिचय दिया। वे भौतिकशास्त्र के साथ गणित में भी पटु हो गए। एक दिन उनके साथी श्री बी. अप्पाराव के नादशास्त्र के प्रयोग के संबंध में संदेह को जब प्रो. जोन्स समाधान नहीं कर सके, तो रमन ने लॉर्ड रैले के वक्तव्य के आधार पर शब्द विज्ञान पर पूर्ण चिंतन और मनन के पश्चात् एक ऐसा नया तरीका निकाला जो लॉर्ड रैले के ढंग से भी सुंदर था। इस आविष्कार का पता चलने पर लॉर्ड रैले ने रमन को बधाई का तार भेजा था। प्रो. जोन्स के प्रोत्साहन पर रमन ने एक गवेषणापूर्ण लेख लिखकर उन्हें देखने के लिए दिया, जिसे उन्होंने शीघ्र वापस नहीं किया और रमन ने पुनः लिखने के बहाने वापस लेकर लंदन की सुविख्यात वैज्ञानिक पत्रिका 'फिलासाफिकल मैगजीन' में प्रकाशन हेतु भेजा, जिसको देखकर प्रो. जोन्स चकित एवं प्रसन्न हुए। उस शोधपत्र का शीर्षक था 'अनसिमेट्रिकल डिफ्रेक्शन बैंड्स ड्यू टू रैक्टैंगुलर एपरचर' तथा यह नवंबर १९०६ के अंक में छपा था। रमन ने उन्हें बतलाया था—"इसे सबसे पहले मैंने आपको ही दिखाया और महीनों की प्रतीक्षा के बाद बार-बार तकाजा करने पर भी जब आपने कोई बात नहीं बताई, तब मैंने समझ लिया कि आप इससे सहमत हैं और ऐसा ही अनुमान कर मैंने उसे प्रकाशनार्थ संपादक के पास भेज दिया।" दूसरे वर्ष रमन का प्रकाश-शास्त्र से संबंधित लेख 'नेचर' पत्रिका में छपा। उन्होंने इसी समय में भौतिक विज्ञान पर कई महत्त्वपूर्ण ग्रंथों की रचना की जो आज भी प्रामाणिक माने जाते हैं, यद्यपि उस समय आपकी आयु केवल १८ वर्ष थी।

सन् १९०७ में रमन ने १९ वर्ष की आयु में एम. ए. परीक्षा अद्वितीय सम्मान के साथ प्रथम श्रेणी में उत्तीर्ण की। आप विश्वविद्यालय में ही सर्वप्रथम नहीं थे, अपितु अब तक के भौतिक विज्ञान के परीक्षार्थियों में सर्वाधिक अंक पानेवाले सर्वप्रथम प्रथण श्रेणी प्राप्तकर्ता थे। इस प्रकार आपने विश्वविद्यालय में एक नवीन मानक स्तर स्थापित किया

था।

एम. ए. पास करने के बाद रमन उच्च-शिक्षा हेतु इंग्लैंड जाना चाहते थे। उनकी असाधारण प्रतिभा से प्रभावित भौतिक विज्ञान के प्राध्यापकों की अनुशंसा पर सरकार ने रमन को छात्रवृत्ति सहित इंग्लैंड भेजना स्वीकार कर लिया; किंतु यूरोपियन डॉक्टर ने क्षीणकाय होने से रमन को इंग्लैंड जाने से रोक दिया। उसने कहा—"तुम समुद्री यात्रा के योग्य नहीं हो। इंग्लैंड की ठंडक तुम सहन नहीं कर सकते। मैं तुम्हें जाने की सलाह नहीं देता। अगर तुम जाओगे, तो तुम्हारी जान का खतरा है।" फलतः वह इंग्लैंड न जा सके; किंतु इससे वे तनिक भी हताश नहीं हुए।

व्यावसायिक जीवन का समारंभ—रमन की इंग्लैंड यात्रा के स्थगित होने पर उनके संबंधियों एवं परिवारजनों को गहरा आघात पहुँचा। तब वे परस्पर पूछने लगे—"अब रमन क्या करेगा?" उन्होंने उसे वकील अथवा अध्यापक बनने का परामर्श दिया। श्री शुकदेव दुबे ने लिखा है—"परंतु वे रमन को नहीं जानते थे। रमन न तो वकील होना चाहते थे और न अध्यापक ही। ये वैज्ञानिक होना चाहते थे। विज्ञान के अध्ययन में ये अपना सारा जीवन खपा देना चाहते थे।"

उस समय राजकीय उच्च सेवाओं के लिए प्रतियोगिता परीक्षाओं के लिए केवल इंग्लैंड में ही आयोजन होता था। भारत में केवल अर्थ विभाग के लिए कलकत्ता में प्रतियोगिता परीक्षा का आयोजन किया जाता था, जिसमें देश के प्रत्येक भाग से मेधावी युवक सम्मिलित होते थे। इस परीक्षा के विषय थे—साहित्य, इतिहास, राजनीति विज्ञान, संस्कृत आदि। जनवरी में आप एम. ए. की परीक्षा में बैठे और फरवरी में अर्थ विभाग की प्रतियोगिता परीक्षा में विज्ञान के छात्र होते हुए भी अपने साहित्य, इतिहास, राजनीति विज्ञान और संस्कृत आदि विषयों में कड़े अध्यवसाय से अध्ययन किया। कलकत्ता में प्रतियोगिता परीक्षा के प्रारंभ होने से एक दिन पूर्व तार द्वारा आपको एम. ए. परीक्षा में प्रथम स्थान तथा भौतिकशास्त्र में पहले के वर्षों और उस वर्ष के छात्रों में सर्वाधिक अंक प्राप्त करने की सूचना मिली। इससे आपके साहस में वृद्धि हुई। प्रतियोगिता परीक्षा में भी आप सर्वप्रथम उत्तीर्ण हुए तथा १९ वर्ष की अल्पायु में भारत सरकार द्वारा कलकत्ता में अर्थ विभाग के डिप्टी डायरेक्टर (अकाउंटेंट) जनरल नियुक्त किए गए। आपको इस पद के अनुरूप समस्त सुख-सुविधाएँ प्रदान की गईं। इस पद पर कार्य करते हुए आपने निःस्वार्थ सेवा, दृढ़ता और उत्तरदायित्व का परिचय दिया जिससे शासक वर्ग आपकी ओर आकृष्ट हो गया।

इतनी कम उम्र में ही ऐसे महत्त्वपूर्ण पद पर पहुँचना निश्चय ही महान् प्रेरणा का विषय है। जो घर के वैज्ञानिक वातावरण में पले, श्रीमती ऐनी बेसेंट की भारत-यात्रा ने जिन्हें धार्मिक दृष्टि दी, वही रमन अब लेखा विभाग में आ पहुँचे।

पारिवारिक जीवन में पदार्पण—उस समय दक्षिण भारत के ब्राह्मणों में अल्पायु में विवाह की पद्धति से अब रमन के इष्टजनों को उनके विवाह की चिंता होने लगी।

मद्रास में सामुद्रिक चुंगी विभाग के अधीक्षक श्री कृष्णस्वामी अय्यर के घर रमन कभी-कभी जाया करते थे। कृष्णस्वामी की धर्मपत्नी श्रीमती रुक्मिणी अम्मल रमन के व्यक्तित्व से प्रभावित हो उन्हें अपना दामाद बनाने की इच्छुक हुईं, किंतु रमन के कुल को अपने कुल से हीन जानकर श्री कृष्णस्वामी इस संबंध को स्वीकार नहीं करना चाहते थे। परंतु रमन के उच्च पदासीन होने पर वह इसके लिए सहमत हो गए और समाज के कट्टरपंथी ब्राह्मणों के विरोध करने पर भी श्री रमन का विवाह श्री कृष्णस्वामी और श्रीमती रुक्मिणी अम्मल की सुपुत्री त्रिलोक सुंदरी के साथ धूमधाम से संपन्न हुआ और समाज-सुधारवादी व्यक्तियों ने इसमें सम्मिलित होकर सहयोग दिया। स्व. जस्टिस सुब्रह्मण्यम अय्यर तथा जस्टिस सदाशिव अय्यर ने वर-वधू को शुभाशीष दिया।

श्रीमती रमन अत्यंत सुंदर एवं सुशिक्षित थीं। उनका पारिवारिक जीवन सुखद था। वे श्री रमन के कार्यों में सहायता देती थीं और दिन-भर बड़े आनंद में व्यतीत होता था, किंतु रमन वैज्ञानिक अनुसंधान का अवकाश एवं क्षेत्र न पाकर बेचैन होने लगे थे।

राजकीय सेवा और विज्ञान-प्रेम—उच्च राजकीय पद एवं सुंदर-सुशील पत्नी पाकर भी यह विज्ञानपिपासु रमन प्रसन्न एवं संतुष्ट न हो सका। श्री वेदव्यास के शब्दों में, "ये जिस दिशा में जाना चाहते थे, वह अभी तय न हो पाया था।" अर्थ विभाग के विभिन्न पदों पर कार्य करते हुए भी रमन ने विज्ञान से अपना संबंधविच्छेद नहीं किया। कलकत्ता आवास काल में एक दिन डलहौजी स्क्वायर से अपने निबास-स्थान सियालदह ट्राम से जाते समय बो बाजार स्ट्रीट में स्थित डॉ. महेंद्रलाल सरकार द्वारा स्थापित और सर आशुतोष मुकर्जी की अध्यक्षता में संचालित 'भारतीय वैज्ञानिक अनुसंधान परिषद्' (इंडियन एसोसिएसन फॉर द कल्टिवेशन ऑफ साइंस) के नामपट्ट को पढ़कर वह चलती ट्राम से कूद पड़े और इमारत के भीतर पहुँचकर परिषद् के अवैतनिक मंत्री से आपने भेंट की जो आपके विदेशी पत्रिकाओं में प्रकाशित मौलिक शोधपूर्ण लेखों को देखकर मुग्ध हो गया। फलतः अनुसंधान की उचित व्यवस्था का आश्वासन देकर आपको परिषद् का सदस्य बना लिया गया। अगले दिन से आपने इंडियन एसोसिएशन की प्रयोगशाला में खोजबीन का कार्य शुरू कर दिया। दिन में नौकरी करते और रात में देर तक प्रयोग करते रहते।

लोगों के अनुमान के अनुसार आपने सेवा-काल में अवकाश का समय शिमला और दार्जिलिंग में खेलकूद और आनंद में व्यतीत नहीं किया। वे सत्य के अन्वेषक थे और अपना अवकाश-काल वैज्ञानिक प्रयोगशाला में व्यतीत करते थे। यद्यपि परिषद्-प्रयोगशाला में पर्याप्त साधन-सामग्री का अभाव था, फिर भी रमन ने ऐसे अनेक आश्चर्यजनक आविष्कार किए जिनसे आपकी ख्याति इंग्लैंड और अमेरिका तक जा पहुँची। प्रयोगशाला में आपके अनुसंधानों का विवरण पुस्तिकाओं (बुलेटिनों) के रूप में प्रकाशित होकर विदेश में जाने लगा जिससे परिषद् का नाम सर्वत्र फैलने लगा। आपके अनुसंधानपूर्ण मौलिक लेखों का लोहा विश्व के महान् वैज्ञानिक मानने लगे। इसी समय

आपका परिचय भारत के महान् शिक्षाशास्त्री श्री (सर) आशुतोष मुकर्जी और सर गुरुदास बैनर्जी से हुआ जो इन्हें पुत्रवत् समझने लगे।

तीन वर्ष पश्चात् आपका स्थानांतरण रंगून हो जाने से परिषद् की प्रयोगशाला से संपर्क टूट गया। किंतु अनुसंधान-कार्य में व्यवधान उपस्थित होने पर भी आप विज्ञान के आकर्षण से विरत नहीं हुए और अपना समय वैज्ञानिक अध्ययन में लगाते रहे। एक बार रंगून से दूर इनसील विद्यालय में प्रयोगशाला हेतु वैज्ञानिक उपकरणों की खरीद की सूचना मिलने पर आप अपनी पत्नी को सूचना दिए बिना ही वहाँ उनके निरीक्षणार्थ चले गए और दूसरे दिन प्रातःकाल वापस आए। ऐसा अटूट था उनका विज्ञान-प्रेम।

मार्च १९१० ई. में अपने पिता के देहावसान पर रमन ६ मास के अवकाश पर रंगून से अपने घर आए तथा मद्रास में प्रेसीडेंसी कॉलेज की प्रयोगशाला में अन्वेषण में लीन हो गए। अवकाश की अवधि के अंत में आपको नागपुर स्थानांतरित कर दिया गया। नागपुर में आपने अपने निवासगृह में निजी प्रयोग एवं अनुसंधानशाला स्थापित की और इस प्रकार अपनी इच्छानुकूल कार्यक्रम का निर्माण किया। फिर भी, आप अपने राजकीय कार्य एवं कर्तव्य से विमुख नहीं हुए। आपकी कर्तव्यपालन में कड़ाई एवं कार्यपटुता से कर्मचारियों ने असंतुष्ट हो पत्र-पत्रिकाओं में विरोधी प्रचार किया जिसके फलस्वरूप महालेखापाल (अकाउंटेंट जनरल) ने स्वयं आकर जाँच की और आपके कार्य एवं आदेशों को उचित पाकर आपको प्रशंसा-पत्र प्रदान किया।

नागपुर में एक वर्ष तक कार्य करने के बाद सन् १९११ में आपको डाक-तार विभाग के महालेखापाल के पद पर पदोन्नत कर कलकत्ता भेजा गया। अनुसंधान परिषद् के पार्श्व में आकर रमन अत्यंत प्रसन्न हुए तथा नवंबर १९११ से जुलाई १९१७ तक आप कलकत्ते में राजकीय लेखाकार्य एवं परिषद् की प्रयोगशाला में अनुसंधान-कार्य करते रहे। आपका अनुसंधान का क्षेत्र कंपन एवं शब्द विज्ञान था। आपने वीणा, मृदंग, तानपूरा आदि भारतीय वाद्ययंत्रों तथा वायलिन, पियानो आदि विदेशी यंत्रों के शाब्दिक गुणों की खोज करके मौलिक सिद्धांत निरूपित किए तथा संगीत एवं वाद्ययंत्रों के विषय पर कई विशद् ग्रंथों की रचना की। शब्दों के रहस्य ज्ञान के लिए आपने विश्व के अनेक खंडहरों तथा प्राचीन मंदिरों आदि का निरीक्षण किया। आपके शब्दशास्त्र पर भाषण देने के समय अनेक वाद्ययंत्र साथ रखे जाते थे। इस प्रकार आप शब्द विज्ञान के प्रकांड पंडित बन गए। आपने कोलाहल और वाद्ययंत्रों की ध्वनि एवं संगीत के अध्ययनार्थ कई नवीन यंत्रों का आविष्कार किया। इससे विज्ञान जगत् में एक तहलका मच गया।

राजकीय सेवा का त्याग एवं अध्यापन-क्षेत्र में पदार्पण—डाक-तार विभाग के महालेखापाल के रूप में रमन को आर्थिक मामलों का विशिष्ट ज्ञान प्राप्त हुआ। वह आय-व्यय निरीक्षण, बजट, जीवन-बीमा, मुद्रा, बचत बैंक आदि विषयों के प्रकांड पंडित बन गए। आपकी इस ज्ञान-गरिमा से प्रभावित एवं परिचित भारत सरकार ने आपको सचिवालय में पदासीन करने का निश्चय १९१६ ई. में किया, किंतु इससे पूर्व ही आपने

राजकीय सेवा से त्यागपत्र दे दिया तथा कलकत्ता विश्वविद्यालय में भौतिक विज्ञान के आचार्य पद को सुशोभित किया। कारण यह था कि राजकीय सेवा में रहकर आपको प्रयोगार्थ पर्याप्त समय नहीं मिल पाता था। सन् १९१४ में सर तारकनाथ पालित की आर्थिक सहायता एवं डॉ. रासबिहारी घोष के सहयोग से सर आशुतोष मुकर्जी ने विज्ञान महाविद्यालय की स्थापना कर रमन के सम्मुख आचार्य पद का प्रस्ताव रखा, जिसे उन्होंने सहर्ष स्वीकार कर लिया, यद्यपि सर तारकनाथ पालित के परामर्श पर सर आशुतोष ने विदेश जाकर उपाधि प्राप्त करने की शर्त रखी थी जिसे स्वाभिमानी रमन ने अनुचित ठहराया और सर गुरुदास बनर्जी ने आपके मत का समर्थन किया। अंत में २५ वर्ष की आयु में जुलाई सन् १९१७ में आपने कलकत्ता विश्वविद्यालय में अध्यापन-क्षेत्र में पदार्पण किया। इस पद पर आपने इतने अध्यवसाय, उत्साह एवं लगन से कार्य किया तथा ऐसे महत्त्वपूर्ण वैज्ञानिक अनुसंधान किए कि विश्व चकित हो गया तथा आपका नाम सुनकर देश के विभिन्न क्षेत्रों और भागों से भौतिक विज्ञान के छात्र कलकत्ता विश्वविद्यालय में पहुँचने लगे। यद्यपि पालित आचार्य होने के कारण आपके लिए छात्रों को भाषण देना आवश्यक नहीं था, तथापि आप विद्यार्थियों के अध्यापन एवं अनुसंधान में पर्याप्त समय देते थे। आपके शिष्य आज देश में बड़े-बड़े पदों को सुशोभित कर रहे हैं। इसीलिए तो आचार्य आर्चीवाल्ड ने कहा था—"सुंदर और भव्य भवन किसी विश्वविद्यालय को नहीं बनाते। वास्तव में विश्वविद्यालय को बनानेवाली उसके आचार्यों और शिष्यों की मंडली होती है।" अपने सौजन्यपूर्ण व्यवहार और कर्तव्यनिष्ठा के कारण रमन शीघ्र ही समस्त अध्यापकों और छात्रों के प्रिय बन गए।

विदेश यात्रा और अनुसंधान—अभी तक रमन बाबू भारतीय विज्ञान परिषद् के उपसभापति थे, किंतु सन् १९१९ में डॉ. अमृतलाल सरकार की मृत्यु हो जाने पर वे इस संस्था के अवैतनिक प्रधानमंत्री भी नियुक्त किए गए और उन्हें अनुसंधान की स्वच्छन्द सुविधाएँ प्राप्त होने लगीं।

आपकी विज्ञान-साधना भारत ही नहीं, विश्व में महत्त्वपूर्ण है। सन् १९२१ में ब्रिटिश साम्राज्य के विश्वविद्यालयों के सम्मेलन में कलकत्ता विश्वविद्यालय के प्राध्यापकों के प्रतिनिधि के रूप में तथा आशुतोष महोदय के विशेष आग्रह एवं प्रोत्साहन पर उन्हें लंदन भेजा गया। यह आपकी प्रथम विदेश यात्रा थी। इस यात्रा के दौरान आपने अपने प्रभावोत्पादक एवं मौलिक भाषणों द्वारा अपने आविष्कारों एवं नए प्रयोगों का ज्ञान पाश्चात्य वैज्ञानिकों को कराया, जिससे आपका उन पर अटल प्रभाव पड़ा।

सन् १९१७ से अब तक आप प्रकृति के रंगों के अध्ययन एवं विश्लेषण में लगे रहे। आपने कुहासे तथा हलके बादलों से निर्मित इंद्रधनुष के रंगों की व्याख्या की। सामुद्रिक यात्रा से आपको समुद्र के नीले रंग के अध्ययन का अवसर मिला तथा विश्लेषण करके आप इस निर्णय पर पहुँचे कि समुद्र के जल में नीला रंग प्रकाश के प्रभाव के कारण होता है। उन्होंने समुद्र के गहरे रंग की वाख्या इन सीधे-सादे शब्दों में

की, "गहरे समुद्र के गहरे नीले रंग का कारण है, आकाश की नीलिमा का अक्स।"

स्वदेश-आगमन और विज्ञान-साधना—वे सितंबर सन् १९२१ में वापस स्वदेश लौट आए। आपने आकाश, समुद्र और ग्लेसियर के रंगों के संबंध में सफल प्रयोग किए। आपने सिद्ध किया कि केवल पारदर्शक द्रव्यों में ही नहीं, अपितु बर्फ और स्फटिक जैसे ठोस पारदर्शक पदार्थों में भी अणुओं की गति के कारण प्रकाश का परिक्षेपण होता है। इसके विवरण पत्र-पत्रिकाओं में प्रकाशित हुए जिससे विश्व के वैज्ञानिकों के ज्ञान में वृद्धि हुई तथा रमन की गणना विश्व के सुप्रसिद्ध वैज्ञानिकों में की जाने लगी।

आपने भारतीय विज्ञान परिषद् के लिए ढाई लाख रुपए एकत्र किए तथा परिषद् के तत्त्वावधान में 'इंडियन जर्नल ऑफ फिजिक्स' का प्रकाशन प्रारंभ किया। इस परिषद् की स्थापना में आपका महान् योग रहा है। कई वर्षों तक आप इस संस्था के महामंत्री रहे। आपने भारत के विभिन्न भागों की यात्रा की तथा भारतीय जनता को वैज्ञानिक अनुसंधानों के महत्त्व का ज्ञान कराया।

सन् १९२४ में कनाडा में ब्रिटिश साम्राज्य के वैज्ञानिकों के सम्मेलन में आपने भारत की ओर से भाग लिया, जहाँ आपकी भेंट संयुक्त राज्य अमेरिका और कनाडा के वैज्ञानिकों से हुई तथा अमेरिका और कनाडा की प्रयोगशालाओं का निरीक्षण आपने किया। कनाडा में आपने विश्व की सबसे बड़ी दूरबीन देखी। कनाडा के प्राकृतिक सौंदर्य, सुंदर झरनों, सुघड़ ग्लेसियर, पर्वतमालाओं और झीलों को देखकर आप बहुत प्रभावित हुए। इन दृश्यों से जहाँ आपका मनोरंजन हुआ, वहाँ वैज्ञानिक अनुसंधान की पर्याप्त सामग्री भी उपलब्ध हुई। ग्लेसियर की हरीतिमायुक्त नीलिमा से प्रभावित एवं मुग्ध होकर आपने एक टुकड़ा काटकर हाथ पर रखकर देखा और पाया कि उसमें रंग नहीं है। इससे आप इस निष्कर्ष पर पहुँचे कि बर्फ में रंग प्रकाश से आता है। इसकी सत्यता जाँच द्वारा प्रमाणित की।

इस यात्रा-काल में आपकी जिन वैज्ञानिकों से भेंट हुई, उनमें अमेरिका के प्रसिद्ध वैज्ञानिक प्रो. मिलिकन प्रमुख थे जिनसे आपकी प्रगाढ़ मित्रता हो गई। आपने अमेरिका में पासाटेन स्थित प्रयोगशाला में कई मास व्यतीत किए तथा अमेरिका में घूम-घूमकर अनेक स्थानों में भाषण दिए। अनेक सार्वजनिक संस्थाओं एवं प्रसिद्ध व्यक्तियों ने आपका सम्मान एवं अभिनंदन किया। अमेरिका से आप इंग्लैंड, नार्वे और यूरोप के कई नगरों की यात्रा पर गए। इस प्रकार १० माह तक विदेशों में रहकर आप १८ मार्च, १९२५ को भारत वापस आए तथा पुनः वैज्ञानिक अनुसंधान में लग गए। आपने 'साबुन के बुलबुलों' के निर्माण पर कार्य किया।

रमन किरण—रमन-प्रभाव एवं नोबल पुरस्कार—रमन ने एक ओर नवीन अनुसंधान किए और दूसरी ओर पहले के अनुसंधानों में संशोधन कर उन्हें पूर्णता प्रदान की। वैज्ञानिक जगत् ने आपके कार्यों को सहर्ष एवं धन्यवाद सहित स्वीकार किया।

आपके आविष्कारों में सबसे महत्त्वपूर्ण प्रकाश प्रकीर्णन अथवा 'रमन-किरण' का आविष्कार है जो उन्होंने सन् १९२८ में २८ फरवरी को पूर्ण किया। २८ फरवरी का दिन प्रतिवर्ष उन्हीं के सम्मान में राष्ट्रीय विज्ञान दिवस के रूप में मनाया जाता है। इस आविष्कार से आपने सिद्ध किया कि जब अणु प्रकाश को बिखेरते हैं, तो उस समय मूल प्रकाश में परिवर्तन हो जाता है। नवीन किरणों की उपस्थिति से हम यह परिवर्तन देख सकते हैं। परक्षिप्त (diffused) प्रकाश में जो किरणें दीख पड़ीं, वे 'रमन-प्रभाव' अथवा 'रमन-किरणें' कहलाईं। यह आपका सर्वश्रेष्ठ आविष्कार है। विश्व के महान् गणितज्ञों, भौतिकविदों एवं रसायनशास्त्रियों ने इसकी भूरि-भूरि प्रशंसा की और इसका लाभ उठाया। इस आविष्कार के उपलक्ष्य में आपको विश्व का सबसे महान् एवं सर्वश्रेष्ठ पुरस्कार 'नोबल पुरस्कार' सन् १९३० में प्रदान कर आपका सम्मान किया गया। कहते हैं, उन्होंने अपनी इस खोज के लिए उपकरणों पर मात्र २०० रुपए खर्च किए थे। रमन प्रभाव ने क्वाटंम सिद्धांत को मजबूत संबल प्रदान किया।

अन्य महत्त्वपूर्ण आविष्कार—सन् १९२८ में आपने कलकत्ता विश्वविद्यालय के प्रतिनिधि के रूप में रूस में 'रशियन एकेडमी ऑफ साइंस' के अधिवेशन में भाग लिया तथा वहाँ के ऐतिहासिक नगरों—लेनिनग्राड, मास्को, टिफ्लिस एवं बाकू की यात्रा की। रूस से आप जर्मनी, स्विट्जरलैंड और इटली की झीलों तथा कैस्पियन सागर और काकेशस पर्वत देखने भी गए। इस प्रकार नवीन उत्साह एवं अपार शक्ति और उमंग सहित भारत वापस आकर आप पुनः अनुसंधान में लग गए।

आपके अन्य आविष्कार भी भौतिकशास्त्र और ध्वनिशास्त्र से संबंधित हैं। इनमें चुंबकीय शक्ति, एक्स-किरणें, सामुद्रिक जल तथा वर्ण और ध्वनि पर किए गए अनुसंधान उल्लेखनीय हैं।

सन् १९६० में रमन ने एक अत्यंत महत्त्वपूर्ण खोज की। आपने आँख के रेटिना (Retina)—काला भाग—को देखने के लिए आपथैलोमोस्कोप नामक यंत्र बनाया है। यह यंत्र वैज्ञानिक हेलमोल्तज के यंत्र से अनोखा है। इससे आँख के अंदर की रचना और प्रक्रिया को बड़ी सरलता से देखा जा सकता है। यही नहीं, रमन ने रेटिना में तीन रंग (Pigments) की खोज की है। आपने इन रंगों के कार्य, उनके प्रभाव और पहचान का भी पता लगाया है।

आपने राष्ट्रीय भौतिक प्रयोगशाला, बंगलौर में कण-विज्ञान (क्रिस्टिओलॉजी—Crystaliography) पर अनुसंधान-कार्य किया।

सम्मान तथा ख्याति—इस भारतीय वैज्ञानिक की प्रतिभा का लोहा मानकर देश-विदेश की अनेक संस्थाओं ने आपका सम्मान किया है। सन् १९२२ में कलकत्ता विश्वविद्यालय ने आपको डी. एस-सी. की सम्मानित उपाधि प्रदान की। सन् १९२४ में रॉयल सोसाइटी, लंदन ने अपना फैलो निर्वाचित कर सम्मानित किया। सन् १९२८ में भारतीय गणित परिषद् ने आपको अपना फैलो मनोनीत किया। सन् १९२८ में आप

भारतीय विज्ञान कांग्रेस के सभापति चुने गए। इस वर्ष मद्रास में इस संस्था के सभापति पद से आपके विद्वत्तापूर्ण भाषण की सर्वत्र मुक्तकंठ से प्रशंसा की गई।

'इंडियन जर्नल ऑफ फिजिक्स' के संपादन और प्रकाशन से रमन ने अंतरराष्ट्रीय ख्याति अर्जित की। परिणामस्वरूप जर्मन भौतिक विज्ञान परिषद् की पत्रिका में आपका वाद्ययंत्रों के सिद्धांतों पर लेख प्रकाशित किया गया, जिसने आपकी प्रशंसा और प्रतिष्ठा में और भी वृद्धि की। जर्मनी की पत्रिका के लिए लेख लिखनेवाले आप प्रथम भारतीय थे।

सन् १९२८ में इटालियन सोसाइटी, रोम ने 'मैथ्यूसी' नामक स्वर्णपदक प्रदान कर आपको सम्मानित किया। सन् १९२९ में ब्रिटिश सरकार ने आपको 'सर' की उपाधि प्रदान की। इसी वर्ष इंग्लैंड की फैराडे सोसाइटी ने 'रमन प्रभाव' की व्याख्या हेतु आपको आमंत्रित किया। इस बार आपने अपनी धर्मपत्नी सहित इंग्लैंड और यूरोप के विश्वविद्यालयों का निरीक्षण किया। एक विश्वविद्यालय ने आपको डॉक्टरेट की उपाधि प्रदान कर और दूसरे विश्वविद्यालय ने अपना फैलो बनाकर आपका सम्मान किया। सन् १९३० में आपको नोबल पुरस्कार प्राप्त हुआ। इस पुरस्कार को प्राप्त करनेवाले आप सर्वप्रथम भारतीय थे। इसी वर्ष रॉयल सोसाइटी, लंदन ने अपना सर्वश्रेष्ठ स्वर्णपदक 'ह्यू जेज' आपको प्रदान किया तथा ग्लासगो विश्वविद्यालय ने एल-एल. डी. की उपाधि प्रदान की।

नोबल पुरस्कार प्राप्त करने के लिए आप स्वीडन की राजधानी स्टाकहोम गए जहाँ आपको स्वीडन नरेश ने ८ हजार पौंड अर्थात् १ लाख १० हजार रुपए की धनराशि का पुरस्कार तथा स्वर्णपदक प्रदान किया। यह पुरस्कार स्वीडन निवासी वैज्ञानिक श्री आल्फ्रेड नोबल द्वारा प्रदत्त धनराशि पर अर्जित ब्याज से प्रतिवर्ष भौतिकशास्त्र, रसायनशास्त्र, ओषधि विज्ञान, आदर्शपूर्ण साहित्यिक रचना एवं विश्व शांति के लिए किए गए प्रयास के उपलक्ष्य में प्रदान किया जाता है तथा प्राप्तकर्ता के रंग, धर्म, जाति एवं लिंग का कोई विचार नहीं किया जाता है। स्वीडन से रमन डेन्मार्क, जर्मन और इंग्लैंड भी गए। इसी समय यूरोप की विज्ञान संस्था ने आपको फैलो मनोनीत किया।

सन् १९३१ में स्वदेश लौटकर रमन पुनः तरुण की भाँति विज्ञान की खोज में लग गए। इसके बाद आपने अनेक बार विदेश यात्राएँ कीं। सभी पाश्चात्य देशों की वैज्ञानिक संस्थाओं ने आपका यथोचित सम्मान और सत्कार करने में अपना गौरव अनुभव किया। सन् १९३० में फ्रीवर्ग विश्वविद्यालय ने पी-एच. डी. तथा सन् १९३२ में पेरिस विश्वविद्यालय ने एस. डी. की उपाधि रमन को प्रदान की। सन् १९३२ में काशी तथा मद्रास विश्वविद्यालयों ने तथा सन् १९३९ में बंबई, कलकत्ता और ढाका विश्वविद्यालयों ने डी. एस-सी. की उपाधि आपको प्रदान की। सन् १९३७ में आपने अंतरराष्ट्रीय भौतिक विज्ञान सम्मेलन में भाग लिया तथा पेरिस और बोलोन की यात्रा की। सन् १९४१ में अमेरिका के फ्रेंकलिन संस्थान, फिलाडेलफिया ने आपको फ्रेंकलिन

पदक प्रदान किया। सन् १९४९ में भारत सरकार ने आपको राष्ट्रीय प्राध्यापक नियुक्त किया तथा सन् १९५४ में उन्हें भारतरत्न से विभूषित किया गया।

इस प्रकार विश्व के समस्त देशों द्वारा उनको सम्मानित एवं पुरस्कृत किया गया। उन्होंने कहा था—"सम्मान, प्रशस्तियाँ, पुरस्कार—ये सब एक सच्चे वैज्ञानिक के जीवन में आकस्मिक घटनाएँ मात्र हैं और उसे इनकी लेशमात्र भी आकांक्षा नहीं होती। अगर कभी उसके मित्र किसी सम्मेलन में इसकी चर्चा भी करते हैं तो वैज्ञानिक को तो इससे केवल इसीलिए संतोष और हर्ष की अनुभूति होती है क्योंकि उसके मित्र इन पुरस्कारों और इनके प्राप्त करनेवालों की प्रतिष्ठा से प्रसन्न हैं। जहाँ तक मेरा सवाल है, मेरा लक्ष्य तो केवल अपने कार्य के प्रति निष्ठा है।"

बंगलौर में—डॉ. रमन सन् १९१७ से सन् १९३२ तक कलकत्ता विश्वविद्यालय और विज्ञान परिषद् में अनुसंधान-कार्य में संलग्न रहे और अपने कार्यों से भारत के गौरव में वृद्धि करते रहे। सन् १९३३ में भारत सरकार ने आपको 'इंडियन इंस्टीट्यूट ऑफ साइंस', बंगलौर का संचालक नियुक्त किया, जिस पद पर वे दीर्घकाल तक कार्य करते रहे। १९४८ ई. में रमन रिसर्च इंस्टीट्यूट, बंगलौर की स्थापना हुई, जिसके वह निदेशक बने।

विभिन्न वैज्ञानिक संस्थाओं के जन्मदाता—डॉ. रमन ने भारत में वैज्ञानिक अध्ययन एवं अनुसंधान हेतु सदैव प्रोत्साहन के प्रयास किए। आपके प्रयत्नों के फलस्वरूप देश में अनेक स्वतंत्र अन्वेषणशालाएँ, विश्वविद्यालय और वैज्ञानिक संस्थाएँ स्थापित हुईं। आंध्र विश्वविद्यालय तथा विज्ञान एवं टैक्नोलॉजी महाविद्यालय, वाल्टेयर की स्थापना आपके ही प्रयत्नों का फल है। सन् १९३४ में आपने भारतीय विज्ञान अकादमी की स्थापना बंगलौर में कराई तथा बंगलौर से 'करैंट साइंस' (Current Science) नामक वैज्ञानिक पत्रिका का प्रकाशन प्रारंभ किया।

विज्ञान और विश्वशांति—डॉ. रमन विज्ञान का प्रयोग युद्धक्षेत्र में करने के पक्ष में नहीं थे। वे विज्ञान का प्रयोग शांति-कार्यों एवं जनकल्याण हेतु ही उचित समझते थे। वे नहीं चाहते थे कि वैज्ञानिक ऐसा प्रयोग करें जो विश्व-शांति में बाधक हो। उनके इन वैज्ञानिक शांतिपूर्ण कार्यों द्वारा राष्ट्रों के मध्य मैत्री विकसित करने के उपलक्ष्य में सन् १९५८ में 'लेनिन शांति पुरस्कार' प्रदान कर आपका सम्मान किया गया।

व्यक्तित्व और स्वभाव—डॉ. रमन ८० वर्ष की आयु में भी तरुण तपस्वी के समान वैज्ञानिक अनुसंधानों में लीन रहते थे। उनका कहना था—"मैं अभी अपना वैज्ञानिक जीवन प्रारंभ ही कर रहा हूँ। मैं इसी भावना से कार्य करता हूँ। जो वैज्ञानिक अपने कार्यों के लिए सम्मान एवं पुरस्कार की अभिलाषा करता है, उसका वैज्ञानिक जीवन समाप्त ही समझो। सम्मान, प्रशंसा, पुरस्कार वैज्ञानिक के जीवन की साधारण घटनाएँ हैं। उसे इनका तनिक भी खयाल नहीं करना चाहिए।" डॉ. रमन को आलस्य छू तक नहीं पाया। उनमें सुदीर्घ आयु में भी पूर्ण स्फूर्ति, उत्साह एवं लगन विद्यमान रही।

वह सबकुछ भूलकर विज्ञान के खोज-कार्य में संलग्न रहे।

डॉ. रमन का स्वभाव अत्यंत कोमल था। वे नम्रता एवं सौम्यता की सजीव मूर्ति थे। उन्हें गर्व और अहंकार छू तक नहीं पाया। उनका जीवन साधारण, नियमित एवं संयमपूर्ण रहा। उनके दैनिक जीवन में सादगी कूट-कूटकर भरी थी। वे हास्यप्रिय भी बहुत थे। वे बच्चों के समान सरल बातें करते थे। दूसरों की सेवा करने में उन्हें बड़ा आनंद आता था और वे दूसरों की सहायता तन, मन, धन से करते थे तथा इससे प्रसन्न भी होते थे। रंगून से नागपुर लौटते समय नागपुर में प्लेग का प्रकोप होने पर उन्होंने अपने निवास-स्थान के सामने तंबू लगवा दिए थे और वहाँ आनेवाले रोगियों की स्वयं सेवा-शुश्रूषा और ओषधि का प्रबंध किया।

डॉ. रमन न्यायप्रिय भी बहुत थे। यदि उन्हें यह निश्चित पता चल जाता कि किसी की माँग सत्य एवं उचित है, तो बिना किसी हिचकिचाहट के तुरंत पूरा कर देते थे। आप जब अकाउंटेंट-जनरल थे, तब एक व्यक्ति सौ-सौ के अधजले हुए नोटों का बंडल लाया, जिनके नंबर विकृत होने से बड़ी कठिनाई से पढ़े जा सकते थे। आपने स्वयं उनके नंबर पढ़कर उसे रुपया दिला दिया। आप धोखेबाज, जाली सिक्के और नोट बनानेवालों को उचित दंड दिलवाते थे।

डॉ. रमन कार्य शीघ्रता से करते थे। उनके अंग-प्रत्यंग में बिजली के समान तेजी थी। वे विज्ञान के साथ-साथ अर्थशास्त्र, समाजशास्त्र, राजनीति, इतिहास और संस्कृत के मर्मज्ञ थे। आपमें ज्ञान की पिपासा सदैव विद्यमान रही। आप विभिन्न भारतीय भाषाओं के अतिरिक्त कई यूरोपीय भाषाओं के भी अच्छे ज्ञाता थे। श्री वेदव्यास ने लिखा है—"अधिकांश असाधारण पुरुष व्यक्तिवादी होते हैं, लेकिन रमन इस स्वरूप के सदैव विरोधी रहे हैं। आठ भाषाओं के ज्ञाता और वीणावादन में प्रवीण; पद, पुरस्कार और सम्मान की बौछार में भी विचलित न होनेवाले डॉक्टर चंद्रशेखर वेंकट रमन की आयु इस समय लगभग ८० वर्ष की है, पर फिर भी वे अथक परिश्रम और महान् भारतीय वैज्ञानिक परंपरा के प्रतिपादन में संलग्न हैं।" आपके व्यक्तित्व का मूल्यांकन करते हुए श्री जगदीशप्रसाद त्रिपाठी ने लिखा है—"रमन का व्यक्तित्व जितना महान् है, उतना ही सादा। साधारणतया उन्हें देखकर यह विश्वास नहीं होता कि यही वह व्यक्ति है, जिसे विज्ञान की सेवाओं के लिए विश्वविख्यात 'नोबल पुरस्कार' प्रदान किया गया है, जिन्हें प्रकाश व ध्वनि-विज्ञान के परीक्षणों में असाधारण सफलता मिली है।" ऐसे महान् देशरत्न वैज्ञानिक को हमारी राष्ट्रीय सरकार ने सन् १९५४ में 'भारतरत्न' के सर्वोच्च अलंकरण से सम्मानित किया है। सन् १९७० में २१ नवंबर को देश के इस महान् सपूत का ८२ वर्ष की आयु में स्वर्गवास हो गया। रमन कोट, पैंट, टाई के साथ सिर पर दक्षिण भारतीय पद्धति की पगड़ी धारण करते थे। वह सही अर्थों में राष्ट्रवादी थे।

बीरबल साहनी

जन्म और परिवेश—डॉ. बीरबल साहनी का जन्म पश्चिमी पंजाब के शाहपुर जिले के भेड़ा ग्राम में प्रो. रुचिराम साहनी के घर १४ नवंबर सन् १८९१ को हुआ था। वे अपने पिता प्रो. रुचिराम साहनी की तीसरी संतान थे। डॉ. बीरबल साहनी के जन्म-स्थान के विषय में श्रीमती स्नेहलता जोशी ने लिखा है, "भेड़ा ग्राम नमक की पहाड़ियों और चट्टानों से घिरा हुआ एक भूगर्भ विज्ञान के अजायबघर की तरह प्रतीत होता है। इसी रमणीक प्राकृतिक क्षेत्र में इस होनहार बालक का लालन-पालन हुआ। आगे चलकर यह क्षेत्र अनुसंधान का स्थान बन गया। यहाँ इस वैज्ञानिक बालक को सहज रूप से जीवाश्मों (फॉसिल्स) तथा पृथ्वी के रहस्यों का ज्ञान हुआ।"

पिता प्रो. रुचिराम स्वयं लाहौर के राजकीय कॉलेज में रसायनशास्त्र के प्राध्यापक थे। वे बहुत बड़े विद्वान्, शिक्षाशास्त्री और समाजसेवी थे। अतः बालक बीरबल को घर और बाहर वैज्ञानिक वातावरण प्राप्त हुआ जो उसकी उदयोन्मुख मानसिक एवं बौद्धिक वैज्ञानिक अभिरुचियों के विकास एवं प्रस्फुरण में सहायक सिद्ध हुआ। इस प्रकार महान् वैज्ञानिक बीरबल साहनी की रुचि निरंतर वैज्ञानिक विषयों के प्रति उन्मुख होती गई तथा जैसे-जैसे समय व्यतीत होता गया, बीरबल साहनी में विज्ञान के प्रति जिज्ञासा, अनुराग और अभिरुचि में स्वाभाविक वृद्धि होती चली गई।

बालक बीरबल स्वभाव से ही प्रकृति का पुजारी था। वह हिमालय पर्वत की शृंखलाओं की प्राकृतिक शोभा को घंटों खड़े होकर निहारा करता था। श्रीमती स्नेहलता जोशी के शब्दों में—"रमणीक जंगल, वहाँ के पेड़-पौधे, चट्टानें तथा दूर-दूर तक फैली हिमाच्छादित चोटियों को देखते-देखते वह युवक प्रकृति के अनुपम सौंदर्य में खो जाता।"

बीरबल साहनी पुरा-वनस्पति विज्ञान के विशेषज्ञ थे। बचपन से ही उनकी पेड़-पौधों में गहरी रुचि थी। उनके पिता चाहते थे कि वह आई. सी. एस. बनकर किसी

उच्च पद पर प्रतिष्ठित हों; किंतु उन्हें वनस्पति विज्ञान के क्षेत्र में अनुसंधान-कार्य करने की धुन थी। वह पता लगाना चाहते थे कि वृक्ष धरती में दबकर पत्थर कैसे बन जाते हैं।

शिक्षा और अनुभव—बीरबल साहनी ने लाहौर के सेंट्रल मॉडल स्कूल तथा राजकीय महाविद्यालय में शिक्षा ग्रहण की। लाहौर में वह प्रसिद्ध वनस्पतिशास्त्री प्रो. शिवराम कश्यप के प्रिय छात्र थे। पंजाब विश्वविद्यालय से बी. एस-सी. परीक्षा उत्तीर्णोपरांत वे सन् १९१८ में कैम्ब्रिज विश्वविद्यालय में उच्च अध्ययन हेतु चले गए, जहाँ उन्होंने 'एमॉनु अल कॉलेज' में ट्राइपॉस उपाधि प्राप्त की।

बीरबल साहनी ने प्रो. सर एलबर्ट चार्ल्स स्वीर्ड के मार्गदर्शन में शोधकार्य आरंभ किया। सर एलबर्ट प्रसिद्ध पुरा-वनस्पतिशास्त्री (पेलियो-बोटेनिस्ट) तथा महान् वैज्ञानिक थे। इस प्रकार अन्वेषण एवं शोधकार्य के क्षेत्र में बीरबल साहनी को सुयोग्य एवं समुचित मार्गदर्शन प्राप्त हुआ।

बीरबल साहनी म्यूनिख भी गए जहाँ उन्होंने प्रसिद्ध वनस्पतिशास्त्री प्रो. के. गोनल के निर्देशन में अनुसंधान किया। लंदन विश्वविद्यालय से उन्हें बी. एस-सी. की उपाधि प्राप्त हुई। उनका पहला शोधपत्र वनस्पति विज्ञान के प्रख्यात पत्र 'न्यू फाइढोलासिंस' में प्रकाशित हुआ था। उन्होंने माता-पिता से आर्थिक सहायता प्राप्त किए बिना केवल छात्रवृत्ति पर अपना अध्ययन-काल व्यतीत किया। कैम्ब्रिज में पढ़ते हुए उन्होंने लंदन विश्वविद्यालय से एम. एस-सी. और डी. एस-सी. उपाधियाँ तथा रॉयल सोसाइटी से शोधार्थ आर्थिक सहायता प्राप्त की और बड़े-बड़े विज्ञानवेत्ताओं के निकट संपर्क में आए। सन् १९१९ में लंदन विश्वविद्यालय ने उन्हें डॉक्टरेट की उपाधि से अलंकृत किया। यह सम्मान उनको 'फासिल-प्लांट्स'—प्रस्तरी भूत वृक्ष नामक प्रबंध (थीसिस) पर प्राप्त हुआ। बाद में डॉ. साहनी ने वृक्ष के तने को पत्थर में रूपांतरित करने का सफल प्रयोग भी किया था। सन् १९२९ में कैम्ब्रिज विश्वविद्यालय ने उन्हें एस.सी.डी. की विशेष उपाधि से सम्मानित किया। सन् १९३६-३७ में लंदन की रॉयल सोसाइटी ने उन्हें अपना फैलो (एफ.आर.सी.एस.) निर्वाचित कर सम्मानित एवं गौरवान्वित किया। इस अत्यंत गौरवपूर्ण सम्मान को प्राप्त करनेवाले डॉ. बीरबल साहनी पाँचवें भारतीय थे।

देश-कार्य और आदर्श गृहस्थ—श्रीमती स्नेहलता जोशी के मत में, "डॉ. बीरबल साहनी न केवल वैज्ञानिक ही थे अपितु वे सच्चे देशभक्त भी थे। राष्ट्र के प्रति भावना उनमें कूट-कूटकर भरी थी।"

सन् १९१९ में भारत लौटने पर महामना मालवीय जी से प्रेरणा ग्रहण कर वे बनारस विश्वविद्यालय में वनस्पतिशास्त्र के प्राध्यापक नियुक्त हुए। सन् १९२० में डॉ. साहनी का विवाह पंजाब के रायबहादुर सुंदरदास की सुपुत्री सावित्री सूरी से हो गया। आपकी धर्मपत्नी सावित्री न केवल आपकी सुख-सुविधा का ध्यान रखती थीं, अपितु आपके कार्य में भी सहयोग देती थीं। वह जीवाश्मों के चित्र बनातीं और फोटो

उतारती थीं।

विवाहोपरांत डॉ. साहनी पंजाब विश्वविद्यालय, लाहौर में वनस्पतिशास्त्र के अध्यापक नियुक्त किए गए, किंतु एक वर्ष पश्चात् सन् १९२१ में लखनऊ विश्वविद्यालय ने उहें नए वनस्पतिशास्त्र विभाग के अध्यक्ष पद पर नियुक्त किया। लखनऊ विश्वविद्यालय में कार्यरत रहते हुए वे सन् १९३३ में विज्ञान संकाय के अध्यक्ष (डीन) नियुक्त किए गए। सन् १९४३ में लखनऊ में भूगर्भ विभाग स्थापित होने पर वे उसके आचार्य नियुक्त किए गए।

लखनऊ में प्रो. साहनी ने बहुत अध्यवसाय एवं लगन से कार्य किया। वे रात-रात-भर अपनी प्रयोगशाला में कार्य करते रहते। वे एक अध्यवसायी अनुसंधानकर्ता ही नहीं थे, अपितु एक गुणवान एवं सफल अध्यापक भी थे। अध्यापक के रूप में उनकी ख्याति समस्त भारत में व्याप्त थी और उनके नाम से आकर्षित होकर भारत-भर के अनेक स्थानों से विद्यार्थी लखनऊ विश्वविद्यालय में आते थे। प्रो. साहनी अपने छात्रों को नवीनतम बातें सिखाते तथा अज्ञात की खोज की प्रेरणा देते थे।

प्रो. साहनी ने एक पुरा-वनस्पति संस्थान (पेलियो-बोटेनी इंस्टीट्यूट) स्थापित करने का स्वप्न देखा था। उनका विचार था कि यह अनुसंधानशाला विश्व के वैज्ञानिकों के अनुसंधान का केंद्र बने। उनके ही विचार का परिणाम है कि लखनऊ में बीरबल साहनी वनस्पति संस्थान की स्थापना हुई जिसके तत्त्वावधान में सन् १९४६ में प्रयोगशाला स्थापित हुई, जिसकी आधारशिला ३ अप्रैल सन् १९४५ को पं. जवाहरलाल नेहरू ने रखी। इस अनुसंधानशाला की उन्नति के लिए प्रो. साहनी ने अमेरिका, यूरोप, इंग्लैंड और कनाडा आदि देशों का भ्रमण भी किया था।

देहावसान—अनुसंधानशाला की स्थापना के शुभ अवसर पर विश्व के अनेक वैज्ञानिकों की ओर से बधाइयाँ और शुभकामना संदेश प्रो. साहनी को प्राप्त हुए; किंतु दुर्भाग्यवश इस बाल-संस्था को बड़ा धक्का लगा, जबकि १० अप्रैल सन् १९४९ को प्रो. बीरबल साहनी का निधन हो गया। प्रो. साहनी के देहावसान होने पर सबको इस बात की चिंता हुई कि इस बाल-संस्था प्रयोगशाला की देख-रेख कौन करे? परंतु सावित्री जी ने इस संस्था का लालन-पालन किया और आज यह संस्था भारत के वैज्ञानिकों का मार्गदर्शन कर रही है और उनकी आशा किरण बनी हुई है। श्रीमती स्नेहलता जोशी के शब्दों में, "प्रो. साहनी अपने ढंग के अकेले ही पेलियो-बोटेनिस्ट थे। वे भूगर्भ विज्ञान तथा वनस्पतिशास्त्र दोनों के विद्वान् थे। सूक्ष्म जीवाश्मों (माइक्रो-फॉसिल्स) पर उनकी खोजें महत्त्व रखती हैं। इसी कारण विश्व-भर के वैज्ञानिकों ने प्रो. साहनी की प्रशंसा की है।"

विदेशों में सम्मान—प्रो. साहनी ने भारतीय ही नहीं बल्कि विदेशी वैज्ञानिक संस्थाओं की प्रगति में भी अपना सहयोग दिया। वे दो बार सन् १९३० तथा १९३५ में विश्व वनस्पति कांग्रेस की पुरा-वनस्पति शाखा के उपाध्यक्ष निर्वाचित हुए थे। वे सन्

१९२१ तथा १९२८ में दो बार भारतीय विज्ञान कांग्रेस के अध्यक्ष भी निर्वाचित किए गए थे तथा राष्ट्रीय विज्ञान अकादमी के सन् १९३७-३८ तथा १९४३-४४ में प्रधान रहे। वे विश्व वनस्पति कांग्रेस, स्टॉकहोम के भी प्रधान रहे थे।

डॉ. साहनी ने सर्वप्रथम जीवित वनस्पतियों पर अनुसंधान किया। तत्पश्चात् भारतीय वनस्पति-अवशेषों पर दुबारा जाँच शुरू की। उन्होंने कई भारतीय वनस्पति-अवशेषों का अन्वेषण किया, जिसका विस्तृत विवरण 'फिलोसोफिकल ट्रांजेक्शन' और कई अन्य पत्रिकाओं में प्रकाशित हुआ। उनके अन्य अनुसंधान-कार्य—'महाद्वीप विभाजन सिद्धांत', 'दक्षिण पठार की आयु', 'ग्लोसीपटरिस वनस्पतियों की उत्पत्ति के पश्चात् हिमालय का उत्थान' आदि कई जटिल समस्याओं के हल करने में सहायक सिद्ध हुए। उन्होंने पुरातत्व संबंधी भी कई अन्वेषण किए। रोहतक के समीप ईसा से १०० वर्ष पूर्व यौधेय राजाओं की टकसाल के विषय में भी उन्होंने अनुसंधान किया था। इस प्रकार डॉ. साहनी वनस्पति विज्ञानी होने के साथ-साथ भू-वैज्ञानिक भी थे। इन दो विषयों में विविध अनुसंधानों के द्वारा उन्होंने प्राचीन इतिहास के अज्ञात तथ्यों का भी पता लगाया।

नई पीढ़ी के प्रेरणास्रोत— डॉ. साहनी के महान यश, सम्मान एवं प्रगति पर सभी व्यक्तियों को आश्चर्य होना स्वाभाविक है। उनकी इस महानता का रहस्य और कारण था उनका विज्ञान के प्रति उत्कट प्रेम और तन्मयता।

वे महान् विश्व प्रतिष्ठित वैज्ञानिक के साथ-साथ सच्चे देशभक्त भी थे। वे स्वदेशी और खद्दर से प्रेम करते थे। उनकी वेशभूषा थी सफेद खद्दर की अचकन, चूड़ीदार पाजामा और गांधी टोपी। उनका मधुर स्वभाव और व्यवहार सभी को मनोमुग्ध कर लेता था। उन्होंने कांग्रेस के आंदोलनों में भाग लेना चाहा, किंतु अंत में विज्ञान द्वारा देश-सेवा को ही अपना प्रथम एवं प्रधान कर्तव्य मानकर उसी की साधना में जीवनपर्यंत तत्पर रहे। श्रीमती स्नेहलता ने लिखा है—"स्वतंत्रता आंदोलन के साथ सदा उनकी सहानुभूति बनी रही। स्वदेशी के साथ-साथ राष्ट्रभाषा हिंदी के भी तथा विज्ञान की शिक्षा हिंदी में दी जाए, इसके भी वे प्रबल समर्थक थे।" भारत को बीरबल साहनी जैसे महान् वैज्ञानिक पर गर्व है। वह नई पीढ़ी के वैज्ञानिकों को प्रकाशपुंज बनकर सदैव ही प्रेरणा देते रहेंगे। वह विज्ञान के विविध विषयों को पृथक् नहीं मानते थे तथा संपूर्ण प्रकृति-विज्ञान के समग्र अध्ययन पर जोर देते थे। वह मानते थे कि वैज्ञानिक अध्ययनों एवं अनुसंधानों का उपयोग मानव प्रगति एवं विकास में किया जाना चाहिए। इसके लिए वे आजन्म प्रयत्न करते रहे।

देश के इस सच्चे सपूत का मात्र ५८ वर्ष की आयु में सन् १९४९ में देहांत हो गया। उनकी स्मृति में विज्ञान के विविध क्षेत्रों में सराहनीय कार्य करनेवाले वैज्ञानिकों को बीरबल साहनी स्मृति पुरस्कार प्रदान किए जाते हैं।

जे. बी. एस. हॉल्डेन

१९६० में भारतीय नागरिकता प्राप्त प्रो. जॉन बर्डन सैंडरसन हॉल्डेन ५ नवंबर सन् १८९२ को ऑक्सफोर्ड में जन्मे और उन्होंने ऑक्सफोर्ड विश्वविद्यालय से एम.ए. तथा पेरिस विश्वविद्यालय से डॉक्टरेट एवं डी. लॉ उत्तीर्ण किया था। हॉल्डेन के पिता जॉन स्काट हॉल्डेन प्रख्यात शरीरक्रिया विज्ञानी थे। प्रो. हॉल्डेन की शिक्षा-दीक्षा एटन में हुई।

उनकी स्वयं पर प्रयोग करने की प्रतिभा का परिचय बाल्यकाल से ही हो गया था। बालक हॉल्डेन एक बार दर्पण के सामने बैठकर भाँति-भाँति से अपना मुँह टेढ़ा-मेढ़ा कर इधर-उधर घुमा रहा था। उनकी इस हरकत पर उनकी माँ को उत्सुकता हुई और वे पूछ बैठीं कि वे क्या कर रहे हैं? तब उन्होंने तत्काल उत्तर दिया, "माँ, मैं कुत्तों के चेहरे की नकल करने की कोशिश कर रहा हूँ, क्योंकि जितने भी कुत्ते मैंने घर के आसपास देखे हैं, उनमें किसी का मुँह गोल है तो किसी का चपटा, तो कोई शरारती आँखोंवाला है।" इस बात को सुनकर उनकी माँ आश्चर्यचकित रह गईं। परंतु बालक हॉल्डेन का यह प्रयास उन्हें एक महान् वैज्ञानिक बना गया। घर पर स्थित अपने पिता की प्रयोगशाला से उनका संबंध बचपन से ही था। उनके खेल का साधन वैज्ञानिक उपकरण ही होते थे। आठ वर्ष की आयु से ही वे पिता के प्रयोगों में हाथ बँटाने लगे। पिता के साथ दौरों में भी वह जाने लगे जिसका लाभ यह हुआ कि वे अनेक भाषाओं के ज्ञाता हो गए और उन्होंने विभिन्न विषयों पर अध्ययन शुरू कर दिया। गणित विषय में पारंगत होने पर १६ वर्ष की आयु में उन्हें 'रसेल' पुरस्कार प्रदान किया गया था।

अपनी कला विषयक शिक्षा होते हुए भी हॉल्डेन ने आजीविका के लिए वैज्ञानिक अनुसंधान का मार्ग अपनाया। सर्वप्रथम उन्होंने अपने पिता के संरक्षण में शरीरक्रिया विज्ञान पर अनुसंधान किया जिससे वे जीवित शरीर के भीतर होनेवाली गतिविधियों से अवगत हो सके। १९२२ ई. में कैम्ब्रिज विश्वविद्यालय आकर उन्होंने शरीर के भीतर

घटित रासायनिक क्रियाओं का अध्ययन करने के लिए जीव-रसायन (बायो-केमिस्ट्री) पर विटामिन के खोजकर्ता फ्रेडरिक गाडलैंड हाफकिन्स के मार्गदर्शन में अनुसंधान किया। १९२५ ई. में प्रजनन-विज्ञान (जेनेटिक्स) पर अनुसंधान की ओर आकृष्ट हुए। विलक्षण कार्य और बुद्धि कौशल से उनकी प्रतिभा निरंतर निखरती चली गई।

वे सन् १९२२ से १९३२ तक कैम्ब्रिज विश्वविद्यालय में जीव-रसायन विषय के रीडर, सन् १९३२ से १९३६ तक लंदन आनुवंशिकी समाज के अध्यक्ष तथा सन् १९३७ से १९५७ तक लंदन विश्वविद्यालय में जीव-सांख्यिकी विषय के प्रोफेसर बने रहे। सन् १९५७ से १९६१ तक हॉल्डेन भारतीय सांख्यिकी संस्थान, कलकत्ता में प्रोफेसर तथा सन् १९६२ से १९६६ तक आनुवंशिकी एवं जीव-सांख्यिकी प्रयोगशाला, भुवनेश्वर के निदेशक पद पर कार्यरत रहे। सन् १९४० से १९४९ तक वह डेली-वर्कर नामक पत्र के संपादकीय मंडल के अध्यक्ष तथा जर्नल ऑफ जेनेटिक्स के संपादक भी रहे। १ दिसंबर, १९६४ को हॉल्डेन का निधन कैंसर रोग से भुवनेश्वर में हो गया।

रॉयल सोसाइटी, लंदन ने १९३२ ई. में हॉल्डेन को अपना फैलो निर्वाचित किया तथा सन् १९५२ में उन्हें 'लीजन ऑफ ऑनर' नामक पदक तथा 'डार्विन पदक' प्रदान कर सम्मानित किया। सन् १९५९ में लिनेनियन सोसाइटी ने उन्हें 'डार्विन सेटेनरी' पदक प्रदान कर विभूषित किया। सन् १९६१ में 'अमरीकी राष्ट्रीय विज्ञान अकादमी' ने उन्हें 'किम्बर पदक' प्रदान किया। अकाडेमिया नेशनल डी'लिंसी ने हॉल्डेन को फैलक्रिनेली पुरस्कार प्रदान किया। ऑक्सफोर्ड विश्वविद्यालय ने उन्हें डी. एस-सी. की उपाधि से तथा एडिनबरा विश्वविद्यालय ने एल-एल. डी. की उपाधि से सम्मानित किया था।

हॉल्डेन ने २४ पुस्तकें लिखीं। उनके प्रकाशित ग्रंथों में महत्त्वपूर्ण निम्नांकित हैं—

१. साइंस एंड ईथिक्स,

२. एंजाइम्स,

३. द काज़ैज ऑफ एवरी डे लाइफ,

४. साइंस एंड एवरी डे लाइफ,

५. साइंस इन पीस एंड वार,

६. न्यू पाथ्स इन जेनेटिक्स,

७. साइंस एडवांसेज,

८. ह्वाट इज लाइफ,

९. द बायो-कैमिस्ट्री ऑफ जेनेटिक्स।

इसके अतिरिक्त बच्चों के लिए भी उन्होंने विज्ञान की कई पुस्तकें लिखीं। उनके ४०० वैज्ञानिक शोधपत्र भी प्रकाशित हुए हैं।

हॉल्डेन एक असाधारण योग्यतावाले जीवशास्त्री थे। उन्होंने गणित से लेकर चिकित्साशास्त्र तक इतने अधिक क्षेत्रों में मूल योग दिया कि यह ज्ञात करना कठिन है कि किस क्षेत्र में उनकी सर्वाधिक महत्त्वपूर्ण वैज्ञानिक उपलब्धि रही। अपने निधन से

कुछ समय पूर्व प्रकाशित अपनी जीवनी में हॉल्डेन ने लिखा था, "मैंने हर जगह अपनी टाँग अड़ाई है और मुझे इसका अफसोस भी नहीं है। कभी-कभी मुझे आश्चर्य होता है कि अब से सौ साल बाद मुझे किस बात के लिए याद किया जाएगा।" फिर भी उनको आर. ए. फिशर तथा एस. राइट के साथ जैव-विकास के गणित सिद्धांत के संस्थापकों के रूप में सबसे अधिक याद किया जाएगा।

जीवशास्त्र में गणित का इस प्रकार समावेश हॉल्डेन ने इस कारण शुरू किया कि वे डार्विन के विकास-सिद्धांत की कतिपय कमजोरियों को दूर करना चाहते थे। मैंडल के आनुवंशिकी नियमों पर हॉल्डेन ने विकास का अपना गणितीय सिद्धांत आधारित किया।

हॉल्डेन ने जीन और जीन रूप आवृत्तियों की दृष्टि से जनसंख्या पर पड़नेवाले चार प्राकृतिक दबावों का अध्ययन गणितीय-दृष्टि से किया—(१) जीन में निरंतर परिवर्तन के कारण म्यूटेशन दबाव, (२) विभिन्न आनुवंशिकता के कारण इम्मिग्रेशन दबाव, (३) किसी क्रमबद्ध कारण से वरण दबाव जिसके फलस्वरूप जीन आवृत्ति में बढ़ते अथवा घटते हैं, और (४) प्रतिचयन (सेंपलिंग) के कारण बेतरतीब घट-बढ़ का दबाव। उन्होंने जीन की प्रजनन शक्ति की उपयुक्तता की नाप-जोख की तथा इस प्रकार वरण दबाव की आवृत्ति भी ज्ञात की। हॉल्डेन अन्य वैज्ञानिकों के आँकड़ों से कशेरुक दंडियों (वर्टीबरेट्स) में जीन सहलग्नता की खोज अपनी युवावस्था में ही करने में सफल हुए। इन जटिल संरचनाओं की ओर गणितज्ञों का ध्यान आकर्षित करने के लिए हॉल्डेन ने बीजगणित और कई प्रकार के समीकरणों की सहायता ली। उनका उद्देश्य अगली पीढ़ी में जीन रूप की आवृत्तियों की गणना करना था। इन गणनाओं के फलस्वरूप हॉल्डेन यह सिद्ध करने में सफल हुए कि वरण का प्रभाव म्यूटेशन से कभी-कभी संतुलित हो जाता है। उदाहरणतः, हीमोफिलिया जीन में हॉल्डेन न देखा कि इस प्रकार के एक-तिहाई में युवावस्था में ही मरने की प्रवृत्ति होती है। उन्होंने यह भी सिद्ध किया कि कतिपय परिस्थितियों में जनसंख्या में किसी परिवर्तन के लिए आवश्यक पीढ़ियों की संख्या वरण की आवृत्ति के उलटे अनुपात में होती है। उन्होंने निष्कर्ष निकाला कि जब अप्रबलों का अनुपात अधिक होता है तो वरण जल्दी होता है, लेकिन जब अप्रबल कम होते हैं, तो धीमे होता है।

फिर भी हॉल्डेन को ज्ञात तथ्यों; यथा प्रभावी अथवा प्रबल किस्मों की उपस्थिति के गणितीय स्पष्टीकरण ज्ञात करके ही संतोष नहीं हुआ। उन्होंने विभिन्न दबावों में आनेवाली आबादियों के गुणों में होनेवाले परिवर्तनों की गणना की, जिसका व्यावहारिक प्रमाण अनेक आनुवंशिकी वैज्ञानिकों को मिला। उनका सिद्धांत प्रायः सर्वमान्य हुआ कि जैविक विकास के पीछे मुख्य शक्ति मुख्यतः प्राकृतिक वरण ही होता, यद्यपि अपने माता-पिता से भिन्न संतान के कारण वरण के अतिरिक्त अन्य होते हैं।

हॉल्डेन की ये गणित पर आधारित आनुवंशिकी संबंधी खोजें विशेषज्ञों के लिए

बड़ी मूल्यवान सिद्ध हुईं। साथ ही वे जनसाधारण के लिए भी बड़ी महत्त्वपूर्ण हैं। वैज्ञानिक ज्ञान के प्रसार में सहायक अपनी पुस्तक 'हैरीडिटी एंड पॉलिटिक्स' (आनुवंशिकी एवं राजनीति) में हॉल्डेन ने जाति के संबंध में अनेक मिथ्या धारणाओं को दूर किया। हॉल्डेन ने इस बहु-प्रचलित दावे को अस्वीकार किया कि गरीब अमीर की तुलना में अधिक संतान पैदा करते हैं जिससे जनसंख्या के गुणों में ह्रास होता है। वह लिखते हैं—"एक हजार वर्ष से भी अधिक समय से पश्चिम एशिया के मुसलमानों में बहु-विवाह प्रथा चलती आई है, जबकि ईसाइयों और यहूदियों में यह प्रथा नहीं है। वस्तुतः केवल अमीर मुसलमान ही हरम रख सकते थे। इसलिए हमें आशा करनी चाहिए कि मुसलमान बौद्धिक गुणों में यहूदियों और ईसाइयों से अच्छे होने चाहिए या कम-से-कम उन गुणों में, जिनके कारण संपत्ति अर्जित की जा सकती है। लेकिन ऐसा नहीं है।" हॉल्डेन ने अनुकूल संजीविकी के सारे आधार को जनसंख्या में बौद्धिक स्तर सुधारने के लिए बहुत शिथिल बताया। उनका मत था कि यह सारा मामला आनुवंशिकीशास्त्रियों, जीव-रसायनज्ञों, मनोवैज्ञानिकों तथा अन्य वैज्ञानिकों के बहुत ही सतर्कतापूर्ण कार्य से स्पष्ट हो सकता है।

हॉल्डेन ने स्वयं इस प्रकार के सैद्धांतिक कार्य को हाथ में लिया, जबकि उन्होंने गूढ़ जीव-रसायन ज्ञान का उपयोग जीन की संरचना ज्ञात करने में किया। हॉल्डेन मार्क्सवादी द्वंद्वात्मक पद्धति के पक्के पक्षधर थे। ऐंगल्स और लेनिन का अध्ययन कर उन्होंने अपना 'आमाशय शोध' संशोधित कर ठीक किया और उनसे सीखा कि हमारे समाज में क्या त्रुटियाँ हैं और उन्हें किस प्रकार दूर किया जा सकता है। उन्होंने द्वंद्वात्मक पद्धति से इस मूल नियम में विश्वास किया कि विज्ञान की वास्तविकता का प्रथम दर्शन पाने के लिए सामान्य अमूर्त विचारों की ग्राह्यता का आश्रय लेना पड़ता है। उन्होंने सुझाव दिया कि समय के साथ जीन्स को ऐसे 'सक्रिय केंद्र' माना जाने लगेगा जो एक क्रोमोसोम पर निश्चित बिंदुओं पर स्थिर हो।

भौतिकी में मूल कणों के वर्तमान फैलाव-विस्तार के बारे में प्रत्येक को ज्ञात होने से बहुत समय पूर्व ही हॉल्डेन ने कह दिया था कि प्रकृति में कोई भी चीज 'प्राथमिक' नहीं है, कुछ इकाइयाँ अन्यों से अधिक 'प्राथमिक' होती हैं। अतः उन्होंने जीन्स को सूक्ष्म अंतःकोशिक जीव समझा। हॉल्डेन ने कोश के अंदर जीव-रासायनिक प्रतिक्रियाएँ उत्प्रेरित करनेवाले सूक्ष्म पदार्थ 'एन्जाइम' की उपमा 'मशीनी औजारों' से दी है। जीन के रासायनिक अलगाव में हॉल्डेन के अनुसार मैडम क्यूरी के समान अध्यवसाय, लगन और तकनीकी क्षमता चाहिए जो पुरुषों की अपेक्षा महिलाओं में अधिक होती है। जीन के गठन का रहस्योद्घाटन करने के लिए हॉल्डेन ने जीव रसायन के महान् संस्थापक प्रो. हॉपकिंस के सहायक के रूप में उनके संरक्षण में दस वर्ष तक कैम्ब्रिज में कार्य किया और जीन के अंदर अणुओं और परमाणुओं की खोज का सुझाव दिया, जिससे जीन की सूक्ष्म बनावट और कार्य का पता चले।

हॉल्डेन के आनुवंशिकीय कार्य का एक रोचक पहलू यह है कि जहाँ द्वंद्वात्मक भौतिकवाद में विश्वास के कारण उन्हें जीन को आनुवंशिकी का 'अविभाज्य' परमाणु तथा साथ-साथ कोश के अंदर एक जटिल संगठन मानना पड़ा, फिर भी वे लीसेंको और उनके समर्थकों के तर्कों से संतुष्ट नहीं हुए। इस प्रकार हम एक कट्टर कम्युनिस्ट की बौद्धिक सचाई का दर्शन पाते हैं, जिन्होंने कभी पत्नी के सामने भी पार्टी को ऊँचा माना था। कहा जाता है कि उनकी प्रथम पत्नी शार्लो ने सन् १९४० में रूस से निराश होकर वापस आने पर हॉल्डेन को ब्रिटिश कम्युनिस्ट पार्टी छोड़ने के लिए प्रेरित किया था, किंतु उस समय हॉल्डेन ने पार्टी न छोड़कर पत्नी को छोड़ना पसंद किया था। अंत में सन् १९५६ में उन्होंने पार्टी भी छोड़ दी, क्योंकि वे ऐसे वैज्ञानिक सिद्धांत को सोवियत मान्यता दिए जाने का समर्थन नहीं कर सके जिसे वे नहीं मानते थे।

हॉल्डेन ने जीवशास्त्र, वनस्पति विज्ञान, शरीर विज्ञान (फिजियोलोजी), चिकित्सा विज्ञान, जीव-रसायन (बायो कैमिस्ट्री), सांख्यिकी सिद्धांत, जीव-मापन शास्त्र (बायोमीट्री), ब्रह्मांड-विज्ञान, गणित, प्रजनन विज्ञान (जेनिटिक्स), मानव शरीर रचना शास्त्र (एंथ्रोपोलोजी), विश्व विद्या (कॉस्मोलोजी), हवाई हमले से बचाव, प्रचंड गरमी, सर्दी, दबाव आदि में मानव-शरीर का व्यवहार, या जहरीली गैसों, रसायनों, विषों, टीकों, कृत्रिम ज्वरों और यहाँ तक कि अस्थायी लकवे का मानव-शरीर पर प्रभाव का अध्ययन किया और इन क्षेत्रों में बहुमूल्य योग दिया था। प्रजनन-विज्ञान अथवा आनुवंशिकी (जेनेटिक्स) के क्षेत्र में गणितीय और विकासीय आनुवंशिकी (पॉपुलेशन जेनेटिक्स) में उनका विशेष योगदान था। पर जीव-रसायन आनुवंशिकी (बायो केमिकल जेनेटिक्स) में भी वे पीछे नहीं थे। जीन-एंजाइम के सूत्रीकरण और जीन-एंटीजन जैसे विचारों का सूत्रपात करनेवाले वैज्ञानिकों में उनका नाम प्रमुख है। उनके अनेक लेखों का संकलन पुस्तकाकार प्रकाशित हुआ है जिनके नाम हैं—'ह्वाट इज लाइफ', 'साइंस एडवांसेज़' और 'एवरीथिंग हैज़ ए हिस्ट्री' आदि। ये पुस्तकें सभी को अनिवार्य रूप से पढ़नी चाहिए।

एन्जाइम रसायन के सामान्य नियमों की हॉल्डेन की विवेचना पाठ्य-पुस्तकों का अंग बन गई है। कुछ विशेष कारणों से उन्होंने स्वयं साइटोक्रोम ऑक्सीडेस की खोज पर अधिक बल दिया था। यह पदार्थ पौधों, चूहों और पतंगों में पाया जाता है। शरीर विज्ञान में जब उन्होंने अमोनियम क्लोराइड घोल पिया तो उनको श्वासहीनता सहित एसिड के गंभीर विषैले प्रभावों का सामना करना पड़ा। वनस्पतिशास्त्र में उन्होंने संयुक्त रूप से एक सुंदर पौधे प्रिमिला सिनोसिस पर महत्त्वपूर्ण कार्य किया। उन्होंने सिद्ध किया कि उसके रंग का कारण एक जीन है जो पंखुड़ी के रस की अम्लता बदलता है। गणित सांख्यिकी में उन्होंने कतिपय व्यंजकों की गणना का बड़ा अच्छा तरीका निकाला जिन्हें द्विपद बंटन के संचयांश कहते हैं। ब्रह्मांड विज्ञान में उन्होंने गतिशील सापेक्षता के निर्माता ई. ए. मिलने के कार्य में कई उपयोगी सुझाव दिए। चिकित्साशास्त्र में उन्होंने टिटनस और ऐंठन का इलाज ढूँढ़ा तथा जीवन के उद्‌भव पर कार्य किया। जीवशास्त्र में

उन्होंने पशुओं के आकार पर कार्य किया तथा हिसाब लगाकर बताया कि हिरन हिप्पो के बराबर क्यों नहीं होता, ह्वेल मछली हैरिंग के बराबर क्यों नहीं होती।

हॉल्डेन विभिन्न सूत्रों से अनेक विचारधाराओं के मिलने की जटिल समस्याओं को हल करने में पटु थे, क्योंकि वे भौतिक रसायन व जीव विज्ञानों के मूल सिद्धांतों को अच्छी तरह समझते थे और संख्याओं और चिह्नों के माध्यम से सोचने-समझने की उतनी ही क्षमता रखते थे, जितनी शब्दों के माध्यम से। उन्होंने लैटिनी और यूनानी ग्रंथों का अध्ययन किया, किंतु आधुनिक दर्शन और प्राचीन इतिहास को भी नहीं छोड़ा। बाद में उन्होंने भारतीय इतिहास और दर्शन का भी अध्ययन किया। वे किसी वैज्ञानिक सभा का उपसंहार दाँते की कविताओं के पाठ द्वारा कर सकते थे और तेलुगु कवि बापीराव का भी उदाहरण दे सकते थे। उन्होंने बच्चों के लिए पुस्तक 'माइ फ्रैंड लीके' लिखी जिसकी तुलना 'एलिस इन वंडरलैंड' से की जा सकती है।

लंदन में अपने पेट में कैंसर का पता चलने पर रुग्णावस्था में उन्होंने कैंसर पर एक वैज्ञानिक कविता 'कैंसर इज ए फनी थिंग' लिखी। उन्होंने अपने शरीर के विषय में वसीयत में यह लिखा था कि मरने के बाद उनकी खोपड़ी अनुसंधान के लिए लंदन तथा शेष शरीर चंडीगढ़ के स्नातकोत्तर चिकित्सा महाविद्यालय, चंडीगढ़ भेज दिया जाए। पर्याप्त सुविधाओं के अभाव के कारण उनका संपूर्ण शरीर चंडीगढ़ के बजाय काकीनेड़ा चिकित्सा महाविद्यालय, हैदराबाद भेज दिया गया जहाँ आज भी उनके शरीर के अवशेष सुरक्षित हैं।

प्रो. हॉल्डेन अपनी प्रयोगशाला तक ही सीमित नहीं रहे। वे समाज सेवक और राजनीतिज्ञ भी थे। उन्होंने खगोलिकी, गणित, राजनीति, दर्शनशास्त्र, भू-विज्ञान, भौतिक-शास्त्र और धार्मिक विषयों पर भी लेख लिखे। उनके अनेक विचारपरक लेख भारतीय समाचार-पत्रों—'द हिंदू', 'इंडियन एक्सप्रेस', 'अमृत बाजार पत्रिका' और 'इलस्ट्रेड वीकली' आदि में छपे।

हॉल्डेन अंत तक विद्रोही रहे। विद्रोह का यह गुण उन्होंने अपने पिता से पाया था। उन्होंने अपने बचपन में ही अपने पिता से वैज्ञानिक जिज्ञासा के साथ-साथ अपने साथियों के लिए लड़ने का पाठ पढ़ा था। वे अपने चारों ओर कोई बवंडर या विवाद खड़ा किए बिना नहीं रह सकते थे। प्रथम विश्वयुद्ध काल में वे अपने साथियों में 'रोम्बो' के नाम से लोकप्रिय थे। उन्होंने एक लेख लिखा है जिससे सन् १२५० से उनके वंश के पुरुषों के स्वभाव के बारे में जानकारी मिलती है। अतः वे ब्रिटेन की वाम- पंथी राजनीति में भी विद्रोही थे और किसी से भी नहीं दबते थे। 'स्वेज कांड' पर उन्होंने ब्रिटिश सरकार से रुष्ट होकर अपना देश छोड़कर भारत में बसने का निश्चय किया।

१९ वर्ष की आयु में ब्रिटेन में कुछ भारतीय जहाजियों से उनकी भेंट हुई थी। उसी समय से वे भारत और भारतीयों को प्रेम करते थे। वे जुलाई १९५७ ई. में सपत्नीक इंग्लैंड छोड़कर भारत आ गए और सन् १९६० में भारतीय नागरिक बने और

भारत में तीव्र गति से बढ़ते विज्ञान के विकास में योग देने लगे। उन्होंने भारतीयों को यही पाठ पढ़ाया कि विज्ञान में निपुणता मूल्यवान यंत्रों से काम करके नहीं बल्कि साधारण हिसाब तथा प्रेषण से भी आ सकती है। अपनी स्वतंत्र वृत्ति के कारण हॉल्डेन ने अनेक व्यक्तियों का विरोध मोल लिया और इसका एकमात्र कारण यही था कि वे अन्याय अथवा सरकारी बाधाओं को चुपचाप सहन नहीं कर सकते थे।

प्रो. हॉल्डेन हिंदूधर्म, दर्शनशास्त्र, रहन-सहन और अहिंसा के सिद्धांत और गीता से काफी प्रभावित थे। भारत में बसने के पीछे उनका उद्देश्य छिपा था। वे जानते थे कि भारत विविध जंतुओं और वनस्पति संपदा से संपन्न है और जीव विज्ञान पर अनुसंधान के लिए इससे उत्तम स्थान उन्हें अन्यत्र नहीं मिल सकता है। भारत आकर वह पूरे भारतीय हो गए। धोती-कुर्ता पहनना उन्हें खूब भाता था। शाकाहारी भोजन उन्हें प्रिय था।

उनकी जन्म शताब्दी के अवसर पर उनके सम्मान में मानव-शरीर-रचना विभाग (डिपार्टमेंट ऑफ एंथ्रोपोलोजी), उत्कल विश्वविद्यालय, भुवनेश्वर ने २२ से २५ जनवरी, १९९२ तक एक अंतरराष्ट्रीय संगोष्ठी का आयोजन किया जिसमें उनके भारतीय एवं विदेशी मित्रों ने उनके साथ बिताए क्षणों को याद किया। इस अवसर पर एक स्मारिका भी प्रकाशित की गई।

प्रो. हॉल्डेन की धर्मपत्नी डॉ. हेलेन स्पर्के भी जीवविज्ञानी थीं। उन्होंने भी ड्रॉसोफिला, रेशमकीट आदि कीटों की आनुवंशिकी पर अनुसंधान किए। प्रो. हॉल्डेन की मृत्यु के उपरांत श्रीमती हॉल्डेन हैदराबाद चली गईं। १९७८ ई. में उनकी मृत्यु हो गई। इस प्रकार एक महान् वैज्ञानिक की जोड़ी का अंत हुआ।

कुशल जीव वैज्ञानिक होने के कारण प्रो. हॉल्डेन ने 'चिल्का झील' में 'पक्षी आव्रजन' (बर्ड माइग्रेशन) पर काफी अध्ययन किया। उनकी याद में उड़ीसा कृषि एवं तकनीकी विश्वविद्यालय में हॉल्डेन हॉल का निर्माण कराया गया है जिसमें उनकी मूर्ति और दूसरे कक्ष में उनका एक बड़ा तैल-चित्र रखा गया है जो उनके कार्यों की सदा याद दिलाता रहेगा। प्रो. हॉल्डेन कभी सेवा-निवृत्त नहीं हुए। उन्होंने अपना समस्त जीवन वैज्ञानिक अनुसंधान को समर्पित कर दिया और भावी पीढ़ियों के लिए कई महत्त्वपूर्ण अनुसंधानों का मार्ग खोल दिया। दीक्षा बिष्ट के शब्दों में, "एक रोबदार व्यक्तित्व, जिसके गुस्से से लोग काँपते थे, डरते थे, अंदर से कितना सरल और खोजपूर्ण दृष्टि रखता था, वही जान पाया जो उनके संपर्क में आया। एक ऐसा व्यक्ति जो स्वयं वैज्ञानिक तो था ही और उसकी प्रयोगशाला भी स्वयं में निहित थी, यानि शरीर-क्रिया-विज्ञान (फिजियोलोजी) के सारे प्रयोग उसने अपने स्वयं के शरीर पर किए।" उनके जीवनी लेखक रोनाल्ड क्लार्क ने ठीक ही लिखा है, "मरण में भी हॉल्डेन अपने जीवन के प्रति सच्चे थे।" (In death, Holdain was true to his life).

अयोध्यानाथ खोसला

श्री अयोध्यानाथ खोसला का जन्म ११ दिसंबर, १८९२ को पंजाब में हुआ था। उन्होंने सन् १९१६ में डी.ए.वी. कॉलेज, लाहौर से बी.ए. (ऑनर्स) परीक्षा उत्तीर्ण की। उसके पश्चात् उन्होंने टामसन सिविल इंजीनियरिंग कॉलेज, रुड़की (अब रुड़की विश्वविद्यालय) से सी.ई. (ऑनर्स) परीक्षा उत्तीर्ण की।

श्री खोसला ने अनेक महत्त्वपूर्ण पदों पर कार्य किया। सन् १९४३ से १९४५ तक वे पंजाब में सिंचाई विभाग के चीफ इंजीनियर रहे। सन् १९४५ से १९५३ तक वे केंद्रीय जल एवं विद्युत् आयोग के अध्यक्ष तथा सन् १९५३ में भारत सरकार के सिंचाई एवं विद्युत् मंत्रालय में विशेष सचिव रहे। सन् १९५४ से १९५९ तक वे रुड़की विश्वविद्यालय के उपकुलपति तथा सन् १९५८ से १९५९ तक संसद्-सदस्य रहे। सन् १९५९ से १९६२ तक वे योजना आयोग के सदस्य तथा सन् १९६० से १९६२ तक भारतीय विज्ञान संस्थान के अध्यक्ष रहे। सन् १९६२ से १९६३ तक उन्होंने उड़ीसा के राज्यपाल पद को सुशोभित किया था। वह अनेक नदी घाटी योजनाओं के सलाहकार मंडलों के अध्यक्ष रहे तथा सन् १९५० में अंतरराष्ट्रीय सिंचाई तथा जल-विकास आयोग के संस्थापक अध्यक्ष और सन् १९५४ से अवैतनिक अध्यक्ष रहे।

सन् १९५५ में भारत सरकार ने श्री खोसला को पद्मभूषण से अलंकृत किया। सन् १९५६ में रैनसैलर पोलीटेकनिक इंस्टीट्यूट अमेरिका ने उन्हें सम्मानार्थ डॉक्टरेट (इंजीनियरिंग) की उपाधि प्रदान की। इसी प्रकार सन् १९५९ में भी वहीं के एक अन्य विश्वविद्यालय ने उन्हें सम्मानार्थ डॉक्टरेट (इंजीनियरिंग) की उपाधि प्रदान की। सन् १९६१ में पंजाब विश्वविद्यालय ने उन्हें डी. एस-सी. (इंजीनियरिंग) की उपाधि प्रदान की।

डॉ. खोसला ने कई महत्त्वपूर्ण ग्रंथ लिखे; उदाहरणार्थ (१)—लैवलिंग ऑफ प्रिसीजन एक्रास रिवर्स (सन् १९२०), (२) प्रेसर ऑब्जर्वेशन अंडर डाम्सवेयर्स एंड बैरेजेज (सन् १९२७), (३) प्रीकास्ट रिइनफोर्स्ड कंकरीट थ्रू रूपस (सन् १९२७), (४) डिजायन ऑफ वीयर्स ऑन पर्मीएथिल फाउंडेशंस (सन् १९३६), (५) सिल्टिंग ऑफ रिजर्वायर्स (सन् १९३२) और (६) रेनफाल एंड रन ऑफ (सन् १९४९)।

यदि व्हाइटहैड का कथन कि धर्म वह क्रिया है जो एकांत में की जाए, सत्य है तो खोसला का धर्म व्यावहारिक द्रव-इंजीनियरी अर्थात् 'एप्लाइड हाइड्रोक्लिस' है, जो इंजीनियरी की अत्यंत महत्त्वपूर्ण शाखा है; क्योंकि उसका संबंध हमारे तेजी से घटते जा रहे जल साधनों का संरक्षण और उपयोग की मूल समस्या से है। खोसला का अनुमान है कि स्वतंत्रता से पूर्व और पश्चात् निर्मित बाँधों, जलाशयों, बाढ़ सुरक्षा एवं सिंचाई कार्यों के बावजूद हम अब भी कठिनाई से अपनी नदियों के औसत वार्षिक जल-प्रवाह का ६ प्रतिशत ही प्रयोग कर पाते हैं तथा शेष ९४ प्रतिशत जल व्यर्थ जाता है। मानसून के समय स्थिति और बिगड़ जाती है जिसका परिणाम होता है सूखा और बाढ़। ४० वर्ष पूर्व इस समस्या से द्रवित होकर खोसला ने अपने तकनीकी कार्य का उद्देश्य इस समस्या का समाधान करना बना लिया था। यदि हम कभी पानी की इस बरबादी को रोकने में सफल हुए तो इसका श्रेय खोसला और उनके सहयोगियों तथा शिष्यों को मिलेगा। उनके दो मूलभूत कार्यों (१) द्रव इंजीनियरी, और (२) इसका निकट संबंधी जल विद्या के आधार पर उनके संपूर्ण ज्ञान का अनुमान लगाया जा सकता है।

द्रव-इंजीनियरी का अर्थ इंजीनियरिंग की वह शाखा है, जो जल सप्लाई के आर्थिक विकास में तरल-यांत्रिकी के सिद्धांतों को व्यवहार में लाती है। आमलर, बर्नोली, नेवियर, स्टोक्स तथा उनके अन्य उत्तराधिकारियों ने तरल-यांत्रिकी को 'चरम' या 'आदर्श' द्रवों के अध्ययन में बदल दिया; जबकि वास्तविक संसार के तरलों से उनका कोई संबंध नहीं था। आयलर के तरल गति समीकरण के बाद एक और नई पहेली सामने आई जिसे डी-अर्लेबर्ट की पहेली कहते हैं, जो इसलिए पैदा हुई कि जल-गतिकीय सिद्धांत से यह ऐसा होता मालूम हुआ कि कोई भी वस्तु यदि तरल के एकसार बहाव में पूरी डुबो दी जाए तो उसको किसी प्रतिरोध का सामना नहीं करना पड़ेगा। जल-गतिकीय सिद्धांत प्रयोगात्मक वास्तविकता से मेल नहीं खाता। द्रव-इंजीनियरी का उद्देश्य वास्तविक समस्या का हल निकालना था। लेकिन कोई सैद्धांतिक आधार न होने के कारण 'द्रव-इंजीनियरी' केवल देखे गए तथ्यों का संग्रह बनकर रह गई।

तरल-यांत्रिकी के दो भागों—व्यावहारिक जल इंजीनियरी और सैद्धांतिक अभ्यासों—में विभाजन से एक दुर्भाग्यपूर्ण परिणाम निकला। इसके कारण इस शताब्दी के शुरू में निर्मित बाँधों की डिजायन में गंभीर कमजोरी आ गई। इस विफलता से बाँधों की रूपरेखा में कुछ अनुसंधान शुरू हुआ और जल-इंजीनियरी विधि के स्थान पर एक नई विधि ब्लाईक्रीप सिद्धांत अपनाई गई, जिसके अनुसार—(१) किसी बाँध में

खराबी उसके नीचे की भूमि से गुजरनेवाले पानी के बहाव के धसकने और/अथवा उठने के कारण होती है। (२) बहाव-मार्ग की लंबाई उठान-दबाव को कम करने में उतनी ही लंबाई के लिए सक्रिय होती है चाहे वह सीधा बहाव हो, चाहे खड़ा। इन निष्कर्षों से बाँधों की रूपरेखा बनाना सरल हो गया।

द्रव-इंजीनियरी की यह स्थिति खोसला के बड़े होने के समय थी। उन्होंने ब्लाई सिद्धांत पर किए गए कुछ कार्यों को स्थिर और शेष को ढहा हुआ पाया। इस बात के परीक्षण के लिए उन्होंने सन् १९२६ में ऊपरी चिनाब नहर के नीचे कुछ खराब हो रहे साइफनों के तलों में कुछ दबाव पाइप डाले। ब्लाई की धारणा के मुकाबले दबाव की प्रेक्षित संख्या बहुत पृथक् थी, और इस प्रकार वह गलत सिद्ध हुई।

खोसला ने इसको हल करने में बड़ी सूझ दिखाई। उन्होंने समस्या को दो भागों में विभाजित किया—(१) खिसकने के कारणों की खोज, और (२) भूमिगत जल के उठान-दबाव का मूल्यांकन। पहले भाग को सुलझाने में उन्होंने तलोच्छेदन के कारणों के संबंध में प्रचलित विचारों का निरीक्षण किया, जिनके अनुसार यह 'पाइपिंग' के कारण समझा जाता था। यह पानी के वेग के कारण नीचे की भूमि के कटाव के कारण होता था। खोसला ने इस सिद्धांत को अपूर्ण बतलाते हुए भूमिगत पानी के बहाव के दबाव का सही नियम निकाला। उन्होंने दिखलाया कि द्रव बहाव की निरंतरता का आयलर और लाप्लास का सुप्रसिद्ध समीकरण बन जाता है कि दबाव दर पानी के बहाव की दिशा में गिरती है। दबाव नियम संबंधी इस खोज का महत्त्व गुरुत्वाकर्षण, विद्युत् चुंबकीय सिद्धांत, तापीय बहाव आदि में है। इस प्रकार खोसला ने बाँधों की रूपरेखा निर्माण का अधिक विश्वस्त आधार खोज निकाला। उन्होंने अनेक मानक रूप निकाले जिन्हें इंजीनियर केवल चार्टों, तालिकाओं आदि को देखकर किसी विशिष्ट समस्या को हल करने में प्रयोग कर सकते थे। यह संपूर्ण अनुसंधान ९ वर्ष में पूरा हुआ जिसका परिणाम खोसला ने अपनी पुस्तक 'डिजाइन्स ऑफ वीयर्स ऑन पर्मीएबल फाउंडेशंस' में प्रकाशित किया, जबकि कंप्यूटरों को कोई जानता भी नहीं था।

जल विद्या में मूलभूत धारण जल-चक्र है, जिसमें समुद्र से भाप बननेवाला पानी वायु द्वारा महाद्वीपों तक ले जाया जाता है तथा वर्षा और बर्फ के रूप में बरसता है। इस प्रकार सौर ऊर्जा समुद्र के जल को छानने का काम करती है और शेष ताजा जल को भूमि पर वितरित करती है जिससे पौधों और मानव का जीवन विकसित होता है। जल-वैज्ञानिक को यह जानना आवश्यक है कि किसी विशेष जलग्रह क्षेत्र में कुल कितना पनी जमा होता है और उसका कितना अंश धरातल पर धारा के रूप में बहता है। खोसला ने देखा कि अनेक समीकरण विद्यमान हैं, किंतु कोई भी समीकरण दो नदी-थालों (बेसिनों) के लिए सही नहीं बैठता। वर्षा के अपवाह द्वारा हुई हानि L केवल तापमान के कारण है, यह मानकर खोसला ने अमेरिका, भारत तथा अन्य देशों में वर्षा, तापमान और अपवाह संबंधी उपलब्ध सूचनाओं के अध्ययन के आधार पर आगे लिखा

समीकरण बनाया—

$$L=\frac{T-३२}{९.५}$$

जहाँ L इंचों में औसत मासिक हानि है और T औसत मासिक तापमान फैरनहीट में है। खोसला ने यह भी मत स्थिर किया कि उनका यह सूत्र हिमांक के पास तापमानों के लिए जैसे ४०° फैरनहीट के नीचे वैध नहीं है।

खोसला ने वर्षा-अपवाह संबंध को विशुद्ध रूप से जलवायु का कार्य बतलाया और वह भी एक प्राचल (पैरामीटर) अर्थात् परिणत ताप (एम्बिएट टैम्प्रेचर) का। ऐसा करने के लिए हमें जलवायु विज्ञान अथवा मौसम के सिद्धांत से शुरू करना होगा। दुर्भाग्य से यह विज्ञान खगोल विद्या के समान ही प्रारंभिक है। मौसम की भविष्यवाणी में दो कठिनाइयाँ आती हैं—(१) अंतिम समीकरण जटिल होते हैं, और (२) प्रणाली की प्रारंभिक परिस्थितियों की जानकारी का अभाव। इसके लिए पृथ्वी की वायुमंडल, मेघ आवरण, समुद्री धाराओं, सूर्य से प्राप्त कुल ताप संतुलन आदि की प्रारंभिक जानकारी संपूर्ण पृथ्वी पर ज्ञात होना आवश्यक है। हम केवल उन स्थानों की जानकारी प्राप्त करते हैं जहाँ मौसम प्रेषण केंद्र होते हैं।

खोसला ने सन् १९४० में पंजाब में भाखड़ा बाँध योजना पर अध्ययन शुरू किया। उस समय उन्होंने जो सूत्र निकाला, वह ५ वर्ष बाद हीराकुड बाँध योजना के लिए महानदी के अपवाह तथा कोसी नदी के अपवाह को ज्ञात करने में प्रयोग किया गया। भारत, अमेरिका तथा अन्य देशों में कई जलग्रह क्षेत्रों में भली प्रकार काम हुआ है। इनका क्षेत्रफल २५ वर्गमील से एक लाख वर्गमील रहा है और इनकी भूगर्भिक संरचना, जलवायु संबंधी परिस्थितियाँ, ढलानें, १५ इंच से ६० इंच वर्षा तथा औसत मासिक तापमान ४०° F से ८२° F तक जैसे व्यापक अंतर रहे हैं। इन पुष्टियों के उपरांत भी खोसला का यही कथन है कि उनका सूत्र किसी सार्वत्रिक सूत्र के 'निकटतम' 'प्रतीत' होता है।

खोसला प्रयोगात्मक आँकड़ों के शोर में भी संकेत की पहचान कर सकते हैं। उनके इस संकेत-शोर अनुपात की पहचान ने ही उनको जटिल प्रयोगात्मक आँकड़ों में भी सफल बनाया है। इसका उदाहरण जलाशयों में गाद जमाने की दर मालूम करने के सूत्र की उनकी खोज है। यह ऐसा प्राचल है जो उन सबके लिए महत्त्वपूर्ण है जो पानी की सप्लाई बनाए रखने के लिए जलाशय बनाते हैं। खोसला ने अपनी पुस्तक 'सिल्टिंग ऑफ रिजर्वायर्स' में स्पष्ट किया है कि बाँध की ऊँचाई संग्रह किए जानेवाले पानी की मात्रा से ही नहीं निर्धारित की जानी चाहिए, अपितु इसमें बाँध के जीवनकाल में संभावित गाद-संग्रह से सुरक्षा की पूर्ण व्यवस्था होनी चाहिए। इस सावधानी की अवहेलना से संकट उपस्थित हो सकता है। यदि जलाशय सिंचाई के लिए है और यदि गाद जमा होने से रोकने के लिए पर्याप्त व्यवस्था नहीं है, तो वह सबसे अधिक आवश्यकता के

समय अपनी क्षमता खोनी शुरू कर देगा, जिससे फसल खराब हो सकती है और व्यापक आर्थिक हानि हो जाएगी। यदि जलाशय बाढ़ नियंत्रण के लिए है, तो गाद जमा होने से धीरे-धीरे उसकी बाढ़-सुरक्षा क्षमता घट जाएगी और ग्रामीण क्षेत्रों में बाढ़ का खतरा बढ़ता जाएगा।

खोसला ने गाद की समस्या उसी तरह सुलझाई जिस प्रकार उन्होंने पहले अपवाह के प्रश्न को सुलझाया था। वास्तव में ये दोनों बहुत-कुछ मिलती-जुलती हैं। अपवाह की तरह जलग्रह क्षेत्रों में गाद जमा होना आकार, भू-आकृति, वनस्पति, वर्षा तथा अन्य अनेक बातों पर निर्भर करता है। जब संपूर्ण विश्व के २० जलाशयों में गाद जमा होने के आँकड़ों का सामना करना पड़ा तो उन्होंने देखा कि भू-गर्भिक जलाशय संबंधी तथा अन्य बातें समाप्तप्राय हो जाती हैं और केवल जलग्रह क्षेत्र ही एकमात्र सबसे महत्त्वपूर्ण रह जाता है। इसके अनुसार, उन्होंने गाद जमा होने की दर (R) तथा जलग्रह क्षेत्र (A) के मध्य एक साधारण संबंध स्थापित किया। बहुत विशाल जलग्रह क्षेत्रों में गाद जमा होने की घटना की जाँच अभी जारी है और हमें भविष्य में इसके विषय में पता चलेगा। खोसला ने अपनी प्रतिभा के फलस्वरूप जल-विद्या की प्रगति में बड़ा योग दिया है। वे हमारी नदी-घाटी योजनाओं और उनकी इंजीनियरी के प्रमुख निर्माता बन गए हैं।

प्रशांत चंद महालनबीस

विश्व के सांख्यिकी मानचित्र पर अंकित करने के लिए वैज्ञानिक आंदोलन प्रारंभ करने का श्रेय प्रो. प्रशांत चंद महालनबीस को है। प्रो. महालनबीस ने प्रेसीडेंसी कॉलेज, कलकत्ता में भौतिकी के प्रोफेसर पद पर कार्यरत रहते हुए सांख्यिकी का अध्ययन उस समय शुरू किया था जब पृथक् विषय के रूप में सांख्यिकी से कोई भी परिचित नहीं था। कतिपय विदेशी विद्वानों ने सांख्यिकी पर कार्य शुरू किया, जिनमें इंग्लैंड में आर.ए. फिशर का कार्य प्रशंसनीय था और प्रो. महालनबीस भी उनके प्रारंभिक शिष्यों में से एक थे।

प्रो. महालनबीस का जन्म २९ जून, १८९३ ई. को हुआ था। कलकत्ता विश्वविद्यालय से बी.एस-सी. (ऑनर्स) उत्तीर्ण करने के बाद महालनबीस सन् १९१३ में भौतिकी और गणित का अध्ययन करने के लिए इंग्लैंड के कैम्ब्रिज विश्वविद्यालय में गए जहाँ से उन्होंने सन् १९१५ में एम.ए. की उपाधि प्राप्त की तथा कार्ल पीयर्सन की पत्रिका 'बायोमैट्रिका एंड बायोमैट्रिका टेबल्स' की प्रतियाँ लेकर भारत लौटे, जिनसे उन्हें सांख्यिकी के नव प्रारंभिक विषय का प्रारंभिक ज्ञान प्राप्त हुआ। इस ज्ञान का कालांतर में उन्होंने स्वयं विकास किया। आज सांख्यिकी के क्षेत्र में प्रो. महालनबीस ने अंतरराष्ट्रीय जगत् में इतनी ख्याति अर्जित की है कि उच्च सांख्यिकी की प्रत्येक अंतरराष्ट्रीय पुस्तक में लेखक सूची में उनका नाम तीन बड़ी सफलताओं से संबद्ध पाते हैं— (१) महालनबीस 'दूरी', (२) प्रयोगों की रूपरेखा बनाने में उनका योग तथा बड़े पैमाने के सैंपुल सर्वे, तथा (३) 'नमूने की पड़ताल' का उनका सिद्धांत व व्यवहार।

सांख्यिकी में महालनबीस 'दूरी' का अर्थ है जनसंख्याओं के किसी समूह में दो जनसंख्याओं के बीच 'पृथक्करण' की नाप-जोख। यदि हम अपनी सामान्य सूझबूझ से दो जनसंख्याओं की औसत ऊँचाई के अंतर से उनके बीच के 'फासले' को नापना चाहते हैं, तो हमारे सामने एक बड़ी कठिनाई उस समय आती है जब हम अपनी जनसंख्याओं

के अन्य गुणों जैसे वजन, कमर की मोटाई, सिर की लंबाई आदि को लेते हैं। इस प्रकार हमारे सामने एक गुण के बजाय कद, वजन, मोटाई आदि के अनेक औसतों का समूह आ जाता है। समस्या यह है कि इतने अधिक औसत अंतरों से हम किस प्रकार 'अलगाव' का नाप निकाल सकते हैं। महालनबीस ने इसका हल निकालने का एक सुंदर तरीका निकाला। महालनबीस 'दूरी' से इस अंतर का माप निकाला जा सकता है, जबकि अन्य परीक्षाओं में केवल इतना कह दिया जाता है कि दोनों समूहों में अंतर बहुत है।

सन् १९२५ में जब महालनबीस ने अपना सामान्य 'दूरी' सिद्धांत प्रतिपादित किया, तब उन्होंने ऐसा कार्य प्रारंभ किया जो अंततः प्रयोगों की रूपरेखा बनाने में प्रयुक्त किया गया। वे एक बार संयोगवश कुछ कृषि फार्मों और समानांतर खेतों में बोई गई धान की विभिन्न किस्मों के प्रयोगों की गलतियों में उलझ गए। महालनबीस और रोनाल्ड फिशर ने संयुक्त रूप से प्रयोगशाला और खेतों में किए गए प्रयोगों में अंतर को मालूम किया।

महालनबीस ने कृषि कार्यकर्ताओं के लिए सांख्यिकीय निबंध लिखे। उनका व्यक्तिगत योग दो मुख्य दिशाओं में रहा। प्रथमतः उन्होंने विशाल स्तर पर सैंपलिंग सिद्धांत एवं व्यवहार का प्रयोग करने की विधि बतलाई। द्वितीयतः उन्होंने सन् १९५८ में फ्रैक्टाइल ग्राफिक अनालिसिस (FGA) विधि निकाली। इससे राष्ट्रीय नमूना सर्वेक्षण में संग्रहीत अनेक आँकड़ों की व्याख्या में सहायता मिली। सैंपलिंग सिद्धांत और व्यवहार को समझने के लिए यह जान लेना आवश्यक है कि सैंपलिंग किसी सामग्री का कोई हिस्सा है, जो सारी सामग्री का प्रतिनिधित्व करता है। महालनबीस ने पाया कि कृषि सर्वेक्षणों में वास्तविक गिरावट कहीं कम थी। उन्होंने वास्तविकता और अनुमान में इस अंतर का कारण यह बतलाया कि एक ही क्षेत्र के प्लाटों में किसी विशेष फसलवाली भूमि का अनुपात सांख्यिकीय रूप से निर्भर नहीं, बल्कि एक-दूसरे से संबद्ध होता है।

महालनबीस का यह दृढ़ विश्वास है कि इंजीनियरी की भाँति सांख्यिकी भी एक व्यावहारिक विज्ञान है, किंतु यह भी गणित पर निर्भर रहता है। उन्होंने भारतीय सांख्यिकी संस्थान में अपने अनेक सहयोगियों को सांख्यिकी पर अनुसंधान हेतु प्रोत्साहित किया।

महालनबीस का कार्य-क्षेत्र केवल सांख्यिकी तक ही सीमित नहीं था। उन्होंने अन्य क्षेत्रों में भी कार्य किया। उन्होंने बंगाल में राजा राममोहन राय और रवींद्रनाथ टैगोर के नाम से संबद्ध सामाजिक, सांस्कृतिक और बौद्धिक आंदोलनों में भाग लिया। उन्होंने जैन धर्म के स्याद्वाद तथा आर्थिक सिद्धांतों का अध्ययन किया। उनके दो और चार सेक्टर मॉडल बहुत प्रसिद्ध हैं जो राष्ट्रीय अर्थव्यवस्था के विभिन्न अंगों में अधिकतम लागत ज्ञात करने के लिए प्रयुक्त किए जाते हैं। पं. जवाहरलाल नेहरू

आर्थिक विकास के प्रश्नों पर महालनबीस से परामर्श लेते थे। सन् १९५६ में महालनबीस ने भारत सरकार को द्वितीय पंचवर्षीय योजना की रूपरेखा प्रस्तुत की थी।

महालनबीस सन् १९१५ से सन् १९२२ तक कलकत्ता विश्वविद्यालय में भौतिकी के प्रोफेसर रहे। वह १९२२ से १९४५ तक कलकत्ता विश्वविद्यालय में भौतिक विभाग के अध्यक्ष रहे। सन् १९३१ में वे भारतीय सांख्यिकी संस्थान, कलकत्ता के निदेशक रहे। सन् १९४५ से १९४७ तक वे कलकत्ता विश्वविद्यालय में स्नातकोत्तर सांख्यिकी विभाग के अध्यक्ष रहे। सन् १९४५ से १९४८ तक वे प्रेसीडेंसी कॉलेज, कलकत्ता के प्रिंसिपल रहे। १९४८ में वे कलकत्ता विश्वविद्यालय में एमेरिटस प्रोफेसर रहे। १९४९ ई. में वे भारत सरकार के अवैतनिक सांख्यिकी सलाहकार तथा सन् १९५५ में भारत सरकार के योजना आयोग के सदस्य रहे।

महालनबीस सन् १९३३ में इंडियन जर्नल ऑफ स्टेटिस्टिक्स—'संख्या' के संस्थापक-संपादक, बायोमीट्रिक सोसाइटी के उपाध्यक्ष, सन् १९४७ से १९५१ तक सांख्यिकी सैंपलिंग के राष्ट्रसंघीय उप-आयोग के अध्यक्ष, सन् १९५० में भारतीय विज्ञान कांग्रेस के अध्यक्ष, सन् १९५२ में सांख्यिकीविदों की ईकाफे कांग्रेस के अध्यक्ष, सन् १९५४ में राष्ट्रसंघीय सांख्यिकी आयोग के अध्यक्ष, सन् १९५७ में अंतरराष्ट्रीय सांख्यिकी संस्थान के अवैतनिक अध्यक्ष, सन् १९४५ में रॉयल सोसाइटी के फैलो, कला व विज्ञान की विश्व अकादमी के फैलो, किंग्स कॉलेज, कैम्ब्रिज विश्वविद्यालय के फैलो तथा भारतीय विज्ञान अकादमी के फैलो रहे।

प्रो. महालनबीस को अनेक विश्वविद्यालयों ने डी.एस-सी. की उपाधि से सम्मानित किया था। सन् १९४४ में ऑक्सफोर्ड विश्वविद्यालय ने उन्हें वैल्डन पदक एवं पुरस्कार तथा सन् १९५७ में कलकत्ता विश्वविद्यालय ने सर्वाधिकारी पदक प्रदान किया था। सन् १९६८ में भारत सरकार ने उन्हें पद्मविभूषण से अलंकृत और सम्मानित किया।

मेघनाद साहा

मेघनाद साहा भारत के महान् वैज्ञानिकों तथा यशस्वी शिक्षकों में गिने जाते हैं। वे उच्चकोटि के वैज्ञानिक और भारत देश के गौरवशाली पुत्र थे। वे केवल भारत के ही सुप्रसिद्ध वैज्ञानिक नहीं थे बल्कि उनकी गिनती संसार के बड़े वैज्ञानिकों में थी।

मेघनाद साहा का जन्म ६ अक्तूबर, १८९३ ई. को पूर्वी बंगाल (वर्तमान बंगला देश) में ढाका जिले में कनसाइ नदी के किनारे शेबड़ाताली (सेउड़ातली) नामक एक छोटे-से गाँव में हुआ था। वह बहुत ही गरीब परिवार में उत्पन्न हुए थे तथा अपने माता-पिता की पाँचवीं संतान थे। उनके पिता जगन्नाथ साहा अपने गाँव में पंसारी की एक साधारण दूकान चलाते थे। उनकी आमदनी बहुत ही कम थी, किंतु उनकी माता भुवनेश्वरी देवी गृहकार्य में इतनी निपुण थीं कि घर में किसी वस्तु का अभाव मालूम नहीं होता था। जगन्नाथ प्रसाद के आठ संतानें थीं। आठ संतानों का भरण-पोषण उनके पिता के लिए बहुत कठिन था। इस कारण साहा परिवार बहुत दरिद्रता में दिन काट रहा था। पिता की आय कम होने से आठ संतानों को पढ़ाना-लिखाना संभव नहीं था।

मेघनाद की प्रारंभिक शिक्षा उनके गाँव शेबड़ाताली की प्राथमिक पाठशाला में हुई। जब वे पाठशाला में व्यस्त न होते, तब अपने पिता के साथ दूकान का काम भी करना पड़ता था। वह नंगे पैर स्कूल जाते, क्योंकि उनके पास जूते नहीं थे। फिर भी प्राथमिक विद्यालय के शिक्षक मेघनाद की बुद्धि और परिश्रम से बड़े ।भावित थे। उनके पास विलक्षण बुद्धि थी जिसे देखकर उनके प्राध्यापक चकित रह गए। वह जो पढ़ता, उसे याद हो जाता। परीक्षा में वह पूरे जिले में प्रथम आया।

बाद में उन्हें शेबड़ाताली से सात मील दूर सिमुलिया गाँव के मिडिल स्कूल में भरती कराया गया। बालक मेघनाद को प्रतिदिन १४ मील पैदल चलना पड़ता था। यह सरल नहीं था। अतः मेघनाद के बड़े भाई जयनाथ ने सिमुलिया के डॉक्टर श्री अनंत कुमार दास से मिलकर मेघनाद के ठहरने का प्रबंध करा दिया। इस कृपा के लिए

मेघनाद ने डॉक्टर दास को जीवन-भर कृतज्ञता के साथ याद रखा। वह उनके घरेलू काम में मदद करता और उनकी गाय की भी देखभाल करता।

बड़ी कठिनाई से शिक्षा ग्रहण करते हुए मेघनाद ने सिमुलिया में भी अपनी तेज बुद्धि के चमत्कार दिखाए। गणित में तो वे तेज थे ही, यहाँ उन्हें और अधिक प्रोत्साहन मिला। सन् १९०५ की मिडिल की परीक्षा में वे पूरे स्कूल में ही नहीं, बल्कि पूरे ढाका जिले में प्रथम आए। सरकारी छात्रवृत्ति से पैसे की समस्या भी उन्होंने स्वयं हल कर ली।

सन् १९०५ में मेघनाद साहा १३ वर्ष से भी कम आयु में ढाका के कॉलेजिएट स्कूल में भरती हुए और उन्होंने अपनी पढ़ाई इतनी अच्छी तरह की कि उनकी फीस माफ हो गई और उन्हें छात्रवृत्ति भी मिली। सन् १९०५ का वर्ष राष्ट्रीयता के विकास और भारतीय स्वतंत्रता संग्राम के लिए विशेष महत्त्व का था। इसी वर्ष जनता और छात्रों ने हड़ताल कर बंग-भंग का विरोध किया। स्वदेश आंदोलन भी शुरू हुआ। बंगाल के गवर्नर सर बेंपफील्ड फुलर के स्कूलों और कॉलेजों के दौरे पर आने पर छात्रों ने उनके स्वागत-समारोह में भाग नहीं लिया और बंग-भंग के विरुद्ध असहयोग एवं विरोध प्रकट करने के लिए हड़ताल कर दी तथा कक्षाओं में नहीं गए। तब गवर्नर ने नाराज होकर मेघनाद और अन्य बहुत-से लड़कों को स्कूलों और कॉलेजों से निकाल दिया तथा उनकी छात्रवृत्ति भी बंद कर दी। इससे मेघनाद फिर मुसीबत में पड़ गए। इस मुसीबत को ढाका के किशोरीलाल जुबली स्कूल नामक प्राइवेट संस्था ने हल कर दिया। मेघनाद को स्कूल में प्रवेश दे दिया गया और साथ में छात्रवृत्ति भी। उनके भाई जयनाथ ने भी उनकी थोड़ी आर्थिक सहायता की। तब कहीं वे अपनी पढ़ाई फिर शुरू कर सके। इतिहास, संस्कृति, विज्ञान और ज्योतिष का ज्ञान प्राप्त करने के उद्देश्य से मेघनाद ने हिंदू, ईसाई, इस्लाम, बौद्ध और जैन धर्मों का अध्ययन किया था। बप्टिस्ट मिशन द्वारा आयोजित अखिल बंग बाइबल परीक्षा में मेघनाद प्रथम आए तथा उन्हें एक सुंदर जिल्द बँधी बाइबल और सौ रुपए पुरस्कार में मिले। मेघनाद ने अपनी तीव्र स्मरणशक्ति और बुद्धि से स्कूल के अध्यापकों को मुग्ध कर दिया। इसी स्कूल से सन् १९०९ में कलकत्ता विश्वविद्यालय की एंट्रेंस (मैट्रिकुलेशन) परीक्षा में सारे पूर्वी बंगाल में मेघनाद ने प्रथम श्रेणी में प्रथम स्थान प्राप्त किया। अंग्रेजी, बंगाली और संस्कृत में उन्हें सबसे अधिक अंक प्राप्त हुए तथा गणित में भी उनका स्थान प्रथम रहा। सन् १९११ में मेघनाद ने ढाका कॉलेज के छात्र के रूप में ढाका विश्वविद्यालय से भौतिकी, रसायन विज्ञान, गणित और जर्मन भाषा में इंटरमीडिएट परीक्षा प्रथम श्रेणी में उत्तीर्ण की। इस परीक्षा में उन्होंने गणित और रसायन विज्ञान में प्रथम स्थान प्राप्त किया, परंतु कुल जोड़ में उन्हें तृतीय स्थान मिला। जर्मन भाषा उन्होंने रसायन विज्ञान के प्रोफेसर डॉ. नगेंद्रनाथ सेन से सीखी। उनके अन्य प्रमुख शिक्षक गणित के प्रोफेसर के.पी. बसु थे। प्रिंसिपल आर्चीबाल्ड ने भी मेघनाद में एक महान् वैज्ञानिक के लक्षण देखकर कॉलेज के बहुत

दिनों बाद तक पत्र-व्यवहार द्वारा उनका पथ-प्रदर्शन किया।

अब, मेघनाद साहा प्रेसीडेंसी कॉलेज, कलकत्ता में पढ़ने लगे। सन् १९१३ में उन्होंने कलकत्ता विश्वविद्यालय से गणित में बी.एस-सी. ऑनर्स प्रथम श्रेणी में द्वितीय स्थान सहित किया। उनके प्रमुख कॉलेज सहपाठी सत्येंद्रनाथ बोस, निखिल रंजन सेन, जे.सी. घोष, जे.एन. मुकर्जी थे जो कालांतर में विभिन्न विश्वविद्यालयों में विख्यात प्रोफेसर बने। प्रशांत चंद्र महालनबीस और नील रतन धर आदि मेघनाद से आगे थे, जबकि शरत्‌चंद्र बोस उनके समकालीन और नेताजी सुभाषचंद्र बोस उनसे तीन साल पीछे थे। मेघनाद ने सन् १९१५ में कलकत्ता विश्वविद्यालय से गणित में एम.एस-सी. परीक्षा प्रथम श्रेणी एवं द्वितीय स्थान सहित उत्तीर्ण की।

मेघनाद साहा के अध्यापकों में प्रमुख थे विश्वप्रसिद्ध वैज्ञानिक सर जगदीशचंद्र बसु, सर प्रफुल्लचंद्र राय और डी.एन. मल्लिक।

परिवार की आर्थिक स्थिति तो खराब थी ही, अतः विश्वविद्यालयीन शिक्षा समाप्त करने के बाद मेघनाद ने नौकरी की सोची। यहाँ भी भाग्य ने साथ नहीं दिया। उन्होंने भारतीय वित्त सेवा परीक्षा में बैठने का विचार किया, किंतु ब्रिटिश सरकार ने उन्हें बैठने की अनुमति नहीं दी। इसका कारण उनके क्रांतिकारियों से संबंध होना बताया गया। उनके क्रांतिकारी मित्रों में नेताजी सुभाषचंद्र बोस, बाघ यतींद्रनाथ मुकर्जी, और व्यायाम पंडित पुलिन दास थे। श्रद्धेय डॉ. राजेंद्रप्रसाद तथा नेताजी सुभाषचंद्र बोस ने मेघनाद को अति निकटता से प्रभावित किया था। इस प्रकार इस क्रांतिदलीय संपर्क के प्रभाव ने मेघनाद के लिए परिवार की सहायतार्थ अर्थोपार्जन हेतु भारतीय वित्त सेवा (इंडियन फाइनेंस सर्विस—Indian Finance Service) में पहुँचने के मार्ग बंद कर दिए। तथापि वह अवरोध अंततः साधक और साध्य दोनों ही के लिए वरदान सिद्ध हुआ, क्योंकि विज्ञान से साहा को और साहा से विज्ञान को परस्पर कृत्कृत्य जो होना था, वह भिन्न क्षेत्रों में कदाचित् न हो पाता। इस प्रकार मेघनाद को सरकारी नौकरी नहीं मिली; किंतु निराश होना तो उन्होंने सीखा नहीं था। कलकत्ता शहर के शाम बाजार और भवानीपुर क्षेत्र में रहनेवाले दो-तीन छात्रों को प्राइवेट ट्यूशन पढ़ाकर वे अपना खर्च चलाने लगे। इस कार्य के लिए उन्हें प्रतिदिन काफी दूर जाना पड़ता था तथा अपने पास अधिक पैसा न होने के कारण वे पैदल जाते अथवा साइकल से आते-जाते थे। इस प्रकार एक वर्ष तक वे बहुत संघर्ष में रहे।

सन् १९१६ में कलकत्ता विश्वविद्यालय के उपकुलपति प्रो. आशुतोष मुकर्जी ने मेघनाद साहा को विश्वविद्यालय के गणित विभाग में प्रवक्ता नियुक्त किया, किंतु मेघनाद की विभागाध्यक्ष प्रो. गणेशप्रसाद से निभ न सकी। अतः मेघनाद को भौतिकी विभाग में स्थानांतरित कर दिया गया। भौतिकी में स्नातक होते हुए भी उन्होंने कठिन परिश्रम करके तथा अपनी विलक्षण प्रतिभा के बल पर स्नातकोत्तर छात्रों को बड़ी निपुणता से पढ़ाया और शीघ्र की भौतिकी के एक अच्छे अध्यापक सिद्ध हुए। उन्होंने

केवल पढ़ाने के लिए ही नहीं, अपितु भौतिकी में अनुसंधान करने के लिए गहन अध्ययन किया। इसमें उनका जर्मन भाषा-ज्ञान बड़ा सहायक रहा। उन्होंने जर्मन भाषा में छपे हुए आइंस्टाइन के आपेक्षिक सिद्धांत का अध्ययन किया तथा सत्येंद्रनाथ बोस के साथ मिलकर उसका अंग्रेजी में सर्वप्रथम अनुवाद किया, जिसे कलकत्ता विश्वविद्यालय ने १९१९ ई. में प्रकाशित किया था।

कलकत्ता विश्वविद्यालय में स्नातकोत्तर कक्षा के छात्रों को भौतिकी पढ़ाने के साथ-साथ मेघनाद साहा जर्मन भाषा का भी अध्ययन करते रहे। वह भाषाज्ञान साहा को बड़ा उपयोगी सिद्ध हुआ, क्योंकि उस काल के विज्ञान-सर्वोपरि देश जर्मनी के धुरंधर विद्वानों के लेखों और अनुसंधानों का विवरण साहा मूल जर्मन भाषा में पढ़कर ही आत्मसात् कर लेते थे। फलस्वरूप सन् १९१७ में २४ वर्षीय साहा का 'मैक्सवेल स्ट्रेसेज' पर प्रथम शोधपूर्ण लेख विज्ञान की सर्वोच्च पत्रिका 'फिलॉसॉफिकल मैगजीन' में प्रकाशित हुआ। साहा बहुत ही प्रखर बुद्धि के थे। उन्होंने भौतिकी में काफी यश प्राप्त किया।

इसके बाद तो मानो सिद्धियों और प्रशस्तियों के निधि-द्वार साहा के लिए खुलते चले गए। मेघनाद साहा पहले वैज्ञानिक थे जिन्होंने एक बहुत सूक्ष्मग्राही उपकरण बनाया और प्रयोग द्वारा दिखलाया कि जब प्रकाश किसी सूक्ष्म वस्तु पर पड़ता है, तब उस वस्तु पर दाब पड़ता है। उन्होंने इस दाब को नापा, जिससे प्रकाश-दाब का सिद्धांत सिद्ध हो सका। सन् १९१८ में इस कार्य तथा विकिरण दाब की विद्युत् चुंबकीय सिद्धांत पर लिखे शोध-प्रबंध के सम्मान में कलकत्ता विश्वविद्यालय ने मेघनाद साहा को डी. एस-सी. की उपाधि प्रदान की। उस समय उनकी आयु २५ वर्ष थी।

सूर्य में गैसों के परमाणुओं पर असाधारण उष्मा और दाब रहने के कारण वे आवेशित अथवा 'आयनित' हो जाते हैं। इस प्रक्रम को तापीय-आयनन कहते हैं। इस प्रकार साहा ने तारों में तत्त्वों की उपस्थिति जानने का तरीका बतलाया। साहा का तापीय-आयनन का सिद्धांत सन् १९२० में लंदन के फिलॉसॉफिकल मैगजीन में छपा। उस समय उनकी आयु केवल २७ वर्ष थी।

सन् १९१९ में साहा ने हारवर्ड क्लासिफिकेशन ऑफ स्ट्रेलर स्पेक्ट्रा पर अपना शोध-प्रबंध प्रस्तुत कर कलकत्ता विश्वविद्यालय की प्रेमचंद रायचंद छात्रवृत्ति और गुरु प्रसन्न पर्यटनी फैलोशिप प्राप्त कर ली। इस सहायता से वह सन् १९१९ के अंत में यूरोप गए। जिस जहाज से वे जा रहे थे, उसी से अन्य भारतीय वैज्ञानिक तथा आचार्य प्रफुल्लचंद राय भी यात्रा कर रहे थे। अपने मित्र स्नेहमय दत्त की सलाह से साहा इम्पीरियल कॉलेज के प्रोफेसर और वर्णक्रमिकी के विख्यात वैज्ञानिक फाउलर से मिले। उन्हें प्रोफेसर फाउलर, कैम्ब्रिज विश्वविद्यालय में सर जे. जे. टाम्सन तथा जर्मनी में प्रोफेसर नेर्न्स्ट के साथ विचार-विमर्श एवं कार्य करने का गौरव प्राप्त हुआ।

सन् १९२१ में कलकत्ता विश्वविद्यालय के उपकुलपति सर आशुतोष मुकर्जी ने

साहा को तार भेजकर पुनः विश्वविद्यालय में सेवार्थ बुला लिया तथा उनसे भौतिकी पढ़ाने के लिए रवैरा प्रोफेसर के पद पर कार्य करने और कलकत्ता विश्वविद्यालय में अनुसंधान की व्यवस्था करने की प्रार्थना की। तदनुसार साहा ने रवैरा प्रोफेसर ऑफ फिजिक्स पीठिका पर दो वर्षों तक भौतिकी अध्यापन-कार्य संपन्न किया। अलीगढ़ और बनारस विश्वविद्यालय साहा को अपने यहाँ बुलाने को उत्सुक थे। साहा के मित्र डॉ. शांतिस्वरूप भटनागर, प्रो. रसायन विज्ञान, बनारस विश्वविद्यालय की भी इच्छा थी कि साहा बनारस में आ जाएँ, किंतु साहा ने वहाँ कलकत्ता से अधिक शोधकार्य की सुविधा न होने के कारण अस्वीकार कर दिया। भारतीय मौसम विज्ञान के निदेशक सर गिलबर्ट वाकर द्वार कोडाईकनाल वेधशाला में सूर्य के स्पेकट्रम पर अपना कार्य पूरा करने के लिए पूरी सुविधाएँ और अच्छा वेतन देने के आश्वासन के उपरांत भी साहा ने सरकारी पद स्वीकार नहीं किया।

सन् १९२३ में साहा ने कलकत्ता छोड़ दिया और इलाहाबाद विश्वविद्यालय में भौतिकी विभाग का अध्यक्ष पद ग्रहण कर लिया और १५ वर्ष तक उस पद को गौरवान्वित करते हुए अपने खोज-कार्यों द्वारा विज्ञान-व्योम को चकाचौंध करते रहे, यद्यपि इलाहाबाद पुस्तकालय में पुस्तकों की कम संख्या, विभागीय वर्कशाप में मशीनों को चलाने के लिए बिजली का अभाव, प्रयोगशाला में अनुसंधान के उपकरणों का अभाव और गर्म जलवायु आदि कठिनाइयाँ थीं। इस प्रकार उनकी अध्यक्षता में इलाहाबाद विश्वविद्यालय के भौतिकी विभाग में बड़ी उन्नति हुई। उनकी ख्याति विश्वव्यापी हो गई। इसी बीच १९२७ ई. में डॉ. साहा रॉयल सोसाइटी के फैलो (एफ.आर.एस.) चुने गए, जिसके लिए उत्तर प्रदेश के गवर्नर सर विलियम मॉरिस द्वारा भेजे गए बधाई-पत्र के उत्तर में उन्होंने अपने अनुसंधान-कार्य में धन की कमी का उल्लेख किया। फलतः सर विलियम मॉरिस ने उन्हें पाँच हजार रुपए वार्षिक अनुदान स्वीकार किया। सन् १९३५ में रॉयल सोसाइटी ने दो हजार रुपए उन्हें अनुसंधान के लिए उपकरण और औजार खरीदने के लिए दिए। इससे वह तापीय आयनन पर प्रयोगों में प्रगति कर सके। इसके साथ ही उन्होंने एक नई दिशा में आयनमंडल पर अनुसंधान प्रारंभ किया। डॉ. साहा की उत्प्रेरणा से इलाहाबाद में डॉ. गोविंदराम तोषनीवाल, डॉ. रामनिवास राय, डॉ. कल्याण बक्श माथुर, डॉ. रामरत्न वाजपेयी आदि ने काफी महत्त्वपूर्ण अनुसंधान किया।

सन् १९३४ में भारतीय विज्ञान कांग्रेस ने उन्हें अपना अध्यक्ष निर्वाचित किया। सन् १९३७-३८ में डॉ. साहा राष्ट्रीय विज्ञान संस्थान के अध्यक्ष नियुक्त किए गए। सन् १९३६ में साहा को कार्नेगी ट्रैवलिंग फैलोशिप प्रदान की गई।

इलाहाबाद में पंद्रह वर्ष तक कार्य करने के पश्चात् सन् १९३८ में डॉ. मेघनाद साहा कलकत्ता विश्वविद्यालय में भौतिकी की तारकनाथ पालित पीठिका पर प्रोफेसर नियुक्त होकर लौटे। इस बीच में साहा ने जर्मनी की विज्ञान अकादमी की सदस्यता

प्राप्त की। जब सन् १९२७ में इटली ने अपने महानतम वैज्ञानिक वोल्टा की शताब्दी मनाई थी तब वे लोग डॉ. साहा का भी सहयोग प्राप्त करना न भूले थे। सन् १९३३ में डॉ. साहा अमेरिका में हार्वर्ड विश्वविद्यालय के शताब्दी समारोह में सम्मान सहित सम्मिलित हुए थे। कलकत्ता में पालित प्रोफेसर का भार सँभालने पर डॉ. साहा ने अपने अनुसंधान को पूर्णतः नई दिशा में मोड़ा। अब वे परमाणु विज्ञान में अथवा जिसे नाभिकीय भौतिकी कहते हैं, अनुसंधान करने के लिए जुट गए। अंतरिक्ष-किरण अनुसंधान संबंधी प्रयोगशाला बनाकर डॉ. साहा ने परमाणु-अनुसंधान में पहला कदम उठाया। डॉ. साहा ने अपने दो अनुसंधायक छात्रों डॉ. एन. दासगुप्त और पी.सी. भट्टाचार्य को दार्जिलिंग की पहाड़ी पर २१०० मीटर से कुछ अधिक (७००० फीट) ऊँचाई पर अंतरिक्ष किरणों को नापने के लिए भेजा। नाभिकीय भौतिकी में अनुसंधान के लिए आवश्यक साइक्लोट्रॉन प्रतिष्ठापित करने के लिए पं. जवाहरलाल नेहरू, कलकत्ता विश्वविद्यालय, कुछ उद्योगपतियों, टाटा एंड संस ने डॉ. साहा की धन से सहायता की। सन् १९४४ में भारतीय वैज्ञानिक दल के साथ डॉ. साहा सोवियत संघ और अमेरिका गए। साइक्लोट्रॉन को प्रतिष्ठापित करने में डॉ. साहा को डॉ. नागचौधरी, बी.एम. बनर्जी, डॉ. साहा के पुत्र डॉ. अजीतकुमार साहा, कमलेश राय और अन्य युवक वैज्ञानिकों ने सहयोग दिया।

साइक्लोट्रॉन से रेडियो-कैल्शियम और रेडियो-फास्फोरस जैसे कृत्रिम रेडियोधर्मी तत्त्व बनाए जा सकते हैं जिनका उपयोग चिकित्सा में होता है। डॉ. साहा द्वारा संपर्क करने पर 'इंडियन स्कूल ऑफ ट्रापिकल मेडिसन' ने अपने रोगियों को प्रयोगशाला में भेजना आरंभ किया। इस प्रकार के अनुसंधान के लिए एक शक्तिशाली सूक्ष्मदर्शी की नितांत आवश्यकता होती है, क्योंकि ये तत्त्व कैंसर, रक्तश्वेताणमयता (ल्यूकेमिया) और अर्बुद (ट्यूमर) जैसे रोगों से पीड़ित रोगी के रक्त में परिवर्तन कर देते हैं तथा जीवाणु और वाइरस को जन्म देते हैं, जिनकी प्रकृति और कार्यप्रणाली की जाँच भी शक्तिशाली इलेक्ट्रॉन सूक्ष्मदर्शी द्वारा ही संभव होती है। एक लाख रुपए के मूल्य का यह यंत्र—इलेक्ट्रॉन सूक्ष्मदर्शी न तो भारत में उपलब्ध था और न कोई इसका उपयोग करने की प्रक्रिया ही जानता था। इस यंत्र को क्रय करने के लिए डॉ. साहा को केंद्रीय और बंगाल की सरकारों ने और सा.बी. लॉ और बिड़ला जैसे उद्योगपतियों ने धन दान में दिया। डॉ. साहा ने सन् १९४५ में डॉ. एन. दासगुप्त को अमेरिका भेजकर स्टैनफोर्ड विश्वविद्यालय के प्रोफेसर मार्टन की सहायता से इलेक्ट्रॉन सूक्ष्मदर्शी का परिरूप तैयार कराया और मुख्य पुर्जों को स्टैनफोर्ड विश्वविद्यालय के कारखाने में बनवाया।

इस प्रकार डॉ. साहा के प्रयत्नों के फलस्वरूप सन् १९५० में कलकत्ता विश्वविद्यालय के 'यूनिवर्सिटी कॉलेज ऑफ साइंस' के अहाते में प्रसिद्ध 'इंस्टीट्यूट ऑफ न्यूक्लियर फिजिक्स' की स्थापना हुई, जिसका नाम बाद में 'साहा इंस्टीट्यूट ऑफ न्यूक्लियर फिजिक्स' रखा गया। इसका विधिवत् उद्घाटन ११ जनवरी, १९५० ई. को

सुप्रसिद्ध नोबेल पुरस्कार विजेता वैज्ञानिक क्यूरी दंपत्ति की सुपुत्री और नोबेल पुरस्कार विजेता वैज्ञानिक आइरीन जोलियो क्यूरी ने किया। मेघनाद साहा आजन्म इस संस्थान के अवैतनिक निदेशक रहे। साहा ने इस संस्थान में नाभिकीय भौतिकी, न्यूट्रॉन भौतिकी, नाभिकीय रसायन, कण, त्वरित्र आदि क्षेत्रों में गहन अनुसंधान प्रारंभ कराने के साथ-साथ स्नातकोत्तर अध्ययन-अध्यापन भी शुरू किया। इस प्रकार डॉ. साहा ने अपनी विशिष्ट भविष्यदृष्टि और अदम्य उत्साह के फलस्वरूप दो महत्त्वपूर्ण अनुसंधान विभागों की स्थापना की : एक नाभिकीय भौतिकी के लिए और दूसरा जीव-भौतिकी के लिए। आणविक खोजों के प्रारंभिक कार्य के लिए डॉ. साहा का नाम अमर है।

डॉ. साहा सन् १९५२ तक कलकत्ता विश्वविद्यालय में पालित प्रोफेसर ऑफ फिजिक्स के पद को सुशोभित करते रहे। सन् १९५२ से १९५६ तक वे कलकत्ता विश्वविद्यालय में भौतिकी के एमेरिटस प्रोफेसर रहे। सन् १९५० से १९५६ तक वे इंस्टीट्यूट ऑफ न्यूक्लियर फिजिक्स के संस्थापक-निदेशक रहे। सन् १९५५-५६ में वे इंडियन एसोसिएशन फॉर द कल्टीवेशन ऑफ साइंस, कलकत्ता के निदेशक रहे। सन् १९४९ में वे डॉ. सर्वपल्ली राधाकृष्णन् की अध्यक्षता में गठित विश्वविद्यालय आयोग के सदस्य नियुक्त किए गए।

सन् १९२० में डॉ. साहा ने ज्योतिषशास्त्र की एक महान् खोज की। उसमें उन्होंने बड़ी ख्याति पाई। उनकी यह महत्त्वपूर्ण खोज अथवा देन तारकीय वर्णक्रम (स्टेलर स्पेक्ट्रम) से संबंधित थी। उनका सिद्धांत साहा-समीकरण के नाम से विख्यात हुआ। इस प्रकार डॉ. साहा ने बीसवीं शताब्दी में विज्ञान के क्षेत्र में भारत की ओर से एक बहुमूल्य योग दिया।

डॉ. साहा प्रथम व्यक्ति थे जिन्होंने रदरफोर्ड और बोर के सिद्धांतों का उपयोग तारकीय वर्णक्रमों का भेद जानने के लिए किया। उन्होंने तारों के वर्णक्रमों के स्रोत का प्राकृतिक स्पष्टीकरण प्रस्तुत करके इनकी जटिलताओं का स्पष्ट चित्र सामने रखा। तारकीय वर्णक्रम के आदिस्रोत के संबंध में उनका स्पष्टीकरण वास्तव में मौलिक और स्वाभाविक है। उन्होंने निरंतर गरमी से पदार्थों के धीरे-धीरे विघटन की प्रक्रिया का स्मरण किया—पदार्थ गैस में परिवर्तित होते हैं, गैस अणु साधारण पदार्थों में बदलते हैं और ये फिर घटक तत्त्वों में, और अंत में तत्त्वों के अणु परमाणुओं में बदलते हैं। अतः साहा ने सुझाव दिया कि बहुत अधिक तापमान पर ६०००° सेंटीग्रेड या अधिक पर—जो तारों के वातावरण में होता है, तारे के अनेक घटक परमाणु अपने बाह्य उपग्रहीय इलैक्टॉन खो बैठते हैं। उनके इस मौलिक कार्य 'नक्षत्रों के रश्मिचित्रों के भौतिक सिद्धांत' ने उन्हें अंतरराष्ट्रीय ख्याति अर्जित कराई।

साहा का अगला कदम इस प्रकार के मिश्रण पर सुविख्यात गैसों के गतिज सिद्धांत (काइनेटिक थ्योरी) और तापगतिकी के नियमों को लागू करना था।

मुक्त इलेक्ट्रॉनों, आयनों और परमाणुओं के गैसीय मिश्रण पर गतिज सिद्धांत के

संख्यात्मक सूत्रों को लागू करते हुए साहा ने दलील दी कि किसी तत्त्व के परमाणुओं के लिए खंडन या आयनीकरण उच्च तापमान से ही नहीं, बल्कि निम्न दबाव से भी होता है। उच्च तापमानों या निम्न दबावों पर किसी परमाणु की इलैक्ट्रॉन और खंडित भागों में विभाजन की प्रक्रिया अपने आप उस समय तक सतत चलती रहती है, जब तक विभाजन की गति और पुनर्मिलन की गति में संतुलन स्थापित नहीं हो जाता।

साहा का समीकरण इन विचारों का एकमात्र गणितीकरण है। इससे किसी तारकीय वायुमंडल में आयनीकरण का हिसाब लगाया जा सकता है। डॉ. साहा ने किसी तारे और परमाणु के गहरे संबंध को प्रथम बार स्थापित किया। यही आधुनिक तारा-भौतिकी का आधार बन गया।

साहा द्वारा निर्धारित तारों और परमाणुओं का संबंध-सूत्र हमारे दैनिक जीवन से बहुत दूर जान पड़ता है, फिर भी उनका आयनीकरण सिद्धांत हमारे अनेक कामों में उपयोगी है; यथा—रेडियो-तरंगों का प्रेक्षण, ज्वालाओं का संवहन, चापों और विस्फोटक प्रतिक्रियाओं का निर्माण। इस प्रकार सुदूर रेडियो प्रसारण 'केनेली''''हैवीसाइड' पट्टी पर निर्भर करता है, जो समताप मंडल (स्ट्रैटोस्फीयर) से ऊपर पृथ्वी के वायुमंडल में ४० से ४०० मील तक की ऊँचाई पर होती है, जिस पर सूर्य का पराबैंगनी विकिरण वहाँ के वायुमंडलीय परमाणुओं को उनके बाहरी इलेक्ट्रॉनों से पृथक् करता है।

सन् १९३८ में साहा को कलकत्ता विश्वविद्यालय में बोस रिसर्च इंस्टीट्यूट का निदेशक नियुक्त किया गया। उनके महत्त्वपूर्ण आविष्कार हैं—

(१) तापमान सिद्धांत, (२) नॉपजन, (३) वर्णपट विज्ञान, (४) परमाणु की रचना, (५) डाइरेक का परमाए सिद्धांत।

इस प्रकार डॉ. साहा ने ज्योति-भौतिक विज्ञान का विशेष अध्ययन किया और अनेक मौलिक अन्वेषण किए। ज्योति-भौतिक विज्ञान में आकाशीय पिंडों की भौतिक दशा, उनकी चमक, तापक्रम, वायुमंडल की बनावट आदि घटनाओं का अध्ययन किया जाता है।

यद्यपि तारा, परमाणु तथा आयन का अध्ययन साहा का प्रमुख विषय रहा, फिर भी वे आम जनता से पृथक् होकर प्रयोगशाला में बंद रहकर काम करनेवाले नहीं थे। उन्होंने बर्नाल, हाल्डेन और जूलियट क्यूरी की भाँति अपने सहयोगियों में विज्ञान के सामाजिक उद्देश्यों के प्रति जागरूकता पैदा की। उनके मतानुसार, स्वतंत्र भारत में वैज्ञानिकों का कार्य अर्थव्यवस्था के विकास हेतु हर स्तर पर तकनीकी ज्ञान को व्यापक करना होना चाहिए। इसी कारण उन्होंने अपने जीवन के बाद के वर्षों में शिक्षा, औद्योगिकीकरण, राष्ट्रीय आयोजन, नदी घाटी योजनाओं, समाजवाद और कृषि-सहकारिता संबंधी समस्याओं पर ध्यान दिया और सन् १९३५ में 'साइंस एंड कल्चर' नामक पत्रिका में प्रतिमास इन विषयों पर संपादक के नाते लिखते रहे। वे देशी उद्योगपतियों, मुनाफाखोरों अथवा विदेशी पूँजीपतियों द्वारा देश की संपदा बाहर ले जाने

की कड़ी आलोचना करते थे।

डॉ. साहा देश की औद्योगिक उन्नति चाहते थे जिससे हमारा समाज आधुनिक व्यावहारिक विज्ञान का पूरा लाभ उठाए। वे देश को जल्दी ही सुखी और समृद्ध देखना चाहते थे। इसके लिए वे सोवियत संघ के शासकों का उदाहरण देते थे, जिन्होंने भारत से अधिक कठिनाइयों का सामना करके अपने सामंतवादी एवं कृषिप्रधान देश को अति आधुनिक औद्योगिक बना दिया। उनका कथन था कि आधुनिक विज्ञान और तकनीक की सहायता से देश को गरीबी से मुक्त किया जा सकता है। इससे भी अधिक वे देश में वैज्ञानिक प्रतिभा के विकास के लिए उत्सुक थे। वे इस बात को भलीभाँति जानते थे कि गरीबी की मार से किस प्रकार प्रतिभाएँ खिलने नहीं पातीं। वे स्वयं गरीबी में पले थे और उन्हें याद था कि सिमुलिया के उदार डॉक्टर अनंतकुमार दास की कृपा और सहायता से वे पढ़ सके, अन्यथा भारत उनकी प्रतिभा से वंचित रह जाता।

सन् १९३८ में भारतीय राष्ट्रीय कांग्रेस के अध्यक्ष नेताजी सुभाषचंद्र बोस के अभिभाषण के पश्चात् डॉ. साहा ने उनसे पूछा था कि क्या स्वतंत्र भारत बैलगाड़ी और हल की पुरानी परंपरा को अपनाएगा अथवा आधुनिक मशीनों और औद्योगिकीकरण के पक्ष में होगा? डॉ. साहा का मत था कि यदि भारत को उन्नति करनी है तो भारत में व्यापक पैमाने पर विशुद्ध और व्यावहारिक विज्ञान संबंधी अनुसंधान होना चाहिए। उनके मतानुसार वैज्ञानिकों को मिलकर वैज्ञानिक शिक्षा और अनुसंधान की राष्ट्रीय योजना बनाकर उसका आयोजन करना चाहिए। सन् १९३८ में पं. जवाहरलाल नेहरू की अध्यक्षता में गठित राष्ट्रीय योजना समिति की ईंधन और शक्ति उपसमिति के अध्यक्ष डॉ. साहा थे। डॉ. साहा ने भारत की नदियों की समस्या का गंभीर अध्ययन किया था। राष्ट्रीय योजना समिति की सिंचाई तथा जलमार्गों की उपसमिति के वे सदस्य थे। सन् १९४० में डॉ. शांतिस्वरूप भटनागर की अध्यक्षता में भारत सरकार द्वारा प्रस्थापित 'कौंसिल ऑफ साइंटिफिक एंड इंडस्ट्रियल रिसर्च' में डॉ. साहा भी सदस्य नियुक्त किए गए। इस तरह डॉ. साहा ने उपकरणों और मशीनों के निर्माण-उद्योग का विकास भारत में शुरू किया।

सन् १९१३ में दामोदर नदी में भयंकर बाढ़ तथा सन् १९२३ में उत्तरी बंगाल में बाढ़ के समय डॉ. साहा ने सहायता शिविरों का आयोजन किया तथा बाढ़पीड़ितों के लिए काफी धनराशि एकत्र की। उन्होंने 'मॉडर्न रिव्यू' और अन्य समाचार-पत्रों में बाढ़ और उसे रोकने के उपायों पर कई लेख लिखे। भारत की नदियों की समस्या की व्याख्या करते हुए उन्होंने बतलाया कि जर्मनी, अमेरिका और रूस में नदियों को किस प्रकार नियंत्रित किया जाता है तथा वहाँ नदियों का वैज्ञानिक अध्ययन प्रयोगशालाओं में किया जाता है। डॉ. साहा भारत में भी नदियों पर अनुसंधान के लिए प्रयोगशालाएँ स्थापित कराना चाहते थे।

डॉ. साहा बंगाल में नदी-भौतिकी की प्रयोगशाला की स्थापना के पक्ष में लेख

लखते रहे और इस हेतु सरकार को राजी करने के लिए कोशिशें करते रहे। इसके फलस्वरूप सन् १९४२ में बंगाल में 'नदी-अनुसंधान-संस्थान' स्थापित किया गया। सन् १९४३ में फिर से दामोदर नदी में भयंकर बाढ़ आने पर राज्य द्वारा गठित 'बाढ़-निवारण योजना-समिति' के डॉ. साहा सदस्य बनाए गए। डॉ. साहा ने दामोदर घाटी के लिए अमेरिका में 'टेनेसी वैली अथॉरिटी' के आधार पर एक योजना बनाई जो स्वीकार कर ली गई और 'दामोदर वैली कॉरपोरेशन' की देख-रेख में दामोदर घाटी के लिए एक बहुमुखी योजना शुरू की गई।

डॉ. साहा ने सन् १९१३ में स्थापित 'इंडियन साइंस कांग्रेस एसोसिएशन' की स्थापना में बड़ा योग दिया। सन् १९२५ में डॉ. साहा साइंस कांग्रेस के गणित और भौतिकी विभाग के अध्यक्ष बनाए गए। सन् १९३४ में उन्होंने उत्तर प्रदेश में 'एकेडेमी ऑफ साइंस' की स्थापना की। सन् १९३४ में डॉ. साहा द्वारा साइंस कांग्रेस में रखे प्रस्ताव के आधार पर सन् १९३५ में 'नेशनल इंस्टीट्यूट ऑफ साइंस' की स्थापना हुई, जिसके वे पहले उपसभापति तथा १९३७ से १९३९ तक सभापति रहे।

उन्होंने महेंद्रलाल सरकार प्रयोगशाला का पुनर्गठन 'इंडियन एसोसिएशन फॉर द कल्टीवेशन ऑफ साइंस' नाम से कराया जिसके वह १९४४ से मंत्री और १९४६ में अध्यक्ष हुए। भारत सरकार ने सन् १९५३ में डॉ. साहा को साइंस एसोसिएशन का निदेशक नियुक्त किया। इस पद पर वे मृत्युपर्यंत रहे।

साधारण जनता में वैज्ञानिक ज्ञान-प्रसार की आवश्यकता अनुभव कर डॉ. साहा ने सन् १९३५ में 'इंडियन साइंस न्यूज एसोसिएशन' की स्थापना की और 'साइंस एंड कल्चर' नामक पत्रिका का प्रकाशन शुरू किया, जिसमें उन्होंने स्वयं १०० से अधिक लेख लिखे, जो राष्ट्रीय योजना, वैज्ञानिक शिक्षा, उद्योग, भू-भौतिकी, बाढ़ और अकाल नियंत्रण, परमाणु भौतिकी, इस्पात, उद्योग, पंचांग सुधार, पुरातत्व तथा अन्य विषयों पर थे। उनके लेख उन विषयों पर उनके असाधारण ज्ञान, व्यापक दृष्टि एवं पूर्ण जानकारी के द्योतक हैं।

सन् १९३६ में यूरोप और अमेरिका जाते समय डॉ. साहा अपने पुत्र अजीत के साथ उर नगर देखने गए। इससे उनका इतिहास और पुरातत्व के प्रति प्रेम प्रकट होता है। उनका पहला मौलिक लेख पूर्वी बंगाल में बौद्ध प्रभाव की पुरातात्विक उपलब्धि पर था। भारतीय ज्योतिष में भी उनकी विशेष अभिरुचि थी। महाराजा कॉलेज, जयपुर में भाषण हेतु आमंत्रित किए जाने पर वह जयपुर की प्रसिद्ध वेधशाला जंतर-मंतर को देखने गए। कौंसिल ऑफ साइंटिफिक एंड इंडस्ट्रियल रिसर्च द्वारा सन् १९५२ में गठित पंचांग सुधार समिति का अध्यक्ष डॉ. साहा को नियुक्त किया गया, जिसकी रिपोर्ट उन्होंने सन् १९५५ में दी, जिसकी यूनेस्को ने भी सराहना की। उनके सुझावों के आधार पर भारत सरकार ने नया कैलेंडर स्वीकार किया।

डॉ. साहा को अमेरिकन अकादमी ऑफ आर्ट्स एंड साइंस का फैलो, फ्रांस की

एस्ट्रोनॉमीकल सोसाइटी का फैलो, इंटरनेशनल एस्ट्रोनॉमिकल, अमेरिका का फैलो तथा बोस्टन अकादमी ऑफ साइंस का सदस्य बनाया गया था। सन् १९३५ में उन्होंने मास्को की विज्ञान परिषद् में भाग लिया। उन्हें भारतीय विज्ञान आयोग का सदस्य बनाया गया। इस हैसियत से वह फिर यूरोप और अमेरिका गए।

उनकी प्रतिभा, देशभक्ति और ईमानदारी के कारण कलकत्ता के नर-नारी उनको इतना चाहते थे कि वे सन् १९५२ में भारी बहुमत से लोकसभा के लिए निर्दलीय सदस्य के रूप में चुने गए। संसद् में उन्होंने भारी उद्योगों के विकास का समर्थन किया। उनके प्रयास से १० मई, १९५४ ई. को संसद् में परमाणु ऊर्जा के शांतिपूर्ण उपयोगों पर बहस प्रारंभ हुई जिसमें उन्होंने देश में परमाणु ऊर्जा के विकास के लिए अकाट्य तर्क प्रस्तुत किए। उन्होंने संसद् में देश की प्रयोगशालाओं को आधुनिक उपकरणों से सुसज्जित करने तथा पुस्तकालयों को समृद्ध करने के बारे में आवाज उठाई थी।

डॉ. साहा की देश-सेवा अपूर्व है। शैक्षिक और अनुसंधान संस्थाओं को स्थापित करने, वैज्ञानिकों को उत्प्रेरणा देने और राष्ट्रीय योजना का पथ-प्रदर्शन करने में उन्होंने अथक प्रयास किया। साधारण जनता से उनका व्यक्तिगत प्रेम था। जवानी में उन्होंने बाढ़-सहायता कार्य में प्रत्यक्ष स्वयंसेवक का कार्य किया। प्रौढ़ावस्था में इतना प्रसिद्ध हो जाने के बाद भी वे दुखी लोगों को नहीं भूले। सन् १९५० में पूर्वी बंगाल के विस्थापित लोगों की सहायता के लिए उन्होंने एक बड़ी संस्था का संगठन किया। स्वयं उच्च रक्तचाप के कारण अपने चेहरे पर आंशिक पक्षाघात से पीड़ित होते हुए भी, उन्होंने परिश्रम करना नहीं छोड़ा तथा वह असम और त्रिपुरा तक स्थित विस्थापितों के विभिन्न शिविरों में जाते थे।

१३ फरवरी सन् १९५६ को डॉ. साहा संसद् के बजट अधिवेशन में भाग लेने के लिए दिल्ली गए। विस्थापितों की समस्या, बेरोजगारी और छँटनी की समस्या, नदी नियंत्रण आदि विभिन्न विषयों पर विचार-विमर्श करना था। १६ फरवरी, १९५६ को अत्यंत महत्त्वपूर्ण कागजों के साथ जब डॉ. साहा राष्ट्रपति भवन की ओर जा रहे थे, तो वे बेहोश होकर गिर पड़े। भीड़ में एक सज्जन ने उन्हें पहचाना और सहायता के लिए आगे बढ़े। डॉ. साहा को अस्पताल ले जाया गया; परंतु तब तक उनका देहांत हो चुका था।

वे गरीब माता-पिता के घर में एक गाँव में पैदा हुए और इतने बड़े तथा प्रसिद्ध वैज्ञानिक बन गए। देश और विदेश में भी उनका आदर था। अपनी गरीबी और अन्य कठिनाइयों के बावजूद वे महान् बन सके। इस प्रकार उन्होंने यह दिखला दिया कि कोई भी मात्र अपने उद्यम से ही बड़ा बन सकता है। उनके बड़प्पन की छाप सभी पर पड़ी।

उनकी स्मरण-शक्ति आश्चर्यजनक थी। वे बँगला, हिंदी, संस्कृत, अंग्रेजी, फ्रेंच और जर्मन भाषाओं के अच्छे ज्ञाता थे। वे कभी-कभी बाहर से अवश्य कुछ कटु प्रतीत होते थे, लेकिन उनका हृदय प्रेम और सहानुभूति से भरा पड़ा था। वे त्याग में सदैव

आगे रहते थे। प्रसिद्ध ज्योतिषशास्त्री सर एंडिक्टन ने एक बार कहा था—"ज्योतिषशास्त्र में गैलिलियो के समय से अब तक जो खोजें हुई हैं, उनमें भारत के महान् वैज्ञानिक डॉ. मेघनाद साहा की खोज भी एक है।"

डॉ. साहा की प्रकाशित प्रमुख पुस्तकों के नाम अधोलिखित हैं—

१. ए ट्रीटिज ऑन दी थ्योरी ऑफ रिलेटिविटी,
२. ऑन ए फिजीकल थ्योरी ऑफ दी सोलर कोरोना,
३. ए ट्रीटिज ऑन हीट,
४. ए ट्रीटिज ऑन मॉडर्न फिजिक्स,
५. माई एक्सपीरियेंस इन रशिया।

उनकी स्मृति में प्रतिवर्ष विज्ञान के विभिन्न क्षेत्रों में विशिष्ट अनुसंधानकर्ता वैज्ञानिकों को डॉ. मेघनाद साहा स्मारक पुरस्कार प्रदान किए जाते हैं।

साहा सरल, सहृदय और साहसी वैज्ञानिक थे। वे अपने गाँव और बचपन के दिन कभी नहीं भूले। इसलिए उनका घर सदा छात्रों और अन्य लोगों के लिए खुला रहता था। वे निर्धन छात्रों और आत्मनिर्भर बनने के इच्छुक अनजान लोगों की भी आर्थिक सहायता करते थे। वे कहा करते थे कि 'मेहनत से काम करते रहो, एक दिन मान्यता जरूर मिलेगी।'

सत्येंद्रनाथ बोस

सत्येंद्रनाथ बोस ही एकमात्र भारतीय भौतिकविद् हैं जिनका नाम आइंस्टीन के साथ संबद्ध है। आइंस्टीन ने बोस की प्रतिभा को तुरंत पहचाना और स्वयं वैज्ञानिक जगत् में इस तथ्य को प्रकट किया; किंतु आइंस्टीन भी बोस की पूर्ण शक्ति और प्रयोग-क्षमता का मूल्यांकन नहीं कर पाए, क्योंकि बोस के अनुसंधानकार्य और फर्मी द्वारा किए गए विकास से ही नाभिकीय भौतिकी के परमाणु कणों को दो भागों में विभक्त करना संभव हुआ है। इन्हीं को बोस के नाम पर बोसोन और फर्मी के नाम पर फर्मियोन कहा गया है।

सत्येंद्र बोस का जन्म १ जनवरी, १८९४ ई. को कलकत्ता में हुआ था। उनकी माता का नाम अमोदिनी देवी और पिता का नाम सुरेंद्रनाथ बोस था। सुरेंद्रनाथ बोस रेलवे में कनिष्ठ अधिकारी थे। अतः सत्येंद्र का बचपन आराम से बीता। सत्येंद्रनाथ छः बहनों के इकलौते भाई थे। माँ-बाप और बहनों को सत्येंद्र पर गर्व था।

सत्येंद्र की शिक्षा-दीक्षा कलकत्ता के हिंदू स्कूल में प्रारंभ हुई। १४ वर्ष की आयु में सन् १९०८ ई. में सत्येंद्रनाथ एंट्रेंस परीक्षा में बैठनेवाले थे, किंतु परीक्षा से दो दिन पूर्व चेचक से पीड़ित होने के कारण वह परीक्षा में नहीं बैठ सके। फलतः उन्हें एक वर्ष और हिंदू स्कूल में बिताना पड़ा। १९०९ ई. में उन्होंने पुनः एंट्रेंस परीक्षा दी एवं योग्यता सूची में उनका स्थान पाँचवाँ रहा। उनमें आधुनिक गणित और संस्कृत के अध्ययन की ललक थी। तदुपरांत उन्होंने प्रेसीडेंसी कॉलेज, कलकत्ता में इंटरमीडिएट विज्ञान पाठ्यक्रम में प्रवेश लिया। उन्होंने सन् १९१५ में कलकत्ता विश्वविद्यालय से भौतिकशास्त्र में एस. एस-सी. परीक्षा प्रथम श्रेणी में उत्तीर्ण की तथा सन् १९१६ से १९२१ तक कलकत्ता विश्वविद्यालय में व्याख्याता के पद पर कार्य किया। सन् १९२१ से १९२४ तक वे ढाका विश्वविद्यालय में रीडर के पद पर रहे। सन् १९२४ से १९२५ तक उन्होंने मैडम क्यूरी के साथ कार्य किया। सन् १९२५ से १९२६ तक उन्होंने

अल्बर्ट आइंस्टीन के साथ कार्य किया। सन् १९२६ से १९४५ तक वे ढाका विश्वविद्यालय में प्रोफेसर के पद पर कार्यरत रहे। सन् १९४५ से १९५६ तक वे कलकत्ता विश्वविद्यालय में रवैरा प्रोफेसर के रूप में कार्य करते रहे। सन् १९५२ से १९५८ तक वे राज्यसभा के सदस्य रहे। सन् १९५६ से १९५८ तक वे विश्वभारती विश्वविद्यालय, कलकत्ता के कुलपति रहे। सन् १९५८ में भारत सरकार ने उन्हें राष्ट्रीय प्राध्यापक नियुक्त किया। बोस के सहपाठियों में ज्ञानचंद्र घोष, जैनेंद्रनाथ मुखर्जी, मणिक लाल डे आदि प्रमुख थे। मेघनाद साहा, बोस के आने के दो साल बाद प्रेसीडेंसी कॉलेज में आए। प्रशांत कुमार महालनबीस, नीलरतनधर, शिशिर कुमार मित्र बोस से वरिष्ठ थे। १९११ ई. में इंटरमीडिएट विज्ञान परीक्षा में पहले पाँच स्थान प्राप्त करनेवाले सत्येंद्रनाथ बोस, मणिक लाल डे, ज्ञानचंद्र घोष और प्रणकृष्णा पारिजा थे। इससे पता चलता है कि वे कितने मेधावी और प्रतिभावान थे।

जब बोस एम.एस-सी. में पढ़ रहे थे तभी १९१४ ई. में २० वर्ष की आयु में उनका विवाह ११ वर्षीया ऊषावती घोष से हो गया।

प्रो. सत्येंद्रनाथ बोस सन् १९४४ में भारतीय विज्ञान कांग्रेस के अध्यक्ष निर्वाचित किए गए। सन् १९५८ में उन्हें राष्ट्रीय विज्ञान संस्थान का अध्यक्ष नियुक्त किया गया। सन् १९५८ में वे रॉयल सोसाइटी लंदन के फैलो निर्वाचित किए गए। उन्हें कई विश्वविद्यालयों ने डी. एस-सी. की उपाधि से सम्मानित किया था। राष्ट्रीय विज्ञान संस्थान ने उन्हें मेघनाद साहा स्मारक स्वर्ण पदक प्रदान कर सम्मानित किया। सन् १९५४ में भारत सरकार ने उन्हें पद्मविभूषण से अंलकृत किया था।

प्रो. बोस द्वारा लिखित कई महत्त्वपूर्ण पुस्तकें प्रकाशित हुईं। उनमें से महत्त्वपूर्ण पुस्तकें हैं—१. लाइट क्वांटा स्टैटिस्टिक्स, २. अफीन कनेक्शन कोएफिशेंट्स।

मेक्सवेल और बोल्ट्ज़मैन की 'अणुओं की भीड़' के व्यवहार के अध्ययन के लिए आरंभिक सांख्यिकीय विधियों को बोस द्वारा किए गए संशोधन द्वारा फोटोनों और इलेक्ट्रॉनों पर भी लागू किया जा सकता था। मेक्सवेल और बोल्ट्ज़मैन ने अणुओं के समूहों में एक-एक अणु की गति को ज्ञात करने के लिए इन सांख्यिकीय विधियों को मालूम किया था। इस विधि से गैसीय व्यवहार के नियम ज्ञात किए जा सके। इनमें सांख्यिकीय नियमितताएँ ज्ञात हुईं, किंतु फोटोनों और इलेक्टानों पर इसका परीक्षण गलत सिद्ध हुआ, क्योंकि इसके परिणाम प्रयोगात्मक प्रेक्षण के विपरीत रहे। बोस ने इस गलती को पकड़ा और यह प्रमाणित किया कि मेक्सवेल बोल्ट्ज़मैन विधि में विकिरण नियम ज्ञात करने के लिए संशोधन करना आवश्यक है। बोस का संशोधिक प्रयोग 'बोस-आइंस्टीन' सांख्यिकी के नाम से विख्यात है। बोस के संशोधन का सार यह है कि व्यक्तिगत फोटोनों में कोई भेद नहीं हो सकता जैसाकि मेक्सवेल और बोल्ट्ज़मैन ने गैस अणुओं के लिए किया था जिसके लिए उनकी विधि अणुओं को विभिन्न सैलों में रखने के समान है। जब गैस अणुओं की पहचान की तुलना फोटोनों और इलेक्ट्रानों की

गैर-पहचान से की जाती है, तो हमें परिणाम बोस एवं आइंस्टीन की नई सांख्यिकी का मिलता है, जिसको प्रकाश फोटोनों पर लागू करने पर सही विकिरण-नियम मिलता है। प्रारंभिक कणों की भीड़ के विश्लेषण के लिए इस समय केवल दो सांख्यिकी विधियाँ हैं जिन्होंने सारे कणों को दो भागों में बाँट दिया है : बोसोन और फर्मियोन।

बोस ने नई सांख्यिकी की खोज आइंस्टीन से पहले की, किंतु बाद में उन्होंने कई वर्षों तक आइंस्टीन के एकीकृत क्षेत्र सिद्धांत (यूनीफाइड फील्ड थ्योरी) की शोधों का अनुसरण किया। बोस उच्चकोटि के गणितज्ञ थे। गणित के इस सिद्धांत के कारण भी वे नवीन सांख्यिकी की ओर आकर्षित हुए। उन्होंने गणितीय भौतिकी के क्षेत्र में काम करते हुए बीस वर्ष की आयु में ही नई सांख्यिकी की खोज की थी। फिर भी उन्होंने अपनी आरंभिक गवेषणाओं को प्रकाशित नहीं किया था, क्योंकि इसके लिए आइंस्टीन का अनुमोदन नहीं मिला था।

जब आइंस्टीन क्षेत्र-सिद्धांत के समीकरणों को अपनी सारी प्रतिभा प्रयोग करने पर भी हल नहीं कर पाए, तो बोस ने उनको हल करना शुरू किया और सिद्धांत के प्रथम भाग संबंध-समीकरण को हल किया। सन् १९५३ से १९५५ के मध्य लिखे उनके प्रतिभापूर्ण शोधपत्र गणित में चरम सीमा के पत्र थे। सन् १९२४ में उनकी सांख्यिकी ने विश्व में पहले ही सनसनी मचा दी थी।

बोस ने गणितीय भौतिकी के क्षेत्र में भी महान् योग दिया। जब वे बीस वर्ष से अधिक आयु के हुए तभी उन्होंने सांख्यिकी में चमत्कार कर दिखाया और उसके तीस वर्ष पश्चात् अर्थात् पचास वर्ष से अधिक आयु का होने पर 'क्षेत्र' सिद्धांत में। वस्तुतः पचास वर्ष से अधिक आयु में भी ऐसा कोई क्रांतिकारी शोध करना कम श्रेयस्कर नहीं होता है। इन मध्यवर्ती तीस वर्ष की अवधि में उन्होंने अपने समय का पूर्ण सदुपयोग करते हुए भौतिकी के अलावा रसायन, खनिज विज्ञान, मृदा विज्ञान, दर्शनशास्त्र, पुरातत्व, ललित कला, साहित्य और भाषाओं का अध्ययन किया और उनमें भी अपनी प्रतिभा का प्रदर्शन किया। उनकी अंग्रेजी बहुत अच्छी रही। भारतीय विज्ञान कांग्रेस में सन् १९४४ में उनका अध्यक्षीय भाषण तथा सन् १९२९ में विभागाध्यक्ष के रूप में उनके भाषण अद्वितीय थे। अपने छात्र-जीवन में ही उन्होंने जर्मन और फ्रेंच भाषाओं पर भी समान रूप से अधिकार प्राप्त कर लिया था। उनके फ्रेंच भाषा के सम्यक् ज्ञान और सांख्यिकी कार्य से प्रभावित होकर सन् १९२६ में मैडम क्यूरी ने पेरिस में उनकी प्रयोगशाला में काम करने के उनके अनुरोध को स्वीकार कर लिया था, जहाँ बोस ने अपने अद्‌भुत कार्य से सबको चमत्कृत कर दिया। ए. सी. क्षेत्र के प्रभाव में 'पीज़ोलेक्ट्रिक एफेक्ट' प्रकट करनेवाले उचित आकार के क्वाट्र्ज के टुकड़े के लिए वे ऐसी कठिन नाप-जोख करने में सफल हुए कि सभी आश्चर्यचकित हो गए। इस प्रभाव के अनेक औद्योगिक उपयोग हैं। इसके कारण घड़ियों का समय इस प्रकार संचालित किया जाता है कि उनमें वर्ष में शायद ही केवल एक सैकंड का अंतर आ सकता है।

परंतु उनके ये कार्य अत्यधिक उपयोगी होते हुए भी, प्रयोगवादी वैज्ञानिक के रूप में बोस कम प्रख्यात हैं। वे सैद्धांतिक वैज्ञानिक के रूप में ही अधिक प्रसिद्ध हैं। यह और भी अधिक आश्चर्यजनक बात है कि ७० वर्ष से अधिक आयु होने पर और नेत्र-ज्योति मंद पड़ने पर भी वे एक विशाल प्रयोगशाला का संचालन करते रहे, जिनमें केवल एक-दो कारीगर नियुक्त कर संपूर्ण कार्य वे स्वयं करते रहे।

बोस की प्रतिभा केवल भौतिकी तक ही सीमित नहीं रही। रसायन में भी उनकी समान गति रही। वास्तव में एक बड़ी प्रेरक घड़ी में उन्होंने एक रासायनिक क्रिया का पता लगाया था। सल्फोनामाइड अणु के आंतरिक गठन से खिलवाड़ कर उन्होंने उसे एक औषध-यौगिक में परिवर्तित कर दिया। उन्होंने एक ऐसा रसायन बनाया जिसका आज भी 'आईड्रॉप' अर्थात् आँखों की दवा के रूप में प्रयोग होता है।

अनेक लोगों के प्रिय 'सत्येन' बोस को गणित की एक परीक्षा में स्कूल में गणित के प्राध्यापक श्री उपेंद्रलाल बक्शी से ११० प्रतिशत अंक मिले थे। ऐसा इसलिए हुआ कि उन्होंने कुछ समस्याओं को एक ही रटे-रटाए तरीके से नहीं बल्कि कई तरीकों से हल किया था। उनके एक अध्यापक ने उनसे कहा था, 'सत्येन, अगर तुम कोशिश करोगे, तो एक दिन लाप्लास अथवा कौशी जैसे गणितज्ञ जरूर बनोगे।'

सचमुच सत्येन ने बहुत कोशिश की। अल्बर्ट आइंस्टाइन और मेघनाद साहा के साथ कार्य करते हुए उन्होंने बोसोन कणों के व्यवहार की गणितीय व्याख्या विकसित की जिसे 'बोस-आइंस्टीन सांख्यिकी' कहा जाता है। पदार्थ को बनानेवाले आधारभूत बहुत-से कणों—इलेक्ट्रॉन, प्रोटोन, न्यूट्रोन, न्यूट्रिनो, फोटोन, मीजोन, एल्फा कण आदि को सुनियोजित अध्ययन करने की दृष्टि से वैज्ञानिकों ने दो श्रेणियों में वर्गीकृत किया है। यह वर्गीकरण कणों के चक्रण के गुण पर आधारित है। अमरीकी वैज्ञानिक एनरिको फर्मी ने पाया कि अपनी धुरी पर घूम रहे इलेक्ट्रॉन, प्रोटोन, न्यूट्रिनो, न्यूट्रोन आदि कणों की चक्रण क्वांटम संख्या आधे का पूर्ण गुणज है यानी आधा अथवा डेढ़ अथवा ढाई—इस तरह है। उनके नाम पर इन कणों को फर्मियोन कहा जाता है। भारतीय वैज्ञानिक सत्येन बोस ने पाया कि फोटोन पाई मीजोन, एल्फा कण, ग्रेविटोन आदि कणों की चक्रण क्वांटम संख्या पूर्णांकों में है यानी शून्य अथवा एक अथवा दो अथवा तीन—इस प्रकार है। उनके नाम पर इन कणों को बोसोन कहा जाता है।

सत्येन को छात्र जीवन में आचार्य प्रफुल्लचंद रे और सर जगदीशचंद्र बसु जैसे अध्यापक मिले। इन देशभक्त वैज्ञानिकों ने सत्येन पर विज्ञान के साथ-साथ देश-सेवा और उसकी पोषक राजनीति का रंग भी चढ़ा दिया।

सत्येन ने बीसवीं शताब्दी की भारतीय राजनीति को अच्छी तरह समझा। उन्होंने कहा, "ऐसी शांति और अहिंसा में मेरा विश्वास है जो व्यावहारिक रूप में स्थापित हो सके। अभी तक इस पृथ्वी पर जितने भी मनुष्य विचरे हैं उनमें मेरे लिए सबसे अधिक

आदरणीय गौतम बुद्ध हैं। और इस समय भारत में जितने मनुष्य विचर रहे हैं उनमें नेताजी सुभाषचंद्र बोस मुझे सबसे अधिक प्रिय हैं।"

सत्येन को विश्वास था कि स्वतंत्रता-प्राप्ति के पश्चात् देश के परमाणु कार्यक्रम की बागडोर उनके सहयोगी मेघनाद साहा के हाथ में होगी। परंतु स्वतंत्र भारत की सरकार ने उनसे कोई सलाह नहीं ली। वैज्ञानिक संस्थानों में महत्त्वपूर्ण नियुक्तियाँ उद्योगपति टाटा की सलाह पर की गईं। लेकिन सत्येन ने किसी से कुछ नहीं कहा। रामन भी चुप रहे।

सन् १९५२ से १९५८ तक सत्येन राज्यसभा के सदस्य रहे। उन्होंने माँग की कि विज्ञान और तकनीकी का सारा पाठ्यक्रम हिंदी और अन्य भारतीय भाषाओं में बनाया जाए और अंग्रेजी का प्रचलन तुरंत समाप्त किया जाए। इस पर बहुत से तथाकथित वैज्ञानिकों ने उनका मजाक उड़ाया। उन्होंने आश्चर्य के साथ कहा, "अच्छा, इस देश में ऐसे भी लोग हैं जो उस भाषा को नहीं चाहते जिसमें उनकी माँ ने उन्हें लोरियाँ सुनाईं और उस भाषा को चाहते हैं जिसमें विदेशियों ने उन्हें फटकार पिलाई !"

सत्येन ने राजनीति में रुचि इसलिए ली थी कि संसद् में वरिष्ठ नेताओं के संपर्क में आकर उन्हें वे विकास योजनाएँ सुझा पाएँगे। परंतु नेताओं के पास सत्येन से बात करने के लिए समय कहाँ था ?

सन् १९७४ में ४ फरवरी को सत्येन का देहांत हो गया। इस प्रकार उन्होंने ८० वर्ष का जीवन जिया। स्वीडन की नोबेल अकादमी में उनके उत्कृष्ट कार्य पर अनेक बार चर्चाएँ हुईं। उनके संबंध में टिप्पणी की गई कि "उन्होंने अत्यंत उत्कृष्ट किंतु जरा-सा शोधकार्य कर वैज्ञानिक शोध का क्षेत्र छोड़ दिया। इसी से उन्हें नोबेल पुरस्कार नहीं मिला।"

बोस चाहते तो गणितीय भौतिकी को अधिक प्रगति पथ पर ले जाते। यद्यपि इसकी प्रगति में उनके योगदान ने उनको अंतरराष्ट्रीय सम्मान और ख्याति प्रदान की, किंतु उनकी प्रतिभा बहुमुखी थी। उन्होंने विज्ञान को लोकप्रिय बनाने का प्रयास किया। उनको शुरू से ही यह आशंका थी कि भारत में वैज्ञानिक अनुसंधान कहीं कल्पनारहित वैज्ञानिकों के हाथ में न पड़ जाए। इस स्थिति को रोकने का उपाय उनके विचार में रूसियों की भाँति विज्ञान को लोकप्रिय बनाना है। इस उद्देश्य से बोस ने १९४८ ई. में 'बंगिया विज्ञान परिषद' की स्थापना की और बंगला में विज्ञान की एक पत्रिका 'विज्ञान परिचय' जनसाधारण में विज्ञान का प्रसार करने हेतु शुरू की। दिक्कत यह है कि बोस आत्म-प्रचार से कोसों दूर रहते रहे। फिर भी, आधुनिक भारत के शीर्षस्थ वैज्ञानिकों में सत्येंद्रनाथ बोस का नाम सम्मानपूर्वक लिया जाता है।

बोस विज्ञान के विभिन्न विषयों को पृथक् नहीं मानते थे तथा संपूर्ण प्रकृति विज्ञान के समग्र अध्ययन पर जोर देते थे। साथ ही उनका जीवन सरल, सादगीपूर्ण एवं प्रेरणाप्रद था। प्रो. बोस मानते थे कि वैज्ञानिक अध्ययनों एवं अनुसंधानों का उपयोग

मानव प्रगति एवं विकास में किया जाना चाहिए। इसके लिए वे जीवनपर्यंत प्रयास करते रहे। उनकी स्मृति में सैद्धांतिक भौतिकी के क्षेत्र में उल्लेखनीय अनुसंधानकर्ता को प्रतिवर्ष सत्येंद्रनाथ स्मारक पुरस्कार प्रदान किया जाता है। उन्हें भारतीय आइंस्टीन कहना उपयुक्त है।

डॉ. शांतिस्वरूप भटनागर

शांतिस्वरूप का जन्म २१ फरवरी सन् १८९४ को पंजाब के शाहपुर जिले में भेड़ा नामक ग्राम में हुआ था। उनके पिता का नाम परमेश्वरी सहाय था। वे अध्यापक थे। जब शांतिस्वरूप केवल आठ मास के ही थे, तभी उनके पिता का देहांत हो गया था। घर में उन्हें केवल अपनी माताजी का ही दुलार और प्यार मिला।

शांतिस्वरूप के नाना प्यारेलाल सिकंदराबाद (उत्तर प्रदेश) में इंजीनियर थे। अतः ननिहाल में उन्हें अपने नाना का पूर्ण सहयोग प्राप्त हुआ और यही कारण था कि शांतिस्वरूप में भी इंजीनियरिंग के प्रति असामान्य रुचि विकसित हुई। यही नहीं, भौतिकी तथा रसायन में भी उनकी रुचि निरंतर बनी रही। शांतिस्वरूप प्रतिभा के बड़े धनी थे। अपनी विद्यालयीन शिक्षा के समय वे कभी-कभी अपने अध्यापकों से भी ऐसे प्रश्न पूछ बैठते थे जिनके उत्तर देने में अध्यापक कठिनाई में पड़ जाते थे।

सन् १९०८ में शांतिस्वरूप सिकंदराबाद से लाहौर चले गए। वहाँ उनके पिता परमेश्वरी सहाय के मित्र लाला रघुनाथ सहाय ने उनकी शिक्षा-दीक्षा का उत्तरदायित्व लिया था। वहाँ वे दयाल हाईस्कूल में पढ़ने लगे। दयाल हाईस्कूल के प्रधानाचार्य श्री रघुनाथ सहाय शांतिस्वरूप के पिताजी के पुराने मित्र थे। वहाँ शांतिस्वरूप ने एक सरकारी छात्रवृत्ति प्रतियोगिता में सफलता प्राप्त की। इस प्रकार अपनी पढ़ाई का खर्च वे स्वयं चलाने लगे। विज्ञान के प्रति रुचि तो उनमें प्रारंभ से ही थी। छोटे-छोटे पुर्जे बनाना और ठोंक-पीटकर नई चीजें बनाना उनका दैनिक कार्य हो गया।

सन् १९११ में शांतिस्वरूप ने प्रथम श्रेणी में मैट्रिक परीक्षा उत्तीर्ण की तथा इसी वर्ष दयालसिंह कॉलेज, लाहौर में विद्याध्ययन चालू किया। यहाँ उनका संपर्क डॉ. जगदीशचंद्र बोस से हुआ था। इससे उनका विज्ञान-प्रेम अधिक प्रगाढ़ हुआ। बाद में वे इसी कॉलेज में अध्यापक बने। सन् १९१३ में एफ. एस-सी. परीक्षा प्रथम श्रेणी में उत्तीर्ण कर लाहौर फोरमैन क्रिश्चियन कॉलेज से एम. एस-सी. की उपाधि प्राप्त की।

शांतिस्वरूप का विवाह लाजवंती से सन् १९१५ में हो गया था। चार वर्ष बाद उन्होंने इंग्लैंड, फ्रांस, और जर्मनी के वैज्ञानिकों के संरक्षण में काम किया और अपनी विलक्षण बुद्धि तथा प्रतिभा से सभी को प्रभावित किया। १९२१ ई. में उन्होंने डी.एस-सी. की उपाधि प्राप्त की थी। 'लवणों की घुलनशीलता और उसका प्रभाव' विषय पर उन्हें यह डिग्री (उपाधि) प्रदान की गई।

यह सत्य है कि अनमोल हीरों की कीमत जाननेवाले कभी अनमोल रत्न को हाथ से नहीं जाने देते। पं. मदनमोहन मालवीय उस समय बनारस हिंदू विश्वविद्यालय के कुलपति थे। मलवीय जी ने उन्हें अपने पास बनारस बुला लिया। इस प्रकार इंग्लैंड से लौटने पर बनारस विश्वविद्यालय में शांतिस्वरूप भटनागर रसायनशास्त्र के प्रोफेसर नियुक्त किए गए। इसके कुछ समय बाद वे लाहौर चले गए, जहाँ वे लाहौर विश्वविद्यालय के रसायन विभाग के निदेशक नियुक्त हो गए। वहाँ शांतिस्वरूप को विदेशों के अनेक अनुसंधानकर्ताओं का सम्मान प्राप्त हुआ। लोग उन्हें डॉ. साहब के नाम से पुकारते थे। उन दिनों एक ब्रिटिश तेल कंपनी ने रावलपिंडी के पास खनिज तेल के लिए कुआँ खोदना शुरू किया, लेकिन जहाँ खुदाई हो रही थी, वहाँ की जमीन दलदली थी। जमीन के अंदर मिट्टी नमकीन पानी से मिलकर पत्थर की तरह कठोर हो चली थी। जो मिट्टी किसी तरह बाहर खोदकर लाई जाती, उसकी भी यही हालत थी। कंपनी ने विभिन्न वैज्ञानिकों को लिखा, अखबार में विज्ञापन छपवाया कि क्या कोई इस समस्या को हल कर सकता है। कंपनी को डॉ. शांतिस्वरूप भटनागर का नाम सुझाए जाने पर अंग्रेज इंजीनियर पहले तो एक भारतीय वैज्ञानिक के इस समस्या को हल करने के विचार से सहमत नहीं हुए। किंतु समस्या विकट थी। कंपनी को प्रतिदिन हानि हो रही थी। अतः हारकर उन्होंने शांतिस्वरूप भटनागर से संपर्क किया।

युवा वैज्ञानिक भटनागर ने पंजाब विश्वविद्यालय, लाहौर की प्रयोगशालाओं में दिन-रात इस समस्या का अध्ययन कर इसका निदान खोज निकाला। उन्होंने बताया कि कंपनी कुएँ के बीच एक प्रकार का गोंद मिलाए जिससे अंदर की मिट्टी कड़ी न होगी। इस सुझाव पर अमल करने से कंपनी दिवालिया होने से बच गई। अब तो उन इंजीनियरों को भी बहुत शर्म आई जिन्होंने भटनागर का मजाक उड़ाया था।

कंपनी ने उन्हें पुरस्कारस्वरूप डेढ़ लाख रुपया एवं उस खुदाई से होनेवाले लाभ का एक भाग देने की घोषणा की। पर डॉ. भटनागर ने यह पुरस्कार स्वीकार नहीं किया। यद्यपि यह रकम काफी बड़ी थी और यदि वे इसे स्वीकार कर लेते, तो उनका शेष जीवन बड़ी आसानी से व्यतीत हो सकता था; लेकिन उन्होंने कंपनी से यह राशि पंजाब विश्वविद्यालय को दान करवा दी। बाद में इसी सहायता से पंजाब विश्वविद्यालय में पेट्रोलियम पर अधिक अनुसंधान के लिए एक विभाग की स्थापना की गई। डॉ.भटनागर ने रसायन में अपनी खोज जारी रखी। उन्होंने बेकार जानेवाली वस्तुओं—जूट तथा जूट के चूरे, सीरा, गूदड़, बाँस के कचरे, मिट्टी के तेल को साफ करने का बेहतर ढंग, गंधहीन

मोम तैयार करना, चुंबकीय रसायन में खोज, मशीनों को चिकना बनाने का तेल, रेत से धातु तैयार करना, नारियल के खोपड़े तथा रेशों के प्रयोग की अनेक विधियाँ खोज निकालीं। उन्होंने सौर-शक्ति से चालित सूर्य-चूल्हा भी तैयार किया था। उन्होंने युद्ध में उपयोगी वस्तुएँ—गैस कपड़ा, वार्निश, वायु-फोम घोल, ईंधन, वनस्पति तेल के मिश्रण, अविस्फोटक बड़े बरतन और प्लास्टिक के निर्माण आदि की भी खोज की। १९२४ ई. में डॉ. भटनागर पुनः विदेश गए। इस अवधि में उनके आविष्कारों एवं पेटेंटों से प्राप्त राशि को उन्होंने जहाँ रहे, वहाँ के कॉलेजों को दे दिया। उन्होंने गंधरहित मोम, किरोसिन को निथारने की नई विधि तथा पेट्रोल साफ करने की विधि का आविष्कार किया था।

सन् १९४० में भारत सरकार ने आपको दिल्ली बुला लिया और वैज्ञानिक तथा औद्योगिक गवेषणा विभाग में सलाहकार नियुक्त किया। कुछ समय पश्चात् वे इसी संस्थान के महानिदेशक बना दिए गए। इस पद पर वह १९४२ ई. से १९५४ ई. तक कार्यरत रहे। द्वितीय विश्वयुद्ध काल में इस संस्थान ने कई महत्त्वपूर्ण अन्वेषण किए। स्वतंत्रता के बाद इसी संस्थान का नाम 'कौंसिल ऑफ साइंटिफिक एंड इंडस्ट्रियल रिसर्च' रखा गया। स्वतंत्रता के बाद डॉ. भटनागर ने देश में लगभग १२ प्रयोगशालाएँ स्थापित कीं ताकि भारत के होनहार वैज्ञानिक विदेशों में जाने के स्थान में देश में रहकर ही अनुसंधान कर सकें।

यों तो डॉक्टर भटनागर ने कई महत्त्वपूर्ण अनुसंधान और आविष्कार किए, परंतु उनका सबसे महत्त्वपूर्ण अनुसंधान चुंबकीय रसायन पर था। इस विषय पर उन्होंने एक अन्य भारतीय वैज्ञानिक माथुर के साथ कार्य किया था। चुंबकीय रसायन पर अंग्रेजी में सबसे पहला ग्रंथ इन दोनों का ही प्रकाशित हुआ था। सन् १९४१ में ब्रिटिश सरकार ने उन्हें 'सर' की उपाधि प्रदान कर उनको सम्मानित किया। सन् १९४३ में वह रॉयल सोसाइटी के सदस्य चुने गए। कई भारतीय विश्वविद्यालयों ने उन्हें मानद उपाधि से सम्मानित किया। भारत सरकार ने उन्हें पद्मभूषण की उपाधि से सम्मानित किया। १ जनवरी, १९५५ ई. को उनका देहांत हो गया।

भारत में विज्ञान के विविध क्षेत्रों में अनुसंधान की योजनाएँ बनाने, उन्हें क्रियान्वित करने एवं उनके लिए सब प्रकार की सहायता की व्यवस्था प्रस्थापित करने में शांतिस्वरूप भटनागर आधारशिला एवं प्रेरणास्रोत दोनों माने जाते हैं। उनके निदेशन में भारत सरकार का विज्ञान एवं गवेषणा विभाग सुदृढ़ नींव पर प्रतिष्ठित हुआ है।

डॉ. भटनागर केवल वैज्ञानिक ही नहीं, कवि भी थे। उन्होंने बनारस हिंदू विश्वविद्यालय के गीत की रचना की तथा उर्दू भाषा में एक नाटक 'करामाती' भी लिखा था। उनकी स्मृति में विज्ञान और टेक्नोलॉजी के विविध क्षेत्रों में विशिष्ट अनुसंधान-कर्ताओं को कौंसिल ऑफ साइंटिफिक एंड इंडस्ट्रियल रिसर्च प्रति वर्ष डॉ. शांतिस्वरूप भटनागर स्मृति पुरस्कार प्रदान करती है।

डॉ. के. एस. कृष्णन्

डॉ. कर्यमणिक्कम श्रीनिवास कृष्णन् (के.एस. कृष्णन्) का जन्म ४ दिसंबर, १८९८ ई. को तमिलनाडु के तिरुनलवेली जिले में श्री विल्लीपुत्तर के पास वातरप नामक गाँव में हुआ था। डॉ. के. एस. कृष्णन् भारत के एक महान् वैज्ञानिक हुए हैं जिनका देश के निर्माण में बहुत महत्त्वपूर्ण योग है। उनकी प्रतिभा का लोहा विश्व के बड़े-बड़े वैज्ञानिक मानते रहे हैं।

उनके पिता तमिल और संस्कृत धर्म साहित्य के बहुत बड़े विद्वान् थे। इस कारण परिवार में उन्हें बड़ा अनुकूल वायुमंडल मिला। परिवेश की दृष्टि से भी वे सौभाग्यशाली थे। एक बार बालक के. एस. कृष्णन् अपने गाँव के तालाब के किनारे बैठा हुआ संस्कृत के श्लोक गुनगुना रहा था। साथ-साथ वह आसपास की प्राकृतिक छटा का आनंद लेते हुए लहरों के नर्तन की ओर देख रहा था। उसके दिमाग में कई प्रकार के प्रश्न उठ रहे थे, जिससे ऐसा प्रतीत हो रहा था कि उसका दिमाग कोई बड़ी खोज करने में लगा हुआ था। उस समय कौन जानता था कि बालक के. एस. कृष्णन् भारत का एक महान् वैज्ञानिक बनेगा और प्रकृति के अनेक रहस्यों का उद्घाटन करेगा।

गाँव के वातावरण में रहते हुए भी के. एस. कृष्णन् ने हाईस्कूल परीक्षा प्रथण श्रेणी में उत्तीर्ण की। उन्होंने अपनी कॉलेज शिक्षा पहले मदुरा के अमेरिकन कॉलेज तथा फिर मद्रास के क्रिश्चियन् कॉलेज में प्राप्त की। तदनन्तर क्रमशः मद्रास विश्वविद्यालय से एम. ए. तथा डी. एस-सी. की उपाधियाँ प्राप्त कीं। क्रिश्चियन कॉलेज से भौतिकी में स्नातक होने के बाद कृष्णन् उसी कॉलेज में कुछ वर्षों तक प्रयोगकर्ता (डिमांस्ट्रेटर) भी रहे।

कृष्णन् का दिमाग खोजबीन में उलझा रहता था, क्योंकि उन्हें वैज्ञानिक अनुसंधान करने की प्रबल इच्छा रहती थी। उन्होंने अणुओं की आंतरिक विशेषताओं पर प्रकाश डालकर वैज्ञानिक क्षेत्र में ख्याति अर्जित की। वह प्रोफेसर सी. वी. रमन के संरक्षण में

भौतिकी का अध्ययन करने के लिए कलकत्ता चले गए। वहाँ उन्होंने एम. एस-सी. की उपाधि प्राप्त करने का प्रयत्न किया, किंतु कुछ कारणों से परीक्षा में सम्मिलित नहीं हो सके। उन्होंने १९२३ से १९२८ ई. तक प्रो. रमन के भारतीय वैज्ञानिक प्रगति संस्थान में एक अनुसंधानकर्ता के रूप में कार्य किया। रमण प्रभाव की खोज में अपने मार्गदर्शक सी. वी. रमन के साथ सहयोग करते समय कृष्णन् ने अणुओं की आंतरिक विशेषताओं का ज्ञान विश्व को कराया था।

सन् १९२८ में कृष्णन् ढाका विश्वविद्यालय में भौतिकी के रीडर होकर चले गए, जहाँ वे १९३३ ई. तक कार्यरत रहे। वहाँ उन्होंने स्फटिक-भौतिकी में विशेष रूप से अनुसंधान किया तथा स्फटिकों के चुंबकीय गुणों और उनकी आंतरिक रचना के बीच अंतस्संबंध स्थापित करने के लिए एक असाधारण प्रयोगात्मक विधि अपनाई। १९३३ ई. में वे वापस कलकत्ता आ गए और प्रगति संस्थान में काम करने लगे। सन् १९३३ में प्रो. रमन के कलकत्ता से चले जाने के बाद वह २१०, बोबा बाजार स्थित अपनी प्रयोगशाला में लौट आए। १९३३ से १९४२ ई. तक वे कलकत्ता विश्वविद्यालय में महेंद्र लाल सरकार शोध प्रोफेसर के पद पर कार्यरत रहे। उनका तीसरा महत्त्वपूर्ण अनुसंधान था : ग्रेफाइट रवों में इलेक्ट्रॉनों के ऊर्जा-प्रसार को रोकना। इन तथा संबद्ध विधियों के फलस्वरूप हमें कृत्रिम पदार्थों की वर्तमान बाढ़—रंगों व ओषधियों, प्लास्टिकों से लेकर ईंधन व कपड़े—द्रव्य की ठोस अवस्था का अधिक गहरा ज्ञान प्राप्त होता है। द्रव्य की ठोस अवस्था में परमाणुओं अथवा अणुओं की व्यवस्था, उनको बाँधनेवाली शक्ति और उनके ज्यामितीय विन्यास का विवरण नए अणुओं के संश्लेषण के लिए ज्ञात करना आवश्यक है।

अणुओं की संरचना का अनुसंधान-कार्य बहुत जटिल है। इसके अनुसंधान में किसी वैज्ञानिक का संपूर्ण जीवन व्यतीत हो सकता है। फिर भी कृष्णन् ने इस वैज्ञानिक शाखा में असाधारण पटुता प्राप्त की और उसका ज्ञान-भंडार बढ़ाया। रमण के सहयोगी के रूप में महत्त्वपूर्ण प्रयोगात्मक कार्य करते हुए उन्होंने तरंग-यांत्रिकी विषय पर पुस्तक लिखने में जर्मन भौतिकविद् आर्नल्ड सोमरफैल्ड की सहायता करना स्वीकार कर लिया। उन्होंने स्वतंत्र और मूल रूप से नए गणितीय प्रमाण जुटाए। यह कार्य उन्होंने उस समय किया जब वे अपने मित्र गणितशास्त्री डॉ. विजयराघवन से आकृष्ट होकर ढाका विश्वविद्यालय में रीडर के पद पर जाने की तैयारी कर रहे थे।

इसके बाद कृष्णन् ने प्रकाशीय अनुसंधान छोड़कर अणुओं के अंदर स्थिति ज्ञात करने के लिए प्रकाशीय प्रभावों की अपेक्षा चुंबकीय प्रभावों का अध्ययन शुरू किया। उन्होंने ऐसी नई विधियाँ खोज निकालीं जो ब्रेग तथा अन्य वैज्ञानिकों द्वारा विकसित एक्स-किरण विश्लेषण विधियों में बड़ी सहायक सिद्ध हुईं। इनमें उन्होंने अनेक अलौह पदार्थों द्वारा प्रदर्शित चुंबकीय प्रभावों का उपयोग किया। कृष्णन् ने ढाका और कलकत्ता में जो प्रयोगात्मक और अनुसंधान-कार्य किया, उससे आधुनिक ठोस अवस्था—भौतिकी

की आधारशिला मजबूत हुई।

प्रो. कृष्णन् ने भौतिकी में जो अनुसंधान-कार्य किया, उसको अनेक देशों के वैज्ञानिकों ने मान्यता प्रदान की। लॉर्ड रदर फोर्ड तथा सर विलियम ब्रेग ने सन् १९३७ में प्रो. कृष्णन् को लंदन आमंत्रित किया। सन् १९४० में वे रॉयल सोसाइटी के फैलो चुने गए।

सन् १९४२ में कृष्णन् इलाहाबाद विश्वविद्यालय में भौतिकी के प्रोफेसर नियुक्त हुए, जहाँ उन्होंने मेघनाद साहा से अपना पदभार ग्रहण किया। वहाँ वे सन् १९४७ तक कार्य करते रहे। वहाँ उन्होंने ठोस वस्तुओं के भौतिक गुणों का अध्ययन किया और कभी-कभी समरूप सामग्री में प्रकाश-प्रकीर्णन का भी अध्ययन किया।

जब भारत स्वतंत्र हुआ, तब भारत सरकार ने राष्ट्रीय अनुसंधानशालाएँ स्थापित कीं तथा सर्वप्रथम स्थापित राष्ट्रीय अनुसंधानशाला—राष्ट्रीय भौतिक प्रयोगशाला के निदेशक का पद सन् १९४७ में प्रो. कृष्णन् को सौंपा गया। यहाँ आपको प्रशासकीय कार्य करना पड़ा। फिर भी वे अनुसंधान में तत्पर रहे। वहाँ उन्होंने आयनों के उत्सर्जन से संबंधित भौतिकी की एक नई शाखा थर्मियोनिक्स में प्रवेश कर कई अनुसंधान किए। इस शाखा में गरम ठोस वस्तुओं से इलेक्ट्रॉनों और प्रोटोनों जैसे आवेशित प्रारंभिक कणों का निकलना होता है। सबसे पहले एडीसन ने कार्बन लैंप के गरम फिलामेंट से इलेक्ट्रॉनों के विसरण को देखा था और इसका विस्तृत अध्ययन प्रो. डब्ल्यू. रिचर्डसन ने किया था। कृष्णन् ने कार्बन, क्रोमियम, लोहा, कोबाल्ट निकेल, टाइटेनियम, बैनेडियम, मैंगनीज चाँदी, सोना तथा ताँबा के स्थिरांक ज्ञात किए। इस काम का बड़ा महत्त्व है। किसी गरम किए हुए कार्बन फिलामेंट से इलेक्ट्रॉनों का प्रसार आजकल प्रयुक्त अनेक इलैक्ट्रॉनिक विधियों के नमूनों में प्रयोग किया जाता है। प्रो. कृष्णन् ने व्यावहारिक भौतिकी के क्षेत्र में निर्वात में बिजली से गरम की गई पतली छड़, नली या गोलाकार तार में तापमान के प्रसार की विधि को युक्तिसंगत बनाकर भावी प्रगति का मार्ग प्रशस्त किया। उनका कार्य केवल व्यावहारिक प्रयोग के लिए ही नहीं था, बल्कि वे आधारभूत तत्त्व के सच्चे अनुसंधाता थे। वे राष्ट्रीय भौतिक प्रयोगशाला के निदेशक पद पर जीवनपर्यंत कार्य करते रहे। इस महान् भारतीय सपूत का निधन १३ जून सन् १९६१ को एकाएक हृदयगति रुक जाने के कारण हो गया।

प्रो. कृष्णन् केवल वैज्ञानिक ही नहीं थे, अपितु वे साहित्य-प्रेमी भी थे। वे साहित्य और दर्शन में भी कम रुचि नहीं रखते थे। इसीलिए वे विज्ञान और टेक्नॉलॉजी के सांस्कृतिक और सौंदर्यबोधक परिणामों को अच्छी तरह समझते थे। वे अपनी मातृभाषा तमिल के भी बड़े अच्छे लेखक थे। वे भौतिकी, रसायन, गणित, शिक्षण, प्रशासन एवं अनुसंधान में व्यस्त रहते हुए भी इतिहास, दर्शन, भाषा और साहित्य के अध्ययन का भी समय निकाल लेते थे। उनकी मान्यता थी कि भारतीय भाषाओं में स्पष्ट, संक्षिप्त तथा सीधी बात कहने की क्षमता होनी चाहिए। अपनी

राष्ट्रीय भावना के कारण वे अपनी मातृभाषा तमिल लिखते-पढ़ते थे। इसी भावना के कारण उन्होंने अपने वैज्ञानिक जीवन के प्रारंभ में पाश्चात्य शिक्षा के लिए विदेश जाना पसंद नहीं किया। उन्होंने अपना शोधपत्र तमिल भाषा में लिखना प्रारंभ किया। इस प्रकार उन्होंने यह दिखाया कि किस प्रकार इसे अभिव्यक्ति का शक्तिशाली माध्यम बनाया जा सकता है। स्व. प्रधानमंत्री पं. जवाहरलाल नेहरू ने कृष्णन् के ६०वें जन्म-दिवस पर कहा था, "कृष्णन् के बारे में उल्लेखनीय बात यह नहीं है कि वे एक महान् वैज्ञानिक हैं, बल्कि इससे भी अधिक हैं। वे एक आदर्श नागरिक, संपूर्ण व्यक्ति हैं, जिनका समेकित व्यक्तित्व है।" एक अन्य अवसर पर नेहरूजी ने कहा था, "मैं जब-जब कृष्णन् से मिला हूँ, तब-तब उनके मुख से कोई नया किस्सा सुना है।" एक अन्य मौके पर पं. नेहरू ने कहा था, "डॉ. कृष्णन् एक बहुत बड़े वैज्ञानिक हैं। वह पूर्ण नागरिक हैं, जिनमें सभी अच्छाइयाँ विद्यमान हैं।"

डॉ. कृष्णन् बड़े स्वतंत्र विचार के व्यक्ति थे। अतः यदि कभी कुछ लोग उनसे नाराज होते थे, तो वे अकेले ही अपने सिद्धांत पर अटूट और अडिग रहते थे। वे प्रायः कहा करते थे कि न्यायसंगत बातों के लिए संघर्ष करते रहना चाहिए। डॉ. कृष्णन् ने अपने जीवन में आदर्श और विज्ञान का अनुसरण समान रूप से किया था।

यद्यपि डॉ. कृष्णन् को गणित से प्रेम था, तथापि व्यावहारिक भौतिकी में उनकी प्रतिभा अधिक विकसित और प्रकाशित हुई। वे गणित की प्रवीणता को (१) सरलता और निर्भ्रांतता, (२) अन्य वैज्ञानिक शाखाओं में उसके सरलतापूर्वक प्रयोग के कारण पसंद करते थे। कृष्णन् ने एक गणित सम्मेलन का किस्सा सुनाते हुए यह स्पष्ट किया कि गणित में संख्या के विभाजन का उपयोग टेलीफोन के तारों के संयोजन में होता है। कृष्णन् विशुद्ध और व्यावहारिक गति के अंतर को गलत मानते थे। साथ ही, वे विज्ञान और गणित के अंतर को भी गलत मानते थे। वे तकनीकी शिक्षा के विशुद्ध सांस्कृतिक और सौंदर्य-मूल्यों के महान् प्रशंसक थे। उन्होंने यह मत सन् १९५५ में अमेरिकन राष्ट्रीय विज्ञान अकादमी द्वारा आमंत्रित किए जाने पर ब्रिटेन, नीदरलैंड तथा स्वीडन की रॉयल सोसाइटी के अध्यक्षों तथा प्रसिद्ध भौतिकविद् वान ब्लैंक के समक्ष प्राच्य संस्कृति विषय पर अपने भाषण में व्यक्त किया एवं तकनीकी शिक्षा के सांस्कृतिक एवं सौंदर्यबोधक मूल्यों पर प्रकाश डाला।

भारत में डॉ. कृष्णन् को यथेष्ट सम्मान प्राप्त हुआ था। भारत सरकार ने उन्हें सन् १९५४ में पद्‌मभूषण की उपाधि से सम्मानित किया तथा वैज्ञानिक प्रगति में बहुमूल्य योगदान के उपलक्ष्य में उन्हें सन् १९५८ में डॉ. शांतिस्वरूप भटनागर स्मृति पुरस्कार भी प्रदान किया गया। सन् १९४७ से १९६१ तक वे परमाणु शक्ति आयोग के सदस्य रहे।

प्रो. कृष्णन् सन् १९४९ में भारतीय विज्ञान कांग्रेस के अध्यक्ष रहे। इसके अतिरिक्त वे राष्ट्रीय विज्ञान अकादमी, राष्ट्रीय विज्ञान संस्थान तथा परमाणु विज्ञान

अनुसंधान मंडल के भी अध्यक्ष रहे। सन् १९४६ में ब्रिटिश सरकार ने भी उन्हें 'सर' की उपाधि प्रदान कर सम्मानित किया था। सन् १९३७ में उन्हें लीज विश्वविद्यालय पदक तथा सन् १९४१ में कृष्ण राजेंद्र जुबली स्वर्णपदक प्रदान किया गया। भारत सरकार ने उन्हें राष्ट्रीय प्रोफेसर बनाकर सम्मानित किया था।

प्रो. कृष्णन् ने अंतरराष्ट्रीय भू-भौतिक वर्ष सन् १९५७-५८ कार्यक्रम में महत्त्वपूर्ण योग दिया और भारतीय समिति के अध्यक्ष भी रहे। वे विशुद्ध व व्यावहारिक भौतिकी के अंतरराष्ट्रीय संघ के उपाध्यक्ष तथा सन् १९५५ से १९५७ तक अंतरराष्ट्रीय वैज्ञानिक संघ परिषद् के उपाध्यक्ष रहे।

वैज्ञानिक किसी एक देश की थाती नहीं होते। अतः जब कभी वैज्ञानिक अपने अनुसंधान से विश्व को लाभान्वित करते हैं, तब अनेक देशों की सरकारें तथा सार्वजनिक संस्थाएँ उनको सम्मानित करती हैं। अतः सन् १९५५ में अमेरिका की विज्ञान अकादमी ने अपने वार्षिक समारोह में भारतीय विज्ञान के प्रतिनिधि के रूप में डॉ. कृष्णन् को आमंत्रित किया। यह एक बहुत बड़ा सम्मान था, क्योंकि इसके पूर्व यह सम्मान केवल लंदन की रॉयल सोसाइटी, नीदरलैंड तथा स्वीडिस के अकादमियों के प्रधानों को ही प्राप्त था। सन् १९५६ में डॉ. कृष्णन् अमेरिका की राष्ट्रीय अकादमी के विदेशी सदस्य चुने गए। इसके पहले वे यूनेस्को तथा अंतरराष्ट्रीय परिषद् (वैज्ञानिक संघों) के अध्यक्ष तथा उपाध्यक्ष भी रहे।

इस प्रकार डॉ. कृष्णन् की महत्त्वपूर्ण देन हैं स्फटिक भौतिक धातुओं, सेमिकंडक्टरों तथा ठोस अवस्था में अनेक वस्तुओं की भौतिकी पद की खोज तथा चुंबक विज्ञान में अनुसंधान।

डॉ. कृष्णन् का मत था कि विज्ञान की सभी शाखाओं में खूब खोज होनी चाहिए, किसी पर प्रतिबंध नहीं लगाना चाहिए। यद्यपि विश्व को परमाणु बमों से खतरा है, पर यह आवश्यक नहीं कि परमाणु की खोज पर प्रतिबंध लगे। आवश्यकता इस बात की है की मनुष्य का हृदय-परिवर्तन हो जिससे वह मानव-कल्याण हेतु कार्य में तल्लीन रहे और उसकी खोजों और आविष्कारों का सदुपयोग हो सके।

वैज्ञानिक डॉ. कृष्णन् के कार्यों से भारत का गौरव बढ़ा है। सन् १९६१ में उनके देहांत से एक उच्चकोटि का अनुभवी वैज्ञानिक अनुसंधाता एवं मार्गदर्शक देश ने खो दिया, किंतु उनकी उपलब्धियाँ सदैव युवाजनों को प्रेरणा देती रहेंगी।

बी. एन. प्रसाद

जन्म और शिक्षा—पद्मभूषण प्रो. बी. एन. प्रसाद पहले गणितज्ञ हैं जिन्हें भारतीय विज्ञान कांग्रेस का ३ से ९ जनवरी, १९६६ तक चंडीगढ़ में आयोजित ५३वें अधिवेशन का मुख्य अध्यक्ष होने का गौरव प्राप्त हुआ। आप अंतरराष्ट्रीय ख्याति के शिक्षाशास्त्री हैं। शिक्षा, विज्ञान और प्रौद्योगिकी के क्षेत्रों में असाधारण योगदान के कारण ही भारत सरकार ने आपको सन् १९६४ में राज्यसभा का सदस्य मनोनीत किया।

प्रो. प्रसाद का जन्म आजमगढ़ जिले (उत्तर प्रदेश) के मुहम्मदाबाद, गोहाना स्थान पर १२ जनवरी सन् १८९९ को हुआ था। मुहम्मदाबाद, सिवान, इलाहाबाद और पटना में आरंभिक शिक्षा प्राप्त करने के बाद आपने बनारस विश्वविद्यालय से एम. एस-सी. की परीक्षा प्रथम श्रेणी में सर्वप्रथम स्थान पर उत्तीर्ण की।

अनुसंधान और अध्यापन-क्षेत्र में—आपने अनुसंधान को ही अपना कार्यक्षेत्र चुना। लगभग एक वर्ष तक अनुसंधान-कार्य करने के बाद सन् १९२२ में आपकी नियुक्ति बनारस हिंदू विश्वविद्यालय में गणित के सहायक प्रोफेसर के पद पर हो गई। सन् १९२४ में आप इलाहाबाद विश्वविद्यालय में आ गए और उस अवधि को छोड़कर जिसमें आप विदेशों में रहे, १९६१ में अवकाश ग्रहण करने तक आप वहीं रहे। आप वहाँ गणित के रीडर एवं अध्यक्ष रहे।

वह कुछ समय पटना साइंस कॉलेज में भी गणित के विभागाध्यक्ष के रूप में कार्यरत रहे।

विदेश यात्रा—प्रो. प्रसाद सन् १९२९ में उच्चतर अध्ययन हेतु यूरोप गए। वहाँ आपने एडिनबरा में सर ई. टी. विटेकर और लिवरपूल में प्रो. टिट्समार्स, एफ. आर. एस. के साथ अनुसंधान किए। सन् १९३१ में डेढ़ वर्ष के अनुसंधान के बाद आपको लिवरपूल विश्वविद्यालय ने पी-एच. डी. की उपाधि प्रदान की। उसके बाद आप पेरिस चले आए, जहाँ आपने संसार के कुछ विख्यात गणितज्ञों के साथ कार्य किया। यहाँ

आपने 'दैनजोय सिद्धांत' के प्रवर्त्तक प्रो. दैनजोय के निर्देशन में अनुसंधान किए। सन् १९३२ में आपके प्रबंध (थीसिस) पर, जिसकी प्रो. इमाइल बोरेल ने मुक्तकंठ से प्रशंसा की है, आपको डी. एस-सी. की उपाधि प्रदान की गई।

देन—आपको प्रो. जे. एम. विटेकर के साथ संकलनीयता (समेबिलिटी) की एक विशेष विधि विकसित करने का गौरव प्राप्त है। आपने अनेक अनुसंधानकर्ताओं को नए विचार प्रदान किए हैं। आपके वैज्ञानिक लेख अनेक देशों के सर्वोत्तम वैज्ञानिक पत्रों में प्रकाशित हुए हैं और आपका नाम यूरोप तथा अमेरिका में प्रकाशित 'ट्रिटाइज' में सम्मिलित किया गया है। प्रो. प्रसाद अपने स्वर्गीय गुरु डॉ. गणेश प्रसाद के परामर्शानुसार अल्प वेतन पर कार्य करते हुए और उस पर कोई ध्यान न देते हुए गणित क्षेत्र में अन्वेषण-कार्य करते रहे। उन्होंने फोरियर श्रेणी और अन्य श्रेणियों की आकलनीयता पर अन्वेषण किया। इंग्लैंड में प्रो. एम. हिक्टाकर के साथ कार्य कर उन्होंने आकलनीयता की एक नई विधि एवं निरपेक्ष विधि ज्ञात करने का श्रेय प्राप्त किया। उनकी इस भौतिक गवेषणा के कारण शीघ्र ही विश्व के गणितज्ञों का ध्यान उनकी ओर आकृष्ट हुआ।

विदेश यात्रा से वापस आने के उपरांत सन् १९३२ में प्रो. प्रसाद ने योग्य और मेधावी छात्रों को गणित में गवेषणा के प्रति प्रेरित और प्रोत्साहित किया। उनके सुयोग्य मार्गदर्शन में ४ डी. एस-सी. और १० डी. फिल. के लिए—इस प्रकार १४ शोधप्रबंध तैयार हुए हैं। गणित की अनेक संस्थाओं के सदस्य बनकर प्रो. प्रसाद ने भारत की महान् और अभूतपूर्व सेवा की है।

सम्मान—आप अनेक देशी-विदेशी संस्थाओं के सम्मानित सदस्य हैं। आजकल आप राष्ट्रीय भारतीय विज्ञान अकादमी (नेशनल एकेडेमी ऑफ साइंसेज ऑफ इंडिया) तथा विज्ञान परिषद्, इलाहाबाद के अध्यक्ष हैं और इलाहाबाद गणित परिषद् द्वारा प्रकाशित 'इंडियन जर्नल ऑफ मैथेमेटिक्स' के संपादक हैं। आप अनेक अंतरराष्ट्रीय वैज्ञानिक सम्मेलनों में भारत के प्रतिनिधि के रूप में भाग ले चुके हैं। आपको सन् १९४५ में भारतीय विज्ञान कांग्रेस के गणित और सांख्यिकी के अध्यक्ष तथा सन् १९५२ से १९५५ तक और सन् १९५८ से १९६१ तक भारतीय विज्ञान कांग्रेस कार्यकारिणी के महामंत्री रहने का गौरव प्राप्त हुआ है। प्रो. प्रसाद भारतीय राष्ट्रीय विज्ञान संस्थान के सबसे पुराने फैलो वर्ग में से एक हैं। सन् १९६० ई. में प्रो. प्रसाद राष्ट्रीय विज्ञान अकादमी के भौतिक विज्ञान विभाग के अध्यक्ष चुने गए थे।

प्रो. बी. एन. प्रसाद कई बार अंतरराष्ट्रीय सम्मेलनों में भाग लेने गए। भूतपूर्व राष्ट्रपति डॉ. सर्वपल्ली राधाकृष्णन् के नेतृत्व में गए भारतीय शिष्टमंडल के प्रो. प्रसाद सदस्य थे। उन्होंने कई विदेशी विश्वविद्यालयों में भाषण दिए और वहाँ के गणित विषय के अध्येताओं को गणित के नियमों का ज्ञान कराया।

विश्वविद्यालय अनुदान आयोग ने प्रो. प्रसाद को गणित रिव्यू कमेटी का सदस्य

नियुक्त किया था। इस रूप में उन्होंने गणित के अध्यापन, गवेषणा-कार्य की वृद्धि एवं प्रगति के उपाय एवं साधन ज्ञात करने में भारत सरकार की सहायता की।

प्रो. प्रसाद ने गणितशास्त्र की उन्नति के लिए इलाहाबाद विश्वविद्यालय के पुस्तकालय में अनेक पुस्तकें मँगवाईं और इलाहाबाद मैथेमैटिकल सोसाइटी की स्थापना की। इस सोसाइटी का उद्देश्य है—गणित में उच्चस्तरीय अध्ययन तथा अनुसंधान-कार्य की प्रगति। उन्होंने 'इंडियन जर्नल ऑफ मैथेमैटिक्स' नामक अंतरराष्ट्रीय पत्रिका भी प्रकाशित की।

प्रो. तिरुवेंकट राजेंद्र शेषाद्रि

दिल्ली विश्वविद्यालय के एमेरिटस प्राध्यापक डॉ. तिरुवेंकट राजेंद्र शेषाद्रि ने ३ से ९ जनवरी, १९६७ तक हैदराबाद में आयोजित भारतीय विज्ञान कांग्रेस के ५४वें अधिवेशन का मुख्याध्यक्ष पद सुशोभित किया। दिल्ली विश्वविद्यालय के रसायन विभाग के भूतपूर्व अध्यक्ष प्रो. टी. आर. शेषाद्रि सन् १९६० में लंदन की रॉयल सोसाइटी के फैलो निर्वाचित हुए। वह सर्वप्रथम भारतीय थे जिन्हें जैविक-रसायन के क्षेत्र में अनुसंधान करने पर यह सम्मान प्राप्त हुआ। उनके अनुसंधानों का संबंध प्रकृति में पाए जानेवाले जैविक यौगिकों, विशेषतया फ्लैवोनायडों से था।

प्रो. शेषाद्रि का जन्म ३ फरवरी सन् १९०० को मद्रास राज्य के कुलीत्तालाई नामक स्थान पर हुआ। प्रेसीडेंसी कॉलेज, मद्रास में शिक्षा प्राप्त करने के बाद वे सन् १९२७ में मैनचेस्टर गए और वहाँ नोबल पुरस्कार विजेता प्रो. रॉबर्ट रॉबिंसन के निर्देशन में 'सर्च फॉर एंटी मलेरियक्स' और 'सिंथेसिस ऑफ एंथोसियानीन्स' पर अनुसंधान कार्य किया। इसके बाद उन्होंने एडिनबरा में मेडिकल केमिस्ट्री इंस्टीट्यूट में प्रो. जी. बारजर और ग्राज (आस्ट्रिया) में मेडिकल केमिस्ट्री इंस्टीट्यूट के प्रो. एच. प्रेगल के निर्देशन में कार्य किया। भारत लौटने पर वे ३ वर्ष कृषि अनुसंधान संस्थान, कोयंबटूर में रहे और तत्पश्चात् सन् १९३३ में आंध्र विश्वविद्यालय चले गए। वहाँ वे सन् १९३७ में रसायनशास्त्र के प्रोफेसर बन गए। प्रो. शेषाद्रि आंध्र विश्वविद्यालय में १६ वर्ष रहे। आपके प्रयास से इस विश्वविद्यालय में रसायनशास्त्र के एक क्रियाशील अनुसंधान कक्ष की स्थापना हुई तथा रासायनिक प्रौद्योगिकी और औषध-निर्माण विभाग बने। सन् १९४९ में आप दिल्ली विश्वविद्यालय के रसायन विभाग के अध्यक्ष नियुक्त हुए। उनके कार्यकाल में दिल्ली विश्वविद्यालय कार्बनिक रसायन अनुसंधान का महत्त्वपूर्ण केंद्र बन गया। प्रो. शेषाद्रि ने ५०० से अधिक मौलिक अनुसंधान लेख प्रकाशित किए थे। उनके मार्गदर्शन में १५० छात्रों ने शोध करके पी-एच. डी. की उपाधि प्राप्त की।

इनका संबंध अधिकतर रंग, ओषधि और कीटनाशक जैसे वनस्पति-उत्पादों की रासायनिकी से था।

आप 'जर्मन एकेडेमी कर नेचर फोर्स चंग, हेल' के सदस्य और इंडियन एकेडेमी ऑफ साइंसेज तथा नेशनल इंस्टीट्यूट ऑफ साइंसेज ऑफ इंडिया के उपाध्यक्ष रहे। डॉ. शेषाद्रि इंडियन केमिकल सोसाइटी और इंडियन फार्मास्यूटिकल कांग्रेस के अध्यक्ष रहे। आपको जिन प्रोफसरशिप, लेक्चररशिप और पुरस्कार प्राप्त करने के लिए चुना गया, वे थे: (१) इंडियन एसोसिएशन फॉर दि कल्टिवेशन ऑफ साइंसेज की कूच बिहार प्रोफेसरशिप, (२) इंडियन केमिकल सोसाइटी की आचार्य प्रो. पी. सी. रे. लेक्चररशिप, (३) इंस्टीट्यूट ऑफ केमिस्ट्स की एच. के. सेन लेक्चररशिप, (४) इंडियन साइंस कांग्रेस एसोसिएशन की बी. सी. गुहा मेमोरियल लेक्चररशिप, (५) नेशनल इंस्टीट्यूशन ऑफ साइंसेज ऑफ इंडिया के भटनागर पदक, (६) पंजाब विश्वविद्यालय के बी. के. सिंह मेमोरियल लेक्चररशिप, और (७) बंबई विश्वविद्यालय की प्रो. के. वेंकट रमन सिक्सटीयथ बर्थडे कमेमोरेशन लेक्चररशिप। डॉ. शेषाद्रि भारतीय विज्ञान कांग्रेस परिषद् के १९६६-६७ वर्ष के लिए अध्यक्ष थे। आपको सन् १९६३ में पद्मभूषण के अलंकार से विभूषित किया गया और सन् १९६५ में आंध्र विश्वविद्यालय ने आपको डी. एस-सी. की सम्मानार्थ उपाधि प्रदान की।

प्रो. शेषाद्रि इंडियन एकेडेमी ऑफ साइंसेज के एक प्रवर्त्तक फैलो, नेशनल इंस्टीट्यूट ऑफ साइंसेज ऑफ इंडिया के फैलो, रॉयल इंस्टीट्यूट ऑफ केमिस्ट्री के उत्तर भारत विभाग के अध्यक्ष और केमिकल सोसाइटी लंदन के भारतीय प्रतिनिधि रहे। वे कौंसिल ऑफ साइंटिफिक एंड इंडस्ट्रियल रिसर्च की रासायनिक अनुसंधान कमेटी के सदस्य और परमाणु शक्ति आयोग की रसायन सलाहकार समिति के अध्यक्ष रहे। उनकी कॉलेज की फीस रामकृष्ण मिशन ने देकर उनकी जो सहायता की थी, वे इस घटना को कभी नहीं भूल पाए। वे ईश्वर में बड़ी श्रद्धा रखते थे। सन् १९७५ ई. में उनका स्वर्गवास हो गया।

राजचंद्र बोस

राजचंद्र बोस का जन्म १९ जून सन् १९०१ को हुआ। उन्होंने कलकत्ता विश्वविद्यालय से एम. एस-सी. एवं डी. लिट्. की उपाधियाँ प्राप्त कीं। सन् १९३० से १९३४ तक वे आशुतोष कॉलेज, कलकत्ता में गणित के व्याख्याता रहे। सन् १९३४ से १९४० तक उन्होंने भारतीय सांख्यिकी संस्थान, कलकत्ता में सांख्यिकीविद् के पद पर कार्य किया। सन् १९४२ से १९४९ तक वे कलकत्ता विश्वविद्यालय में सांख्यिकीविद् एवं सांख्यिकी विभाग के अध्यक्ष पद पर कार्यरत रहे। सन् १९४७ में वे कोलंबिया विश्वविद्यालय, अमेरिका में विजिटिंग प्रोफेसर नियुक्त किए गए। सन् १९४९ में वह नार्थ कैरोलीना विश्वविद्यालय, अमेरिका में प्रोफेसर के पद पर नियुक्त किए गए।

राजचंद्र बोस ने माया-वर्गों की एक नई जाति के संबंध में आयलर के प्रसिद्ध अनुमान को गलत सिद्ध किया। इससे उनका नाम न्यूयार्क के समाचार-पत्रों में सुर्खियों में रोशन हो गया। माया-वर्ग वह वर्ग है जिसमें सभी पंक्तियों और स्तंभों के वर्गों की संख्याओं का योग एक ही होता है। बोस ने जिस नई प्रणाली का आविष्कार किया, उसके अनुसार ३०० वर्ष में एक बार गलती हो सकती है। इसी कारण उनकी इस पद्धति को मैसाचुसैट्स इंस्टीट्यूट ऑफ टेक्नोलॉजी की लिंकन प्रयोगशाला ने अपनाया।

प्रो. महालनबीस ने सन् १९३२ में बोस को अपने नवस्थापित सांख्यिकी संस्थान में अंशकालीन शोधकर्ता के रूप में नियुक्त करने का प्रस्ताव प्रस्तुत किया। प्रो. महालनबीस का विचार था कि बोस अपने उच्च ज्यामिति ज्ञान से उन समस्याओं को हल कर सकेंगे, जिनका हल मिल नहीं पा रहा था। बोस ने प्रो. महालनबीस की इच्छा भी पूरी की, क्योंकि उन्होंने सांख्यिकी की समस्याओं का हल समुचित रूपरेखाओं से ज्यामितीय समस्या के आधार पर कर दिया। बोस इसे 'पैकिंग' समस्या कहते हैं।

सन् १९४९ में बोस अमेरिका के उत्तर-कैरोलीना प्रांत में जाकर बस गए। आज उनकी गणना विश्व के प्रख्यात गणितवेत्ताओं में की जाती है।

डॉ. ए. के. मित्र

जन्म और शिक्षा—डॉ. ए. के. मित्र का जन्म ३१ मार्च सन् १९०३ को हुआ था। सन् १९१३ से १९२० तक आपने कलकत्ता की किदरपुर अकादमी में शिक्षा प्राप्त की। सन् १९२० में मैट्रिक पास करने के बाद सन् १९२४ में आप स्नातक हुए। बी. ए. की परीक्षा में भारतीय पुरातत्व आपका मुख्य विषय था। नेशनल कौंसिल ऑफ एजूकेशन, जादवपुर से छात्रवृत्ति मिलने पर आपने लब्धप्रतिष्ठ पुरातत्वविद् स्व. श्री रामप्रसाद चंदा के मार्गदर्शन में अनुसंधान आरंभ किया। उत्खनन में आपका प्रशिक्षण सारनाथ में हुआ।

कार्यक्षेत्र में—सन् १९२९ में आप मयूरभंज रियासत में पुरातत्वविद् नियुक्त हुए। इसके बाद आप मयूरभंज राज्य संग्रहालय के संग्रहाध्यक्ष रहे। अब आपकी बहुमुखी गतिविधियाँ आरंभ हुईं। हरिपुर में उत्खनन (खुदाई) कार्य आपकी देखरेख में हुआ। डॉ. बी. एस. गुहा के मार्गदर्शन में आपको मानव के क्रमिक विकास तथा वर्गीकरण (ह्यूमन इवोल्यूशन एंड वेरिएशन) में प्रशिक्षण प्राप्त करने के लिए जूलॉजिकल सर्वे ऑफ इंडिया में भेजा गया। इसके बाद शरीर-रचना विज्ञान का विशेष अध्ययन करने के लिए आप आर. जी. आर. मेडिकल कॉलेज चले गए। सन् १९३७ में आपने जर्मनी के म्यूनिख विश्वविद्यालय से डॉक्टरेट की उपाधि प्राप्त की।

भारत लौटने पर आप भारतीय प्राणिशास्त्र सर्वेक्षण (भारतीय जूलॉजिकल सर्वे ऑफ इंडिया) में सहायक मानव विज्ञानी नियुक्त हुए। वहाँ आपने सिंधु घाटी कंकालों पर कुछ समय तक कार्य किया। इसके बाद भारतीय मानव शरीर रचना सर्वेक्षण (एन्थ्रोपोलॉजिकल सर्वे ऑफ इंडिया) को आपकी सेवाओं की आवश्यकता हुई। आप वहाँ मानव विज्ञानी के पद पर गए और सन् १९५९ में उपनिदेशक के पद से सेवानिवृत्त हुए। इस काल में आपने नालंदा में बौद्ध समाधियों की खुदाई कराई। वहाँ समाधि की स्थिति में ९वीं शताब्दी का एक संपूर्ण कंकाल प्राप्त हुआ। सन् १९५९ में ही आप

दिल्ली विश्वविद्यालय में आ गए। आजकल आप वहाँ डर्मेटोग्लाइफिक्स, ह्यूमन जेनेटिक्स और मानवजाति इतिहास पर अनुसंधान-कार्य कर रहे हैं। भारतीय पुरातत्व और मानव विकास विज्ञान संबंधी आपके अनेक अनुसंधान लेख अब तक प्रकाशित हो चुके हैं।

राष्ट्रीय सम्मान—भारतीय विज्ञान कांग्रेस के ३ जनवरी से ९ जनवरी, १९६७ तक हैदराबाद में आयोजित ५४वें अधिवेशन के मानव विज्ञान और पुरातत्वशास्त्र अनुभाग के डॉ. मित्र अध्यक्ष निर्वाचित किए गए थे।

पंचानन महेश्वरी

वंश-परिचय और शिक्षा—प्रो. पंचानन महेश्वरी का जन्म १ नवंबर सन् १९०४ को जयपुर में हुआ तथा उन्होंने प्रारंभिक शिक्षा भी वहीं प्राप्त की। उनके पिता श्री विजयपाल एक साधारण क्लर्क थे। वह जमाना अंग्रेजों का था। घर की आर्थिक स्थिति भी अच्छी नहीं थी। फिर भी उनके पिता ने कठोर परिश्रम किया और उन्हें सबसे उत्तम शिक्षा दिलवाई। उन्होंने ईविंग क्रिश्चियन कॉलेज, इलाहाबाद से बी. एस-सी. तथा इलाहाबाद विश्वविद्यालय से एम. एस-सी. परीक्षाएँ उत्तीर्ण कीं। ईविंग क्रिश्चियन कॉलेज में उनका घनिष्ठ संपर्क 'इंडियन बोटेनिकल सोसाइटी' के संस्थापक स्वर्गीय डॉ. विनफील्ड डडगन से हुआ, जिसके मार्गदर्शन में उन्होंने सन् १९२७ से १९३० तक तीन वर्ष ऐंजियोस्पर्म्स के शरीर-रचना या संरचना विज्ञान और भ्रूण विज्ञान (एंब्रियोलॉजी) तथा आकृति विज्ञान पर अनुसंधान-कार्य कर सन् १९३१ में इलाहाबाद विश्वविद्यालय से डी. एस-सी. की उपाधि प्राप्त की। जीवन के इस प्रारंभ ने ही उन्हें अंतरराष्ट्रीय कीर्ति दिला दी। विनफील्ड ने ही पंचानन को वनस्पतिशास्त्र की ओर प्रेरित किया था। विनफील्ड ने उन्हें बराबर प्रोत्साहन दिया। विनफील्ड और पंचानन इतने घुल-मिल गए कि गुरु-शिष्य का संबंध पिता-पुत्र के संबंधों में बदल गया तथा फिर दोनों मित्रवत् हो गए। १९३१ में जब पंचानन को डी. एस-सी. की उपाधि मिली, तो उसे अपने गुरु के चरणों में रखते हुए पंचानन ने गुरु-दक्षिणा देने का प्रस्ताव प्रस्तुत किया। तब विनफील्ड बोले—"पंचानन, तुम मेरे पुत्र के बराबर हो, मेरी गुरु-दक्षिणा यही होगी कि तुम भी अपने विद्यार्थियों से वैसा ही व्यवहार करना जैसा मैंने तुम्हारे साथ किया था। तुम्हें देखकर आज मुझे लग रहा है कि चाहे कुछ किया हो या न किया हो, पर मैंने तुम जैसा एक योग्य विद्यार्थी तैयार कर दिया। मेरी मशाल अब तुम थामो।"

उनकी माताजी अपनी दीर्घ वृद्धावस्था तक उनके साथ रही थीं, जिनका देहांत सन् १९६१ में हुआ। सन् १९२३ में डॉ. महेश्वरी का विवाह श्रीमती शांति के साथ

हुआ। उनके तीन पुत्र एवं तीन पुत्रियाँ उत्पन्न हुईं। यह एक अद्‌भुत एवं विलक्षण सत्य है कि वनस्पतिशास्त्र की अभिरुचि डॉ. महेश्वरी के परिवार में वंश-परंपरा से चली आई है तथा उनके कुछ बच्चों ने भी विज्ञान की इस शाखा के अनुसंधान-कार्य में महत्त्वपूर्ण योग प्रदान किया है।

अध्यापक के रूप में—प्रो. महेश्वरी की नियुक्ति सर्वप्रथम वनस्पतिशास्त्र के व्याख्याता के रूप में आगरा कॉलेज, आगरा में हुई जहाँ कुछ समय पश्चात् वे सहायक प्रोफेसर बन गए। सन् १९३६ में वे यूरोप यात्रा पर गए तथा लौटने पर कुछ समय तक ईविंग क्रिश्चियन कॉलेज, इलाहाबाद विश्वविद्यालय और लखनऊ विश्वविद्यालय की सेवा करते रहे। नवंबर, सन् १९३९ में उनकी नियुक्ति ढाका विश्वविद्यालय में हो गई। वहाँ वे पहले प्रवाचक (रीडर) थे। सन् १९४५ में वे दो वर्ष के लिए यूरोप तथा संयुक्त राज्य अमेरिका के भ्रमण हेतु गए। लौटने पर वे वनस्पतिशास्त्र के प्रोफेसर तथा विज्ञान संकाय के अध्यक्ष (डीन) नियुक्त किए गए। सन् १९४७ में उन्होंने ढाका विश्वविद्यालय में वनस्पतिशास्त्र में स्नातकोत्तर कक्षाएँ प्रारंभ कीं। सन् १९४९ में सर मौरिस ग्वायर के निमंत्रण पर नवस्थापित दिल्ली विश्वविद्यालय में वनस्पतिशास्त्र के प्राध्यापक एवं विभागाध्यक्ष के रूप में आ गए, जहाँ अपनी मृत्युपर्यंत वे अध्यापन और शोधकार्य में रत रहे। पंचानन ने वहाँ उजड़े जंगल के समान वनस्पति विभाग को ऐसा जमाया कि वह उपवन-सा दिखाई देने लगा। उस समय पादप विज्ञान के क्षेत्र में दिल्ली विश्वविद्यालय के वनस्पति विभाग की स्थिति उसी प्रकार थी, जिस प्रकार हिंदू धर्म में काशी की है। एशिया ही क्या, पंचानन के निर्देशन में शोध करने के लिए अमेरिका तथा आस्ट्रेलिया तक से छात्र आए। पंचानन का उद्‌देश्य सस्ते उपकरणों से शोध कराना था, किंतु उन्होंने शोध को सस्ता नहीं बनाया। वे वहाँ सन् १९५४ से १९५६ तक विज्ञान संकाय के अध्यक्ष भी रहे। शोधकार्य के समान ही वे अध्यापन को अत्यंत महत्त्वपूर्ण मानते थे तथा अध्यापन से पूर्व अपने व्याख्यानों को कठिन परिश्रम से तैयार करते थे।

उनके प्रिय विषय—वनस्पतिशास्त्र की आकृति विज्ञान (मॉरफोलॉजी) तथा भ्रूण विज्ञान (एंब्रियोलॉजी) शाखाएँ प्रो. महेश्वरी के प्रिय विषय थे। उन्होंने इन विषयों पर २५० से भी अधिक अनुसंधान लेख प्रकाशित किए थे। उनकी विशिष्ट रुचि एंजियोस्पर्म्स (आवृत बीजी) के भ्रूण विज्ञान में थी। वे 'एंब्रियोलॉजी ऑफ एंजियोस्पर्म्स' (एंजियोस्पर्म्स का भ्रूण विज्ञान) और 'नीटम' नामक पुस्तकों के लेखक थे। उन्होंने 'रिसेंट एडवांसेज एन एंब्रियोलॉजी' (भ्रूण विज्ञान में आधुनिक प्रगति) का संपादन किया था। यह अंतरराष्ट्रीय वृक्ष आकृति विज्ञान संस्था (इंटरनेशनल सोसाइटी ऑफ प्लांट मॉर्फोलॉजिस्ट्स) द्वारा प्रकाशित की गई थी। अपने जीवन के अंतिम दिनों में वह 'मॉर्फोलॉजी ऑफ जिमनोस्पर्म्स' नामक पुस्तक लिख रहे थे।

विशिष्ट अनुसंधान—प्रो. महेश्वरी की सबसे रोचक खोज थी परखनली में बीजों की उत्पत्ति। दिल्ली विश्वविद्यालय में उनके निर्देशन में अफीम पोस्त (पैपवर सेमिनी

फैरम) और उद्यान पोस्त (पैपवर रोजस) के बीजाणु और पराग कणों पर परीक्षण किए गए थे। उनमें यह पाया गया था कि परखनली में पोषक खाद्य की उपस्थिति में बीजाणु और पराग कणों के बीच प्रतिक्रिया कराकर बीजाणुओं को गर्भित किया जा सकता है। इससे उसी प्रकार बीज तैयार हो जाते हैं जिस प्रकार पौधों में होते हैं।

प्रो. महेश्वरी ने पौधों के विभिन्न अंगों के विभाग (सैक्शन) काटने के विषय में विस्तृत अध्ययन किया था और वे इसके विशेषज्ञ थे। एंजियोस्पर्म (आवृत बीजी) और जिम्नोस्पर्म्स (नग्न बीजी) किस्म के पौधों के अध्ययन में उनकी विशेष रुचि थी। उन्होंने ८० से अधिक वंशों के एंजियोस्पर्म्स पर भ्रूण विज्ञान और वर्गीकरण संबंधी अध्ययन किया था।

पादप भ्रूण विज्ञान और पादप क्रिया विज्ञान के सम्मिश्रण से पंचानन ने विज्ञान की एक नई शाखा विकसित की, जिसमें फूलों के विभिन्न भागों को कृत्रिम पोषण द्वारा वृद्धि कराने की दिशा में बहुत अधिक सफलता प्राप्त हुई। टिशू कल्चर प्रयोगशाला की स्थापना तथा टेस्ट ट्यूब कल्चर पर शोध निबंध प्रस्तुत करने पर १९६५ ई. में लंदन की रॉयल सोसाइटी ने उन्हें एफ. आर. एस. की उपाधि से सम्मानित किया। इस प्रकार पंचानन ने टेस्ट ट्यूब शिशु के जन्म का आधार प्रस्तुत किया।

विदेश भ्रमण—प्रो. महेश्वरी ने बहुत अधिक विदेश भ्रमण किया था। सन् १९३६-३७ में उन्होंने कील (Kiel) विश्वविद्यालय में कार्य किया तथा इंग्लैंड और यूरोप के कई विश्वविद्यालयों का निरीक्षण किया। इस यात्रा-काल में जिस व्यक्ति ने उन्हें सर्वाधिक प्रोत्साहित किया था, वे वियना (आस्ट्रिया) विश्वविद्यालय के प्रो. कार्ल स्कनार्फ थे। अपनी दूसरी विदेश यात्रा सन् १९४५ में उन्होंने अपना अधिकांश समय हारवर्ड विश्वविद्यालय में व्यतीत किया, जहाँ उन्होंने अपनी पुस्तक 'एन इंट्रोडक्शन टू दी एंब्रियोलॉजी ऑफ एंजियोस्पर्म्स' की पांडुलिपि संपूर्ण की। यह पुस्तक अनेक विश्वविद्यालयों के छात्रों द्वारा प्रयोग की जाती है तथा दो बार पुनः छप चुकी है एवं रूसी भाषा में भी अनूदित हो चुकी है। अपनी स्मिथ कॉलेज, नार्थम्पटन की यात्रा के समय उनका संपर्क प्रो. ए. एफ. ब्लैक्सली से हुआ जिन्होंने उन्हें प्रयोगात्मक भ्रूण विज्ञान के प्रति प्रोत्साहित किया। इस दिशा में उनकी रुचि इतनी बढ़ी कि उन्होंने दिल्ली विश्वविद्यालय में प्रयोगात्मक प्रकृति विज्ञान और भ्रूण विज्ञान की एक पृथक् शाखा ही स्थापित करा दी।

उनकी अगली तीन विदेश यात्राएँ अंतरराष्ट्रीय वनस्पति कांग्रेस के अधिवेशनों में सन् १९५० में स्टॉकहोम में, सन् १९५४ में पेरिस में तथा सन् १९५९ में मांट्रियल में भाग लेने के उद्देश्य से हुईं। यूनेस्को के आमंत्रण पर उन्होंने सन् १९५२ में इंडोनेशिया तथा सन् १९५४ में मिस्र की यात्रा की। भारत सरकार द्वारा भेजे गए एक वैज्ञानिक प्रतिनिधि मंडल के सदस्य के रूप में सन् १९५८ में उन्होंने रूस की यात्रा की। सन् १९५९ में अतिथि प्रोफेसर के रूप में वह इलिनॉयस विश्वविद्यालय गए जहाँ

उन्होंने कतिपय व्याख्यान दिए। सन् १९५६ में अमेरिकन विश्वविद्यालयों में सामान्य शिक्षा के पाठ्यक्रमों का अध्ययन करनेवाले दल के सदस्य के रूप में उन्होंने संयुक्त राज्य अमेरिका की यात्रा की। इस यात्रा का आयोजन भारतीय विश्वविद्यालयों में सामान्य शिक्षा का पाठ्यक्रम प्रारंभ करने के उद्देश्य से भारत सरकार और फोर्ड संस्थान ने संयुक्त रूप से किया था।

वे सन् १९६१ में कई विश्वविद्यालयों के निमंत्रण पर पश्चिमी जर्मनी गए और हेल में जर्मन वनस्पति संघ के वार्षिक अधिवेशन में भी सम्मिलित हुए। सन् १९६४ में वे पुनः संयुक्त राज्य अमेरिका गए, जहाँ उन्होंने जीव विज्ञान पाठ्यक्रम अध्ययन केंद्र बोल्डर, कोलोरेडो में कुछ समय व्यतीत किया। यहाँ अमेरिकन विद्यालयों के लिए जीवविज्ञान की पाठ्य-पुस्तकें लिखी जाती हैं। मई १९६५ में वे एक माह की यात्रा पर रूस गए। सितंबर १९६५ में वे डेढ़ माह की यात्रा पर आस्ट्रेलिया गए।

सार्वजनिक जीवन और सम्मान—वे भारतीय विज्ञान अकादमी, भारतीय राष्ट्रीय विज्ञान संस्थान तथा भारतीय वनस्पति संस्था के फैलो एवं अमेरिकन वनस्पति संघ के पत्राचार सदस्य और अमेरिकन कला-विज्ञान अकादमी के सम्मानित विदेशी सदस्य थे। वह जर्मनी की कैसरलिच ड्यूत्श्चे एकेडेमी डरनेचर फोरश्चर, हेल के विदेशी सदस्य थे। १९३४ ई. में वे नेशनल इंस्टीट्यूट ऑफ साइंसेज के सदस्य बने। सन् १९५९ में मक्गिल विश्वविद्यालय, मांट्रियल, कनाडा ने उन्हें डी. एस-सी. की सम्मानित उपाधि से विभूषित किया था। वनस्पतिशास्त्र को उनकी महान् देन के सम्मान में भारतीय वनस्पति संघ ने सन् १९५९ में उन्हें 'बीरबल साहनी पदक' प्रदान किया तथा भारतीय विज्ञान संस्थान ने 'सुंदरलाल होरा पदक' प्रदान किया था। उनके ६० वें जन्म-दिवस के उपलक्ष्य में भारतीय वनस्पति संघ ने विश्व के प्रमुख वनस्पतिशास्त्रियों के लेखों का एक विशेष संग्रह प्रकाशित किया था।

वे सन् १९५१ में भारतीय वनस्पति संघ के अध्यक्ष थे तथा भारतीय विज्ञान कांग्रेस के वनस्पतिशास्त्र अनुभाग के भी अध्यक्ष रहे। वे अंतरराष्ट्रीय वनस्पति कांग्रेस, स्टॉकहोम के उपाध्यक्ष तथा अंतरराष्ट्रीय वनस्पति कांग्रेस के भ्रूण विज्ञान अनुभाग के अध्यक्ष भी रहे। वे भारतीय राष्ट्रीय विज्ञान अकादमी के प्रधान भी रहे।

प्रो. महेश्वरी ने दिल्ली विश्वविद्यालय में पादप-आकृति विज्ञान तथा प्रयोगात्मक भ्रूण विज्ञान विद्यालय की स्थापना की तथा ऐसे कुशल कार्यकर्ताओं का दल तैयार किया जिन्होंने इस क्षेत्र में महान् योग दिया। उनके प्रयासों के फलस्वरूप वनस्पतिशास्त्र विभाग पादप भ्रूण विज्ञान में अनुसंधान का प्रगतिशील केंद्र बन गया है।

अंतरराष्ट्रीय पादप आकृति विज्ञान संघ की स्थापना में उनका प्रमुख हाथ था जिसके वे प्रथम अध्यक्ष थे। इस संस्था का उद्देश्य पादप आकृति, शरीर-रचनाशास्त्र एवं भ्रूण विभाग में ज्ञान का विश्लेषण प्रमुख है। यह संस्था 'फिटोमॉर्फोलॉजी' नामक पत्रिका प्रकाशित करती है।

अपने जीवन के अंतिम वर्षों में, वे विज्ञान शिक्षा, विशेषकर विद्यालयों में जीवविज्ञान शिक्षा के सुधार में बड़ी रुचि लेते थे। उन्होंने राष्ट्रीय शिक्षा अनुसंधान एवं प्रशिक्षण परिषद् द्वारा स्थापित जीव विज्ञान पाठ्य-पुस्तक समिति का अध्यक्ष होना स्वीकार किया था, जिसका लक्ष्य जीवविज्ञान की पाठ्य-पुस्तकें तथा अध्यापकों के लिए प्रयोगशाला मार्गदर्शिका तैयार करना था। उनके सुयोग्य निर्देशन में इस समिति ने अच्छी प्रगति की। वे राष्ट्रीय शिक्षा अनुसंधान और प्रशिक्षण परिषद् द्वारा संचालित क्षेत्रीय शिक्षा महाविद्यालयों के लिए विज्ञान विषयों की पाठ्यक्रम समिति से भी संबद्ध थे।

देहावसान—इस सुप्रसिद्ध वनस्पतिशास्त्री डॉ. महेश्वरी का मस्तिष्क-शोथ के कारण १८ मई, १९६६ ई. को दिल्ली में स्वर्गवास हो गया। वे दिल्ली विश्वविद्यालय के वनस्पतिशास्त्र विभाग के अध्यक्ष तथा वैज्ञानिक और अनुसंधान परिषद् की शासी समिति के सदस्य थे। अप्रैल, सन् १९६५ में उन्हें रॉयल सोसाइटी, लंदन ने अपना फैलो निर्वाचित कर सम्मानित किया था। वे द्वितीय भारतीय वनस्पतिशास्त्री थे जिन्हें यह गौरव प्राप्त हुआ था। उन्हें अपना फैलो बनाकर रॉयल सोसाइटी ने उनकी वनस्पतिशास्त्र के प्रति की गई सेवाओं का सही मूल्यांकन किया था। प्रो. महेश्वरी इस गौरवमय स्थिति को कठिन अध्यवसाय, सहनशक्ति तथा जिस कार्य को हाथ में लेते, के प्रति निश्चल अवधान आदि गुणों के कारण प्राप्त हुए थे। उनके छात्र बतलाते हैं कि वे प्रातःकाल से लेकर संध्या समय तक अपनी प्रयोगशाला में कार्यरत रहते थे। उनका जीवन नवयुवक वनस्पतिशास्त्रियों के लिए प्रेरणा-स्रोत एवं प्रकाशपुंज का कार्य करेगा।

प्रो. महेश्वरी को हिंदी से विशेष प्रेम था। जनवरी १९६६ में भारतीय कांग्रेस के ५३वें अधिवेशन में हिंदी में भाषण देकर उन्होंने वैज्ञानिकों को आश्चर्यचकित कर दिया। इसके साथ ही वह जर्मन एवं फ्रेंच भाषाएँ भी धाराप्रवाह बोलते थे।

व्यक्तित्व—प्रो. महेश्वरी का व्यक्तित्व बहुत सरल, शांत और सुलझा हुआ था। अनुसंधान-कार्यों में अत्यधिक व्यस्त रहने के बावजूद अपने विद्यार्थियों और सहयोगियों की समस्याएँ सुलझाने के लिए उनके पास कभी समय का अभाव न रहता था। उनके विद्यार्थी अपनी छोटी-से-छोटी समस्याओं के हल के लिए उनके पास जा सकते थे और वे सदैव संतुष्ट होकर ही लौटते थे। ऐसे प्रतिभाशाली वैज्ञानिक के निधन से देश को अपार क्षति हुई है।

छात्रों के लिए पंचानन का व्यवहार सदा पितातुल्य रहता था। उन्होंने अपने छात्रों की शैक्षणिक समस्याओं का ही निराकरण नहीं किया, अपितु उनकी आर्थिक एवं पारिवारिक समस्याएँ भी हल कीं।

श्री एस. डोराइस्वामी के शब्दों में, "प्रो. महेश्वरी एक श्रेष्ठ अध्यापक, एक उत्तम तकनीकी विशेषज्ञ, एक अध्यवसायी अनुसंधानकर्ता और एक सुदृढ़ संगठनकर्ता थे। वे सर्वोत्तम के अतिरिक्त अन्य कुछ भी स्वीकार नहीं करते थे तथा स्तर से हीन कुछ भी

सहन नहीं करते थे। साथ ही वे प्रत्येक शोधार्थी को सहायता देने के लिए प्रस्तुत रहते थे जो जीवविज्ञान और विशेषतः वनस्पतिशास्त्र की सभी स्तरों पर उन्नति में वास्तविक रुचि रखता हो। वे वनस्पतिशास्त्र के क्षेत्र में कार्य कर रहे सभी भारतीयों के साथ संपर्क बनाए रखने के भी इच्छुक थे। इस प्रकार प्रो. महेश्वरी महान् अन्वेषक और महान् शिक्षक थे। ऐसा कोई वर्ष न था जबकि उनका एक अथवा अनेक शोधलेख प्रकाशित न हुए हों।"

उन्हें प्रकृति से विशेष लगाव था। पौधों का वैज्ञानिक अध्ययन वे उनके वास-स्थानों में उपयुक्त समझते थे। वह बहुधा घंटों पौधों के प्राकृतिक वास-स्थानों में नए पौधों को ढूँढ़ने की तथा जाने-पहचाने पौधों का परिचय घनिष्ठ करने की आशा में घूमते रहते थे।

उनकी स्मरण-शक्ति विलक्षण थी। उनका स्वयं का विशाल पुस्तकालय था जिसमें सहस्रों पत्र-पत्रिकाएँ संग्रहीत थीं और विचित्रता यह है कि इन पुस्तक-पत्रिकाओं में अनेक पंक्तियाँ रेखांकित हैं तथा साथ-साथ टिप्पणियाँ भी लिखी हुई हैं।

वे अत्यंत दयालु थे तथा सदैव प्रसन्नचित्त रहते थे, किंतु आत्म-सम्मान के प्रति भी अत्यंत जागरूक थे।

पंचानन ने बच्चों में विज्ञान के प्रति रुचि जगाने के लिए काफी प्रयास किया था। उनको आधुनिक पादप भ्रूण विज्ञान का जनक माना गया है। पंचानन की दो पुस्तकें—'एन इंट्रोडक्शन टू द एंब्रोयोलॉजी ऑफ एंजियोस्पर्म' तथा 'रिसेंट एडवांसेज इन एंब्रोयोलॉजी ऑफ एंजियोस्पर्म' विश्वविख्यात हैं।

डब्ल्यू. एम. वैद्य

जन्म और शिक्षा—प्रो. डब्ल्यू. एम. वैद्य कर्नाटक विश्वविद्यालय, धारवाड़ में भौतिकी विभाग के प्राध्यापक और विभागाध्यक्ष हैं। उनका जन्म १२ नवंबर सन् १९०४ को वर्धा के निकट हिंगणघाट में हुआ था। सन् १९२५ में नागपुर विश्वविद्यालय से बी. एस-सी. परीक्षा उत्तीर्ण करने के पश्चात् आप उच्च अध्ययनार्थ इंग्लैंड चले गए जहाँ आपने स्वर्गीय प्रो. ए. फाउलर, एफ. आर. एस. के निर्देशन में अनुसंधान किए और पी-एच. डी. की उपाधि प्राप्त की। आपने अपने अनुसंधान काल में हाइड्रोकार्बन की ज्वालाओं में एक नई बैंड प्रणाली को ढूँढ़ निकाला। यह प्रणाली (बैंड) आजकल 'वैद्य बैंड' के नाम से विख्यात है।

व्यवसाय और अनुसंधान—प्रो. वैद्य १९५० में राष्ट्रीय भौतिक प्रयोगशाला में प्रकाशीय विभाग (ऑप्टिक्स डिवीजन) के अध्यक्ष नियुक्त किए गए। यहाँ आपने कम प्रकाशवान वस्तुओं को देखने की समस्याओं पर, विशेष रूप से वायुयान और रेलों की निरापदता के संदर्भ में, खोजबीन की। आपके निर्देशन में राष्ट्रीय भौतिक प्रयोगशाला के प्रकाशीय विभाग में कॉकपिट को प्रकाशवान बनाने और धावक-पथ (Run-way) की प्रकाश संबंधी समस्याओं पर जो अध्ययन किए गए, उन्हें भारतीय वायु सेना ने बहुत उपयोगी पाया है। जिस समय हमारे देश पर चीन का आक्रमण हुआ, उस समय प्रो. वैद्य राष्ट्रीय भौतिक प्रयोगशाला के कार्यकारी उपनिदेशक थे। आपके निर्देशन में बहुत-सी ऐसी योजनाओं पर कार्य किया गया जिनका देश की सुरक्षा से संबंध था।

अध्यापन की दिशा में तथा सम्मान—नवंबर सन् १९६४ में राष्ट्रीय भौतिक प्रयोगशाला से अवकाश प्राप्त करने के पश्चात् प्रो. वैद्य कर्नाटक विश्वविद्यालय चले गए। सन् १९६५ के अंत में 'वैद्य बैंड' पर आपका एक वैज्ञानिक लेख 'प्रोसीडिंग्स ऑफ रॉयल सोसाइटी' में प्रकाशित हुआ। अनेक विदेशी वैज्ञानिकों ने इसकी भूरि-भूरि प्रशंसा की। आपकी इस खोज पर नेशनल रिसर्च कौंसिल, कनाडा नेशनल ब्यूरो ऑफ

स्टैंडर्ड्स, पेरिस विश्वविद्यालय, फ्लोरिडा विश्वविद्यालय और जनरल मोटर्स (संयुक्त राज्य अमेरिका) ने आपको व्याख्यान देने के लिए आमंत्रित भी किया। जनवरी सन् १९६६ में आप भारतीय विज्ञान परिषद् के भौतिक अनुभाग के अध्यक्ष निर्वाचित किए गए।

डॉ. दौलतसिंह कोठारी

जन्म और शिक्षा—डॉ. दौलतसिंह कोठारी का जन्म ७ जुलाई सन् १९०६ को राजस्थान के उदयपुर नगर में एक मध्यम वर्गीय परिवार में हुआ था। बाल्यकाल में ही पिता का साया सिर से उठ गया। उसके बाद कठोर परिश्रम और अपनी प्रतिभा के बल पर उन्होंने शिक्षा प्राप्त की और आगे बढ़े। पिता के देहांत के समय उनकी आयु मात्र ११ वर्ष थी। उनकी प्रारंभिक शिक्षा जयपुर और इंदौर में हुई। विशेष योग्यता के कारण उन्हें छात्रवृत्तियाँ भी मिलीं। आपने महाविद्यालयीय शिक्षा इलाहाबाद तथा कैम्ब्रिज में प्राप्त की। आपने इलाहाबाद विश्वविद्यालय से एम. एस-सी. तथा कैम्ब्रिज विश्वविद्यालय से पी-एच. डी. की उपाधि प्राप्त की। आपने भारतीय एवं अन्य देशों के प्रमुख वैज्ञानिकों के साथ कार्य किया। डॉ. मेघनाद साहा आपके सुयोग्य अध्यापक रहे।

अनुसंधान के पथ पर—डॉ. कोठारी के प्रेरणास्रोत डॉ. जगदीशचंद्र बोस, डॉ. मेघनाद साहा तथा डॉ. चंद्रशेखर वेंकट रमन रहे और उन्हीं से प्रेरणा प्राप्त कर डॉ. कोठारी ने अपना अनुसंधान-कार्य प्रारंभ किया। कैम्ब्रिज विश्वविद्यालय में उन्होंने प्रोफेसर पीटर केपिटजर प्रौर लॉर्ड अर्नेस्ट रदरफोर्ड के साथ काम किया था। जिस प्रकार बालकों को तारों-भरे आकाश से प्रेम होता है और उसे देखकर वे आह्लादित होते हैं, उसी प्रकार डॉ. कोठारी को नभमंडलों के तारों और चंद्रमा से लगाव रहा। उनकी आंतरिक गहराइयों का अध्ययन करके इन्होंने नई-नई खोजें कीं । इन खोजों की प्रशंसा समस्त विश्व ने की है।

डॉ. कोठारी ने 'दबाव आयनीकरण' सिद्धांत की खोज की। आपने इस सिद्धांत का प्रयोग 'ह्वाइट ड्वार्फ' तारों की बनावट समझाने में किया। विश्व के वैज्ञानिकों ने इस सिद्धांत की खोज को अत्यंत महत्त्वपूर्ण माना। उन्होंने सबसे पहले यह विचार रखा कि केवल दबाव, गरमी के बिना, परमाणुओं को चकनाचूर करने के लिए पर्याप्त है। उन्होंने हिसाब लगाया कि पूर्णतः ठंडे द्रव्य तक में यह परमाणु भंजक दबाव कुछ सौ लाख पौंड

प्रति वर्ग इंच होता है। यह शक्ति इतनी होती है कि पृथ्वी के केंद्र पर कोर, मेटल, चट्टान आदि के ४ हजार मील घेरे के वजन से भी कई गुना अधिक है।

युद्ध में विज्ञान का प्रयोग—यह सर्वविदित तथ्य है कि आज के वैज्ञानिक युग में युद्ध-कौशल में वही देश पारंगत एवं शक्तिशाली होता है जिसके पास आधुनिकतम वैज्ञानिक अस्त्र उपलब्ध हों। भारत सरकार भी प्रतिरक्षा विज्ञान के प्रति जागरूक एवं सचेत है। सन् १९४८ में भारत सरकार ने डॉ. कोठारी को प्रतिरक्षा मंत्रालय में प्रतिरक्षा-विज्ञान-संगठन का निदेशक नियुक्त किया था। डॉ. कोठारी प्रतिरक्षा मंत्री के वैज्ञानिक सलाहकार भी नियुक्त किए गए थे जहाँ वह सन् १९४८ से १९६१ तक कार्यरत रहे। इस पद पर कार्य-काल में डॉ. कोठारी ने भारत के समस्त प्रतिरक्षा वैज्ञानिक प्रतिष्ठानों का पुनर्गठन किया था तथा जहाँ-जहाँ आवश्यकता थी, वहाँ-वहाँ प्रयोगशालाएँ भी स्थापित कीं तथा विस्फोटक भारों के तीव्र दबाव में धातुओं का प्रयोग किया। इस प्रकार डॉ. कोठारी तारों की धातु विद्या से प्रक्षिप्त वस्तुओं (प्रोजेक्टाइल्स) के अध्ययन पर आ गए। जोधपुर में रेगिस्तान को हरा-भरा करनेवाली नई प्रयोगशाला की स्थापना डॉ. कोठारी के प्रयत्नों के ही फलस्वरूप हुई।

डॉ. कोठारी के सरंक्षण में रक्षा विज्ञान संगठन के अनुसंधान-कार्य ने बहुत प्रगति की। इस संगठन ने शस्त्र-विज्ञान, इलेक्ट्रॉनिकी, वातावरण-शरीर-क्रिया विज्ञान, धातुकर्म, मानव और मशीनों का दुर्घटनाग्रस्त होना, भू-स्थायित्व, खाद्य-संरक्षण, रेगिस्तान को हरा बनाना, वैमानिकी, गैस टरबाइनों जैसे अनेक विषयों पर कार्य किया। सबसे आश्चर्य की बात तो यह है कि डॉ. कोठारी ने थोड़ी-सी धनराशि से इतनी अधिक सफलता प्राप्त की। यह भी आश्चर्य की बात है कि शांतिकाल में तारा भौतिकीविद् कोठारी रक्षा विज्ञान शोध के क्षेत्र में उतर आए।

शांति के प्रयास—डॉ. कोठारी केवल खगोलशास्त्री और भौतिकशास्त्री ही नहीं थे, अपितु आधुनिक तकनीकी प्रगति के आधार पर हमारी सेवाओं के संगठन में उन्होंने पर्याप्त अभिरुचि प्रकट की। प्रतिरक्षा के क्षेत्रों में अनुसंधान-कार्यों का संगठन करते हुए भी आप शांतिपूर्ण प्रयत्नों के सदैव प्रबल समर्थक रहे।

आप स्वर्गीय प्रधानमंत्री पं. जवाहरलाल नेहरू की प्रेरणा से शांति के लिए और देश के निर्माण के लिए सदैव अथक परिश्रम और प्रयत्न करते रहे। आपकी शांति के प्रति इतनी सजगता थी कि आपने परमाणु-परीक्षणों के विरुद्ध आवाज बुलंद की। इसकी झलक आपकी पुस्तक 'परमाणु विस्फोट और उनके प्रभाव' से प्रतीत होती है। इस पुस्तक का अनुवाद जर्मन और जापानी भाषाओं में भी हो चुका है।

अध्यापन-क्षेत्र में—डॉ. दौलतसिंह कोठारी का अत्यधिक समय दिल्ली में निवास करते हुए व्यतीत हुआ था। आप सन् १९३४ में दिल्ली विश्वविद्यालय में आए और २५ वर्ष तक यहाँ के भौतिकी विभाग में सेवा की। वे सन् १९३४ से सन् १९४८ तक वहाँ भौतिकी के प्रोफेसर रहे। अगर यह भी कहा जाय कि देश की राजधानी दिल्ली को

विश्व के वैज्ञानिक मानचित्र में वर्तमान प्रमुख स्थान डॉ. कोठारी ने दिलाया तो यह अतिशयोक्ति न होगी। डॉ. कोठारी की योग्यता का प्रमाण विदेशों में वैज्ञानिक सभाओं में भारत का प्रतिनिधित्व करते समय स्पष्ट प्रतीत होता था।

सम्मान—डॉ. कोठारी ने अनेक देशों का भ्रमण किया था। आपने कई वैज्ञानिक सभाओं में भारत का नाम गौरवान्वित किया। आप भारतीय भौतिक संघ के प्रधान, राष्ट्रीय विज्ञान संस्थान के उपप्रधान तथा भारतीय विज्ञान कांग्रेस के भौतिक विभाग के प्रधान भी रह चुके थे। अनेक विज्ञान समितियों के उच्च पदों पर कार्य करते हुए भी आपको गर्व छू तक नहीं गया था। आप सदैव सादा जीवन एवं उच्च विचार धारण करते थे। भारत सरकार ने सन् १९६२ में आपको पद्मभूषण तथा बाद में पद्म विभूषण उपाधि से अलंकृत और सम्मानित किया था। ७ जनवरी, १९८८ को पुणे विश्वविद्यालय में भारतीय विज्ञान कांग्रेस की प्लेटिनम जुबली के अवसर पर प्रधानमंत्री ने उन्हें पुरस्कार प्रदान किया था। शिक्षा के क्षेत्र में की गई सेवाओं के लिए उन्हें नेशनल फेडरेशन ऑफ यूनेस्को एसोसिएशन की ओर से पुरस्कृत किया गया। यह पुरस्कार प्रदान करते हुए तत्कालीन उपराष्ट्रपति हिदायतुल्ला ने उनके संबंध में कहा था कि भारत के शिक्षाक्षेत्र में डॉ. कोठारी का जितना योगदान है उतना और किसी का नहीं।

शिक्षा-प्रसार में योग—विश्वविद्यालय अनुदान आयोग के आप प्रथम अध्यक्ष थे। इस पद पर वे सन् १९६१ में नियुक्त किए गए थे। इस पद पर कार्य करते हुए डॉ. कोठारी देश के विश्वविद्यालयों में वैज्ञानिक अनुसंधान का पुनर्गठन करने का प्रयास करते रहे। वैज्ञानिक विषयों के हिंदी पारिभाषिक शब्द बनाने का कठिन कार्य भी आपने हाथ में लिया था। शिक्षा मंत्रालय के हिंदी आयोग (तकनीकी) के तथा वैज्ञानिक और तकनीकी शब्दों के लिए स्थापित स्थायी आयोग के भी आप अध्यक्ष थे। आपका दृष्टिकोण था कि वैज्ञानिक साहित्य हिंदी में लिखा जाना चाहिए। हिंदी में विज्ञान को प्रकट करना अत्यंत आवश्यक है जिससे जनसाधारण तक विज्ञान पहुँच सके। १९६१ से १९७३ ई. अर्थात् १२ वर्ष तक डॉ. कोठारी ने विश्वविद्यालय अनुदान आयोग के अध्यक्ष के रूप में देश में अनेक विश्वविद्यालयों की स्थापना, विकास और प्रगति में योग दिया। डॉ. कोठारी १९६४ से १९६६ ई. तक भारतीय शिक्षा आयोग के भी अध्यक्ष रहे। इस आयोग की कोठारी रिपोर्ट में देश में प्राथमिक स्तर से विश्वविद्यालय स्तर तक शिक्षा में एकरूपता एवं सामंजस्य उत्पन्न करने की विधि स्पष्ट की गई है। इससे अध्यापक एवं छात्र वर्ग लाभान्वित होंगे। डॉ. कोठारी ने अपने प्रतिवेदन में छात्रों को स्वावलंबी बनाने की दिशा में कार्यानुभव (work-experience) योजना प्रारंभ करने पर बल दिया था। शिक्षा आयोग के अध्यक्ष के रूप में डॉ. कोठारी की भूमिका सदैव स्मरणीय रहेगी। शिक्षा आयोग का प्रतिवेदन ही भारत में राष्ट्रीय शिक्षा नीति का आधार बना। शिक्षा अधिकारी और शिक्षा नीति के निर्माता इस प्रतिवेदन का सम्मान धर्मग्रंथ के समान करते हैं। कोठारी आयोग के प्रस्तावों को शिक्षा योजना में शनैः-शनैः

कार्यान्वित किया जा रहा है। इस प्रकार डॉ. कोठारी भारत की एक महान् निधि हैं जिनकी सेवाओं से भारतीय राष्ट्र लाभान्वित एवं गौरवान्वित होता रहा है। आप जवाहरलाल नेहरू विश्वविद्यालय, नई दिल्ली के कुलपति के पद पर भी शोभायमान रहे। उनके शैक्षिक योगदान के उपलक्ष्य में जय तुलसी फाउंडेशन ने उन्हें अणुव्रत पुरस्कार प्रदान किया। इसमें एक रजत शील्ड और एक लाख रुपए की राशि दी जाती है।

प्रमुख प्रकाशन—डॉ. कोठारी की प्रमुख प्रकाशित पुस्तकें हैं—

(१) न्यूमरस पेपर्स ऑन स्टैटिस्टिकल थर्मोडायनेमिक्स,

(२) थ्योरी ऑफ ह्वाइट ड्वार्थ स्टार्स,

(३) न्यूक्लियर एक्सप्लोसिव्स एंड देयर इफेक्ट्स। इस पुस्तक का अनुवाद जापान और जर्मनी ने अपनी भाषाओं में कराया। इंग्लैंड और अमेरिका के प्रगतिशील क्षेत्रों ने भी उसके प्रकाशन पर भारत को बधाई दी। इस पुस्तक में डॉ. कोठारी ने तारा-भौतिकी जैसे अव्यावहारिक विषय का सक्रिय रूप से प्रयोग करके दिखाया है। इस प्रकार जिस परमाणु भौतिकी का उपयोग तारों के अध्ययन में किया, उसी ज्ञान का उपयोग २० वर्ष बाद उन्होंने स्वयं के बनाए तारागणों—उदजन बमों—में किया।

कोठारी मूलभूत अनुसंधान के महान् समर्थक होते हुए भी इस बात में विश्वास नहीं करते थे कि 'विशुद्ध' विज्ञान सदैव विशुद्ध रहना चाहिए। विज्ञान के क्षेत्र में उनकी उपलब्धियों को महत्त्वपूर्ण माना जाता है। उनका विश्वास था कि सापेक्षतावाद और क्वांटम सिद्धांत का मूल भारतीय अध्यात्मवाद में निहित है। भारतीय अध्यात्म को समझने के लिए इस सिद्धांतों का ज्ञान आवश्यक है।

सदस्यता—अपने जीवनकाल में डॉ. कोठारी इंडियन फिजिक्स सोसाइटी, इंडियन नेशनल एकेडमी ऑफ साइंस, इंडियन साइंस कांग्रेस के साथ ही कई शैक्षणिक और वैज्ञानिक संस्थाओं के अध्यक्ष रहे। कई विश्वविद्यालयों ने उन्हें मानद् उपाधियाँ प्रदान कीं। राष्ट्रीय शिक्षा अकादमी एवं सोवियत विज्ञान अकादमी के सदस्य के रूप में डॉ. कोठारी ने जो सेवाएँ दीं, उनसे आनेवाले पीढ़ियाँ सदैव प्रेरणा लेती रहेंगी। वह शिक्षा समीक्षा समिति के भी अध्यक्ष थे। प्रो. डी. एन. धनागटे के अनुसार, डॉ. कोठारी का भारतीय सामाजिक विज्ञान अनुसंधान परिषद् के निर्माण में अपूर्व योगदान रहा।

देहावसान—प्रख्यात वैज्ञानिक और शिक्षाविद् डॉ. दौलतसिंह कोठारी का गुरुवार, दिनांक ४ फरवरी सन् १९९३ ई. को प्रातः हृदयगति रुक जाने से जयपुर में देहावसान हो गया। वे अपने पीछे अपनी पत्नी श्रीमती सुजान और तीन पुत्र छोड़ गए हैं। उनके ज्येष्ठ पुत्र दिल्ली विश्वविद्यालय के सेवानिवृत्त प्रोफेसर लक्ष्मण सिंह कोठारी हैं। उनके अन्य दो पुत्र हैं सवाई मानसिंह चिकित्सा महाविद्यालय, जयपुर में प्रोफेसर ललित कोठारी और श्री जीवनसिंह। उनके अनुज हैं श्री प्रतापसिंह कोठारी।

व्यक्तित्व—उच्च पदों पर कार्यरत रहते हुए भी डॉ. कोठारी ने सादा जीवन के

आदर्शों को अपनाया। विनम्रता उनके जीवन का अविभाज्य अंग थी। इसीलिए डॉ. कोठारी को वैज्ञानिकों में संत और संतों में वैज्ञानिक माना जाता था। राष्ट्रपति डॉ. शंकरदयाल शर्मा ने डॉ. कोठारी के निधन पर गहरा शोक प्रकट करते हुए कहा कि राष्ट्र-निर्माण के विभिन्न क्षेत्रों में शिक्षक, वैज्ञानिक और शिक्षाशास्त्री के रूप में डॉ. कोठारी की सेवाएँ सदैव याद की जाएँगी। प्रधानमंत्री श्री पी. वी. नरसिंहराव ने अपने शोक-संदेश में कहा कि कोठारी के निधन से राष्ट्र ने एक महान् राष्ट्रवादी तथा वैज्ञानिक खो दिया है। विज्ञान और तकनीक को उनकी देन महत्त्वपूर्ण है। राजस्थान के राज्यपाल डॉ. एम. चन्नारेड्डी ने अपने संवेदना संदेश में कहा कि डॉ. कोठारी ने अपने मौलिक चिंतन और कृतित्व द्वारा शिक्षा और विज्ञान के क्षेत्र में देश को एक ऐसा आधार प्रदान किया जिससे देश उन क्षेत्रों में ऊँचाइयों को हासिल करने में सफल हो सका। प्रो. रामेश्वर शर्मा के शब्दों में, "डॉ. कोठारी की अच्छे शिक्षक के रूप में ख्याति तो बनी ही, मगर वे वस्तुतः ऋषि थे, मुनि थे। उनका चिंतन अनूठा था।....डॉ. कोठारी स्वयं कर्मयोगी थे। उन्हें कामचोरी बिलकुल नहीं सुहाती थी। मशीनों से कार्य का संचालन अधिक कौशलपूर्ण हो। इतनी ही अपेक्षा थी उनकी यंत्र से।....उनके स्वयं के व्यक्तित्व में कथनी और करनी में कोई भेद नहीं था और वे अन्यत्र भी उसे बरदाश्त नहीं करते थे।....प्रो. कोठारी अहिंसा को प्रेम का व्यापक रूपांतरण मानते थे।....प्रो. कोठारी शब्दजाल से नहीं, सादगी से प्रभावित करते थे।....वे प्रत्येक व्यक्ति के लिए तीन बातें आवश्यक मानते थे—(१) अक्षरज्ञान, (२) अंकों का ज्ञान, (३) वैज्ञानिक दृष्टिकोण।....उनके द्वारा प्रतिपादित शिक्षा नीति में कहा गया है कि अध्यापक को पूरी स्वतंत्रता दी जाए कि वह शिक्षा के क्षेत्र में अपनी भागीदारी को सार्थकता प्रदान कर सके।....वे बच्चों के प्रति विशेष चिंतित थे कि कैसी विडंबना है जो उन्हें पाठ्यक्रम के अतिरिक्त अन्य ज्ञानवर्द्धक पुस्तकें पढ़ने का अवकाश नहीं। भावी विश्व के लिए 'आज की शिक्षा की सार्थकता' विषय पर व्याख्यान देते हुए प्रो. कोठारी ने तीन बातें रखी थीं—(क) आनेवाले कल का कोई भविष्य कथन नहीं किया जा सकता। (ख) तीस वर्षों में जनसंख्या दुगुनी हो जाती है, तथा (ग) देश में गरीब और अमीर के बीच की खाई चौड़ी होती जा रही है। कैम्ब्रिज और लंदन विश्वविद्यालयों ने उनकी स्मृति में भाषणमाला प्रारंभ कर दी हैं तथा सुखाड़िया विश्वविद्यालय, उदयपुर ने उनकी स्मृति में भाषणमाला प्रारंभ करने और विज्ञान महाविद्यालय, उदयपुर में उनकी प्रतिमा स्थापना का निर्णय लिया है।

डॉ. आत्माराम

डॉ. आत्माराम ने २१ अगस्त सन् १९६६ को डॉ. हुसैन जहीर से सेवानिवृत्ति पूर्व छुट्टी पर जाने पर वैज्ञानिक और औद्योगिक अनुसंधान के महानिदेशक का पद सँभाला। इसके पूर्व डॉ. आत्माराम काँच और सिरेमिक अनुसंधान संस्थान, कलकत्ता के निदेशक थे। महानिदेशक के साथ ही वे भारत सरकार के शिक्षा मंत्रालय के वैज्ञानिक सचिव भी हैं।

प्रारंभिक जीवन और शिक्षा—डॉ. आत्माराम का जन्म उत्तर प्रदेश के बिजनौर जिले के पिलाना गाँव में १२ अक्तूबर सन् १९०८ को हुआ था। आपके पिता लाला भगवानदास एक मामूली पटवारी थे, पर थे ईमानदार। श्री दुर्गाप्रसाद नौटियाल ने लिखा है, "मुंशी पटवारी के परिवार में जन्म लेने के बावजूद आत्माराम ने गरीबी साक्षात् देखी थी। पिता मुंशी भगवानदास नौकरी को आजीविका के एक साधन के अतिरिक्त कुछ नहीं समझते थे।" लाला भगवानदास जी के तीन पुत्र हुए। डॉ. आत्माराम उनकी दूसरी संतान थे। वे बड़े ही सीधे-सादे रहे हैं। डॉ. आत्माराम की सादगी एवं सीधेपन के विषय में सुश्री स्नेहलता जोशी ने लिखा है—"जिस प्रकार फल से लदा वृक्ष जमीन पर झुकता है और राहगीरों को अपने मीठे फल से संतृप्त करता है, ठीक बड़े आदमी के श्रेष्ठ गुणों की यही पहचान है। आदमी जितना बड़ा होता जाए उतना ही अगर निबता रहेगा, तो प्रत्येक आदमी उसकी सराहना करता रहेगा तथा वह जनप्रिय होगा। यही बात एक ऐसे देशभक्त वैज्ञानिक पर लागू होती है जिनको गर्व छू तक नहीं गया। इनकी सादगी को देखकर यह कहा भी नहीं जा सकता कि ये इतने बड़े विद्वान् हैं। स्वभाव के सरल, बोलने में मधुरभाषी तथा रहन-सहन में साधारण।" आपके पारिवारिक वातावरण के विषय में श्री फतहचंद शर्मा आराधक ने लिखा है—"वह उत्तर प्रदेश के बिजनौर जिले में पिलाना नामक ग्राम के जिस वैश्य परिवार में जन्मे, उसमें सादगी, परिश्रम और ईमानदारी तथा राष्ट्र-प्रेम जैसे उदात्त गुण सदैव ही धरोहर रहे हैं। निरंतर परिश्रम, लक्ष्य

के लिए अटल निश्चय ही वे गुण थे जिन्होंने एक बिलकुल साधारण स्थिति के व्यक्ति के यहाँ जन्म लेनेवाले बालक को हमारे सामने देश के एक महान् वैज्ञानिक के रूप में ला खड़ा किया।" श्री दुर्गाप्रसाद नौटियाल ने लिखा है, "पिता की स्पष्टवादिता, ईमानदारी और सर्वजन हिताय मनोवृत्ति के कारण उन्होंने बहुत सादी जिंदगी बसर की। बचपन में ही नहीं बल्कि जब विश्वविद्यालय में उच्च शिक्षा प्राप्त कर रहे थे, तब भी वह अपनी छात्रवृत्ति का कुछ भाग अपने भाइयों की पढ़ाई के लिए भेजा करते थे। साथ ही अपनी पढ़ाई के लिए जो कर्जा लिया था, उसे भी चुकाया करते थे।" साहूकारों के कर्ज का आत्माराम को बड़ा कटु अनुभव था।

अपने निश्चय पर दृढ़ रहने का गुण उनमें युवाकाल से ही रहा है। आत्माराम ने सन् १९२२ में साढ़े तेरह वर्ष की आयु में चाँदपुर से वर्नाक्यूलर फाइनल (मिडिल) परीक्षा उत्तीर्ण की तथा बिजनौर में अपनी विधवा और निःसंतान बड़ी बुआ जयदेवी के पास रहकर अपने अध्यापक के बच्चों को हिंदी पढ़ाकर फीस के रुपए बचाते हुए स्वयंपाठी छात्र के रूप में उर्दू-फारसी विषय लेकर साढ़े पंद्रह वर्ष की आयु में द्वितीय श्रेणी में सन् १९२४ में बनारस हिंदू विश्वविद्यालय से मैट्रिकुलेशन परीक्षा उत्तीर्ण की। उन्होंने बनारस हिंदू विश्वविद्यालय में विज्ञान विषय में इंटर में प्रवेश ले लिया और होस्टल में रहकर स्वयं अपना भोजन बनाते तथा अध्ययन करते रहे। सन् १९२६ में उन्होंने इंटर परीक्षा और १९२८ में बी. एस-सी. परीक्षा उच्च अंकों सहित उत्तीर्ण की। उच्च अंक प्राप्त करने पर भी कुछ कारणवश उन्हें इलाहाबाद विश्वविद्यालय की एम. एस-सी. कक्षा में प्रवेश नहीं दिया गया। तब उन्होंने यह अटल निश्चय किया कि वे इसी विश्वविद्यालय में प्रवेश लेकर रहेंगे। इसी निश्चय के फलस्वरूप उन्होंने प्रो. धर के भाषणों को कक्षा से बाहर खड़े होकर सुनने का क्रम लगभग डेढ़ मास तक जारी रखा। अंत में डॉ. धर को आत्माराम के निश्चय पर पसीजना पड़ा और अपने शिष्यत्व में लेना पड़ा। सन् १९३१ में आपने इलाहाबाद विश्वविद्यालय से प्रथम श्रेणी में सर्वप्रथम स्थान पर एम. एस-सी. परीक्षा उत्तीर्ण की। तब यह देखकर सभी चकित रह गए कि जिस छात्र को प्रवेश देने में इतनी आनाकानी की गई थी, वह तो विश्वविद्यालय में सर्वप्रथम उत्तीर्ण हुआ। उन्हें अपने गुरु एवं प्रमुख रसायनज्ञ प्रो. धर की कृपा से सन् १९३१ में एक अनुसंधान छात्रवृत्ति मिल गई। इस अवधि में उन्होंने फोटो-रसायन क्रियाओं का अध्ययन किया और सन् १९३६ में आपको प्रकाश रासायनिक प्रतिक्रियाओं पर किए गए सैद्धांतिक अनुसंधानों पर डॉक्टर ऑफ साइंस की उपाधि प्रदान की गई इलाहाबाद विश्वविद्यालय में आत्माराम के गुरु विश्वविख्यात वैज्ञानिक डॉ. नीलरत्न धर लिखते हैं, "डी. एस-सी. करने के लिए आत्माराम को १०० रुपए मासिक छात्रवृत्ति मिलती थी। इसमें से वह सिर्फ सात रुपए माहवार खर्च करते थे और शेष राशि घर भेज दिया करते थे।"

उसी वर्ष सन् १९३६ में आप भारतीय औद्योगिक अनुसंधान संस्थान में आ

गए। यहाँ आपका संपर्क डॉ. मेघनाद साहा तथा डॉ. शांतिस्वरूप भटनागर जैसे मूर्धन्य वैज्ञानिकों से हुआ, जिन्होंने डॉ. आत्माराम पर अमिट छाप छोड़ी। यह संस्थान सन् १९४२ में वैज्ञानिक और औद्योगिक अनुसंधान परिषद् में परिवर्तित हो गया। उस समय द्वितीय महायुद्ध चल रहा था, अतः ऐसी खोजों को महत्त्व दिया जा रहा था जिनका युद्ध में उपयोग हो सके। डॉ. आत्माराम ने अग्निशामक पदार्थों में महत्त्वपूर्ण खोजें कीं।

परिषद् की शासी सभा के अध्यक्ष डॉ. शांतिस्वरूप भटनागर उन दिनों कलकत्ता में केंद्रीय काँच और मृत्तिका अनुसंधानशाला की स्थापना में लगे हुए थे। उन्होंने डॉ. आत्माराम को उसका कार्यभार सँभालने तथा विकास करने को कहा। इस प्रकार सन् १९४५ में स्थापित की गई देश की सर्वप्रथम काँच और सिरेमिक अनुसंधानशाला में वे जा पहुँचे। डॉ. फतहचंद आराधक के शब्दों में—"यहाँ रहकर जहाँ उन्होंने एक विचारशील वैज्ञानिक का कार्य किया, वहाँ उन्होंने एक कुशल प्रशासक के रूप में भी सबका मन मोह लिया।" उक्त संस्थान के कार्यकारी अधिकारी और संयुक्त निदेशक के पदों पर कार्य करने के बाद सन् १९५२ में आप उसके निदेशक नियुक्त किए गए।

लालफीताशाही से टकराव—समांगी काँच (ऑप्टीकल ग्लास) की निर्माणविधि डॉ. आत्माराम की सबसे महत्त्वपूर्ण खोज है। आपके प्रताप से आज सुरक्षा विभाग में जितने प्रकार के काँच सैनिक कार्य के लिए प्रयोग किए जाते हैं, वे सभी कलकत्ता की अनुसंधानशाला में तैयार होते हैं। ऑप्टीकल काँच हथियारबंद सेना का चक्षु या आँख माना जाता है। डॉ. आत्माराम के ही सहयोग और अथक प्रयत्नों से आज सैनिक कार्य के लिए यह वस्तु अपने देश में ही निर्मित होने लगी है।

भारत सरकार अन्य विकसित देशों से समांगी काँच का निर्माण भारत में प्रारंभ कराना चाहती थी किंतु विदेशी कंपनियों की कठिन शर्तों के कारण कार्य प्रारंभ न हो सका। अंत में सन् १९५६ में आयोजना आयोग ने यह कार्य डॉ. आत्माराम के निदेशन में कलकत्ता काँच और सिरेमिक प्रयोगशाला को सौंपा। दो वर्ष के कठोर अध्यवसाय द्वारा डॉ. आत्माराम ने समांगी काँच का निर्माण कर दिखाया। तभी रूस ने उदार शर्तों पर समांगी काँच निर्माण का प्रस्ताव प्रस्तुत किया जिसे भारतीय उच्चाधिकारी मानने को सहमत हो गए और देश में निर्मित सामान को अनदेखा कर दिया। अपनी मेहनत की यह परिणति देखकर डॉ. आत्माराम चुप न बैठ सके। उन्होंने रूस से किए गए समझौते का विरोध किया और यह माँग की कि विदेशी समझौता उसी समय किया जावे जब मेरी खोज पूर्णतया अनुपयोगी सिद्ध हो। प्रधानमंत्री पं. जवाहरलाल नेहरू ने डॉ. आत्माराम द्वारा निर्मित समांगी काँच का दो प्रमुख देशों में परीक्षण कराया, जिन्होंने यह प्रमाणित किया कि डॉ. आत्माराम की खोज उच्चकोटि की है और उसके आधार पर बढ़िया समांगी काँच बनाया जा सकता है। तब सन् १९६० से देश में समांगी काँच का निर्माण हो रहा है और इससे देश की समस्त सैनिक और सार्वजनिक आवश्यकता पूरी होती है। आज डॉ. आत्माराम के प्रयत्नों के फलस्वरूप भारत विश्व के छः प्रमुख

समांगी काँच निर्मित करनेवाले देशों में एक है।

काँच उद्योग में डॉ. आत्माराम की अन्य उपलब्धियाँ—पद्मश्री डॉ. आत्माराम डी. एस-सी., एफ. एस. जी. टी. (ऑनरेरी), एफ. आई. सी., एफ. एन. आई., अंतरराष्ट्रीय ख्याति-प्राप्त वैज्ञानिक हैं जिन्होंने काँच और सिरेमिक क्षेत्रों में अत्यंत महत्त्वपूर्ण वैज्ञानिक अनुसंधान किए हैं। काँच उद्योग के क्षेत्र में उनकी कई अन्य उपलब्धियाँ हैं। उन्होंने झागदार काँच तथा रंगीन काँच के निर्माण में भी महत्त्वपूर्ण कार्य किया। उन्होंने फेनिल काँच, सिलेनियम मुक्त लाल काँच जैसे पदार्थ बनाने की विधियाँ विकसित की हैं जिनसे देश में अनेक नए उद्योग स्थापित हुए। उनके नेतृत्व में काँच और सिरेमिक अनुसंधान संस्थान ने देश में ही उपलब्ध पदार्थों से ऑप्टीकल काँच बनाने की विधि विकसित की और अब यह संस्थान देश की संपूर्ण ऑप्टीकल काँच की माँग पूरी करता है। काँच की संरचना और ताम्र लाल काँच में रंगों के उद्‌भव के संबंध में आपके द्वारा की गई खोजें अत्यंत महत्त्वपूर्ण हैं। इनसे काँच उद्योग को नई दिशा मिली है। अनुपयोगी अभ्रक से विद्युत्‌रोधी ईंटों के निर्माण, अभ्रक को गीला ही पीसने की विधि आदि उनकी ऐसी खोजें हैं, जिन्होंने देश में कई नए उद्योगों को जन्म दिया है। इसी प्रकार टाइटेनियम काँच पर किए गए उनके कार्य को सभी क्षेत्रों में मान्यता प्रदान की गई।

महत्त्वपूर्ण योग—विज्ञान और औद्योगिकी के क्षेत्र में डॉ. आत्माराम का योग अत्यंत महत्त्वपूर्ण है और अनेक देशी और विदेशी वैज्ञानिक संस्थाओं ने आपको फैलो निर्वाचित करके आपके योगदान को मान्यता प्रदान की है। ब्रिटेन की काँच उद्योग संस्था (सोसाइटी ऑफ ग्लास टैक्नोलॉजी) ने आपको सन् १९६६ में अपनी स्वर्ण जयंती के अवसर पर अपना फैलो निर्वाचित करके सम्मानित किया। यह सम्मान विशिष्ट आदरणीय व्यक्तियों को ही दिया जाता है। आप भारतीय राष्ट्रीय विज्ञान संस्थान (नेशनल इंस्टीट्यूट ऑफ साइंसेज ऑफ इंडिया) और भारतीय रसायन संस्थान (इंस्टीट्यूशन ऑफ केमिस्ट्स इंडिया) के सदस्य हैं। सन् १९४८ में आप अंतरराष्ट्रीय काँच आयोग (इंटरनेशनल कमीशन ऑन ग्लास) के सदस्य तथा अंतरराष्ट्रीय मृत्तिका अकादमी (इंटरनेशनल एकेडेमी ऑफ सिरेमिक्स), जिनेवा के अवैतनिक सदस्य निर्वाचित किए गए। आप रासायनिकी अंतरराष्ट्रीय संघ के उच्च तापों की रासायनिकी के आयोग में भारत के प्रतिनिधि हैं। सन् १९५२-५३ में आप भारतीय मृत्तिका संघ (इंडियन सिरेमिक सोसाइटी) के अध्यक्ष निर्वाचित किए गए थे। सन् १९६२-६६ तक आप भारतीय विज्ञान परिषद् के महामंत्री रहे तथा सन् १९६६ में आप भारतीय विज्ञान कांग्रेस के वाराणसी अधिवेशन के अध्यक्ष चुने गए। वह १९६६ ई. से १९७१ ई. तक भारतीय वैज्ञानिक और औद्योगिक अनुसंधान परिषद् के महानिदेशक रहे।

सम्मान और स्वर्णपदक—विज्ञान और प्रौद्योगिकी के क्षेत्र में आपके अद्वितीय योगदान के फलस्वरूप सन् १९५९ में आपको पद्मश्री की उपाधि से अलंकृत किया गया। आप पहले व्यक्ति हैं जिन्हें सन् १९५९ में भारतीय राष्ट्रीय विज्ञान संस्थान का

डॉ. शांतिस्वरूप भटनागर पदक प्रदान किया गया। आपको उत्तर प्रदेश वैज्ञानिक अनुसंधान समिति पदक तथा बड़ौदा विश्वविद्यालय का के. जी. नायक स्वर्णपदक भी प्रदान किया गया। सन् १९६४ में अखिल भारतीय काँच निर्माता संघ ने आपको मान-पत्र भेंट कर सम्मानित किया था। जय तुलसी फाउंडेशन ने उन्हें अणुव्रत पुरस्कार प्रदान कर सम्मानित किया था। इसमें एक रजत शील्ड और एक लाख रुपए की राशि दी जाती है।

हिंदी में विज्ञान-लेखन—विज्ञान के अतिरिक्त साहित्य में भी डॉ. आत्माराम की रुचि रही है। यद्यपि आपकी आरंभिक शिक्षा उर्दू और फारसी में हुई थी, लेकिन पारिवारिक शिक्षकों की प्रेरणा एवं समाजसेवी भावना के कारण उन्होंने अपने पिता से हिंदी सीखी। आज वे हिंदी समर्थक वैज्ञानिकों में अग्रणी हैं। आपने वैज्ञानिक साहित्य का सृजन भी किया है। उन्होंने भौतिक रसायन, प्रकाश रसायन, काँच और सिरेमिक विषयों पर लगभग १०० वैज्ञानिक और तकनीकी शोधलेख प्रकाशित किए हैं। इसके अतिरिक्त आपने २० ऐसी विधियाँ विकसित की हैं जिन्हें पेटेंट कराया जा चुका है। हिंदी में लिखी आपकी अनेक वैज्ञानिक पुस्तकें हैं जिनमें से 'रसायनशास्त्र की कहानी' सबसे प्रसिद्ध है।

जनवरी १९६१ में विज्ञान परिषद् के ४८वें अधिवेशन पर डॉ. आत्माराम ने हिंदी में एक अनुसंधान-पत्र पढ़ा था जिसका विषय था—'भारत में ऑप्टीकल काँच का उत्पादन'। इसमें उन्होंने बताया कि "इस काँच से बने हुए दूरदर्शक की सहायता से ही यह बात पूर्णतः सिद्ध हुई कि पृथ्वी सूर्य की परिक्रमा करती है, न कि सूर्य पृथ्वी की। यह काँच कई उपयोगी यंत्रों का प्रधान अंग है। सूक्ष्मतम से दीर्घतम देखने की सुविधा इस काँच ने प्रदान की है।"

डॉ. आत्माराम ने बताया कि आधुनिक सेना ठीक-ठीक लक्ष्य साधने के लिए अनेक दर्शनीय यंत्रों का व्यवहार करती है। उदाहरण के लिए रेंजफाइंडर, पनडुब्बी, पेरीस्कोप, सैन्य दूरबीन, कैमरा, गनसाइट और आकाश से चित्र लेने के उपकरण। अतः इन सभी में काम आता है यह ऑप्टीकल और काँच। पहले ऑप्टीकल काँच एशिया में जापान में ही बनता था। इस काँच को बनानेवाला सबसे प्रथम देश है जर्मनी। इसका भेद जर्मनी ने किसी को नहीं बताया। परंतु डॉ. आत्माराम जब यूरोप गए, तब यह भेद मालूम कर आए। यूरोप यात्रा के समय एक बात इनके लिए वरदान सिद्ध हुई। यात्रा करते समय इनकी आँख में काँच का एक टुकड़ा गिर गया जिससे आँख में कुछ खराबी आ गई जो आज भी दिखाई देती है। वही काँच इनकी खोज का विषय बन गया।

भारतीय विज्ञान परिषद् के ५५वें वाराणसी अधिवेशन में अध्यक्ष पद से हिंदी में भाषण देते हुए डॉ. आत्माराम ने निम्नांकित विचार प्रकट किए थे—

(१) विज्ञान में बौद्धिक एकाधिपत्य का कोई स्थान नहीं और जहाँ भी वह है, उसे तुरंत मिटा देना चाहिए।

(२) प्रयोगशाला में स्वतंत्रता का अर्थ यह भी नहीं कि कोई किसी के प्रति जिम्मेदार ही न हो।

(३) भारत औद्योगिक क्रांति के द्वार पर खड़ा है और हमारे उद्योगों का तेजी से विकास तभी हो सकता है, जब हमारी प्रयोगशालाओं में किए गए अनुसंधान कारखानों तक पहुँचाए जाएँ।

(४) "मैं यही कहना चाहता हूँ कि आधुनिक संसार की समस्याएँ केवल राजनीतिज्ञों पर ही नहीं छोड़ी जा सकतीं और न छोड़ी जानी चाहिए। वैज्ञानिक केवल परामर्शदाता ही न रहें बल्कि देश के विकाश में पूरी तरह भाग लें।"

सादगीपूर्ण जीवन—डॉ. आत्माराम का जीवन अत्यंत सादगीपूर्ण है। सादगी के बारे में एक बार की घटना है कि आप एक बार किसी कारखाने का निरीक्षण करने के लिए आमंत्रित किए गए। जब आप वहाँ पहुँचे, तो कारखाने के अधिकारी आपको पहचान नहीं पाए। उन्होंने किसी दूसरे व्यक्ति का ही स्वागत कर डाला। फिर तो अधिकारियों को बड़ी शर्म उठानी पड़ी; पर डॉ. आत्माराम को इसकी तनिक भी चिंता नहीं हुई।

डॉ. आत्माराम अजमेर के मेयो कॉलेज में भी रहे। सरलता और सादगी तथा समाज-सुधार करना इनके परिवारवालों का ध्येय रहा है और यह सभी डॉ. आत्माराम में विद्यमान है।

एक बार आपको किसी साक्षात्कार (इंटरव्यू) में जाना था। उन दिनों सूट और टाई बाँधकर जाना जरूरी था। इसलिए कई दिनों तक आपको टाई बाँधना सीखना पड़ा, पर बाद में आपने इसे सदा के लिए त्याग दिया।

भारत में हिंदी में वैज्ञानिक शिक्षा देने तथा विज्ञान को लालफीताशाही से मुक्त किए जाने के विचारों के डॉ. आत्माराम अगुआ रहे हैं। वे प्रयोगशालाओं के बिखरे हुए कार्यक्रमों को संगठित करने की दिशा में प्रयत्नशील रहे और अनुसंधानशालाओं में व्याप्त जड़ता और शिथिलता को दूर करना चाहते थे। सन् १९८५ में भारत के इस महान् वैज्ञानिक का निधन हो गया। डॉ. आत्माराम के निधन से भारत का एक अग्रगण्य वैज्ञानिक सदा के लिए हमसे बिछुड़ गया।

अनंतकुमार सेनगुप्त

जन्म और शिक्षा—प्रो. अनंतकुमार सेनगुप्त कलकत्ता विश्वविद्यालय में व्यावहारिक भौतिकी के सर आर. बी. घोष प्राध्यापक हैं। आपका जन्म अगस्त सन् १९०६ में बारीसाल जिले (अब बंगला देश) के बरायकरन ग्राम में हुआ। कलकत्ता विश्वविद्यालय से प्रथम श्रेणी में बी. एस-सी. की तथा उसी विश्वविद्यालय से व्यावहारिक भौतिकी में एम. एस-सी. परीक्षा में प्रथम श्रेणी में सर्वोच्च स्थान प्राप्त किया। आपने अपना शोधकार्य स्व. प्रो. पी. एन. घोष तथा पी. सी. महंती के निर्देशन में प्रारंभ किया और सन् १९४६ में कलकत्ता विश्ववद्यालय से डी. एस-सी. उपाधि प्राप्त की।

अध्यापक के रूप में—प्रो. सेनगुप्त ने सन् १९३५ में कलकत्ता विश्वविद्यालय में सहायक प्राध्यापक के रूप में कार्य किया और बाद में उसी विश्वविद्यालय में प्रवाचक (रीडर) तथा प्राध्यापक नियुक्त हुए। सन् १९५७ से आप कलवत्ता विश्वविद्यालय में व्यावहारिक भौतिकी के सर आर. बी. घोष प्रोफेसर के पद पर कार्यरत हैं।

विदेश-यात्रा और शोधकार्य—प्रो. सेनगुप्त सन् १९५१-५२ में ब्रिटेन गए जहाँ उन्होंने एक नई दिशा में शोधकार्य प्रारंभ किया। उनके शोध का विषय था 'विद्युत् इंजीनियरिंग में प्रदिश (टैंसर) का प्रयोग'। भारत में इस क्षेत्र में शोधकार्य प्रारंभ करने का श्रेय भी आपको ही है। प्रो. सेनगुप्त और उनके सहयोगियों ने अब तक अमेरिका, इंग्लैंड, जर्मनी और भारत की वैज्ञानिक पत्र-पत्रिकाओं में ५० सें अधिक शोध-लेख प्रकाशित किए हैं।

सम्मान—आप इंडियन फिजिकल सोसाइटी के फैलो, इंस्टीट्यूट ऑफ इंजीनियर्स तथा इंस्टीट्यूट ऑफ इलेक्ट्रिकल इंजीनियर्स, लंदन के कार्पोरेट सदस्य और कलकत्ता विश्वविद्यालय की एकेडेमिक कौंसिल के सदस्य हैं। भारतीय विज्ञान कांग्रेस के ३ से ९ जनवरी तक चंडीगढ़ में ५३वें अधिवेश के इंजीनियरी तथा धातु विज्ञान अनुभाग के अध्यक्ष भी वे चुने गए थे।

एन. एम. भट्ट

जन्म और शिक्षा—महाराज सियाजी राव विश्वविद्यालय, बड़ौदा के सांख्यिकी विभाग के प्राध्यापक एवं अध्यक्ष श्री एन. एम. भट्ट का जन्म १८ मार्च सन् १९०९ को गुजरात में भावनगर रियासत के जांजमेर गाँव में हुआ था। गुजरात कॉलेज, अहमदाबाद से बी. एस-सी. परीक्षा उत्तीर्ण करने के पश्चात् आपने फर्ग्यूसन कॉलेज, पूना से डॉ. जी. एस. महाजनी की छत्रछाया में, सन् १९३२ में व्यावहारिक गणित में एम. एस-सी. परीक्षा उत्तीर्ण की। इस परीक्षा में आप अपने दल में प्रथम रहे तथा आपको विशिष्ट सम्मान प्राप्त हुआ।

अनुसंधान की दिशा में—बड़ौदा राज्य से छात्रवृत्ति मिलने पर सन् १९३६ में आप एडिनबरा विश्वविद्यालय में प्रविष्ट हुए जहाँ आपने दो वर्ष तक सांख्यिकी का अध्ययन किया तथा प्रो. ए. सी. एटकिंसन, एफ. आर. एस. के मार्गदर्शन में अनुसंधान-कार्य किया, जिसके फलस्वरूप आपको सन् १९४८ में पी-एच. डी. की उपाधि प्राप्त हुई।

अध्यापक के रूप में— प्रो. भट्ट पिछले अनेक वर्षों से गणित और सांख्यिकी के अध्यापक हैं। वे बड़ौदा के महाराज सियाजी राव विश्वविद्यालय में सन् १९३८ के प्रारंभ से सांख्यिकी विभाग के अध्यक्ष हैं। सन् १९५४ से १९६२ तक आप विज्ञान संकाय के अधिष्ठाता (डीन) एवं फरवरी १९६६ और सन् १९५४ से १९६३ तक विश्वविद्यालय सिंडीकेट के सदस्य रहे हैं। आपकी अध्यक्षता में सांख्यिकी विभाग ने आशातीत उन्नति की है।

विशिष्ट सम्मान—प्रो. भट्ट विश्वविद्यालय सांख्यिकी पत्रिका के संपादक हैं। वह कलकत्ता सांख्यिकी संघ के उपाध्यक्ष तथा संयुक्त राज्य गणितीय सांख्यिकी संस्थान (इंस्टीट्यूट ऑफ मैथेमेटिकल स्टैटिस्टिक्स ऑफ यू. एस. ए.) के सदस्य और रॉयल स्टैटिस्टिक्स सोसाइटी ऑफ लंदन के फैलो हैं। आप भारतीय विज्ञान कांग्रेस के सांख्यिकी अनुभाग के अध्यक्ष तथा भारतीय सांख्यिकी परिषद् के उपप्रधान भी रहे हैं।

त्रयंबक शंकर महाबले

जन्म और शिक्षा—डॉ. त्रयंबक शंकर महाबले पूना विश्वविद्यालय में वनस्पतिशास्त्र के प्राध्यापक हैं। आपका जन्म सन् १९०९ में अहमदनगर में हुआ था। प्रारंभिक शिक्षा के पश्चात् सन् १९३५ में प्रो. डी. एल. दीक्षित के निर्देशन में फर्ग्यूसन कॉलेज, पूना से एम. एस-सी. की परीक्षा उत्तीर्ण कर सन् १९३९ में बंबई विश्वविद्यालय से वनस्पतिशास्त्र में पी-एच. डी. की उपाधि प्राप्त की।

व्यावसायिक जीवन—प्रो. महाबले ने अपना जीवन चीनी रसायनवेत्ता (सुगर कैमिस्ट) के रूप में आरंभ किया और बाद में आप फर्ग्यूसन कॉलेज, पूना में प्रवक्ता के पद पर नियुक्त हो गए। आपने गुजरात कॉलेज, अहमदाबाद और विज्ञान संस्थान (इंस्टीट्यूट ऑफ साइंस) में भी कार्य किया है। सन् १९४६-४७ में आप 'वैल्थ ऑफ इंडिया' पत्रिका के सहायक संपादक भी रहे। सन् १९५३ में आप पूना विश्वविद्यालय में वनस्पतिशास्त्र के प्राध्यापक नियुक्त हुए। इस विभाग की संपूर्ण योजना बनाने का श्रेय प्रो. महाबले को ही है। आप ताड़, फर्न, पुरा-वनस्पतिशास्त्र, कवक विज्ञान और पादप रोग विज्ञान आदि में पारंगत हैं।

शोधकार्य—डॉ. महाबले ने सन् १९३४ में आफियोग्लोसम तथा लाइकोपोडियम जैसे जैनेरा पर कार्य किया। स्वर्गीय प्रो. साहनी, एफ. आर. एस. से प्रभावित होकर आपने पुरा-वनस्पतिशास्त्र में भी शोधकार्य किया। आपके कार्य का संबंध मुख्यतया फर्न और ताड़ों, जीवित और अवशिष्ट, दोनों से है।

सम्मान—डॉ. महाबले राष्ट्रीय विज्ञान संस्थान, नई दिल्ली भारतीय विज्ञान अकादमी, बंगलौर तथा राष्ट्रीय विज्ञान अकादमी, इलाहाबाद के सदस्य हैं। भारतीय वनस्पति सोसाइटी से आपका घनिष्ठ संपर्क है और आप उसके सचिव तथा उपाध्यक्ष भी रह चुके हैं। सन् १९५४ में आप आठवीं अंतरराष्ट्रीय वनस्पतिशास्त्रीय कांग्रेस के पुरा-वनस्पतिशास्त्र विभाग के उपाध्यक्ष चुने गए थे। आप अनेक विदेशी

विश्वविद्यालयों में भाषण दे चुके हैं और कई अंतरराष्ट्रीय वनस्पतिशास्त्रीय कांग्रेसों में आपको विशिष्ट भाषण देने के लिए आमंत्रित किया जा चुका है। जनवरी सन् १९६६ में आप भारतीय विज्ञान कांग्रेस के वनस्पतिशास्त्र अनुभाग के अध्यक्ष निर्वाचित किए गए थे।

एस. आर. मैत्रा

जन्म और शिक्षा—भारतीय विज्ञान परिषद् के ५४वें हैदराबाद सन् १९६७ के अधिवेशन में शरीर-क्रिया विज्ञान अनुभाग के अध्यक्ष प्रो. एस. आर. मैत्रा कलकत्ता विश्वविद्यालय में प्राध्यापक और भारतीय शरीर-क्रिया विज्ञान परिषद् (फिजियोलॉजिकल सोसाइटी ऑफ इंडिया) के अध्यक्ष हैं।

प्रो. एस. आर. मैत्रा का जन्म फरीदपुर (अब बंगला देशांतर्गत) में सन् १९०९ में हुआ था। सन् १९३३ में आपने प्रेसीडेंसी कॉलेज, कलकत्ता से शरीर-क्रिया विज्ञान (फिजियोलॉजी) में एम. एस-सी. की परीक्षा उत्तीर्ण की तथा प्रो. एन. एम. बसु के मार्ग-निर्देशन में अनुसंधान-कार्य आरंभ कर दिया, किंतु कुछ आर्थिक कठिनाइयों के कारण अनुसंधान-कार्य बीच में ही छोड़ देना पड़ा।

अध्यापन और अनुसंधान के क्षेत्र में—सन् १९४० में आपकी नियुक्ति कलकत्ता विश्वविद्यालय के शरीर-क्रिया विज्ञान (फिजियोलॉजी) विभाग के निदेशक के पद पर हुई। यहाँ आपने शरीर-क्रिया विज्ञान के प्रोफेसर बी. बी. सरकार और व्यावहारिक रासायनिकी के प्रोफेसर बी. एन. घोष के साथ सर्पविष के सक्रिय अवयव ज्ञात करने के लिए अनुसंधान किया और उसका आपने पता भी लगा लिया। इस सक्रिय अवयव को आपने 'कार्डियोटा विक्सन' नाम दिया। इससे हृदयगति रोकी जा सकती है। उस समय तक बिलगाए हुए अवयवों में से कोई भी अवयव हृदयगति रोकने में समर्थ न था जबकि नाग-गरल हृदयगति को रोक देता है। इसके बाद आपने सजीना (मोरिंगा टेरीगोस्पर्मा) की छाल के सक्रिय अवयव की खोज आरंभ की। कार्डियोटा विक्सन की शरीर-क्रियात्मक क्रियाशीलता पर कार्य करते हुए आपने कलकत्ता विश्वविद्यालय से डॉक्टरेट की उपाधि प्राप्त की।

अब आपकी रुचि मानव-क्रिया विज्ञान (ह्यूमन फिजियोलॉजी) की ओर, विशेषकर

कार्य-क्रिया विज्ञान में अधिक हो गई। कलकत्ता विश्वविद्यालय ने आपको प्रो. असमुसन के मार्गदर्शन में इंस्टीट्यूट ऑफ फिजियोलॉजी, कोपन-हेगन के 'जिम्नास्टिक लेबोरेटोरियम' में औद्योगिक और कार्य-क्रिया विज्ञान में विशेष शिक्षा प्राप्त करने के लिए 'पालित विदेशी छात्रवृत्ति' प्रदान की। आपने असमुसन के मार्ग-निर्देशन में एक वर्ष तक कार्य किया। इसके बाद कुछ समय तक आपने स्टॉकहोम की जिम्नास्टिक लेबोरेटरी और जर्मनी के मैक्स प्लैंक इंस्टीट्यूट में भी अनुसंधान-कार्य किया।

आप विभिन्न प्रकार के कार्य करने से शरीर में होनेवाले जीव-रासायनिक और शरीर-क्रियात्मक परिवर्तनों तथा बाल्यकाल से वयस्क होने तक की अवस्था में व्यक्ति की शारीरिक कार्यक्षमता के विकास का अध्ययन कर रहे हैं। आपके मत में, "ग्लाइकोजन के लैक्टिक एसिड में परिवर्तित होने से भी शरीर को ऊर्जा प्राप्त होती है। अब यदि इस लैक्टिक एसिड से ऑक्सीजन के लिए रक्स से यथेष्ट मात्रा में ऑक्सीजन नहीं मिलती, तो रक्त में लैक्टिक एसिड की सांद्रता बढ़ जाती है। यह स्थिति 'ऑक्सीजन ऋण' कहलाती है।"

कोपनहेगन से लौटने पर आपको कार्य-विज्ञान विभाग में रीडर बना दिया गया। आजकल आप वहीं पर विश्वविद्यालय प्राध्यापक हैं। विज्ञान-अध्यापन में आपकी विशेष रुचि है। फिजियोलॉजिकल सोसाइटी ऑफ इंडिया की स्थापना से ही आप उसके क्रियाशील पदाधिकारी रहे हैं।

डॉ. होमी जहाँगीर भाभा

जन्म और शिक्षा—डॉ. होमी जहाँगीर भाभा का जन्म ३० अक्तूबर सन् १९०९ को भारत की महानगरी बंबई में एक संपन्न पारसी परिवार में हुआ था। उनका परिवार प्रतिष्ठा एवं विद्वत्ता वाला था। उनके पितामह डॉ. हुरमुस भाभा मैसूर राज्य में शिक्षा विभाग के डायरेक्टर थे और इनके पिता श्री जे. एच. भाभा बंबई के बैरिस्टरों में प्रमुख स्थान रखते थे। उनकी माता धार्मिक विचारों की थीं। बचपन से ही होमी भाभा प्रतिभाशाली विद्यार्थी थे और सभी विद्यालयी गतिविधियों में अग्रणीय रहते थे। इस प्रकार उन्होंने 'होनहार बिरवान के होत चीकने पात' वाली कहावत को चरितार्थ किया।

बंबई के कैथेड्रल जॉन केनन हाईस्कूल, एलीफेस्टन कॉलेज और रॉयल इंस्टीट्यूट ऑफ साइंस में शिक्षा प्राप्त कर वे १७ वर्ष की आयु में उच्च अध्ययन हेतु इंग्लैंड में कैम्ब्रिज विश्वविद्यालय चले गए, जहाँ उन्होंने गणित और इंजीनियरिंग का विशेष अध्ययन किया, किंतु उनकी रुचि सदैव गणितीय भौतिकी की ओर थी। सन् १९३० में कैम्ब्रिज विश्वविद्यालय के प्रथम श्रेणी में यांत्रिक विज्ञान (मेकेनिकल साइंस) में स्नातक होने के उपरांत उन्होंने गणितीय भौतिकी का विशेष अध्ययन प्रारंभ किया। उन्होंने प्रो. पी. ए. एम. डिस्क और एन. एफ. मोर के निर्देशन में सैद्धांतिक भौतिकी का दो वर्ष तक अध्ययन किया। उनके मेधावी और परिश्रमी होने के कारण सन् १९३२ में उन्हें गणित में ट्रिनिटी कॉलेज की 'राड्ज्वेल ट्रेवलिंग स्टूडेंटशिप' नामक छात्रवृत्ति मिली जिसके फलस्वरूप उन्होंने प्रो. डब्ल्यू. पाली के निर्देशन में अनुसंधान-कार्य किए। सन् १९३३-३४ में उन्हें रोम में प्रो. ई. फर्मी तथा प्रो. एच. ए. क्रैमर्स के साथ अनुसंधान करने का अवसर प्राप्त हुआ। उन्होंने लगभग पाँच मास तक प्रो. नील्सबोर के सैद्धांतिक भौतिकी संस्थान (इंस्टीट्यूट ऑफ थ्योरिटिकल फिजिक्स) में भी कार्य किया। सन् १९३४ में कैम्ब्रिज विश्वविद्यालय ने उन्हें पी-एच. डी. की उपाधि से विभूषित किया। सन् १९३५ में उन्हें कैम्ब्रिज 'आइजक न्यूटन स्टूडेंटशिप' और 'सीनियर स्टूडेंटशिप'

नामक छात्रवृत्तियाँ भी प्रदान की गईं।

विशेष रुचियाँ—डॉ. भाभा की नाभिकीय भौतिकी में विशेष रुचि थी। सन् १९३५-३६ में उन्होंने कैम्ब्रिज विश्वविद्यालय में अंतरिक्ष विकिरण—नाभिकीय भौतिकी और साक्षेप क्वांटम यांत्रिकी पर अनेक व्याख्यान दिए। सन् १९३७ में नोबल पुरस्कार विजेता मैक्स बार्न के निमंत्रण पर उन्होंने एडिनबरा में अंतरिक्ष विकिरणों पर भाषण दिए। सन् १९३९ में रॉयल सोसाइटी ने उन्हें प्रो. पी. एम. एल. ब्लैकेट के स्कूल ऑफ कॉस्मिक रे रिसर्च में सैद्धांतिक भौतिकशास्त्री के रूप में नियुक्त किया। सन् १९४० में द्वितीय विश्वयुद्ध छिड़ जाने के पश्चात् वे भारतीय विज्ञान संस्थान (इंडियन इंस्टीट्यूट ऑफ साइंस), बंगलौर में आ गए, जहाँ प्रख्यात रसायनज्ञ डॉ. शांतिस्वरूप भटनागर के निर्देशन में सरकार द्वारा स्थापित वैज्ञानिक अनुसंधान केंद्र में काउंसिल ऑफ साइंटिफिक एंड इंडस्ट्रियल रिसर्च में सन् १९४२ में उन्हें पदार्थ विज्ञान में अंतरिक्ष किरणों (ब्रह्मांड रश्मि—कास्मिक रे) का प्राध्यापक बना दिया गया। वह पदार्थवक्ता थे। पदार्थ विज्ञान की उच्च शिक्षा प्राप्त करनेवालों को वह अध्ययन कराते थे।

विकिरण का अध्ययन—भौतिकी जगत् में ही प्रारंभिक कणों पर उन्होंने पर्याप्त कार्य किया था जिसके फलस्वरूप अंतरिक्ष तथा सूर्य से आनेवाले विकिरण का अध्ययन संभव हुआ और इस ज्ञान का प्रयोग आज अंतरिक्ष यात्रा को सुरक्षित बनाने में किया जा रहा है।

बंगलौर के वैज्ञानिक इंस्टीट्यूट में वैज्ञानिक जगत् में डॉ. होमी जहाँगीर भाभा ने रहस्यमय कास्मिक (ब्रह्मांड) किरणों का अन्वेषण कर विश्व को एक बार फिर चकित कर दिया तथा नए-नए सिद्धांत विश्व के समक्ष रखे। भाभा ने हैटलर के साथ मिलकर 'झास्वोड थ्योरी ऑफ इलेक्ट्रॉन शावर्स' का प्रतिपादन किया। इससे संपूर्ण वैज्ञानिक जगत् में खलबली मच गई। इस प्रकार डॉ. भाभा ने अपने अथक परिश्रम से नए कीर्तिमान स्थापित किए।

डॉ. भाभा ब्रह्मांड विकिरण के क्षेत्र में विश्व के चोटी के वैज्ञानिकों में से एक थे। इस रूप में उन्होंने जो ख्याति अर्जित की, वह अतुलनीय है। उनकी योग्यता और विद्वत्ता से प्रभावित होकर कई भारतीय विश्वविद्यालयों ने डॉक्टर ऑफ साइंस की उपाधि से अलंकृत किया था।

गौरवपूर्ण विकास—डॉ. भाभा के प्रारंभिक विकास का एक गौरवपूर्ण क्रम रहा। वे ही प्रथम भारतीय वैज्ञानिक थे जिसने जिनेवा में 'शांति के लिए अणु' (एटम फॉर पीस) नामक गोष्ठी की अध्यक्षता की थी। यह वही गोष्ठी थी जिसमें दूसरी बार उन्होंने वैज्ञानिक फ्रांसिस पैरें की इस विचारधारा का बड़ी दृढ़ता के साथ खंडन किया था कि संसार में अल्प विकसित राष्ट्र परमाणु शक्ति से तब तक लाभ प्राप्त नहीं कर सकते जब तक कि वे औद्योगिक प्रगति की दिशा में समुचित संपन्नता प्राप्त नहीं कर लेते और यही नहीं, उन्होंने इस बात को यथार्थ प्रमाणित कर दिखाया कि अर्द्ध-विकसित राष्ट्र परमाणु

शक्ति का उपयोग शांति और अर्थव्यवस्था आदि अन्य औद्योगिक प्रतिक्रियाओं को मजबूत बनाने में कर सकते हैं और भारत इस बात का ज्वलंत उदाहरण है जिसकी रचनात्मक उपलब्धि ने उसे परमाणु शक्ति के उल्लेख-पृष्ठ पर सदा-सर्वदा के लिए स्थापित कर दिया है।

डॉ. भाभा के प्रयत्नों के फलस्वरूप सन् १९४५ ई. में बंबई में 'टाटा इंस्टीट्यूट आफ फंडामेंटल रिसर्च' की स्थापना की गई तथा उसके निदेशक पद का दायित्व उन्होंने ही सँभाला था। इसी संस्था में ऊर्जा परीक्षण की सर्वप्रथम व्यवस्था की गई जो आगे चलकर बहुत महत्त्वपूर्ण सिद्ध हुई। डॉ. होमी जहाँगीर भाभा १९४७ में स्थापित भारतीय परमाणु शक्ति आयोग के प्रथम अध्यक्ष थे। वे बचपन से ही विज्ञान की नई दृष्टि के अन्वेषक रहे। उनके मस्तिष्क में सदैव एक ही विचार रहता था कि अणु शक्ति के मानव-विरोधी स्वरूप को समाप्त कर उसे जीवन-निर्माण की विभिन्न दिशाओं से संबद्ध कर दिया जाए। स्वतंत्रता-प्राप्ति के पश्चात् से ही वे स्व. प्रधानमंत्री पं. जवाहरलाल नेहरू के अत्यधिक निकट रहे और उन्होंने इस निकटता को भारत के परमाणु शक्ति आयोजन में बदला। सन् १९५४ ई. में डॉ. भाभा ट्रांबे में परमाणु शक्ति का एक ऐसा केंद्र बनाने में सफल हुए जिसने थोड़े ही समय में अत्यधिक सफलता अर्जित की। उनके निर्देशन में सन् १९५६ ई. में भारत की प्रथम परमाणु ऊर्जा भट्ठी 'अप्सरा' ट्रांबे (बंबई) में स्थापित की गई। आज परमाणु शक्ति के विषय में भारत आत्मनिर्भर है और इसका ही परिणाम है कि तारापुर, राजस्थान में कोटा के निकट तथा मद्रास राज्य में परमाणु बिजलीघर बन रहे हैं। डॉ. भाभा के निर्देशन में ही सायरस और जरलीना नामक दो न्यूक्लीयर रिएक्टर लगाए गए।

इस प्रकार डॉ. भाभा के नेतृत्व में भारत में परमाणु शक्ति का विकास होता चला गया। वह विश्व के अणु शक्ति के प्रमुख छः सर्वोच्च देशों में गिना जाने लगा। उन्हें पंडित जवाहरलाल नेहरू का पूरा संरक्षण प्राप्त था। इस कारण उनकी सारी कठिनाइयाँ दूर हो जाती थीं। भाभा ने एक बार पंडित नेहरू से कहा था, "मैं परमाणु शक्ति कार्य निरंतर बढ़ाता रहूँगा। मुझे इसके लिए आपके 'डायरेक्टर ऑफ सप्लाई एंड डिस्पोजल' का किसी प्रकार संबंध पसंद नहीं है। मुझे जिसकी आवश्यकता हो, वह मुझे मिलना चाहिए।" इस प्रकार वस्तु उनके संरक्षण में ही रखी जाती थी। सन् १९५५ में एक अधिवेशन में अध्यक्षीय भाषण में भाभा ने कहा था, "लगभग बीस वर्षों बाद वह समय भी आ जाएगा जब हाइड्रोजन बम भी शांतिपूर्ण प्रयोगों में लाया जा सकेगा और यह एक अपरिमित शक्ति का स्रोत बना रहेगा।"

अनुसंधान और सम्मान—डॉ. भाभा ने व्यावहारिक भौतिकी (विशेषकर नाभिकीय भौतिकी) में अत्यंत महत्त्वपूर्ण अनुसंधान किए। उनका सबसे महत्त्वपूर्ण अन्वेषण 'मैसोन' नामक प्राथमिक कण की खोज है। वास्तव में इस प्राथमिक कण को 'मैसोन' नाम उनके सुझाव पर ही दिया गया था। उनके इस महत्त्वपूर्ण अनुसंधान से प्रभावित

होकर रॉयल सोसाइटी ने उन्हें सन् १९४१ में अपना फैलो निर्वाचित किया, जो वास्तव में उनके लिए ही नहीं वरन् समस्त भारत के लिए गौरव की बात थी। इकतीस वर्ष की अल्पायु में इस महती वैज्ञानिक संस्था का फैलो निर्वाचित किया जाना एक बहुत बड़ा सम्मान था। सन् १९४३ में कैम्ब्रिज विश्वविद्यालय ने उन्हें 'एडम्स' पुरस्कार प्रदान किया। सन् १९४८ ई. में कैम्ब्रिज फिलॉसोफिकल सोसाइटी ने उन्हें 'हापकिंस' पुरस्कार प्रदान किया। सन् १९५१ में भारतीय विज्ञान परिषद् ने उन्हें अपना मुख्य अध्यक्ष निर्वाचित किया था। सन् १९५४ ई. में राष्ट्रपति ने उन्हें 'पद्मभूषण' से अलंकृत किया था।

यह डॉक्टर भाभा ही थे जिन्होंने सन् १९५२ में स्टॉकहोम में आयोजित अंतरराष्ट्रीय तकनीकी गोष्ठी में अपनी 'कॉस्मिक पार्टीकल्स' की महत्त्वपूर्ण शक्ति की खोज से सभी को आश्चर्यचकित कर दिया था। इस प्रकार डॉ. भाभा भारत में ही नहीं विश्व में अपनी प्रतिभा के सच्चे परिचायक थे। जहाँ वह राष्ट्रसंघ की वैज्ञानिक समिति के सदस्य थे, वहाँ अंतरराष्ट्रीय शक्ति एजेंसी में उनकी सलाह को सभी वैज्ञानिक बड़े आदर से सुनते थे। उन्होंने विश्व को बतलाया कि समुद्र के जल में काफी हाइड्रोजन शक्ति है, जिसका उपयोग मानव को करना चाहिए। उनकी इस सलाह पर अमेरिका ब्रिटेन आदि देशों ने इस दिशा में कार्य किया और उन्हें इसका समुचित लाभ भी मिला। अगस्त सन् १९५५ ई. में जिनेवा में शांतिपूर्ण उपयोग के लिए अंतरराष्ट्रीय परमाणु सम्मेलन के सभापति पद से बोलते हुए उन्होंने कहा था, "आइए हम प्रतिज्ञा करें कि शांति के अतिरिक्त अन्य किसी कार्य में हम परमाणु शक्ति का प्रयोग नहीं करेंगे और प्रयोग करने का बढ़ावा भी नहीं देंगे।" सितंबर १९५६ ई. में इक्यासी राष्ट्रों का एक सम्मेलन आणविक एजेंसी की स्थापना के लिए न्यूयार्क में हुआ। इस सम्मेलन का अध्यक्ष डॉ. भाभा को बनाया गया था। इस प्रकार डॉ. भाभा विश्व में सर्वप्रथम ऐसे व्यक्ति थे, जो सभी देशों द्वारा परमाणु ऊर्जा के प्रसार पर प्रतिबंध लगाने एवं सभी देशों द्वारा परमाणु बमों को अवैध घोषित किए जाने के पक्षधर थे। सन् १९५९ ई. में उनकी परमाणु संबंधी शांति विषयक खोजों के उपलक्ष्य में कैम्ब्रिज विश्वविद्यालय ने उन्हें 'डॉक्टर ऑफ साइंस' की मानद् उपाधि से विभूषित किया था।

डॉ. भाभा के शोधकार्य से प्रभावित होकर रॉयल सोसाइटी, लंदन ने उन्हें अपना सदस्य बनाया था। भारत सरकार ने सन् १९६१ में भाभा को पद्मविभूषण की उपाधि प्रदान कर विभूषित किया था। १९६१ में डॉ. मेघनाद साहा स्वर्ण पदक सहित कई देश-विदेश के विश्वविद्यालयों ने उनके शोध-प्रबंधों एवं विज्ञान की सेवाओं के लिए सम्मानित किया। भाभा ने लखनऊ में डी. एस-सी. एवं स्कॉटलैंड और कैम्ब्रिज में डी. एस-सी. का कार्य सुचारु रूप से शुरू किया। डॉ. भाभा अमेरिका की 'अकेडेमी ऑफ आर्ट्स एंड साइंस' के फारेन एसोसिएट तथा एस. आई.आर. के सचिव पद पर भी कार्यरत रहे। भाभा ने रबरकोर्ड, डिराक, नेल्स बोहर जैसे कई विश्वप्रसिद्ध वैज्ञानिकों के

साथ मिलकर अनेक प्रयोग किए थे। डॉ. भाभा एक कुशल संगठक एवं निदेशक थे। आपका परिवार तीन अणु शक्ति बिजलीघर एवं चार अणु शक्तियाँ थीं। वह देश-सेवा के लिए अविवाहित रहे।

निरस्त्रीकरण की दिशा में—निरस्त्रीकरण के संबंध में डॉ. भाभा के विचार बहुत सुलझे हुए थे। आकाशवाणी से सन् १९६४ के एक प्रसारण में उन्होंने कहा था, "विश्व को निरस्त्रीकरण की दिशा में ठोस कदम उठाने चाहिए, क्योंकि भविष्य में अनेक देशों के पास भी परमाणु बम बनाने की विधि में विकास के फलस्वरूप बम बनाने पर खर्चा कम होता जा रहा है। इसीलिए छोटे देश भी आनेवाले समय में बम बनाने के लिए प्रोत्साहित होंगे।"

कुशल प्रशासक और कला-प्रेमी—डॉ. भाभा केवल एक महान् वैज्ञानिक ही नहीं थे अपितु अत्यंत कुशल प्रशासक और कला-प्रेमी भी थे। देश में परमाणु ऊर्जा का इतना शीघ्र विकास डॉ. भाभा की विलक्षण क्षमता, वैज्ञानिक सूझबूझ और प्रशासकीय कुशलता का ज्वलंत उदाहरण है। विदेशों में अनेक वर्षों तक रहने पर भी उन्हें अपने देश पर बड़ा गर्व था। वे भारत को प्रत्येक क्षेत्र में आत्मनिर्भर देखना चाहते थे। उन्हें देश के वैज्ञानिकों पर पूर्ण विश्वास था। उन्हें विज्ञान से इतना प्रेम था कि आजीवन अविवाहित ही रहे। उन्हें संगीत, कविता, चित्रकला और नाट्यकला से विशेष प्रेम था।

वे परमाणु ऊर्जा आयोग के सचिव, परमाणु ऊर्जा संस्थान के अध्यक्ष, वैज्ञानिक और औद्योगिक अनुसंधान परिषद् की शासी समिति के सदस्य, टाटा इंस्टीट्यूट ऑफ फंडामेंटल रिसर्च के निदेशक तथा भारत सरकार की वैज्ञानिक सलाहकार समिति के अध्यक्ष थे।

देहावसान—इस प्रकार बहुत शीघ्र ही विज्ञान जगत् में अपना विशिष्ट स्थान निर्मित करनेवाले डॉ. भाभा आज हमारे बीच में पार्थिक रूप से नहीं हैं, पर उनका नाम विकासशील भारत के इतिहास में प्रेरक शक्ति के रूप में लिखा जाएगा।

जिनेवा के पास २४ जनवरी सन् १९६६ की हवाई दुर्घटना में डॉ. होमी जहाँगीर भाभा का आकस्मिक निधन हो गया। उनका यह निधन वास्तव में विज्ञान जगत् के लिए कभी न पूरी होनेवाली क्षति है। इससे सारे विज्ञान जगत् में गहरा शोक छा गया। यह दुर्घटना उस समय घटी, जब वे अंतरराष्ट्रीय अणु शक्ति सम्मेलन में भाग लेने के लिए वियना जा रहे थे कि भारतीय विमान यूरोप के ग्राउंड ब्लॉक पर अंधकार होने के कारण 'कंचनजंघा' नामक एक पहाड़ी की चोटी से टकरा गया। परमाणु शक्ति के इस अनमोल रत्न के अकस्मात् बिछुड़ जाने से देश को गहरा धक्का लगा।

उनके निधन पर भूतपूर्व राष्ट्रपति डॉ. सर्वपल्ली राधाकृष्णन् ने कहा था, "हमने डॉ. भाभा को बहुत ही गंभीर समय में खोया है। हम सच्चे मानव की खोज करके ही अपनी हानि की सीमाओं का अनुमान लगा सकेंगे।" उनके विषय में डॉ. कोठारी का कथन है, "वे सदा ज्ञान की खोज में तत्पर रहते थे।" उनके सम्मान में सन् १९६७ ई. में

परमाणु ऊर्जा संस्थान, ट्रांबे का नाम बदलकर भाभा परमाणु अनुसंधान केंद्र रखा गया। डॉ. भाभा ने इलेक्ट्रॉनिकी, अंतरिक्षविज्ञान, खगोलविज्ञान एवं सूक्ष्म विज्ञान में भी प्रयोगों को नई दिशा प्रदान की।

डॉ. भाभा सरल, सौम्य एवं आकर्षक व्यक्तित्व के धनी थे। अत्यधिक व्यस्त रहने पर भी वे कभी धैर्यहीन नहीं हुए। उनकी वाक्-पटुता अप्रतिम थी। यही कारण था कि श्रोता उनके भाषणों को मंत्र-मुग्ध होकर सुनते थे।

डॉ. भाभा की प्रमुख रचनाएँ हैं—क्वांटम थ्योरी, एलीमेंटरी फिजिकल पार्टिकिल्स एवं कॉस्मिक रेडिएशन। परमाणु विज्ञान के क्षेत्र में विशिष्ट कार्य करनेवाले वैज्ञानिकों को प्रतिवर्ष डॉ. भाभा स्मृति पुरस्कार प्रदान किए जाते हैं।

डॉ. सुब्रह्मण्यम चंद्रशेखर

जन्म और शिक्षा—डॉ. सुब्रह्मण्यम चंद्रशेखर का जन्म १९ अक्तूबर सन् १९१० को लाहौर में (आजकल पाकिस्तान में) हुआ था। आपकी शिक्षा मद्रास के प्रेसीडेंसी कॉलेज में हुई। जब आप प्रेसीडेंसी कॉलेज, मद्रास में पढ़ते थे, उस समय भी आप गणित की असाधारण योग्यता के लिए प्रसिद्ध थे। सन् १९२८ में १८ वर्ष की अल्पायु में आपका एक लेख 'काम्पून स्कैटरिंग एंड दी न्यू स्टैटिक्स' रॉयल सोसाइटी की कार्यवाही के प्रतिवेदन में प्रकाशित हुआ था। यह आपकी असाधारण योग्यता, मेधाशक्ति एवं प्रतिभा का अद्वितीय प्रमाण था। सन् १९३० में आपने भौतिकशास्त्र में एम. ए. ऑनर्स में प्रथम श्रेणी में सर्वाधिक अंक प्राप्त कर मद्रास विश्वविद्यालय में मानक (रिकॉर्ड) स्थापित किया। तदुपरांत सन् १९३० में भारत सरकार से छात्रवृत्ति पाकर आप इंग्लैंड गए जहाँ ट्रिनिटी कॉलेज, कैम्ब्रिज में अनुसंधान-कार्य प्रारंभ किया। उन्हें यह छात्रवृत्ति सन् १९३४ तक मिलती रही। आप यहाँ छः वर्ष तक कार्य करते रहे। इस अवधि में आपने अपनी योग्यता, प्रतिभा एवं मेधाशक्ति के प्रदर्शन द्वारा आइजक न्यूटन छात्रवृत्ति, शीप-शैंक पुरस्कार एवं ट्रिनिटी कॉलेज की फैलोशिप (१९३५-३६) प्राप्त की। आपने सन् १९३३ में कैम्ब्रिज विश्वविद्यालय से पी-एच. डी. तथा १९४२ ई. में डी. एस-सी. की उपाधि प्राप्त की थी।

व्यावसायिक जीवन एवं सम्मान—कुछ समय तक हारवर्ड में रहने के बाद सन् १९३४ में आपको यर्कस (यर्कीज) वेधशाला, शिकागो में अनुसंधान सहायक (रिचर्स एसोसिएट) के पद पर नियुक्त किया गया। वहाँ वे १९३८ ई. तक कार्यरत रहे। सन् १९३८ से १९४१ तक आप शिकागो विश्वविद्यालय में असिस्टेंट प्रोफेसर, १९४२ से १९४३ ई. तक एसोसिएट प्रोफेसर और १९४४ से १९४६ ई. तक प्रोफेसर तथा १९४७ से १९५२ ई. तक सैद्धांतिक ताराभौतिकी के विशिष्ट सेवा प्रोफेसर के पद पर कार्यरत रहे। सन् १९४४ में आप रॉयल सोसाइटी, लंदन के फैलो निर्वाचित किए गए। इस

प्रकार आपको सम्मानित किया गया। सन् १९५२ से आप शिकागो विश्वविद्यालय में सैद्धांतिक तारा-भौतिकी के मॉर्टन डी. हल विशिष्ट सेवा प्राध्यापक के पद पर कार्य कर रहे हैं। सन् १९५२ से १९७१ ई. तक आप एस्ट्रोफिजिकल जर्नल के संपादक रहे।

विशेष रुचि—डॉ. चंद्रशेखर का वैज्ञानिक कार्यक्षेत्र बहुत व्यापक और विस्तृत है। तारों की रचना, तारों के वायुमंडल से लेकर क्षोभ सिद्धांत (थ्योरी ऑफ टर्बुलेंस) और चुंबकीय क्षेत्र सहित तथा गैर-चुंबकीय क्षेत्र के तरलों की संयोजी गतियों की स्थिरता तक पर आपने कार्य किया है। 'प्लाज्मा भौतिकी' में भी आपकी रुचि है।

'प्लाज्मा भौतिकी' भौतिकी की एक नई शाखा है जिसमें चुंबकीय और विद्युत् क्षेत्रों में आयनीकृत गैसों के व्यवहार का अध्ययन किया जाता है। सन् १९६० में शिकागो विश्वविद्यालय ने 'प्लाज्मा भौतिकी' पर आपका एक भाषण प्रकाशित किया था। आपकी विविध वैज्ञानिक अभिरुचियों के कारण ख्यातिप्राप्त खगोलज्ञ डॉ. ऑटो स्ट्रूव ने ठीक ही लिखा है—"डॉ. सुब्रह्मण्यम चंद्रशेखर ने आकाशीय पिंडों और इलेक्ट्रॉन संबंधी इतना अधिक कार्य किया है कि यह निश्चय कर पाना कठिन है कि वह खगोलज्ञ हैं या भौतिकीविद् या गणितज्ञ। लेकिन वह स्वयं को खगोलज्ञ ही मानते हैं।"

लेखन-कार्य और पुरस्कार—डॉ. सुब्रह्मण्यम चंद्रशेखर लेखन-कला में भी पारंगत हैं। उन्होंने चार विशिष्ट पुस्तकें लिखी हैं। उनकी प्रथम पुस्तक 'एन इंट्रोडक्शन टू द स्टडी ऑफ स्टैलर स्ट्रकचर' सन् १९३९ में प्रकाशित हुई थी। इस पुस्तक ने तारों की रचना के अध्ययन-क्षेत्र में महत्त्वपूर्ण योग एवं दिशा प्रदान की। आपकी दूसरी पुस्तक 'प्रिंसिपल ऑफ स्टैलर डायनामिक्स' सन् १९४३ में शिकागो विश्वविद्यालय प्रेस से प्रकाशित हुई थी। आपकी प्रथम पुस्तक भी इसी विश्वविद्यालय प्रेस से प्रकाशित हुई थी। आपकी तीसरी पुस्तक 'रेडिएटिव ट्रांसफर' सन् १९५० में ऑक्सफोर्ड से प्रकाशित हुई। इसमें आपने तारकीय वायुमंडलों पर अपने अनुसंधान-कार्य का संक्षिप्त विवरण प्रस्तुत किया है। इस पुस्तक पर डॉ. चंद्रशेखर को एडम पुरस्कार प्रदान किया गया। कैम्ब्रिज में किसी भी गणितज्ञ को प्रदत्त यह सर्वश्रेष्ठ पुरस्कार है। सन् १९६१ में प्रोफेसर चंद्रशेखर की चौथी पुस्तक 'हाइड्रोडायनामिक एंड हाइड्रोमैग्नेटिक स्टेबिलिटी' प्रकाशित हुई और इसके उपलक्ष्य में रॉयल सोसाइटी ने सन् १९६२ में रॉयल मेडल प्रदान कर आपको सम्मानित किया।

डॉ. चंद्रशेखर ने पैसिफिक रॉयल सोसाइटी, अमेरिका का ब्रूस स्वर्ण पदक सन् १९५२ में और रॉयल एस्ट्रोनॉमिकल सोसाइटी का स्वर्ण पदक सन् १९५३ में तथा अमेरिकी कला व विज्ञान अकादमी का सन् १९५७ में रेमफोर्ड मैडल के अतिरिक्त अनेक पुरस्कार आदि प्राप्त किए हैं। जिनमें रॉयल मैडल सन् १९६२, रॉयल सोसाइटी लंदन का कॉप्ले मैडल सन् १९८४, भारतीय राष्ट्रीय विज्ञान अकादमी द्वारा वर्ष १९६२ में प्रदत्त रामानुजम पदक, राष्ट्रीय विज्ञान पदक, संयुक्त राज्य अमेरिका सन् १९६६,

मेडल एकेडेमी ऑफ साइंसेज का वर्ष १९७१ में हेनरी ड्रेपर पदक और डेनियल हीनेमन पुरस्कार सन् १९७४ प्रमुख हैं।

सदस्यता—वह नेशनल एकेडेमी ऑफ साइंसेज, यू. एस. ए. तथा अमेरिकन एस्ट्रोनॉमीकल सोसाइटी के सदस्य हैं।

तारों के क्रम-विकास की खोज—डॉ. सुब्रह्मण्यम चंद्रशेखर के अनुसंधान-कार्यों में सबसे महत्त्वपूर्ण है तारों के क्रम-विकास की खोज। जिन तारों की नाभिकीय ऊर्जा अंततः समाप्त हो जाती है, उनकी ओर खगोलज्ञ सदैव से आकर्षित रहे हैं। डॉ. चंद्रशेखर का मत है, "एक जलते हुए लकड़ी के लट्ठे, जो कि अंत में केवल राख ही छोड़ता है, और तारा हीलियम गैस, से तारे की तुलना करना ठीक नहीं है।" उनके अनुसार तारा हेमहोल्ट्ज और केलविन द्वारा कल्पित तरीके से गुरुत्वाकर्षी ऊर्जा मुक्त करता हुआ आकुंचित होता है। साम्यावस्था में पूर्णतया अपकर्षित द्रव्य अपने ही गुरुत्वाकर्षण के प्रभाव में मूल अवस्था में एक बृहत् अणु के समान होता है। इस तथ्य से यह पता चलता है कि श्वेत वामन (ड्वार्फ Dwarf) ही तारे की अंतिम अवस्था है। यह तथ्य कि "अब तक ज्ञात श्वेत वामन तारों में से किसी में भी हाइड्रोजन नहीं है", उक्त कथन की पुष्टि करता है। सन् १९८२-८३ में उन्हें नोबल पुरस्कार से सम्मानित किया गया। उन्हें यह पुरस्कार भौतिकी में 'चंद्रशेखर'स लिमिट-विच डिटरमाइन्स-६-मिनीमम ऑफ डाइंग स्टार इनेब्लिंग इट टू सर्वाइवल (Chandra Sekher's Limit-which Determines-6-Minimum of Dying Star enabling it to Survial) के लिए दिया गया था। यह पुरस्कार पानेवाले वह तीसरे भारतीय वैज्ञानिक हैं। उनसे पूर्व यह पुरस्कार सर सी. वी. रमन और डॉ. हरगोविंद खुराना को प्रदान किया गया था। १९५३ ई. में उन्होंने अमेरिकी नागरिकता ग्रहण कर ली। २७ नवंबर, १९८४ को शांति निकेतन के विश्वभारती विश्वविद्यालय ने उन्हें देसीकोदम्मा उपाधि से विभूषित किया है।

डॉ. ए. एस. राव

जन्म और शिक्षा—सन् १९६५ में डॉ. शांतिस्वरूप स्मृति इंजीनियरिंग पुरस्कार प्राप्त करनेवाले डॉ. ए. एस. राव भाभा परमाणु ऊर्जा प्रतिष्ठान में इलेक्ट्रॉनिक विकिरण सुरक्षा निदेशालय के निदेशक पद को सुशोभित कर रहे हैं। आपका जन्म २० सितंबर सन् १९१४ को हुआ। सन् १९३९ में आपने बनारस हिंदू विश्वविद्यालय से एम. एस-सी. परीक्षा तथा सन् १९४७ में स्टैनफोर्ड विश्वविद्यालय, कैलीफोर्निया से मास्टर ऑफ इंजीनियरिंग परीक्षा उत्तीर्ण की।

व्यावसायिक जीवन और अनुसंधान-कार्य—डॉ. राव सन् १९४८ में प्रयोगात्मक भौतिकी के रीडर के पद पर टाटा इंस्टीट्यूट ऑफ फंडामेंटल रिसर्च में नियुक्त किए गए। आपके अनुसंधान-कार्य के क्षेत्र हैं इलेक्ट्रॉनिकी और अंतरिक्ष विकिरण। सन् १९५३ तक उक्त संस्थान में अनुसंधान करने के उपरांत आप परमाणु ऊर्जा प्रतिष्ठान में आ गए।

जब आप टाटा इंस्टीट्यूट ऑफ फंडामेंटल रिसर्च में थे, तो आपने एक लाख फीट तथा उससे अधिक ऊँचाई तक अंतरिक्ष किरणों की तीव्रता-मापन हेतु महत्त्वपूर्ण प्रयोग किए थे।

परमाणु ऊर्जा प्रतिष्ठान में श्री राव ने परमाणु रिएक्टरों के डिजाइन, निर्माण और नियंत्रण के संबंध में महत्त्वपूर्ण योग दिया है। वास्तव में अपूप्ररा और जरलीना की नियंत्रण व्यवस्थाओं का निर्माण श्री राव के निर्देशन में ही हुआ था तथा अब आपके निर्देशन में राजस्थान और मद्रास के परमाणु बिजलीघरों की नियंत्रण व्यवस्थाओं का निर्माण, रिएक्टर नियंत्रण क्षेत्र, तारापुर पूर्णतः अथवा अंशतः कर रहा है।

श्री राव ने प्रतिष्ठान में विकिरण सुरक्षा विभाग की स्थापना की और आज यह विभाग उन सब संस्थानों की सेवा कर रहा है जो रेडियोधर्मी पदार्थों से कार्य करते हैं।

विश्व के विभिन्न देशों में होनेवाले परमाणविक विस्फोटों के कारण हमारे देश में

भी वायु, वर्षा, भोजन तथा वनस्पति उत्पादों में रेडियोधर्मिता की मात्रा बढ़ जाती है। इस मात्रा का समय-समय पर मापन करते रहने के लिए श्री राव ने देश-भर में केंद्र स्थापित कराए हैं।

श्री राव के निर्देशन में परमाणु ऊर्जा प्रतिष्ठान के इलेक्ट्रॉनिक विभाग ने अत्यंत उपयोगी और महत्त्वपूर्ण इलेक्ट्रॉनिक उपकरणों का विकास और निर्माण किया है।

अंतरराष्ट्रीय ख्याति—श्री राव अनेक भारतीय तथा विदेशी वैज्ञानिक और इंजीनियरिंग संस्थाओं और समितियों के सदस्य तथा अनेक संस्थानों की कार्यकारिणी परिषदों के सदस्य हैं। आप यूनेस्को और एफ. ए. ओ. के विशेषज्ञों के रूप में कार्य कर चुके हैं।

आपके प्रकाशित अनुसंधान-लेखों की संख्या बहुत है।

सन् १९६० में भारत सरकार ने आपको पद्मश्री की उपाधि से अलंकृत किया था।

डॉ. वी. रामचंद्र राव

जन्म, परिवार और शिक्षा—डॉ. वी. रामचंद्र राव आंध्र विश्वविद्यालय, हैदराबाद में भौतिकी विभाग के अध्यक्ष हैं। आपका जन्म २३ नवंबर, १९२२ ई. को येलामनचिल्ली, आंध्र प्रदेश में हुआ। आपके पिता का नाम श्री सत्यनारायण एवं माता का नाम श्रीमती सुभद्रम्मा था। आपकी धर्मपत्नी का नाम श्रीमती सुशीला देवी है। आपने सन् १९४४ में आंध्र विश्वविद्यालय से प्रथम श्रेणी में बी. एस-सी. ऑनर्स परीक्षा उत्तीर्ण की। तदुपरांत आपने इसी विश्वविद्यालय में डॉ. भगवंतम् के निर्देशन में पराश्रव्य तरंगों पर अनुसंधान किया। इसी विश्वविद्यालय से आपने सन् १९४५ में एम. एस-सी. परीक्षा उत्तीर्ण की तथा सन् १९४९ में डी. एस-सी. उपाधि प्राप्त की। एम. एस-सी. परीक्षा में सर्वाधिक अंक प्राप्त करने के कारण आपको मैटकॉफ पदक प्रदान किया गया था।

अनुसंधान—डॉ. राव ने १९५१-५२ में डॉ. डी. एफ. मार्टिन, एफ. आर. एस. के निर्देशन में रेडियो भौतिकी पर विशेष अध्ययन किया।

आपने नवंबर १९५६ से अप्रैल १९५७ तक संयुक्त राज्य अमेरिका में प्रो. जे. जे. गिब्सन के साथ आयनोस्फीयर संबंधी महत्त्वपूर्ण अनुसंधान किए।

सन् १९५२ से आप पराश्रव्य तरंगों और आयनोस्फीयर भौतिकी के क्षेत्र में अनुसंधानकर्ताओं का निर्देशन कर रहे हैं। आपके निर्देशन में अब तक २२ अनुसंधान-कर्ता एम. स-सी. तथा २१ पी-एच. डी. की उपाधि प्राप्त कर चुके हैं।

आपने अयनमंडल (ionosphere), इलेक्ट्रॉनिकी (electronics) तथा अल्ट्रा-सोनिक्स (ultra-sonics) पर अब तक लगभग २०० अनुसंधान-लेख प्रकाशित किए हैं। सन् १९६५ में भौतिकी का डॉ. शांतिस्वरूप भटनागर स्मृति पुरस्कार आपको प्रदान किया गया था।

७ जनवरी, १९८८ को पुणे विश्वविद्यालय में भारतीय विज्ञान कांग्रेस की प्लेटिनम जुबली के अवसर पर प्रधानमंत्री ने उन्हें पुरस्कार प्रदान किया। वह भारतीय विज्ञान संस्थान, बंगलौर के निदेशक भी रह चुके हैं तथा भारत सरकार द्वारा पद्म विभूषण से सम्मानित किए जा चुके हैं।

डॉ. रास बिहारी अरोड़ा

अनुसंधान और व्यवसाय—डॉ. रास बिहारी अरोड़ा सन् १९६५ में हमदर्द राष्ट्रीय संस्थान (फाउंडेशन) का पुरस्कार प्राप्त करनेवाले सर्वप्रथम वैज्ञानिक हैं। यह पुरस्कार दस हजार रुपया तथा एक स्वर्णपदक होता है। यह पुरस्कार देशी दवाओं के क्षेत्र में असाधारण योग प्रदान करनेवाले वैज्ञानिक को दिया जाता है।

किसी भी देश की शक्ति उसकी आर्थिक स्थिरता में निहित होती है। आर्थिक स्थिरता का आधार है आत्मनिर्भरता। चिकित्सा-क्षेत्र में देश की आत्मनिर्भरता के उद्‍देश्य से ही हमदर्द राष्ट्रीय संस्थान ने इस पुरस्कार की योजना का समारंभ किया है जिससे देशी जड़ी-बूटियों में भारतीय वैज्ञानिकों की रुचि हो और भारत आत्मनिर्भर होकर विदेशी मुद्रा बचा सके।

डॉ. रास बिहारी अरोड़ा को यह पुरस्कार नारडोस्टैकीज जटामंसी (जिसे हिंदी में जटामंसी कहते हैं) आदि कतिपय पूर्वी ओषधि पौधों की हृद-वाहिका (कार्डियो वैस्क्यूलर फार्मेकोथिरेप्यूटिक्स) के विशिष्ट योगदान के फलस्वरूप प्रदान किया गया है।

श्री अरोड़ा अखिल भारतीय चिकित्सा विज्ञान संस्थान, नई दिल्ली में औषध प्रभाव विज्ञान के प्राध्यापक हैं। आप जीव विज्ञान तथा चिकित्सा विज्ञान के विभिन्न क्षेत्रों में विशेष रूप से भारतीय औषध पौधों के रासायनिक औषधि प्रभाव विज्ञान संबंधी तथा नैदानिक अनुसंधान एवं अध्ययन करते रहे हैं। अब तक आपके १३९ -मौलिक शोधपत्र भारत तथा विदेशों में प्रकाशित हो चुके हैं। इनमें से ३० से अधिक लेख स्वदेशी ओषधियों से संबंधित हैं।

सम्मान—डॉ. अरोड़ा चिकित्सा विज्ञान की भारतीय अकादमी के संस्थापक सदस्य हैं तथा हारवर्ड विश्वविद्यालय, संयुक्त राज्य अमेरिका के भी फैलो हैं।

आप अनेक राष्ट्रीय और अंतरराष्ट्रीय पत्र-पत्रिकाओं के संपादक-मंडल में हैं।

आप भारतीय चिकित्सा अनुसंधान परिषद् की ओषधि प्रभाव विज्ञान समिति के अध्यक्ष, स्वास्थ्य मंत्रालय, भारत सरकार की संग्रथित ओषधि अनुसंधान योजना की स्थायी समिति, यूनानी भेषज समिति, वैज्ञानिक तथा औद्योगिक अनुसंधान परिषद् की ओषधि निर्माण और ओषधि अनुसंधान समिति के सदस्य हैं तथा केंद्रीय ओषधि अनुसंधान संस्थान की शासी सभा के भी सदस्य हैं।

अगस्त १९६३ ई. में प्राग (चैकोस्लोवाकिया) में द्वितीय अंतरराष्ट्रीय ओषधि प्रभाव विज्ञान कांग्रेस में आप फार्मेकोलॉजी ऑफ हार्ट फिब्रिलेशन के अधिवेशन में अध्यक्ष चुने गए थे। वहाँ आपको असाधारण वैज्ञानिक होने का प्रमाण-पत्र प्रदान किया गया तथा परकिन शताब्दी पदक से पुरस्कृत किया गया।

दिसंबर १९६४ ई. में आपने श्रीलंका में ओषधि पौधों के द्वितीय अंतरराष्ट्रीय परिसंवाद की अध्यक्षता की।

पुरस्कार—आप प्रथम व्यक्ति हैं जिन्हें चिकित्सा विज्ञान क्षेत्र में वैज्ञानिक और औद्योगिक अनुसंधान परिषद् का डॉ. शांतिस्वरूप भटनागर स्मृति पुरस्कार प्रदान किया गया था। यह पुरस्कार आपने सन् १९६१ में प्राप्त किया। सन् १९६५ में आपको भारतीय चिकित्सा अनुसंधान परिषद् का बसंतीदेवी अमीरचंद पुरस्कार भी प्रदान किया गया।

डॉ. जैकब

डॉ. जैकब का जन्म कानूर में हुआ। आपने अपनी पहली उपाधि मद्रास विश्वविद्यालय से तथा बंगलौर के विज्ञान संस्थान से पी-एच. डी. की उपाधि प्राप्त की। सन् १९६० में वे होवोकेन, न्यूजर्सी के स्टीवेन्स टैक्नोलॉजी संस्थान में एक वर्ष के लिए अनुसंधान हेतु अमेरिका चले गए। अगले वर्ष वह विस्कांसिन चले गए। जहाँ वह डॉ. हरगोविंद खुराना के निकट सहयोग में कार्य कर रहे हैं।

डॉ. जैकब का कथन है—"मैं ऐसी स्थिति प्राप्त करने की आशा करता हूँ, जहाँ मैं अगले ग्रीष्म में अपनी पत्नी और चार बच्चों के साथ भारत लौट जाने पर डी. एन. ए. के जैविक विश्लेषण संबंधी अपना अनुसंधान-कार्य जारी रख सकूँ।"

डॉ. बलराज निझावन

डॉ. निझावन केंद्रीय धातु कर्म प्रयोगशाला, जमशेदपुर के निदेशक हैं। लौह निर्माण, इस्पात निर्माण तकनीक, इस्पात में असमानता, लौह और अलौह मिश्र धातुओं के प्रतिस्थापन आदि विषयों पर अनुसंधान-कार्य करने के लिए आप प्रसिद्ध हैं। अनुसंधान-कार्यों के लिए आपको सन् १९५८ में पद्मश्री के अलंकरण से अलंकृत एवं सम्मानित किया जा चुका है। २१ जुलाई, १९६६ को आपको १० हजार रुपए का डॉ. शांतिस्वरूप स्मृति पुरस्कार भी प्रदान किया गया।

डॉ. दिलबाग सिंह अठवाल

डॉ. सिंह पादप प्रजनन (प्लांट ब्रीडिंग) के क्षेत्र में विशेष कार्य के लिए प्रसिद्ध हैं। कुछ समय पूर्ण आपने बाजरे की एक ऐसी संकर किस्म विकसित की है जिससे बाजरे का उत्पादन दुगुना हो सकता है। आप भारत सरकार के खाद्य एवं कृषि मंत्रालय के सलाहकार कृषि वैज्ञानिकों में से एक हैं। २१ जुलाई सन् १९६६ को आपको १० हजार रुपए का डॉ. शांतिस्वरूप भटनागर स्मृति पुरस्कार प्रदान किया गया।

डॉ. हुसेन अली भीमजी परपिया

डॉ. हुसेन अली भीमजी परपिया आजकल मैसूर स्थित 'केंद्रीय खाद्य तकनीकी अनुसंधान संस्थान' के निदेशक हैं। वह इस समय भारत में खाद्य पदार्थों की उपलब्धि बढ़ाने, लोगों के आहार की कोटि सुधारने और खाद्यों तथा अनाज को सँभालकर रखने एवं गोदामों के दोषपूर्ण होने के कारण कीड़ों, टिड्डियों, चूहों, पक्षियों आदि से होनेवाली हानि को यथासंभव और यथाशक्ति कम करने के विविध उपायों की कार्यवाही में सक्रिय रूप से जुटे हुए हैं। 'केंद्रीय खाद्य तकनीकी संस्थान' सन् १९५० के बाद भारत के आर्थिक विकास के प्रोत्साहन हेतु विज्ञान और तकनीकी ज्ञान के प्रयोग हेतु स्थापित ३४ राष्ट्रीय अनुसंधानात्मक प्रयोगशालाओं में से एक है। यह संस्थान इस समय खाद्य-समस्या के समाधान के लिए १०० से अधिक अनुसंधान परियोजनाओं में संलग्न है।

डॉ. परपिया इस संस्थान में आने से पूर्व शैक्षिक एवं व्यावसायिक क्षेत्रों में उच्च योग्यता अर्जित कर चुके हैं। बंबई विद्यालय से सन् १९४५ में जीवाणुशास्त्र में बी. एस-सी. परीक्षा उत्तीर्ण कर आप उच्च अध्ययन हेतु अमेरिका गए थे। सन् १९४८ में आपने औरेगोन विश्वविद्यालय से एम. एस. और सन् १९५१ में पी-एच. डी. की उपाधियाँ प्राप्त कीं। आप वहाँ फैलो भी रहे।

सन् १९५२ में भारत लौटकर डॉ. परपिया ने बंबई में तीन वर्ष तक 'प्योर प्रोडक्ट्स' और 'मधु कैनिंग' फर्मों में मुख्य तकनीकी विशेषज्ञ के रूप में काम किया। सन् १९५५ से लेकर सन् १९५८ तक आप 'केंद्रीय खाद्य तकनीकी अनुसंधान संस्थान' में अनुसंधान विकास और आँकड़ों के संबंध में सहनिदेशक रहे।

सन् १९५९ से सन् १९६१ तक डॉ. परपिया नई दिल्ली में 'वैज्ञानिक एवं औद्योगिकी अनुसंधान परिषद्' में औद्योगिक संपर्क अधिकारी रहे। सन् १९६२ में आप संरक्षण एवं डिब्बाबंदी उद्योग विषयक भारतीय उत्पादकता मंडल के वैकल्पिक नेता

बनकर कुछ सप्ताहों के लिए अमेरिका गए। इस दौरे की व्यवस्था अमेरिका की 'अंतरराष्ट्रीय विकास एजेंसी' ने की थी।

डॉ. परपिया 'खाद्य कृषि संघटन', 'विश्व स्वास्थ्य संघटन' और 'अंतरराष्ट्रीय बाल सहायता कोष' की ओर से बनी 'प्रोटीन परामर्शदात्री मंडली' के सदस्य हैं। आपने पौष्टिकता, खाद्य विज्ञान और तकनीकी ज्ञान-विषयक अनेक अंतरराष्ट्रीय सम्मेलनों में भाग लिया है। आपने अनेक गवेषणात्मक निबंध भी लिखे हैं।

'केंद्रीय खाद्य तकनीकी अनुसंधान संस्थान' ने भैंस के दूध से उच्चकोटि के शिशु-आहार बनाने की एक प्रक्रिया निकाली है। संस्थान ने सस्ते और प्रोटीन-बहुल खाद्य तैयार करके बच्चों में अपोषण की रोकथाम की दृष्टि से बहुत उपयोगी कार्य किया है।

संस्थान की एक और कार्य-सिद्धि बहु-प्रयोजनीय खाद्य का निर्माण करने की है। उसने मूँगफली के आटे और भुने चने के आटे से उसे तैयार किया और उसमें विटामिन और खनिज लवण भी मिलते हैं।

इस पूरक खाद्य को प्रोटीन की कमी दूर करने के लिए भारतीय भोजन में मिलाया जा सकता है। केंद्रीय खाद्य तकनीकी संस्थान के एक कारखाने में प्रतिदिन आधा टन यह बहु-प्रयोजनीय खाद्य तैयार किया जाता है। डॉ. परपिया के कथनानुसार एक टन बहु-प्रयोजनीय खाद्य से ३६ हजार लोगों के भोजन को प्रतिदिन प्रति व्यक्ति एक औंस के हिसाब से शक्तिवर्द्धक बनाया जा सकता है।

अमिय बी. चौधरी

जन्म और शिक्षा—भारतीय विज्ञान परिषद् के सन् १९६७ के ५४वें हैदराबाद अधिवेशन के चिकित्सा विज्ञान अनुभाग के अध्यक्ष प्रो. अमिय बी. चौधरी उष्ण कटिबंधीय चिकित्सा विद्यालय (स्कूल ऑफ ट्रॉपिकल मेडिसन), कलकत्ता में कृमि-विज्ञान (हेलिमिंथोलॉजी) के प्राध्यापक और परजीवी-विज्ञान विभाग के अध्यक्ष हैं। आप उष्ण कटिबंधीय रोग कारमाइकेल चिकित्सालय (कारमाइकेल हॉस्पिटल फॉर ट्रॉपिकल डिज़ीजेज़), कलकत्ता में वरिष्ठ अतिथि-चिकित्सक भी हैं।

प्रो. चौधरी का जन्म चटगाँव (आजकल बांगला देश) में हुआ था। कलकत्ता मेडिकल कॉलेज से एम. बी., बी. एस. की उपाधि प्राप्त करने के बाद आपने कलकत्ता विश्वविद्यालय से डी. फिल्. की उपाधि प्राप्त की।

अध्यापन-क्षेत्र में—सन् १९५० में आप स्कूल ऑफ ट्रॉपिकल मेडिसन में आ गए। सन् १९५९ में आप वहाँ प्राध्यापक और विभागाध्यक्ष नियुक्त हुए।

अनुसंधान-क्षेत्र में—आप परजीवी विज्ञान के क्षेत्र में एक गण्यमान्य अनुसंधान-कर्ता हैं और आपको अपने अनुसंधान-कार्यों पर अंतरराष्ट्रीय ख्याति प्राप्त हुई है। आपके कार्यों का क्षेत्र अत्यंत विस्तृत है। एक ओर जहाँ आपने रोगियों पर अस्पताल में परीक्षण किए हैं, वहाँ दूसरी ओर आपने चिकित्सा क्षेत्र में इलेक्ट्रॉन-माइक्रोस्कोप, रेडियो आइसोटोप, इम्यूनो फ्लोरेसेंस और इम्यूनो डिफ्यूजन आदि के उपयोगों के विषय में भी महत्त्वपूर्ण खोजबीन की है। यही नहीं, आपने परजीवी रोगाणुओं के विकास को प्रभावित करनेवाले भौतिक तत्त्व, पारजैविक रोगों के प्रति निरापदता, परजीवी रोगाणुओं को नष्ट करनेवाली ओषधियों के चिकित्सालय परीक्षण आदि क्षेत्रों में महत्त्वपूर्ण अनुसंधान किए हैं।

सम्मान और पुरस्कार—आपके अनुसंधान-कार्य के महत्त्व को स्वीकार कर सन् १९५७-५८ में कारनेल विश्वविद्यालय चिकित्सा महाविद्यालय, न्यूयार्क में अनुसंधान

और अध्ययन-कार्य करने के लिए आपको रॉकफेलर फाउंडेशन फैलोशिप प्रदान की गई थी। आपने अनेक देशों के अनुसंधान और अध्यापन-केंद्रों का दौरा किया है तथा अनेक अंतरराष्ट्रीय सम्मेलनों, परिसंवादों और कांग्रेसों में भाग लिया है।

सन् १९५८ में आपको उष्ण कटिबंधीय ओषधियाँ और मलेरिया की छठी और सातवीं अंतरराष्ट्रीय कांग्रेसों में अपने अनुसंधान-लेख प्रस्तुत करने हेतु आमंत्रित किया गया था। आपने सन् १९६६ में ११वीं पैसिफिक साइंस कांग्रेस में भाग लिया था। सन् १९६१ में पारजैविक रोगों के अंतरराष्ट्रीय सम्मेलन में भारत का प्रतिनिधित्व आपने ही किया था। विश्व स्वास्थ्य संघटन द्वारा फाइलेरिया पर आयोजित अंतर्क्षेत्रीय गोष्ठी सन् १९६५ तथा बैंकाक में पारजैविक रोगों पर आयोजित द्वितीय सम्मेलन १९६६ में भी आप भारत के प्रतिनिधि थे।

डॉ. प्यारासिंह गिल

डॉ. प्यारासिंह गिल एक प्रख्यात भौतिकविद् हैं। वह भारत में कॉस्मिक किरणों के अनुसंधान में अग्रणी रहे। वह सन् १९५१ से १९६३ तक गुलमर्ग अनुसंधान वेधशाला, गुलमर्ग के निदेशक एवं सन् १९६३ से १९७१ ई. तक केंद्रीय वैज्ञानिक उपकरण संघटन, चंडीगढ़ के निदेशक रहे।

डॉ. गिल का जन्म आधुनिक संसाधनों से संपन्न एक जाट-सिख परिवार में पंजाब राज्य के होशियारपुर जिलांतर्गत चेला नामक एक छोटे-से गाँव में २८ अक्तूबर सन् १९११ को हुआ था। उनके पिता का नाम श्री बसंत सिंह और माता का नाम श्रीमती प्रताप कौर था। उनकी धर्मपत्नी का नाम श्रीमती चम्बेली है। उनके दो पुत्रियाँ हैं। उन्होंने अपनी प्रारंभिक शिक्षा अपने गाँव से तीन मील दूर कोट-फतूही की प्राथमिक शाला में प्राप्त की। कक्षा ६ से कक्षा ९ तक वह आर. डी. हाईस्कूल, नादलोन के छात्र रहे। उन्होंने मैट्रिक्यूलेशन परीक्षा खालसा हाईस्कूल, माहिलपुर से उत्तीर्ण की। अपनी युवावस्था के प्रारंभ से ही वह मुख्य रूप से अपने ज्येष्ठ भ्राता सरदार हरीसिंह 'खान्दा' की गतिविधियों के माध्यम से राष्ट्रीय आंदोलन के संपर्क में आए। बब्बर अकाली आंदोलन सन् १९२० के प्रारंभिक दिनों में दोआब में फैल चुका था। वह उन सभी बब्बर अकालियों से मिला करते थे जो प्रायः चेला आया करते थे। अकस्मात् एक दिन प्रातः एक सौ दो बब्बर अकाली संपूर्ण पंजाब में गिरफ्तार कर लिये गए जिनमें सरदार हरीसिंह 'खान्दा' भी थे। लाहौर केंद्रीय जेल में बब्बर अकालियों के मुकदमे के समय नवयुवक प्यारासिंह को मुकदमे की अदालत में बैठने की अनुमति प्रदान की जाती थी, जब कभी वह वहाँ गए। ऐसे अवसरों पर उसे उन लोगों से मिलने का अवसर प्राप्त हुआ जिनसे वह पहले नहीं मिला था। इस प्रकार बब्बर अकाली आंदोलन के वीरों ने नवयुवक प्यारासिंह के मन और मस्तिष्क पर एक अमिट प्रभाव डाला और उसने एक स्वतंत्र देश में जाकर अध्ययन करने का निश्चय किया और इस प्रकार भारतीय स्वतंत्रता

संग्राम के लिए अपने को तैयार करने का निर्णय लिया।

सन् १९२८ में हाईस्कूल परीक्षा उत्तीर्ण करने के बाद वे संयुक्त राज्य अमेरिका पहुँचने और अपना अध्ययन जारी रखने के उद्देश्य से पनामा प्रस्थान कर गए। उन दिनों पनामा अथवा संयुक्त राज्य अमेरिका के लिए वीसा प्राप्त करना सरल नहीं था। पनामा में अपने पिता के एक मित्र की सद्भावना के कारण वे वहाँ पहुँचने में सफल हुए। संयुक्त राज्य अमेरिका पहुँचने के लिए पर्याप्त धन जमा करने के लिए उन्होंने लगभग एक वर्ष तक कार्य किया, जहाँ कैलिफोर्निया विश्वविद्यालय में वर्कले में उन्हें प्रवेश मिल गया।

बाद में प्यारासिंह सन् १९२० में सेंट फ्रांसिस्को पहुँचे। देश उस समय अवमूल्यन की चपेट में था। चूँकि उन्हें कोई आर्थिक सहायता प्राप्त नहीं थी, उन्होंने साक्रामेंटो के उत्तर में लगभग ५० मील दूर एक छोटे-से कस्बे लूमिस में एक फार्म पर कार्य करने का निश्चय किया। एक सत्र तक अपने गणित को सुधारने के लिए रूजवेल्ट हाईस्कूल में उपस्थित हुए। अगस्त सन् १९३१ में वह साक्रामेंटो जूनियर कॉलेज में प्रथम वर्ष के छात्र के रूप में भरती हुए। इस कॉलेज में वह दो वर्ष तक रहे। उन्होंने भौतिकशास्त्र, रसायनशास्त्र, गणित और अन्य विषयों का अध्ययन किया। उन दिनों उस जूनियर कॉलेज में कोई शिक्षण-शुल्क नहीं देना पड़ता था, जो विश्वविद्यालय के प्रथम दो वर्षों के समकक्ष था। अपने रहन-सहन और भोजन की व्यवस्था के लिए वे कॉलेज और उसके आस-पास इधर-उधर के काम किया करते थे। कॉलेज में अपने अच्छे कार्य के आधार पर उन्होंने लॉस ऐंजिल्स में दक्षिण कैलिफोर्निया विश्वविद्यालय में निःशुल्क शिक्षण छात्रवृत्ति प्राप्त की। साक्रामेंटो जूनियर कॉलेज में अपने अंतिम वर्ष में डॉ. गिल स्वर्गीय डॉ. सैयद हुसैन से मिले, जो उस कॉलेज में एक भाषण देने के लिए आए थे। कैलिफोर्निया में डॉ. सैयद हुसैन का भारतीय लोग बड़ा सम्मान करते थे। प्रथम भेंट के समय ही डॉ. सैयद हुसैन इस नवयुवक भारतीय छात्र में गहरी रुचि लेने लगे। उस समय से लेकर फरवरी सन् १९४९ में अपनी मृत्युपर्यंत स्वर्गीय डॉ. सैयद हुसैन डॉ. गिल और उनके कार्य के संपर्क मैं लगातार बने रहे।

जून सन् १९३३ में डॉ. गिल लॉस ऐंजिल्स पहुँचे और किसी आर्थिक सहायता के बिना विश्वविद्यालय में अध्ययन करने लगे। वे अपने विश्वविद्यालीय जीवन-भर अपने ढंग से कार्य करते रहे। उनकी रुचि गणित और भौतिकशास्त्र में थी, किंतु उन्होंने वास्तव में सन् १९३५ में भौतिकशास्त्र में विशेष योग्यता सहित स्नातक परीक्षा उत्तीर्ण की। उन्हें पुनः उच्च अध्ययनार्थ छात्रवृत्ति प्रदान की गई और उन्होंने सन् १९३६ में भौतिकशास्त्र में अधिस्नातक उपाधि प्राप्त की। दक्षिण कैलिफोर्निया विश्वविद्यालय में प्यारासिंह के अध्ययनकाल में ही स्वर्गीय डॉ. सैयद हुसैन उसी विश्वविद्यालय में इतिहास विषय के प्रोफेसर बनकर आए।

एम. एस-सी. के उपरांत यद्यपि गिल को कैलिफोर्निया विश्वविद्यालय, लॉस

ऐंजिल्स ने किरण विज्ञान (Spectrocopy) में कार्य करने के लिए फैलोशिप का प्रस्ताव रखा। उन्होंने सबसे अधिक प्रख्यात विश्वविद्यालय में भौतिकशास्त्र में प्रवेश लेने का निश्चय किया तथा नोबल पुरस्कार प्राप्त स्वर्गीय प्रोफेसर आर्थर एच. कॉम्पटन के अधीन अक्तूबर सन् १९३६ में शिकागो विश्वविद्यालय में प्रवेश प्राप्त कर लिया। इसलिए, सन् १९३६ से मार्च १९४० तक, जब गिल को पी-एच. डी. की उपाधि प्रदान की गई, वे शिकागो में अंतरराष्ट्रीय भवन (International House) में रहते थे जहाँ उन्हें अपने ठहराव काल में निःशुल्क कक्ष छात्रवृत्ति प्रदान की गई थी। एक अन्य छात्रवृत्ति प्रोफेसर कॉम्पटन की सद्भावना के कारण जनरल इलेक्ट्रिक कंपनी द्वारा प्रदान की गई थी। शिकागो में इस अवधि में कॉस्मिक किरणों के क्षेत्र में सभी सर्वोच्च वैज्ञानिक प्रो. कॉम्पटन की प्रयोगशाला को देखने किसी न किसी समय आए। गिल विश्व में सभी कॉस्मिक किरण कार्यकर्ताओं से मिले और अपने से वरिष्ठों और कनिष्ठों के साथ सहयोग किया। सन् १९३८ में शिकागो विश्वविद्यालय में कॉस्मिक किरणों पर आयोजित प्रथम अंतरराष्ट्रीय परिसंवाद सम्मेलन में उन्होंने भाग लिया। स्वर्गीय प्रोफेसर मार्केल स्कीन (Marcel Schein) के साथ-साथ कॉस्मिक किरणों की सामयिक विभिन्नता (Time Variations of Cosmic Rays) तथा कॉस्मिक किरणों का परिमाप विभाजन (Size Distribution of Cosmic Rays) पर उनके अध्ययन ने समस्त विश्व में उन्हें मान्यता प्रदान कराई। उनके कार्य ने वृत्त और मेसन्स (The Mesons) के विनिश्चय का मार्ग प्रदर्शित किया। इस प्रकार डॉ. गिल ने कॉस्मिक किरणों पर विशेषज्ञता (Specialization) प्राप्त की।

जिस समय गिल ने अपनी डॉक्टरेट की उपाधि प्राप्त की थी, प्रो. कॉम्पटन शिकागो विश्वविद्यालय में धातु शोधन संबंधी प्रयोगशालाओं के गठन का प्रारंभ कर रहे थे जहाँ प्रतिक्रिया की प्रथम शृंखला का प्रदर्शन प्रो. फेरमी (Fermi) ने सन् १९४२ में किया था। प्रो. कॉम्पटन ने अपने नवयुवक विद्यार्थी को युद्धकाल में वहीं ठहरने अथवा भारत जाने और शिकागो विश्वविद्यालय में भ्रमणशील अनुसंधान फैलो के रूप में कॉस्मिक किरणों का अपना अध्ययन जारी रखने की इच्छा का प्रस्ताव रखा। अमेरिका में बहुत शानदार अवसरों के होते हुए भी अपने देश-प्रेम और स्वदेश-सेवा की भावना के कारण गिल ने भारत लौटने का निश्चय किया। अपने प्रयोगों को जारी रखने के लिए उन्होंने फोरमैन क्रिश्चियन कॉलेज, लाहौर में एक छोटी प्रयोगशाला स्थापित की। वह वहाँ भौतिकशास्त्र में व्याख्याता नियुक्त हुए। उन्हें युद्ध-प्रयासों में कार्य करने के लिए भी प्रस्ताव प्राप्त हुआ, किंतु उन्होंने उस समय व्याख्याता के बहुत अल्प वेतन पर लाहौर में अपना अध्ययन जारी रखने का निश्चय किया। अध्ययन, जिसे वह कर रहे थे, कठिन और समय-व्ययकारी इस कारण था कि सुविधाएँ तथा उसके यंत्रों के लिए यौगिक प्राप्त करना कठिन था। उन्होंने सफलतापूर्वक इन अध्ययनों को जारी रखा जिनको विश्व के प्रमुख विद्वानों ने मान्यता प्रदान की।

जिस दिन वे भारत में आए थे, उसी दिन से वह महान् भारतीय राष्ट्रीय नेताओं विशेषतया पं. जवाहरलाल नेहरू, जिन्हें वे सबसे अधिक सम्मान देते थे, के संपर्क में आए। लाहौर में पं. नेहरू के साथ पहली भेंट से लेकर दोनों में निरंतर पत्र-व्यवहार होता रहा। पं. नेहरू ने गिल को विज्ञान में अपना कार्य जारी रखने का परामर्श दिया और वही देश की सहायता करने का सबसे अच्छा तरीका है। हिरोशिमा पर एटम बमपात के पश्चात् पं. नेहरू लाहौर गए थे जहाँ उन्होंने एफ. जी. कॉलेज में गिल की प्रयोगशाला का निरीक्षण किया था। उसी दिन शाम को दीवान चमनलाल द्वारा दिए गए भोज में दोनों के बीच स्पष्ट और लंबी बातचीत हुई। गिल ने पं. नेहरू को आश्वस्त किया कि सोवियत संघ में इंजीनियरिंग के विकास और वैज्ञानिक ज्ञान की सहायता से वे ३-४ वर्षों के भीतर एटम बम का निर्माण कर सकेंगे।

डॉ. गिल ने चम्बेली हुकमसिंह के साथ १७ फरवरी सन् १९४२ को शादी की, जिसने कैम्ब्रिज विश्वविद्यालय, इंग्लैंड में शिक्षण का प्रशिक्षण प्राप्त किया था। उनके दो पुत्रियाँ निशथा और सुरिशथा हैं।

सन् १९४५ में डॉ. गिल ने लाहौल घाटी में बड़ा-लचा दर्रे की यात्रा पर एक दल का नेतृत्व किया, जहाँ उन्होंने तटस्थ किरणों द्वारा मेसन्स के उत्पादन का अध्ययन किया था। इन अध्ययनों का अनुगमन अधिक ऊँचाइयों तक शाही नभ-सेना द्वारा लाहौर में उसकी सेवा में सौंपे गए एक हवाई जहाज के द्वारा किया गया था। यह हवाई जहाज स्वर्गीय प्रोफेसर मेघनाद साहा की सिफारिश पर प्रदान किया गया था जिन्होंने उनके कार्य में बड़ी रुचि दिखलाई थी। तीन माह तक मोस्क्यूटो हवाई जहाज में लाहौर और अमृतसर के ऊपर तीस हजार फीट की ऊँचाई तक उड़ानें भरी गईं। सन् १९४६ में गिल उन छः प्रमुख वैज्ञानिकों में से एक थे जिन्हें भारत सरकार ने ६ मास तक यूरोप और अमेरिका में जाकर विभिन्न वैज्ञानिक प्रयोगशालाओं के अध्ययनार्थ चुना था। गिल ने पहले संयुक्त राज्य अमेरिका जाने का निश्चय किया और वहाँ शिकागो विश्वविद्यालय में अपने मित्र और सहकर्मी स्वर्गीय प्रोफेसर मार्केल स्कीन की प्रयोगशाला में पुनः कुछ वास्तविक वैज्ञानिक कार्य करने में जुट गए। संयुक्त राज्य जलसेना ने एक सुपर फोर्ट्रेस बी-२९ जहाज उनकी सेवा के लिए तैनात कर दिया था जिसमें वे अपना सामान ४२ हजार फीट की ऊँचाई तक ले गए, जहाँ तक उस समय एक जहाज अधिक-से-अधिक जा सकता था। ये उड़ानें इन्नयोकर्न, कैलिफोर्निया और मध्य तथा दक्षिण अमेरिका पर की गई थीं। अपना कार्य समाप्त करने पर वे ग्रेट ब्रिटेन और फ्रांस में विभिन्न प्रयोगशालाएँ देखने गए और मार्च सन् १९४७ में लाहौर लौट आए। भारत-विभाजन होनेवाला था और स्वर्गीय डॉ. सैयद हुसैन तथा प्रधानमंत्री पं. नेहरू के परामर्श पर डॉ. गिल विभाजन के भयंकर वज्रपात से पूर्व २३ जुलाई, १९४७ को लाहौर छोड़कर बंबई आ गए।

डॉ. गिल ने प्रयोगात्मक भौतिकी के प्रोफेसर पद पर टाटा इंस्टीट्यूट ऑफ फंडामेंटल रिसर्च, बंबई में कार्यभार ग्रहण किया। उनके और स्वर्गीय डॉ. होमी जहाँगीर

भाभा के मध्य निकट संपर्क आरंभ हुआ। दोनों ही अपने विभिन्न अध्ययन-क्षेत्रों में प्रख्यात थे—एक प्रयोगात्मक भौतिकी में और दूसरा सैद्धांतिक भौतिकी में।

अप्रैल १९४८ में डॉ. गिल को प्रो. एम. एस. वलर्टा और डॉ. एस. ई. फोरबुश के साथ-साथ कॉस्मिक किरणों के सौर तापीय प्रभावों पर एक विशेष समस्या का अध्ययन करने के लिए वाशिंगटन के कार्नेगी इंस्टीट्यूट द्वारा आमंत्रित किया गया था। जून १९४८ ई. में उन्होंने कैलिफोर्निया इंस्टीट्यूट ऑफ टैक्नोलॉजी में स्वर्गीय प्रोफेसर आर. ए. मिलिकान के ८०वें जन्मदिवस समारोह के अवसर पर आयोजित एक परिसंवाद में भाग लिया था।

भारत लौटने पर उन्होंने उत्तर में आने का निश्चय किया। प्रधानमंत्री ने उन्हें पुनः अणुशक्ति आयोग, दिल्ली में विशेषाधिकारी नियुक्त किया। चूँकि वहाँ कोई प्रयोगशाला नहीं थी, डॉ. गिल ने प्रयोगवादी भौतिकविद् होने के कारण किसी विश्वविद्यालय में जाने का निश्चय किया। अलीगढ़ विश्वविद्यालय के तत्कालीन कुलपति डॉ. जाकिर हुसैन के प्रस्ताव ने उन्हें एक महान् शिक्षाविद् के निकट संपर्क में कार्य करने का अवसर प्रदान किया। अलीगढ़ मुसलिम विश्वविद्यालय में कार्यभार ग्रहण से पूर्व प्रोफेसर गिल बीज संबंधी भौतिकी (Nuclear Physics) में परामर्शदाता के रूप में राष्ट्रीय मानक ब्यूरो (National Bureau of Standards) में कार्यभार ग्रहण करने के लिए वाशिंगटन गए जहाँ उन्हें नागरिक प्रशासनिक सेवा में नियुक्ति दी गई थी। ब्यूरो में ६ माह तक कार्य करने के उपरांत उन्होंने भारत लौटने और अलीगढ़ विश्वविद्यालय में पदभार ग्रहण करने का निश्चय किया।

१ सितंबर, १९४९ ई. को डॉ. गिल ने भौतिकी विभाग के प्रोफेसर और अध्यक्ष के रूप में अलीगढ़ मुसलिम विश्वविद्यालय में पदभार ग्रहण कर लिया। इस पद पर वह सन् १९६३ ई. तक कार्यरत रहे। उन्होंने तत्काल विभाग को आधुनिक स्वरूप प्रदान करना शुरू किया। उन्होंने सर्वोत्तम छात्रों को ढूँढ़कर जमा किया और सर्वोत्तम विद्यार्थियों को पाने की चेष्टा की। सन् १९५० में गिल को अमेरिकन फिलॉसॉफिकल सोसाइटी ने बार्टोल रिसर्च फाउंडेशन के निदेशक स्वर्गीय डॉ. एफ. डब्ल्यू. जी. स्वान के सहयोग में कार्य करने के लिए आमंत्रित किया। उन्होंने क्रमशः स्वार्थमोर, पेनिसल्वेनिया और अलीगढ़ तथा बाद में गुलमर्ग में संचालित करने के लिए एक प्रयोग की योजना बनाई। सन् १९५१ में डॉ. गिल ने विश्व के इस भाग में गुलमर्ग में कॉस्मिक किरणों में प्रथम उच्च लंबत्व प्रयोगशाला (High Altitude Laboratory) स्थापित की। वे जम्मू एवं कश्मीर विश्वविद्यालय के अवैतनिक प्रोफेसर भी नियुक्त किए गए। अपने अलीगढ़ कार्यकाल में डॉ. गिल सन् १९५० से १९५३ ई. तथा १९५६ से १९५८ तक ६ वर्ष तक विज्ञान संकाय के अधिष्ठाता (डीन) भी रहे। वे उत्तर प्रदेश विश्वविद्यालय अनुदान समिति के भी सदस्य रहे। वे लखनऊ, बनारस और इलाहाबाद विश्वविद्यालयों में पाठ्यक्रम मंडलों और संकायों के भी सदस्य रहे। सन् १९५७-५८ तक अलीगढ़

विश्वविद्यालय का भौतिकी विभाग देश में प्रायोगिक भौतिकी के कुछ सर्वोत्तम विभागों में से एक के रूप में विख्यात हो गया। गुलमर्ग अनुसंधान वेधशाला और अलीगढ़ मुसलिम विश्वविद्यालय दोनों में प्रोफेसर गिल के मार्गदर्शन में एक दर्जन से अधिक छात्रों ने पी-एच. डी. की उपाधि प्राप्त की।

सन् १९६१ में प्रोफेसर गिल को वाशिंगटन स्टेट यूनिवर्सिटी ने विजिटिंग प्रोफेसर भौतिकी के रूप में आमंत्रित किया था। उन्होंने शैक्षिक वर्ष १९६१-६२ वाशिंगटन में व्यतीत किया। वाशिंगटन स्टेट यूनिवर्सिटी में संकाय के साथ संपर्क के कारण उन्हें विश्वविद्यालय द्वारा स्थायी रूप से भौतिकी के प्रोफेसर पद का सम्मान प्राप्त हुआ। डॉ. गिल ने भारत लौटने का निश्चय किया था। किंतु ठीक जब वे लौटनेवाले थे, उन्हें अमेरिका में १८ विश्वविद्यालयों द्वारा संचालित राष्ट्रीय पर्यावरणीय अनुसंधान केंद्र, बाउल्डर (Boulder), कॉलोराडो का तार द्वारा आमंत्रण प्रतिवर्ष तीन माह वहाँ व्यतीत करने हेतु प्राप्त हुआ। वे सन् १९६३ और १९६४ में वहाँ गए। पाकिस्तान के साथ झंझट के कारण वह सन् १९६५ में अपने वचन का पालन नहीं कर सके। सन् १९६१ में जर्मन जनवादी गणतंत्र की विज्ञान अकादमी बर्लिन ने उन्हें १ से ३ माह तक जर्मनी आकर अकादमी के विभिन्न संस्थानों और विश्वविद्यालयों को देखने के लिए आमंत्रित किया। डॉ. गिल ने वहाँ एक माह व्यतीत किया और लौटते समय विज्ञान अकादमी, सोवियत रूस के आमंत्रण पर कुछ दिन तक सोवियत संघ का दौरा किया।

सन् १९६२ में चीनी आक्रमण के समय डॉ. गिल को केंद्रीय वैज्ञानिक यांत्रिक संगठन के निदेशक का पद प्रदान किया गया, क्योंकि वैज्ञानिक और औद्योगिक अनुसंधान परिषद् का अध्यक्ष अर्थात् प्रधानमंत्री किसी भी प्रख्यात वैज्ञानिक को एक राष्ट्रीय प्रयोगशाला का निदेशक बनने के लिए आमंत्रित कर सकता है। यद्यपि प्रो. गिल एक विश्वविद्यालयीय व्यक्ति थे, उन्होंने अपने पद के रूप में देश-सेवा के लिए राष्ट्रीय पुकार को स्वीकार कर लिया था। उन्होंने २ सितंबर, १९६३ को केंद्रीय वैज्ञानिक यांत्रिक संगठन में अपना कार्यभार ग्रहण कर लिया और अपने स्वाभाविक उत्साह और जोश के साथ उसकी स्थायी कार्यशालाएँ और प्रयोगशालाएँ चंडीगढ़ में स्थापित करना शुरू किया। केंद्रीय वैज्ञानिक यांत्रिक संगठन भारत में यांत्रिक उद्योगों के विकास में सहायता के लिए है। यह एक भयंकर कार्य है किंतु संगठन यंत्रों के विकास, मरम्मत और देखभाल केंद्रों की स्थापना और यांत्रिक तकनीशियनों के प्रशिक्षण में बहुत अच्छी प्रगति करता रहा है। डॉ. गिल इंस्टुमेंटेशन लिमिटेड, कोटा के प्रशासन मंडल के सदस्य हैं। वे इंडियन इंस्टीट्यूट ऑफ टैक्नोलॉजी, कानपुर के प्रशासन मंडल के भी सदस्य हैं। डॉ. गिल उद्योग मंत्रालय द्वारा स्थापित वैज्ञानिक यंत्रों के लिए पैनल के अध्यक्ष हैं।

डॉ. गिल भारतीय राष्ट्रीय संस्थान के सन् १९४५ से फैली हैं। वह परिषद् के अनेक वर्षों से सदस्य रहे हैं और भारतीय राष्ट्रीय विज्ञान संस्थान के ४ वर्ष तक विदेश सचिव रहे हैं। डॉ. गिल ने सन् १९५४ में भारतीय विज्ञान कांग्रेस के भौतिक विज्ञान

विभाग की अध्यक्षता की। वे दो वर्ष तक भारतीय राष्ट्रीय विज्ञान अकादमी के अध्यक्ष रहे हैं तथा दो वर्ष तक भारतीय भौतिकी सोसाइटी के अध्यक्ष रहे हैं। वे अंतः-विश्वविद्यालय बोर्ड की ओर से साहा इंस्टीट्यूट ऑफ न्यूक्लीयर फिजिक्स के प्रशासन मंडल के सदस्य तथा राष्ट्रीय विज्ञान संस्थान के प्रतिनिधि के रूप में भारतीय विज्ञान विकास परिषद् की कार्यकारिणी के सदस्य रहे हैं। कुछ समय पूर्व पंजाब विश्वविद्यालय ने उन्हें भौतिकी का अवैतनिक प्रोफेसर नियुक्त कर उन्हें सम्मानित किया। वह पंजाब कृषि विश्वविद्यालय में सन् १९७२ से १९८२ ई. तक इमेरिटस प्रोफेसर रहे। वह राष्ट्रीय विज्ञान अकादमी, भारतीय राष्ट्रीय विज्ञान अकादमी, पंजाब विश्वविद्यालय, अमेरिकन भौतिकी सोसाइटी और भारतीय भौतिकी सोसाइटी के फैलो हैं।

प्रोफेसर गिल देश में कॉस्मिक किरण अनुसंधान और वैज्ञानिक संस्थानों के निर्माण में अग्रणी हैं। असंख्य विद्यार्थियों के द्वारा, जिनको उन्होंने प्रशिक्षित किया है, भारतीय विज्ञान पर उनका प्रभाव देश को सर्वविदित है। उनकी पृष्ठभूमि और अनुभव से संपन्न व्यक्ति को पुनः राज्य में प्राप्त करना पंजाब के लिए एक सांकेतिक सम्मान है। वर्तमान में वह चंडीगढ़ में निवास करते हैं। उनका पता है—१७३, सैक्टर १९, चंडीगढ़।

डॉ. एन. के. पन्निकर

डॉ. एन. केशव पन्निकर का जन्म १७ मई सन् १९१३ को हुआ। उनके पिता का नाम सन्कुनी मेनन और उनकी माता का नाम जानकी था। उन्होंने कोट्टयम और मद्रास क्रिश्चियन कॉलेज, मद्रास; लंदन और कैम्ब्रिज विश्वविद्यालयों में शिक्षा ग्रहण की तथा एम. ए., एम. एस-सी., डी. एस-सी., एफ. ए. एस-सी., एफ. एन. ए. एस-सी., एफ. एन. आई., एफ. आर. एस. ए., एफ. जैड., एस. आई. की उपाधियाँ प्राप्त कीं। संपूर्ण शिक्षा में वे प्रथम श्रेणी में उच्च स्थान प्राप्त करते रहे। उनके अध्यापक उनकी प्रतिभा और अध्यवसाय से बड़े प्रभावित थे।

डॉ. पन्निकर का विवाह श्रीमती पारुकुट्टी अम्मा के साथ अक्टूबर १९४५ में हुआ। उनके दो बच्चे हैं, जिनके नाम है—मोहन और रंजिनी।

डॉ. पन्निकर ने अपना व्यावसायिक जीवन अध्यापक के रूप में प्रारंभ किया था। सन् १९३६ से १९४४ तक वे कई विश्वविद्यालयों में व्याख्याता रहे। सन् १९३८ से १९४३ तक वह लंन और कैम्ब्रिज विश्वविद्यालयों तथा सामुद्रिक प्रयोगशाला, प्लाइमाउथ में सन् १९५१ की प्रदर्शनी के लिए रॉयल कमांडर, समुद्रपारीय छात्र रहे। सन् १९४४ से १९४६ तक वे विश्वविद्यालय जंतु विज्ञान प्रयोगशाला के निदेशक तथा सन् १९४६ से १९५० तक मत्स्य विभाग में विभिन्न पदों पर रहे। सन् १९५० से १९५७ तक उन्होंने केंद्रीय सामुद्रिक मत्स्य अनुसंधान संस्थान, मंडपम के निदेशक पद पर कार्य किया। सन् १९५७ से १९६२ तक वे केंद्रीय सरकार के मत्स्य विभाग में परामर्शदाता रहे। सन् १९६२ से १९६५ तक वे भारतीय सामुद्रिक अभियान दल, वैज्ञानिक एवं औद्योगिक अनुसंधान परिषद् के निदेशक रहे। जनवरी १९६६ से १९७१ तक वे राष्ट्रीय सामुद्रिकशास्त्र संस्थान, वैज्ञानिक और औद्योगिक अनुसंधान परिषद् के निदेशक रहे।

डॉ. पन्निकर का संबंध कई राष्ट्रीय संस्थाओं और संगठनों से रहा है। वे भारतीय

कृषि अनुसंधान परिषद् की प्रशासनिक समिति के सदस्य, विभिन्न भारतीय विश्वविद्यालयों के विज्ञान संकायों के सदस्य, सन् १९५४ से १९५७ तक भारतीय प्रशांत महासागर मत्स्य परिषद् के अध्यक्ष; सन् १९५२ में भारतीय विज्ञान कांग्रेस के जंतु प्रभाग के अध्यक्ष, सन् १९६३ से १९६५ तक अंतर्राज्यीय सामुद्रिकशास्त्र आयोग के अध्यक्ष, सन् १९५८ से १९६० तक केंद्रीय मत्स्य समिति के अध्यक्ष रहे। वे सन् १९४३ से भारतीय विज्ञान अकादमी के सदस्य रहे और सन् १९४७ से जूलोजिकल सोसाइटी ऑफ इंडिया के सदस्य; सन् १९५० से रॉयल सोसाइटी ऑफ आर्ट्स के सदस्य; सन् १९५१ से नेशनल एकेडेमी ऑफ साइंस के सदस्य; सन् १९५३ से राष्ट्रीय विज्ञान संस्थान के सदस्य; सन् १९६४ से भारतीय ज्याभौतिकी संघ के सदस्य; सन् १९६८ में भारतीय विज्ञान अकादमी और भारतीय ज्याभौतिकी संघ के उपाध्यक्ष; सन् १९६४ से राष्ट्रीय भारतीय विज्ञान संस्थान के सचिव; सन् १९४९ से मत्स्य और सामुद्रिकशास्त्र पर कई अंतरराष्ट्रीय सम्मेलनों में भारतीय प्रतिनिधि रहे।

डॉ. पन्निकर की अनुसंधान-कार्य में भी गहरी अभिरुचि रही। जंतुविज्ञान, तुलनात्मक शरीर विज्ञान, मत्स्य और सामुद्रिकशास्त्र विषयों में उनके अनेक शोध-पत्र प्रकाशित हो चुके हैं।

श्यामाप्रसाद रे चौधरी

जन्म और शिक्षा—डॉ. श्यामाप्रसाद रे चौधरी भारतीय कृषि अनुसंधान संस्थान, नई दिल्ली के कवक विज्ञान (माइकोलॉजी) और पादप रोग विज्ञान विभाग के अध्यक्ष हैं। आपका जन्म ३१ दिसंबर, १९१५ को कलकत्ता में हुआ। आपने कलकत्ता विश्वविद्यालय से वनस्पतिशास्त्र में एम. एस-सी. और डी. फिल्. की उपाधियाँ प्राप्त कीं।

अनुसंधान-कार्य—भारतीय कृषि अनुसंधान संस्थान, नई दिल्ली से एसोसिएटशिप नामक छात्रवृत्ति पाकर आपने अनेक ख्याति-प्राप्त वनस्पतिशास्त्रियों और पादप वैज्ञानिकों के साथ कार्य किया। आप डॉ. जी. वाट्स पैडविक के विद्यार्थी और प्रो. पंचानन महेश्वरी, डॉ. बी. एन. उप्पल और प्रो. जे. एफ. दस्तूर के सहयोगी रहे हैं। आपके अनुसंधान-कार्य को मान्यता प्रदान करने के लिए रॉकफैलर संस्थान ने सन् १९५० में आपको अमेरिका आमंत्रित किया। वहाँ आपने प्रसिद्ध वायरस वैज्ञानिक स्वर्गीय डॉ. एल. ओ. कुनकेल, डॉ. एफ. ओ. होम्स और डॉ. मारमोरश के साथ कार्य किया।

व्यावसायिक जीवन—अमेरिका से भारत लौटने पर सन् १९५६ में आप पूर्वी पौधा वायरस अनुसंधान उपकेंद्र (ईस्टर्न प्लांट वायरस सब-स्टेशन) के अध्यक्ष (इंचार्ज) तथा सन् १९६१ में आप पादप रोग विज्ञान के प्राध्यापक नियुक्त हुए तथा सन् १९६५ में कवक विज्ञान और पादप रोग विज्ञान विभाग के अध्यक्ष नियुक्त किए गए।

सम्मान—डॉ. रे चौधरी को सन् १९६४ में रॉकफैलर संस्थान की ओर से अमेरिका, ब्रिटेन, यूरोप और पूर्वी देशों के अनेक विश्वविद्यालयों तथा कृषि संस्थानों का भ्रमण और निरीक्षण करने के लिए आमंत्रित किया गया। डॉ. रे चौधरी राष्ट्रीय भारतीय विज्ञान संस्थान, लिनियन सोसाइटी ऑफ लंदन तथा इंडियन फाइटोपैथोलॉजिकल सोसाइटी के सदस्य हैं। अनेक भारतीय तथा विदेशी पत्रिकाओं में आपके ८० से भी अधिक वैज्ञानिक लेख प्रकाशित हो चुके हैं। जनवरी १९६६ में आप भारतीय विज्ञान कांग्रेस के कृषि विज्ञान अनुभाग के अध्यक्ष निर्वाचित किए गए थे।

डॉ. ए. लाहिड़ी

डॉ. ए. लाहिड़ी का जन्म २४ अगस्त सन् १९१६ को बिहार राज्य के हजारीबाग जिले में बालका नामक स्थान पर हुआ था। उन्होंने कलकत्ता विश्वविद्यालय से बी. एस-सी. ऑनर्स परीक्षा प्रथम श्रेणी प्रथम स्थान में की तथा एम. एस-सी. परीक्षा १९३८ में कलकत्ता विश्वविद्यालय से प्रथम श्रेणी प्रथम स्थान में उत्तीर्ण की। उन्हें सन् १९३९ से १९४१ तक इंग्लैंड में उच्च अध्ययनार्थ सर टी. एन. पालित विदेश छात्रवृत्ति प्रदान की गई तथा उन्होंने डॉक्टरेट की उपाधि हेतु ज्या-रसायन में प्रो. एच. एच. रीड, एफ. आर. एस. के मार्गदर्शन में रॉयल कॉलेज ऑफ साइंस में प्रवेश प्राप्त कर अनुसंधान किया। सन् १९४१ में लंदन विश्वविद्यालय ने उन्हें पी-एच. डी. और डी. आई. सी. की उपाधियाँ प्रदान कीं। ज्योलॉजी एवं ज्या-रसायन विषयों में उस वर्ष के सर्वश्रेष्ठ शोध-प्रबंध के लिए उन्हें जूडो स्मृति पुरस्कार प्रदान किया गया। १९४२ में उन्होंने इंपीरियल कॉलेज ऑफ साइंस एंड टैक्नोलॉजी से तेल पाषाणों (Oil Shales) के उपयोग पर अपना मौलिक अनुसंधान किया। उन्होंने सर एल्फ्रेड इजर्टन (Sir Alfred Egerton) के मार्गदर्शन में उच्च राख-कार्बनिक पदार्थों के राखविहीनीकरण पर अनुसंधान किया तथा कैनेडियन तेल पाषाणों के उपयोग और राखविहीनीकरण पर कार्य किया।

डॉ. लाहिड़ी का विवाह श्रीमती कोहिनूर देवी के साथ हुआ था। उनके दो पुत्र हैं। डॉ. लाहिड़ी को गुलाब के उद्यान लगाने, फोटोग्राफी, प्राकृतिक दृश्यों की चित्रकारी और शास्त्रीय संगीत से प्रेम था।

डॉ. लाहिड़ी कई राष्ट्रीय और अंतरराष्ट्रीय विद्वद् संस्थानों के सदस्य थे। वह ईंधन संस्थान (Institute of Fuel), इंग्लैंड के फैलो, पैट्रोलियम संस्थान (Institute of Petroleum), इंग्लैंड के फैलो, रॉयल रसायन संस्थान (Royal Institute of Chemistry), इंग्लैंड के फैलो, इंस्टीट्यूशन ऑफ इंजीनियर्स (भारत) के सदस्य,

भारतीय राष्ट्रीय विज्ञान संस्थान के फैलो, भारतीय खान, भूगर्भीय और धातु शोधन संस्थान के सदस्य, और इंस्टीट्यूशन ऑफ कैमिस्ट्स के फैलो थे।

डॉ. लाहिड़ी सन् १९४२ से १९४५ तक रॉयल एयरक्राफ्ट ऐस्टेबलिशमेंट, अर्नबरो, इंग्लैंड के वैज्ञानिक अधिकारी रहे तथा उन्होंने तरल ईंधन की विषम समस्याओं, उच्च चुंगी कर वाले हवाई इंजन के ईंधन की चिकनाहट, जेट-प्रेरित हवाई जहाज में ज्वलन आदि पर प्रोफेसर (अब लार्ड) डब्ल्यू. एफ. के. वियनेलोन्स, एफ. आर. एस. के मार्गदर्शन में अनुसंधान किया। सन् १९४५ से १९५३ तक वे भारतीय वैज्ञानिक एवं औद्योगिक अनुसंधान परिषद् के अधीन केंद्रीय ईंधन अनुसंधान संस्थान के सहायक निदेशक (आयोजना) रहे। सन् १९५३-५४ में वे केंद्रीय ईंधन अनुसंधान संस्थान के उपनिदेशक रहे। अप्रैल सन् १९५४ से १९७४ तक वे केंद्रीय ईंधन अनुसंधान संस्थान और कोयला सर्वेक्षण कार्यक्रमों के निदेशक रहे। उन्होंने डॉ. आत्माराम की अनुपस्थिति में कुछ समय तक वैज्ञानिक एवं औद्योगिक अनुसंधान परिषद् के महानिदेशक का कार्य भी किया था।

भारत में वैज्ञानिक अनुसंधान तथा दुर्गापुर औद्योगिक परियोजना के आयोजन के क्षेत्र में योगदान के उपलक्ष्य में भारत सरकार ने उन्हें पद्मश्री की उपाधि से सम्मानित किया।

डॉ. लाहिड़ी अनेक बार अध्ययन एवं निरीक्षण के उद्देश्य से विदेश यात्रा कर चुके थे। उन्होंने सन् १९५० में संयुक्त राज्य अमेरिका में विदेशी छात्र ग्रीष्मकालीन प्रायोजना के अंतर्गत मैसाचूसेट्स इंस्टीट्यूट ऑफ टैक्नोलॉजी में भाग लिया; 'डिफरेंसियल थर्मल ऐनलिसिस एंड पायरोलिसिस ऑफ इंडियन कोल्स' विषय पर अनुसंधान किया; कोलॉइट कैमिस्ट्री एंड स्पेक्ट्रास्कोपी पर विशेष पाठ्यक्रम में भाग लिया; नोवा स्कॉशिया, कनाडा में कोयले की उत्पत्ति और विधान पर एक सम्मेलन में भाग लिया; संयुक्त राज्य अमेरिका और कनाडा में कई प्रयोगशालाओं और अनुसंधान संस्थानों का भी निरीक्षण किया। उन्होंने सन् १९५३ में टोकियो, जापान में खनिज संसाधनों के विकास पर क्षेत्रीय सम्मेलन में भाग लिया तथा जापान में भारतीय कोयले की धुलाई का अध्ययन किया। उन्होंने सन् १९५५ में कोयला तकनीक के अध्ययन हेतु पश्चिमी जर्मन सरकार के आमंत्रण पर पश्चिमी जर्मनी का दौरा किया; पश्चिमी बंगाल की ओर से दुर्गापुर में कोयला धवन प्लांट की स्थापना पर तकनीकी वार्तालाप किया तथा केंद्रीय ईंधन अनुसंधान संस्थान के लिए एक पाइलट प्लांट के लिए संयुक्त राज्य तकनीकी सहायता योजना के संबंध में बातचीत के लिए स्टॉकहोम में अंतरराष्ट्रीय मानक ईंधन विभाग की बैठक में भाग लिया। वे सन् १९५६ में पश्चिम जर्मनी में पाइलट प्लांट विकास के अध्ययनार्थ तथा प्रतिनियुक्ति पर ईंधनों पर कामनवैल्थ विशेषज्ञों के सम्मेलन में भाग लेने के लिए पश्चिमी जर्मनी और इंग्लैंड गए। वे सन् १९५८ में भारतीय वैज्ञानिकों के प्रतिनिधिमंडल के सदस्य के रूप में सोवियत रूस

गए। सन् १९५९ में वे भारत-फ्रांस आर्थिक और तकनीकी अनुबंध के अंतर्गत फ्रांस गए; गेलीन (हॉलैंड) में अंतरराष्ट्रीय कोयला विज्ञान सम्मेलन में भाग लिया तथा तकनीकी वार्तालाप के लिए पश्चिमी जर्मनी गए। सन् १९६२ में वे आस्ट्रेलिया में विश्व ऊर्जा सम्मेलन और कॉमनवैल्थ ईंधन सम्मेलन में आमंत्रित किए गए तथा एक सत्र के अध्यक्ष निर्वाचित किए गए। वे कोयले में औद्योगिक और तकनीकी विकास तथा तेल अनुसंधान और उद्योगों के अध्ययनार्थ कई अन्य यूरोपीय देशों को भी गए। सन् १९६६ में उन्होंने एशिया और सुदूर पूर्व में समन्वित औद्योगिक अनुसंधान की प्रगति के लिए बैंकाक में इकाफे परामर्शदाता दल की बैठक में भारतीय प्रतिनिधि के रूप में भाग लिया। सन् १९६७ में उन्होंने ओटावा में कोयले का विज्ञान और तकनीक पर परिसंवाद में आमंत्रण पर भाग लिया तथा भाषण कार्यक्रम के अंतर्गत कई कनाडियन प्रयोगशालाओं का अवलोकन किया। सन् १९६७ में वे वैज्ञानिक आदान-प्रदान कार्यक्रम के अंतर्गत कोयला उपयोग के विज्ञान और तकनीक में विकास का व्यापक अध्ययन करने के लिए ३ मास के लिए संयुक्त राज्य अमेरिका गए। सन् १९६८ में वे विशेष आमंत्रण पर अंतरराष्ट्रीय कोयला विज्ञान सम्मेलन में भाग लेने के लिए और कोयला अनुसंधान में विकास का अध्ययन करने के लिए चैकोस्लोवाकिया, इंग्लैंड और फ्रांस गए। सन् १९६८ में ही वे कामनवैल्थ ईंधन विशेषज्ञों के सम्मेलन तथा प्राकृतिक गैस पर अंतरराष्ट्रीय परिसंवाद में भाग लेने के लिए इंग्लैंड गए।

डॉ. लाहिड़ी ने देश में कई पदों पर कार्य किया है तथा कई संस्थाओं और समितियों के सदस्य तथा अध्यक्ष रहे थे। वे राष्ट्रीय कोयला विकास निगम के निदेशक, दुर्गापुर प्रोजेक्ट्स लिमिटेड के निदेशक, केंद्रीय इस्पात, खान और धातु मंत्रालय के अंतर्गत अनुसंधान और विकास समितियाँ, कोयला विकास परिषद् के अध्यक्ष, हिंदुस्तान स्टील लिमिटेड के केंद्रीय वैज्ञानिक और अनुसंधान सेवा संगठन की कार्यकारिणी के सदस्य, भारतीय मानक संस्थान की ठोस खनिज ईंधन समिति के अध्यक्ष, भारतीय मानक संस्थान की पैट्रोलियम मानक समिति के अध्यक्ष, औद्योगिक विकास कौंसिल, असम के सदस्य, औद्योगिक विकास कौंसिल मद्रास के सदस्य, केंद्रीय इस्पात, खान और धातु मंत्रालय की कोयला विकास कौंसिल के सदस्य, तीसरी और चौथी पंचवर्षीय योजनाओं के लिए वैज्ञानिक अनुसंधान दल के सदस्य, केंद्रीय रेलवे अनुसंधान मंडल के सदस्य, चौथी पंचवर्षीय योजना के लिए कच्चा माल उपसमिति (कोयला) के कार्यकारी दल के सदस्य, इस्पात और खान मंत्रालय में कोयले संबंधी आयोजना दल के सदस्य, कोयला बोर्ड की ईंधन कौशल समिति के सदस्य, विश्व ऊर्जा सम्मेलन के लिए भारतीय राष्ट्रीय समिति के सदस्य, भारतीय ईंधन संस्थान के अध्यक्ष, इंस्टीट्यूशन ऑफ इंजीनियर्स (भारत) के पैट्रोलियम इंजीनियरिंग दल के अध्यक्ष, भारतीय राष्ट्रीय विज्ञान संस्थान की इंजीनियरिंग विज्ञान विभागीय समिति के सदस्य, इंस्टीट्यूशन ऑफ इंजीनियर्स (बिहार शाखा) की कार्यकारिणी के सदस्य रहे। उन्होंने भारतीय मानक

संस्थान की विभिन्न तकनीकी समितियों, विभिन्न क्षेत्रीय अनुसंधान प्रयोगशालाओं की कार्यकारिणी परिषद्, भारतीय पैट्रोलियम संस्थान और देश के कोयला और पैट्रोलियम संसाधनों के उपयोग और विकास के संबंध में भारत सरकार द्वारा समय-समय पर नियुक्त अन्य तदर्थ समितियों में भी कार्य किया।

डॉ. लाहिड़ी ने कलकत्ता, जादवपुर, बनारस, राजस्थान, केरल, बंबई, आगरा, आंध्र, अलीगढ़, बड़ौदा और नागपुर विश्वविद्यालयों के अंतर्गत पी-एच. डी. उपाधियों के लिए छात्रों का मार्गदर्शन किया था। साथ ही वह इन विश्वविद्यालयों के परीक्षक भी रहे थे।

डॉ. लाहिड़ी के ४०० से अधिक शोधपत्र प्रकाशित हो चुके हैं, परंतु रॉयल एयरक्रेफ्ट ऐस्टेबलिशमेंट (इंग्लैंड) में उनकी प्रमुख युद्धकालीन कृतियाँ अधिकांशतया अप्रकाशित हैं। इससे अनुसंधान के प्रति उनकी गहरी निष्ठा और अभिरुचि का पता चलता है। अपने वैज्ञानिक सहकर्मियों के सहयोग से उन्होंने ५० से अधिक पेटेंट तैयार किए जिनमें से कुछ का सफल प्रयोग उद्योगों में किया जा रहा है।

भारतीय केंद्रीय ईंधन अनुसंधान संस्थान के साथ उसके प्रायोजना काल से उसकी पूर्णरूपेण परिपक्व और सम्यक्रूपेण साधनसंपन्न अनुसंधान प्रयोगशाला तक संबद्ध रहने से हटकर अपने वैज्ञानिक सहकर्मियों के साथ कोयले की प्रकृति और संगठन पर आधारभूत अनुसंधान ने उन्हें अंतरराष्ट्रीय मान्यता प्रदान कराई है। उन्होंने कोयला-आधारित पदार्थों के औद्योगिक विकास, निम्न श्रेणी के कोयले के उपयोग, रसोई के कोयले के संसाधनों के संरक्षण, केंद्रीय प्रक्षालनगृहों की स्थापना में भी मुख्य योग दिया था तथा राष्ट्रीय कोयला विकास निगम, हिंदुस्तान स्टील लिमिटेड, रेलवे तथा अन्य केंद्रीय और राज्य सरकार प्रायोजनाओं के विकास में भी सराहनीय सहायता की थी।

२६ अगस्त, १९७५ ई. को डॉ. लाहिड़ी का निधन हो गया। उन्हें मरणोपरांत राष्ट्रीय अनुसंधान विकास निगम, नई दिल्ली ने 'फ्लाई एश' कोयले से चलनेवाले थर्मलपावर संयंत्रों में उत्पन्न राख से ईंटें बनाने की प्रक्रिया विकसित करने के लिए केंद्रीय ईंधन अनुसंधान संस्थान, धनबाद के एस. के. मजूमदार, एस. के. दासगुप्ता, ए. के. मोईन्ना एवं डॉ. एस. एन. मुखर्जी के साथ संयुक्त रूप से १९९२ ई. का ३० हजार रुपए का गणतंत्र पुरस्कार प्रदान किया।

जी. पी. शर्मा

जन्म और शिक्षा—डॉ. जी. पी. शर्मा पंजाब विश्वविद्यालय, चंडीगढ़ में प्राणिशास्त्र के प्राध्यापक एवं विभागाध्यक्ष रहे हैं। आपका जन्म ११ दिसंबर सन् १९१७ को अंबाला में हुआ था। पंजाब विश्वविद्यालय की बी. एस-सी. परीक्षा में आप प्रथम श्रेणी में सर्वप्रथम उत्तीर्ण हुए। इसके सम्मान में आपको ओमन पुरस्कार प्राप्त हुआ और आपका नाम राज्य महाविद्यालय शैक्षणिक सम्मान सूची में सम्मिलित किया गया। अगले वर्ष अपने अनुसंधान-कार्य पर आधारित आपने जो प्रबंध लिखा, उसे पंजाब विश्वविद्यालय ने इतना उपयुक्त एवं उपयोगी समझा कि आपको एम. एस-सी. की उपाधि ही प्रदान नहीं की अपितु अनुसंधान हेतु इंस्टीट्यूट ऑफ एनीमल जैनेटिक्स, एडिनबरा भेजा, जहाँ दो वर्ष के अध्ययनोपरांत ही आपने पी-एच. डी. की उपाधि ग्रहण कर ली।

व्यवसाय के क्षेत्र में—स्वदेश लौटने पर आपको भारतीय पशु-चिकित्सा अनुसंधान संस्थान, इज्जतनगर में नियुक्त किया गया। एक वर्ष के भीतर पंजाब सरकार ने आपको एनीमल जैनेटेटिस्टर नियुक्त किया। देश के विभाजन के पश्चात् जब पंजाब विश्वविद्यालय पुनः स्थापित हुआ, तब आपको प्राणिशास्त्र विभाग में रीडर के पद पर सुशोभित किया गया। अक्तूबर सन् १९५९ में आपकी पदोन्नति हुई और आपको प्रोफेसर बना दिया गया।

सम्मान—डॉ. शर्मा अनेक देशी तथा विदेशी वैज्ञानिक संस्थाओं और परिषदों के सदस्य हैं। आपने ८० से अधिक अनुसंधान-लेख प्रकाशित किए हैं। आपका विशिष्ट क्षेत्र है 'कोशिका विज्ञान और आनुवंशिकता'।

बी. के. आनन्द

जन्म और शिक्षा—प्रो. बी. के. आनंद (पूरा नाम बालकृष्ण आनंद) अखिल भारतीय चिकित्सा विज्ञान संस्थान (ऑल इंडिया इंस्टीट्यूट ऑफ मेडिकल साइंसेज) में शरीर-क्रिया विभाग में प्रोफेसर, अध्यक्ष एवं अधिष्ठाता सन् १९६९ से १९७४ तक रहे।

आपका जन्म १९ सितंबर सन् १९१७ को लाहौर (पाकिस्तान) में हुआ था। आपके पिता का नाम श्री विश्वेश्वर दास एवं माता का नाम श्रीमती सरस्वती था। उनकी धर्मपत्नी का नाम श्रीमती कमला है। उनके एक पुत्र और दो पुत्रियाँ हैं। चिकित्सा महाविद्यालय, अमृतसर से आपने एम. बी., बी. एस. तथा एम. डी. उपाधियाँ प्राप्त कीं।

सन् १९५० से १९५२ तक आप रॉकफेलर संस्थान, अमेरिका की छात्रवृत्ति योजना के अंतर्गत संयुक्त राज्य अमेरिका में अनुसंधान करते रहे।

व्यावसायिक जीवन—एम. डी. परीक्षा उत्तीर्ण करने पर आप चिकित्सा महाविद्यालय, अमृतसर में सहायक प्रदर्शक (डिमांस्ट्रेटर) के पद पर सन् १९४३ में नियुक्त हुए। सन् १९४९ में आप लेडी हार्डिंग चिकित्सा महाविद्यालय, नई दिल्ली में शरीर-क्रियाशास्त्र के प्राध्यापक नियुक्त किए गए। जहाँ सन् १९५० से १९५२ तक की अवधि के अतिरिक्त सन् १९५७ तक कार्य करते रहे। सन् १९५७ में आप अखिल भारतीय चिकित्सा विज्ञान संस्थान में आ गए। सन् १९५२ में वह कुछ समय चिकित्सा महाविद्यालय, अमृतसर में प्राध्यापक पद पर कार्यरत रहे।

सम्मान—प्रो. आनंद का अनेक भारतीय और विदेशी वैज्ञानिक संगठनों से घनिष्ठ संबंध रहा है। आप भारतीय चिकित्सा-विज्ञान अकादमी के संस्थापक फैलो, राष्ट्रीय भारतीय विज्ञान संस्थान के सदस्य, सशस्त्र सेना चिकित्सा अनुसंधान समिति के सदस्य, अंतरराष्ट्रीय शरीर-क्रिया विज्ञान-संघ की कार्यकारिणी के सदस्य तथा सिगमा ११ (XI) संयुक्त राज्य अमेरिका सोसाइटी के सदस्य हैं। इसके अतिरिक्त यूनेस्को द्वारा आयोजित अंतरराष्ट्रीय मानसिक अनुसंधान परिषद् की कार्यकारिणी के भी आप सदस्य

हैं। प्रो. आनंद वर्ष १९७५-७७ में विश्व स्वास्थ्य संघटन के सहायक निदेशक रहे। वह १९६७ से भारतीय राष्ट्रीय विज्ञान अकादमी के फैलो, १९६१ ई. से भारतीय चिकित्सा अनुसंधान परिषद् संस्थान के सदस्य, भारतीय शरीर क्रिया विज्ञान कांग्रेस के सन् १९७४ में अध्यक्ष, भारतीय राष्ट्रीय चिकित्सा विज्ञान अकादमी एवं राष्ट्रीय परीक्षा मंडल के वर्ष १९७९-८१ में अध्यक्ष, इंडियन यूनियन ऑफ फिजीशियंस एंड सर्जन्स के सन् १९५९ से सदस्य तथा भारतीय मस्तिष्क (Brain) शोध संगठन के सन् १९६० से सदस्य रहे हैं।

प्रो. आनंद को अनेक वैज्ञानिक पुरस्कार प्राप्त हुए हैं। आपको सन् १९५५ में भारतीय चिकित्सा अनुसंधान परिषद् का कर्नल अमीरचंद (शकुंतला देवी अमीरचंद) पुरस्कार, सन् १९६१ में चिकित्सा अनुसंधान में वाटुमल स्मृति पुरस्कार, सन् १९६२ में सीनियर कर्नल अमीरचंद (वसंती देवी अमीरचंद) पुरस्कार तथा सन् १९६४ में चिकित्सा विज्ञान में डॉ. शांतिस्वरूप भटनागर स्मृति पुरस्कार मिला। भारतीय चिकित्सा परिषद् ने उन्हें रजय जयंती शोध पुरस्कार सन् १९६९ ई. में प्रदान किया। इसी वर्ष सन् १९६९ में भारत सरकार ने उन्हें पद्मश्री से अलंकृत किया। बनारस हिंदू विश्वविद्यालय, वाराणसी ने उन्हें सन् १९८३ में डी. एस-सी. की मानद् उपाधि से अलंकृत एवं सम्मानित किया।

सन् १९५५ में रूस भेजे जानेवाले भारतीय चिकित्सक शिष्टमंडल के आप सदस्य थे। सन् १९५९ में ब्यूनिस आयर्स, अर्जेंटाइना में आयोजित की गई शरीर-क्रिया विज्ञानों की २१वीं अंतरराष्ट्रीय कांग्रेस के न्यूरोफिजियोलॉजी विभाग की आपने अध्यक्षता की थी। सन् १९६५ में जापान में आयोजित की गई शरीर-क्रिया विज्ञानों की अंतरराष्ट्रीय कांग्रेस की २३वीं बैठक में आप (लिंबिका सिस्टम) अंगीय प्रणाली विभाग के अध्यक्ष थे। इनके अतिरिक्त आपने अनेक राष्ट्रीय और अंतरराष्ट्रीय गोष्ठियों में भी भाग लिया है।

चिकित्सा विज्ञान के क्षेत्र में आपके लगभग १५० शोधपत्र प्रकाशित हो चुके हैं। नाड़ी-नियंत्रक तंत्र पर आपने विशेष कार्य किया है। सन् १९६६ में आप भारतीय विज्ञान कांग्रेस के अध्यक्ष निर्वाचित किए गए। सन् १९८५ में आपको विशिष्ट चिकित्सा सेवाओं के लिए डॉ. विधानचंद्र राय राष्ट्रीय पुरस्कार से सम्मानित किया गया है। आपके मत में गर्भ-निरोधक साधनों का उपयोग किए बिना भी जनसंख्या-वृद्धि को रोका जा सकता है। वह सन् १९८२ से चिकित्सा विज्ञान संस्थान, श्रीनगर के निदेशक हैं।

डॉ. वी. एस. हुजूरबज़ार

जन्म और शिक्षा—डॉ. वी. एस. हुजूरबज़ार का जन्म १५ सितंबर सन् १९१९ में कोल्हापुर में हुआ था। आपने बी. ए. तक की शिक्षा वहीं के एक स्थानीय महाविद्यालय में प्राप्त की। सन् १९४० में प्रथम श्रेणी में बी. ए. (ऑनर्स) उत्तीर्ण करने के पश्चात् प्रो. हुजूरबज़ार बनारस हिंदू विश्वविद्यालय की एम. ए.—एम. एस-सी. सन् १९४२ की परीक्षा में प्रथम श्रेणी में सर्वप्रथम रहे।

अनुसंधान की दिशा में—आपको सन् १९४६ में बंबई विश्वविद्यालय का सर मंगलदास नाथूभाई फैलोशिप, बनारस हिंदू विश्वविद्यालय का होल्कर फैलोशिप और कैम्ब्रिज में अनुसंधान का कार्य करने के लिए जे. एन. टाटा विदेशी छात्रवृत्ति प्रदान की गई। कैम्ब्रिज में आपने प्रो. हैरल्ड जैफ्रीज, एफ. आर. एस. के मार्गनिर्देशन में अनुसंधान-कार्य किया। आपके कार्य की वहाँ बहुत प्रशंसा की गई और १९४९ में आपको पी-एच. डी. की उपाधि दी गई। संभाविता सिद्धांत और गणितीय सांख्यिकी पर आपके अनेक अनुसंधान-पत्र विभिन्न विदेशी सुप्रसिद्ध पत्रिकाओं में प्रकाशित हो चुके हैं।

अध्यापन-कार्य—कैम्ब्रिज से लौटने के बाद कुछ समय तक आपने गौहाटी और लखाऊ विश्वविद्यालयों में गणित और सांख्यिकी प्रवाचक (रीडर) के पद पर कार्य किया और कुछ समय तक आप बंबई सरकार के अर्थशास्त्र एवं सांख्यिकी संस्थान (ब्यूरो ऑफ इकॉनॉमिक्स एंड स्टैटिस्टिक्स) में भी प्रतिचयन विशेषज्ञ रहे। सन् १९५३ में पूना विश्वविद्यालय के उपकुलपति द्वारा अनुरोध किए जाने पर आपने विश्वविद्यालय के गणित एवं सांख्यिकी के प्राध्यापक और विभागाध्यक्ष का पद स्वीकार किया। सितंबर १९६२ से मई १९६४ तक डॉ. हुजूरबज़ार संयुक्त राज्य अमेरिका की इओवा स्टेट यूनिवर्सिटी में फुलब्राइट विजिटिंग प्रोफेसर रहे। वहाँ उन्होंने बहुत महत्त्वपूर्ण और व्यापक अनुसंधान-कार्य किया। आपके अनुसंधान-कार्य को संयुक्त राज्य अमेरिका की

नेशनल साइंस फाउंडेशन ने भी उच्च मान्यता प्रदान की और आपको इसके लिए अनुदान भी दिया।

सम्मान और पुरस्कार—राष्ट्रीय और अंतरराष्ट्रीय जगत् में प्रो. हुजूरबज़ार को पर्याप्त सम्मान और पुरस्कार प्राप्त हुए हैं। संभाविता सिद्धांत पर आपके द्वारा किए गए अनुसंधान-कार्य के लिए कैम्ब्रिज विश्वविद्यालय का 'एडम्स पुरस्कार' आपको दिया गया। किसी भी अनुसंधान के लिए कैम्ब्रिज विश्वविद्यालय द्वारा दिया जानेवाला यह सर्वोच्च पुरस्कार है। यद्यपि डॉ. भाभा तथा डॉ. एस. चंद्रशेखर को यह पुरस्कार प्राप्त हो चुका है, परंतु गणितीय अनुसंधान के लिए इस पुरस्कार को प्राप्त करनेवाले आप प्रथम भारतीय हैं।

अमेरिका के प्रिंसटन, मिनेसोटा तथा हारवर्ड विश्वविद्यालयों ने आपको भाषण करने के लिए आमंत्रित किया। सन् १९६३ में मॉण्ट्रियल, कनाडा में असतत वंटन (डिसक्रीट डिस्ट्रीब्यूशन) पर हुए अंतरराष्ट्रीय परिसंवाद में भी आपको भाषण देने के लिए आमंत्रित किया गया था।

डॉ. हुजूरबज़ार भारत सरकार द्वारा नियुक्त सांख्यिकी की भारतीय राष्ट्रीय समिति, भारतीय विश्वविद्यालयों में गणित शिक्षण में सुधार के लिए विश्वविद्यालय अनुदान आयोग द्वारा नियुक्त गणित की विशेषज्ञ समिति तथा भारतीय कृषि अनुसंधान परिषद्, नई दिल्ली की सांख्यिकी समिति के सदस्य हैं।

आप नेशनल इंस्टीट्यूट ऑफ साइंसेज ऑफ इंडिया, इंडियन एकेडेमी ऑफ साइंसेज, कैम्ब्रिज फिलॉसॉफिकल सोसाइटी और लंदन की रॉयल स्टैटिस्टीकल सोसाइटी के फैलो हैं। भारतीय विज्ञान कांग्रेस के ५४वें हैदराबाद अधिवेशन के सांख्यिकी अनुभाग के आप अध्यक्ष थे।

डॉ. चंद्रशेखर राधाकृष्ण राव

श्री रामानुजम, श्री चंद्रशेखर वैंकट रमन, प्रो. शेषाद्रि, डॉ. वाडिया और प्रो. महालनबीस की महानता की परंपरा का अनुसरण करनेवाले प्रसिद्ध सांख्यिकीविद् डॉ. चंद्रशेखर राधाकृष्ण राव सन् १९६७ में ४७ वर्ष की आयु में लंदन की रॉयल सोसाइटी के फैलो निर्वाचित किए गए हैं। भारतीय वैज्ञानिक डॉ. राव को प्रदत्त इस सम्मान का तात्पर्य है विश्व में भारतीय वैानिकों की प्रतिष्ठा और गरिमा में अभिवृद्धि।

डॉ. राधाकृष्ण राव का जन्म १० सितंबर सन् १९२० को हदागली (दक्षिण भारत) में हुआ। आपके पिता का नाम श्री सी. डी. नायडू और माता का नाम श्रीमती लक्ष्मीकन्थम्मा था। आपकी धर्मपत्नी का नाम श्रीमती भारगवि है। आपके एक पुत्र और एक पुत्री है। जब आप इंटरमीडिएट के विद्यार्थी थे, तो आपने सर सी. वी. रमन द्वारा प्रस्थापित छात्रवृत्ति प्राप्त करके अपनी प्रतिभा का परिचय दिया। नवयुवक राधाकृष्ण ने द्वितीय महासमर काल में सन् १९४० में आंध्र विश्वविद्यालय से गणित में एम. ए. की उपाधि प्राप्त की। उनका शैक्षणिक जीवन सदैव ही स्वर्णिम रहा है। एम. ए. गणित परीक्षा में उन्होंने प्रथम श्रेणी में सर्वोच्च स्थान प्राप्त किया। जिस समय राधाकृष्ण ने एम.ए. परीक्षा उत्तीर्ण कर यथार्थ जीवन के विस्तृत कार्यक्षेत्र में पदार्पण किया, उस समय शैक्षणिक अभिरुचि के व्यक्तियों के लिए कार्य के सुंदर अवसर पर्याप्त नहीं थे। अतः सन् १९४१ में वे कलकत्ता चले गए। उस समय उनका विचार सेना में भरती होने का था। सन् १९४३ में कलकत्ता विश्वविद्यालय से आपने सांख्यिकी में स्नातकोत्तर परीक्षा प्रथम श्रेणी में सर्वाधिक अंक प्राप्त करके उत्तीर्ण की।

अपने कलकत्ता प्रवासकाल में राधाकृष्ण की एकाएक एक ऐसे विद्यार्थी से भेंट हो गई, जो भारतीय सांख्यिकी संस्थान (Indian Statistical Institute) में शोधकार्य में रत था। उसके वार्तालाप से प्रभावित होकर नवयुवक राव सांख्यिकी संस्थान को देखने गए तथा वहाँ निरीक्षणात्मक आँकड़ों से यथार्थ वैज्ञानिक नियमों के प्रतिपादन में प्रयोग

की जानेवाली सांख्यिकी विधियों से आकृष्ट होकर उन्होंने सेना में भरती होने का विचार त्याग दिया तथा सांख्यिकी संस्थान से संबंध जोड़ने का निश्चय कर लिया।

आगामी वर्ष डॉ. राव ने प्रयोगशालाओं और पुस्तकालयों में शांतिपूर्ण अध्ययन-कार्य में व्यतीत किए। इस अध्ययनकाल में उन्होंने अपने समय और शक्ति को जीवन में सांख्यिकी के प्रयोग तथा प्रशिक्षण और उच्चस्तरीय शोधकार्य हेतु एक सांख्यिकी विद्यालय की स्थापना के प्रयास में व्यतीत किया। इस प्रयास ने उनकी अंतरराष्ट्रीय ख्याति और सम्मान भी अर्जित किए। सांख्यिकी सिद्धांत और प्रयोग दोनों क्षेत्रों में उनकी देन महत्त्वपूर्ण है। इसका परिणाम यह भी हुआ कि भारतीय सांख्यिकी संस्थान की ओर से आपको कैम्ब्रिज भेजा गया। वहाँ आपने सर रोनाल्ड फिशर के मार्गदर्शन में डकवर्थ प्रयोगशाला में अनुसंधान-कार्य किया। रॉयल सोसाइटी का आमंत्रण सांख्यिकी सिद्धांत, बहुविधिविश्लेषण और दशमलव प्रणालियों को उनके विशिष्ट योगदान का संकेत करता है। कैम्ब्रिज विश्वविद्यालय से आपने सन् १९४८ में पी-एच. डी. की उपाधि तथा सन् १९६४ में डी. एस-सी. की उपाधि प्राप्त की। उन्होंने सांख्यकीय निष्कर्ष (Statistical inference) में विशेषज्ञता प्राप्त की।

डॉ. राव भारतीय सांख्यिकीय संस्थान, कलकत्ता में १९४३ से १९४९ ई. तक सांख्यिकी अधीक्षक तथा १९४९ से १९६४ ई. तक प्रोफेसर तथा सैद्धांतिक अनुसंधान व प्रशिक्षण विभाग के अध्यक्ष रहे। वे भारतीय राष्ट्रीय विज्ञान संस्थान और अंतरराष्ट्रीय गणित सांख्यिकी संस्थान के फैलो निर्वाचित किए गए। वे भारतीय विज्ञान कांग्रेस संस्था के सदस्य तथा उसके सांख्यिकी विभाग के सन् १९६० में अध्यक्ष रहे।

डॉ. राव १९६४ से १९७२ ई. तक भारतीय सांख्यिकीय संस्थान के अनुसंधान तथा प्रशिक्षण विद्यालय के निदेशक रहे। वह १९७२ से १९७६ तक भारतीय सांख्यिकी संस्थान के निदेशक एवं सचिव, भारत सरकार रहे। १९७६ से १९८४ तक वह जवाहर-लाल नेहरू विश्वविद्यालय में प्रोफेसर रहे। वह १९७९ से पिट्सबर्ग विश्वविद्यालय के प्रोफेसर हैं तथा १९८७ से राष्ट्रीय प्रोफेसर हैं। उनकी अन्य प्रमुख देन आगणन सिद्धांत है, जिस पर आपने काफी अनुसंधान-कार्य किया है तथा जो निरीक्षणों के एक नमूने मात्र से जनसमूहों के अज्ञात गुणों को ढूँढ़ निकालने में सहायक होता है। उनके ही शब्दों में—"एक ही विशेषता के अध्ययन से निष्कर्ष निकालने की विधि कुछ-कुछ सरल होती है। परिमापों के एक संपूर्ण मिश्रण पर विचार करना, उदाहरणार्थ किसी रोगी को पीड़ित करनेवाले क्रमिक रोगों के बीच तय करने में अनेक चिकित्सा परीक्षणों का प्रयोग इतना सरल नहीं होता, विशेषतः जबकि व्यक्तिगत प्रयोगों से निष्कर्ष अनुरूप नहीं होते। अनेक प्रकार का विश्लेषण ऐसे मामलों में आशानुकूल निर्णयों पर पहुँचने के लिए नियम प्रदान करता है तथा चिकित्सा-निदान, पादप-सेचन क्रिया, बायोमैट्री आदि जैसे विविध क्षेत्रों में प्रयुक्त कार्य में इस प्रकार एक आवश्यक सहायक होता है।"

फाइनाइट ज्यामेट्रिक्स के क्षेत्र में डॉ. राव ने महत्त्वपूर्ण अनुसंधान-कार्य किया है।

जीव-सांख्यिकी अनुसंधानों में उपयोग किए जानेवाली सांख्यिकीय विधियों में भी आपने विशेष योगदान किया है। संभाविता सिद्धांत में प्रसामान्य बंटन के लक्षण वर्णन पर आपके द्वारा किया गया अनुसंधान-कार्य अत्यंत रोचक एवं महत्त्वपूर्ण है।

डॉ. राव की प्रमुख देन है सांख्यिकी अध्ययन के लिए अनेक नवीन यंत्रों का विकास। क्रेयरराव असमता, राव-ब्लैकवैलाइजेशन और राव-हैमिंग वाउंड्स से आज सभी सांख्यिकीविद् परिचित हैं। ये सब डॉ. राव के सतत अनुसंधान-कार्य की ही उपलब्धियाँ हैं। आपके द्वारा प्राप्त परिणामों, विधियों और यंत्रों का उल्लेख सांख्यिकी की सभी पुस्तकों में मिलता है।

अनवरत अनुसंधान-कार्य ने डॉ. राव को अनेक सुअवसर और सम्मान प्रदान किए हैं। कुछ समय पूर्व वे अफ्रीका में गेबिल मोया (Gebel Moya) के आदिम निवासियों के मूल निवास से संबंधित मानव शरीर-रचनाशास्त्र कार्यक्रम के अंतर्गत कैम्ब्रिज गए, जिसमें उन्होंने भारतीय सांख्यिकी संस्थान में प्रो. पी. सी. महालनबीस द्वारा विकसित सांख्यिकी विधियों का प्रयोग किया। इस कार्यक्रम में प्रयुक्त सिद्धांत को स्वीकार कर कैम्ब्रिज विश्वविद्यालय ने उन्हें डॉक्टरेट की उपाधि से विभूषित एवं सम्मानित किया।

डॉ. राव के अब तक लगभग १२५ से अधिक अनुसंधान-पत्र विभिन्न देशी-विदेशी पत्र-पत्रिकाओं में प्रकाशित हो चुके हैं। आपने अनेक पुस्तकें भी लिखी हैं, जिनमें सांख्यिकीय सिद्धांत एवं व्यवहार पर ९ पुस्तकें प्रमुख हैं। सन् १९६५ ई. में लंदन की रॉयल स्टैटिस्टिकल सोसाइटी ने अपनी पत्रिका में विशेष योगदान के लिए डॉ. राव को गाई पदक प्रदान करके सम्मानित किया। सन् १९६३ में वैज्ञानिक और औद्योगिक अनुसंधान परिषद् ने आपके उल्लेखनीय अनुसंधान-कार्य के लिए शांतिस्वरूप भटनागर स्मृति पुरस्कार प्रदान किया। सन् १९६७ में रॉयल सोसाइटी, लंदन ने उन्हें फैलो निर्वाचित किया। सन् १९६३ में वे अंतरराष्ट्रीय सांख्यिकी संस्थान द्वारा प्रकाशित सांख्यिकी की भारतीय पत्रिका 'सांख्य' के सह-संपादक बनाए गए। सन् १९६८ में भारत सरकार ने उन्हें पद्मविभूषण से अलंकृत किया। सन् १९६९ में उन्हें मेघनाद साहा स्वर्ण पदक प्रदान किया गया। आंध्र विश्वविद्यालय ने १९६७ में उन्हें डी. एस-सी. की उपाधि से सम्मानित किया है।

डॉ. राव राष्ट्रीय विज्ञान अकादमी के १९५३ से, इंस्टीट्यूट ऑफ मेथेमेटिकल स्टैटिस्टिक्स यू. एस. ए. के १९५८ से, अमेरिकन स्टेटिस्टिकल एसोसिएशन के १९७२ से, इकोनोमेट्रिक सोसाइटी के १९७२ से, इंडियन एकेडेमी ऑफ साइंस के १९७४ से, थर्ड वर्ल्ड एकेडेमी ऑफ साइंसेज के १९८३ से फैलो हैं। वह रॉयल स्टेटिस्टिकल सोसाइटी के १९६५ से, अमेरिकन एकेडेमी ऑफ आर्ट्स एंड साइंस के १९७५ से, किंग्स कॉलेज, कैम्ब्रिज, इंडियन सोसाइटी ऑफ मेडिकल स्टेटिस्टिक्स, कलकत्ता स्टेटिस्टिकल एसोसिएशन के मानद् फैलो हैं। वह भारतीय सांख्यिकी संस्थान तथा

बायोमैट्रिक सोसाइटी के मानक सदस्य हैं। वह भारतीय सांख्यिकीय संस्थान के १९७७-७९ में, इंडियन बायोमैट्रिक सोसाइटी के १९७४-७५ में, इंस्टीट्यूट ऑफ मेथेमेटिकल स्टेटिस्टिक्स यू. एस. ए. के १९७७ में, इंडियन इकोनोमैट्रिक सोसाइटी के १९७१-७६ में, फोरम फोर इंटर डिसिप्लिनरी मेथेमेटिक्स के १९८२-८४ में अध्यक्ष रहे। उन्हें दिल्ली विश्वविद्यालय ने १९७३ में, लेनिनग्राड विश्वविद्यालय ने १९७० में, एथेन्स विश्वविद्यालय ने १९७६ में, उस्मानिया विश्वविद्यालय ने १९७७ में, ओहियो राज्य विश्वविद्यालय ने १९७९ में फिलीपीन्स विश्वविद्यालय ने १९८३ में, शम्पपेरि विश्वविद्यालय ने १९८५ में, डी. एस-सी. की मानद् उपाधि प्रदान की। वह १९८२ में सान मारकोस विश्वविद्यालय, पेरू में मानद् प्रोफेसर रहे। उन्हें १९७८ में जगदीशचंद्र बोस पदक प्रदान किया गया।

डॉ. राव इलिनॉय विश्वविद्यालय, अमेरिका; स्टैनफर्ड विश्वविद्यालय, अमेरिका तथा जॉन हॉपकिन्स विश्वविद्यालय, बाल्टिमोर में अतिथि प्राध्यापक भी रहे हैं। देश-विदेश के अनेक विश्वविद्यालयों में आपको भाषण देने के लिए अनेक बार आमंत्रित किया गया।

डॉ. राव अनेक सांख्यिकीय तथा गणितीय समितियों के सदस्य हैं। १९५९-६० में आप भारतीय विज्ञान कांग्रेस के सांख्यिकी अनुभाग के अध्यक्ष थे। जबकि सांख्यिकीविदों के लिए गणित आधार होता है, डॉ. राव का विश्वास है कि अन्य आधारभूत विज्ञानों का कुछ ज्ञान भी बहुत उपादेय है। उनके ही शब्दों में—"सांख्यिकी एक ऐसा विषय है जो अन्य क्षेत्रों में प्रयोग किया जाता है। प्रयोग के क्षेत्रों के ज्ञान के बिना एक सांख्यिकीविद् उस डॉक्टर के समान है जिसने शल्यक्रिया सिद्धांतों में विशिष्टता प्राप्त की है, किंतु जो यह निश्चय नहीं कर सकता कि एक रोगी के लिए शल्यक्रिया कब और कहाँ आवश्यक है। आर्थिक समायोजना और कृषि उत्पादन का सुधार हमारे देश की सबसे प्रमुख समस्याएँ हैं तथा इन क्षेत्रों के लिए सांख्यिकी विधियाँ सर्वाधिक लाभकारी हैं।"

प्रो. महालनबीस के मत में युवा डॉ. राव बिलकुल बालक से दीख पड़ते हैं। अपने गंभीर और गहन कार्य में रत वह लघु हास्यप्रद लेख लिखते हैं तथा भारतीय शास्त्रीय नृत्यकलाओं में अभिरुचि रखते हैं। यह एक सुखद संयोग ही था जिसने राव को सांख्यिकी की ओर प्रेरित किया और जिसने उसे गौरव प्रदान किया।

राव ने एक नए प्रकार का प्रबंध अर्थोगोनल ऐरेज ऑफ डी. बनाया। उन्होंने इंट्रा एंड इंटर ग्रुप बैलेंस्ड डिजाइंस के अपूर्ण ब्लॉक डिजाइन का एक नया वर्ग दिया जिसका क्षेत्र बढ़ाकर उन्होंने एक और वर्ग तक विस्तार किया जिसे पार्शली बैलेंस्ड डिजाइंस कहते हैं। राव ने इसका उपयोग कुछ अत्यंत उपयोगी असमानताओं को ज्ञात करने में किया जिसे अब राव-हेमिंग परिबंध कहते हैं। इसका उपयोग संदेशों के प्रसारण की विश्वस्तता में सुधार करने के लिए संचार-सिद्धांत में होता है। ये प्रयोग वास्तव में

अतिरिक्त लाभ के रूप में हैं, क्योंकि राव की प्रमुख रुचि संचार में नहीं बल्कि आनुवंशिकी, जीवांकिकी तथा मानव विज्ञान में थी।

राव प्रखर बौद्धिक प्रतिभा के धनी हैं। उन्होंने अपने शैक्षिक जीवन के प्रारंभ में ही दो प्रमेयों का आविष्कार किया, जबकि उनके पास अपने कोई आर्थिक साधन नहीं थे। राव को पैसे का कभी लोभ नहीं रहा। उन्होंने ५ हजार रुपए का भटनागर पुरस्कार प्रधानमंत्री के रक्षाकोष में दान दे दिया।

राव प्रयोगशाला अथवा अपने अध्ययन-कक्ष में ही सीमित रहनेवाले वैज्ञानिक नहीं हैं। उन्होंने गंभीर कार्य को छोड़कर कुछ व्यंग्य भी लिखा है, जिनमें सांख्यिकीय विषयों को लिया है। एक व्यंग्य हमारी जनसंख्या के विस्फोट पर है। उन्होंने अपनी सांख्यिकी से दो ऐसे साधन ज्ञात किए जिनको महिलाएँ संतति-निरोध के लिए अपना सकती हैं। प्रथम यह कि विश्व में उत्पन्न होनेवाला प्रत्येक चौथा बच्चा चीनी है। अतः उन्होंने परामर्श दिया—अपना अगला बच्चा पैदा करने से पूर्व सोच लें, यदि आपके पास पहले से ही तीन बच्चे हैं, चौथा बच्चा चीनी होगा। द्वितीय यह कि अधिक बच्चों से अपने शरीर की बनावट खराब मत कीजिए। एक बच्चे के उत्पन्न होने पर आपकी कमर ३/४ इंच बढ़ जाती है। यदि विवाह के समय आपके सुडौल शरीर का नाप ३६-२२-३६ है, तो चार बच्चों के बाद यह ३९-२६-३९ हो जाएगा। एक अन्य व्यंग्य में राव ने उन व्यक्तियों पर कटाक्ष किया है, जो यह कहते हैं कि देश में प्रतिभा का कोई उपयोग नहीं है। राव का कथन है कि इस प्रतिभा का उस समय तक कोई उपयोग नहीं होगा जब तक उसका उपयोग जनता की वास्तविक आवश्यकताओं में नहीं किया जाएगा।

राव उन प्रतिभाशाली वैज्ञानिकों में से एक हैं जो विदेश जाने के बजाय देश में रहकर काम करना पसंद करते हैं। अब कंप्यूटर उपलब्ध हो जाने पर उसकी सहायता से राव कुछ 'मीट्रिक्स' का अध्ययन कर सकते हैं, जैसे बाथोमीट्रिक्स, साइकोमीट्रिक्स, एंथ्रोपोमीट्रिक्स तथा इकोनोमीट्रिक्स अथवा वे ऑपरेशंस (युद्ध) रिसर्च, साइबरंकेटिक्स (संगणक) अथवा इसी प्रकार की शाखाओं का अध्ययन कर सकते हैं। संभव है कंप्यूटर पर आधारित सूचना प्रणाली से सुसज्जित राव एक ऐसी विधि निकाल लें जो द्विविधाओं और बहु-विधाओं में उलझे लोगों को प्रकाश दे सकें। सांख्यिकी और एंथ्रोपोमीट्री पर वे पाँच पुस्तकें लिख चुके हैं। उनसे अभी बहुत आशाएँ हैं।

डॉ. जी. एस. सिद्धू

डॉ. जी. एस. सिद्धू का पूरा नाम गुरुवचन सिंह सिद्धू है। उनका जन्म ४ जुलाई सन् १९२० को मोजोवालां (पंजाब) में हुआ था। उन्होंने सन् १९४० में लखनऊ विश्वविद्यालय से बी. एस-सी. (ऑनर्स) परीक्षा तथा सन् १९४१ में उसी विश्वविद्यालय से एम. एस-सी. परीक्षा उत्तीर्ण की। सन् १९४९ में उन्होंने लखनऊ विश्वविद्यालय से पी-एच. डी. की उपाधि प्राप्त की।

डॉ. सिद्धू सन् १९४१ से १९४४ तक उत्तर प्रदेश राजकीय नागरिक सुरक्षा स्टाफ स्कूल, लखनऊ में वरिष्ठ स्टाफ प्रशिक्षक; कंपनी कमांडर, हवाई आक्रमण सुरक्षा कंपनी, इलाहाबाद रहे। सन् १९४४ में कुछ समय तक राजकीय डैहाइड्रेशन फैक्टरी, फर्रुखाबाद में सहायक प्रबंधक रहे। सन् १९४४ से १९४९ तक वे शिया कॉलेज, लखनऊ में रसायन विभाग में व्याख्याता और विभागाध्यक्ष के पद पर कार्यरत रहे। सन् १९४९ में वह कुछ समय तक लखनऊ विश्वविद्यालय के रसायन विभाग में व्याख्याता रहे। सन् १९४९ से १९५५ तक डॉ. सिद्धू ने केंद्रीय वैज्ञानिक एवं औद्योगिक शोध प्रयोगशाला, हैदराबाद में वैज्ञानिक अधिकारी के पद पर कार्य किया। सन् १९५५ से १९५६ तक वे केंद्रीय वैज्ञानिक एवं औद्योगिक शोध प्रयोगशाला, हैदराबाद में सहायक निदेशक का कार्य करते रहे। सन् १९५६ से १९६३ तक वे क्षेत्रीय अनुसंधान प्रयोगशाला, हैदराबाद में सहायक निदेशक का कार्य संपन्न करते रहे। २७ जनवरी, १९६३ से २२ जून, १९६४ तक वे क्षेत्रीय अनुसंधान प्रयोगशाला, हैदराबाद में उपनिदेशक प्रभारी के रूप में कार्य करते रहे। इस अवधि में उन्हें निदेशक के सभी अधिकार और सुविधाएँ प्राप्त थीं। २४ जून, १९६३ से सेवानिवृत्त होने तक वे क्षेत्रीय अनुसंधान प्रयोगशाला, हैदराबाद के निदेशक के पद को सुशोभित करते रहे। सन् १९८१ से १९८४ ई. तक वह भारतीय वैज्ञानिक एवं औद्योगिक अनुसंधान परिषद् के महानिदेशक रहे।

डॉ. सिद्धू का विशेष क्षेत्र कार्बनिक रसायन रहा है जिसमें वे ओषधीय रसायन,

प्राकृतिक उत्पाद और औद्योगिक रसायन को विशेष महत्त्व देते रहे हैं। क्रिकेट उनका प्रिय खेल रहा है।

डॉ. सिद्धू कई भारतीय और विदेशी वैज्ञानिक संगठनों के सदस्य रहे हैं। वे भारतीय रसायन सोसाइटी, राष्ट्रीय विज्ञान अकादमी, सोसाइटी ऑफ बायोलॉजीकल कैमिस्ट्स ऑफ इंडिया, कैमिकल सोसाइटी, लंदन, सोसाइटी ऑफ कैमिकल इंडस्ट्री, लंदन, गैसिलचैफ्ट ड्यूटस्चर कैमीकर, स्विजेरिस्क चैमिस्क गैसिल चैफ्ट, न्यूयार्क, एकेडेमी ऑफ साइंस, न्यूयार्क, अमेरिकन कैमिकल सोसाइटी, अमेरिकन एसोसिएशन फॉर द एडवांसमेंट ऑफ साइंस एवं टैक्नीकल एसोसिएशन ऑफ द पल्प एंड पेपर इंडस्ट्री नामक संगठनों के सदस्य रहे।

डॉ. सिद्धू १९५६, १९६५ और १९६६ में तीन बार पश्चिमी जर्मनी की यात्रा पर गए। १९५६ में वह आस्ट्रिया और १९६३ एवं १९६४ में संयुक्त राज्य अमेरिका की यात्रा पर गए।

उनके लगभग २० पेटैंट और ६० से अधिक शोधपत्र राष्ट्रीय और अंतरराष्ट्रीय वैज्ञानिक पत्रिकाओं में प्रकाशित हो चुके हैं।

डॉ. एच. वी. के. उदुपा

डॉ. एच. वी. के. उदुपा का पूरा नाम हांडाडी वेंकट कृष्ण उदुपा है। उनका जन्म मैसूर रियासत (अब कर्नाटक राज्य) के दक्षिण कैनरा जिले के उदीपी तालुका में ब्रह्मावर पोस्ट ऑफिस के अंतर्गत हांडाडी नामक गाँव में हेगड़े मंदिर नामक स्थान पर १८ अक्तूबर, १९२१ को हुआ था। उनके पिता का नाम श्री एच. मंजुनाथ उदुपा और उनकी माता का नाम श्रीमती एच. कावेरम्मा उदुपा है। डॉ. उदुपा अपने माता-पिता की आठ संतानों (४ पुत्र और ४ पुत्रियाँ) में तीसरे हैं। उनके पिता कृषक और गाँव के पुरोहित भी हैं। उदुपा का बचपन उनके गाँव हांडाडी में व्यतीत हुआ जहाँ उन्होंने पाँचवीं कक्षा तक बोर्ड प्राथमिक विद्यालय, कुमारा गोडे में अध्ययन किया। उसके पश्चात् उन्होंने आठवीं कक्षा के स्तर तक बोर्ड उच्च प्राथमिक विद्यालय, हंगरकुट्टा में अध्ययन किया। तत्पश्चात् उन्होंने काल्लियानपुर में हाईस्कूल में प्रवेश लिया और सन् १९३८ में एस. एस. एल. सी. परीक्षा उत्तीर्ण की। अपने विद्यालय के छात्रों में उनका स्थान सर्वप्रथम रहा। कॉलेज शिक्षा के लिए उन्होंने सेंट अलोसियस कॉलेज, मंगलौर में प्रवेश प्राप्त कर अध्ययन किया, जहाँ उन्होंने सन् १९४२ में स्नातक उपाधि प्राप्त की। बी. ए. की परीक्षा में रसायनशास्त्र उनका मुख्य विषय तथा भौतिकशास्त्र सहायक विषय रहा। इस परीक्षा में उनका मद्रास विश्वविद्यालय में प्रथम श्रेणी और प्रथम स्थान रहा। तदुपरांत उन्होंने प्रेसीडेंसी कॉलेज, मद्रास के रसायनशास्त्र विभाग में प्रवेश लिया जहाँ उन्होंने स्नातकोत्तर पाठ्यक्रम का अध्ययन किया और सन् १९४४ में रसायनशास्त्र में बी. एस-सी. ऑनर्स परीक्षा उत्तीर्ण की। इस परीक्षा में विश्वविद्यालय में उनकी द्वितीय श्रेणी और द्वितीय स्थान रहा। उनका विशेष विषय विद्युत् रसायन (Electro-Chemisty) था। इस अवधि में उन्होंने मद्रास विश्वविद्यालय से सन् १९४३ में आधुनिक यूरोपीय भाषाओं

(जर्मन) में डिप्लोमा प्राप्त किया। मद्रास विश्वविद्यालय के नियम १ अध्याय ४४ के अनुसार उन्हें सन् १९४५ में मद्रास विश्वविद्यालय की एम. ए. की डिग्री प्रदान की गई। सितंबर सन् १९४४ में प्रेसीडेंसी कॉलेज, मद्रास में रसायनशास्त्र के प्रोफेसर डॉ. बी. बी. डे के शोध-सहायक नियुक्त हुए और वैज्ञानिक एवं औद्योगिक अनुसंधान परिषद् की योजनांतर्गत 'इलैक्ट्रोलिटिक रिडक्शन ऑफ नाइट्रोकंपाउंड्स लीडिंग टू दि मैन्यूफैक्चर ऑफ डायरेक्ट कॉटन कलर्स' विषय पर शोधकार्य किया। इस योजना पर किए गए शोधकार्य का प्रतिफल 'प्रिपेयरेशन ऑफ डाय-इंटरमीडिएट्स बाई कैमिकल एंड इलैक्ट्रोकैमिकल मैथड्स' नामक शोध-प्रबंध के रूप में मद्रास विश्वविद्यालय को प्रस्तुत किया गया जिससे फरवरी १९४७ में उन्हें एम. एस-सी. की उपाधि प्रदान की गई।

भारत सरकार की तकनीकी प्रशिक्षण योजनांतर्गत मद्रास (तमिलनाडु) सरकार ने डॉ. उदुपा को विद्युत् रसायन के उच्च अध्ययनार्थ चयन किया और वे जून सन् १९४७ में वैज्ञानिक औद्योगिक अनुसंधान परिषद् की योजना पर कार्य को छोड़कर विदेश प्रस्थान कर गए। उन्होंने सितंबर सन् १९४७ में संयुक्त राज्य अमेरिका के न्यूयार्क नगर में कोलंबिया विश्वविद्यालय के रासायनिक इंजीनियरिंग विभाग में प्रवेश ले लिया और विद्युत् रसायन के प्रोफेसर कोलिन जी. फिन्क के साथ विद्युत् रसायन में विशेष योग्यता प्राप्त कर जून सन् १९४८ में औद्योगिक रसायन में एम. ए. (मास्टर ऑफ आर्ट्स) की उपाधि प्राप्त की। अपनी महत्त्वपूर्ण शैक्षिक उपलब्धि के कारण वे इस अवधि में संयुक्त राज्य अमेरिका की राष्ट्रीय अवैतनिक रासायनिक सोसाइटी—द फि लाम्बिया उपसिलोन के सदस्य निर्वाचित किए गए। इस अवधि में वे रासायनिकों और अन्य सामान निर्मात्री कई औद्योगिक संस्थाओं को देखने भी गए। वे सन् १९४७ के अंत में राष्ट्रीय रासायनिक संस्थान के एसोसिएट भी निर्वाचित किए गए। सन् १९४८ में वे संयुक्त राज्य अमेरिका की विद्युत् रासायनिक सोसाइटी के सदस्य चुने गए।

सितंबर १९४८ में वे ओहियो स्टेट यूनिवर्सिटी चले गए और उन्होंने रसायन विभाग में प्रवेश ले लिया तथा विद्युत् कार्बनिक रसायन पर प्रो. क्रिस्टोफर एल. विल्सन के साथ कार्य किया और 'इलैक्ट्रोलिटिक रिडक्शन ऑफ सम नाइट्रो एंड कार्बोनिल कंपाउंड्स' नामक शोध-प्रबंध के आधार पर जून १९५० में डॉक्टरेट की उपाधि प्राप्त की।

अक्तूबर सन् १९५० में भारत लौटते समय डॉ. उदुपा इंग्लैंड गए और विज्ञान और टैक्नोलॉजी का रॉयल कॉलेज, लंदन, ऑक्सफोर्ड और कैम्ब्रिज विश्वविद्यालयों को देखा। वे पेरिस और स्विट्जरलैंड भी गए। दिसंबर १९५० में वे भारत आ गए।

डॉ. उदुपा ने अहमदाबाद टैक्सटाइल उद्योग की शोध परिषद् के रसायन विभाग में शोध-सहायक के रूप में अपना व्यावसायिक जीवन प्रारंभ किया और वहाँ जुलाई सन् १९५१ से जुलाई १९५३ तक कार्य किया। वहाँ कार्य करते हुए उन्होंने वस्त्र प्रक्षालन, रँगाई और अंतिम रूप देने (सफाई) के विभिन्न पहलुओं पर अनुसंधान किए।

जुलाई १९५३ में इलैक्ट्रोलिटिक सैल्स के प्रभारी वरिष्ठ वैज्ञानिक अधिकारी के पद पर उन्होंने केंद्रीय विद्युत् रासायनिक शोध संस्थान, काराइकुली में कार्य ग्रहण किया और इस पद पर कार्य करते हुए इलैक्ट्रोप्लेटिंग, विद्युत् कार्बनिक और विद्युत् अकार्बनिक पर कार्य किया। मई १९५५ में उन्हें दो अग्रिम वेतनवृद्धियाँ प्रदान की गईं और अक्तूबर सन् १९५७ में उन्हें सहायक निदेशक के पद पर पदोन्नत किया गया। अगस्त १९६५ तक वे इस ५८ पर कार्यरत रहे, जबकि उन्हें योग्यता के आधार पर उपनिदेशक के पद पर पदोन्नत किया गया। संस्थान के निदेशक प्रो. के. एस. जी. दोष की सेवानिवृत्ति पर डॉ. एच. बी. के. उदुपा को १० अगस्त, १९६७ को प्रभारी उपनिदेशक बनाया गया और इस रूप में वे काफी समय तक कार्यरत रहे। बाद में वे संस्थान के निदेशक नियुक्त किए गए और १९७९ में सेवानिवृत्ति तक कार्य करते रहे।

डॉ. उदुपा थर्मोडायनामिक्स और विद्युत् रासायनिक किनेटिक्स पर अंतरराष्ट्रीय समिति के सदस्य, भारतीय विज्ञान परिषद् के सदस्य और विद्युत् रासायनिक विज्ञान और टैक्नोलॉजी के विकास हेतु सोसाइटी के सदस्य रहे हैं। वे १९६७ में इंस्टीट्यूशन ऑफ केमिस्ट्स (इंडिया) के फैलो चुने गए। वे भारतीय मानक संस्थान की कई समितियों के संयोजक और सदस्य हैं और भारत सरकार द्वारा निर्मित कई समितियों के सदस्य के रूप में उन्होंने कार्य किया है।

भारत-सोवियत सांस्कृतिक आदान-प्रदान कार्यक्रम के अंतर्गत डॉ. उदुपा मार्च सन् १९६८ में चार मास के लिए सोवियत रूस गए।

भारत सरकार के आविष्कार प्रोन्नत मंडल ने उनके दो आविष्कारों अर्थात् (१) बैंजिडाइन और स्थानापन्न बैंजिडाइंस का उत्पादन, और (२) डिआल्डे हिड्स माडी की निर्माण-विधि के उनके अन्य सहयोगियों के साथ उन्हें सर्वोत्तम आविष्कार के लिए पुरस्कार प्रदान किए। इसी प्रकार सोडियम क्लोराइड इलैक्ट्रोलिसिस से पोटाशियम क्लोरेट तैयार करने पर अखिल भारतीय औद्योगिक प्रदर्शनी, हैदराबाद में उन्हें चाँदी का एक पदक प्रदान किया गया। विज्ञान और टैक्नोलॉजी सोसाइटी, कानपुर द्वारा आयोजित और संचालित 'आविष्कारों और उद्योगों की सेवा १९६७' प्रदर्शनी में भी डिआल्डे हिड्स माडी निकिल कैडमिय़म बैट्री की विधियों और बैंजिडाइन और स्थानापन्न बैंजिडाइंज के उत्पादन पर उन्हें योग्यता प्रमाण-पत्र प्राप्त हुए।

डॉ. उदुपा ने कार्बनिक रसायन, वस्त्र रसायन, इलैक्ट्रोप्लेटिंग, विद्युत्-कार्बनिक और अकार्बनिक रसायनों, धातु चूर्ण, बैट्रियाँ (आवश्यक और गौण दोनों) तथा आधारभूत विद्युत् रसायन पर १५० से अधिक मौलिक शोधपत्र प्रकाशित किए हैं। पूर्वोक्त विषयों पर उन्होंने अन्य सहयोगियों के सहयोग से ४० से अधिक पेटैंट तैयार किए हैं।

डॉ. उदुपा का वैवाहिक जीवन बड़ा सुखद है। उनके ६ संतानें—तीन पुत्र और तीन पुत्रियाँ हैं। वे नियमित रूप से टेनिस खेलते हैं और उन्हें कार चलाने का शौक है। उन्हें फोटोग्राफी में भी अभिरुचि है।

बी. रामलिंग स्वामी

बी. रामलिंग स्वामी का जन्म सन् १९२१ में हुआ। उन्हें सन् १९६५ में डॉ. शांतिस्वरूप भटनागर स्मृति पुरस्कार प्रदान किया गया था। भारतीय शिशुओं में प्रोटीन की कमी पहचाननेवाले वह प्रथम भारतीय वैज्ञानिक हैं। इस क्षेत्र में उनसे विशेष कार्य और अच्छे परिणामों की आशा रही है। थायरायड रोगों के अध्ययन में उनकी विशेष रुचि रही है। उन्हें सन् १९५३ में ऑक्सफोर्ड विश्वविद्यालय ने एडवर्ड चैपमेन पदक प्रदान किया था। सन् १९५५ में उन्हें खानोलकर और अमीरचंद पदक पुरस्कार प्रदान किए गए। सन् १९६२ में उन्हें ओषधि के लिए वाटुमन पदक प्राप्त हुआ। उनके लेख अंतरराष्ट्रीय ख्याति की पत्रिकाओं और पुस्तकों में प्रकाशित हुए। वे जनवरी से जुलाई, सन् १९६४ तक हार्वर्ड विश्वविद्यालय में विजिटिंग प्रोफेसर रहे। वे अखिल भारतीय चिकित्सा विज्ञान संस्थान, नई दिल्ली में कार्यरत रहे हैं।

प्रो. दुर्गानंद सिन्हा

जन्म और शिक्षा—प्रो. दुर्गानंद सिन्हा इलाहाबाद विश्वविद्यालय में मनोविज्ञान विभाग के अध्यक्ष हैं। आपका जन्म सन् १९२२ में हुआ। पटना विश्वविद्यालय से बी. ए. (ऑनर्स) और एम. ए. प्रथम श्रेणी में उत्तीर्ण करने के बाद आपने कैम्ब्रिज विश्वविद्यालय से मनोविज्ञान में एम. एस-सी. किया। कैम्ब्रिज में आपने डॉ. डी. रसल डेविस और प्रो. सर फैड्रिक सी. बार्टलेट, एफ. आर. एस. के मार्गदर्शन में अनुसंधान किए।

अध्यापन के क्षेत्र में—प्रो. सिन्हा ने पटना विश्वविद्यालय में पहले शोधकर्ता और फिर व्यावहारिक मनोविज्ञान के व्याख्याता के रूप में कार्य किया। सन् १९५२ में आप इंस्टीट्यूट ऑफ साइकोलॉजिकल रिसर्च एंड सर्विस के कार्यकारी निदेशक नियुक्त हुए। मई १९५८ में आप इंडियन इंस्टीट्यूट ऑफ टैक्नोलॉजी, खड़गपुर में चले गए और जुलाई १९६१ ई. में इलाहाबाद विश्वविद्यालय में मनोविज्ञान विभाग के अध्यक्ष नियुक्त हुए। भारत सरकार के उस शैक्षिक शिष्टमंडल के भी आप सदस्य थे जो सामान्य शिक्षा की समस्याओं का अध्ययन करने के लिए संयुक्त राज्य अमेरिका भेजा गया था।

शोध-क्षेत्र में देन—अनेक देशी-विदेशी पत्रिकाओं में आपके ७० से भी अधिक लेख प्रकाशित हो चुके हैं। आपने 'साइकोलॉजिकल स्टडीज एंड एकेडेमिक हाई एंड लो एचीवर्स' नामक पुस्तक भी लिखी है। आजकल आप 'रिसर्चिज ऑन इंडस्ट्रियल साइकोलॉजी इन इंडिया' और 'जाब सेटिस्फैक्शन इन वर्कर्स' नामक पुस्तकें लिख रहे हैं और राष्ट्रीय सामुदायिक विकास संस्थान द्वारा आयोजित 'सामुदायिक विकास क्षेत्रों में अभिप्रेरणा का स्तर' विषय पर अनुसंधान कर रहे हैं। इसके अतिरिक्त आप अनेक सरकारी संस्थाओं द्वारा आयोजित कार्यक्रमों में भाग ले रहे हैं।

राष्ट्रीय सम्मान—३ से ९ जनवरी, १९६७ तक हैदराबाद में आयोजित भारतीय विज्ञान कांग्रेस के ५४वें अधिवेशन के मनोविज्ञान और शिक्षण विज्ञान अनुभाग के प्रो. सिन्हा अध्यक्ष निर्वाचित किए गए थे।

प्रो. रामचरण मेहरोत्रा

जन्म और शिक्षा—राजस्थान विश्वविद्यालय, जयपुर में रसायनशास्त्र के प्रोफेसर एवं विभागाध्यक्ष पद को सुशोभित कर चुके डॉ. रामचरण मेहरोत्रा वास्तव में उत्तर प्रदेश एवं विशेषतः इलाहाबाद की देन हैं। उनका जन्म १६ फरवरी सन् १९२२ को कानपुर (उ. प्र.) में हुआ था। आपके पिता का नाम श्री आर. बी. मेहरोत्रा एवं माता का नाम श्रीमती सुमन था। आपके एक पुत्र और दो पुत्रियाँ हैं। हाईस्कूल से लेकर एम. एस-सी. तक सभी परीक्षाएँ प्रथम श्रेणी में उत्तीर्ण करने के बाद सन् १९४५ में आपने इलाहाबाद विश्वविद्यालय में अध्यापन-क्षेत्र में पदार्पण किया। इलाहाबाद विश्वविद्यालय में अध्यापन-कार्यरत रहते हुए भी आपने प्रो. धर के निर्देशन में जटिल मेटाफास्फेट विषय पर शोधपूर्ण प्रबंध प्रस्तुत कर डॉक्टरेट की उपाधि (डी. फिल्) सन् १९४८ में प्राप्त की। सन् १९५० में आप विशेष अध्ययन हेतु लंदन विश्वविद्यालय चले गए, जहाँ प्रो. ब्रैडले के मार्गनिर्देशन में दो वर्ष के ही अल्पकाल में धात्विक ऐल्काक्साइड पर महत्त्वपूर्ण शोधकार्य करके पी-एच. डी. की उपाधि प्राप्त की। अभी कुछ वर्षों पूर्व आपके महत्त्वपूर्ण शोधकार्य पर आपको लंदन विश्वविद्यालय से डी. एस-सी. की उपाधि भी मिली है।

अध्यापन-क्षेत्र में—प्रो. मेहरोत्रा एक कुशल शोधकर्ता के साथ-साथ एक वरिष्ठ अध्यापक भी हैं। आप इलाहाबाद, लखनऊ, गोरखपुर तथा राजस्थान विश्वविद्यालयों में अध्यापन-कार्य कर चुके हैं। १९४४ से १९५४ तक इलाहाबाद विश्वविद्यालय में कार्य करने के पश्चात् आपकी नियुक्ति लखनऊ विश्वविद्यालय में रीडर के रूप में हुई जहाँ १९५८ तक कार्यरत रहे। और सन् १९५७ में गोरखपुर विश्वविद्यालय के खुलने पर तत्कालीन उपकुलपति महोदय श्री बी. एन. झा ने आपको रसायन विज्ञान विभाग का अध्यक्ष पद सँभालने के लिए आमंत्रित किया। इस पद पर वह १९५८ से १९६२ तक कार्य करते रहे। इस अवधि में उन्होंने अधिष्ठाता (डीन) विज्ञान संकाय के पद को भी

सुशोभित किया। फिर १९६२ में राजस्थान विश्वविद्यालय में रसायन विभाग की स्थापना होने पर आपको विभागाध्यक्ष पद पर आसीन किया गया। इसके बाद आप १९७५ में दिल्ली विश्वविद्यालय के कुलपति नियुक्त हुए तथा १९७९ तक कार्य करते रहे। यही नहीं, लगभग एक दर्जन से भी अधिक विश्वविद्यालयों के रसायनशास्त्र (विशेष रूप से अकार्बनिक रसायनशास्त्र) के पाठ्यक्रम में सुधार करने में आपका विशेष योगदान रहा है। आप विश्वविद्यालय अनुदान आयोग की रासायनिक पुनर्विलोकन समिति के सक्रिय सदस्य रहे हैं। डॉ. मेहरोत्रा राजस्थान विश्वविद्यालय, जयपुर में रसायशास्त्र में एमेरिटस प्रोफेसर रहे हैं। आप ७ जून, १९९१ ई. से इलाहाबाद विश्वविद्यालय के कुलपति पद को शोभायमान कर रहे हैं।

शोधकार्य में योग—प्रो. मेहरोत्रा के अब तक लगभग ३०० अनुसंधान-पत्र विभिन्न अंतरराष्ट्रीय पत्रिकाओं में प्रकाशित हो चुके हैं। आप लगभग ३६ शोध-छात्रों का मार्गनिर्देशन कर चुके हैं। इनमें २६ को डॉक्टरेट की उपाधि भी मिल चुकी है। आपके अनुसंधान-कार्य की महत्ता का अनुमान इस बात से लगाया जा सकता है कि आपके कार्य का उल्लेख कैमिकल सोसाइटी, लंदन द्वारा प्रकाशित 'रसायन की प्रगति' की वार्षिक रिपोर्ट में १९४९ से १९६४ तक लगभग प्रतिवर्ष ही किया गया है। एक यही क्या, इसके अतिरिक्त आपके कार्य का उल्लेख अनेक पुस्तकों और लेखों में किया गया है। आपके अनुसंधान-क्षेत्र बड़े विस्तृत रहे हैं, परंतु अधिशोषण सूचक (एड्जार्पशन इंडीकेटर), रेडाक्स अनुमापन, जटिल मेटाफास्फेट, धात्विक ऐल्काक्साइड और तत्त्वों के कार्बनिक व्युत्पन्नों में आपकी विशेष रुचि रही है। १९५३ ई. में सर्वप्रथम आपने एल्यूमीनियम कार्बाक्सीलेटों का संश्लेषण किया। आपका यह एक ऐसा कार्य था जिसे प्रसिद्ध रसायनज्ञ प्रो. मैक्बेन, अलेक्जेंडर और माइसेल्स २५ वर्षों तक निरंतर प्रयत्न करने पर भी नहीं कर सके थे और अंत में उन्होंने घोषणा कर दी थी कि ऐसे व्युत्पन्नों का अस्तित्व ही संभव नहीं है। अधिशोषण सूचकों के क्षेत्र में आपके विशेष योगदान के कारण आपको इस विषय पर एक लेख लिखने हेतु अंतरराष्ट्रीय पत्रिका 'टेलेंटा' ने आमंत्रित किया था।

अंतरराष्ट्रीय सम्मेलनों में भाग—प्रो. मेहरोत्रा विभिन्न अंतरराष्ट्रीय सम्मेलनों में भी भाग ले चुके हैं। जटिल मेटाफास्फेटों के क्षेत्र में आपकी खोजों को जानने के लिए मांट्रियल और प्राग में हुई वृहत् अणु रसायन (मैक्रोमॉलीक्यूलर रसायन) के अंतरराष्ट्रीय सम्मेलनों में आपको दो बार सन् १९६१ और सन् १९६५ में आमंत्रित किया गया। आई. यू. पी. ए. सी. के प्रथम तीन सम्मेलनों में १९५७ में पेरिस, १९५९ में म्यूनिख और १९६१ में मांट्रियल में उपर्युक्त उल्लिखित अपना विशिष्ट शोधकार्य प्रस्तुत करने के लिए आपको आमंत्रित किया गया था। सन् १९६४ में जेनेवा में हुए छठे अंतरराष्ट्रीय सम्मेलन में 'हैवी मैटल सोप्स' पर और सन् १९६५ में प्राग में हुए प्रथम अंतरराष्ट्रीय आर्गेनोसिलिकान सम्मेलन में भाषण देने के लिए भी आपको बुलाया गया था। इसके

अतिरिक्त आप अकार्बनिक बहुलकों पर नाटिंघम में हुए अंतरराष्ट्रीय सम्मेलन, यू. एस. ए. में भी भाग ले चुके हैं। सन् १९६१ में आपको अनेक विश्वविद्यालयों और औद्योगिक अनुसंधान प्रयोगशालाओं का निरीक्षण करने के लिए भी आमंत्रित किया गया था।

विज्ञान के प्रचारक—शिक्षण और अनुसंधान के अतिरिक्त प्रो. मेहरोत्रा ने विज्ञान को जन-जन तक पहुँचाने के कार्य में भी बड़ी रुचि ली है। सन् १९४७ से १९५० तक 'विज्ञान' मासिक के संपादक और सन् १९६४ से भारतीय भाषा एकक की सलाहकार समिति के अध्यक्ष के रूप में आपने इस दिशा में विशेष योगदान दिया है। आप 'जर्नल ऑफ कैमिकल सोसाइटी' के अवैतनिक संपादक हैं तथा 'इंडियन जर्नल ऑफ कैमिस्ट्री' के संपादक-मंडल में हैं।

राष्ट्रीय सम्मान—प्रो. मेहरोत्रा इंडियन कैमिकल सोसाइटी और नेशनल एकेडेमी ऑफ साइंसेज, इंडिया के सदस्य हैं। आप इंडियन एकेडेमी ऑफ साइंस तथा कैमिकल सोसाइटी, लंदन के फैलो हैं। आप इंडियन कैमिकल सोसाइटी के वर्ष १९७६-७७ में अध्यक्ष रहे। आप १९८२ में विश्वविद्यालय अनुदान आयोग के सदस्य, १९७७ से १९८१ ई. तक इंडियन यूनियन ऑफ प्योर एंड एप्लाइड कैमिस्ट्री की अकार्बनिक रसायन शाखा के सदस्य तथा १९८१ ई. से इनऑर्गेनिक नौमेनक्लेचर समिति के सदस्य तथा १९६४ ई. में वैज्ञानिक एवं औद्योगिक अन्वेषण परिषद् की भाषायी इकाई के सदस्य हैं। इसके अतिरिक्त आप वैज्ञानिक और औद्योगिक अनुसंधान परिषद् तथा परमाणु ऊर्जा संस्थान की रसायन अनुसंधान समितियों और अनेक विद्वत्सभाओं के सदस्य हैं। आप वैज्ञानिक और औद्योगिक अनुसंधान परिषद् की भारतीय भाषा एकक की सलाहकार समिति के अध्यक्ष हैं। सन् १९६५ में उन्हें डॉ. शांतिस्वरूप भटनागर स्मृति पुरस्कार प्रदान किया गया। आपको १९७५ ई. में फिक्की पुरस्कार, १९७६ में इंडियन नेशनल साइंस एकेडेमी का टी. आर. शेषाद्रि पुरस्कार, १९७८ ई. में इंडियन कैमिकल सोसाइटी का पी. सी. रे पुरस्कार, १९८४ ई. में इंस्टीट्यूट ऑफ साइंस, बंबई का स्वर्ण जयंती (गोल्डन जुबली) पुरस्कार तथा १९८६ ई. में जे. सी. घोष पुरस्कार प्रदान किया गया।

प्रो. मेहरोत्रा व्यावहारिक और सैद्धांतिक अनुसंधान में उचित तालमेल बनाए रखने में बहुत क्रियाशील हैं। दिसंबर सन् १९६५ में नई दिल्ली में आयोजित अनुसंधान उद्योग सम्मेलन में अकार्बनिक रसायन के समूह के संयोजक आप ही थे। ९ जनवरी सन् १९६७ तक हैदराबाद में आयोजित भारतीय विज्ञान कांग्रेस के ५४वें अधिवेशन के रसायन अनुभाग के आप अध्यक्ष थे। सन् १९६७ में भारत सरकार ने आपके शोधकार्यों की महत्ता को स्वीकार करते हुए आपको सर शांतिस्वरूप भटनागर पुरस्कार प्रदान किया। भारत सरकार ने १९८३-८४ ई. में डॉ. मेहरोत्रा को महाविद्यालयों एवं विश्वविद्यालयों के अध्यापकों के लिए गठित वेतन समिति का अध्यक्ष नियुक्त

किया था तथा उनकी अभिशंषाओं को कार्यान्वित कर देश-भर में महाविद्यालयों एवं विश्वविद्यालयों के अध्यापकों के वेतनमान संशोधित किए गए हैं। ७ जनवरी, १९८८ को पुणे विश्वविद्यालय में भारतीय विज्ञान कांग्रेस की प्लेटिनम जुबली के अवसर पर प्रधानमंत्री ने उन्हें पुरस्कार प्रदान किया। हिंदी भाषा के प्रचार एवं प्रसार में उत्कृष्ट योगदान के लिए केंद्रीय हिंदी संस्थान, नई दिल्ली ने डॉ. रामचरण मेहरोत्रा को १३ फरवरी, १९८९ को डॉ. आत्माराम पुरस्कार प्रदान कर सम्मानित किया। ३ जनवरी, १९९३ ई. को भारतीय विज्ञान कांग्रेस के ८०वें सम्मेलन के अवसर पर प्रधानमंत्री पी. वी. नरसिंहराव ने प्रोफेसर रामचरण मेहरोत्रा को विज्ञान शिक्षा के क्षेत्र में उनके योगदान के लिए आशुतोष मुखर्जी पुरस्कार प्रदान कर सम्मानित किया।

प्रकाशित ग्रंथ—आपकी लिखी पुस्तकें—ट्रीटाइजेज ऑन मेडल अल्कोजाइड्स (Treatise on Medal Alkozides), मेडल डी डिकेटोनेट्स (Medal D. Diketonates), एलाइड डेरीवेटिव्स (Allied Derivatives) प्रकाशन वर्ष १९७८ और मेटल कार्बोक्साइलेट्स (Metal Carboxylates) प्रकाशन वर्ष १९८३ प्रकाशित हो चुकी हैं।

व्यक्तित्व—गौरवर्ण, उन्नत ललाट, विद्वत्ता की गरिमा से दीप्त मुखमंडल, सौम्य स्वभाव एवं मधुर-मिष्ठ भाषण, ऐसा प्रभावशाली व्यक्तित्व है प्रोफेसर डॉक्टर रामचरण मेहरोत्रा का, कि जो कोई एक बार भी उनके संपर्क में आया, उनके व्यक्तिव के आकर्षण को जीवन-भर नहीं भूल सकता।

डॉ. हरी नारायण

डॉ. हरी नारायण का जन्म २१ सितंबर सन् १९२२ को हुआ था। वह इलाहाबाद, उत्तर प्रदेश के निवासी हैं। उन्होंने सन् १९३७ में यू. पी. बोर्ड से हाईस्कूल परीक्षा प्रथम श्रेणी में उत्तीर्ण की थी। सन् १९३९ में उन्होंने यू. पी. बोर्ड से इंटरमीडिएट परीक्षा प्रथम श्रेणी में उत्तीर्ण की तथा समस्त उत्तर प्रदेश में उनका स्थान द्वितीय रहा। सन् १९४२ में उन्होंने इलाहाबाद विश्वविद्यालय से भौतिकी विषय लेकर बी. एस-सी. ऑनर्स परीक्षा प्रथम श्रेणी में प्रथम स्थान पर उत्तीर्ण की। सन् १९४३ में उन्होंने इलाहाबाद विश्वविद्यालय से भौतिकी विषय में एम. एस-सी. परीक्षा प्रथम श्रेणी एवं प्रथम स्थान पर उत्तीर्ण की। सन् १९५० में उन्होंने इलाहाबाद विश्वविद्यालय से भौतिकी में डॉक्टर ऑफ फिलॉसफी की उपाधि प्राप्त की तथा सन् १९५४ में आस्ट्रेलिया के सिडनी विश्वविद्यालय से ज्यो-भौतिकी में पी-एच. डी. की उपाधि अर्जित की। डॉ. हरी नारायण का अंग्रेजी और हिंदी भाषाओं पर पूर्ण अधिकार है।

डॉ. हरी नारायण जनवरी सन् १९४६ से जुलाई १९४७ तक कायस्थ पाठशाला कॉलेज, इलाहाबाद में भौतिकी विषय के प्रवक्ता रहे। अगस्त १९४७ से फरवरी १९५० तक वे इलाहाबाद विश्वविद्यालय में भौतिकी विषय के प्रवक्ता रहे। फरवरी १९५० से फरवरी १९५२ तक वे आस्ट्रेलिया के सिडनी विश्वविद्यालय में यूनेस्को के शोध फैलो रहे। मार्च सन् १९५२ से जून सन् १९५६ तक वे सिडनी विश्वविद्यालय, आस्ट्रेलिया में ज्यो-भौतिकी के प्रभारी व्याख्याता रहे तथा कुछ तेल और खनिज अन्वेषी कंपनियों के परामर्शदाता के रूप में भी आस्ट्रेलिया में कार्यरत रहे। जुलाई सन् १९५६ से फरवरी सन् १९५७ तक तेल और प्राकृतिक गैस आयोग में ज्यो-भौतिकविद् (वरिष्ठ) के पद पर तथा फरवरी सन् १९५७ से फरवरी सन् १९६२ तक वे वहीं अधीक्षक ज्यो-भौतिकविद् के पद पर कार्यरत रहे। मार्च १९६२ से मार्च सन् १९६४ तक वे तेल और प्राकृतिक गैस आयोग के अनुसंधान और प्रशिक्षण संस्थान के निदेशक रहे। अप्रैल सन् १९६४

से सितंबर सन् १९८० तक वे राष्ट्रीय ज्यो-भौतिक अनुसंधान संस्थान, हैदराबाद के निदेशक रहे।

डॉ. हरी नारायण का संबंध कई राष्ट्रीय और अंतरराष्ट्रीय संस्थाओं और संगठनों से रहा है। वे अमेरिकन एसोसिएसन ऑफ एक्सप्लोरेसन ज्योफिजिक्स और यूरोपियन एसोसिएशन ऑफ एक्सप्लोरेशन ज्योफिजिसिस्ट्स के सदस्य, इंडियन ज्योफिजिकल यूनियन के फैलो, ज्योलॉजीकल सोसाइटी ऑफ इंडिया के फैलो, ज्योकैमीकल सोसाइटी ऑफ इंडिया के सदस्य, इंडियन सोसाइटी ऑफ इंजीनियरिंग ज्योलॉजी के सदस्य इंडियन सोसाइटी ऑफ अर्थक्वेक टैक्नोलॉजी के सदस्य, इंडियन ज्योसाइंस एसोसिएशन के फैलो और भारतीय विज्ञान परिषद् के सदस्य रहे। वे जर्नल ऑफ साइंटिफिक एंड इंडस्ट्रियल रिसर्च के संपादक मंडल के सदस्य, तेल और प्राकृतिक गैस आयोग के अनुसंधान और प्रशिक्षण संस्थान की सलाहकार परिषद् के सदस्य, भारत सरकार की वैज्ञानिक और औद्योगिक अनुसंधान परिषद् की ज्योलॉजीकल और मिनरोलॉजीकल शोध समिति के सदस्य, ज्यो-भौतिकी शोध-मंडल के सदस्य, सचिव, इंटरनेशनल हाइड्रोलॉजिकल डिकेड की भारतीय राष्ट्रीय समिति के सदस्य, इंडियन नेशनल कमेटी फॉर आई. क्यू. एस. वाई. के सदस्य, भारत सरकार के खान और धातु मंत्रालय के ज्योलॉजीकल कार्यक्रम मंडल के सदस्य, भारत सरकार के भू-विज्ञान के प्रशासनिक सुधार आयोग के विशेषज्ञ दल के सदस्य, भारत सरकार के इंडियन स्कूल ऑफ माइंस एंड ज्योलॉजी, धनबाद की कार्यकारिणी समिति के सदस्य, भारत सरकार के विश्वविद्यालय अनुदान आयोग के भू-विज्ञान के विशेषज्ञ दल के सदस्य, पर्यावरण विज्ञान और वैज्ञानिक जल विद्युत् पर अनुसंधान समिति के सदस्य, भारत सरकार के इंस्टीट्यूट आफ हिमालयन ज्योलॉजी की कार्यकारिणी के सदस्य तथा भारत सरकार के योजना आयोग के जल संसाधनों के विशेषज्ञ दल के सदस्य रहे।

डॉ. हरी नारायण को कई महत्त्वपूर्ण कार्यों का दायित्व भी सौंपा गया था। दिसंबर सन् १९५८ में नई दिल्ली में संयुक्त राष्ट्रसंघ के तत्त्वावधान में तेल और प्राकृतिक गैस आयोग द्वारा एशिया और सुदूरपूर्व में पैट्रोल के संसाधनों के विकास पर आयोजित सम्मेलन के वह प्रभारी अधिकारी नियुक्त किए गए थे। सन् १९६० में बैंकाक में हवाई सर्वेक्षण पर संयुक्त राष्ट्रसंघ द्वारा आयोजित सेमिनार के समय वे अनुसंधान और प्रशिक्षण समिति के अध्यक्ष नियुक्त किए गए। जून सन् १९६५ में एशियन समुद्रतटीय क्षेत्रों में संयुक्त ज्यो-भौतिकी सर्वेक्षण के लिए संयुक्त राष्ट्रसंघ के विशेषज्ञ दल के वह अध्यक्ष बनाए गए थे।

डॉ. हरी नारायण अनेक देशों की यात्रा कर चुके हैं। फरवरी सन् १९५० से जून सन् १९५६ तक वह आस्ट्रेलिया में रहे। जनवरी सन् १९६० में हवाई सर्वेक्षण पर संयुक्त राष्ट्रसंघ द्वारा आयोजित सेमीनार में वह भारतीय प्रतिनिधि मंडल के सदस्य के रूप में बैंकाक गए। फरवरी सन् १९६० से जून सन् १९६० तक वे संयुक्त राज्य

अमेरिका, कनाडा और इंग्लैंड की यात्रा पर गए और वहाँ तेल कंपनियों और ज्यो-भौतिकी प्रयोगशालाओं का अवलोकन किया। जुलाई सन् १९६० से अगस्त सन् १९६० तक वे फ्रांस, इटली और जर्मनी में तेल कंपनियों और ज्यो-भौतिकी प्रयोगशालाओं को देखने गए। जून-जुलाई सन् १९६१ में वह तेल और प्राकृतिक गैस आयोग के प्रतिनिधिमंडल के सदस्य के रूप में पेरिस और इटली की यात्रा पर गए। फरवरी-मार्च सन् १९६२ में न्यूयार्क में आयोजित पैट्रोल विकास तकनीक पर संयुक्त राष्ट्र अंतर-क्षेत्रीय सेमीनार में भारतीय प्रतिनिधि के रूप में गए। अक्टूबर सन् १९६४ में ज्योडेसी और ग्रेविटी पर सेमीनार में भाग लेने के लिए वह चैकोस्लोवाकिया गए। जनवरी सन् १९६५ में वे आस्ट्रेलिया की यात्रा पर गए, जहाँ उन्होंने सिडनी और कैनबरा में केंद्रीय वैज्ञानिक और औद्योगिक अनुसंधान संगठन, खनिज संसाधनों के ब्यूरो और आस्ट्रेलियायी राष्ट्रीय विश्वविद्यालय का अवलोकन किया। भूकंप इंजीनियरिंग पर विश्व सम्मेलन में भाग लेने के लिए वे वैज्ञानिक और औद्योगिक अनुसंधान परिषद् के प्रतिनिधि के रूप में जनवरी-फरवरी सन् १९६५ में न्यूजीलैंड गए। पश्चिमी जर्मनी के सरकार के निमंत्रण पर वे मई-जून की १९६५ में पश्चिमी जर्मनी की सद्‌भावना यात्रा पर गए। इंटरनेशनल हाइड्रोलॉजीकल डिकेड के यूनेस्को सम्मेलन में भारतीय प्रतिनिधि के रूप में वे जून १९६५ में फ्रांस गए। जुलाई १९६५ में एशियन समुद्रतटीय क्षेत्रों में संयुक्त ज्यो-भौतिकी सर्वेक्षण के लिए संयुक्त राष्ट्रसंघ की विशेषज्ञ समिति में उन्हें बैंकाक बुलाया गया, जिसके वह अध्यक्ष बनाए गए। अगस्त-सितंबर, १९६६ में वे पैसिफिक साइंस कांग्रेस में भाग लेने जापान गए, जहाँ उन्होंने अपने दो शोधपत्र प्रस्तुत किए। अप्रैल-मई, १९६८ में सोवियत विज्ञान अकादमी के निमंत्रण पर वे सोवियत रूस की यात्रा पर गए और वहाँ ज्यो-भौतिकी संस्थानों का अवलोकन किया।

डॉ. हरी नारायण की शोधकार्य में गहरी अभिरुचि रही है। उनका मुख्य क्षेत्र आधारभूत और प्रयोगात्मक ज्यो-भौतिकी के अंतर्गत पृथ्वी की समस्याएँ; तेल और खनिज अन्वेषण रहा है। उन्होंने भौतिकी में मॉलीक्यूलर और क्रिस्टल संगठन, गुरुत्वाकर्षण और चुंबकीय सर्वेक्षण, चट्‌टानों का संदेहात्मक विनिश्चयीकरण, सीसोमोलॉजी, पैलियोमैगनेटिज्म एवं ताप प्रवाह नाप, भारत का महाद्वीपीय परिसीमन पर शोधकार्य किया एवं अनेक वैज्ञानिक शोधपत्र एवं लेख भारतीय और विदेशी पत्रिकाओं में प्रकाशित कराए तथा राष्ट्रीय और अंतरराष्ट्रीय वैज्ञानिक परिषदों में प्रस्तुत किए। उन्होंने सिडनी विश्वविद्यालय, आस्ट्रेलिया और राष्ट्रीय ज्यो-भौतिकी अनुसंधान, हैदराबाद में ज्यो-भौतिकी में एम. एस-सी. और पी-एच. डी. के छात्रों को शोधकार्य में मार्गदर्शन प्रदान किया।

डॉ. हरीनारायण का वैवाहिक एवं दांपत्य जीवन बड़ा सुखद रहा है। उनके दो संतानें हैं।

डॉ. हरगोविंद खुराना

जन्म और शिक्षा—नोबुल पुरस्कार विजेता डॉ. हरगोविंद खुराना का जन्म ९ जनवरी सन् १९२२ को पंजाब प्रांत के मुल्तान जिले के रायपुर गाँव में हुआ था। अब यह स्थान पाकिस्तान में है। उनके पिता गाँव में पटवारी थे। बचपन में ही उनके पिता की मृत्यु हो गई। उनकी प्रारंभिक शिक्षा गाँव रायपुर और मुल्तान में हुई। आपने डी.ए.वी. हाईस्कूल, मुल्तान से हाईस्कूल परीक्षा उत्तीर्ण की। आपके अध्यापक श्री दीनानाथ का कथन है—"जब मैट्रिक्यूलेशन परीक्षा का परिणाम घोषित हुआ, मैंने उसे रोते हुए पाया। वह सर्वश्रेष्ठ छात्रों की सूची में सर्वप्रथम छात्र से १८ अंक कम ६९४ अंक प्राप्त कर दूसरे स्थान पर आया था।" हरगोविंद श्री दीनानाथ के निवास-स्थान पर अकसर आया करता था, क्योंकि उसका भाई उनके यहाँ रहता था।

हाईस्कूल परीक्षा उत्तीर्ण करने के पश्चात् आपने डी. ए. वी. कॉलेज, लाहौर में प्रवेश प्राप्त किया। वहाँ आपने ससम्मान सन् १९४३ में पंजाब विश्वविद्यालय से बी. एस-सी. परीक्षा उत्तीर्ण की तथा सन् १९४५ में एम. एस-सी. की उपाधि प्राप्त की। यहाँ पर वर्तमान पंजाब विश्वविद्यालय, चंडीगढ़ में भौतिक-रसायनशास्त्र के प्रोफेसर डॉ. बी. आर. पुरी. आपके अध्यापक थे।

रसायनशास्त्र में आगे खोज-कार्य करने के लिए खुराना को भारत सरकार से छात्रवृत्ति प्राप्त हुई और वे सन् १९४६ में इंग्लैंड चले गए। वहाँ उन्होंने सन् १९४८ में लिवरपूल विश्वविद्यालय से पी-एच. डी. की उपाधि अर्जित की।

इस बीच देश का विभाजन हो गया। हरगोविंद खुराना की माँ और बड़े भाई दिल्ली चले आए। भारत लौटने पर स्वतंत्र भारत की सरकार ने डॉ. खुराना की छात्रवृत्ति को एक वर्ष के लिए बढ़ा दिया। अतः वह एक वर्ष के लिए विशेष अध्ययनार्थ स्विट्जरलैंड के यूरिच नगर को चले गए। वहाँ अपना खोज-कार्य पूरा करके जब वे दिल्ली वापस आए, तो यहाँ उन्हें कोई मनपसंद पद नहीं मिला। अतः डॉ. खुराना पुनः

इंग्लैंड वापस चले गए और वहाँ सन् १९४९ से १९५२ तक उन्होंने न्यू फील्ड रिसर्च फैलो के रूप में कैम्ब्रिज विश्वविद्यालय में अध्ययन और खोज-कार्य किया। सन् १९५२ में वे कनाडा चले गए। कनाडा जाने से पहले सन् १९५२ में उन्होंने स्विट्जरलैंड की एक तरुणी से विवाह कर लिया था। डॉ. खुराना के दो पुत्रियाँ हैं। एक का नाम एमिला है और दूसरी का नाम है जूली।

डॉ. खुराना अपने पिता के सबसे छोटे पुत्र हैं। आपके तीन बड़े भाई आजकल देहली में रहते हैं। आपके एक भाई श्री नंदलाल देहली में हायर सैकंड्री स्कूल में अध्यापक हैं। आपके दूसरे भाई आजकल जयपुर में है। डॉ. खुराना विदेश में रहते हुए भी अपने परिवार की आर्थिक सहायता करते रहते हैं। वे अपने एक आर्थिक-संकटग्रस्त भाई को नियमित रूप से धन भेजते रहते हैं। वे समय-समय पर अपने परिजनों से मिलने हेतु भारत आते भी रहते हैं।

व्यवसाय-अनुसंधान और सम्मान—डॉ. खुराना ने आर्गनिक रसायनशास्त्री के रूप में अपना व्यावसायिक जीवन प्रारंभ किया। सन् १९५० से १९५२ तक आपने कैम्ब्रिज विश्वविद्यालय, इंग्लैंड में नोबुल पुरस्कार विजेता श्री ए. टॉड के साथ न्यूक्लोटाइड्स नामक मिश्रित जैविक पदार्थ निर्माण हेतु कार्य किया। कनाडा में डॉ. खुराना सन् १९५२ में वैंकुवर स्थित ब्रिटिश कोलंबिया विश्वविद्यालय की ब्रिटिश कोलंबिया रिसर्च काउंसिल के आर्गनिक रसायनशास्त्र विभाग (जैव रासायनिक विभाग) के अध्यक्ष नियुक्त किए गए। इस पद पर वे सन् १९६० तक कनाडा में कार्य करते रहे। इस पद पर कार्य करते हुए डॉ. खुराना डॉ. जॉन जी. मोफट के साथ मिलकर को-एनजाइम का क्रिया-संबंधी महत्त्वपूर्ण अनुसंधान करने पर अंतरराष्ट्रीय वैज्ञानिक जगत् में विख्यात हो गए। इस प्रकार उन्होंने जीवन की इकाइयों से संबंधित रसायनों की खोज की। डॉ. खुराना बुनियादी तौर पर एक रसायनज्ञ हैं।

सन् १९५८ में आर्गनिक रसायन विज्ञान तथा जीवाणु रसायन विज्ञान के क्षेत्र में उल्लेखनीय योगदान के उपलक्ष्य में कनाडा की ओषध विज्ञान संस्था 'कैमिकल इंस्टीट्यूट ऑफ कनाडा' ने आपको 'मर्क अवार्ड' नामक पुरस्कार प्रदान किया। सन् १९६० में सराहनीय शोधकार्य करने के कारण उन्हें 'प्रोफेशन इंस्टीट्यूट ऑफ द पब्लिक सर्विस ऑफ कनाडा' का स्वर्ण पदक भी दिया गया। सन् १९५८ से वह रॉकफैलर संस्थान में अतिथि प्रोफेसर (विजिटिंग प्रोफेसर—Visiting Professor) के रूप में कार्य कर रहे हैं।

सन् १९६० में डॉ. खुराना कनाडा से संयुक्त राज्य अमेरिका चले गए। इसी वर्ष वहाँ मैडिसन के विस्कोंसिन विश्वविद्यालय में आपको प्रकिण्व अनुसंधान संस्थान (इंस्टीट्यूट ऑफ एंजाइम रिसर्च) के प्राध्यापक एवं सहनिदेशक नियुक्त किया गया, जहाँ वह सन् १९७० तक कार्य करते रहे। यहाँ पर उन्होंने तथा उनके अन्य सहयोगी वैज्ञानिकों ने मिलकर रसायन विज्ञान के माध्यम से 'पोली न्यूक्लिसोटाइड्स' के निर्माण

की संपूर्ण प्रक्रिया को उद्घाटित करने में प्रथम बार सफलता प्राप्त की है। डॉ. खुराना ने सन् १९६९ में अनेक न्यूक्लोटाइड्स जोड़ने का प्रयोग प्रारंभ किया था। उनका अंतिम लक्ष्य था न्यूक्लोटाइड्स के मिश्रण सहित न्यूक्लिड अम्ल को परखनली में संश्लेषण करने में समर्थ होना। इस सम्मिश्रित न्यूक्लिड अम्ल ने डॉ. खुराना को जीन-कोड (genetic code) के आविष्कार में सफलता प्रदान की। इस आविष्कार से जीवन का रहस्य खुल सकने की संभावना है। इस प्रकार एंजाइमों के बारे में डॉ. खुराना ने विशेष खोज की है। इस आविष्कार पर आपको विश्वविख्यात नोबुल पुरस्कार दो अन्य अमेरिकन वैज्ञानिकों के साथ सन् १९६८ में शरीर विज्ञान और चिकित्सा विज्ञान के क्षेत्र में प्रदान किया गया। इस जीन-कोड का प्रयोग कोशिका प्रोटीन के संश्लेषण में करती है। यह उन 'डी एन ए' कणों की शृंखला अथवा कड़ियाँ हैं जो प्रत्येक पीढ़ी के मानवों के वंशानुगत गुणों को निर्धारित करते हैं।

डॉ. खुराना नोबुल पुरस्कार प्राप्त करनेवाले तीसरे भारतीय तथा दूसरे भारतीय वैज्ञानिक हैं। सर्वप्रथम यह पुरस्कार सन् १९१३ में विश्वकवि डॉ. रवींद्रनाथ ठाकुर को साहित्य विषय में गीतांजलि की रचना पर तथा सन् १९३० में भौतिक विज्ञान में 'रमन किरण' के आविष्कार पर डॉ. चंद्रशेखर रमन को प्रदान किया गया था। कुछ वर्षों पूर्व विस्कोंसिन विश्वविद्यालय की एंडोम रिसर्च इंस्टीट्यूट ने उन्हें निदेशक पद पर नियुक्त करने का प्रस्ताव रखा था।

संभवतया आप इस बात को जानकर आश्चर्य एवं सोच में पड़ गए हों कि डॉ. खुराना तो रसायनज्ञ हैं, फिर उन्हें शरीर विज्ञान और चिकित्सा विज्ञान का नोबुल पुरस्कार क्योंकर प्रदान किया गया है! रसायन और जीव विज्ञान में मेल कैसा! वास्तव में तथ्य यह है कि सभी प्रकार के जीवों का निर्माण कतिपय विशेष रासायनिक तत्त्वों के संयोग से ही होता है। जिस प्रकार सभी जीवों के लिए हाइड्रोजन, नाइट्रोजन, कार्बन आदि तत्त्व आवश्यक होते हैं, उसी प्रकार इन तत्त्वों के सैकड़ों, हजारों परमाणुओं के संयोग से जीवन के अणु बनते हैं, जिनसे जीवन की इकाइयाँ बनती हैं। जैव रसायन में इस प्रकार के जैव अणुओं का अध्ययन किया जाता है। अब जीवन का अध्ययन रासायनिक अणुओं के स्तर तक पहुँच जाने से इस विषय को आणविक जैविकी भी कहा जाने लगा है। डॉ. खुराना इसी क्षेत्र में अनुसंधान में कार्यरत हैं।

हम सब यह भलीभाँति जानते हैं कि माता-पिता के गुण उनकी संतान में उतर आते हैं। गोरे माता-पिता के बच्चे प्रायः गोरे रंग के होते हैं। माता-पिता की तरह उनकी संतान के नाक-नक्श होते हैं। यदि माता-पिता की आँखें कंजी हों, तो उनकी संतान की आँखें भी कंजी होती हैं। ऐसा क्यों और किस प्रकार होता है? विश्व के अगणित वैज्ञानिक अनेक वर्षों से इस समस्या के निराकरण हेतु अनुसंधान में व्यस्त थे। पीढ़ी-दर-पीढ़ी में पाए जानेवाले गुण आनुवंशिक गुण अथवा वंशानुगत गुण कहलाते हैं। अतः अब इस विषय को आनुवंशिकी कहते हैं। इस विषय के प्रतिपादक यूरोप के

वैज्ञानिक जोहान ग्रेगोर मेण्डल थे जिन्होंने मटर के पौधों का अध्ययन करके यह पता लगाया था कि एक पीढ़ी के गुण दूसरी पीढ़ी में किस प्रकार पहुँच जाते हैं। भारत में प्राप्त सफेद बाघ हम दिल्ली, कलकत्ता और भुवनेश्वर की जंतुशालाओं में देख सकते हैं। सन् १९५१ में रीवां महाराज ने एक सफेद बाघ का मेल एक नारंगी रंग की बाघिन से कराया जिससे नारंगी रंग के १० बच्चे पैदा हुए। फिर इन दस में से एक नारंगी रंग की बाघिन का मेल सफेद रंग के बाघ से कराने पर १४ बच्चे पैदा हुए, जिनमें ११ सफेद और शेष ३ सामान्य रंग के थे। इस प्रकार मेल-मिलाप अथवा संस्करण द्वारा पशुओं की नस्लें और अनाजों की किस्मों में सुधार किया जाता है। बहुत प्राचीन काल से ही मनुष्य इस प्रकार संकरण विधि से पशुओं की नस्ल में और अनाजों की किस्मों में निरंतर सुधार करता आया है, लेकिन यह सुधार किन नियमों के अनुसार और क्यों होता है, इसके बारे में सही जानकारी हमें पिछले लगभग ३० वर्षों से ही मिली है।

संतान में माता-पिता के गुणों को उतारने में सहायक तत्त्व उनके शरीर में कोशिकाओं में एक केंद्र में क्रोमोसोम अथवा गुणसूत्र होते हैं। माता-पिता से संतान में पहुँचनेवाले गुणों की जानकारी प्रदान कर डॉ. हरगोविंद खुराना ने बड़ा महत्त्वपूर्ण कार्य किया है। इतना ही नहीं, उनके वैज्ञानिक दल ने कृत्रिम रूप से प्रयोगशाला में एक जीन का निर्माण किया है और इस प्रकार जीन में रद्दोबदल कर संतान के गुणों में परिवर्तन किया जा सकता है तथा रंग-रूप को बदला जा सकता है। मियावी (फ्लोरिडा) विश्वविद्यालय के आणविक विकास संस्थान के जीव-रसायनज्ञ डॉ. सिडनी फॉक्स ने प्रयोगशाला में ऐसा पर्यावरण तैयार किया है जिसमें साधारण जड़ पदार्थ कुछ ऐसे पेचीदा ढंग से समन्वित हो जाते हैं कि उन पदार्थों में चेतना की अनेक विशिष्टताएँ आ जाती हैं। इस तरह उत्पन्न किए गए कण शिशुकणों को जन्म दे सकते हैं, और अपना पालन करने तथा विकसित होने में समर्थ हैं। डॉ. फॉक्स का मत है कि कोषाणु सरीखे ये कण पूर्व चेतना के ही रूप हैं जिनसे आज का जीवन शुरू हुआ होगा। उनका कथन है कि जिन तत्त्वों से यह संभव हुआ है, वे पर्यावरणात्मक हैं। ये तत्त्व आदिम युगीन पृथ्वी पर विद्यमान थे, आज भी धरती पर हैं और समस्त विश्व में तथा ग्रह-नक्षत्रों पर भी सक्रिय हो सकते हैं। आनुवंशिकी के क्षेत्र में डॉ. हरगोविंद खुराना की इस सफलता से वैज्ञानिकों के प्रयास फलीभूत हो गए हैं।

जीवाणु विज्ञान के क्षेत्र में कोनराड ए. एल्वेजेम प्रोफेसरशिप प्राप्त करनेवालों में डॉ. खुराना सर्वप्रथम व्यक्ति हैं। इस प्रोफेसरशिप की व्यवस्था विश्वविद्यालय के स्वर्गीय अध्यक्ष के नाम पर की गई है, जिनकी गणना विश्व के प्रमुख जीवाणु विशेषज्ञों में होती थी। डॉ. खुराना की गणना न्यूक्लियर एसिड विज्ञान जेनेटिक कोड वंशानुगत प्रभावों का सृजन करनेवाली रासायनिक प्रक्रिया संबंधी विज्ञान तथा कृत्रिम साधनों द्वारा वंशानुगत विशेषताओं का नियंत्रण करने संबंधी विज्ञान के माने हुए अंतरराष्ट्रीय विशेषज्ञ के रूप में होती है।

डॉ. खुराना का कथन है—"विस्कोंसिन आने से पूर्व मेरे सामने कई संभावनाएँ—उदाहरण के लिए, कैलिफोर्निया में और रॉकफैलर संस्थान में जाने की, आईं; किंतु मैंने एंजाइम इंस्टीट्यूट के कारण विस्कोंसिन को ही चुना। यह संस्थान अमेरिका में अपनी किस्म का अकेला संस्थान है। एक कारण यह भी था कि यहाँ मुझपर पढ़ाने या विभागीय कार्य करने की पाबंदी नहीं थी। फिर भी, मुझे एक बड़े विश्वविद्यालय से संबद्ध होने का अवसर मिला।"

डॉ. खुराना की टोली में डॉक्टर की उपाधि प्राप्त कर चुके १५ व्यक्ति और कुछ सहायक कर्मचारी सम्मिलित हैं। डॉक्टर की उपाधि प्राप्त कर चुके व्यक्ति विश्व के सभी भागों—जापान, जर्मनी, नेपाल, ब्रिटेन, बेल्जियम, आस्ट्रेलिया, न्यूजीलैंड और भारत से उनके यहाँ अनुसंधान-कार्य करने आए हैं। उनके सहायकों में एक हैं भारत के केरल राज्य के डॉ. टी. मथाई जैकब।

डॉ. खुराना का कहना है—"डॉ. एल. निशिमपुरा जापान लौट गए हैं, जहाँ वह टोकियो में एक अनुसंधान टोली तैयार करनेवाले हैं। अधिकांश व्यक्ति यहाँ अपना कार्य पूरा करके अपने देश वापस लौट जाते हैं, जहाँ वे अपना अनुसंधान जारी रखते हैं।"

उन्होंने आगे कहा—"यहाँ विस्कोंसिन विश्वविद्यालय में हमने विशुद्ध रासायनिक साधनों द्वारा आधारभूत सूचना, उसके आधारभूत गुणों और स्वभाव के रूप में वंश-परंपरा सूत्र को स्पष्ट करने में योग दिया है। अब हम विभिन्न पहलुओं के संबंध में आगे और अनुसंधान करेंगे। हमने यह दिखला दिया है कि जीव-रसायन विज्ञान का प्रयोग जीव विज्ञान-संबंधी समस्याओं पर हो सकता है। अभी हम ऐसी विधियों के विषय में खोज कर रहे हैं, जो यहाँ पिछले वर्षों में विकसित हुई हैं। हम उन्हें प्रयुक्त करने की नई विधियाँ ढूँढ़ने की बात सोच रहे हैं, क्योंकि वे निराली हैं। निस्संदेह, हमारी प्रयोगशाला का मुख्य योगदान वंशविज्ञान के अध्ययन में रसायन विज्ञान का प्रयोग है।"

डॉ. खुराना अमेरिकन नेशनल एकेडेमी ऑफ साइंसेज के सदस्य हैं। यह ऐसा सम्मान है जो विशिष्ट अमेरिकन वैज्ञानिक को ही प्रदान किया जाता है। डॉ. खुराना का नाम अमेरिका में जीव विज्ञान के प्रत्येक छात्र को विदित है। सन् १९६७ में जीव विज्ञान के क्षेत्र में आपके अनुसंधान-कार्य के लिए आपको यूरोप में सम्मानित किया गया।

अप्रैल सन् १९६८ में डॉ. खुराना ने अतलांतक सिटी में आयोजित वैज्ञानिक सम्मेलन में अपने अनुसंधान पर प्रकाश डाला था। सन् १९६७ में टोकियो में आयोजित सातवीं जीव-रसायन अंतरराष्ट्रीय कांग्रेस में उद्घाटन भाषण के लिए आपको आमंत्रित किया गया था।

डॉ. खुराना सन् १९७० से अमेरिका की मैसेच्यूसेट्स इंस्टीट्यूट ऑफ टेक्नोलॉजी में रसायन एवं जीव विज्ञान के प्राध्यापक हैं। वह आज भी अपने वैज्ञानिक

दल के साथ खोज-कार्य में तत्पर हैं। दिसंबर १९८३ में नई दिल्ली में आयोजित आनुवंशिकी की १५वीं अंतरराष्ट्रीय कांग्रेस में भाग लेने के लिए डॉ. खुराना भारत आए थे। २६ जून, १९८८ को डॉ. हरगोविंद खुराना को अमेरिकन राष्ट्रपति रोनाल्ड रीगन ने 'नेशनल मैडल ऑफ साइंस' पुरस्कार से सम्मानित किया। अमेरिका का यह सर्वोच्च राष्ट्रीय वैज्ञानिक पुरस्कार डॉ. खुराना को जीव विज्ञान के क्षेत्र में उल्लेखनीय कार्य के लिए दिया गया। 'जीन्स' के संश्लेषण की विधि खोजने का श्रेय उन्हीं को प्राप्त है। डॉ. खुराना अमेरिका का यह सर्वोच्च पुरस्कार प्राप्त करनेवाले पाँच वैज्ञानिकों में से एक हैं। व्हाइट हाउस की एक घोषणा के अनुसार डॉ. खुराना को 'जीन संरचना और त्वचा के कार्य तथा विभाजन' के क्षेत्र में महत्त्वपूर्ण शोधकार्यों के लिए यह राष्ट्रीय पुरस्कार प्रदान किया गया है। घोषणा के अनुसार डॉ. खुराना की इस शोध का जीव विज्ञान तथा रसायन विज्ञान में काफी महत्त्व है। डॉ. खुराना ने पिछले एक दशक में अपना शोधकार्य 'जीन्स' से हटाकर 'दृष्टि एवं प्रकाश' पर कर दिया है। इस समय वे प्रोटीन पर प्रकाश के प्रभाव और मानव के प्रकाशग्राही कोषों पर प्रभाव के विषय में शोध कर रहे हैं। उनके अनुसार इस शोधकार्य का उद्देश्य प्रकाश का रासायनिक विश्लेषण, प्रभाव और दृष्टि पर महत्त्व समझना है। डॉ. खुराना के अनुसार प्रकाश पर काम करने की प्रेरणा उन्हें प्रसिद्ध भारतीय वैज्ञानिक सर सी. वी. रमन की एक पुस्तक से प्राप्त हुई। डॉ. खुराना ने कहा कि प्रकाश पर शोध करने की उनकी रुचि कुछ वर्ष पूर्व आगरा में ताजमहल देखने के बाद बढ़ी। उन्होंने कहा कि चाँदनी रात में ताजमहल के सामने खड़े हो जाइए, तथा एक घंटे बाद इसका समूचा आकार साफ देख सकते हैं। कुछ और देर रुकने के बाद ताजमहल रात में भी उतना ही साफ दिखेगा, जितना कि दिन में सूरज के प्रकाश के सामने दिखता है। इसके अलावा कुछ परिवर्तन की दृष्टि से भी उन्होंने अपना शोध-क्षेत्र बदला।

अमेरिकन नागरिकता—अपने ज्ञान का अधिक उपयुक्त उपयोग करने का अवसर प्राप्त करने हेतु डॉ. खुराना भारत से बाहर समय-समय पर जिन देशों में पहुँचे, उनमें ब्रिटेन, कनाडा और अमेरिका मुख्य हैं। सन् १९६४ से वे अमेरिका में ही हैं। सन् १९६६ में उन्हें अमेरिका ने स्थायी रूप से नागरिकता प्रदान की है।

व्यक्तित्व और स्वभाव—डॉ. जी. पी. तलवार के शब्दों में, "डॉ. खुराना बहुत ही सरल, सहृदय और मेहनती व्यक्ति हैं।" दो वर्ष से कम अवधि की मेहनत में उन्होंने अद्भुत खोज की, जबकि संसार में अन्य लोगों को अनेक वर्ष लगते हैं।

एच. एन. सेठना

भारत में प्राचीन काल में गणित, ज्योतिष, खगोल विज्ञान आदि की समृद्ध परंपरा रही है। मध्यकाल में अवश्य ही इन क्षेत्रों में शोधकार्यों में कुछ कमी आई किंतु अध्ययन, अनुवाद एवं ज्ञान का आदान-प्रदान चलता रहा। आइने-अकबरी के अध्ययन से सोलहवीं शताब्दी के भारतीय ज्ञान-विज्ञान की पर्याप्त जानकारी मिलती है।

अंग्रेजी भाषा के माध्यम से संपूर्ण विश्व का ज्ञान भारत में आया। जो भारत अब तक ज्ञान के कई क्षेत्रों में जगद्‌गुरु माना जाता रहा है, वह गणित एवं भौतिक विज्ञान के क्षेत्र से समृद्ध देशों का शिष्य बना।

सन् १९४७ में भारत के स्वतंत्र होने से बहुत समय पूर्व कई भारतीय वैज्ञानिक विदेशों से विभिन्न वैज्ञानिक शाखाओं में शिक्षा प्राप्त कर स्वदेश वापस आए। उनकी यह हार्दिक इच्छा थी कि अपने देश के लिए वे ऐसा कुछ करें कि उसका नाम एक बार फिर विश्व में रोशन हो जाए। ऐसे ही एक भौतिकशास्त्री हैं डॉ. एच. एन. सेठना। वह एक लंबी अवधि तक स्वतंत्र भारत में परमाणु ऊर्जा कार्यक्रम से संबद्ध रहे। डॉ. सेठना के कुशल मार्गदर्शन में ही भारत ने १८ मई, १९७४ को राजस्थान के जैसलमेर जिले के पोखरन नामक कस्बे में सर्वप्रथम भूमिगत परमाणु विस्फोट किया था। विस्फोट की सफलता की सूचना उन्होंने प्रधानमंत्री को एक गुप्त सांकेतिक वाक्य में प्रेषित की थी। वह वाक्य था 'बुद्ध आ रहा है।' यह सूचना तत्काल समस्त विश्व में फैल गई कि भारत विश्व की छठी परमाणु शक्ति बन गया है, यद्यपि भारत सरकार की नीति परमाणु शक्ति का उपयोग केवल शांतिपूर्ण कार्यों के लिए ही करना है। डॉ. सेठना के उपर्युक्त सांकेतिक वाक्य से भी यही भावना ध्वनित होती है। बुद्ध से बढ़कर अहिंसा और शांति का मसीहा समस्त विश्व में और कोई नहीं हुआ। हमारे वैज्ञानिकों ने इस सफलता से विश्व के सम्मुख देश का मस्तक और गौरव ऊँचा किया। उनकी लंबी साधना फलीभूत हुई।

डॉ. सेठना का जन्म २४ अगस्त, १९२३ को हुआ था। उन्होंने बी. एस-सी., बी. एस-सी. (टेक.), एम. ए. ई. (केम. इंजी.), एफ. ए. एस-सी., एच. एफ. एन. ए. आदि विशिष्ट डिग्रियाँ प्राप्त कीं। वे परमाणु ऊर्जा आयोग के अध्यक्ष और भारत सरकार के परमाणु ऊर्जा विभाग में सचिव पद को सुशोभित कर चुके हैं।

बंबई के निकट ट्रांबे में प्लूटोनियम प्लांट की स्थापना में डॉ. सेठना का विशेष सहयोग रहा। वे संयुक्त राष्ट्रसंघ की वैज्ञानिक सलाहकार समिति में भारतीय अकादमी के आजीवन सदस्य बनाए गए और बंबई के आई. आई. टी. के बोर्ड ऑफ गवर्नर्स के अध्यक्ष चुने गए। वे राष्ट्रीय ही नहीं अपितु अंतरराष्ट्रीय वैज्ञानिक सलाहकार समिति की परमाणु एजेंसी के भी सदस्य चुने गए। उन्होंने सन् १९५८ में संपन्न जिनेवा सम्मेलन में उपसचिव के रूप में भाग लिया। सन् १९६० में डॉ. सेठना को भौतिकशास्त्र में डॉ. शांतिस्वरूप भटनागर स्मृति पुरस्कार प्रदान किया गया। सन् १९६३ में वे पद्मभूषण की उपाधि से अलंकृत किए गए और सन् १९६७ में मिशिगन विश्वविद्यालय द्वारा पुरस्कृत किए गए। सन् १९७३ में उनको सर वॉल्टर पुरस्कार प्रदान किया गया। सन् १९७३ में वे मराठवाड़ा विश्वविद्यालय में विज्ञान विभाग के निदेशक पद पर नियुक्त किए गए। अप्रैल १९८१ में डॉ. सेठना ने अमेरिकन राष्ट्रपति रीगन को भारत की परमाणु ईंधन की समस्या से अवगत कराया था।

इस प्रकार निरंतर उत्तरोत्तर प्रगति के कदम बढ़ाते हुए डॉ. सेठना ने अपने जीवन का लक्ष्य ही प्राप्त नहीं किया, अपितु स्वदेश भारत को विश्व के सर्वश्रेष्ठ पाँच महान् देशों की पंक्ति में छठवाँ स्थान प्रदान कराया—ऐसा स्थान जिसके लिए जर्मनी, जापान, कनाडा, आस्ट्रेलिया तथा अन्य कई राष्ट्र लालायित थे। उन्होंने डॉ. विक्रम साराभाई के अधूरे कार्य को उनकी अंतिम इच्छाओं के रूप में पूरा किया। यह संपूर्ण देश के लिए गर्व एवं संतोष की बात है।

डॉ. सुखदेव

डॉ. सुखदेव सन् १९६० में राष्ट्रीय रसायनशाला, पूना में कार्बनिक रसायन विभाग के अध्यक्ष नियुक्त हुए। आपने देशी पदार्थों से टर्पेनायडों की संरचना की है। पोली फास्फोरिक अम्ल और संगठन निश्चित करने के लिए प्रोटान अनुवाद के क्षेत्र में भी महत्त्वपूर्ण योग दिया है। आपको सन् १९५८ में भारतीय विज्ञान संस्थान, बंगलौर द्वारा 'गुहा अनुसंधान पदक' प्रदान किया जा चुका है। सन् १९६५ में आपको भारतीय विज्ञान एवं औद्योगिक्र परिषद् ने दस हजार रुपए के डॉ. शांतिस्वरूप भटनागर स्मृति पुरस्कार से सम्मानित किया।

सुखदेव का जन्म १७ जून, १९२३ को पंजाब में चकवाल नामक स्थान पर हुआ। उनके पिता का नाम लाला हरीचंद था। उन्होंने डी. ए. वी. हाईस्कूल, चकवाल से हाईस्कूल परीक्षा उत्तीर्ण की तथा डी. ए. वी. कॉलेज, लाहौर में अध्ययन कर रसायनशास्त्र में सन् १९४४ में बी. एस-सी. ऑनर्स परीक्षा प्रथम श्रेणी में उत्तीर्ण की तथा पंजाब विश्वविद्यालय में सर्वप्रथम स्थान प्राप्त किया। उन्होंने सन् १९४५ में पंजाब विश्वविद्यालय से कार्बनिक रसायनशास्त्र में एम. एस-सी. परीक्षा उत्तीर्ण की और भारतीय विज्ञान संस्थान, बंगलौर में अनुसंधानकार्य किया, जहाँ उन्हें सन् १९५० में पी-एच. डी. और सन् १९६० में डी. एस-सी. की उपाधि प्रदान की गई।

डॉ. सुखदेव का विवाह शशिकिरण के साथ हुआ। उनके दो पुत्रियाँ—इंदुबाला और पूर्णिमा तथा एक पुत्र दीपक है। वैज्ञानिक कार्यों के अलवा उन्हें चित्रकारी में अभिरुचि है।

डॉ. सुखदेव सन् १९४६ से १९५० तक भारतीय विज्ञान संस्थान में अनुसंधान सहायक रहे। सन् १९५१ से १९५३ तक वह राष्ट्रीय विज्ञान संस्थान में कार्बनिक रसायनशास्त्र में डॉक्टरेट के उपरांत अनुसंधान हेतु सीनियर फैलो रहे। सन् १९५३ से १९५७ तक सुखदेव भारतीय विज्ञान संस्थान, बंगलौर में कार्बनिक रसायनशास्त्र के

व्याख्याता पद पर कार्यरत रहे। सन् १९५७ से १९५८ तक वे इलिनोइस विश्वविद्यालय, उरबाना, संयुक्त राज्य अमेरिका में अनुसंधान सहायक रहे। सन् १९५८ से १९५९ तक उन्होंने भारतीय विज्ञान संस्थान, बंगलौर में कार्बनिक रसायनशास्त्र के व्याख्याता पद पर कार्य किया।

डॉ. सुखदेव ने सन् १९५० में विदेशी छात्रों की ग्रीष्मकालीन प्रायोजना, एम.आई.टी. कैम्ब्रिज (यू. एस. ए.) में भाग लिया। उन्हें सन् १९४९ में भारतीय विज्ञान संस्थान, बंगलौर ने वर्ष के सर्वश्रेष्ठ अनुसंधान का सुडवर्ग पदक प्रदान किया। सन् १९६२ में आई. यू. पी. ए. सी. सिंपोजियम, प्रेग, चेकोस्लोवाकिया तथा सन् १९६६ में स्टॉकहोम के एक अधिवेशन के वे सभापति रहे। सन् १९६८ में स्टीवेंस इंस्टीट्यूट ऑफ टैक्नोलॉजी, होबोकिन, न्यू जर्सी (यू. एस. ए.) में रसायनशास्त्र विभाग में विजिटिंग वैज्ञानिक के रूप में कार्य किया। सन् १९६८ में उन्होंने प्राकृतिक उत्पादकों के रसायन पर भारतीय सोवियत सिंपोजियम के एक अधिवेशन में सभापति का कार्य किया तथा इस वर्ष राष्ट्रीय भारतीय विज्ञान संस्थान के फैलो रहे। वह भारतीय रासायनिक सोसाइटी तथा अमेरिकन रासायनिक सोसाइटी के सदस्य रहे।

सिंथेटिक कार्बनिक रसायन, प्राकृतिक उत्पादकों, न्यूक्लियर मैगनेटिक रिसोनांस और सैद्धांतिक कार्बनिक रसायन पर उनके १२० से अधिक शोधपत्र प्रकाशित हो चुके हैं।

डॉ. अमरजीत सिंह

डॉ. अमरजीत सिंह का जन्म १९ नवंबर सन् १९२४ को अमृतसर जिले की तहसील फगवाड़ा के ग्राम रामदास (पंजाब) में हुआ। उनके पिता का नाम सरदार जगदीशसिंह था। उनकी माता का नाम श्रीमती ईश्वर कौर था। उनकी प्रारंभिक शिक्षा जगजीत हाईस्कूल, फगवाड़ा में हुई। उन्होंने सन् १९४४ में पंजाब विश्वविद्यालय से बी.एस-सी. (ऑनर्स) परीक्षा प्रथण श्रेणी में उत्तीर्ण की। उनका विशेष विषय भौतिकशास्त्र था। सन् १९४५ में उन्होंने भौतिकशास्त्र में एम. एस-सी. परीक्षा प्रथम श्रेणी में पंजाब विश्वविद्यालय से उत्तीर्ण की। सन् १९४७ में उन्होंने हार्वर्ड विश्वविद्यालय, संयुक्त राज्य अमेरिका से एम. ई. (विज्ञान) परीक्षा उत्तीर्ण की जिसमें २० पाठ्यक्रमों में से १९ में उन्हें 'अ' श्रेणी प्रदान की गई। उनका विशेष क्षेत्र इलेक्ट्रॉनिक्स था। सन् १९४९ में उन्होंने हार्वर्ड विश्वविद्यालय, संयुक्त राज्य अमेरिका से इलेक्ट्रॉन भौतिकी विषय में पी-एच. डी. की उपाधि प्राप्त की। सन् १९७५ ई. में पंजाबी विश्वविद्यालय ने उन्हें डी.एस-सी. (सम्मानार्थ) मानद उपाधि प्रदान की। सन् १९८५ ई. में भारत के राष्ट्रपति ने उन्हें पद्मभूषण का राष्ट्रीय पदक प्रदान कर सम्मानित किया था।

डॉ. अमरजीत सिंह का विवाह श्रीमती सुरिंद्र कौर से हुआ है। उनका पारिवारिक, वैवाहिक एवं दांपत्य जीवन बड़ा आनंदपूर्ण और सुखद है। उनके तीन पुत्र हैं। उनको टेनिस और संगीत में विशेष रुचि है।

डॉ. अमरजीत को सन् १९४५ में भारत सरकार ने विदेश में विकसित अध्ययन हेतु छात्रवृत्ति प्रदान की। सन् १९४८ में हार्वर्ड विश्वविद्यालय ने उन्हें गॉर्डन मेकें छात्रवृत्ति प्रदान की थी। वह इंस्टीट्यूट ऑफ इलेक्ट्रीकल एंड इलेक्ट्रॉनिक इंजीनियर्स, न्यूयार्क के वरिष्ठ सदस्य तथा इंस्टीट्यूशन ऑफ टेलीकम्यूनिकेशन इंजीनियर्स इंडिया के सदस्य रहे हैं।

डॉ. अमरजीत जून सन् १९४७ से मार्च १९४९ तक इलेक्ट्रॉनिक्स रिसर्च

लैबोरेटरी, हार्वर्ड विश्वविद्यालय में पी-एच. डी. हेतु आशार्थी रहे। उन्होंने मोड्स, वोल्टेजेज प्रक्रिया और ट्यूनिंग ऑफ इंटरडिगीटल मैग्नेट्रोन्स पर अनुसंधान किया। सितंबर १९४९ से जनवरी १९५३ तक वे दिल्ली विश्वविद्यालय, दिल्ली में रेडियो भौतिकी विषय के व्याख्याता रहे तथा इलैक्ट्रॉनिक्स में अधिस्नातकीय पाठ्यक्रम, स्नातक स्तर तक विद्युत् और विज्ञान का इतिहास पाठ्यक्रम अध्यापित किया। जनवरी १९५३ से जून १९५६ तक वे राष्ट्रीय भौतिकी प्रयोगशाला, नई दिल्ली में कनिष्ठ वैज्ञानिक अधिकारी रहे जहाँ वे वेडट्यूनिंग रेंज मेगनेट्रोन पर अनुसंधान और विकास के लिए उत्तरदायी थे। जून १९५६ से जून १९५७ तक वे राष्ट्रीय भौतिकी प्रयोगशाला, नई दिल्ली में वरिष्ठ वैज्ञानिक अधिकारी के पद पर रहे। जून १९५७ से मार्च १९६१ तक वे केंद्रीय इलैक्ट्रॉनिक्स इंजीनियरिंग शोध संस्थान, पिलानी के सहायक निदेशक रहे तथा प्रवहमान तरंग नलिकाओं, मेग्नेट्रोन्स एवं पावर ट्रायोड्स के अनुसंधान और विकास के लिए उत्तरदायी थे। उन्होंने माइक्रोवेव नलिकाओं पर स्नातकोत्तर छात्रों का अवैतनिक व्याख्याता के रूप में अध्यापन भी किया। मार्च १९६१ से मई १९६२ तक वे केंद्रीय इलैक्ट्रॉनिक्स इंजीनियरिंग शोध-संस्थान, पिलानी के उपनिदेशक रहे। मई १९६२ से मार्च १९६३ तक वे इलैक्ट्रॉन भौतिकी प्रयोगशाला एनआर्बर, मिशीगन विश्वविद्यालय, मिशीगन में अनुसंधान इंजीनियर रहे तथा प्लाज्मा एंप्लीफायर्स और मिलीमीटर तरंग उत्पादन पर अनुसंधान किया। मार्च १९६३ से अप्रैल १९६३ तक वे बैल टेलीफोन प्रयोगशाला, सेमी-कंडक्टर प्रयोगशाला, मरो हिल्स न्यू जर्सी में विजिटिंग अनुसंधान इंजीनियर रहे और सिलीकोन प्लानर ट्रांजिस्टर्स पर शोध और विकास कार्यक्रमों में भाग लिया। मई १९६३ से १९८४ ई. तक वे केंद्रीय इलेक्ट्रॉनिक्स इंजीनियरिंग शोध संस्थान, पिलानी के निदेशक रहे। उनके प्रमुख कार्य—माइक्रोवेव प्लाज्मा पर अनुसंधान, माइक्रोवेव नलियों, सेमी-कंडक्टर साधनों और संस्थान के अन्य प्रभागों का मार्गदर्शन था। इस प्रकार उनके व्यावसायिक जीवन का अधिकांश समय केंद्रीय इलेक्ट्रॉनिक्स इंजीनियरिंग शोध संस्थान, पिलानी से संबद्ध रहा है जिससे वह उसके शैशव से ही संबद्ध रहे और २४ वर्ष तक उसका निर्देशन करते रहे। निदेशक के रूप में उन्होंने इलेक्ट्रॉनिक्स में प्रयोगिक एवं आधारभूत अनुसंधान तथा विकास कार्यक्रम के आयोजन का दायित्व बखूबी निभाया। उन्होंने माइक्रोवेव का तीन ट्यूब्स, इलेक्ट्रॉनिक सिस्टम में विशेषज्ञता और सुविधाएँ जुटाईं। सामूहिक उत्पादन अवस्था की वृद्धि और उपभोक्ता के साथ संपर्क रखने के लिए उपयुक्त सहायक सुविधाएँ भी उपलब्ध कराई गईं। स्थापित की गई कड़ियों के फलस्वरूप संस्थान ने अनेक इलेक्ट्रॉनिक उपकरणों के स्वदेशी ज्ञान का विकास किया जिन्हें औद्योगिक क्षेत्र के लिए उपलब्ध कराया गया। उनके निर्देशन संस्थान इलेक्ट्रॉनिक इंस्ट्रूमेंटेशन एंड कंट्रोल, माइक्रोवेव ट्यूब्स, सेमीकंडक्टर डिवाइसेज, टेलीविजन एवं दृश्य-श्रव्य प्रणालियों में शोध एवं विकास का सामान्य केंद्र बन गया। उसने अपने योगदान के लिए दो राष्ट्रीय पुरस्कार भी प्राप्त किए। वर्तमान में वह केंद्रीय

इलेक्ट्रॉनिक्स इंजीनियरिंग शोध संस्थान, पिलानी (राजस्थान) में यू. एन. डी. पी. परियोजना के राष्ट्रीय मुख्य परियोजना समन्वयक हैं।

डॉ. अमरजीत सिंह ने ६५ से अधिक शोधपूर्ण लेख लिखे हैं जो देश और विदेश की पत्रिकाओं में प्रकाशित हुए। उनके अधिकांश लेख इलेक्ट्रॉन ट्यूब्स, सेमी कंडक्टर डिवाइसेज, माइक्रोवेव इलेक्ट्रॉनिक्स विशेषतः 'सक्रिय साधनों' के क्षेत्र पर हैं। जिन पत्रिकाओं में उनके लेख प्रकाशित हुए उनके नाम हैं—हार्वर्ड यूनिवर्सिटी टेक्नीकल रिपोर्ट, प्रोसीडिंग ऑफ इंडस्ट्रियल रिसर्च ऐज्यूकेशन, जर्नल साइंटीफिक इंडस्ट्रियल रिसर्च, जर्नल ऑफ इलेक्ट्रॉनिक्स एंड कंट्रोल, जर्नल इंस्टीट्यूट ऑफ टेलीकॉम इंजीनियर्स, प्रोसीडिंग ऑफ दि इंस्टीट्यूशन ऑफ इलैक्ट्रिकल इंजीनियर्स, यू. के., जर्नल ऑफ एप्लाइड फिजिक्स, प्रोसीडिंग ऑफ द फिफ्थ इंटरनेशनल कॉन्फ्रेंस ऑन माइक्रोवेव, प्रोसीडिंग सिक्स्थ इंटरनेशनल कॉन्फ्रेंस ऑन माइक्रोवेव एंड ऑप्टीकल जेनरेशन एंड एंप्लीफिकेशन, कैम्ब्रिज (१९६६), प्रोसीडिंग एट्थ इंटरनेशनल कॉन्फ्रेंस ऑन फेनोमेना इन आयोनाइज्ड गैसेज, वियना, सन् १९६७, इंटरनेशनल जर्नल ऑफ इलैक्ट्रॉनिक्स, प्रोसीडिंग सिंपोजियम ऑन एंटीनाज, इंडियन इंस्टीट्यूट ऑफ साइंस, बंगलौर (अगस्त, सन् १९६८), जर्नल, इंडियन टैक्नीकल एज्यूकेशन, इलैक्ट्रॉनिक्स लैटर्स, इलैक्ट्रॉनिक्स टुडे, इकॉनॉमिक्स टाइम्स।

उनके शोधपत्र माइक्रोवेव नलियों, माइक्रोवेव प्लाज्माज और बीम प्लाज्माज एंप्लीफायर्स के विभिन्न प्रकरणों से संबंधित हैं। उनके अन्य प्रमुख लेख हैं—स्ट्रेटेजी फॉर इकोनॉमिक एडवांसमेंट थ्रू रिसर्च एंड डेवलपमेंट इन इंडिया, इंटीग्रेशन ऑफ सी. ई. ई. आर. आई. प्रोग्रेम इन द नेशनल प्लान फॉर इलैक्ट्रॉनिक्स, ए नेशनल एप्लाइड रिसर्च प्रोजेक्ट्स अथॉरिटी, सोशल रिसर्च रिसपॉन्सीबिलिटीज ऑफ द इंजीनियरिंग प्रोफेशन, अपॉर्च्युनिटी एंड रिसपॉन्सिबिलिटी ऑफ द इंडियन साइंटिस्ट, इलैक्ट्रॉनिक्स—द हैरल्ड ऑफ ए न्यू सोशल रिवॉल्यूशन, रिसर्च एंड डेवलपमेंट इन इंडस्ट्री एंड दि सेल ऑफ यूनिवर्सिटीज, फ्यूचर ऑफ इलैक्ट्रॉनिक इंस्ट्रूमेंट इंडस्ट्री इन इंडिया। उन्होंने भारत और विदेशों में वैज्ञानिक सम्मेलनों में २५ से अधिक शोधपत्र प्रस्तुत किए। उन्होंने इंस्टीट्यूट ऑफ टेलीकम्यूनिकेशन इंजीनियर्स (इंडिया) और इंडियन इंस्टीट्यूट ऑफ टेक्नॉलॉजी, खड़गपुर के तत्त्वावधान में 'इंटीग्रेटेड सर्किट्स' विषय पर; इंडियन इंस्टीट्यूट ऑफ टेक्नॉलॉजी, देहली, इंटरनेशनल एडवांस्ड स्कूल ऑन थ्योरी एंड टेक्नॉलॉजी ऑफ सेमीकंडक्टर्स (माइक्रोवेव सोलिड स्टेट); इंडियन इंस्टीट्यूट ऑफ साइंस, बंगलौर—समर स्कूल ऑन माइक्रोवेव के तत्त्वावधान में 'गन इफैक्ट्स एंड इट्स एप्लीकेशंस' के विषय पर वार्ताएँ प्रस्तुत कीं। उन्होंने तीन सिंपोजियमों की प्रोसीडिंग्ज का संपादन भी किया—एक 'हिस्ट्री ऑफ साइंस इन साउथ ईस्ट एशिया' (सन् १९५२) पर, तथा एक 'सेमीकंडक्टर एंड माइक्रोवेव टैकनिक' (सन् १९५७) पर। देश के मूर्धन्य वैज्ञानिकों और तकनीकी निर्देशकों में डॉ. सिंह का स्थान बहुत ऊँचा है। उन्होंने सिद्धांत

और प्रयोग का अद्‌भुत समन्वय किया है।

डॉ. अमरजीत सिंह 'माइक्रोवेव इंटिग्रेटेड सर्किट्स' नामक ग्रंथ के सह-संपादक हैं। उन्होंने 'हिस्ट्री ऑफ साइंस इन साउथ ईस्ट इंडिया' संबंधी विचारगोष्ठी की कार्यवाहियों का संपादन भी किया है। उनके लेखों पर उन्हें इंस्टीट्यूट ऑफ इलैक्ट्रॉनिक्स एंड टेलीकम्यूनिकेशन इंजीनियर्स का एस. के. मित्रा मेमोरियल पुरस्कार, इंपोर्ट सब्स्टिट्यूशन एवार्ड, फिक्की एवार्ड और इन्वेंशन प्रोमोशन एवार्ड प्राप्त हुए हैं। डॉ. अमरजीत सिंह ने केंद्रीय इलैक्ट्रॉनिक्स इंजीनियरिंग शोध संस्थान, पिलानी में 'सेमी-कंडक्टर डिवाइसेज इन एडवांस टेक्नॉलाजी' पर संयुक्त राष्ट्र विकास कार्यक्रम परियोजना निदेशक के रूप में भी कार्य किया है तथा केंद्रीय इलैक्ट्रॉनिक्स इंजीनियरिंग शोध संस्थान, पिलानी में संयुक्त राष्ट्र विकास कार्यक्रम की एक अन्य परियोजना 'सेमी-कंडक्टर डिवाइसेज एंड इलैक्ट्रॉनिक्स सबसिस्टम फोर ट्रांसपोर्टेशन' पर एक राष्ट्रीय मुख्य प्रायोजना समन्वयक के रूप में कार्य कर रहे हैं। वे इंस्टीट्यूट ऑफ इलैक्ट्रिकल एंड इलैक्ट्रॉनिक्स इंजीनियर्स, संयुक्त राज्य अमेरिका, न्यूयार्क के पहले भारतीय फैलो, इंस्टीट्यूशन ऑफ इलैक्ट्रॉनिक्स एंड टेलीकम्यूनिकेशन इंजीनियर्स इंडिया के विशिष्ट फ़ैलो, तथा भारतीय विज्ञान अकादमी के फैलो हैं।

डॉ. अमरजीत सिंह सेंट्रल इलैक्ट्रॉनिक्स लिमिटेड, सेमी कंडक्टर कॉम्पलैक्स लिमिटेड तथा इंस्ट्रूमेंटेशन लिमिटेड के निदेशक मंडलों के सदस्य भी हैं। वे इलैक्ट्रॉनिक्स के क्षेत्र में चौदह अंतरराष्ट्रीय सम्मलेनों में भाग ले चुके हैं तथा आठ वैज्ञानिक प्रतिनिधिमंडलों के सदस्य के रूप में विदेश जा चुके हैं। उनको संयुक्त राज्य अमेरिका, कनाडा, पश्चिमी जर्मनी, हंगरी, फ्रांस, सोवियत संघ आदि देशों में भेजा गया। उन्होंने गुयाना में संपन्न राष्ट्रमंडल विज्ञान परिषद् की बैठक में भारतीय वैज्ञानिक शिष्ट-मंडल का नेतृत्व भी किया।

वे इलैक्ट्रॉनिक्स कमेटी, वैज्ञानिक एवं औद्योगिक अनुसंधान परिषद् की शासी समिति और सोसाइटी, विश्वविद्यालय अनुदान आयोग, विज्ञान एवं इंजीनियरिंग अनुसंधान परिषद् तथा तकनीकी विकास परिषद् सहित भारत सरकार के कई नीति निर्माता निकायों के भी सदस्य हैं। वह विज्ञान और प्रौद्योगिकी विभाग के सदस्य, इलैक्ट्रॉनिक्स विभाग के सदस्य, राजस्थान राज्य अनुसंधान और विकास समिति के अध्यक्ष, बिड़ला विज्ञान और प्रौद्योगिकी संस्थान की सामान्य समिति के सदस्य, विज्ञान संग्रहालयों की राष्ट्रीय परिषद् के सदस्य तथा उत्तर प्रदेश राज्य वेधशाला के सदस्य हैं। अपने शोधकार्य के अलावा वे उपभोक्ताओं और उद्योगों की आवश्यकताओं से संबद्ध अनेक प्रायोजनाओं को केंद्रीय इलैक्ट्रॉनिक्स इंजीनियरिंग शोध संस्थान में संचालित करने का उत्तरदायित्व वहन करते रहे हैं। वे जनवरी १९८७ से 'लेबोरेटरी फोर प्लाज्मा फ्यूजम एंड एनर्जी स्टडीज, यूनिवर्सिटी ऑफ मेरीलैंड, कॉलेज पार्क, एम. डी. २०७४२ संयुक्त राज्य अमेरिका' में भ्रमणशील वैज्ञानिक हैं।

डॉ. राजा रामण्णा

पिछले दशक में भारत में सर्वाधिक व्यस्त रहनेवाले परमाणु भौतिकविदों में से प्रमुख हैं डॉ. राजा रामण्णा।

सन् १९४४ में डॉ. होमी जहाँगीर भाभा ने कहा था, "कुछ ही वर्षों में जब हम परमाणु ऊर्जा का बड़े पैमाने पर उत्पादन करने में सक्षम हो जाएँगे, तब हमें परमाणु ऊर्जा विशेषज्ञों के लिए विदेशों का मुँह नहीं ताकना पड़ेगा, बल्कि भारत में ही ऐसे विशेषज्ञ हमें तैयार मिलेंगे।" डॉ. भाभा की इसी दूरदृष्टि का परिणाम है कि हमें डॉ. राजा रामण्णा जैसे परमाणु ऊर्जा विशेषज्ञ प्राप्त हुए हैं। डॉ. रामण्णा ने परमाण ऊर्जा के उत्पादन-क्षेत्र में भारत को अभूतपूर्व योग प्रदान किया है। तारापुर परमाणु ऊर्जा संयंत्र उन्हीं के प्रयासों का सफल परिणाम है।

डॉ. रामण्णा का जन्म २८ जनवरी सन् १९२५ को मैसूर में कर्नाटक की हेष्वर श्री वैष्णव जाति में हुआ था। उनके पिता श्री बी. रामन्ना मैसूर राज्य के कोर्ट में नौकरी करते थे। वे टेनिस, बिलियर्ड और ब्रीज के अच्छे खिलाड़ी थे। उनकी माता श्रीमती रुक्मिणी अम्मा जिला जज की पुत्री थीं। उनकी माता ने शेक्सपियर, डिकेन्स और सर वाल्टर स्कॉट जैसे साहित्यकारों का तलस्पृशी अध्ययन किया था। राजा रामण्णा के अन्य तीन भाई और दो बहनें थीं। राजा अपने भाई-बहनों में सबसे छोटे हैं। प्रारंभ में उनका नाम कृष्ण राजा रखा गया था। बाद में कृष्ण शब्द का नाम में लोप होने पर वह राजा कहलाए।

राजा रामण्णा का विवाह मैसूर के महाराजा के सचिव और बंगलौर कार्पोरेशन के कमिश्नर श्री के. नरसिंह आयंगर की पुत्री मालती के साथ सन् १९५३ ई. में हुआ था। उनके एक पुत्र और दो पुत्रियाँ हैं।

उन्होंने प्राथमिक और माध्यमिक शिक्षा मैसूर में प्राप्त की। इसके पश्चात् उन्होंने बंगलौर और मद्रास में शिक्षा ग्रहण की। राजा रामण्णा ने बंगलौर के सेंट जोसेफ कॉलेज

से इंटरमीडिएट परीक्षा उत्तीर्ण करने के बाद मद्रास क्रिश्चियन कॉलेज से भौतिकी विषय में बी. एस-सी. (ऑनर्स) की उपाधि प्राप्त की। अपनी एम. एस-सी. तक शिक्षा समाप्त करके डॉ. रामण्णा ने किंग्स कॉलेज, लंदन से आण्विक (नाभिकीय) भौतकी (Nuclear Physics) में पी-एच.डी. की उपाधि सन् १९४८ ई. में प्राप्त की। पी-एच. डी. के उपरांत वे डी. एस-सी. उपाधियाँ ग्रहण करने के शोधकार्य में जुट गए। सन् १९४९ ई. में उन्होंने टाटा इंस्टीट्यूट ऑफ फंडामेंटल रिसर्च, बंबई में प्रोफेसर का कार्य-भार ग्रहण किया। सन् १९५३ में वह भाभा परमाणु ऊर्जा केंद्र, ट्रांबे में आ गए। डॉ. भाभा के अथक प्रयासों के पश्चात् तारापुर परमाणु संयंत्र निर्माण की योजना स्वीकृत हुई। उसके निर्माण का संपूर्ण उत्तरदायित्व डॉ. भाभा ने डॉ. रामण्णा को सौंपा। डॉ. रामण्णा ने इस उत्तरदायित्व का निर्वाह बहुत अच्छी तरह किया। सन् १९६५ में डॉ. भाभा के देहांत के बाद डॉ. रामण्णा सही अर्थों में उनके उत्तराधिकारी सिद्ध हुए हैं।

१८ मई सन् १९७४ को राजस्थान के जैसलमेर जिले में पोकरण क्षेत्र में किए गए भारत के प्रथम भूमिगत परमाणु विस्फोट में डॉ. रामण्णा और उनके सहयोगियों का भी योगदान था। इस प्रकार के भूमिगत परमाणु विस्फोटों का प्रयोग बाँध और नहरों के निर्माण हेतु किया जा सकता है। यह उपाय कम खर्चीला और सुरक्षित है।

सन् १९७३ में डॉ. रामण्णा को उनकी विशिष्ट सेवा के लिए पद्मभूषण की उपाधि से सम्मानित किया गया। वे भारतीय विज्ञान अकादमी के फैलो एवं परमाणु ऊर्जा आयोग में शोध और विकास विभाग के सदस्य भी रहे। डॉ. रामण्णा भाभा एटॉमिक रिसर्च सेंटर के निदेशक पद पर भी रहे। वह सन् १९७२ में भाभा परमाणु अनुसंधान केंद्र, ट्रांबे के निदेशक नियुक्त किए गए थे। इस पद पर वह १९७८ तक रहे। वे वैज्ञानिक सलाहकार एवं प्रतिरक्षा अनुसंधान महानिदेशक के रूप में रक्षा मंत्रालय से संबद्ध रहे। इस पद पर वह जून सन् १९७८ ई. में चार वर्ष के लिए नियुक्त किए गए थे। १९८२ ई. में वह आण्विक ऊर्जा विभाग में वापस आ गए। वह १९८३ ई. में परमाणु ऊर्जा आयोग के अध्यक्ष तथा परमाणु ऊर्जा विभाग, भारत सरकार के सचिव नियुक्त किए गए थे। ३१ जनवरी, १९८७ ई. को वह परमाणु ऊर्जा आयोग के अध्यक्ष तथा परमाणु ऊर्जा विभाग के सचिव के पदभार से मुक्त हो गए। इस निवृत्ति के बाद राजा रामण्णा और टाटा ने फ्रांस की आर्थिक सहायता से भारतीय विज्ञान संस्थान (इंडियन इंस्टीट्यूट ऑफ साइंस), बंगलौर के प्रांगण में नेशनल इंस्टीट्यूट ऑफ एडवांस्ड स्टडीज नामक संस्थान की स्थापना की। श्री रामण्णा देश के उन गिने-चुने वैज्ञानिकों में से एक हैं जिनकी प्रतिभा का देश ने पूरा उपयोग किया है तथा उसके बदले में उन्हें यथोचित सम्मान भी प्रदान किया है। वह परमाणु ऊर्जा आयोग के अध्यक्ष रहे। डॉ. शांतिस्वरूप भटनागर पुरस्कार १९६३ ई., पद्मश्री १९६८, पद्मभूषण १९७३ एवं पद्मविभूषण पदक १९७५ ई. से सम्मानित डॉ. रामण्णा को २० जनवरी सन् १९९० ई. को राष्ट्रपति आर. वेंकटरमन ने केंद्रीय मंत्रिमंडल में रक्षा राज्य मंत्री नियुक्त किया।

वह ट्रांबे में परमाणु धमनभट्टी के आयोजन और निर्माण में सक्रिय रूप से संबद्ध रहे। कालांतर में वह सर्कस और पूर्निया धमनभट्टियों एवं ऊर्जा संयंत्र (energy cyclotron), कलकत्ता के आयोजन एवं स्थापन से भी संबद्ध रहे।

अन्वेषक के रूप में डॉ. रामण्णा ने परमाणु कणों के विभाजन की यांत्रिकी में विशिष्टता प्राप्त की। उन्होंने अपना कण-विभाजन कार्य अप्सरा में प्रारंभ किया, जो भारत की प्रथम अनुसंधान धमनभट्टी है। परमाणु-कण विभाजन वैज्ञानिक के रूप में उन्होंने विभिन्न अंतरराष्ट्रीय परिसंवादों एवं सम्मेलनों में देश का प्रतिनिधित्व किया। परमाणु ऊर्जा धमनभट्टी अप्सरा का कार्य ४ अगस्त, १९५६ को प्रारंभ हुआ। इसमें राजा रामण्णा ने अपना महत्त्वपूर्ण योगदान किया है।

वैज्ञानिक डॉ. रामण्णा में अन्य उल्लेखनीय गुण भी हैं। वह एक कुशल पियानोवादक हैं। उन्होंने बचपन से ही पियानो बजाना सीखा था। डॉ. रामण्णा धर्मनिष्ठ व्यक्ति हैं तथा आदि शंकराचार्य के दर्शन के अध्येता हैं। उन्होंने दसवीं शताब्दी की महान् भक्ति कविता 'मुकुंदमाला' का अंग्रेजी में अनुवाद भी किया है। वह शास्त्रों से उद्धरण प्रस्तुत करने के शौकीन हैं। जून सन् १९८२ ई. में क्वालालाम्पुर से बंबई आने पर वायुयान के बंबई में उतरते समय उसके टूटकर तीन भागों में बँट जाने पर डॉ. रामण्णा अद्‌भुत संयोग से बच गए थे। देश को उनसे अभी अनेक अपेक्षाएँ हैं।

राजा रामण्णा भारतीय विज्ञान संस्थान (इंडियन इंस्टीट्यूट ऑफ साइंस), बंगलौर की शाषी परिषद् के अध्यक्ष, भारतीय औद्योगिकी संस्थान (इंडियन इंस्टीट्यूट ऑफ टेक्नोलोजी), बंबई के अध्यक्ष, इंडियन एकेडेमी ऑफ साइंस, इंडियन नेशनल साइंस एकेडेमी तथा भारत इलैक्ट्रॉनिक्स लिमिटेड के फैलो हैं। उन्हें जवाहरलाल नेहरू अवार्ड १९८३ ई., मेघनाद साहा पदक १९८४ ई., ओम प्रकाश भसीन अवार्ड १९८५ ई. और आर. डी. बिरला स्मृति अवार्ड १९८५ ई. से सम्मानित किया गया था। उन्हें मेरठ, धारवाड़, श्री वेंकटेश्वर, सरदार पटेल, जादवपुर, राउरकेला, मद्रास, श्रीनगर आदि विश्वविद्यालयों तथा भारतीय प्रौद्योगिकी संस्थान, मद्रास और दिल्ली ने डी. एस-सी. की मानद उपाधियों से अलंकृत किया।

सन् १९५५ ई. में जिनेवा में शांति के उपयोग हेतु परमाणु ऊर्जा परिषद् में डॉ. भाभा के साथ डॉ. राजा रामण्णा ने भी भाग लिया था। सन् १८६९ और १९७२ ई. में राजा रामण्णा ने अमेरिका की यात्रा की थी। सन् १९८६ में भारत में आयोजित आईईईई. की सामान्य परिषद् का अध्यक्ष राजा रामण्णा को चुना गया था।

राजा रामण्णा संगीत के बड़े शौकीन और वादक रहे हैं। उनकी प्रतिभा और संगीतप्रियता के कारण मैसूर के महाराजा उनकी बड़ी देखरेख रखते थे। उनके समय में मैसूर राज्य ने ट्रिनिटी कॉलेज ऑफ म्यूजिक में संगीत सीखने के लिए ७००० रु. की छात्रवृत्ति राजा रामण्णा को स्वीकृत की थी; किंतु राजकीय प्रतिष्ठा ने इस छात्रवृत्ति से राजा को वंचित रखा।

डॉ. एम. पी. द्विवेदी

डॉ. महावीर प्रसाद द्विवेदी का जन्म १७ जनवरी सन् १९२६ को हुआ था। उन्होंने महात्मा गांधी स्मारक चिकित्सा महाविद्यालय, इंदौर के छात्र के रूप में आगरा विश्वविद्यालय, आगरा से सन् १९५४ में एम. बी., बी. एस. परीक्षा उत्तीर्ण की। सन् १९६३ में डॉ. द्विवेदी ने के. जी. मेडिकल कॉलेज, लखनऊ के छात्र के रूप में लखनऊ विश्वविद्यालय से एम. डी. (पी. एस. एम) परीक्षा उत्तीर्ण की। अक्तूबर सन् १९६३ में अखिल भारतीय कुष्ठ रोग प्रशिक्षण केंद्र, नागपुर की कुष्ठरोग प्रमाणपत्र पाठ्यक्रम परीक्षा में उनका स्थान सर्वप्रथम रहा। सन् १९६५ में उन्होंने राष्ट्रीय छुआछूत रोग संस्थान, दिल्ली में एपी डेमियोलॉजी में प्रमाण-पत्र प्राप्त किया। वह एफ. आई. पी. एच. ए. तथा एफ. आई. ए. पी. एस. एम. हैं।

डॉ. द्विवेदी ने सन् १९६२ से १९६४ तक ग्रामीण क्षेत्रों में स्थित चिकित्सालयों, कुष्ठरोग एवं मलेरिया नियंत्रण इकाइयों में विभिन्न पदों पर कार्य किया। सन् १९६४ से उन्होंने रोकथाम एवं सामाजिक औषध विषय का अध्यापन शुरू किया तथा सन् १९६७ से १९८४ तक १७ वर्ष वे प्रोफेसर एवं विभागाध्यक्ष और सन् १९८०-८१ एवं १९८३-८४ में एस. एस. मेडिकल कॉलेज, रीवां के अधिष्ठाता (डीन) रहे। २१ मार्च सन् १९८४ को वे एस. एस. मेडिकल कॉलेज, रीवां के अधिष्ठाता (डीन) पद से सेवा-निवृत्त हुए। जुलाई सन् १९८४ से वे एम. जी. चिकित्सा विज्ञान संस्थान, सेवाग्राम में सामुदायिक औषध विज्ञान में सामुदायिक औषध के प्रोफेसर हैं।

डॉ. द्विवेदी ने अनुसंधान-कार्य में भी रुचि ली है। उनका मुख्य योगदान खेसारी दाल से उत्पन्न रोग लैथरिज्म पर है। उन्होंने इसके बहुत-से पहलुओं को प्रकाश में लाया है, जिससे यह ज्ञात हो सका है कि इसी के खाने से यह रोग उत्पन्न होता है। साथ ही रोग के प्राकृतिक इतिहास में छूटी हुई कुछ कड़ियाँ भी मिल गई हैं जिससे उन कुछ परिस्थितियों को समझा जा सकता है जिन परिस्थितियों में यह रोग होता है।

डॉ. द्विवेदी ने मार्च १९५५ से अगस्त १९५६ तक विंध्यप्रदेश सरकार के लिए लैथरिज्म पर विशेषाधिकारी के रूप में कार्य किया तथा डॉ. पी. राबिंस द्वारा संपादित 'मैन्युअल ऑफ पैडिऑट्रिक्स फॉर साउथ ईस्ट एशिया' नामक पत्रिका में लैथरिज्म पर एक लेख प्रकाशनार्थ प्रस्तुत किया। सितंबर १९५६ से नवंबर १९६१ तक डॉ. द्विवेदी ने विंध्यप्रदेश (अब मध्य प्रदेश का भाग) में भारतीय चिकित्सा परिषद् के अधीन सहायक अनुसंधान अधिकारी के रूप में लैथरिज्म की समस्या का अध्ययन करने के लिए कार्य किया। एक प्रतिवेदन के रूप में एक विशेष लेखमाला १९६१ में प्रकाशित हुई। लैथरिज्म पर कार्य इंडियन जर्नल ऑफ मेडिकल रिसर्च में प्रकाशित किया गया।

सन् १९७३ से १९७६ तक डॉ. द्विवेदी ने भारतीय चिकित्सा अनुसंधान परिषद् की प्रायोजना 'एक्सेप्टेबिलिटी ऑफ डेटॉक्सीफाइड एल. सैटीवा' पर प्रभारी अधिकारी के रूप में कार्य किया। सन् १९७४ में मध्य प्रदेश के रायपुर संभाग में लैथरिज्म के फैलने पर कारणों की खोज की गई। इस अध्ययन के परिणाम सन् १९७५ में न्यूट्रिशन सोसाइटी ऑफ इंडिया की हैदराबाद में आयोजित बैठक में प्रस्तुत किए गए, जो उसकी कार्यवाही के रूप में पूर्णतया प्रकाशित हुए। उन्होंने सन् १९७८ से १९८० तक भारतीय चिकित्सा अनुसंधान परिषद् की प्रायोजना 'फार्साकोलॉजीकल एक्टिविटीज ऑफ बोआ टोक्सिन इन एक्सपेरीमेंटल एनीमल्स' पर प्रमुख अनुसंधानकर्ता के रूप में कार्य किया।

विश्व स्वास्थ्य संघटन के प्रतिनिधि के रूप में डॉ. द्विवेदी ने २२ से २९ अगस्त, सन् १९८१ तक एडिनबरा में आयोजित इंटरनेशनल एपीडेमियोलॉजीकल एसोसिएशन की नवीं बैठक में मध्य प्रदेश में न्यूरो लैथरिज्म की महामारी पर एक पत्र प्रस्तुत किया, जिसके सारांश उसकी कार्यवाही में प्रकाशित हुए।

मध्य प्रदेश के पंचायत और समाज कल्याण विभाग के सहयोग से लैथरिज्म पर एक राज्य स्तरीय सेमीनार का आयोजन २९ नवंबर, १९८१ को राज्य में लैथरिज्म की वर्तमान स्थिति पर पुनरावलोकन हेतु किया गया। सुझाव सहित सभी पत्र सेमीनार की कार्यवाही के रूप में प्रकाशित हुए।

सन् १९८२ से १९८३ तक डॉ. द्विवेदी ने मध्य प्रदेश के रीवां संभाग में लैथरिज्म की वर्तमान स्थिति का अध्ययन करने के लिए न्यूट्रिशन फाउंडेशन ऑफ इंडिया, बी-३७, गुलमोहर पार्क, नई दिल्ली के अधीन प्रमुख अनुसंधानकर्ता के रूप में कार्य किया। इसके परिणाम न्यूट्रिशन फाउंडेशन ऑफ इंडिया के वैज्ञानिक प्रतिवेदन माला क्रम २ में तथा पुनः यूनीसेफ के प्रकाशन 'फ्यूचर' सन् १९८३-८४ शीत अंक ९, पृष्ठ ३७ पर प्रकाशित हुए। उन्होंने ८ जून सन् १९८२ को भारत सरकार के योजना आयोग द्वारा आयोजित एक बैठक में लैथरिज्म की रोकथाम पर एक पत्र प्रस्तुत किया। यूनिवर्सिटी ऑफ ब्रिटिश कंट्रीज, वांकूवर (कनाडा) में १९ से २५ अगस्त, १९८४ तक इंटरनेशनल एपीडेमीयोलॉजीकल एसोसिएशन की दशम वैज्ञानिक बैठक में पोस्टर प्रस्तुतीकरण का मुख्य योग दिया।

लैथरिज्म पर उनके अनुभवों को स्वीकार कर अल्बर्ट कॉलेज ऑफ मेडिसन, येशिवा विश्वविद्यालय, न्यूयार्क ने उन्हें विजिटिंग प्रोफेसर के रूप में आमंत्रित किया तथा मेकाकस फेरीकूलेरिस बंदरों में प्रयोगात्मक लैथरिज्म के साथ उन्हें संबद्ध किया गया। यह मानव लैथरिज्म के लिए प्रथम सफल पशु-नमूना सिद्ध हुआ है। संयुक्त राज्य अमेरिका में अपने प्रवास काल में डॉ. द्विवेदी ने नेशनल इंस्टीट्यूट ऑफ हैल्थ फैडरल बिल्डिंग, बैथेरडा, वाशिंगटन द्वारा आयोजित ट्रॉपीकल स्पॉस्टिक पैरापेरेसिस पर द्वितीय अंतरराष्ट्रीय समुदाय की बैठक में भाग लिया तथा भारतीय चिकित्सा अनुसंधान परिषद् के तत्त्वावधान में लैथरिज्म पर किए गए कार्य का विववण प्रस्तुत किया।

डॉ. द्विवेदी ने ऐंडेमिक गॉइटर की उप विंध्य पट्टी को खोज निकाला है और उसका उल्लेख किया है। सन् १९७४-७५ में ऐंडेमिक गॉइटर पर मध्य प्रदेश के शाहडोल जिले में इस कार्य का विस्तार किया और मध्य प्रदेश के सीधी जिले के कुसमी आदिवासी खंड में ऐंडेमिक गॉइटर के महामारी के स्वरूप का अध्ययन किया, जिसका परिणाम अगस्त सन् १९७८ में 'स्वस्थ हिंद' में प्रकाशित हुआ था। कालांतर में भारत सरकार ने सर्वेक्षण कराया। इसके फलस्वरूप मध्य प्रदेश सरकार ने २६ जनवरी, १९८४ से मध्य प्रदेश के ४ जिलों में शुद्ध नमक का वितरण शुरू कराया।

डॉ. द्विवेदी ने भारतीय चिकित्सा अनुसंधान परिषद् के प्रभारी अधिकारी के रूप में सन् १९८२ में म. प्र. के सीधी जिले में प्रारंभ कुष्ठरोग और ऐंडेमिक गॉइटर के संयोग पर अनुसंधान योजना के अंतर्गत कार्य किया तथा सन् १९८२ में सीधी जिले के चित्रांगी खंड में ऐंडेमिक गॉइटर पर अध्ययन किया। वे भारतीय चिकित्सा अनुसंधान परिषद् की ऐंडेमिक गॉइटर पर म. प्र. में बहुकेंद्रीय अध्ययन के प्रमुख अनुसंधानकर्ता रहे। उन्होंने १९ से २५ अगस्त सन् १९८४ तक ब्रिटिश कोलंबिया विश्वविद्यालय, वांकवूर में अंतरराष्ट्रीय महामारी संघ की दशम वैज्ञानिक बैठक में मध्य प्रदेश के उप-विंध्य क्षेत्र में ऐंडेमिक गॉइटर के महामारीय अध्ययन पर एक पत्र प्रस्तुत किया। मध्य प्रदेश सरकार द्वारा २९ और ३० सितंबर, १९८४ को मेडिकल कॉलेज, रायपुर में आई. डी. डी. पर कार्यगोष्ठी और सेमिनार में उन्होंने एक पत्र प्रस्तुत किया।

सन् १९७८ में 'इंडियन जर्नल ऑफ पब्लिक हैल्थ' में 'एपीडेमियोलॉजी ऑफ फिलेरियेसिस' पर सर्वोत्तम पत्र के योगदान के लिए डॉ. द्विवेदी को पुरस्कृत किया गया।

डॉ. द्विवेदी को 'हाइपरकेरॉटॉसिस पालमेरिआ एट प्लांटेरिस' नामक एक वंशानुगत उत्पन्न रोग का एकाएक पता मध्य प्रदेश के रीवां जिले के देवास नामक गाँव में चला तथा इस संबंध में सन् १९६२ में उनका प्रथम और एकमात्र लेख इंडियन जर्नल ऑफ मेडिकल साइंसेज में प्रकाशित हुआ।

डॉ. द्विवेदी ने सन् १९८० में एस. एस. मेडिकल कॉलेज, रीवां में रोकथाम और सामाजिक औषध की भारतीय परिषद् के राष्ट्रीय सम्मेलन का आयोजन किया तथा १९८१ में इंडियन एसोसिएशन ऑफ प्रिवेंटिव एंड सोशल मेडिसन के सेक्रेटरी रहे।

२९ जुलाई सन् १९८२ को उन्हें एपीडेमियोलॉजी में प्रशिक्षणार्थियों का मार्गदर्शक स्वीकार किया गया। सन् १९८० से डॉ. द्विवेदी भारत और डेन्मार्क सरकारों के सहयोग में स्वास्थ्य रक्षा और प्रसव प्रणाली पर डेनिडा प्रायोजना के संचालक और मूल्यांक दल के सदस्य हैं। वे भारतीय चिकित्सा अनुसंधान परिषद् की कुष्ठरोग समिति के सदस्य हैं तथा महात्मा गांधी चिकित्सा विज्ञान संस्थान, सेवाग्राम में कुष्ठरोग में ओषधि विषाक्तता (Drug Toxicity) पर भारतीय चिकित्सा अनुसंधान परिषद् की प्रायोजना पर भी कार्य कर रहे हैं।

डॉ. द्विवेदी की इस प्रकार अनुसंधान के प्रति गहरी रुचि और निष्ठा है। वे अब तक लैथरिज्म गॉइटर, कुष्ठरोग, फिलेरिसस, हैजा आदि पर ४० से अधिक शोधपत्र वैज्ञानिक पत्रिकाओं में प्रकाशित करा चुके हैं। राष्ट्रीय और अंतरराष्ट्रीय उच्च स्तर की पत्रिकाओं के पत्रकारों ने उनके लेखों को उद्धृत किया है। प्रमुख पत्रिकाओं के नाम इस प्रकार हैं—(१) इंडिया टुडे : ३१ मार्च, १९८२, पृष्ठ १७-२१ पर चैतन्य कथेग और रघुराय द्वारा साक्षात्कार; (२) दिनमान (हिंदी)—२३ फरवरी, १९७५, पृष्ठ २४-२६ पर श्री महेश श्रीवास्तव द्वारा साक्षात्कार; (३) योजना (हिंदी)—७ अप्रैल, १९७५, पृष्ठ ११-१३ पर इंद्रकुमार जैन द्वारा साक्षात्कार; (४) साइंस टुडे : मई १९८३ में 'शुड खेसारी दाल कंटीन्यु टु क्रिपिल'; (५) इंडियन एक्सप्रेस और जनसत्ता—१ अप्रैल सन् १९८४।

भारतीय चिकित्सा अनुसंधान परिषद्, नई दिल्ली ने सन् १९८३ के लिए डॉ. एम. के. शेषाद्रि स्वर्ण पदक और नकद पुरस्कार डॉ. द्विवेदी को प्रदान किए जो उन्हें २७ मार्च सन् १९८४ को डॉ. बी. शंकरानंद, केंद्रीय स्वास्थ्य और परिवार कल्याण मंत्री ने प्रदान किए। १६ से १८ फरवरी, १९८४ को जयपुर में अपनी बैठक में इंडियन एसोसिएशन ऑफ प्रिवेंटिव एंड सोशल मेडिसन ने सन् १९८५ के धन्वंतरि वृक्तत्व पुरस्कार के लिए डॉ. द्विवेदी को चुना।

डॉ. द्विवेदी कई राष्ट्रीय और अंतरराष्ट्रीय वैज्ञानिक संस्थाओं के सदस्य हैं। वह इंटरनेशनल एपीडेमियोलॉजीकल एसोसिएशन डिपार्टमेंट ऑफ मेडिकल स्टेटिस्टिक्स एंड एपीडेमियोलॉजी, एस. डब्ल्यू. रोचेस्टर, मिन्नेसोटा, संयुक्त राज्य अमेरिका; फाउंडेशन फॉर मेडिकल रिसर्च इन थर्ड वर्ल्ड कंट्रीज, एल्बर्ट आइंस्टीन कॉलेज ऑफ मेडिसन, ब्रोन्क्स, न्यूयार्क, संयुक्त राज्य अमेरिका के सलाहकार मंडल; वर्ल्ड फेडरेशन ऑफ न्यूरोलॉजी, जेनेवा; इंटरनेशनल ग्रुप ऑफ ट्रॉपीकल स्पास्टिक पैरापरेसिस, नेशनल इंस्टीट्यूट ऑफ फेडरल बिल्डिंग, बेथेस्डा, मेरीलैंड, वाशिंगटन, यू. एस. ए. के सदस्य तथा इंडियन पब्लिक हैल्थ एसोसिएशन के आजीवन सदस्य हैं।

डॉ. एल. आर. नागपाल

डॉ. एल. आर. नागपाल का जन्म १० जुलाई सन् १९२९ को टंडलयानवाला नामक गाँव में जिला लायलपुर (आजकल पाकिस्तान) में हुआ था। उनके पिता का नाम श्री जे. डी. नागपाल और उनकी माता का नाम श्रीमती सुभानो नागपाल था। श्री नागपाल का विवाह ११ मई सन् १९५६ को श्रीमती एवं श्री बी. एस. थापर की सुपुत्री पुष्पा नागपाल से हुआ। उनके तीन पुत्र-पुत्रियाँ हैं जिनके नाम हैं नीरजा नागपाल, नीरज नागपाल और नीलिमा नागपाल।

श्री नागपाल ने अर्थशास्त्र विषय लेकर एम. ए. परीक्षा उत्तीर्ण की। उन्होंने हिंदी विषय में ऑनर्स तथा पत्रकारिता विषय में डिप्लोमा परीक्षा उत्तीर्ण की। उन्होंने लंदन का सिटी एंड गिल्स का संपूर्ण टेक्नोलॉजी पाठ्यक्रम पूरा किया तथा भारत सरकार के मुद्रणालयों में चार वर्षीय स्नातक प्रशिक्षण प्राप्त किया तथा यू. एस. ए. का सर्टीफिकेट ऑफ एचीवमेंट अंतरराष्ट्रीय सद्भावना प्राप्त किया।

श्री नागपाल कई अंतरराष्ट्रीय संगठनों के सदस्य हैं। वह ग्राफिक आर्ट्स टेक्नीकल फाउंडेशन, यू. एस. ए.; इंटरनेशनल ग्राफिक आर्ट्स एज्यूकेशन एसोसिएशन, यू. एस. ए.; टेक्नीकल एसोसिएशन ऑफ ग्राफिक आर्ट्स, यू. एस. ए.; पीरा, यू. के. आदि के सदस्य हैं।

श्री नागपाल ने अपना व्यावसायिक जीवन निजी मुद्रणालयों में सेवा से प्रारंभ किया तथा सन् १९४७ से सन् १९५० तक दिल्ली के निजी (प्राइवेट) मुद्रणालयों में कार्यरत रहे। सन् १९५१ से सन् १९५५ तक वे भारत सरकार के मुद्रणालयों में स्नातक प्रशिक्षणार्थी एवं भारत सरकार के नासिक स्थित मुद्रणालय में ओवरसियर के रूप में कार्यरत रहे। सन् १९५५ से १९५८ तक वे डिप्टी कंट्रोलर, प्रिंटिंग एंड स्टेशनरी, पंजाब सरकार, चंडीगढ़ रहे। सितंबर सन् १९५८ से वे उत्तरी क्षेत्रीय प्रिंटिंग टेक्नोलॉजी इंस्टीट्यूट, इलाहाबाद के प्रधानाचार्य पद पर कार्यरत हैं। मुद्रण तकनीक एवं मुद्रण

व्यवसाय आदि में शिक्षा से संबंधित भारत सरकार के शिक्षा मंत्रालय, श्रम मंत्रालय आदि की विभिन्न समितियों के सदस्य के रूप में श्री नागपाल ने अपनी महत्त्वपूर्ण भूमिका निभाई है। यू. एस. एस. के अंतरराष्ट्रीय सद्‌भावना कार्यक्रम के अंतर्गत एवं ब्रिटिश कौंसिल के अतिथि के रूप में श्री नागपाल ने सन् १९६३-६४ में यू. एस. ए., कनाडा, इंग्लैंड और यूरोप की यात्रा की। राजकीय मुद्रण व्यवस्था में श्री नागपाल का स्थान महत्त्वपूर्ण है।

डॉ. बी. एन. श्रीवास्तव

डॉ. बी. एन. श्रीवास्तव का पूरा नाम ब्रजनंदन श्रीवास्तव है। उनका जन्म १०अगस्त सन् १९३० को लश्कर (ग्वालियर), म. प्र. में हुआ। आपके पिता श्री शिवनंदन ग्वालियर में विद्युत् विभाग में लेखाकार थे। आपके पिता चार भाई थे जिनके नाम रघुवर दयाल, छोटे लाल और जवाहर लाल हैं। डॉ. ब्रजनंदन की सगी दो बहनें कमला और सरला हैं। डॉ. श्रीवास्तव का पाणिग्रहण संस्कार सन् १९५१ में रुड़की (उत्तर प्रदेश) निवासी डॉ. रामचंद्र श्रीवास्तव की सुपुत्री सरल दुलारी से संपन्न हुआ, जो सच्चे अर्थों में उनकी जीवनसंगिनी हैं। उनका दांपत्य जीवन बड़ा सुखद है, यद्यपि वे निःसंतान हैं।

डॉ. श्रीवास्तव की शिक्षा लश्कर (ग्वालियर) में हुई। उनका शैक्षिक-जीवन बड़ा गौरवपूर्ण रहा है। उन्होंने हाईस्कूल से लेकर अधि-स्नातक तक सभी परीक्षाएँ प्रथम श्रेणी में उत्तीर्ण कीं। उन्होंने सन् १९५१ में २१ वर्ष की आयु में आगरा विश्वविद्यालय एवं राजकीय गजराजा चिकित्सा महाविद्यालय, ग्वालियर से प्रथम श्रेणी एवं प्रथम स्थान सहित एम. बी., बी. एस. परीक्षा उत्तीर्ण की। सन् १९५४ में २४ वर्ष की आयु में उन्होंने सामान्य भेषज विषय में राजकीय गजराजा चिकित्सा महाविद्यालय, ग्वालियर के छात्र के रूप में आगरा विश्वविद्यालय से एम. डी. उपाधि ससम्मान प्राप्त की। इस शैक्षिक अवधि में उन्हें ९ सम्मानसूचक प्रमाण-पत्र मिले।

डॉ. श्रीवास्तव राजकीय गजराजा चिकित्सा महाविद्यालय, ग्वालियर में ४ वर्ष भेषज विज्ञान के प्रवक्ता, लगभग ७ वर्ष तक सहायक प्रोफेसर एवं लगभग ५ वर्ष तक भेषज विज्ञान विभाग के अवर प्रोफेसर रहे। उसके बाद वे भेषज विज्ञान में प्रोफेसर नियुक्त रहे। विभिन्न पदों पर कार्य करते हुए उनका निकट संबंध राजकीय चिकित्सा महाविद्यालय, ग्वालियर, इंदौर, भोपाल और जबलपुर से रहा है। जुलाई सन् १९६१ में वे भोपाल से स्थानांतरित होकर राजकीय चिकित्सा महाविद्यालय, जबलपुर में गए। वह

इस चिकित्सा महाविद्यालय में भेषज विज्ञान के प्रोफेसर एवं विभागाध्यक्ष रहे तथा हृदय रोग विशेषज्ञ के रूप में प्रख्यात हुए। ६ अक्तूबर, १९८८ से उन्होंने चिकित्सा महाविद्यालय, जबलपुर में अधिष्ठाता (डीन) का पद सुशोभित किया। चिकित्सक के रूप में उनको लगभग ३९ (चार दशक) वर्ष का अनुभव प्राप्त है। वह ३१ अगस्त, १९९० को साठ वर्ष की आयु प्राप्त होने पर राज्यसेवा से सेवा-निवृत्त हो गए। वर्तमान में वह केंद्रीय रेलवे चिकित्सालय, जबलपुर में अवैतनिक सलाहकार के रूप में कार्य कर रहे हैं।

डॉ. ब्रजनंदन श्रीवास्तव का संबंध कई राष्ट्रीय और अंतरराष्ट्रीय चिकित्सा संगठनों से है। व्याख्याता रहते हुए उन्हें सन् १९५६-५७ में भारतीय चिकित्सा अनुसंधान परिषद् और रॉकफैलर योजना के अंतर्गत कार्डियोलॉजी एवं वक्ष रोगों में एक वर्ष के लिए शोध फैलोशिप प्रदान की गई। वर्ष १९७९ ई. में विश्व स्वास्थ्य संघटन (डब्ल्यू. एच. ओ.) ने उन्हें जी. यू. एच. वाशिंगटन, रॉयल इन्फर. (एडिनबरा), कॉर्नेल विश्वविद्यालय, न्यूयार्क, पोस्ट ग्रेजुएट मेडिकल स्कूल, हेमरस्मिथ, (लंदन) में अधिस्नातक चिकित्सा अध्येता के रूप में फैलोशिप प्रदान की। वे कॉलेज ऑफ चेस्ट फिजीशियंस (वक्ष रोग चिकित्सा महाविद्यालय) के फैलो (एफ. सी. सी. पी.); इंटरनेशनल कॉलेज ऑफ एग्निओलॉजी, यू. एस. ए. के फैलो (एफ. आई. सी. ए.); ऑल इंडिया इंस्टीट्यूट ऑफ डॉक्टर्स (इंडिया) के फैलो (एफ. ए. आई. आई. डी.); एफ. ए. जी. एस.; एफ. आई. ए. एम. एस. (इंडिया), एफ. आई. सी. पी. तथा एम. ए. एम. एस. हैं। वह एसोसिएशन ऑफ फिजीशियंस ऑफ इंडिया, कार्डियोलॉजीकल सोसाइटी ऑफ इंडिया, डरमैटोलॉजीकल सोसाइटी ऑफ इंडिया, डायबिटिक सोसाइटी ऑफ इंडिया, इंडियन मेडिकल एसोसिएशन जबलपुर शाखा, चिकित्सा संकाय एवं अकादमिक कौंसिल, जबलपुर विश्वविद्यालय के सदस्य हैं। वह विगत वर्षों में इंडियन मेडिकल एसोसिएशन जबलपुर शाखा के अध्यक्ष भी रह चुके हैं। अंतरराष्ट्रीय संगठनों से उनका संपर्क निरंतर बढ़ता जा रहा है। उन्हें कार्डियोलॉजी, डरमैटोलॉजी, चैस्ट एंड पैडियाट्रिक्स इकाइयों, भेषज विभाग के विभागीय संग्रहालय के संगठन का अनुभव प्राप्त है। उन्होंने चिकित्सकीय बैठकों और परिसंवादों का आयोजन किया है और स्वयं उनमें भाग लिया है तथा कई अवसरों पर ऐसे आयोजनों और बैठकों की अध्यक्षता की है।

डॉ. बी. एन. श्रीवास्तव की शोधकार्य के प्रति अटूट और गहरी अभिरुचि है। उनके २२० से अधिक शोधपत्र विभिन्न रोगों और उनके उपचारों के संबंध में प्रमुख राष्ट्रीय और अंतरराष्ट्रीय शोध पत्रिकाओं में प्रकाशित हो चुके हैं, जिनमें से प्रमुख हैं—इंडियन हार्ट जर्नल, मेडिकल डायजेस्ट, जर्नल ऑफ एसोसिएशन ऑफ फिजीशियंस ऑफ इंडिया, इंडियन प्रैक्टिशनर, करैंट मेडिकल प्रैक्टिस, इंडियन जर्नल ऑफ मेडिसन एंड सर्जरी, इंडियन जर्नल ऑफ मेडिकल साइंसेज, इंडियन जर्नल ऑफ चाइल्ड हैल्थ, इंडियन मेडिकल गजट, मध्य प्रदेश मेडिकल जर्नल आदि। इन शोधपत्रों की विदेशी

विद्वानों ने भी प्रशंसा की है तथा उनका सारांश विदेशी पत्रिकाओं में भी प्रकाशित हुआ है। उन्होंने ए. पी. आई. टेक्सट बुक मेडिसन (A.P.I. Text Book Medicine), एडवांसेज इन मेडिसन (Advances in Medicine), एडवांसेज इन अस्थमा एंड ब्रोनकाइटिस (Advances in Asthema and Bronchitis), Diabites in Tropics (डायबिटीज इन ट्रापिक्स), Diabetes (डायबिटीज)-१९८६, प्रोसीडिंग्ज ऑफ वर्ल्ड कांग्रेस ऑन डायबिटीज (Proceedings of World Congress on Diabetes) बैंकाक, दिसंबर १९८४, मेडिकल थेरापियूटिक्स (Medical Therapeutics) आदि पाठ्य-पुस्तकों में अध्याय लिखे हैं। उन्होंने भारतीय चिकित्सा परिषद् की मध्य प्रदेश शाखा में नवंबर १९७९ में, भारतीय चिकित्सा परिषद् और भारतीय सर्जिकल सोसाइटी के संयुक्त अधिवेशन, मद्रास में जनवरी १९८४ में, भाषण तथा एसोसिएशन ऑफ फिजीसियंस ऑफ इंडिया के वार्षिक अधिवेशन १९८६ उदयपुर में नेताजी भाषणमाला के अंतर्गत भाषण प्रस्तुत किया।

वह इंडियन सोसाइटी ऑफ इंटरनल मेडिसन एवं इंडियन एकेडेमी ऑफ मेडिकल साइंस के सदस्य हैं। वह कौंसिल ऑफ सर्जन्स ऑफ इंडिया के आजीवन सदस्य हैं तथा १९७४ में उसके उपाध्यक्ष रहे। वह डरमेटोलोजी सोसाइटी ऑफ इंडिया तथा इंडियन मेडिकल एसोसिएशन के सदस्य हैं। वह इंडियन मेडिकल एसोसिएशन के १९६६ में अध्यक्ष रहे। वह डायबिटिक एसोसिएशन के आजीवन सदस्य हैं। वह रिसर्च सोसाइटी फोर स्टडी ऑफ डायबिटीज इन इंडिया के संस्थापक अध्यक्ष और रिसर्च सोसाइटी, चिकित्सा विभाग एवं मेडिकल कौंसिल जर्नल के सचिव रहे।

वह एम. डी. के लिए दिल्ली, शिमला आदि में भारतीय चिकित्सा परिषद् के मुख्य निरीक्षक, मध्य प्रदेश विज्ञान एवं औद्योगिकी परिषद् के समन्वयक हैं। इन्सूलिन के संबंध में शोध परियोजना के वह अन्वेषक रह चुके हैं। उन्होंने ५० से अधिक एम. डी. एवं पी-एच. डी. के शोध-प्रबंधों का मार्गदर्शन किया है। जनसाधारण में चिकित्सा शिक्षा को लोकप्रिय बनाने की दिशा में विभिन्न विषयों पर वह ५० से अधिक लेख तथा रेडियो वार्ताएँ प्रसारित कर चुके हैं। वह एसोसिएशन ऑफ फिजीशियंस ऑफ इंडिया के आजीवन सदस्य हैं तथा उसके वार्षिक अधिवेशनों में १९५७ से ही नियमित रूप से सक्रिय भाग ले रहे हैं। वह इंडियन कॉलेज ऑफ फिजीशियंस के संस्थापक फैलो हैं। वह १९७२-७३ में उसकी शाषी परिषद् के सदस्य निर्वाचित किए गए थे, तथा वर्ष १९९०-९१ में उसके सह वृत्त सदस्य और १९८९ में उसके उपाध्यक्ष थे। चिकित्सा परिषद् के शैक्षिक कार्यक्रम के अंतर्गत उन्होंने भोपाल, दिल्ली, त्रिवेंद्रम और कलकत्ता में भाषण प्रस्तुत किए। वह चिकित्सा परिषद् की जबलपुर शाखा के तीन वर्ष तक अध्यक्ष रहे।

उन्होंने १९८५ ई. तक एसोसिएशन ऑफ फिजीशियंस (मध्य प्रदेश) और डायबिटीज के अधिवेशनों का, नवंबर १९७७ में एडवांसेज इन मेडिसन पर कार्यशाला

का तथा ४३वीं भारतीय चिकित्सा परिषद् के अधिवेशन का दिसंबर १९६६ में संगठन किया। वह दस वर्ष से अधिक समय तक भारतीय चिकित्सा परिषद् (म. प्र.) के लिए अभिनव पाठ्यक्रमों का आयोजन करते रहे। डॉ. श्रीवास्तव प्रति वर्ष अनेक संगठनों के वार्षिक अधिवेशनों में भाग लेने जाते हैं जिनके वे सदस्य हैं तथा उनमें वे अपना शोधपत्र भी प्रस्तुत करते हैं। वे कई शोधपत्र राष्ट्रीय और अंतरराष्ट्रीय संगठनों के अधिवेशनों में पढ़ चुके हैं तथा अब तक पाँच बार भारत से बाहर विदेशों में जाकर अंतरराष्ट्रीय सम्मेलनों में अपना शोधपत्र पढ़ चुके हैं। एक बार वह यू. एस. ए., दूसरी बार सोवियत रूस होते हुए चेकोस्कोवाकिया, तीसरी बार जापान की राजधानी टोकियो और चौथी बार थाइलैंड की राजधानी बैंकाक में आयोजित अंतरराष्ट्रीय सम्मेलनों में सम्मिलित होकर अपना शोधपत्र प्रस्तुत कर चुके हैं। लौटते समय वे मलयेशिया, सिंगापुर की यात्रा पर भी गए। पाँचवीं बार नवंबर १९८८ में आस्ट्रेलिया के महानगर सिडनी में मधुमेह (डायबिटीज) की १३वीं अंतरराष्ट्रीय कॉन्फ्रेंस में अपना शोधपत्र प्रस्तुत करने गए। सन् १९८८ ई. में वह भारतीय मधुमेह संघ (डायबिटिज एसोसिएशन ऑफ इंडिया) के अध्यक्ष रहे। वह मधुमेह पर भारतीय चिकित्सा अनुसंधान परिषद् की प्रायोजना के मुख्य अन्वेषक हैं तथा भारतीय चिकित्सा अनुसंधान परिषद् की जबलपुर शाखा में इमेरिटस वैज्ञानिक हैं। वह एसोसिएशन ऑफ फिजीसियंस ऑफ इंडिया के वार्षिक अधिवेशन १९९० जबलपुर के संगठन सचिव थे जिसमें लगभग एक हजार भारतीय चिकित्सक एवं लगभग १२ विदेशी विशेषज्ञ सम्मिलित हुए। इसमें उन्होंने कई नए आयामों का समावेश किया। इसे जबलपुर के लिए शताब्दी कॉन्फ्रेंस की संज्ञा दी गई। वह एसोसिएशन ऑफ फिजीसियंस ऑफ इंडिया की मध्य प्रदेश शाखा के वर्ष १९९२ में अध्यक्ष थे। उन्हें वर्ष १९९० का चिकित्सा क्षेत्र में विशिष्ट सेवाओं एवं प्रमुख अध्यापक एवं विद्वान् होने के फलस्वरूप मध्य प्रदेश के राज्यपाल द्वारा दिसंबर १९९० में राष्ट्रीय एकता पुरस्कार प्रदान किया गया। वह १६ बार अंतरराष्ट्रीय सम्मेलनों में अपने पत्र प्रस्तुत कर चुके हैं अथवा हृदय एवं वक्ष रोगों पर सत्रों की अध्यक्षता कर चुके हैं। वह कौंसिल ऑफ सर्जन्स ऑफ इंडिया, डायबिटोलोजी, इंडियन मेडिकल एसोसिएशन, क्लिनिकल फार्माकोलोजी सहित ११० से अधिक राष्ट्रीय सम्मेलनों में भाग ले चुके हैं।

डॉ. श्रीवास्तव जहाँ स्वयं रोगियों के उपचार एवं सेवा में संलग्न रहते हैं, वहीं एम. बी., बी. एस. एवं एम. डी. के छात्रों के अध्यापन एवं शोध-प्रबंधों में मार्गदर्शन द्वारा चिकित्सा-शिक्षा के प्रचार-प्रसार में अपना महत्त्वपूर्ण योग दे रहे हैं। यही नहीं, चिकित्सा ज्ञान की अभिवृद्धि में भी उनका योगदान बड़ा महत्त्वपूर्ण है। इस दिशा में वे भारत की ८ प्रमुख पत्रिकाओं—द इंडियन प्रैक्टिशनर, करैंट मेडिकल प्रैक्टिस, मध्य प्रदेश मेडिकल जर्नल, इंडियन जर्नल ऑफ मेडिसन एंड सर्जरी, इंडियन जर्नल ऑफ डरमैटोलॉजी, इंडियन मेडिकल रिव्यू, हार्ट जर्नल, जर्नल ऑफ एसोसिएशन ऑफ

फिजीशियंस ऑफ इंडिया के संपादक मंडल के सदस्य के रूप में अपना योग दे रहे हैं। वे मध्य प्रदेश मेडिकल जर्नल के प्रमुख संपादक हैं।

एम. बी., बी. एस. और एम. डी. परीक्षाओं के परीक्षक के रूप में श्रीवास्तव का संबंध विक्रम विश्वविद्यालय, जबलपुर विश्वविद्यालय, ग्वालियर विश्वविद्यालय, इंदौर विश्वविद्यालय, राजस्थान विश्वविद्यालय और आगरा विश्वविद्यालय, दिल्ली, यू. पी. महाराष्ट्र, बिहार और असम के विश्वविद्यालयों से है। वे लगभग दस वर्ष तक माध्यमिक शिक्षा बोर्ड, मध्य प्रदेश में स्वास्थ्य रक्षा एवं स्वास्थ्य विज्ञान के भी परीक्षक रहे हैं।

डॉ. श्रीवास्तव बड़े हँसमुख एवं मृदुभाषी हैं। उनका व्यक्तित्व बड़ा आकर्षक है। उनका हँसमुख स्वभाव एवं आकर्षक व्यक्तित्व रोगी को बड़ा प्रभावित करता है। उनकी प्रवृत्ति धार्मिक स्थलों का भ्रमण और देशाटन की रही है। उन्हें फोटोग्राफी का भी शौक है।

डॉ. शीतल राज मेहता

जन्म एवं शिक्षा—डॉ. शीतल राज मेहता का जन्म २३ जुलाई सन् १९३१ को राजस्थान के प्रसिद्ध एवं ऐतिहासिक नगर जोधपुर में हुआ। उन्होंने सन् १९५३ में राजस्थान विश्वविद्यालय से प्रथम श्रेणी में सर्वप्रथम स्थान पर एम. बी., बी. एस. परीक्षा उत्तीर्ण की। इस शानदार शैक्षिक सफलता पर विश्वविद्यालय ने उन्हें स्वर्ण पदक प्रदान कर सम्मानित किया। उन्होंने सन् १९५७ में मेडिसन (भेषज) में एम. डी. परीक्षा उत्तीर्ण की।

व्यावसायिक जीवन—सन् १९५३-५४ में उन्होंने सवाई मानसिंह चिकित्सालय, जयपुर में रेजीडेंट हाउस ऑफीसर का कार्य किया। सन् १९५४-५५ में वे मेडिसन विभाग में रजिस्ट्रार बने। सन् १९५५ से १९५८ तक वे सिविल असिस्टेंट सर्जन के पद पर कार्यरत रहे। सन् १९५८ में वे सवाई मानसिंह मेडिकल कॉलेज, जयपुर में प्राध्यापक नियुक्त किए गए। सन् १९६२ में रीडर तथा सन् १९६५ में वे मेडिसन विभाग के प्रोफेसर एवं मार्च १९७१ में वे अध्यक्ष बनाए गए। दिसंबर सन् १९८१ में वे सवाई मानसिंह मेडिकल कॉलेज, जयपुर के प्रवर प्राचार्य एवं चिकित्सा अधीक्षक, सवाई मानसिंह चिकित्सालय, जयपुर के पद पर नियुक्त किए गए। इस पद पर वे मार्च १९८४ तक कार्यरत रहे। ३१ मार्च सन् १९८४ को वे प्राचार्य, सवाई मानसिंह मेडिकल कॉलेज, जयपुर एवं नियंत्रक, सवाई मानसिंह चिकित्सालय, जयपुर तथा संबद्ध चिकित्सालयों के पद पर पदोन्नत किए गए। वे वरिष्ठ प्रोफेसर एवं मेडिसन के क्रमोन्नत विभाग के अध्यक्ष तथा प्राचार्य, सवाई मानसिंह मेडिकल कॉलेज एवं नियंत्रक, सवाई मानसिंह चिकित्सालय तथा संबद्ध चिकित्सालय, जयपुर के पद पर कार्यरत रहे। वे राजस्थान विश्वविद्यालय में मेडिसन एवं फार्माक्यूटिक्स संकाय के अधिष्ठाता (डीन) भी रहे। ३१ जुलाई, १९८९ को ५८ वर्ष की वय में राज्यसेवा से सेवानिवृत्त होकर वह निजी चिकित्सालय का संचालन कर रहे हैं।

प्राप्त पदक एवं सम्मान—सन् १९५८-५९ में संयुक्त राज्य अमेरिका के पिट्‌सबर्ग विश्वविद्यालय ने डॉ. मेहता को टी. सी. एम. फैलोशिप प्रदान की। सन् १९६० में इंटरनेशनल सोसाइटी ऑफ हैमेटोलॉजी, टोकियो, जापान ने उन्हें फैलोशिप प्रदान की। राष्ट्रीय चिकित्सा विज्ञान अकादमी ने चिकित्सा विज्ञान की प्रगति में महत्त्वपूर्ण योगदान के कारण उन्हें अपना सदस्य बनाया। वे मई सन् १९८१ में राजस्थान विश्वविद्यालय की सिंडीकेट के सदस्य; सन् १९८२ में भारतीय चिकित्सा परिषद् के सदस्य, अगस्त १९८४ में राष्ट्रीय औषध सलाहकार मंडल के सदस्य, और अगस्त १९८४ में ही राजस्थान विश्वविद्यालय में मेडिसन एवं थेराप्यूटिक्स संकाय के अधिष्ठाता (डीन) नियुक्त किए गए।

शोधकार्य में अभिरुचि—चिकित्सक के रूप में अत्यंत व्यस्त जीवन के बावजूद डॉ. मेहता की चिकित्सा क्षेत्र में शोध के प्रति गहन रुचि और निष्ठा बनी रही और वे निरंतर इस कार्य में लगे रहे। उनके ७० से अधिक शोधपत्र विभिन्न राष्ट्रीय और अंतरराष्ट्रीय चिकित्सा शोध पत्रिकाओं में प्रकाशित हो चुके हैं तथा वे २० से अधिक अपने शोधपत्र राष्ट्रीय और अंतरराष्ट्रीय चिकित्सा सम्मेलनों में पढ़ चुके हैं। मौलिक एवं महत्त्वपूर्ण शोधकार्य के लिए राज्य सरकार ने भी उन्हें 'विशेष योग्यता वेतन' प्रदान कर सम्मानित किया।

डॉ. मेहता ने रोग-निदान के लिए सबसे पहले 'पंच बायप्सी' का तरीका निकाला, जो अब तक आँतों के रोगों के निदान की सामान्य प्रक्रिया बन चुका है। 'हैप्टोग्लोबिंस' के चिकित्सकीय एवं आनुवंशिकी प्रभावों के बारे में उनके शोध ने तो अंतरराष्ट्रीय ख्याति अर्जित की है। कई राष्ट्रीय और अंतरराष्ट्रीय शोध पत्रिकाओं और पुस्तकों में उनके शोधकार्य के उद्धरण आज भी उपयोग में लिये जा रहे हैं। जिन पुस्तकों में उनके शोधकार्य को उद्धृत किया गया है, उनमें से प्रमुख निम्नांकित हैं—

१. मॉडर्न मेडिसन (Modern Medicine), संपादक इर्विन एच., प्रकाशक—मेनिआपोलिस मिनेसोटा, यू. एस. ए., १९६४।

२. हैमोग्लोबिनोपैथी (Hemoglobinopathy), संपादक जेन्सन, प्रकाशक—ईयर बुक, शिकागो, यू. एस. ए., १९६१।

३. प्रोग्रैस इन क्लिनिकल मेडिसन (Progress in Clinical Medicine), संपादक—एम. एम. ए. आहूजा, प्रकाशक—आर्नोल्ड निनेमान, नई दिल्ली।

सन् १९७५-७६ और फिर १९८१-८२ में डॉ. मेहता जयपुर मेडिकल एसोसिएशन के अध्यक्ष चुने गए थे। सन् १९८३ और १९८४ में वे भारतीय फिजीशियन एसोसिएशन की राजस्थान शाखा के अध्यक्ष निर्वाचित किए गए।

सन् १९८१ में सवाई मानसिंह चिकित्सालय के अधीक्षक बनने पर, उनकी देखरेख में आधुनिक तकनीकों का विकास किया गया तथा विभिन्न प्रकार की जाँच और विशेषज्ञों की सेवाएँ आसानी से गरीबों की पहुँच में आईं। इस प्रकार चिकित्सालय

के आधुनिकीकरण और रोगियों की देखभाल में सुधार पर विशेष बल के साथ उसके चहुमुखी विकास में महत्त्वपूर्ण योगदान किया है। उन्होंने सवाई मानसिंह मेडिकल कॉलेज से संबद्ध अस्पतालों में आधुनिक शोधपूर्ण निदानात्मक तकनीकें और विशेषज्ञों की सेवाएँ उपलब्ध कराईं, अर्थात् आधुनिक दुर्घटना और एमरजेंसी विभाग, आधुनिक व्यापक देखरेख, आधुनिक डायलिसिस इकाई, पैथोलॉजी, रेडियोलॉजी, माइक्रोबायलॉजी, बायोकैमिस्ट्री और न्यूक्लियर ओषधि में निदानात्मक सेवाओं का आधुनिकीकरण और विस्तार। निहित स्वार्थों द्वारा मरीजों के शोषण को रोकने के लिए उन्होंने लागत मूल्य के आधार पर रोगियों को एक्स-रे, प्रयोगशाला अनुसंधान, डायलिसिस और रोगी देखरेख उपकरण प्रदान कराने के लिए सर्वप्रथम स्ववित्त योजना लागू की। उन्होंने स्वयंसेवी संस्थाओं को 'वार्ड को ग्रहण' करने की महत्त्वपूर्ण योजना के लिए उत्प्रेरित किया और इस प्रकार उपभोक्ता को वार्ड प्रशासन में सन्निहित किया। डॉ. मेहता ने ओपिन हार्ट सर्जरी, ऐंडोयूरोलॉजी, नेत्र बैंक, केंद्रीय बंध्याकरण इकाई, आधुनिक प्रसव कक्षों आदि जैसी अनेक नई सुविधाएँ उत्पन्न कीं। सवाई मानसिंह मेडिकल कॉलेज से संबद्ध विभिन्न अस्पतालों के आधुनिकीकरण और विकास एवं चिकित्सकीय शिक्षा और चिकित्सा विज्ञान की प्रगति में उनके महत्त्वपूर्ण योगदान तथा अस्पताल प्रबंध की उनकी क्षमताओं का सम्मान करते हुए राजस्थान सरकार ने सन् १९८३ में गणतंत्र दिवस पर डॉ. मेहता को सम्मानित किया। सन् १९८५ में गणतंत्र दिवस पर भारत सरकार ने उन्हें पद्मश्री की उपाधि से सम्मानित किया। इस सम्मान का श्रेय उन्होंने अपने सहयोगियों की टीम भावना को दिया। वास्तव में उनके मित्रों और शुभेच्छुओं को इससे सुखद अनुभव हुआ। डॉ. मेहता के अनुसार, यदि कड़ी मेहनत और संकल्पबद्ध होकर अपने काम में जुट जाए, तो कोई भी सफलता के शिखर पर पहुँच सकता है। यदि पूरी इच्छाशक्ति और संकल्प के साथ मनुष्य अपना काम करता रहे, तो सफलता खुद उसके पास चली आती है। उसे तलाश करने को कहीं जाना नहीं पड़ता।

चिकित्सा एवं स्वास्थ्य संबंधी विभिन्न संगठनों में महत्त्वपूर्ण पदों पर रहकर डॉ. मेहता ने पीड़ित मानवता की सेवा के लिए काम करने के कई प्रयोग किए, वहीं 'राजस्थान मेडिकल जर्नल' के मुख्य संपादक के नाते अपने सहयोगी डॉक्टरों के लिए आधुनिकतम जानकारी देने और चिकित्सकीय शिक्षा की निरंतरता के काम में वे जुटे हुए हैं।

गंदी बस्तियों और ग्रामीण क्षेत्रों में स्वास्थ्य रक्षा, एम. सी. एच. और एफ. डब्ल्यू. शिविरों को निरंतर आयोजित करने में डॉ. मेहता ने महत्त्वपूर्ण कदम उठाया है। इस प्रकार उन्होंने गरीब-से-गरीब रोगी को उसके दरवाजे पर ओषधि और विशेषज्ञों की सेवाएँ उपलब्ध कराई हैं तथा चिकित्सा सेवाओं के समाजीकरण में अपना महत्त्वपूर्ण योगदान किया है।

डॉ. मेहता के मत में राजस्थान की विशेष परिस्थितियों को देखते हुए यहाँ

होनेवाली विशेष बीमारियों के बारे में अनुसंधान होना चाहिए। विशेषतया रेतीली और गरम जलवायु के कारण जो बीमारियाँ केवल यहीं होती हैं उनके बचाव और इलाज के तरीके भी हमें ही ढूँढ़ने होंगे। इस संबंध में डॉ. मेहता की मान्यता है कि राजस्थान में एपेक्स मेडिकल रैफलर सेंटर कायम किया जाना चाहिए।

जून १९८८ में भारत सरकार ने डॉ. मेहता को परीक्षाओं के राष्ट्रीय बोर्ड की संचालन समिति का सदस्य मनोनीत किया है। उन्हें चिकित्सा विज्ञान की राष्ट्रीय अकादमी की कार्यकारिणी का सदस्य भी बनाया गया है। डॉ. मेहता भारतीय चिकित्सा परिषद् के सदस्य भी हैं। १८ दिसंबर,१९८८ को डॉ. मेहता को 'नेशनल एकेडेमी ऑफ मेडिकल साइंस' का फैलो चुना गया है। यह फैलोशिप चिकित्सा कार्य की सर्वश्रेष्ठ सम्माननीय उपाधि है। इस प्रकार चिकित्सा क्षेत्र की राष्ट्रीय स्तर की तीनों शीर्ष संस्थाओं के संचालकों में डॉ. मेहता के मनोनयन से राजस्थान में वह प्रथम ऐसे चिकित्सक विशेषज्ञ बने हैं जिन्हें राष्ट्रीय स्तर पर ऐसा सम्मान प्राप्त हुआ है। २३ दिसंबर, १९८९ ई. को राष्ट्रपति आर. वेंकटरमन ने नई दिल्ली के विज्ञान भवन में डॉ. मेहता को डॉ. वी .सी. राय राष्ट्रीय पुरस्कार से सम्मानित किया। डॉ. मेहता को यह पुरस्कार चिकित्सा सेवा में उनकी विशेष उपलब्धियों के लिए दिया गया। पुरस्कार रूप में डॉ. मेहता को दस हजार रुपए नकद, प्रमाण-पत्र एवं पदक प्रदान किए गए। २२ अक्तूबर, १९९० ई. को डॉ. मेहता को भारत सरकार ने चिकित्सा संबंधी तीन शीर्षस्थ संस्थानों—इंडियन काउंसिल फार मेडिकल रिसर्च, नेशनल बोर्ड ऑफ इक्जामिनेशन एवं इंस्टीट्यूट ऑफ अप्लाईड मैनपावर रिसर्च की गवर्निंग बॉडी के सदस्य के रूप में मनोनीत किया। इसके अलावा डॉ. मेहता को मेडीकल काउंसिल ऑफ इंडिया की स्नातकोत्तर समिति के सदस्य के रूप में भी मनोनीत किया गया।

डॉ. मेहता इस समय भी मेडिकल काउंसिल ऑफ इंडिया एवं इंडियन काउंसिल फार मेडिकल रिसर्च के साइंटिफिक एडवाइजरी बोर्ड के सदस्य हैं। उपर्युक्त चारों संस्थाएँ देश की चिकित्सा शिक्षा, मेडिकल रिसर्च, मेडिकल मैनपावर योजना एवं स्नातकोत्तर मेडिकल परीक्षाओं के संबंध में नीति निर्धारण की शीर्षस्थ संस्थाएँ हैं। डॉ. मेहता राजस्थान के एकमात्र चिकित्सक हैं जिनको इन सब शीर्षस्थ संस्थाओं की गवर्निंग बॉडी में मनोनीत किया गया है।

डॉ. डी. एल. छंगाणी

डॉ. डी. एल. छंगाणी का जन्म २० फरवरी सन् १९३१ को हुआ। उन्होंने सन् १९५३ में राजस्थान विश्वविद्यालय से एम. बी., बी. एस. परीक्षा उत्तीर्ण की। सन् १९५५ में डॉ. छंगाणी ने बंबई विश्वविद्यालय से डी. ओ. आर. एल. परीक्षा तथा सन् १९५९ में लखनऊ विश्वविद्यालय से कान, नाक और गले के रोगों का विशेष अध्ययन कर एम.एस. परीक्षा उत्तीर्ण की।

डॉ. छंगाणी ने १ जुलाई सन् १९५४ को राज्य-सेवा में प्रवेश किया। ६ जुलाई सन् १९६१ से ३० अक्तूबर सन् १९६४ तक वे कान, नाक और गला विभाग में सवाई मानसिंह मेडिकल कॉलेज, जयपुर में प्रवक्ता के पद पर; ३१ अक्तूबर, १९६४ से ७ मई, १९७१ तक रीडर रहे। और ८ मई, १९७१ से वह प्रोफेसर और विभागाध्यक्ष के पद को गौरवान्वित करते रहे हैं। वह सवाई मानसिंह चिकित्सालय, जयपुर में अधीक्षक के पद पर शोभायमान रहे। ५८ वर्ष की आयु होने पर २८ फरवरी सन् १९८९ को राज्य-सेवा से सेवा-निवृत्त होने के उपरांत वह संतोकबा दुर्लभजी मैमोरियल चिकित्सालय, जयपुर में कार्यरत हैं।

डॉ. छंगाणी संघीय लोक सेवा आयोग एवं राजस्थान लोक सेवा आयोग में विशेषज्ञ के रूप में आमंत्रित किए जाते हैं। कान, नाक और गला के लिए चिकित्सा शिक्षा और सुविधाओं के स्तर की जाँच के लिए भारतीय चिकित्सा परिषद् ने डॉ. छंगाणी को रोहतक और गुंटूर में संस्थाओं की मान्यता और परीक्षा हेतु निरीक्षणार्थ निरीक्षक के रूप में नियुक्त किया था।

डॉ. छंगाणी का संपर्क कई चिकित्सा संस्थाओं से है। वे इन संस्थाओं के कार्य में सक्रिय योग देते हैं। वे एसोसिएशन ऑफ ओटोलैरिन गोलोजिस्ट्स ऑफ इंडिया के सन् १९८० में जयपुर में आयोजित वार्षिक सम्मेलन के संगठन सचिव रहे। वे भारतीय चिकित्सा परिषद् के बीकानेर में आयोजित वार्षिक सम्मेलन तथा राज्य स्तरीय चिकित्सा

सम्मेलनों के संगठन सचिव भी रहे। डॉ. छंगाणी एसोसिएशन ऑफ ओटोलैरिन गोलोजिस्ट्स ऑफ इंडिया की राजस्थान शाखा के तीन वर्ष तक अध्यक्ष, भारतीय चिकित्सा परिषद् की जयपुर शाखा के अध्यक्ष और भारतीय चिकित्सा परिषद् की बीकानेर शाखा के अध्यक्ष रहे। वह ए. ओ. आई. में अखिल भारतीय ई. मर्क पदक हेतु प्रतियोगिता में निर्णायक नियुक्त किए गए थे। डॉ. छंगाणी श्री रामकृष्ण विवेकानंद सोसाइटी, जयपुर, भारतीय चिकित्सा परिषद्, कोटा, बीकानेर, जोधपुर आदि के अवैतनिक मंत्री रहे हैं।

डॉ. छंगाणी की चिकित्सा जगत् में शोधकार्य के प्रति गहरी रुचि है। अब तक उनके ३३ से अधिक शोधपत्र विभिन्न राष्ट्रीय और अंतरराष्ट्रीय पत्र-पत्रिकाओं में प्रकाशित हो चुके हैं। जिन पत्रिकाओं में उनके शोधपत्र प्रकाशित हुए हैं, उनके नाम हैं—एनल्स ऑफ ओटोलैरिन गोलॉजी (यू. एस. ए.), जिसमें उनका शोधपत्र सैंक्रस बाइफ्लोरस फोरिन बौडी लैरिंक्स एंड फैरिंक्स सन् १९६७ में प्रकाशित हुए था; जर्नल ऑफ ओटोलैरिन गोलॉजी एंड लैरिनगोलॉजी (लंदन), जिसमें उनके विभिन्न रोगों पर १० से अधिक शोधपत्र प्रकाशित हो चुके हैं; इंडियन जर्नल ऑफ ओटोलैरिन गोलॉजी, जिसमें उनके १६ शोधपत्र प्रकाशित हुए हैं तथा राजस्थान मेडिकल जर्नल, जिसमें उनके ६ शोधपत्र प्रकाशित हुए हैं। साथ ही वह एसोसिएशन ऑफ ओनकोलॉजी ऑफ इंडिया तथा एसोसिएशन ऑफ सर्जन्स ऑफ इंडिया की राष्ट्रीय और राजस्थान शाखा के सम्मेलनों में भी अपने शोधपत्र पढ़ चुके हैं। उन्होंने अखिल भारतीय चिकित्सा संस्थान, नई दिल्ली में कान की माइक्रो सर्जरी पर आयोजित कार्यगोष्ठी में भाग लिया था। कान, नाक और गला की अखिल भारतीय और राज्य स्तरीय वैज्ञानिक अधिवेशनों का सभापतित्व भी डॉ. छंगाणी कर चुके हैं। वे राजस्थान विश्वविद्यालय की चिकित्सा संकाय, चिकित्सा शिक्षा शोध समिति, छात्र मंडल और विभिन्न उपसमितियों के सदस्य हैं। एम. एन. ए. एम. एस., डी. एल. डी., एम. एस. (कान, नाक, गला), एम. बी., बी. एस. आदि परीक्षाओं के परीक्षक के रूप में डॉ. छंगाणी के संपर्क अमृतसर, शिमला, पटियाला, रोहतक, अखिल भारतीय चिकित्सा संस्थान, दिल्ली, दिल्ली विश्वविद्यालय, आगरा, इलाहाबाद, बंबई, भोपाल, ग्वालियर, इंदौर, बड़ौदा, वाराणसी, रांची, मगध, पटना और लखनऊ से हैं।

शैक्षणिक एवं सेवा संबंधी कई विवादों में वे कर्मचारी न्यायिक ट्रिब्यूनल, हाई कोर्ट और सुप्रीम कोर्ट में प्रभारी अधिकारी का कार्य भी संपादित कर चुके हैं। एशिया ओसनिक कांग्रेस (संगठनात्मक समिति) के वह सह-सभापति मनोनीत किए गए थे।

डॉ. छंगाणी ने ओटोलैरिन गोलॉजिस्ट्स ऑफ इंडिया की वार्षिक बैठक में जनवरी १९७९ में नागपुर में भाग लिया था। इस संस्था की ३२वीं वार्षिक बैठक की कार्यकारिणी की बैठक में उन्होंने अगस्त १९७९ में जयपुर में तथा ३६वीं वार्षिक बैठक जनवरी १९८४ में अहमदाबाद में भाग लिया। ११ नवंबर, १९८४ में ए. ओ. आई. की

बिहार शाखा की दसवीं वार्षिक बैठक में उन्हें 'स्टडी ऑन डीफ म्यूट केसेज विद एरा' नामक विषय पर विशेष वक्ता के रूप में आमंत्रित किया गया। जनवरी १९८५ में ए. ओ. आई. के दिल्ली अधिवेशन में उन्होंने 'क्लीनिकल एंड बैक्ट्रीओलॉजीकल स्टडीज ऑफ दि इफैक्ट ऑफ स्टराइल नोर्मल सैलाइन इरिगेशन इन परसिसटैंट डिस्चार्जिंग ईयर' नामक अपना शोधपत्र प्रस्तुत किया था।

उनकी सेवाओं और योग्यताओं से प्रभावित होकर राजस्थान सरकार ने गणतंत्र दिवस समारोह, सन् १९८५ में उन्हें योग्यता प्रमाण-पत्र से सम्मानित किया।

प्रो. सी. एन. आर. राव

प्रो. सी. एन. आर. राव (पूरा नाम चिंतामणि नागेश रामचंद्र राव) का जन्म ३० जून सन् १९३४ को हुआ। उनके पिता का नाम श्री एच. नागेश राव था। उनकी धर्मपत्नी का नाम इंदुमती है। उनके केवल एक पुत्र है। उन्होंने सन् १९५१ में मैसूर विश्वविद्यालय से बी. एस-सी. परीक्षा; सन् १९५३ में बनारस विश्वविद्यालय से एम. एस-सी. परीक्षा उत्तीर्ण की। सन् १९५८ में उन्होंने परड्यू विश्वविद्यालय से पी-एच. डी. और सन् १९६० में मैसूर विश्वविद्यालय से डी. एस-सी. उपाधि प्राप्त की। वे रॉयल सोसाइटी ऑफ कैमिस्ट्री के फैलो हैं। परड्यू, बोर्डो, श्री वेंकटेश्वर एवं रुड़की विश्वविद्यालयों ने उन्हें डी. एस-सी. (सम्मानजनक) उपाधि प्रदान की है। भारतीय विज्ञान अकादमी और भारतीय राष्ट्रीय विज्ञान अकादमी एवं रॉयल सोसाइटी, लंदन के वे फैलो हैं। विज्ञान अकादमी, यूगोस्लाविया के वे विदेश सदस्य हैं तथा तृतीय विश्व विज्ञान अकादमी के वह संस्थापक सदस्य हैं।

प्रो. राव ने अपना व्यावसायिक जीवन अध्यापन से प्रारंभ किया। वे इंडियन इंस्टीट्यूट ऑफ टेक्नोलॉजी, कानपुर के रसायनशास्त्र विभाग के अध्यक्ष रहे। बाद में वे इस संस्थान के शोध प्रभाग के अधिष्ठाता (डीन) के पद पर भी रहे। सन् १९६७-६८ और सन् १९८२ में प्रो. राव परड्यू विश्वविद्यालय में विजिटिंग प्रोफेसर नियुक्त रहे। सन् १९७४-७५ में वे ऑक्सफोर्ड विश्वविद्यालय में कॉमन वेल्थ विजिटिंग प्रोफेसर रहे। सेंट कैथराइन कॉलेज, ऑक्सफोर्ड ने उन्हें अपना फैलो भी बनाया। वह लाट्रोबा विश्वविद्यालय, मेलबोर्न, आस्ट्रेलिया के विशिष्ट विजिटिंग प्रोफेसर के पद पर भी रह चुके हैं। सन् १९८३-८४ में प्रोफेसर राव कैम्ब्रिज विश्वविद्यालय में जवाहरलाल नेहरू प्रोफेसर के पद पर रहे तथा किंग्स कॉलेज, कैंब्रिज के प्रोफेसर फैलो नियुक्त किए गए। प्रो. राव भारतीय विज्ञान संस्थान, बंगलौर में सॉलिड स्टेट एंड स्ट्रक्चरल कैमिस्ट्री इकाई में प्रोफेसर के पद पर रहे। वर्तमान में प्रो. राव भारतीय विज्ञान संस्थान, बंगलौर के निदेशक हैं।

प्रो. राव की अनुसंधान-कार्य में गहरी रुचि है। उनकी रुचि सॉलिड स्टेट कैमिस्ट्री, सरफेस विज्ञान, स्पेक्ट्रोस्कॉपी और मॉलीक्यूलर स्ट्रक्चर के अनुसंधान में है।

उनके ४०० से अधिक शोधपत्र और उनकी १२ पुस्तकें प्रकाशित हो चुकी हैं। वे रासायनिक भौतिकी, स्पेक्ट्रोस्कॉपी और सॉलिड स्टेट कैमिस्ट्री से संबंधित १२ अंतरराष्ट्रीय पत्रिकाओं के संपादक-मंडलों के सदस्य हैं।

प्रो. राव को अब तक अनेक सम्मान, पुरस्कार और पदक प्राप्त हो चुके हैं। भौतिकीय रसायन विज्ञान में उनके अनुसंधानात्मक योगदानों के उपलक्ष्य में फैराडे सोसाइटी, इंग्लैंड ने प्रो. राव को मारले पदक से सम्मानित किया था। भारतीय वैज्ञानिक और औद्योगिक अनुसंधान परिषद् ने उनके महत्त्वपूर्ण एवं विशिष्ट रासायनिक अनुसंधानों के लिए सन् १९६८ में डॉ. शांतिस्वरूप भटनागर पुरस्कार से विभूषित किया। भौतिकीय रसायन विज्ञान में उनके महत्त्वपूर्ण एवं विशिष्ट अनुसंधानों के लिए इंडियन कैमिकल सोसाइटी ने प्रो. राव को सन् १९७३ में येदनपल्ली पदक और पुरस्कार प्रदान किया। सन् १९७३ में जवाहरलाल स्मारक कोष ने उन्हें जवाहरलाल फैलोशिप प्रदान की। सन् १९७४ में भारत के राष्ट्रपति ने प्रो. राव को पद्‌मश्री के राष्ट्रीय अलंकरण से सम्मानित किया। सन् १९७५ में कलकत्ता विश्वविद्यालय ने उन्हें रसायन विज्ञान में आचार्य पी. सी. रे. पदक प्रदान किया। भारतीय विश्वविद्यालय अनुदान आयोग ने सन् १९७५ में भौतिकीय विज्ञानों में प्रयोगात्मक अनुसंधान के लिए उन्हें सर सी.वी. रमन पुरस्कार प्रदान किया। सन् १९७६ में अमेरिकन कैमिकल सोसाइटी ने उन्हें शताब्दी विदेश फैलो बनाया। वे उन २५ रसायनज्ञों में से एक हैं जिन्हें संपूर्ण विश्व में से अमेरिकन कैमिकल सोसाइटी ने इस हेतु चयन किया था। भौतिकीय और गणितीय विज्ञानों में महत्त्वपूर्ण और विशिष्ट अनुसंधानों के लिए भारतीय वाणिज्य और उद्योग चैंबर संघ ने १९७७ में प्रो. राव को पुरस्कृत किया। भारतीय राष्ट्रीय विज्ञान अकादमी ने भौतिकीय विज्ञानों के लिए सन् १९८० में उन्हें एस. एन. बोस पदक प्रदान किया। सन् १९८१ में विज्ञान अकादमी, यूगोस्लाविया ने उन्हें अपना विदेश सदस्य बनाकर सम्मानित किया। सॉलिड स्टेट कैमिस्ट्री में उनके महत्त्वपूर्ण एवं विशिष्ट योगदान के लिए रॉयल सोसाइटी ऑफ कैमिस्ट्री (लंदन) ने प्रो. राव को सन् १९८१ में पदक प्रदान किया।

प्रो. राव कई राष्ट्रीय और अंतरराष्ट्रीय संगठनों में प्रमुख पदों पर कार्यरत हैं। वह भारत के केंद्रीय मंत्रिमंडल की वैज्ञानिक सलाहकार समिति के सदस्य हैं। इससे पूर्व वह भारत सरकार की विज्ञान और तकनीक की प्रथम राष्ट्रीय समिति के सदस्य थे। वह भारतीय विज्ञान अकादमी के उपाध्यक्ष, भारतीय राष्ट्रीय विज्ञान अकादमी के अध्यक्ष, इंटरनेशनल यूनियन ऑफ प्योर एंड एप्लाइड कैमिस्ट्री के अध्यक्ष, तृतीय विश्व विज्ञान अकादमी के संस्थापक सदस्य, भारतीय विश्वविद्यालय अनुदान आयोग के सदस्य, सोसाइटी ऑफ दि कौंसिल ऑफ साइंटिफिक एंड इंडस्ट्रियल रिसर्च (इंडिया) के सदस्य, विज्ञान और अभियांत्रिकी अनुसंधान परिषद्, भारत सरकार के सदस्य, करैंट साइंस एसोसिएशन के अध्यक्ष हैं। वह कमेटी ऑन डेटा फोर साइंस एंड टेक्नोलॉजी की

कार्यकारिणी के सदस्य, आई. यू. पी. ए. सी. कमीशन ऑन स्पेक्ट्रोस्कोपी एंड मॉलीक्यूलर स्ट्रक्चर के अध्यक्ष, आई. यू. पी. ए. सी कमेटी ऑन टीचिंग ऑफ कैमिस्ट्री के अध्यक्ष रह चुके हैं।

प्रो. राव हिंदुस्तान इंसेक्टीसाइड्स लिमिटेड के निदेशक मंडल के अवैतनिक अध्यक्ष, भारतीय विज्ञान कांग्रेस के रसायन विज्ञान प्रभाग के अध्यक्ष, भारतीय पैट्रोलियम निगम लिमिटेड के निदेशक मंडल के सदस्य, कर्नाटक विश्वविद्यालय समीक्षा आयोग के सदस्य, भारतीय वैज्ञानिक और अनुसंधान परिषद् की रासायनिक अनुसंधान समिति के अध्यक्ष और अणुशक्ति विभाग की रसायनशास्त्र और धातु शोधन अनुसंधान समिति के अध्यक्ष रह चुके हैं। प्रो. राव द्वारा लिखित एवं संपादित निम्नांकित १५ पुस्तकें अब तक प्रकाशित हो चुकी हैं—

१. 'मॉडर्न आस्पेक्ट्स ऑफ सोलिड स्टेट कैमिस्ट्री', (संपादक) सी. एन. आर. राव, प्लेनमप्रेस, न्यूयार्क, १९७०।

२. 'सोलिड स्टेट कैमिस्ट्री' (Solid State Chemistry) (संपादक) सी. एन. आर. राव, मर्सेल, डेक्कर, न्यूयार्क, १९७४।

३. 'फेज ट्रांजीशन्स इन सोलिड्स' (एन एप्रोच टू द स्टडी ऑफ कैमिस्ट्री एंड फिजिक्स ऑफ सोलिड्स)—सी. एन. आर. राव एवं के. सी. राव, मैक्रोहिल पब्लिशिंग कंपनी, न्यूयार्क तथा लंदन, १९७८।

४. 'अल्ट्रा-वोइलेट एंड विजीबिल स्पेक्ट्रोस्कोपी', सी. एन. आर. राव, बटरवर्थस, लंदन, (रशियन, स्पेनिस, पोलिस और जापानी भाषाओं में अनूदित), प्रथम संस्करण १९६०, तृतीय संस्करण १९७५ (पुनः मुद्रित १९७७)।

५. 'कैमिकल एप्लीकेशन ऑफ इनफ्रेर्ड स्पेक्ट्रोस्कोपी'—सी. एन. आर. राव, एकेडेमिक प्रेस, न्यूयार्क तथा लंदन, पुनः मुद्रित १९६७, १९७७।

६. 'स्पेक्ट्रोस्कोपी इन इनआर्गेनिक कैमिस्ट्री'—सी. एन. आर. राव एवं जे. आर. फेरारो (संपादित), एकेडेमिक प्रेस, न्यूयार्क, खंड १ तथा २, १९७० एवं १९७१।

७. 'ऐजूकेशनल टेक्नोलॉजी इन दि टीचिंग आफ कैमिस्ट्री' (Educational Technology in the Teaching of Chemistry)—सी. एन. आर. राव (संपादित), इंटरनेशनल यूनियन ऑफ प्योर एंड एप्लाइड कैमिस्ट्री, ऑक्सफोर्ड, १९७५।

८. 'बिबिलिओग्राफी ऑफ इनफ्रेर्ड स्पेक्ट्रोस्कोपी' (Bibliography of Infrered Spectroscopy)—सी. एन. आर. राव तथा अन्य, एन. बी. ई. स्पेशल पब्लिकेशन, ४२८, नेशनल ब्यूरो ऑफ स्टैंडर्ड्स वाशिंगटन, डी. सी., १९७६।

९. 'यूनिवर्सिटी जनरल कैमिस्ट्री' (University General Chemistry) सी. एन. आर. राव (संपादक), मैकमिलन कंपनी, १९७३।

१०. 'एक्सपैरीमेंट्स इन जनरल कैमिस्ट्री'—सी. एन. आर. राव एवं यू. सी. अग्रवाल, ईस्ट-वेस्ट प्रेस, नई दिल्ली, चतुर्थ संस्करण, १९७३।

११. 'हैंडबुक ऑफ कैमिस्ट्री एंड फिजिक्स'—सी. एन. आर. राव (प्रधान संपादक) एम. वी. जार्ज, जे महंती एवं पी. टी. नरसिंहन, ईस्ट-वेस्ट प्रेस, प्रथम संस्करण, १९६७, ब्रिटिश संस्करण, वान नोस्ट्रोड, लंदन, १९७०, तृतीय संस्करण, १९७६।

१२. 'बेसिक फिजीकल एंड कैमिकल डेटा' (Basic Physical and Chemical Data)—सी. एन. आर. राव एवं एल. एस. कोठारी, ईस्ट-वेस्ट प्रेस, नई दिल्ली, १९७०।

१३. 'प्रिपेयरेशन एंड करेक्टराइजेशन ऑफ मेटेरियल्स' (Preparation and Characterization of Materials)—सी. एन. आर. राव एवं जे. एम. होनिक (संपादक), एकेडेमिक प्रेस, न्यूयार्क, १९८१।

१४. 'कैमिकल एजूकेशन इन डेवलपिंग कंट्रीज' (Chemical Education in Developing Countries)—सी. एन. आर. राव एवं एस. राधाकृष्णन (संपादक) कोस्टेड, १९८५।

१५. 'कैमिकल एजूकेशन इन दि सेविनटीज' (Chemical Education in the Seventies)—ए. कोर्नहॉमर, सी. एन. आर. राव एवं डी. जे. वेडिंगटन (संपादक), पागामन प्रेस, ऑक्सफोर्ड, १९८०, पुनः मुद्रित, १९८२।

सन् १९८२ में कर्नाटक राज्य ने उन्हें विशिष्ट पुत्र (Distinguished Son) के रूप में पुरस्कृत किया। सन् १९८५ में गणतंत्र दिवस पर भारत के राष्ट्रपति ने प्रो. राव को पद्मविभूषण के राष्ट्रीय सम्मान से अलंकृत किया है। प्रो. सी. एन. आर. राव को फरवरी १९८६ में अमेरिका की प्रतिष्ठित कला एवं विज्ञान अकादमी ने अपना मानद विदेशी सदस्य बनाया है। प्रो. राव हाल में प्रधानमंत्री को परामर्श देने के लिए गठित सात सदस्यीय विज्ञान सलाहकार परिषद् के अध्यक्ष नियुक्त किए गए हैं। ७ जनवरी, १९८८ को पुणे विश्वविद्यालय में भारतीय विज्ञान कांग्रेस की प्लेटिनम जुबली के अवसर पर प्रधानमंत्री ने उन्हें पुरस्कार प्रदान किया। भारतीय विज्ञान कांग्रेस के इस पिचहत्तरवें पुणे अधिवेशन का अध्यक्ष प्रो. राव को चुना गया था। वर्ष १९८९ का गूजर मल मोदी पुरस्कार प्रो. राव को उन्नत तकनीकी क्षेत्र में विशिष्ट योगदान के लिए दिया गया। १२ दिसंबर सन् १९९० को भारत सरकार ने डॉ. सी. एन. आर. राव को योजना आयोग का सदस्य नियुक्त किया है।

डॉ. एस. वरदराजन

भारतीय गणतंत्र दिवस २६ जनवरी, १९८५ को राष्ट्रपति द्वारा पद्मभूषण से अलंकृत किए जानेवाले डॉ. एस. वरदराजन वर्ष १९८५-८६ में भारत सरकार के विज्ञान और तकनीकी विभाग के सचिव तथा भारतीय वैज्ञानिक एवं औद्योगिक अनुसंधान परिषद्, नई दिल्ली के महानिदेशक रहे।

डॉ. एस. वरदराजन भारत में प्रमुख प्रारूप, परामर्श, प्रायोजना और निर्माण संगठन इंजीनियर्स इंडिया लिमिटेड के सन् १९७५ से १९७८ तक एवं पुनः सन् १९८१-८२ में अध्यक्ष और प्रबंध निदेशक थे। सन् १९८१-८३ की अवधि में वह ब्रिज एंड रूफ कंपनी लमिटेड, कलकत्ता के अध्यक्ष थे।

डॉ. वरदराजन एक प्रख्यात और विशिष्ट वैज्ञानिक हैं। उन्होंने मद्रास और आंध्र विश्वविद्यालयों से स्नातकोत्तर उपाधियाँ और दिल्ली एवं कैम्ब्रिज विश्वविद्यालयों से डॉक्टरेट की उपाधियाँ प्राप्त की हैं। कुछ समय पूर्व आंध्र विश्वविद्यालय ने उन्हें डॉक्टर ऑफ साइंस की मानद उपाधि से सम्मानित किया है। वह क्रमशः दिल्ली विश्वविद्यालय में रसायनशास्त्र के व्याख्याता, कैम्ब्रिज विश्वविद्यालय में १९५१ की प्रदर्शनी हेतु रॉयल कमीशन के रिसर्च फैलो, मेसाचूसेट्स इंस्टीट्यूट ऑफ टेक्नोलॉजी, यू. एस. ए. में जीव-वैज्ञानिक रसायनशास्त्र के विजिटिंग व्याख्याता और कैम्ब्रिज विश्वविद्यालय में चिकित्सकीय अनुसंधान में बेल्ट स्मारक फैलो रहे। उनके अनुसंधान-कार्य में प्राकृतिक उत्पादों का रसायनशास्त्र और रीबो तथा डि ओक्सी रीबो न्यूक्लिक तेजाबों का मिश्रित संगठन और उनका कार्य समाविष्ट था।

सन् १९७४ से ८१ की अवधि में डॉ. वरदराजन इंडियन पैट्रोकैमिकल्स कार्पोरेशन लिमिटेड के अध्यक्ष थे, जब ६०० करोड़ डालर की एक बड़ी चहुमुखी एकीकृत पैट्रोकैमिकल्स पदार्थों की इकाई का निर्माण हुआ और विविध प्रकार के धागे, प्लास्टिक रासायनिक पदार्थों का क्रय-विक्रय हुआ।

इसके अतिरिक्त डॉ. वरदराजन सन् १९७५ से १९७९ की अवधि में पैट्रोफिल्म कोऑपरेटिव लिमिटेड, बड़ौदा में एक सार्वजनिक क्षेत्र के संगठन-अध्यक्ष के रूप में पॉलिएस्टर के धागे के उत्पादन में संलग्न थे।

उनके निर्देशन में कई अल्प तेलों के सुंदर परिवर्तन के लिए, सुगंधित रसायनों, सतही सक्रिय प्रचारकों और उत्प्रेरकों (Catalysts) के सुंदर रूपों के लिए अनेक विधियों का विकास हुआ है। इसके अतिरिक्त, पशु-पोषण, मानव-पोषण, डेयरी उत्पादों, विष-विद्या (Texicology) एवं औद्योगिक चर्बीयुक्त तेजाबों एवं कार्बनिक रसायनों की विविध किस्मों के उत्पादन में ठोस प्रगति हुई है। इस अवधि में उत्पादन हेतु बहुत बड़ी मात्रा में तकनीक का स्थानांतरण हुआ और आयात किए जानेवाले पदार्थों के स्थानापन्न पदार्थ बहुत बड़े अंश में प्राप्त किए गए।

सन् १९६४ से १९७४ तक डॉ. वरदराजन हिंदुस्तान लीवर, बंबई की अनुसंधान शाखा के अध्यक्ष थे, जहाँ एक विशाल अनुसंधान केंद्र का विकास हुआ। इंडियन पैट्रोकैमिकल्स लिमिटेड का कार्यभार ग्रहण करने से पूर्व से ८ वर्ष तक हिंदुस्तान लीवर के निदेशक रहे, जहाँ वह वैज्ञानिक अनुसंधान और रासायनिक समूह की गतिविधियों के लिए उत्तरदायी थे।

डॉ. वरदराजन भारतीय विज्ञान परिषद् के फैलो हैं और सन् १९८० से १९८२ तक तीन वर्ष के लिए अकादमी के अध्यक्ष रहे। वे भारतीय राष्ट्रीय विज्ञान अकादमी और रॉयल सोसाइटी ऑफ कैमिस्ट्री, लंदन के फैलो हैं। वे इंडियन कैमिकल सोसाइटी, दि आयल टेक्नोलॉजिस्ट्स एसोसिएशन ऑफ इंडिया और प्रोटीन फूड एंड न्यूट्रीशन डेवलपमेंट एसोसिएशन के उपाध्यक्ष रह चुके हैं। वे न्यूट्रीशन सोसाइटी ऑफ इंडिया के अध्यक्ष हैं। वे दि रमन रिसर्च इंस्टीट्यूट ट्रस्ट, वैज्ञानिक और औद्योगिक अनुसंधान परिषद्, दि बिरला इंस्टीट्यूट ऑफ टेक्नोलॉजी एंड साइंस, द इंडियन इंस्टीट्यूट ऑफ साइंस, बंगलौर; दि इंडियन इंस्टीट्यूट ऑफ मैनेजमेंट, अहमदाबाद; दि इंडियन इंस्टीट्यूट ऑफ टेक्नोलॉजी, दिल्ली और तकनीकी संस्थानों की परिषदों सहित अनेक संस्थानों और सोसाइटियों की प्रशासनिक समितियों के सदस्य हैं। वे भारतीय केबिनेट की विज्ञान परामर्शदात्री समिति के सदस्य-सचिव हैं। वे केंद्रीय खाद्य तकीनीकी अनुसंधान संस्थान, राष्ट्रीय रसायन प्रयोगशाला, भारतीय तकनीकी संस्थान, बम्बई; दि न्यूट्रीशन सोसाइटी ऑफ इंडिया और विश्वविद्यालय अनुदान आयोग जैव-रसायन विकसित केंद्र, बंगलौर और राष्ट्रीय पर्यावरण आयोजन समिति, विश्व पैट्रोलियम परिषद् तथा ऑक्सफोर्ड ऊर्जा नीति क्लब की कार्यकारिणियों के सदस्य हैं। वे राष्ट्रीय रसायन प्रयोगशाला की अनुसंधान परामर्शदात्री परिषद् एवं रीजनल सोफिस्टीकेटेड इंस्ट्रूमेंटेशन सेंटर के विज्ञान और तकनीकी विभाग और अहमदाबाद वस्त्र उद्योग अनुसंधान परिषद् की वैज्ञानिक समिति के अध्यक्ष रहे। वे नेशनल इंस्टीट्यूट ऑफ इम्मूनोलॉजी की प्रशासनिक समिति तथा नेशनल साइंस एंड टेक्नोलॉजी एंटरप्रिन्योरशिप डेवलपमेंट बोर्ड

की कार्यकारिणी समिति के अध्यक्ष हैं। वे नेशनल बायोटेक्नोलॉजी बोर्ड के भी उपाध्यक्ष हैं। वे कई राजकीय समितियों से भी संबद्ध रहे हैं; यथा—मथुरा तेलशोधक कारखाने के पर्यावरणीय पहलुओं की समिति के अध्यक्ष, सार्वजनिक क्षेत्र के प्रतिष्ठानों में अनुसंधान और विकास समिति के अध्यक्ष, आयात स्थानापन्न पर उच्चस्तरीय समिति के सदस्य, प्रबंध संस्थानों के कार्य की समीक्षा समिति के सदस्य, उच्च स्नातकोत्तर अभियांत्रिकी शिक्षा समिति के सदस्य, तेल उद्योग विकास मंडल के सदस्य एवं विद्युतीय अनुसंधान विकास परिषद् के प्रशासनिक मंडल के सदस्य। वे प्रबंध शिक्षा परिषद्, राष्ट्रीय विज्ञान संग्रहालय परिषद् के प्रशासनिक मंडल, विज्ञान और अभियांत्रिक अनुसंधान परिषद् तथा सामान्य अनुसंधान कोष की उच्चस्तरीय समिति के अध्यक्ष हैं। वे भारतीय सांस्कृतिक संबंध परिषद् और विश्वविद्यालय अनुदान आयोग की अनुसंधान समिति, प्रयोगात्मक आर्थिक अनुसंधान की राष्ट्रीय परिषद् के प्रशासक मंडल तथा कौंसिल ऑफ द इंडिया इन्वेस्टमेंट सेंटर के सदस्य हैं।

भारतीय वैज्ञानिक और औद्योगिक अनुसंधान परिषद् के साथ डॉ. वरदराजन का संबंध दीर्घ काल से रहा है। वे परिषद् की वैज्ञानिक समितियों के सदस्य अथवा अध्यक्ष के रूप में तथा केंद्रीय खाद्य तकनीकी अनुसंधान संस्थानों की कार्यकारिणी समितियों के सदस्य के रूप में सन् १९६४ से संबद्ध हैं। वे राष्ट्रीय रसायन प्रयोगशाला की अनुसंधान परामर्शदात्री परिषद् के अध्यक्ष और उसकी कार्यकारिणी समिति के कई वर्ष तक सदस्य रहे। वे भारतीय पैट्रोलियम संस्थान, देहरादून की कार्यकारिणी समिति के भी सदस्य थे। वे क्षेत्रीय अनुसंधान परिषद्, हैदराबाद, राष्ट्रीय रसायन प्रयोगशाला, पुणे; भारतीय पैट्रोलियम संस्थान, देहरादून और क्षेत्रीय अनुसंधान प्रयोगशाला, भुवनेश्वर तथा अन्य प्रयोगशालाओं में रसायनों में तात्त्विक अनुसंधान-कार्य को गति प्रदान करने के लिए उत्तरदायी रहे। नेशनल कौंसिल ऑफ लीवर्स द्वारा विकसित विधि पर आधारित एक्रीलेट्स के लिए उनकी अध्यक्षता में भारतीय पैट्रो-रसायन निगम ने लगभग २५ करोड़ रुपए का एकमात्र सबसे बड़ा व्यय किया है। डॉ. वरदराजन भारतीय वैज्ञानिक एवं औद्योगिक अनुसंधान परिषद् के चतुर्थ पंचवर्षीय आयोजना कार्यकारी समूह के भी सदस्य रहे हैं। वे भारतीय वैज्ञानिक और औद्योगिक अनुसंधान परिषद् की सोसाइटी के १९७४ से सदस्य हैं तथा तब से सन् १९८१ तक प्रशासक-मंडल के सदस्य रहे। वे भारतीय वैज्ञानिक एवं अनुसंधान परिषद् से संबद्ध आयोजना समिति और भारतीय वैज्ञानिक और औद्योगिक अनुसंधान परिषद् में अनुसंधान की क्रियान्वयन समिति तथा कार्यकर्ता नीति-समीक्षा समिति के अध्यक्ष थे। वे डॉ. भटनागर पदक समिति के अध्यक्ष और विशिष्ट वैज्ञानिकों की चयन समिति के भी अध्यक्ष रह चुके हैं। वे अनुसंधान और उद्योग तथा कई अन्य जर्नलों एवं भारतीय वैज्ञानिक एवं औद्योगिक अनुसंधान परिषद् के प्रकाशनों के संपादक मंडल के भी सदस्य रह चुके हैं।

भारत के आधुनिक वैज्ञानिकों में डॉ. वरदराजन सर्वोच्च वर्ग में हैं।

डॉ. आर. जयनारायण

डॉ. आर. जयनारायण वर्तमान में तमिलनाडु कृषि विश्वविद्यालय, कोयंबटूर में वनस्पति रोग विज्ञान विभाग में प्रोफेसर और विभागाध्यक्ष के पद पर कार्यरत हैं। उनका जन्म १६ जून, १९३५ ई. को हुआ था। उन्होंने सन् १९५७ में बी. एस-सी. (कृषि) तथा सन् १९६१ में एम. एस-सी. (कृषि) वनस्पति रोग विज्ञान की परीक्षा प्रथम श्रेणी में उत्तीर्ण की। सन् १९६५ में उन्होंने मद्रास विश्वविद्यालय से वनस्पतीय विष-तत्त्व विज्ञान—प्लांट वायरोलॉजी विषय में पी-एच. डी. उपाधि प्राप्त की।

डॉ. आर. जयनारायण ४ जुलाई, १९५७ से २८ दिसंबर, १९५८ तक देवीपट्टनम और तिरुपल्लनी में कृषि-डिमॉन्स्टेटर के पद पर; २९ दिसंबर, १९५८ से २९ अगस्त, १९५९ तक पोथान् में; २९ जून, १९६१ से ३० अगस्त, १९६१ तक कोयंबटूर में और २१ जनवरी, १९६५ से २ मई, १९६७ तक माइकोलॉजी (Mycology) में सहायक के पद पर रहे। १० मई, १९६७ से ८ जुलाई, १९७२ तक वे पंजाब कृषि विश्वविद्यालय में वनस्पति रोग वैज्ञानिक (विष-तत्त्व) के पद पर कार्यरत रहे। १२ जुलाई, १९७२ से २७ अगस्त, १९७५ तक डॉ. जयनारायण कोयंबटूर में; २८ अगस्त, १९७५ से २२ मई, १९७९ तक पेरियाकुलम में और २३ मई, १९७९ से ६ दिसंबर, १९८० तक वे कोयंबटूर में वनस्पति रोग विज्ञान के एसोसिएट प्रोफेसर रहे। ७ दिसंबर, १९८० से वे कोयंबटूर में वनस्पति विष-तत्त्व विज्ञान के प्रोफेसर हैं। उन्हें अब तक २ वर्ष का स्नातक स्तर तक और १४ वर्ष का अधिस्नातक स्तर तक अध्यापन अनुभव प्राप्त है।

डॉ. जयनाराण अनुसंधान के क्षेत्र में एम. एस-सी. (कृषि) के ८ एवं पी-एच. डी. के ८ छात्रों का पथ-प्रदर्शन कर चुके हैं। यही नहीं, वे भारतीय कृषि अनुसंधान परिषद् की टमाटर के कीटाणु रोगों के नियंत्रण पर योजना में मुख्य अन्वेषक का कार्य कर चुके हैं। १९८३ से मद्रास एग्रीकल्चरल जर्नल के संपादक हैं।

डॉ. जयनारायण के ६५ शोधपत्र प्रकाशित हो चुके हैं जिनमें ९ बड़े लोकप्रिय हैं। उनकी मुख्य वैज्ञानिक देन निम्नांकित हैं—

१. आइडेंटीफिकेशन ऑफ चिली वायरेसेज इन तमिलनाडु।

२. सैलेक्शन ऑफ वायरस फ्री साइट्रस ट्रीज वाई इंडेक्सिंग।

३. आइडेंटीफिकेशन ऑफ माइल्ड स्ट्रेन ऑफ साइट्रस ट्रिस्टेमा वायरस फॉर प्र-इम्मूनिकेशन ऑफ सोलिड लाइम इन तमिलनाडु।

४. डेवलपमेंट ऑफ टगर रेसिस्टेंट राइस कल्चर्स।

भारत के कृषि वैज्ञानिकों में डॉ. जयनारायण अग्रगण्य हैं। देश को अभी उनसे अनेक अपेक्षाएँ हैं।

डॉ. आर. सी. महाजन

डॉ. आर. सी. महाजन एम. डी., एफ. ए., एम. एस., पराजीवी विभाग, स्नातकोत्तर चिकित्सा एवं अनुसंधान संस्थान, चंडीगढ़ में प्रोफेसर और विभागाध्यक्ष हैं। उनका जन्म १७ अक्तूबर, १९३८ ई. को हुआ। उनके पिता डॉ. बी. एल. महाजन, एम. बी., बी. एस. (ऑनर्स) चंडीगढ़ में निजी चिकित्सालय का संचालन करते हैं। उनका विवाह डॉ. इंदु गुप्ता एम. डी., पी-एच. डी. (प्रसव एवं योनिरोग विशेषज्ञ) से हुआ है जो स्नातकोत्तर चिकित्सा एवं अनुसंधान संस्थान, चंडीगढ़ के प्रसव एवं योनिरोग विभाग में एसोसिएट प्रोफेसर के पद पर कार्यरत हैं। उनके तीन भाई हैं। उनके एक भाई डॉ. एम. एम. के. महाजन एम. डी. मुख्य चिकित्सा महाविद्यालय, लुधियाना के रेडियो थैरेपी विभाग में प्रोफेसर और विभागाध्यक्ष हैं। उनके दूसरे भ्राता डॉ. बी. सी. महाजन एम. एस. (नेत्र-विज्ञान) चंडीगढ़ में परामर्शदाता, नेत्र-विशेषज्ञ हैं। उनके तीसरे भाई डॉ. एस. सी. महाजन पी-एच. डी. टेनेसी विश्वविद्यालय, संयुक्त राज्य अमेरिका में जेनेटिक्स के प्रोफेसर हैं। उनके एक भाई की पत्नी डॉ. कान्ता महाजन एम. बी., बी. एस., वरिष्ठ चिकित्सा अधिकारी, चंडीगढ़ हैं तथा दूसरे भाई की पत्नी डॉ. ज्योति महाजन बी. डी. एस., सिविल हॉस्पिटल, लुधियाना में परामर्शक दंतचिकित्सक हैं। इस प्रकार उनका संपूर्ण परिवार ही चिकित्सा-क्षेत्र में कार्यरत है।

डॉ. महाजन ने अप्रैल सन् १९६१ में पंजाब विश्वविद्यालय से एम. बी., बी. एस. परीक्षा उत्तीर्ण की। उन्होंने अप्रैल सन् १९६७ में पंजाब विश्वविद्यालय से एम. डी. (माइक्रोबायलॉजी) परीक्षा उत्तीर्ण की। उन्होंने अप्रैल १९७४ में एम. ए. एम. एस. परीक्षा तथा मई १९६९ में समुद्रपारीय विकास मंत्रालय, इंग्लैंड से इम्मूनोफ्लूक्रेसेंस इन माइक्रोबाइल डिजीजेज के प्रशिक्षण पर एकेडेमिक सर्टीफिकेट परीक्षा उत्तीर्ण की। अप्रैल १९७६ में इंडियन कॉलेज ऑफ एप्लाइड इम्मूनोलॉजी के फैलो चुने गए। फरवरी १९८० में डॉ. महाजन ने जापान से पैरसाइटिक डिजीज कंट्रोल प्रोग्रेम (पराजीवीय रोग

नियंत्रण कार्यक्रम) में प्रशिक्षण पर शैक्षिक प्रमाणपत्र (एकेडेमिक सर्टीफिकेट) प्राप्त किया। अप्रैल १९८४ में वे राष्ट्रीय चिकित्सा विज्ञान अकादमी के फैलो निर्वाचित किए गए।

डॉ. महाजन का मुख्य क्षेत्र पराजीव विज्ञान (पैरासाइटोलॉजी) है। उन्हें अध्यापन, प्रशासन और अनुसंधान-कार्य का २० वर्ष से अधिक समय का अनुभव है। वे सात बार विदेश यात्रा कर चुके हैं। वे २० वैज्ञानिक सोसाइटियों के सदस्य अथवा फैलो हैं। उनके १६२ से अधिक शोधपत्र राष्ट्रीय और अंतरराष्ट्रीय पत्रिकाओं में प्रकाशित हो चुके हैं। वे अपने १३२ से अधिक शोधपत्र और सारांश राष्ट्रीय और अंतरराष्ट्रीय वैज्ञानिक बैठकों में प्रस्तुत कर चुके हैं। वे १४ पुस्तकों में अध्याय लिख चुके हैं।

भारतीय राष्ट्रीय चिकित्सा अनुसंधान परिषद् ने सन् १९८३ में इनवेसिव एमीबाइसिस के क्षेत्र में उनकी महत्त्वपूर्ण उपलब्धियों के लिए डॉ. महाजन को डॉ. वाई. एस. नारायण राव पदक प्रदान किया है। इंडियन सोसाइटी ऑफ मेडिकल माइक्रोबायोलॉजी ने उन्हें १९८४ में वर्ष का सर्वोत्तम माइक्रोबायोलॉजिस्ट होने के उपलक्ष्य में डॉ. एस. सी. अग्रवाल पदक तथा अखिल भारतीय चिकित्सा विज्ञान संस्थान, नई दिल्ली ने उन्हें १९८३ ई. में एक्सपेरीमेंटल एमीबाइसिस पर दशम स्वर्गीय डॉ. ओमप्रकाश स्मारक वक्तृत्व पुरस्कार प्रदान किया।

कहा जाता है कि भारत की ७० प्रतिशत जनता पराजीवी-जनित-रोगों से त्रस्त है। डॉ. महाजन को भावी पीढ़ियों के स्वस्थ विकास का सजग प्रहरी कहना चाहिए।

डॉ. जयंत विष्णु नारलीकर

जन्म, परिवार और शिक्षा—डॉ. जयंत विष्णु नारलीकर प्रसिद्ध गणितज्ञ एवं बनारस हिंदू विश्वविद्यालय के भूतपूर्व प्रो. वाइस चांसलर एवं राजस्थान लोक सेवा आयोग के भूतपूर्व अध्यक्ष श्री विष्णु वासुदेव नारलीकर के सुपुत्र हैं। आप वस्तुतः सुयोग्य पिता की सुयोग्य संतान हैं। वैज्ञानिक जयंत का जन्म कोल्हापुर में १९ जुलाई, १९३८ को हुआ। आपकी माता का नाम श्रीमती सुमति है। आपकी धर्मपत्नी का नाम श्रीमती मंगला है। आपके तीन पुत्रियाँ हैं। आपकी प्रारंभिक शिक्षा कोल्हापुर में हुई तथा विश्वविद्यालयीय शिक्षा बनारस एवं कैम्ब्रिज में हुई।

अनुसंधान—डॉ. जयंत नारलीकर ने कैम्ब्रिज विश्वविद्यालय में विश्वविख्यात नक्षत्र विज्ञान शास्त्री प्रो. फ्रैड होयल के सुयोग्य निर्देशन में अनुसंधान किया तथा गुरुत्वाकर्षण सिद्धांत एवं कास्मोलॉजी संबंधी नवीन अनुसंधानों पर अपना शोध-प्रबंध प्रस्तुत किया। इस प्रबंध पर आपको डॉक्टरेट की उपाधि प्राप्त हुई। आप कैम्ब्रिज स्थित खगोल विज्ञान संस्थान में उसके अध्यक्ष प्रो. होयल के साथ अनुसंधान-कार्य करते रहे हैं। आपने नक्षत्र शास्त्र में विशेषज्ञता प्राप्त की।

पुरस्कार एवं सम्मान—सुप्रसिद्ध भारतीय नवयुवक वैज्ञानिक डॉ. जयंत विष्णु नारलीकर को उनके द्वारा प्रतिपादित गुरुत्वाकर्षण के नवीन सिद्धांत एवं कास्मोलॉजी संबंधी अनुसंधान के उपलक्ष्य में कैम्ब्रिज विश्वविद्यालय ने एडम पुरस्कार प्रदान कर सम्मानित एवं गौरवान्वित किया है। कैम्ब्रिज विश्वविद्यालय के इतिहास में ऐसे बहुत ही कम वैज्ञानिक हैं जिन्हें ३० वर्ष की अल्पायु में यह पुरस्कार मिला है।

डॉ. नारलीकर चौथे भारतीय वैज्ञानिक हैं जिन्हें यह पुरस्कार मिला है। इससे पूर्व डॉ. होमी जहाँगीर भाभा (१९४४), डॉ. एस. चंद्रशेखर (१९४८) और डॉ. बी. एस. हुजूरबजार (१९६१) को यह पुरस्कार मिल चुका है। डॉ. बी. एस. हुजूरबजार डॉ. नारलीकर के मामा हैं।

यह पुरस्कार प्रोफेसर जी. सी. एडम की स्मृति में प्रति दो वर्ष पश्चात् गणित, ज्योतिष और प्राकृतिक दर्शन के क्षेत्र में असाधारण अनुसंधान कार्य करनेवाले वैज्ञानिकों को प्रदान किया जाता है। प्रो. एडम स्वयं एक महान् खगोलविद् थे। सन् १८६४ में उन्होंने ही वरुण (नेप्च्यून) की खोज की थी।

डॉ. नारलीकर किंग्स कॉलेज, कैम्ब्रिज के फैलो हैं। उनके पिता भी इस संस्था के सदस्य हैं। डॉ. जयंत नारलीकर २१-२२ वर्ष की आयु में ही रॉयल एस्ट्रोनॉमीकल सोसाइटी के सदस्य बनाए गए। भारत सरकार ने सन् १९६४ में आपके भारत आगमन पर पद्मभूषण का अलंकरण प्रदान कर आपका सम्मान किया। यही नहीं, देश के विभिन्न भागों, नगरों और संस्थाओं ने आपको भाषण देने के लिए आमंत्रित कर गौरवान्वित एवं सम्मानित किया। डॉ. जयंत विष्णु नारलीकर का कथन है—

"ब्रह्मांड की उत्पत्ति के विषय में दो कल्पनाएँ हैं। एक विचार प्रणाली के अनुसार ब्रह्मांड का प्रारंभ गैस से हुआ समझा जाता है। दूसरे विचार के लोगों के अनुसार आज ब्रह्मांड जिस प्रकार है, सदैव से ऐसा ही रहा है।

"कास्मोलॉजी की दोनों कल्पनाओं में कुछ साम्य है। सामान्य सापेक्षवाद के अनुसार भी उद्गम स्थान असामान्य है। निरंतर बढ़नेवाले ब्रह्मांड की उत्पत्ति अति प्रचंड गोलों के विस्फोटित होने से मानी जाती है। स्वभावतः दूर स्थित आकाशगंगा भी मूल वस्तु का अंश है और विस्फोट के कारण बाहर आई है। इस विस्फोट से उत्पन्न ब्रह्मांड का नाम 'बिग-बेग यूनीवर्स' रखा गया है।

"आप कल्पना कीजिए कि ब्रह्मांड की उत्पत्ति का एक चित्र आपके सामने है। इसको आप उलटा, अंत से प्रारंभ की ओर देख रहे हैं। उस समय विश्व का प्रसार दिखाई न देगा, बल्कि उसका संकुचन होता हुआ दिखाई देगा। दूर स्थित आकाशगंगा निकट आती प्रतीत होगी।" आपकी प्रकाशित प्रमुख पुस्तक है—'विज्ञान, मानव और ब्रह्मांड'।

डॉ. जयंत नारलीकर की अन्य प्रसिद्ध पुस्तक है—'धूमकेतु'। इस पुस्तक को मैसर्स राजपाल एंड संस, दिल्ली ने प्रकाशित किया है। आजकल उनकी अभिरुचि वैज्ञानिक उपन्यास लेखन की ओर उन्मुख हुई है। उनका वैज्ञानिक उपन्यास 'आगंतुक' धारावाहिक रूप से 'साप्ताहिक हिंदुस्तान' में प्रकाशित हुआ था। मराठी भाषा में प्रकाशित उनके प्रथम वैज्ञानिक उपन्यास पर उन्हें प्रथम पुरस्कार प्रदान किया गया है।

प्रो. जयंत नारलीकर प्रसिद्ध नक्षत्रशास्त्री और नाभिकीय भौतिकशास्त्री हैं। वह १९६२-६३ में फिट्जनविलियम कॉलेज, कैम्ब्रिज में गणित अध्ययन के निदेशक, १९६३-६७ में किंग्स जार्ज कॉलेज, कैम्ब्रिज में बेरी रेम्से फैलो तथा १९६७-७२ में वरिष्ठ अनुसंधान फैलो रहे। विदेश में कार्यरत रहने के बाद प्रो. नारलीकर १५ वर्ष के अपने गौरवमय शैक्षणिक एवं अध्यापकीय जीवन के उपरांत सन् १९७२ में भारत लौटे तथा टाटा फंडामेंटल रिसर्च इंस्टीट्यूट, बंबई में वैज्ञानिक के पद पर, प्रोफेसर १९८३ तक एवं

वरिष्ठ प्रोफेसर १९८३ से अगस्त १९८८ ई. तक रहे। सितंबर १९८८ ई. में प्रधानमंत्री ने उन्हें नक्षत्रशास्त्र और नाभिकीय भौतिकी के अंतर विश्वविद्यालय केंद्र (Center for Astronomy and Astrophysics), पुणे का प्रथम निदेशक नियुक्त किया।

वह सन् १९७३-७५ में जवाहरलाल नेहरू फैलो रहे। वह भारतीय राष्ट्रीय विज्ञान अकादमी और भारतीय विज्ञान अकादमी के फैलो एवं कैम्ब्रिज फिलॉसॉफिकल सोसाइटी के फैलो हैं। वह सन् १९८३ से रॉयल एस्ट्रोनोमिक सोसाइटी के एसोसिएट हैं। कैम्ब्रिज विश्वविद्यालय ने उन्हें सन् १९७६ ई. में एस. सी. डी. की उपाधि से सम्मानित किया। उन्हें सन् १९७८ ई. में भौतिकी में डॉ. शांतिस्वरूप भटनागर पुरस्कार, सन् १९८३ ई. में फेडरेशन ऑफ इंडियन एज्यूकेशन (F.I.E.) फाउंडेशन का राष्ट्र विभूषण पुरस्कार तथा सन् १९८५ में विश्वभारती विश्वविद्यालय का रथींद्र पुरस्कार प्रदान किया गया।

सितंबर १९८८ में डॉ. जयंत नारलीकर अंतरराष्ट्रीय नक्षत्रशास्त्र परिषद् के बीसवें सम्मेलन में भाग लेने के लिए बाल्टीमोर (मैरीलैंड) गए थे।

१० जनवरी, १९८९ को भारतीय राष्ट्रीय विज्ञान अकादमी ने डॉ. नारलीकर को १९८८ का भारतीय राष्ट्रीय विज्ञान अकादमी वैनू पप्पू (Vainu Pappu) स्मृति पुरस्कारस्वरूप २५ हजार रुपए नकद और एक पदक प्रदान किया। भारतीय राष्ट्रीय विज्ञान अकादमी, नई दिल्ली ने वर्ष १९८९-९० के इंदिरा गांधी पुरस्कार से प्रख्यात खगोलशास्त्री डॉ. जयंत विष्णु नारलीकर को सम्मानित किया है। उन्होंने भौतिकी के क्षेत्र में हौटेस्ट सुपर कंडक्टिविटी (Hottest Super Conductivity) नामक नया सिद्धांत प्रतिपादित किया है। उन्होंने अपने लेखों, पुस्तकों और टेलीविजन कार्यक्रमों के द्वारा विज्ञान के प्रचार-प्रसार में उल्लेखनीय योगदान दिया है।

प्रसिद्ध खगोलशास्त्री तथा नक्षत्रशास्त्र (खगोल विज्ञान) और नाभिकीय (खगोल) भौतिकी के अंतर विश्वविद्यालय केंद्र, पुणे के निदेशक, प्रोफेसर जयंत विष्णु नारलीकर को भारतीय राष्ट्रीय विज्ञान परिषद् ने लेखों, पुस्तकों, फिल्मों तथा दूरदर्शन पर कार्यक्रमों के माध्यम से विज्ञान को लोकप्रिय बनाने में उनके योगदान के फलस्वरूप वर्ष १९९०-९१ का इंदिरा गांधी पुरस्कार प्रदान किया है। यह पुरस्कार दो वर्षों में एक बार प्रदान किया जाता है।

जाने-माने वैज्ञानिक जयंत नारलीकर को अंतरिक्ष विज्ञान एवं इससे जुड़े क्षेत्र में उल्लेखनीय योगदान के लिए ४ जुलाई, १९९३ ई. को प्रथम एम. पी. बिरला पुरस्कार एक विशेष समारोह में दिया गया। बिरला खगोल विज्ञान एवं तारामंडल विज्ञान संस्थान द्वारा स्थापित इस पुरस्कार में नारलीकर को एक लाख रुपए की नकद राशि तथा एक प्रशस्ति-पत्र प्रदान किया गया। उनकी पुस्तक 'इंट्रोडक्शन टू कॉस्मोलोजी-(Introduction to Cosmology) मैसर्स फाउंडेशन बुक्स, नई दिल्ली द्वारा प्रकाशित की गई है। उनका वैज्ञानिक उपन्यास 'कॉस्मिक एक्सप्लोजन' भी प्रकाशित हुआ है।

डॉ. आई. पी. अब्रोल

केंद्रीय मृदा लवणता अनुसंधान संस्थान, करनाल (हरियाणा) के पूर्व निदेशक एवं वर्तमान में भारतीय कृषि अनुसंधान परिषद्, नई दिल्ली के उपमहानिदेशक डॉ. आई. पी. अब्रोल का जन्म १३ मार्च, १९३९ को लाहौर (अब पाकिस्तान में) में हुआ था। उन्होंने अपनी विद्यालयीय शिक्षा लाहौर और शिमला में प्राप्त की। सन् १९५७ में विज्ञान में स्नातक होने के पश्चात् डॉ. अब्रोल ने मृदा विज्ञान और कृषि रसायन में स्नातकोत्तर डिप्लोमा हेतु भारतीय कृषि अनुसंधान संस्थान, नई दिल्ली में प्रवेश प्राप्त किया, जिसे उन्होंने १९५९ ई. में पूरा किया। उन्होंने उसी संस्थान में अपना अध्ययन जारी रखा और १९६२ ई. में पी-एच. डी. की उपाधि प्राप्त की। सन् १९६२ से १९६३ ई. तक डॉ. अब्रोल ने हिब्रू विश्वविद्यालय, इजरायल के अधीन कृषि संकाय, रिहोवॉट में अनुसंधान-कार्य किया।

इजरायल से वापस आने पर डॉ. अब्रोल को पंजाब कृषि विश्वविद्यालय के हिसार परिसर में क्रमशः सहायक एवं एसोसिएट प्रोफेसर मृदा विज्ञान नियुक्त किया गया। सन् १९६९ में डॉ. आई. पी. अब्रोल नव स्थापित केंद्रीय मृदा लवणता अनुसंधान संस्थान, करनाल में मृदा विज्ञान और वैज्ञानिक कृषि कला शाखा के अध्यक्ष नियुक्त किए गए तथा १९८२ ई. में वे उसी संस्थान के निदेशक पद पर पदोन्नत किए गए।

डॉ. अब्रोल ने अपने अनुसंधानीय जीवन का अधिकांश समय लवण प्रभावित बंजर भूमि की उत्पादकता सुधार हेतु उपायों और साधनों को खोज निकालने में प्रदान किया है। इन अनुसंधानों और खोजों को बहुत सफलता प्राप्त हुई है और विकसित तरीकों को अब दशाब्दियों तक बंजर पड़ी भूमि की उत्पादकता के सुधार हेतु बड़े पैमाने पर अपनाया जा रहा है। डॉ. अब्रोल द्वारा लिखे २०० से अधिक शोध एवं लोकप्रिय पत्र प्रख्यात राष्ट्रीय और अंतरराष्ट्रीय जर्नलों में प्रकाशित हो चुके हैं। उन्होंने अधिस्नातक एवं डॉक्टरेट उपाधियों के लिए अनेक विद्यार्थियों का शोधकार्य में

मार्गदर्शन किया।

उनकी वैज्ञानिक उपलब्धियों को मान्यता प्रदान कर डॉ. अब्रोल को मृदा विज्ञान के क्षेत्र में महत्त्वपूर्ण योगदान के लिए रफी अहमद किदवई पुरस्कार प्रदान किया गया तथा लवण प्रभावित मृदा की व्यवस्था एवं पुनर्निर्माण में महत्त्वपूर्ण योगदान के लिए कॉमनवेल्थ साइंटीफिक एसोसिएशन, इंग्लैंड ने गूइंस पदक उन्हें प्रदान किया। सन् १९७२ में वे संयुक्त राष्ट्रसंघ के कृषि और खाद्य संघटन द्वारा वरिष्ठ एंडर मेयर फैलो चुने गए, जब उन्होंने टेक्सास कृषि और प्रबंध विश्वविद्यालय, कॉलेज स्टेशन, टेक्सास में एक वर्ष अनुसंधान करते हुए व्यतीत किया था। सन् १९७८ में डॉ. अब्रोल अंतरराष्ट्रीय मृदा विज्ञान सोसाइटी के मृदा तकनीक आयोग के अध्यक्ष मनोनीत किए गए तथा सन् १९८२ में वे अंतरराष्ट्रीय मृदा विज्ञान सोसाइटी के उप-आयोग के अध्यक्ष नियुक्त किए गए।

डॉ. अब्रोल भारतीय मृदा विज्ञान सोसाइटी के आजीवन सदस्य हैं तथा १९८२-८४ तक दो वर्ष के लिए उसके उपाध्यक्ष निर्वाचित किए गए। डॉ. अब्रोल वैज्ञानिक विषयों पर कई राष्ट्रीय समितियों के सदस्य हैं तथा संयुक्त राज्य अमेरिका, कनाडा, सोवियत रूस, इराक, फिलिपाइन्स, मिस्र आदि में कई अंतरराष्ट्रीय सम्मेलनों और बैठकों में भारत का प्रतिनिधित्व कर चुके हैं।

भारत की हरित क्रांति में डॉ. अब्रोल का भी महत्त्वपूर्ण योगदान है।

डॉ. बी. एल. एस. प्रकाशराव

गणितज्ञ डॉ. प्रकाशराव का जन्म आंध्र प्रदेश में कुड्डापाह जिले में पेरुमामिल्ला गाँव में अक्तूबर १९४२ में हुआ था। पिता शिक्षा विभाग से संबंधित थे और विद्यालयों के निरीक्षण हेतु प्रायः दौरे पर ही रहते थे। अतः इनका बचपन अपने नाना के संरक्षण में व्यतीत हुआ जो कि स्वयं भी एक शिक्षक थे। उनके द्वारा डाले गए संस्कारों के कारण ही जीवन में सफलता की सीढ़ियाँ चढ़ते हुए वे आज अत्यंत सम्मानित स्तर तक पहुँच सके हैं। आज वे भारतीय सांख्यिकी संस्थान (इंडियन स्टैटिस्टिकल इंस्टीट्यूट), दिल्ली में गणित के प्रोफेसर पद पर हैं। उन्हें सन् १९८२ में डॉ. शांतिस्वरूप भटनागर स्मृति पुरस्कार गणित के क्षेत्र में किए गए अनुसंधान के लिए प्रदान किया गया है। इस प्रतिभाशाली युवा गणितज्ञ के अनुसार यदि ध्येय के प्रति निष्ठा, सफलता-प्राप्ति के लिए सच्ची लगन तथा अपने ऊपर पूर्ण विश्वास हो तो मनचाही मंजिल अवश्य मिलती है और राह में आनेवाली अनेक दिक्कतें भी पथ से डिगा नहीं पातीं।

सन् १९५५ में हायर सेकेंडरी के समकक्ष (एस. एस. एल. सी.) परीक्षा तथा सन् १९५७ में गवर्नमेंट आर्ट्स कॉलेज से इंटरमीडिएट विशेष योग्यता के साथ पूर्ण करने के बाद प्रकाशराव ने आंध्र विश्वविद्यालय में बी. ए. (ऑनर्स गणित) में प्रवेश लिया और प्रथम श्रेणी के साथ परीक्षा में प्राप्त अंकों का एक ऐसा कीर्तिमान स्थापित किया जो उनके बाद २३ वर्ष तक किसी अन्य विद्यार्थी द्वारा तोड़ा नहीं जा सका है। यहाँ यह बता देना अप्रासंगिक नहीं होगा कि आंध्र विश्वविद्यालय की गणित में बी .ए. (ऑनर्स) की डिग्री उत्तर भारतीय विश्वविद्यालयों में एम. ए. (गणित) के समकक्ष मानी जाती है।

प्रकाशराव ने शिक्षा अर्जन का अपना सिलसिला जारी रखते हुए सन् १९६२ में सांख्यिकी में स्नातकोत्तर (एम. स्टैट) डिग्री प्राप्त करने के तुरंत बाद ही शोधकार्य शुरू कर दिया और सन् १९६६ में गणित के एक लगभग अछूते विषय पर शोध-प्रबंध प्रस्तुत कर मिशीगन विश्वविद्यालय से पी-एच. डी. की डिग्री ससम्मान प्राप्त की।

इसके बाद शुरू हुआ प्रकाशराव द्वारा सेवाओं का दौर। दो वर्ष विदेशों में कार्य करने के बाद इंडियन इंस्टीट्यूट ऑफ टेक्नोलॉजी, कानपुर को श्रेय मिला इनकी सेवाएँ प्राप्त करने का। वहाँ का वातावरण उन्हें कुछ ऐसा अनुकूल लगा कि सन् १९७६ तक इसी संस्था से जुड़े रहे, यद्यपि सन् १९७३ से १९७५ तक बीच के दो वर्षों का समय मॉण्ट्रियल विश्वविद्यालय के निमंत्रण पर इन्होंने वहीं बिताया। सन् १९७६ से वे भारतीय सांख्यिकीय संस्थान के साथ प्रोफेसर के रूप में संबद्ध होकर अब वहीं कार्यरत हैं।

शांतिस्वरूप भटनागर पुरस्कार प्राप्ति के पूर्व इंस्टीट्यूट ऑफ मैथेमेटिकल साइंस तथा भारतीय राष्ट्रीय विज्ञान अकादमी ने इन्हें अपना फैलो निर्वाचित कर सम्मानित किया। प्रो. प्रकाशराव अपनी उपलब्धियों से पूर्णतया संतुष्ट हैं और भविष्य के प्रति पूर्ण आस्थावान भी।

इनके द्वारा लिखित दो पुस्तकें गणित के ऐसे गूढ़ सिद्धांतों की अभिव्यक्ति हैं, जिसका आगे चलकर जब अंतरिक्ष विज्ञान आदि क्षेत्रों में प्रायोगिक धरातल पर उपयोग होगा तभी शायद इनकी महत्ता को पूरी तरह पहचाना जा सकेगा। 'नान पैरामैट्रिक फंक्शनल एस्टीमेशन' नामक अपनी पुस्तक के एक पृष्ठ को दिखाते हुए प्रोफेसर प्रकाशराव कहते हैं, "यह पुस्तक मैंने अपने पिताश्री एवं पूज्य नाना को समर्पित की है जो सदैव ही मेरे लिए प्रेरणास्रोत रहे हैं।"

इस मेधावी युवा प्रतिभा से भारत को बहुत आशाएँ हैं।

डॉ. जगदीश प्रसाद मित्तल

प्रारंभिक जीवन—डॉ. मित्तल का जन्म ७ नवंबर, १९४३ को उत्तर प्रदेश के मथुरा शहर में हुआ था। आपके पिता मध्यवर्गीय व्यापारी थे। माता एवं पिता दोनों ने कोई भी स्कूली शिक्षा प्राप्त नहीं की। डॉ. मित्तल का प्रारंभिक जीवन-स्तर भी मध्यम श्रेणी का था। उनकी शिक्षा राजकीय प्राथमिक विद्यालय, छत्ता बाजार, मथुरा में शुरू हुई। इस स्कूल के प्रधानाध्यापक तिवारीजी का आपके प्रति बहुत स्नेह था। जीवन में आगे बढ़ने की प्रेरणा आपको इन्हीं से मिली। प्राथमिक बोर्ड मथुरा जिले में आपने द्वितीय स्थान प्राप्त किया था। आपका लगाव शुरू से ही पढ़ाई के स्थान पर खेलों की तरफ अधिक था। घर में सबसे छोटा भाई होने के कारण आप बचपन में बहुत ही हठीले स्वभाव के थे। आपका लालन-पालन व पढ़ाई आपके जेष्ठ भ्राता श्री सूरजभान मित्तल के द्वारा हुई, क्योंकि माता-पिता उस समय तक वृद्ध हो चुके थे।

शैक्षणिक योग्यताएँ—डॉ. मित्तल ने हाईस्कूल एवं इंटरमीडिएट परीक्षा विज्ञान विषय लेकर किशोरी रमण शिक्षण संस्थान, मथुरा से पास की। यह संस्थान उस समय उत्तर प्रदेश की प्रमुख संस्थाओं में एक था। तत्पश्चात् आपने पशु-चिकित्सा एवं पशुपालन महाविद्यालय, मथुरा से पशु-चिकित्सा और पशुपालन विज्ञान में स्नातक की उपाधि प्राप्त की। उक्त महाविद्यालय उस समय आगरा विश्वविद्यालय के अंतर्गत था। कुछ समय तक लखनऊ में पशु-चिकित्सक के पद पर कार्य करने के पश्चात् आपने उपर्युक्त महाविद्यालय से ही पशु शरीर-क्रिया-विज्ञान में स्नातकोत्तर उपाधि प्राप्त की। इस उपाधि को प्राप्त करने में विश्वप्रसिद्ध पशु शरीर-क्रिया वैज्ञानिक डॉ. अरविंद राम का विशेष सहयोग था। नौकरी करते हुए ही आपने पशु शरीर-क्रिया विज्ञान का विषय लेकर आगरा विश्वविद्यालय से पी-एच.डी. की उपाधि प्राप्त की।

पारिवारिक जीवन—आपका विवाह ऋषिकेश निवासी श्री रामचंद्र विंदल की सुपुत्री शकुन विंदल (आजकल डॉ. श्रीमती शकुन मित्तल) से १९६८ में हुआ था। उस

समय पति-पत्नी दोनों ही सिर्फ स्नातक थे। दोनों ने एक साथ रहकर स्नातकोत्तर परीक्षाएँ पास कीं तथा लगभग साथ ही पी-एच.डी. की उपाधियाँ प्राप्त कीं। आपके एक पुत्र अतुल मित्तल तथा एक पुत्री अनु मित्तल हैं। डॉ. श्रीमती मित्तल ने अपने बच्चों की पढ़ाई व देखभाल के कारण नौकरी करने का विचार त्याग दिया।

व्यावसायिक प्रगति—आपने अपना जीवन पशु-चिकित्सक के राजपत्रित पद से प्रारंभ किया, उसके बाद आपने पशु-चिकित्सा विज्ञान एवं पशुपालन महाविद्यालय में सहायक प्रवक्ता के पद पर लगभग एक वर्ष तक कार्य किया। उसके पश्चात् कनिष्ठ अनुसंधान अधिकारी के पद पर पदोन्नत हुए, जिस पर लगभग तीन वर्ष कार्य करने के पश्चात् आप पशु शरीर-क्रिया विज्ञान में ही प्रवक्ता बने। उस समय तक उक्त महाविद्यालय चंद्रशेखर आजाद कृषि एवं औद्योगिक विश्वविद्यालय, कानपुर का एक प्रांगण बन चुका था। कृषि अनुसंधान सेवा (ए.आर.एस.) की परीक्षा आपने प्रथम बैच में पास की तथा केंद्रीय मरु अनुसंधान संस्थान में वैज्ञानिक एस. १ (पशु शरीर-क्रिया विज्ञान) के पद पर दिसंबर १९७६ में योगदान किया। सन् १९८० में आप वैज्ञानिक एस. २ (पशु शरीर-क्रिया विज्ञान) तथा सन् १९८३ में वैज्ञानिक एस. ३ (पशु शरीर-क्रिया विज्ञान) चुने गए। आप सन् १९८२ से केंद्रीय मरु अनुसंधान संस्थान में पशु-अध्ययन विभाग के अध्यक्ष पद पर हैं।

प्राप्त पदक एवं सम्मान—आपने अपने जीवनकाल में अनेक पदक तथा सम्मान प्राप्त किए जिनमें प्रमुख हैं—

(१) स्नातक स्तर पर आगरा विश्वविद्यालय में द्वितीय स्थान प्राप्त करने पर रजत पदक प्राप्त किया।

(२) पशु शरीर-क्रिया विज्ञान एवं पशु जीव-रसायन विज्ञान में विशेष योग्यता प्राप्त की।

(३) स्नातकोत्तर स्तर पर आगरा विश्वविद्यालय में द्वितीय स्थान प्राप्त किया।

(४) स्नातकोत्तर अध्ययन के लिए अखिल भारतीय कृषि अनुसंधान परिषद् की जूनियर स्कॉलरशिप प्राप्त की।

(५) क्रिकेट में प्रथम पुरस्कार प्राप्त किया।

(६) रस्साकशी में प्रथम पुरस्कार प्राप्त किया।

(७) अंतरराष्ट्रीय गोष्ठियों में चेयरमैन के पद ग्रहण किए।

(८) राष्ट्रीय गोष्ठियों में चेयरमैन के पदों पर सुशोभित रहे।

(९) 'शुष्क क्षेत्र में पशुपालन' नामक ग्रीष्मकालीन प्रशिक्षण शिविर का आयोजन किया।

(१०) सातवीं पंचवर्षीय योजना को अंतिम रूप देने हेतु भारत सरकार में योजना आयोग के सदस्य रहे।

प्रकाशित शोध-ग्रंथ व शोधपत्र—डॉ. मित्तल ने अब तक दो शोध-ग्रंथ व लगभग

१२५ शोधपत्र प्रकाशित किए हैं, जिनमें से १० शोधपत्र हिंदी में ही हैं; प्रथम शोध-ग्रंथ जो आपने स्नातकोत्तर परीक्षा के लिए लिखा था वह उत्तर प्रदेश की बरबरी व जमुनापारी नस्ल की बकरियों के ऊपर की गई खोज का परिणाम है। आप विश्व के पहले वैज्ञानिक हैं जिन्होंने बकरी के दूध में कप्पा केजीन के होने का प्रमाण दिया। इससे रासायनिक रूप से भी यह सिद्ध हो जाता है कि गाय तथा बकरी के दूध की आंतरिक बनावट में कोई अंतर नहीं है। आपने अपने देश में पहली बार बकरे के वीर्य का १६ घंटे तक संचरण करके उससे कृत्रिम गर्भाधान किया तथा विकसित नस्ल के बकरी के बच्चे प्राप्त किए।

द्वितीय शोध-ग्रंथ पी-एच. डी. उपाधि के लिए लिखा। इसमें मरुस्थलीय क्षेत्र में पाई जानेवाली बकरियों के उत्पादन पर खोज की। इस ग्रंथ के माध्यम से आपने अपने देश में बकरी की नई नस्ल की खोज की जो कि मरुस्थल क्षेत्र के नागौर जिले के परबतसर कस्बे के चारों ओर पाई जाती है। इसी कारण इस बकरी का नाम परबतसर नस्ल रखा गया है। आज इस नस्ल को न सिर्फ अखिल भारतीय मान्यता प्राप्त हुई है वरन् अंतरराष्ट्रीय मान्यता भी प्राप्त है। यह बकरी अपने देश की उन्नत नस्ल की बकरियों के बराबर दूध देती है, जबकि मरुस्थल की समस्याएँ अन्य सभी क्षेत्रों से जटिल हैं। इस ग्रंथ के द्वारा यह भी खोज की गई है कि मरुस्थलीय बकरी को रोज पानी पिलाना आवश्यक नहीं है। मांस उत्पादनवाले बकरों को रोज पानी पिलाने के बजाय यदि सप्ताह में सिर्फ दो बार ही पानी पिलाया जाए तो भी उनकी उत्पादन क्षमता पर कोई प्रतिकूल प्रभाव नहीं पड़ता। दूध देनेवाली बकरी को यदि एक दिन छोड़कर पानी पिलाएँ तब भी उसकी उत्पादन क्षमता बनी रह सकती है। ऐसा करने से ४० से ५० प्रतिशत तक पानी बचाया जा सकता है।

जहाँ तक शोधपत्रों का प्रश्न है, ये सभी शोधपत्र विदेश व देश की प्रमुख पत्रिकाओं में छपे हैं, जिनमें इंग्लैंड, अमेरिका, फ्रांस, जापान, जर्मनी देशों की पत्रिकाएँ प्रमुख हैं। इन सभी शोधपत्रों के नाम यहाँ पर देना तो संभव नहीं है परंतु इनमें क्या लिखा गया है, उसके बारे में सूक्ष्म में दिया जा रहा है। ये सभी शोधपत्र भेड़ तथा बकरी उत्पादन विषय को लेकर लिखे गए हैं यानी इनमें भेड़ तथा बकरी उत्पादन पर खोज के परिणामों को लिखा गया है। इनमें आस्ट्रेलिया की कोरीडेल भेड़ को मरुस्थलीय क्षेत्र में कैसे रखा जाए कि गरमी में भी उनकी उत्पादन क्षमता बनी रहे। डॉ. मित्तल विश्व में प्रथम वैज्ञानिक हैं जिन्होंने यह खोज की थी कि कोरीडेल मैंड़ा गरमी में भी अच्छी किस्म का वीर्य दे सकता है, क्योंकि मरुस्थलीय क्षेत्र में अधिकतर भेड़ें गरमी के महीनों में ही ऋतुकाल में अधिक आती हैं। अतः कोरीडेल मैंड़ा संकर-प्रजनन के लिए प्रयोग किया जा सकता है। इस मैंड़े का शारीरिक भार देशी मैंड़े से अधिक होता है तथा ऊन भी दुगुनी व अच्छी किस्म की होती है। इस प्रकार इंग्लैंड का रैंबुलेट मैंड़ा भी यहाँ की भेड़ों में संकर-प्रजनन के लिए प्रयोग किया जा सकता है।

डॉ. मित्तल देश के पहले वैज्ञानिक हैं जिन्होंने यह सिद्ध किया है कि राजस्थान के रेगिस्तान क्षेत्र में पशुओं को खारे पानी पर भी पाला जा सकता है।

मरुस्थलीय क्षेत्र में अब तक आम धारणा थी कि इस क्षेत्र की भेड़ सिर्फ गरमी के मौसम में ही ऋतुकाल में आती हैं। डॉ. मित्तल ने अपने प्रयोगों में पाया कि इस क्षेत्र की भेड़ें हर मौसम में ऋतुकाल में आती हैं। इससे किसान भाइयों को यह फायदा हुआ कि वे बाजार में हिसाब से जब चाहे भेड़ों के मैमने प्राप्त कर सकते हैं।

फिलहाल आप मरुस्थलीय क्षेत्र में पाई जानेवाली गायों पर अनुसंधान करने की योजना बना रहे हैं।

देश में पशु-विकास का क्षेत्र अभी तक अत्यंत अविकसित है। डॉ. मित्तल जैसे अनेक पशु-विशेषज्ञों की सेवाओं की देश को बड़ी आवश्यकता है।

डॉ. रणधीर सिंह

हरियाणा कृषि विश्वविद्यालय, हिसार में रसायनशास्त्र एवं बायो-रसायन विज्ञान विभाग के प्रोफेसर एवं अध्यक्ष के पद पर कार्यरत डॉ. रणधीर सिंह का जन्म २१ जनवरी, १९४४ को हरियाणा राज्य के कुरुक्षेत्र जिले के अंतर्गत सांच नामक गाँव के एक किसान परिवार में हुआ था। उनकी प्रारंभिक विद्यालयीय शिक्षा उनके गाँव के हाईस्कूल में हुई। उसके पश्चात् उन्होंने जाट कॉलेज, रोहतक से इंटर (साइंस) परीक्षा उत्तीर्ण की तथा पंजाब विश्वविद्यालय, लुधियाना में प्रवेश प्राप्त किया जहाँ से उन्होंने सन् १९६४ में ६१ प्रतिशत अंक सहित बी.एस-सी. परीक्षा उत्तीर्ण की। रसायनशास्त्र में विश्वविद्यालय में उनका सर्वप्रथम स्थान था। सन् १९६६ में उन्होंने प्रथम श्रेणी में एम.एस-सी. परीक्षा उत्तीर्ण की। सन् १९६९ में उन्होंने पी-एच. डी. की उपाधि प्राप्त की।

डॉ. सिंह हरियाणा कृषि विश्वविद्यालय, हिसार में सन् १९६९ से १९७१ तक सहायक प्रोफेसर और सन् १९७१ से १९८० तक एसोसिएट प्रोफेसर रहे। वे सन् १९८० से हरियाणा कृषि विश्वविद्यालय में प्रोफेसर के पद पर कार्यरत हैं।

डॉ. सिंह ने सन् १९६४ में राष्ट्रीय योग्यता छात्रवृत्ति; सन् १९६५ में विश्वविद्यालय योग्यता छात्रवृत्ति एवं सन् १९६६ में भारतीय विज्ञान अनुसंधान परिषद् कनिष्ठ अनुसंधान फैलोशिप प्राप्त की। सन् १९८२ में वे भारतीय जैवविज्ञान रसायनवेत्ता संघ (भारत) के उपाध्यक्ष; सन् १९८२ में ही सोसाइटी फॉर प्लांट फिजियोलॉजी एंड बायोकैमिस्ट्री के संयुक्त सचिव एवं सन् १९८५ में सोसाइटी फॉर प्लांट फिजियोलॉजी एंड बायोकैमिस्ट्री के उपाध्यक्ष निर्वाचित किए गए। उन्होंने कला एवं विज्ञान महाविद्यालय के पाठ्यक्रम मंडल के सचिव के रूप में भी कार्य संपादित किया है। वे प्लांट फिजियोलॉजी एंड बायोकैमिस्ट्री पर भारतीय कृषि अनुसंधान परिषद् की विभिन्न वैज्ञानिक समितियों के भी सदस्य रह चुके हैं।

डॉ. सिंह राष्ट्रीय और अंतरराष्ट्रीय वैज्ञानिक संगठनों के सदस्य हैं। वह सोसाइटी

ऑफ बायोलॉजीकल कैमिस्ट्स (इंडिया); इंडियन सोसाइटी ऑफ प्लांट फिजियोलॉजी, अमेरिकन सोसाइटी ऑफ प्लांट फिजियोलॉजी तथा सोसाइटी फॉर प्लांट फिजियोलॉजी एंड बायोकैमिस्ट्री के सदस्य हैं। वे पश्चिमी जर्मनी की यात्रा भी कर चुके हैं।

डॉ. सिंह के अनुसंधान का क्षेत्र चित्र-संश्लेषण तथा जैविक नाइट्रोजन स्थिरीकरण है। उनके १३० शोधपत्र प्रकाशित हो चुके हैं। उनकी एक पुस्तक तथा एक प्रयोगशाला नियमावली प्रकाशित हो चुकी है। वे चार पुस्तकों की समीक्षा कर चुके हैं।

कृषि विश्वविद्यालय, हिसार ने हरियाणा राज्य के अंदर हरित क्रांति में जो प्रेरणा और मार्गदर्शन दिए हैं, डॉ. सिंह का उनमें पर्याप्त योगदान है। भविष्य में उन जैसे कृषि वैज्ञानिकों को समग्र विकास के कार्य में और अनेकों दायित्वों को वहन करना है।

डॉ. वेदराम सिंह

डॉ. वेदराम सिंह का जन्म २४ फरवरी, १९४६ को ग्राम फिरोजपुर, पोस्ट ऑफिस पलवल, जिला फरीदाबाद (हरियाणा), भारत में हुआ। उन्होंने १९६८ में पंजाबी विश्वविद्यालय, पटियाला (भारत) से विद्युत् अभियांत्रिकी में बी. ई. परीक्षा प्रथम श्रेणी में उत्तीर्ण की तथा भारतीय तकनीकी संस्थान, नई दिल्ली से औद्योगिक चिकित्सकीय, अभियांत्रिकी और वैज्ञानिक उपयोगों के लिए सिलिकोन स्ट्रेन, गौज ट्रांसडूसर इंस्ट्रूमेंटेशन में अनुसंधान के लिए सन् १९७४ में विद्युत् अभियांत्रिकी और यांत्रीकरण में पी-एच.डी. उपाधि प्राप्त की।

डॉ. वेदराम सिंह सन् १९६८ से राष्ट्रीय भौतिक प्रयोगशाला, नई दिल्ली में अनुसंधानकर्ता और वैज्ञानिक के पद पर कार्यरत हैं। सन् १९७३ में उन्होंने भारतीय तकनीकी संस्थान तथा अखिल भारतीय चिकित्सा विज्ञान संस्थान, नई दिल्ली से बायोमेडिकल इंजीनियरिंग में सर्टीफिकेट कोर्स परीक्षा उत्तीर्ण की। सन् १९७४ में उन्होंने भारतीय तकनीकी संस्थान, नई दिल्ली से फोर्ट्रान चतुर्थ कंप्यूटर प्रोग्रेमिंग पाठ्यक्रम परीक्षा उत्तीर्ण की। सन् १९७२ में उन्होंने इटालियन राजदूतावास, नई दिल्ली से इटालियन भाषा में प्रमाण-पत्र पाठ्यक्रम परीक्षा उत्तीर्ण की। सन् १९७४ से १९७७ तक वे टोरंटो विश्वविद्यालय, टोरंटो, ओटोरियो, कनाडा में कनाडियन कॉमनवेल्थ फैलो रहे। उन्होंने माउंट सिनाय हॉस्पिटल, टोरंटो वेस्टर्न हॉस्पिटल, हॉस्पिटल फॉर सिक किड्स टोरंटो जनरल हॉस्पिटल, प्रिंसैज मार्गरेट हॉस्पिटल, तथा विश्वविद्यालय के विद्युत् अभियांत्रिकी, भौतिकी, गणित, शरीर-रचनाशास्त्र, चिकित्सकीय बायोभौतिकी, चिकित्सकीय बायो-रसायनशास्त्र, डरमैटोलॉजी, दंत-चिकित्सा विभागों तथा बायोमेडिकल इंजीनियरिंग और चिकित्सा विज्ञान संस्थानों में बायोमेडिकल इंजीनियरिंग में अंतःसंबंधी विशेष अनुसंधान किया। सन् १९७५ में उन्होंने टोरंटो विश्वविद्यालय, टोरंटो, कनाडा के दंत चिकित्सा संकाय से दंत पदार्थों में प्रमाण-पत्र पाठ्यक्रम परीक्षा

उत्तीर्ण की। इसी वर्ष उन्होंने माइक्रो-प्रोसैसर्स और माइक्रो कंप्यूटर्स में विद्युत् अभियांत्रिकी साज-सामान संस्थान (Institute of Electrical Engineering Equipment), कनाडा से प्रमाण-पत्र पाठ्यक्रम परीक्षा उत्तीर्ण की। सन् १९७४ से १९७७ तक डॉ. वेदराम सिंह ने टोरंटो विश्वविद्यालय, टोरंटो, ओटोरियो, कनाडा के विभिन्न संकायों से इलेक्ट्रोफिजियोलॉजीकल इंजीनियरिंग, मानव शरीर-रचना शास्त्र (Human Physiology), शरीर-रचना शास्त्र प्रयोगशाला, बायोमेडिकल इंजीनियरिंग, क्लिनिकल एंड बायोलॉजिकल कैमिस्ट्री, बायोमैकेनिक्स, फिजियोलॉजीकल प्रिंसिपल्स फॉर फिजीकल साइंटिस्ट्स, बायोकैमिस्ट्री, फिजिक्स ऑफ प्रोडिटरी प्रोसैसेज रेडिएशन बायोलॉजी, सैलूलर बायोफिजिक्स, प्रिंसिपल्स ऑफ ट्रांसडक्शन टेक्निक्स, मेडिकल बायोफिजिक्स, बायोमेडिकल ट्रांसडूसर्स, डिगिटल ऐप्लीकेशंस ऑफ सी .एम. ओ. एस. के भाग १ तथा २ में विशेष पाठ्यक्रमों में पूर्णकालीन अथवा सेमेस्टर पाठ्यक्रमों में परीक्षाएँ उत्तीर्ण कीं। सन् १९७९ में उन्होंने राजस्थान विश्वविद्यालय से स्नातकोत्तर पत्रकारिता डिप्लोमा पाठ्यक्रम परीक्षा उत्तीर्ण की। सन् १९८१-१९८३ में उन्होंने पंजाबी विश्वविद्यालय से बिजनेस मैनेजमेंट (स्नातकोत्तर डिप्लोमा इन प्रोजेक्ट मैनेजमेंट) परीक्षा उत्तीर्ण की। डॉ. वेदराम सिंह ने सन् १९८३ में इंडियन रेडियोलॉजीकल एंड इमेजिंग एसोसिएशन (ताज कंटीन्यूइंग एज्यूकेशन प्रोग्रेम) की अल्ट्रासाउंड इन रेडियोलॉजी प्रमाणपत्र पाठ्यक्रम परीक्षा उत्तीर्ण की।

डॉ. वेदराम सिंह भारतीय राष्ट्रीय भौतिक प्रयोगशाला की इलेक्ट्रॉनिक्स प्रशाखा (अब अल्ट्रासोनिक इंस्ट्रूमेंटेशन प्रभाग) में सन् १९६८ से अनुसंधान और विकास कार्य में संलग्न हैं। उनकी रुचि मुख्यतया ओषधि और जीवविज्ञान में भौतिकी और अभियांत्रिकी के प्रयोग में है। अगस्त १९७४ से फरवरी १९७७ तक वे इलेक्ट्रॉनिक्स और इन्स्ट्रूमेंटेशन (चिकित्सा) के क्षेत्र में डॉक्टरेटोत्तर अनुसंधान के लिए टोरंटो विश्वविद्यालय, टोरंटो, कनाडा के बायोमेडिकल अभियांत्रिकी संस्थान के विद्युत् अभियांत्रिकी विभाग में कार्यरत रहे। बायोमेडिकल अल्ट्रासोनिक्स के क्षेत्र में डॉ. वेदराम सिंह ने व्यापक अनुसंधान किया है। इनका अधिकांश नवीनतम अनुसंधान जैवयांत्रिकीकरण, ट्रांसड्यूसर्स प्रक्रिया नियंत्रक यंत्रों, मानव कर्ण में एप्सीलेटरल एकाउस्टिक रिफलैक्स पर चिकित्सकीय अध्ययन, शिशुओं के रक्त-प्रवाह परिमाप, डरमेटोलॉजी के लिए अल्ट्रा वायलट तथा अन्य हलके साधनों का विकास, चिकित्सकीय और अन्य उपयोगों के लिए समय और आवृत्ति (एटोमिक) मानकों और यंत्रों का विकास, कर्ण के बायोफिजिकल पैरामीटर्स, कर्ण का बायोमैकेनिक्स तथा मानव कर्ण के निचले परदे से संबंधित झिल्ली के लिए जैव पदार्थ आदि-आदि से संबंधित रहा है। अविद्युतीय पैरामीटरों के मापन के लिए सिलिकोन ट्रांसड्यूसर्स के महत्त्वपूर्ण विकास में वे भारत में अग्रणी रहे हैं। वर्तमान में वह चिकित्सकीय, औद्योगिक एवं वैज्ञानिक उपयोगों के लिए अल्ट्रासोनिक-ट्रांसड्यूसर के यांत्रीकरण में अत्यंत व्यस्त हैं। विज्ञान

और चिकित्सा की विभिन्न शाखाओं में निदानात्मक चिकित्सा संबंधी और शल्य-क्रिया संबंधी उपयोगों के लिए अनेक अल्ट्रासोनिक यंत्रों और ट्रांसड्यूसर विधियों—साधारण और प्रतिबीय विकसित किए गए हैं। आँख में विभिन्न दोषों के निदान के लिए देश में पहली बार एक अल्ट्रासोनिक ए (A) नाप का ओपथेल्मोस्कोप, जिसमें १० मिज ओपथेल्मिक प्रोब्स हैं, विकसित किया गया है। इस यंत्र का दिल्ली के अस्पतालों में रोगियों पर सफलतापूर्वक परीक्षण किया गया है।

मानव नेत्र, स्वभाव में विषमता तथा गुर्दे में पथरी निर्माण तथा स्वभाव में असमानता जैसे जैविक तंतुओं में गति, कर्णेंद्रिय संबंधी दोष, दौर्ब[illegible] [illegible]ण, जैसी अट्रासोनिक विशेषताओं का अध्ययन किया गया है। अन्य कुछ कोमल जैविक तंतुओं—सामान्य और रुग्ण की विशेषताओं का पता विभिन्न परिस्थितियों में लगाया गया है। ट्यूमर (कैंसर) की चिकित्सा और गुर्दे की पथरी को अलग करने के लिए विभिन्न प्रणालियों का अध्ययन भी किया गया है। पथरी को समाप्त करने के लिए प्राथमिक अध्ययन भी किया गया है।

अल्ट्रासाउंड साधनों के वैशेषीकरण और मानकीकरण का कार्य भी किया गया है। कर्ण-संबंधी शक्ति के प्रतिफल, तीव्रता, तीव्र प्रत्युत्तर, बीम पद्धति आदि जैसे पैरामीटर्स के नापने के लिए विधियाँ और तकनीकों का विकास किया गया है। उनके ये अनुसंधान राष्ट्रीय महत्त्व के हैं और देश की वैज्ञानिक क्षमता की प्रगति में सहायक हैं।

डॉ. वेदराम सिंह सन् १९६८ से विशेष व्याख्यानों, सेमीनारों, पाठ्यक्रमों, कार्यगोष्ठियों आदि द्वारा समय-समय पर विश्वविद्यालय और महाविद्यालयीय छात्रों एवं शोध वैज्ञानिकों को पढ़ाते रहे हैं। सन् १९७४-७७ तक कनाडा में टोरंटो विश्वविद्यालय में उन्होंने इलेक्ट्रॉनिक्स, विद्युत् अभियांत्रिकी, भौतिकी, गणित और बायोचिकित्सकीय इलेक्ट्रॉनिक्स में विभिन्न पाठ्यक्रम स्नातक और स्नातकोत्तर छात्रों को अध्यापन सहायक, ट्यूमर और प्रयोगशाला डिमोन्स्ट्रेटर के रूप में अध्यापित किए थे। उन्होंने १५ मई, १९६८ से १५ दिसंबर, १९६८ तक इंजीनियरिंग ट्यूटोरियल कॉलेज, भारत सरकार, नई दिल्ली में ए. एम. आई. ई. के छात्रों को विभिन्न पाठ्यक्रम अध्यापित किए। जनवरी १९८५ से वे थापर इंजीनियरिंग कॉलेज, पंजाबी विश्वविद्यालय, पटियाला में एडजंक्ट प्रोफेसर हैं। वह राष्ट्रीय भौतिक प्रयोगशाला, नई दिल्ली में अल्ट्रासोनिक प्रभाग में वैज्ञानिक के पद पर कार्यरत रहे। संप्रति वह राष्ट्रीय भौतिक प्रयोगशाला, डॉ. के. एस. कृष्णन् मार्ग, नई दिल्ली-११००१२ (भारत) में यांत्रिक प्रभाग (इंस्ट्रूमेंटेशन सैल) के अध्यक्ष हैं।

डॉ. वेदराम सिंह विभिन्न उद्योगों, चिकित्सालयों, अनुसंधान और विकास संगठनों और विश्वविद्यालयों में समय-समय पर अध्ययन एवं इलेक्ट्रॉनिक्स तथा स्वचालित यंत्रों के प्रारूप, प्रशिक्षण पाठ्यक्रमों, कार्यगोष्ठियों और सेमीनारों के आयोजन तथा वर्तमान प्रयोशाला के नवीनतम उपकरणों से आधुनिकीकरण में परामर्शक रहे हैं।

डॉ. सिंह चिकित्सा इलेक्ट्रॉनिक्स सहित इलेक्ट्रॉनिक्स और अल्ट्रासोनिक यंत्रीकरण में अनुसंधान और विकास, परीक्षण और बौद्धिकीकरण एवं प्रयोजना निर्माण आदि में संलग्न वैज्ञानिकों, अभियंताओं और अन्य व्यक्तियों के दल का मार्गदर्शन एवं नेतृत्व करते रहे हैं। वे इलेक्ट्रॉनिक्स, ट्रांसड्यूसर्स, यांत्रीकरण, अल्ट्रासोनिक्स, बायोचिकित्सकीय अभियांत्रिकी विषयों में समय-समय पर विभिन्न प्रशिक्षण पाठ्यक्रमों, कार्यगोष्ठियों, सेमीनारों, परिसंवादों और सम्मेलनों का आयोजन एवं व्यवस्था करते रहे हैं।

डॉ. वेदराम सिंह को सन् १९७४ में प्रधानमंत्री, भारत सरकार ने भारतीय राष्ट्रीय विज्ञान अकादमी का युवा वैज्ञानिक पुरस्कार प्रदान किया, जिसमें एक पदक तथा पाँच हजार रुपए नकद दिए गए। सन् १९७३ में प्रोफेसर एम. जी. के. मेनन ने उन्हें राष्ट्रीय भौतिक प्रयोगशाला योग्यता पुरस्कारस्वरूप प्रमाणपत्र एवं दो हजार रुपए प्रदान किए। सन् १९८३ में भारत के राष्ट्रपति ने उन्हें थापर शिक्षा मंडल की ओर से विशिष्ट छात्र पुरस्कारस्वरूप एक शाल और प्रशंसा-पत्र प्रदान किया। भारतीय चिकित्सा अनुसंधान परिषद् की ओर से केंद्रीय स्वास्थ्य मंत्री श्री बी. शंकरानंद ने सन् १९८३ का शकुंतला अमीरचंद पुरस्कारस्वरूप उन्हें एक प्रमाण-पत्र, प्रशंसापत्र, एवं पाँच सौ रुपए प्रदान किए।

डॉ. सिंह के ८० से अधिक शोधपत्र राष्ट्रीय एवं अंतरराष्ट्रीय जर्नलों में प्रकाशित हो चुके हैं। उनके एक दर्जन से अधिक पेटेंट हैं। वह अपने अनुसंधानकार्य का अंश विभिन्न राष्ट्रीय और अंतरराष्ट्रीय सेमीनारों, परिसंवादों एवं सम्मेलनों में भारत तथा विदेशों में प्रस्तुत कर चुके हैं। ट्रांसड्यूसर्स में उनकी महत्त्वपूर्ण उपलब्धियों को मान्यता प्रदान की जा चुकी है तथा १९८४ का भारतीय चिकित्सा अनुसंधान परिषद् का पुरस्कार उन्हें प्राप्त हो चुका है।

डॉ. सिंह का संबंध कई राष्ट्रीय एवं अंतरराष्ट्रीय वैज्ञानिक संगठनों से है। बायोमेडिकल इंजीनियरिंग सोसाइटी ऑफ इंडिया, इंस्टीट्यूशन ऑफ इंस्ट्रूमेण्टेशन साइंटिस्ट्स एण्ड टेक्नॉलॉजिस्ट (इंडिया), इंस्टीट्यूशन ऑफ इलेक्ट्रॉनिक्स एंड टेली कम्यूनिकेशन इंजीनियर्स (इंडिया), इंडियन एसोसिएशन ऑफ साइंस, एकेडेमी ऑफ मेडिकल फिजिक्स (इंडिया), इंटरनेशनल सोसाइटी ऑन बायोटेलीमेट्री (मुख्यालय नीदरलैंड), अल्ट्रासोनिक सोसाइटी ऑफ इंडिया और आई. ई. ई. ई. (यू .एस. ए.), एसोसिएशन ऑफ मेडिकल फिजिसिस्ट्स ऑफ इंडिया, ब्रिटिश अल्ट्रासाउंड सोसाइटी, इंस्ट्रूमेंट सोसाइटी ऑफ इंडिया, इंटरनेशनल सोसाइटी फॉर ओपथेल्मिक अल्ट्रासाउंड (यू. एस. ए.), बायोइलेक्ट्रो मेगनेटिक सोसाइटी (यू. एस. ए.), एक्वास्टीकल सोसाइटी ऑफ इंडिया के सदस्य हैं। वे ३३ वर्ष की आयु में आई. ई. ई. ई. (यू. एस. ए.) के वरिष्ठ सदस्य चुने गए। १९८० से वह अल्ट्रासोनिक सोसाइटी ऑफ इंडिया के महासचिव हैं। वे कई कार्यगोष्ठियों, परिसंवादों एवं सम्मेलनों के सचिव रह चुके हैं तथा सन् १९८४ में मेडिकल अल्ट्रासोनिक बायोमेडिकल इंजीनियर्स के अध्यक्ष रह चुके हैं।

उनका दांपत्य जीवन सुखद है। उनके दो पुत्रियाँ हैं जो विद्यालयों में पढ़ रही हैं।

डॉ. नरिंदर कुमार मेहरा

डॉ. नरिंदर कुमार मेहरा का जन्म ४ नवंबर, १९४९ को अमृतसर (पंजाब) में हुआ। माता-पिता और तीन भाई अमृतसर में रहते हैं। डॉ. मेहरा की एक बहन है जिसका परिवार मुजफ्फरनगर में रहता है। उनका परिवार मूलतः व्यापारिक वर्ग से संबंधित है तथा उनके परिवार के अन्य सदस्य ऊनी कपड़े का व्यापार करते हैं। उनका विवाह एक कश्मीरी महिला से हुआ है जो स्वयं एक डॉक्टर हैं तथा उनके साथ अखिल भारतीय चिकित्सा विज्ञान संस्थान में कार्य करती हैं। उनके एक पुत्र तथा एक पुत्री है। सामान्यतया उनका जीवन बहुत व्यस्त रहता है।

डॉ. मेहरा ने सन् १९६८ में पंजाब विश्वविद्यालय से बी. एस-सी. परीक्षा उत्तीर्ण की। इस परीक्षा में उनके मुख्य विषय थे—मानव शरीर-रचना शास्त्र, शरीर विज्ञान और बायोरसायन। सन् १९७१ में उन्होंने अखिल भारतीय चिकित्सा विज्ञान संस्थान, नई दिल्ली से एम. एस-सी. परीक्षा उत्तीर्ण की जिसमें उन्होंने मानव शरीर-रचना शास्त्र विषय में 'स्टैम सैल काइनैटिक्स ऑफ बोन मॅरो लिंफोसाइट्स इन माइस' (Stem Cell Kinetics of Bone marrow Lymphocytes in Mice) प्रकरण पर शोध-प्रबंध लिखा था। १९७२ में उन्होंने सिंगापुर विश्वविद्यालय से सैलूलर एंड ह्यूमरल इम्मूनोलॉजी विषय पर इम्मूनोलॉजी प्रमाण प्राप्त किया। सन् १९७५ में उन्होंने सैलूलर इम्मूनोलॉजी इन लिप्रोसी (Celluler Immunology in Leprosy) विषय पर अखिल भारतीय चिकित्सा विज्ञान संस्थान, नई दिल्ली से पी-एच. डी. की उपाधि प्राप्त की। डॉ. मेहरा ने जुलाई १९७६ में दो सप्ताह तक 'एच. एल. ए. इन डिजीज एंड ट्रांसप्लांटेशन' विषय में ऑक्सफोर्ड विश्वविद्यालय के नफ्फील्ड डिपार्टमेंट ऑफ सर्जरी से प्रशिक्षण प्राप्त किया। साथ ही जुलाई १९७६ में दो सप्ताह तक लंदन विश्वविद्यालय के रॉयल फ्री हॉस्पिटल से 'पेरीफेरल नर्व स्टडी टेक्निक्स' विषय में प्रशिक्षण प्राप्त किया। अगस्त-सितंबर १९७६ में दो मास तक उन्होंने लंदन

विश्वविद्यालय के नेशनल इंस्टीट्यूट फॉर मेडिकल रिसर्च में इम्मूनोलॉजी ऑफ लिप्रोसी का प्रशिक्षण प्राप्त किया। उन्होंने मई-अगस्त, १९७७ में ४ मास तक लीडन (हॉलैंड) विश्वविद्यालय हॉस्पिटल में एच. एल. ए. इन हैल्थ एंड डिजीज विषय में प्रशिक्षण प्राप्त किया।

डॉ. मेहरा अब तक विश्व के अनेक देशों की यात्रा कर चुके हैं। उनकी यात्राओं का उद्देश्य वैज्ञानिक एवं शैक्षणिक रहा है। वे १९ मार्च, १९७२ को ११ सप्ताह के लिए विश्व स्वास्थ्य संघटन के डॉ. माल्कम जे. सिमोंस के नेतृत्व में इम्मूनोलॉजी रिसर्च एंड ट्रेनिंग पाठ्यक्रम में भाग लेने के लिए सिंगापुर गए। वह ९ जून, १९७२ को ३ सप्ताह के लिए डॉ. जे. एम. एच. पियर्सन के नेतृत्व में इम्मूनोलॉजी एंड किमोथेरेपी ऑफ लिप्रोसी में प्रशिक्षणार्थ मलयेशिया गए। वे २० जून, १९७६ को २ सप्ताह के लिए एच. एल. ए. एंड डिजीज पर प्रथम अंतरराष्ट्रीय परिसंवाद में भाग लेने के लिए तथा प्रो. जीन डॉसेट की प्रयोगशाला में टिस्यू टाइपिंग प्रशिक्षण के लिए फ्रांस गए। ३ जुलाई, १९७६ को डॉ. मेहरा २ सप्ताह के लिए ऑक्सफोर्ड विश्वविद्यालय, इंग्लैंड में प्रोफेसर पी. जे. मौरिस के अधीन नफ्फील्ड डिपार्टमेंट ऑफ सर्जरी, रेडक्लिफ इनफर्मरी, ऑक्सफोर्ड में एच. एल. ए. टाइपिंग टेकनिक्स में प्रशिक्षण हेतु गए। वे १७ जुलाई, १९७६ से लंदन विश्वविद्यालय के रॉयल फ्री हॉस्पिटल के न्यूरोलॉजी विभाग में प्रो. वी. के. थोमोस के अधीन 'मैथड्स इन दि स्टडी ऑफ पेरिफेरल नर्व डैमेज' के एक सप्ताह के प्रशिक्षण हेतु तथा २६ जुलाई, १९७६ से लंदन विश्वविद्यालय के डॉ. आर. जे. डब्ल्यू. रीस, एन. आई. एम. आर के अधीन 'एक्सपेरीमेंटल एंड इम्मूनोलॉजी ऑफ लिप्रोसी' में राष्ट्रीय चिकित्सा अनुसंधान संस्थान, मिलहिल, लंदन में प्रशिक्षणार्थ इंग्लैंड में रहे। ५ अगस्त, १९७६ को २ दिन के लिए प्रोफेसर जे. जे. वान रुड की टिश्यू टाइपिंग प्रयोगशाला देखने के लिए लीडेन (हॉलैंड) गए। ८ अगस्त, १९७६ से ४ दिन के लिए डॉ. मेहरा प्रोफेसर वी. स्कचीमेंचर द्वारा आयोजित 'इम्मूनोलॉजी ऑफ लिप्रोसी' पर सेमीनार में भाग लेने के लिए हिंडलबर्ग (पश्चिमी जर्मनी) गए। १० मई, १९७७ को वे ४ माह के लिए लीडेन (हॉलैंड) प्रोफेसर जे. जे. वान रुड के अधीन यूनिवर्सिटी हॉस्पिटल, लीडेन के इम्मूनोहीमैटोलॉजी विभाग में 'बी सेल टाइपिंग फॉर एम. एल. सी. लोकस' तथा 'एच. एल. ए. टाइपिंग फॉर ट्रांसप्लांटेशन एंड डिजीज एसोसिएशन' में प्रशिक्षण हेतु गए। १९ अक्तूबर, १९७९ को डॉ. मेहरा दो सप्ताह के लिए प्रथम एशियन और सामुद्रिक हिस्टोकंपेटिबिलिटी कार्यगोष्ठी सम्मेलन में भाग लेने जापान के टोकियो को गए। ६ दिसंबर, १९८१ को वे ४ सप्ताह के लिए आस्ट्रेलिया के मेलबोर्न नगर में आयोजित द्वितीय एशियन और सामुद्रिक हिस्टोकंपेटिबिलिटी कार्यगोष्ठी सम्मेलन में भाग लेने और उसकी अध्यक्षता करने गए। उन्होंने आस्ट्रेलिया में विभिन्न टिश्यू टाइपिंग केंद्रों का अवलोकन भी किया। १० अप्रैल, १९८२ को वे आस्ट्रेलिया के पर्थ नगर में आयोजित 'इम्मूनो जेनेटिक्स इन रिह्यू मेटॉलॉजी' डीन-पेन, एच. एल. ए. १९८२ की

अध्यक्षता करने के लिए दो सप्ताह के लिए गए। डॉ. मेहरा २० जनवरी, १९८४ को पंचम सीपाल कांग्रेस ऑफ रिह्यू मेटोलॉजी में सम्मिलित होने के लिए एक सप्ताह के लिए बैंकॉक (थाईलैंड) की यात्रा पर गए। इस प्रकार विदेशों में ५ बार प्रशिक्षण प्राप्त कर डॉ. मेहरा ने अतिरिक्त योग्यताएँ अर्जित की हैं।

डॉ. मेहरा का संबंध राष्ट्रीय और अंतरराष्ट्रीय वैज्ञानिक सोसाइटियों से है। वे एनेटोमिकल सोसाइटी ऑफ इंडिया के सदस्य, इंडियन इम्यूनोलॉजी सोसाइटी के आजीवन सदस्य तथा सन् १९७५ से १९७७ तक कार्यकारिणी के सदस्य, इंटरनेशनल लिप्रोसी एसोसिएशन के सदस्य, नेशनल लिप्रोसी आर्गेनाइजेशन के आजीवन सदस्य, इंडियन एसोसिएशन ऑफ लिप्रोलोजिस्ट्स के सदस्य, इंडियन रिह्यू मेटॉलॉजी एसोसिएंशन के आजीवन सदस्य, एशियन एंड ओसियन हिस्टोकंपेटिबिलिटी के सलाहकार, रिसर्च सोसाइटी फॉर स्टडी ऑफ डायबिटीज इन इंडिया के आजीवन सदस्य तथा भारतीय विज्ञान अकादमी के नवयुवक सहयोगी सदस्य हैं।

डॉ. मेहरा अब तक १७ से अधिक सेमीनारों का संचालन कर चुके हैं। जून, १९७२ में उन्होंने चिकित्सा अनुसंधान परिषद्, इंग्लैंड के तत्त्वावधान में आयोजित कुष्ठरोग अनुसंधान केंद्र, सुंगीबुलोह; मलयेशिया में 'रिसेंट एडवांसेज इन लिप्रोसी' विषय पर; जुलाई १९७७ में ऑक्सफोर्ड विश्वविद्यालय, ऑक्सफोर्ड, इंग्लैंड के नफ्फील्ड डिपार्टमेंट ऑफ सर्जरी में 'इम्मूनोलॉजीकल स्टेटस एंड इम्मूनोथेरेपी' विषय पर; अगस्त १९७६ में पश्चिमी जर्मनी के हिंडलबर्ग में इंस्टीट्यूट ऑफ इम्मूनोलॉजी एंड जेनेटिक्स में 'इम्मूनोलॉजी ऑफ लिप्रोसी' विषय पर; १२ जुलाई, १९७७ को प्रो. जे. एल. तुर्क के नेतृत्व में रॉयल कॉलेज ऑफ सर्जन्स ऑफ इंग्लैंड लंदन में 'रिसेंट प्रोग्रेस इन इम्मूनोलॉजी ऑफ लिप्रोसी' विषय पर; १२ अगस्त, १९७७ को प्रो. जे. जे. वानरुड के मार्गदर्शन में यूनिवर्सिटी हॉस्पिटल, लीडेन, हॉलैंड के डिपार्टमेंट ऑफ इम्मूनोहेमेटॉलॉजी में 'इम्मूनोथेरेपी इन लिप्रोसी' विषय पर सेमीनार का संचालन किया। २४ मार्च, १९७८ को शोलापुर में भारतीय चिकित्सा अनुसंधान परिषद् और चिकित्सा अनुसंधान परिषद् के संयुक्त तत्त्वावधान में आयोजित कुष्ठरोग पर परिसंवाद में 'इम्मूनोलॉजिकल प्रोफाइल इन लिप्रोसी' विषय पर अतिथि रूप में भाषण प्रस्तुत किया। अक्तूबर १९७८ में अखिल भारतीय चिकित्सा विज्ञान संस्थान में 'मेजर हिस्टोकंपेटिबिलिटी कॉम्पलेक्स : एच. एल. ए. इन ग्लोकम, रेपकोस' पर सेमीनार का उन्होंने संचालन किया। फरवरी १९७९ में अखिल भारतीय चिकित्सा विज्ञान संस्थान में 'रोल ऑफ एच. एल. ए. एंड ए. बी. ओ. ब्लड ग्रुप्स इन कोर्निया ट्रांसप्लांटेशन' विषय पर कोर्नियल डिजीजेज केराटोप्लास्टी एंड आई बैंक आर्गेनाइजेशन की छठी कार्यगोष्ठी में, मार्च १९८० में अखिल भारतीय चिकित्सा विज्ञान संस्थान में लेंटीकूलर एंड यूवील डिजीजेज, रेपकोस पर कार्यगोष्ठी में 'एच.एल.ए. इन आई डिजीजेज' विषय पर २१ फरवरी, १९८२ को अखिल भारतीय चिकित्सा विज्ञान संस्थान में रेनल फेल्योर पर

परिसंवाद में 'एच. एल. ए. इन ऑर्गन प्लांटेशन' विषय पर, २५ मार्च, १९८२ को राष्ट्रीय स्वास्थ्य और परिवार कल्याण संस्थान, नई दिल्ली में 'जनसंख्या उत्पत्तिशास्त्र और स्वास्थ्य रक्षा' पर कार्यगोष्ठी में 'एच. एल. ए. इन हैल्थ एंड डिजीजेज' विषय पर, २ अप्रैल, १९८२ को अखिल भारतीय चिकित्सा विज्ञान संस्थान, नई दिल्ली में 'करेंट एडवांसेज इन पैडिआट्रिक्स' पर परिसंवाद में 'एच. एल ए. एंड डिजीज एसोसिएशन' विषय पर, दिसंबर १९८२ में स्नातकोत्तर चिकित्सा संस्थान, चंडीगढ़ में विश्व स्वास्थ्य संघटन के स्नातकोत्तर चिकित्सा संस्थानों द्वारा आयोजित इम्मूनोलॉजी एंड जेनेटिक्स ऑफ आर. एफ. एंड आर. एच. डी. पर कार्यगोष्ठी में 'इम्मूनोजैनेटिक्स ऑफ आर. एच. डी.' विषय पर, मार्च १९८३ में लेडी हार्डिंग्ज मेडिकल कॉलेज में 'इम्मूनोलॉजीकल स्टडीज कंसर्निंग स्ट्रेप्टोकोकल इन्फेक्शन एंड इट्स सीक्वेल' पर नवीं कार्यगोष्ठी में 'एच. एल. ए. इन आर. एफ. एंड आर. एच. डी.' विषय पर अतिथि रूप में, फरवरी १९८३ में लखनऊ में प्रायोगिक जीवविज्ञान पर प्रथम भारतीय सम्मेलन में 'इम्मूनोजेनेटिक्स एंड एच. एल. ए.' विषय पर, फरवरी १९८४ में नई दिल्ली में १२वीं अंतरराष्ट्रीय कुष्ठरोग कांग्रेस के 'इम्मूनोलोजी ऑफ लिप्रोसी' पर कांग्रेस-पूर्व कार्यगोष्ठी में 'प्रिडिस्पोजिंग जेनेटिक फैक्टर्स इन लिप्रोसी' विषय पर तथा १५ अक्तूबर, १९८४ को मद्रास मेडिकल कॉलेज, मद्रास के स्वर्ण जयंती समारोह के अवसर पर अतिथि रूप में 'एच. एल. ए. इन हैल्थ एंड डिजीज' विषय पर भाषण प्रस्तुत किया।

अक्तूबर १९७७ में अखिल भारतीय चिकित्सा विज्ञान, नई दिल्ली में इम्मूनोलॉजी में विश्व स्वास्थ्य संघटन और भारतीय चिकित्सा अनुसंधान परिषद् के संयुक्त चतुर्थ प्रशिक्षण पाठ्यक्रम में डॉ. मेहरा संकाय संभागी के रूप में सम्मिलित हुए। उन्होंने १५ से २२ दिसंबर, १९७७ तक अखिल भारतीय चिकित्सा विज्ञान संस्थान, नई दिल्ली में 'एच. एल. ए. पर अध्ययन एवं कार्यगोष्ठी' का आयोजन किया। दिसंबर १९७७ में वे अखिल भारतीय चिकित्सा विज्ञान संस्थान, नई दिल्ली में 'एच. एल. ए. पर एशियाई परिसंवाद' के सचिव-कोषाध्यक्ष रहे। अप्रैल १९८७ में डॉ. मेहरा ने कुष्ठरोग तकनीकों पर भारतीय चिकित्सा अनुसंधान परिषद् की कार्यगोष्ठी का आयोजन किया। अक्तूबर १९७८ में वे 'ग्लोकोमा, आर. पी. सेंटर फॉर ऑप्थेलमिक साइंसेज' पर प्रथम अखिल भारतीय पाठ्यक्रम में संकाय संभागी के रूप में सम्मिलित हुए। फरवरी १९७९ में आर. पी. सेंटर फॉर ऑप्थेलमिक साइंसेज, न्यू दिल्ली में कॉर्नियल डिजीजेज, केराटोप्लाटी एंड आई बैंक आर्गेनाइजेशन की छठवीं कार्यगोष्ठी में संकाय संभागी तथा न्यूरोफिजियोलौजिकल एंड न्यूरोकैमिकल कोरिलेट्स ऑफ बिहेवियर पर शीतकालीन विद्यालय तथा फिजियोलॉजी पर अंतरराष्ट्रीय परिसंवाद में संकाय संभागी के रूप में उन्होंने भाग लिया। १० से १९ दिसंबर, १९७९ तक उन्होंने अखिल भारतीय चिकित्सा विज्ञान, नई दिल्ली में एच. एल. ए. पर द्वितीय अध्यापन एवं कार्यगोष्ठी का आयोजन किया। ५ अप्रैल से १० अप्रैल, १९८२ तक वह अखिल भारतीय चिकित्सा विज्ञान

डॉ. ब्रह्म प्रसाद

डॉ. ब्रह्म प्रसाद परमाणु ऊर्जा संस्थान, ट्रॉम्बे में धातु कर्म विज्ञान के निदेशक हैं। उनको डॉ. शांतिस्वरूप भटनागर स्मृति पुरस्कार परमाण्विक ईंधन तत्त्वों की औद्योगिकी के क्षेत्र में महत्त्वपूर्ण योगदान के लिए दिया गया। ट्रॉम्बे का ईंधन तत्त्व निर्धारण संयंत्र उनके निर्देशन में ही स्थापित किया गया था। साइरस और जरलीमा नामक यूरेनियम रिएक्टरों की अपनी आवश्यकतापूर्ति का ईंधन इसी संयंत्र द्वारा प्राप्त होता है। सन् १९६१ में राष्ट्रपति ने उन्हें पद्मश्री की उपाधि से विभूषित किया था।

डॉ. एस. एस. जैदी

डॉ. जैदी केंद्रीय विष विज्ञान अनुसंधान केंद्र, लखनऊ के निदेशक हैं। प्रायोगिक सिलीफासिस पैथेटिक अलसर की हेतुकी (इटियालॉजी), प्रयोगात्मक एथेरीस्केलरयासिस, हृदय रोग तथा आसीटोफिलिया आदि पर महत्त्वपूर्ण अनुसंधान-कार्य करने के उपलक्ष्य में उन्हें डॉ. शांतिस्वरूप भटनागर पुरस्कार प्रदान किया गया।

डॉ. अजीत वर्मा

डॉ. अजीत वर्मा राष्ट्रीय भौतिक प्रयोगशाला, नई दिल्ली के निदेशक हैं। उन्होंने स्फटिक संवृद्धि एवं विशेषतया इसके विस्थापन पर कार्य किया है। एक्स किरण, विवर्तन तथा पोलीटाइज्म के क्षेत्र में उनका योगदान महत्त्वपूर्ण है। इन विषयों पर उनकी दो पुस्तकें प्रकाशित हो चुकी हैं। उन्हें डॉ. शांतिस्वरूप भटनागर स्मृति पुरस्कार से पुरस्कृत किया गया।

डॉ. विक्रम साराभाई

डॉ. विक्रम अंबालाल साराभाई का जन्म १२ अगस्त, १९१९ को गुजरात राज्य के प्रमुख औद्योगिक एवं विशाल नगर अहमदाबाद में एक प्रतिष्ठित उद्योगपति के परिवार में हुआ था। उनके पिता का नाम अंबालाल और माता का नाम सरलादेवी था। वह आठ भाई-बहन थे।

विक्रम साराभाई बाल्यकाल से ही प्रतिभावान थे। जब उनकी आयु मात्र दो वर्ष थी, श्री रवींद्रनाथ टैगोर ने भविष्यवाणी की थी कि यह बालक बड़ा होकर बहुत यश प्राप्त करेगा। उनकी यह भविष्यवाणी वास्तव में सत्य सिद्ध हुई और विक्रम साराभाई ने यथार्थतः एक महान् एवं यशस्वी वैज्ञानिक के रूप में संपूर्ण विश्व में अपने ज्ञान एवं प्रतिभा का प्रकाश फैलाकर कीर्ति अर्जित की। विश्व में वह सदैव कॉस्मिक किरणों और परमाणु शक्ति अनुसंधान के लिए स्मरण किए जाते रहेंगे।

विक्रम साराभाई के अबोध मन में बचपन से ही कीर्ति प्राप्त करने की लालसा और महत्त्वाकांक्षा विद्यमान थी। पाँच-छः वर्ष की वय में उन्हें एक बार शिमला अपने परिवार के साथ जाने का अवसर प्राप्त हुआ था। जब उन्होंने देखा कि उनके पिता के नाम ढेर सारे पत्र प्राप्त होते हैं, तो उनके मन में यह इच्छा उत्पन्न हुई कि उनके नाम भी इसी प्रकार अनेक पत्र प्राप्त हों। इस इच्छा से प्रेरित होकर बालक विक्रम ने कुछ खाली लिफाफों पर टिकट चिपकाए और उन पर अपना नाम तथा पता लिखकर डाकघर में डाल दिया। अब विक्रम के नाम से भी पत्र आने लगे, तो इससे उनके पिता के मन में इसका कारण जानने की इच्छा उत्पन्न हुई। पिता द्वारा पूछने पर विक्रम ने बतलाया कि वह ही अपने नाम से पत्र लिखकर डाल आते थे। विक्रम को बचपन से ही साहसिक कार्य पसंद थे। जब उनकी आयु आठ वर्ष थी, तो वह साइकल पर भाँति-भाँति की कलाबाजियाँ दिखाकर लोगों को विस्मित कर देते थे।

विक्रम के प्रिय विषय गणित और विज्ञान थे। उनकी भौतिकशास्त्र में विशेष

अभिरुचि थी। उन्होंने सन् १९३५ ई. में मैट्रिक परीक्षा उत्तीर्ण की । सन् १९३५-३७ में उन्होंने गुजरात कॉलेज, अहमदाबाद में इंटरमीडिएट तक अध्ययन किया तथा सन् १९३६ ई. में कैम्ब्रिज विश्वविद्यालय, इंग्लैंड में अध्ययन प्रारंभ किया। उन्होंने २० वर्ष की आयु में कैम्ब्रिज विश्वविद्यालय, लंदन से भौतिकी में त्रिपोस परीक्षा उत्तीर्ण कर ली थी। सन् १९४० ई. में उन्होंने गणित और भौतिकशास्त्र में बी.ए. परीक्षा उत्तीर्ण की। द्वितीय विश्व युद्ध के प्रारंभ में वे भारत लौट आए। यहाँ एक ओर उनका संपर्क सर सी.वी. रमन और डॉ. होमी जहाँगीर भाभा जैसे प्रसिद्ध वैज्ञानिक से हुआ, वहीं दूसरी ओर राष्ट्रीय स्वतंत्रता-आंदोलन ने भी उन्हें एक नवीन चेतना प्रदान की। उन्होंने अंतरिक्ष की गहराइयों से आनेवाली रहस्यमयी कॉस्मिक किरणों पर अनुसंधान करके कैम्ब्रिज विश्वविद्यालय से सन् १९४७ में पी-एच. डी. की उपाधि अर्जित की थी।

ब्रह्मांड तथा सौरमंडल के कई जटिल प्रश्नों का प्रयोगिक हल निकालने का श्रेय डॉ. साराभाई को प्राप्त है। यह उन्हीं का सुझाव था कि कॉस्मिक किरणों पर प्रयोग करने के लिए हिमालय की ऊँची चोटियाँ बहुत अनुकूल सिद्ध होंगी। इसी के फलस्वरूप भारत सरकार ने अंत में गुलमर्ग में एक वैज्ञानिक उपकरणों से पूर्णतया सुसज्जित प्रयोगशाला स्थापित की।

डॉ. साराभाई ने अपने निजी प्रयासों और अनूठी निष्ठा से कई अन्य महत्त्वपूर्ण संस्थाओं को प्रारंभ किया जैसे, 'भौतिक अनुसंधान प्रयोगशाला, अहमदाबाद' की १९४७ ई. में स्थापना जिससे वे आजन्म संबद्ध रहे। इसी प्रकार अहमदाबाद में ही टेक्सटाइल इंडस्ट्रीज रिसर्च एसोसिएशन की आधारशिला रखी जिसमें वस्त्र उद्योग की तकनीकी समस्याओं का हल देश में ही निकालने का महत्त्वपूर्ण कार्य प्रारंभ हुआ। भौतिक अनुसंधान प्रयोगशाला, अहमदाबाद में ब्रह्मांड किरण के संशोधन के उपरांत परमाणुशक्ति, कंप्यूटर तकनीक, अंतरिक्ष विकिरण, सूर्य ग्रह तारा, प्लाज्मा भौतिकी, भौतिकी और खगोल पर कार्यरत रहे। सन् १९७४ में अंतरिक्ष में छोड़े गए भारत के उपग्रह की काफी रचना भी वहाँ हुई थी। डॉ. साराभाई सन् १९६१ में परमाणु ऊर्जा आयोग के सदस्य बने।

सन् १९६६ में डॉ. होमी जहाँगीर भाभा की मृत्यु के बाद परमाणु ऊर्जा संस्थाओं का भार भी युवा वैज्ञानिक डॉ. साराभाई को ही सौंपा गया। डॉ. साराभाई ने परमाणु ऊर्जा के क्षेत्र में देश को एक नई दिशा प्रदान की तथा इसके शांतिपूर्ण उपयोगों के लिए व्यापक प्रयास प्रारंभ किया।

साराभाई ने भारतीय अंतरिक्ष अनुसंधान केंद्र का गठन किया और वे इसके प्रथम अध्यक्ष बने जिसके परिणामस्वरूप आज आकाश में भारत में ही बने उपग्रह तैर रहे हैं, जिनके माध्यम से हमारे विशाल देश में दूरसंचार, दूरदर्शन और मौसम विज्ञान में इतनी आश्चर्यजनक प्रगति हुई है।

डॉ. विक्रम साराभाई ने अपना संपूर्ण जीवन भारत देश में विज्ञान की प्रगति और

विकास के लिए समर्पित कर दिया था। वह आजन्म एक कर्मयोगी की भाँति सरस्वती की साधना में संलग्न रहे। वह २१ दिसंबर, १९७१ को त्रिवेंद्रम के रॉकेट लौंचिंग स्टेशन, थुंबा में कार्य के निरीक्षण हेतु गए थे। वहीं एक होटल के कमरे में हृदयगति रुक जाने से डॉ. विक्रम साराभाई का असामयिक निधन हो गया। उस समय उनकी आयु ५२ वर्ष ५ मास ९ दिन थी।

डॉ. विक्रम साराभाई को सौंदर्य से अत्यंत प्रेम था। वह समाज और संसार से विलग रहकर एकांत में अनुसंधान में रत रहनेवाले वैज्ञानिक नहीं थे। वह अपने परिवार के कार्यों में निरंतर पूर्ण सहयोग देते रहे। उनकी पत्नी मृणालिनी स्वामी नाथन साराभाई भारत-विख्यात शास्त्रीय नर्तकी हैं। उनका विवाह १९४२ ई. में हुआ था विक्रम साराभाई के एक पुत्र और एक पुत्री हैं। उनके पुत्र का नाम कार्तिकेय है। उनकी पुत्री का नाम मल्लिका साराभाई है। वह एक सुप्रसिद्ध नर्तकी और फिल्म अभिनेत्री है।

डॉ. साराभाई केवल उच्चकोटि के वैज्ञानिक ही नहीं थे, अपितु अत्यंत व्यस्त होते हुए भी उन्होंने कला, शिक्षा, समाज आदि में भी बहुत रुचि ली। जनसाधारण में विज्ञान के प्रति रुचि उत्पन्न करने के लिए उन्होंने अहमदाबाद में ही लोक विज्ञान केंद्र तथा नेहरू विकास संस्थान स्थापित किए।

भारत के विकास में उनके उत्कृष्ट सहयोग के लिए डॉ. विक्रम साराभाई को कई राष्ट्रीय एवं अंतरराष्ट्रीय सम्मान प्रदान किए गए। सन् १९६२ में डॉ. शांतिस्वरूप भटनागर मेमोरियल एवार्ड, सन् १९६६ में पद्मभूषण तथा मरणोपरांत पद्मविभूषण से उन्हें अलंकृत किया गया। निःशस्त्रीकरण से संबंधित कई महत्त्वपूर्ण अंतरराष्ट्रीय संस्थाओं में भी वे भारत के प्रतिनिधि रहे। डॉ. साराभाई सन् १९६६ ई. में इंटरनेशनल कौंसिल ऑफ साइंटिफिक यूनियन के सदस्य, सन् १९६८ ई. में संयुक्त राष्ट्रसंघ में यूनेस्को के विज्ञान विभाग के अध्यक्ष, सन् १९७० में इंडियन ज्योलोजिकल यूनियन के प्रमुख, सन् १९७० में वियना शांति अंतरराष्ट्रीय अणु मंच की चौदहवीं परिषद् के प्रमुख तथा १९७१ ई. में संयुक्त राष्ट्रसंघ परिषद् के उपाध्यक्ष तथा बाद में विज्ञान विभाग के अध्यक्ष रहे।

उनकी स्मृति में विज्ञान के विविध क्षेत्रों—रॉकेट, उपग्रह संचार, मौसम विज्ञान, खगोल भौतिकी, उपग्रह, सुदूर संवेदन, खगोल विज्ञान, अंतरिक्ष आयुर्विज्ञान, अंतरिक्ष उपयोग, हवाई सर्वेक्षण, भूगणित तथा अंतरिक्ष इंजीनियरी—में विशिष्ट अनुसंधानकर्ता वैज्ञानिकों और लेखकों को डॉ. विक्रम साराभाई स्मारक पुरस्कार प्रदान किए जाते हैं।

डॉ. आर. सी. पाठक

डॉ. आर. सी. पाठक आजकल चंद्रशेखर आजाद कृषि एवं तकनीकी विश्वविद्यालय, मथुरा में पशु चिकित्सा एवं पशुपालन महाविद्यालय के जीवाणु विभाग के प्रोफेसर एवं विभागाध्यक्ष हैं। उनका जन्म १५ जुलाई, १९२९ को हुआ था।

प्रो. पाठक ने सन् १९४५ में यू. पी. बोर्ड की हाईस्कूल परीक्षा तथा सन् १९४७ में इंटरमीडिएट परीक्षा आगरा कॉलेज, आगरा से उत्तीर्ण की। आगरा विश्वविद्यालय से मथुरा के पशु चिकित्सा एवं पशुपालन महाविद्यालय से सन् १९५१ में बी. वी. एस-सी. एंड ए. एच. परीक्षा तथा सन् १९५९ में एम.वी. एस-सी. परीक्षा उत्तीर्ण की। सन् १९६२ में उन्होंने इलिनोइस विश्वविद्यालय, अमेरिका से एम. एस. परीक्षा तथा फ्रेंच परीक्षा उत्तीर्ण की। सन् १९६७ में प्रो. पाठक ने आगरा विश्वविद्यालय से पी-एच. डी. की उपाधि प्राप्त की। उन्होंने विभिन्न परीक्षाएँ विशेष योग्यता एवं श्रेष्ठता सहित उत्तीर्ण कीं तथा पदक एवं विशिष्ट स्थान प्राप्त किए। वे विभिन्न विश्वविद्यालयों एवं अखिल भारतीय चिकित्सा विज्ञान संस्थान की एम. वी. एस-सी. एवं पी-एच. डी. के परीक्षक रह चुके हैं। उन्होंने कई राष्ट्रीय एवं अंतरराष्ट्रीय सम्मेलनों में भाग लिया है, सेमीनारों का संगठन किया है तथा कई तकनीकी सत्रों और सेमीनारों का उद्घाटन किया और उनकी अध्यक्षता की है।

प्रो. पाठक को पशु चिकित्सा एवं पशुपालन महाविद्यालय, मथुरा तथा चंद्रशेखर आजाद कृषि एवं तकनीकी विश्वविद्यालय, मथुरा में विभिन्न पदों पर अध्यापन, अनुसंधान एवं प्रशासन का ३६ वर्ष से अधिक अनुभव प्राप्त है। सन् १९५१ से १९५६ तक वे जीवाणु विज्ञान और रोग निदान विभाग में डिमोंस्ट्रेटर, सन् १९५६ से १९५९ तक जीवाणु विज्ञान में प्रवक्ता, सन् १९५९ से १९६२ तक प्रतिबंधक औषध विभाग में सहायक प्रोफेसर, सन् १९६३ से १९७० तक अनुसंधान अधिकारी (ब्रुसेलोसिस) तथा चिकित्सकीय एवं प्रतिबंधक चिकित्सा के प्रोफेसर एवं विभागाध्यक्ष, तथा सन् १९७० से निरंतर जीवाणु विज्ञान एवं बाईरोलॉजी विभाग के प्रोफेसर एवं विभागाध्यक्ष हैं। सन्

१९७२ से १९७५ तक प्रो. पाठक अनुसंधान डिग्री समिति, आगरा विश्वविद्यालय, आगरा के संयोजक, सन् १९७३ से १९७५ तक आगरा विश्वविद्यालय, आगरा में पशु-चिकित्सा विज्ञान संकाय के अधिष्ठाता (डीन) एवं सन् १९७५ से १९७९ तक चंद्रशेखर आजाद कृषि एवं तकनीकी विश्वविद्यालय, मथुरा के डीन एवं मुख्य कार्यकारी अध्यक्ष रहे।

डॉ. पाठक स्नातकोत्तर (एम. वी. एस-सी.) एवं पी-एच. डी. के ४० से अधिक छात्रों को उनके शोध-प्रबंधों के लिए विभिन्न विषयों यथा चिकित्सकीय एवं प्रतिबंधक औषध, बैक्ट्रियोलॉजी, वायरोलॉजी और इम्मूनोलॉजी में अनुसंधान-कार्य हेतु मार्गदर्शन प्रदान कर चुके हैं।

डॉ. पाठक के १०० से अधिक शोधपत्र विदेशी एवं भारतीय शोध पत्रिकाओं में प्रकाशित हो चुके हैं।

डॉ. पाठक उत्तर प्रदेश राज्य सरकार को, वायरस योजना, भारतीय कृषि अनुसंधान परिषद् की मुरगे-मुरगियों के श्वास संबंधी रोगों की अखिल भारतीय समन्वित प्रायोजना, उत्तर प्रदेश सरकार की स्पर्श से रोग फैलने संबंधी गर्भपात (ब्रुसेलोसिस) के राज्य में नियंत्रण की स्थायी योजना, राज्य सरकार की योजना में स्टेफ टॉक्सॉइड प्रायोजना, राज्य सरकार की ऐंट्रोबैक्ट्रीएसीज की स्थायी प्रायोजना, भारतीय कृषि अनुसंधान परिषद् की पैर और मुँह के रोगों पर छूत संबंधी अध्ययन पर अखिल भारतीय समन्वित योजना, भारत सरकार के विज्ञान एवं तकनीकी विभाग की घरेलू पशुओं में प्रजनन माइकोप्लाज्मा छूत तथा भारतीय कृषि अनुसंधान परिषद् की क्लेमिडीन इंफेक्शंस ऑफ जैनिटल ट्रैक्ट प्रायोजना का प्रमुख अन्वेषक के रूप में पर्यवेक्षण कर चुके हैं।

डॉ. पाठक संयुक्त राज्य अमेरिका के सहायता कार्यक्रम के अंतर्गत पशु स्वास्थ्य एवं उत्पादन में विशेष अध्ययन हेतु सन् १९६१-६२ में इलियोनिस विश्वविद्यालय, संयुक्त राज्य अमेरिका गए थे। २७ फरवरी से ३ मार्च, १९७८ तक वे भारत सरकार के प्रतिनिधि के रूप में कुआलालंपुर में मुरगे-मुरगियों के रोगों पर अंतरराष्ट्रीय (ए पी एच जी ए—APHGA) सम्मेलन में सम्मिलित हुए। १० जनवरी से १५ जनवरी, १९८२ तक टुकसोन, अरिजोना, संयुक्त राज्य अमेरिका में बकरी उत्पादन पर तृतीय अंतरराष्ट्रीय सम्मेलन में भाग लेने गए। १ से १४ फरवरी, १९८२ तक डेनीडा दर्शक के रूप में इंस्टीट्यूट ऑफ मेडिकल माइक्रोबायलॉजी, यूनिवर्सिटी ऑफ आरहास, डेनमार्क में पशु माइक्रोप्लेगम्स के लिए केंद्रों को खाद्य एवं कृषि संघटन एवं विश्व स्वास्थ्य संघटन के संयुक्त तत्त्वावधान में देखने गए। डॉ. पाठक उत्तर प्रदेश सरकार के पशुपालन विभाग की जैविक उत्पादन शाखा के सलाहकार मंडल में विशेषज्ञ हैं। वे भारतीय कृषि अनुसंधान परिषद् की राष्ट्रीय वैज्ञानिक पशु स्वास्थ्य विशेषज्ञ समिति के सदस्य हैं। प्रो. पाठक कई राष्ट्रीय एवं अंतरराष्ट्रीय स्तर की वैज्ञानिक सोसाइटियों के भी सदस्य हैं।

डॉ. त्रिवेणी प्रसाद ओझा

भारतीय कृषि अनुसंधान परिषद् द्वारा संचालित केंद्रीय कृषि इंजीनियरी संस्थान, भोपाल के निदेशक डॉ. त्रिवेणी प्रसाद ओझा का जन्म उत्तर प्रदेश के इलाहाबाद जिले में डीहा पोस्ट ऑफिस के अंतर्गत ग्राम रामपुर सेमरहा में ३१ जुलाई, १९३३ को हुआ था। आपके पिता का नाम पं. रामभास्कर ओझा था। प्राइमरी तक की शिक्षा उनके गाँव में ही हुई। जूनियर हाईस्कूल (मिडिल स्कूल) की शिक्षा तहसील करधना में प्राप्त की तथा सातवीं कक्षा की परीक्षा सन् १९४५ में उत्तीर्ण की। कक्षा ५ से ७ तक उन्हें लगातार छात्रवृत्ति मिलती रही। तत्पश्चात् उन्होंने इलाहाबाद हाईस्कूल, इलाहाबाद से सन् १९४९ में प्रथम श्रेणी में पाँच विषयों में विशेषांक पाकर उत्तर प्रदेश बोर्ड की हाईस्कूल परीक्षा उत्तीर्ण की। उन्हें हाईस्कूल में भी छात्रवृत्ति मिलती रही।

चूँकि डॉ. ओझा के घर-परिवार में ऐसा कोई व्यक्ति नहीं था जो उन्हें यह बता सकता कि उच्चतर शिक्षा किस विषय में प्राप्त कि जाए, अतः वह स्वयं इलाहाबाद कृषि संस्थान में भरती हो गए। यद्यपि उनका विचार चिकित्सा विषयों का अध्ययन करने का था, किंतु विलंब हो जाने के कारण इविंग क्रिश्चियन कॉलेज में विज्ञान विषय लेकर पढ़ने की उनकी इच्छा पूरी न हो सकी।

डॉ. ओझा ने कृषि विज्ञान में इंटर की परीक्षा उत्तीर्ण की तथा बी. एस-सी. में एग्रीकल्चर इंजीनियरी पढ़कर सन् १९५४ में प्रथम श्रेणी में इलाहाबाद विश्वविद्यालय की परीक्षा उत्तीर्ण की। वे कक्षा ५ से बी. एस-सी. तक स्वयं भोजन बनाते थे और दो छोटे भाइयों के साथ रहकर पढ़ते रहे। चूँकि उन दिनों एम. टेक. की शिक्षा भारत में उपलब्ध नहीं थी, अतः उन्होंने एक अच्छी नौकरी कर ली। यद्यपि उन्हें एम. एस. करने के लिए अमेरिका में प्रवेश प्राप्त हो गया था, किंतु धनाभाव के कारण विदेश-यात्रा के लिए कर्ज लेना और अपने पिताजी को धर्म-संकट में डालना उन्होंने उचित नहीं समझा। जैसे ही सन् १९५६ में आई. आई. टी. खड़गपुर में एम. टेक. का पाठ्यक्रम प्रारंभ हुआ,

उन्होंने नौकरी छोड़ दी और पुनः विद्यार्थी बन गए। पुनः अध्ययन प्रारंभ करने में उनकी धर्मपत्नी और उनके स्व. पिताजी का प्रोत्साहन प्रशंसनीय रहा है। स्वयं डॉ. ओझा का कहना है, "निस्संकोच यह कहना चाहता हूँ कि एक पत्नी अपने प्रथम बच्चे को लेकर पति से दूर रहने का दृढ़ निश्चय करके पति को शिक्षा ग्रहण करने के लिए प्रेरित करे, ऐसा कम ही देखने में आता है।" उन दिनों उनकी पुत्री २ वर्ष की थी। उनके लेखानुसार, उन्होंने अपने पिताजी के अच्छे कर्मों से तथा गुरुजनों के शुभाशीर्वादों से सन् १९५८ में एम. टेक. की डिग्री प्राप्त कर ली।

परीक्षा पास करते ही वे इलाहाबाद एग्रीकल्चर इंस्टीट्यूट में प्रवक्ता के पद पर नियुक्त हो गए। लगभग डेढ़ वर्ष पश्चात् वे आई. आई. टी. खड़गपुर में लेक्चरर के पद पर चुन लिये गए। नौकरी करते हुए उन्होंने सन् १९६६ में पी-एच. डी. की डिग्री प्राप्त की। विदेशों में विशेष अध्ययन आदि उन्होंने खड़गपुर में रहते किए। वे सन् १९६६ में शस्योत्तर प्रौद्योगिकी में एक वर्ष के विशेष अध्ययन हेतु विदेश गए और उन्होंने सन् १९६६-६७ में मिशिगन स्टेट यूनिवर्सिटी, अमेरिका में डेयरी इंजीनियरिंग में विशेष अध्ययन किया। विदेशों में उन्होंने कई विशेष अभिभाषण दिए, कुछ अल्पकालिक यात्राएँ कीं, कई विशेष बैठकों में सदस्य के रूप में भाग लिया। डॉ. ओझा अब तक कुल ११ बार विदेश-यात्रा कर चुके हैं। वे सन् १९६७ में एक सम्मेलन में भाग लेने हेतु कनाडा गए। सन् १९७०-७१ में वे अध्ययन की दृष्टि से मिस्र, इटली, फ्रांस, जर्मनी, ब्रिटेन, स्वीडन, अमेरिका, जापान और फिलीपाइंस की यात्रा पर गए। सन् १९७३ में वे परामर्श देने के लिए फिलीपाइंस गए। सन् १९७४ में वे अध्ययन हेतु थाईलैंड, फिलीपाइंस, दक्षिण कोरिया और सिंगापुर गए। सन् १९७४ में वे अंतरराष्ट्रीय धान अनुसंधान संस्थान (इंटरनेशनल राइस रिसर्च इंस्टीट्यूट), फिलीपाइंस में परामर्श देने हेतु गए। सन् १९७४ में ही वह सम्मेलन में सम्मिलित होने के लिए स्पेन गए। सन् १९७९ में डॉ. ओझा सम्मेलन में सम्मिलित होने के लिए ब्रिटेन और अमेरिका गए। सन् १९८२ में वह परामर्श देने हेतु मिस्र तथा सन् १९८४ में सम्मेलन में भाग लेने हेतु ब्रिटेन और सन् १९८५ में कॉन्फ्रेंस में सम्मिलित होने के लिए थाईलैंड की यात्रा पर गए।

डॉ. ओझा को अनुसंधान इंजीनियर, सहायक प्रोफेसर और प्रोफेसर तथा विभागाध्यक्ष के रूप में ३४ वर्ष का अनुभव प्राप्त है। सन् १९८१ से वे भारतीय कृषि अनुसंधान परिषद् के केंद्रीय कृषि इंजीनियरिंग संस्थान में निदेशक के पद पर हैं।

डॉ. ओझा आई. आई. टी., खड़गपुर में डेयरी इंजीनियरी में स्नातकोत्तर एवं पी-एच. डी. कार्यक्रमों का आयोजन कर चुके हैं। आई. आई. टी., खड़गपुर में उन्होंने डेयरी इंजीनियरों को प्रशिक्षित किया। वे भारत में डेयरी उद्योग की सफलतापूर्वक सेवा करते रहे हैं। उनके मार्गदर्शन में अनुसंधान-कार्य कर २८ से अधिक वैज्ञानिकों ने पी-एच. डी. की उपाधि प्राप्त की है। उनके मार्गदर्शन में ४५ छात्रों ने एम. टेक. उपाधि

के लिए अनुसंधान-कार्य किया तथा ४० से अधिक विद्यार्थियों ने अपनी बी. टेक. की डिग्री के लिए प्रोजेक्ट रिपोर्ट लिखीं।

डॉ. ओझा के २०० से अधिक अनुसंधान संबंधी तथा अन्य प्रलेख प्रकाशित हो चुके हैं और उनमें से कई वे विभिन्न स मलेनों तथा गोष्ठियों में प्रस्तुत कर चुके हैं। वे अब तक लगभग १५ विशेष बुलेटिनें और रिपोर्ट भी प्रस्तुत कर चुके हैं। उनके द्वारा लिखित पाठ्यपुस्तक दो खंडों में प्रकाशित हो चुकी है। यह पुस्तक लगभग १६ वर्ष से देश-विदेश में इंजीनियरिंग पाठ्यक्रम में विशेष रूप से प्रयोग में लाई जा रही है।

डॉ. ओझा कई राष्ट्रीय और अंतरराष्ट्रीय संस्थाओं से संबद्ध रहे हैं। वे भारतीय कृषि इंजीनियरी सोसाइटी, नई दिल्ली के आजीवन सदस्य हैं। डॉ. ओझा इंटरनेशनल सोसाइटी फॉर टेरेन वेहिकिल सिस्टम, न्यूयार्क के आजीवन सदस्य तथा इंडियन डेयरी एसोसिएशन, नई दिल्ली और ग्रेन एग्रीकल्चरल इंजीनियर्स, दिल्ली के अध्यक्ष एवं इंडियन डेयरी एसोसिएशन, दिल्ली के उपाध्यक्ष हैं।

डॉ. ओझा कई विशिष्ट एवं महत्त्वपूर्ण पदों पर भी कार्य कर चुके हैं। सन् १९७८ में डॉ. ओझा नेशनल कमेटी ऑन राइस पारव्वाईलिंग के अध्यक्ष रहे। वे लगभग १८ वर्ष तक पोस्ट हारवेस्ट टेक्नोलॉजी पेनल फॉर इंडियन कौंसिल ऑफ एग्रीकल्चरल रिसर्च के सदस्य रहे हैं। वे अनेक संस्थाओं की सलाहकार समितियों के सदस्य अथवा अध्यक्ष हैं। वे कई विश्वविद्यालयों एवं राष्ट्रीय संस्थानों की पाठ्यक्रम समितियों के सदस्य अथवा अध्यक्ष हैं। वे राष्ट्रीय एवं प्रांतीय खाद्य विभाग की समितियों के भी सदस्य हैं।

डॉ. ओझा को जूनियर हाईस्कूल तथा हाईस्कूल में जिला शिक्षा प्रशासन ने छात्रवृत्तियाँ प्रदान की थीं। सन् १९५१ से सन् १९५४ तक उन्हें फोर्ड फाउंडेशन छात्रवृत्ति मिलती रही। यह छात्रवृत्ति बहुत महत्त्वपूर्ण और अधिक धनराशि की है। सन् १९५६ से १९५८ तक उन्हें भारतीय कृषि अनुसंधान परिषद् ने छात्रवृत्ति प्रदान की। सन् १९५६ में इंटरनेशनल सोसाइटी फॉर टेरेन वेहिकिल सिस्टम ने उन्हें एक सोने की पिन प्रदान की। सन् १९७६ में इंडियन सोसाइटी ऑफ एग्रीकल्चरल इंजीनियर्स ने चाँदी का एक पदक प्रदान किया। जनवरी १९८८ में भारतीय कृषि अनुसंधान परिषद् ने डॉ. ओझा को स्वर्ण पदक प्रदान कर सम्मानित किया है।

डॉ. ओझा की पत्नी और दो छोटे बच्चे उनके साथ रहते हैं। वे अपनी बड़ी पुत्री और बड़े पुत्र की शादी कर चुके हैं। वे दोनों अपने परिवार सहित प्रसन्नतापूर्वक जीवनयापन कर रहे हैं।

डॉ. ओझा की माताजी सन् १९५१ में दिवंगत हो चुकी थीं और उनके पिताजी का भी देहावसान सन् १९५८ में हो गया था। छोटे भाइयों को पढ़ाने तथा बसाने में भी उन्होंने उन्हें पूर्ण सहयोग दिया है। अभी भी डॉ. ओझा और उनके परिवार के सदस्य सामूहिक-परिवार का सुखमय जीवन बिता रहे हैं।

डॉ. ओझा का कथन है, "मैं इस पद पर रहकर देशसेवा तथा कृषकों की समृद्धि में अपने को लीन पाता हूँ। इस संस्थान की उपलब्धियों पर मुझे अत्यंत गर्व है। मेरे संस्थान में लगभग ४० वैज्ञानिक तथा ३०० अन्य कर्मचारी कार्यरत हैं। वे सभी मेरी सराहना के पात्र हैं। उनके सहयोग से अपना संस्थान उत्तरोत्तर बढ़ोत्तरी पर है। मुझे उन सब पर अत्यंत गर्व है।"

डॉ. दयासिंह बैलेन

डॉ. दयासिंह बैलेन वर्तमान में पशु गर्भाधान विभाग, हरियाणा विश्वविद्यालय, हिसार (हरियाणा) में प्रोफेसर एवं विभागाध्यक्ष के पद पर कार्यरत हैं। उनका जन्म १सितंबर सन् १९३५ को हुआ था। उन्होंने सन् १९५२ में ७३ प्रतिशत अंक प्राप्त कर प्रथम श्रेणी में पंजाब विश्वविद्यालय से मैट्रिक परीक्षा उत्तीर्ण की। अपने विद्यालय के उत्तीर्ण छात्रों में उनका स्थान सर्वप्रथम था तथा इस विशिष्ट सफलता पर उन्हें छात्रवृत्ति प्रदान की गई थी। सन् १९५९ में उन्होंने पंजाब विश्वविद्यालय से बी.वी. एस-सी. एंड ए. एच. परीक्षा प्रथम श्रेणी में उत्तीर्ण की। सन् १९६४ में उन्होंने पंजाब विश्वविद्यालय से डेयरी विज्ञान में एम. एस-सी. परीक्षा में ६५.४ प्रतिशत अंक अर्जित किए। इस शानदार सफलता पर भारतीय कृषि अनुसंधान परिषद् ने उन्हें जूनियर योग्यता अनुसंधान फैलोशिप प्रदान की। एम. एस-सी. परीक्षा के लिए उनके लघु शोध-प्रबंध का विषय था 'फेनोटाइपिक एंड जेनेटिक कोरिलेसंस बिटवीन सम इकॉनॉमिक ट्रेट्स इन थारपारकर केटिल' (थारपारकर पशुओं में कुछ आर्थिक विशेषताओं के मध्य वातावरणीय एवं प्रजननात्मक समन्वय)। उन्होंने पंजाब कृषि विश्वविद्यालय से सन् १९६७ में पशु औषध एवं पशुपालन-विज्ञान में पी-एच. डी. की उपाधि प्राप्त की। इस परीक्षा में उन्होंने शत-प्रतिशत अंक अर्जित किए। उनके शोध-प्रबंध का विषय था—'कंस्ट्रक्शन ऑफ सलैक्शन इंडैक्सेज एंड देयर रिलेटिव एफीसिएंसीज फॉर जेनेटिक एडवांसेज ऑफ हरियाणा कैटिल' (चयन सारणियों का निर्माण तथा हरियाणा पशुओं की प्रजनन प्रगति के लिए उनकी आपेक्षिक विशेषताएँ)। उनकी इस महत्त्वपूर्ण उपलब्धि पर भारतीय कृषि अनुसंधान परिषद् ने उन्हें सीनियर रिसर्च फैलोशिप प्रदान की।

डॉ. बैलेन सितंबर १९५९ से जुलाई १९६२ तक पंजाब राज्य पशुपालन विभाग में सहायक पशु-चिकित्सक एवं प्रभारी, पशु-चिकित्सालय रहे। उन्होंने पशुपालन एवं पशु रोगों के इलाज एवं नियंत्रण कार्यक्रम के विस्तार-कार्य में योग दिया। जुलाई

१९६२ से अप्रैल १९६४ तक वे भारतीय कृषि अनुसंधान परिषद्, नई दिल्ली में जूनियर रिसर्च फैलो रहे तथा डेयरी और पशु गर्भाधान पर अनुसंधान किया। सितंबर १९६४ से नवंबर १९६४ तक वे राष्ट्रीय डेयरी अनुसंधान संस्थान, करनाल (भारत) में अनुसंधान एवं तकनीकी सहायक के पद पर कार्यरत रहे तथा उन्होंने डेयरी पशुओं पर अनुसंधान किया और स्नातक स्तर एवं अधिस्नातक कक्षाओं का अध्यापन किया। नवंबर १९६४ से फरवरी १९६७ तक वे पंजाब कृषि विश्वविद्यालय, हिसार (भारत) में भारतीय कृषि अनुसंधान परिषद्, नई दिल्ली के वरिष्ठ अनुसंधान फैलो रहे। फरवरी १९६७ से दिसंबर १९६८ तक वे पंजाब कृषि विश्वविद्यालय, हिसार (भारत) में सहायक प्रोफेसर (पशु गर्भाधान) के पद पर रहे। इस पद पर रहते हुए उन्होंने स्नातक एवं एम. एस-सी. कक्षाओं को पढ़ाया, डेयरी पशु, भेड़ और बकरी प्रजनन पर अनुसंधान-कार्य किया, पशु गर्भाधान पर विस्तार-कार्य किया, ५०० पशु-जोड़ों के समूह के शोध का प्रबंध एवं पर्यवेक्षण किया। दिसंबर १९६८ से अक्तूबर १९६९ तक वे पंजाब कृषि विश्वविद्यालय, हिसार में एसोसिएट प्रोफेसर (पशुपालन) के पद पर रहे तथा स्नातक, एम. एस-सी. एवं पी-एच. डी. कक्षाओं को पढ़ाया, पशु प्रजनन पर अनुसंधान किया, पशु प्रजनन पर विस्तार-कार्य किया और १००० पशु-जोड़ों के समूह पर अनुसंधान का प्रबंध एवं पर्यवेक्षण किया। नवंबर १९६९ से जुलाई १९७८ तक वे हरियाणा कृषि विश्वविद्यालय, हिसार (भारत) में पशुपालन विभाग के प्रोफेसर एवं विभागाध्यक्ष रहे तथा स्नातक, एम. एस-सी. और पी-एच. डी. के छात्रों को पढ़ाया, पशु प्रजनन और यौन विज्ञान के क्षेत्र में अनुसंधान एवं विस्तार-कार्य किया, ५० लाख रुपयों से अधिक के बजट और १५० से अधिक कर्मचारियों के संस्थापन सहित विभाग का प्रशासन सँभाला, १००० बड़े पशु जोड़ों, २०० जोड़े भेड़ों और बकरियों, १० हजार से अधिक जोड़े मुरगे-मुरगियों पर प्रजनन एवं यौन रोगों पर अनुसंधान की व्यवस्था की। जुलाई १९७८ से २२ मई, १९८३ तक वे हरियाणा कृषि विश्वविद्यालय, हिसार (भारत) में पशु विज्ञान महाविद्यालय के अधिष्ठाता (डीन) रहे तथा ३५० से अधिक कर्मचारियों के संस्थापन सहित महाविद्यालय का प्रशासन सँभाला, स्नातक, एम. एस-सी. एवं पी-एच. डी. कक्षाओं को पढ़ाया, महाविद्यालय के विभिन्न विभागों के अध्यापन, अनुसंधान और विस्तार शिक्षा कार्यक्रम का संगठन किया, अनुसंधान एवं शैक्षणिक उद्देश्यों की पूर्ति हेतु महाविद्यालय पशु फार्म का प्रशासन सँभाला तथा पशु यौन एवं प्रजनन में अनुसंधान किया। २४ मई, १९८३ से वे हरियाणा कृषि विश्वविद्यालय, हिसार (भारत) के पशु-प्रजनन विभाग के प्रोफेसर एवं विभागाध्यक्ष हैं तथा स्नातक, एम. एस-सी. और पी-एच. डी. कक्षाओं को पढ़ा रहे हैं। पशु-प्रजनन एवं यौन विज्ञान में अनुसंधान एवं विस्तार-कार्य को संपन्न कर रहे हैं। ५० लाख रुपयों से अधिक के बजट और १५० से अधिक कर्मचारियों के संस्थापन सहित विभाग का प्रशासन सँभाले हुए हैं, ९०० बड़े पशु जोड़ों, ९०० जोड़े भेड़ और बकरियों, ५००० से अधिक मुरगे-मुरगियों पर प्रजनन एवं यौन विज्ञान में

अनुसंधान, प्रदर्शन और प्रशिक्षण कार्यक्रम की व्यवस्था कर रहे हैं।

डॉ. बैलेन अब तक तीन बार विदेश-यात्रा कर चुके हैं। सर्वप्रथम वे भारत-हंगरी सांस्कृतिक आदान-प्रदान कार्यक्रम के अंतर्गत नवंबर १९७७ से जनवरी १९७८ तक अध्ययन एवं भाषण यात्रा पर विजिटिंग प्रोफेसर के रूप में हंगरी गए। पुनः विजिटिंग वैज्ञानिक, विदेश अनुसंधान एसोसिएट और उत्तर-डॉक्टरेट अनुसंधान फैलो के रूप में वे मार्च १९७७ से जून १९७७ तक यूनिवर्सिटी ऑफ मेरीलैंड एंड यू. एस. डी. ए. बेल्टसविला एग्रीकल्चरल सेंटर, यू. एस. ए. तथा जुलाई १९७९ से अगस्त १९८० तक यूनिवर्सिटी ऑफ मिनेसोटा, अमेरिका गए।

डॉ. बैलेन मुख्य मार्गदर्शक के रूप में १२ से अधिक पी-एच. डी. एवं १५ से अधिक एम. एस-सी. छात्रों का मार्गदर्शन कर चुके हैं। उन्होंने ४० अन्य एम. एस-सी. एवं पी-एच. डी. छात्रों के सलाहकार मंडल में भी कार्य किया है। भारतीय तकनीकी संस्थान, कानपुर में उन्होंने दस दिवसीय कंप्यूटर पाठ्यक्रम प्रशिक्षण में भी भाग लिया। ६ मार्च से १२ मार्च, १९७८ तक हरियाणा कृषि विश्वविद्यालय, हिसार में भारत सरकार के कृषि मंत्रालय द्वारा 'संकर नस्ल और आयातित पशुओं की व्यवस्था' पर आयोजित राष्ट्रीय स्तर के सेमीनार के निदेशक रहे। १२ से १४ फरवरी, १९७९ तक हरियाणा कृषि विश्वविद्यालय, हिसार में उष्ण कटिबंधों में डेयरी पशुओं की नस्ल सुधार पर खाद्य एवं कृषि संगठन, भारत सरकार और भारतीय कृषि अनुसंधान परिषद् द्वारा आयोजित द्वितीय खाद्य एवं कृषि संगठन की अंतरराष्ट्रीय परामर्श समिति की बैठक में स्थानीय राष्ट्रीय संयोजक रहे तथा तकनीकी सत्र के अध्यक्ष का कार्य संपादित किया। २४ से २७ जून, १९७९ तक ऊटा राज्य विश्वविद्यालय, लोगान, ऊटा में आयोजित अमेरिकन डेयरी विज्ञान परिषद् की ७४वीं बैठक में उन्होंने भाग लिया और उसमें अपना एक शोधपत्र भी प्रस्तुत किया। १५ जून से १८ जून, १९८० तक वर्जीनिया तकनीकी एंड स्टेट यूनिवर्सिटी, ब्लैक्सबर्ग में आयोजित अमेरिकन डेयरी विज्ञान की ७५वीं बैठक में वे सम्मिलित हुए और अपना शोधपत्र प्रस्तुत किया। ११ से १३ मार्च, १९८३ तक हरियाणा कृषि विश्वविद्यालय, हिसार में राष्ट्रीय परिसंवाद एवं इंडियन सोसाइटी ऑफ एनीमल जेनेटिक्स एंड ब्रीडिंग के द्वितीय वार्षिक सम्मेलन में स्थानीय संगठन सचिव के रूप में उन्होंने भाग लिया। वे इंडियन सोसाइटी ऑफ एनीमल जेनेटिक्स एंड ब्रीडिंग के सचिव हैं।

डॉ. बैलेन का संबंध कई वैज्ञानिक संस्थाओं और संगठनों से है। वे इंडियन एसोसिएशन ऑफ एनीमल प्रोडक्शन के आजीवन सदस्य और उसकी कार्यकारिणी समिति के सदस्य है। वे इंडियन सोसाइटी ऑफ एनीमल जेनेटिक्स एंड ब्रीडिंग के आजीवन सदस्य और उसकी कार्यकारिणी समिति के सदस्य और आजकल सचिव; अमेरिकन डेयरी साइंस एसोसिएशन के सदस्य; इंडियन डेयरी एसोसिएशन के सदस्य; इंडियन पौल्ट्री साइंस एसोसिएशन के सदस्य; हरियाणा कृषि विश्वविद्यालय की

शैक्षणिक परिषद्, आवासीय शिक्षण समिति, पाठ्यक्रम समिति और अन्य समितियों के सदस्य, राष्ट्रीय डेयरी अनुसंधान संस्थान, करनाल (भारत) की प्रबंध समिति के सदस्य; भारत-आस्ट्रियन पशु उत्पादन प्रायोजना, हिसार भारत के प्रबंध मंडल के सदस्य, और कृषि और सहकारिता विभाग, कृषि मंत्रालय, भारत सरकार की अश्व-विकास समिति के सदस्य हैं।

डॉ. बैलेन भारतीय कृषि अनुसंधान परिषद्, नई दिल्ली द्वारा प्रकाशित एक तकनीकी लघु पुस्तिका 'जेनेटिक एनेलिसस ऑफ ए क्लोज्ड हर्ड ऑफ हरियाणा कैटिल' के सह लेखक हैं। 'एनीमल हस्बेंड्री इन हंगरी' नामक पुस्तक के लेखक हैं जिसे हरियाणा कृषि विश्वविद्यालय ने प्रकाशित किया है। वे 'न्यू विस्टास इन हंगेरियन एग्रीकल्चर एंड एनीमल हस्बेंड्री' नामक पुस्तक के भी लेखक हैं, जिसे हंगेरियन सांस्कृतिक केंद्र जनपथ, नई दिल्ली ने प्रकाशित किया है। ६ से १२ मार्च सन् १९७८ तक हरियाणा कृषि विश्वविद्यालय, हिसार में कृषि मंत्रालय, भारत सरकार द्वारा आयोजित 'आयातित और संकर पशुओं की व्यवस्था' पर राष्ट्रीय सेमीनार की कार्य-विवरणिका के प्रधान संपादक, १२ से १७ फरवरी, १९७९ तक हरियाणा कृषि विश्वविद्यालय में खाद्य एवं कृषि संगठन की उष्ण कटिबंध में डेयरी पशु उत्पादन पर विशेषज्ञ परामर्श मंडल की कार्य-विवरणिका के संपादक, भारतीय मुरगीपालन विज्ञान परिषद् के सह-संपादक, डेयरी गाइड नामक पत्रिका के सह-संपादक, प्रिंसिपल ऑफ एनीमल ब्रीडिंग नामक पाठ्य-पुस्तक के वरिष्ठ लेखक हैं। उनके प्रकाशनों की कुल संख्या २०८ है।

डॉ. बैलेन ने १९६७ से निरंतर १००० डेयरी पशुओं पर प्रथम स्तर का अनुसंधान करके एक कीर्तिमान स्थापित किया है। भेड़, बकरी और मुरगे-मुरगियों के दलों पर विशाल पैमाने पर अनुसंधान का पर्यवेक्षण कर उसका भी कीर्तिमान स्थापित किया है। भारतीय परिस्थितियों के अंतर्गत व्यापारिक डेयरी फार्म निर्माण की आदर्श प्रणालियों के विकास हेतु संयमी, शांत एवं पलुआ साँड़-पशुओं के संकर प्रजनन पर अनुसंधान में वे अग्रणी रहे हैं। वातावरणीय और प्रजननात्मक परिमापों के संबंध में हरियाणा, साहीवाल और थारपारकर पशुओं एवं भारतीय भैंसों के मानकीकरण पर डॉ. बैलेन ने अनुसंधान किया है। डॉ. बैलेन अर्द्ध रेगिस्तानी परिस्थितियों में व्यापारिक उद्देश्य के लिए मुरगी-दाना (अंडा प्रकार और दमचूल्हे पर भुना हुआ दोनों) के नवीन विकास हेतु मुरगीपालन उत्पादन पर अनुसंधान में अग्रणी रहे हैं। उन्होंने संयमी डेयरी पशुओं में लाभ कार्य के निर्माण और विशेषता, इसकी पुनरावृत्ति, संभावना और मुख्य मूल्यांकन के आधार पर अनुसंधान किया है। दूध, चर्बी, प्रोटीन उत्पादों (पूर्व एवं वर्तमान दोनों) की महत्त्वपूर्ण सेवा और संयमी डेयरी पशुओं में अंशभूत विशेषता के प्रतिशत पर अनुसंधान किया है।

उनके तीन होनहार पुत्र हैं। उनका पारिवारिक जीवन बड़ा सुखद है।

□□□